정전마음공부 20년 기념집

정전(正典) 모시고
마음 공부한 자료

(수행편)

류 백 철

정전(正典)은
누구나 다
바른 진리관,
바른 신앙관,
바른 수행관을
알게 하고
기르게 하고
사용하게 하여
광대 무량한 낙원으로
인도하는
산 경전이다.

어떤 마음가짐으로 공부할 것인가?

우리 회상은
과연 어떠한 사명을 가졌으며,
시대는
과연 어떠한 시대며,
대종사(大宗師)는
과연 어떠한 성인이시며,
법은
과연 어떠한 법이며,
실행 경로는
과연 어떻게 되었으며,
미래에는
과연 어떻게 결실될 것인가를
잘 연구하여야 할 것이니라[1].

---

1) 원불교 교사, 제1편 개벽(開闢)의 여명(黎明), 제1장 동방(東方)의 새 불토 (佛土), 1. 서설, p.1025.

왜 '정전(正典)' 공부를 열심히 해야 하는가?

"정신이 갈래이면 큰 공부를 하기가 어려우니 그대들은 정전(正典) 한 권에만 전 심력을 기울여서 큰 역량을 얻어 보라.……큰 도에 드는 데에는 글 많이 보고 아는 것 많은 것이 도리어 장애가 될 수도 있는 것이니, 큰 공부하려거든 외길로 나아가며 일심으로 적공하라2)."

정산 종사 경성에서 환가(還駕)하시어

"여러분들을 수십일 동안 보지 못하여 할 말이 있노라."

하시고 하명(下命)하시어, 학원생 수 십 명이 환희에 넘쳐 조실로 모여 들었고, 여러 가지로 훈화하신 후,

"지금에 있어서는 무엇보다 실력을 완비(完備)하여야 하며, 모든 공부를 하는 데도 요령을 잘 잡아서 특히 필요한 것을 먼저 해야 하나니라."

하시고, 말씀하시기를

"제일 먼저 중요하게 공부해야 할 것은 '정전'이니, 우리의 정전을 숙어로나 문법으로나 진리로나 막힘이 없이 능수능란(能手能爛)하게 한다면 제아무리 석사·박사가 질문을 할지라도 거기에 막힘이 없을 것이며, 따라서 교화에도 지장이 없이 잘 할 것이니라3)."

순봉이 여쭈었다.

"정전 강의를 들어보면 표현이 서로 달라서 처음 공부하는 사람이 더위잡기 힘들겠으니 정통적인 해석서가 하나 나왔으면 좋겠습니다."

"그럴 것 없다. 누가 틀리게 하더냐. 해석서가 있으면 거기에 얽매어 '정전' 원문을 소홀히 하는 단점이 있음을 알아야 한다4)."

(이는 '정전' 원문 공부를 더 열심히 해야 한다는 의미다.)

---

2) 대종경 선외록, 8. 일심적공장(一心積功章), 1절, p.58.
3) 정산 종사 법설, 제1편 마음 공부, 22. 정전을 열심히 공부하자, p.40.
4) 한 울안 한 이치에, 제1편 법문과 일화, 제5장 지혜 단련, 18절, p.101.

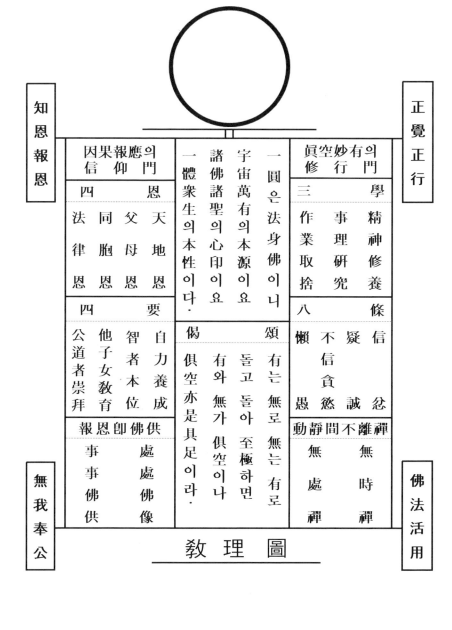

知恩報恩

正覺正行

無我奉公

佛法活用

因果報應의 信 仰 門	一圓은法身佛이니 宇宙萬有의本源이요 諸佛諸聖의心印이요 一體衆生의本性이다.	眞空妙有의 修 行 門
四　　　　　恩 法　同　父　天 律　胞　母　地 恩　恩　恩　恩		三　　　　　學 作　事　精 業　理　神 取　研　修 捨　究　養
四　　　　　要 公　他　智　自 道　子　者　力 者　女　本　養 崇　敎　位　成 拜　育	頌 有는 無로 無는 有로 돌고 돌아 至極하면 有와 無가 俱空이나 偈 俱空亦是具足이라.	八　　　　　條 懶　不　疑　信 信 貪 愚　慾　誠　忿
報恩卽佛供 事　處 事　處 佛　佛 供　像		動靜間不離禪 無　無 處　時 禪　禪

教　理　圖

과거에는 천생(千生)에 할 공부를
이 회상 이 법으로는 단생(單生)에 할 수 있다

"수신(修身)은 천하의 근본이니라. 각자의 마음을 잘 쓰게 하는 용심법(用心法)이라야 사주팔자(四柱八字)를 뜯어 고쳐서 인간을 다시 개조하게 되느니라.

대종사님 말씀하시기를 '과거에는 천생(千生)에 할 공부를 이 회상(會上) 이 법(法)으로는 단생(單生)에 할 수 있고, 평생(平生)에 할 공부를 정성만 들이면 쉽게 이룰 수 있다.'고 하셨으니, 이 공부 길이라야 천여래 만보살이 배출하게 될 것이니라.

그러므로 우리는 이 회상에서 이 법으로 기필코 성불해야 하느니라. 이 법은 대종사님께서 평생을 통해서 하신 공부길이요, 영생의 공부 표준이시며, 누구나 스스로 성불하여 영겁에 불퇴전(不退轉)이 되도록 하신 법이니라5)."

"대종사님께서 말씀하시길 '내 법대로만 공부하면 천생(千生)에 할 것을 단생(單生)에 끝낼 수 있고, 단생에 할 것을 나에게 참으로 돌리면 일 년이면 끝마칠 수 있다.'고 하셨느니라.

다 짜놓으신 법이니, 이 법으로 천여래 만보살이 나오도록 하자6)."

---

5) 대산 종사 법문집, 제1집, 정전대의, 12. 상시 응용 6조 공부, p.49.
6) 대산 종사 법문집, 제3집, 제3편 수행(修行), 64. 특신급이 곧, 정정(定靜), p.159, 제5편 법위(法位), 13. 천생에 할 것을 단생에, p.265.

머 리 말

이 '정전 모시고 마음 공부한 자료'는 원기 80년 12월 23일부터 25
일까지 수계농원에서 열린 정전마음공부 훈련에서부터 비롯되었다.

장산 황직평 종사님의 정전 원문에 바탕한 가르침은 대종사님
법을 보는 눈을 뜨게 하였다. 즉 당시 훈련 교재 중 두 페이지에
쓰여진 '-이니라, -리요, -로다'등의 접미사와 대종사님께서 정전
에서 자상히도 일러주고 있는 '정신, 수양, 신, 분…….'등의 용어
풀이는 새로운 감동으로 다가왔다.

이들은 한글 사전과 정전에서 옮겨 놓은 것에 불과했으나, 이때
까지 느낌으로 대강 안다 여기고 스처버린 것들이었다.

그런데 이 풀이대로 해석을 해 보니, 정전을 대종사님의 목소리
로 들을 수 있겠다는 생각이 들기 시작했다. 용어의 뜻을 정전에
쓰여 있는 대로 답해 보라는 질문에 번번이 막히기 일쑤였지만,
그 말씀대로 풀어 보니 오히려 더욱 선명해졌다.

훈련을 마치고 돌아와 정전의 용어를 하나하나 찾아보니 참으로
묘미가 있었다. 정기 일기를 기재하고, 몇몇 교우들과 공부를 하면
서 용어를 하나씩 정리하기 시작했다. 처음에는 그냥 정리나 한번
해 보자는 생각으로 시작하였으나, 하면 할수록 마치 퀴즈 풀이처
럼 재미가 붙기 시작했고 정전의 한 말씀 한 말씀에 담겨있는 의
미를 발견하는 눈이 떠지게 되었다.

거듭되는 훈련과 공부 모임 때마다 일반적인 상식이나 불교적인
용어로 답하지 말고 대종사님께서 정전에 밝혀 놓으신 대로 답해
보라는 말씀과, 수 십 개의 테이프에 담긴 훈련 법문의 한 말씀 한
말씀은 진리에 목말랐던 가슴을 적시며 하나씩 담기기 시작했다.

어느 정도 정리한 것을 다시 보면 수정·보완할 것이 다시 보이
고……. 한 구절 한 구절의 말씀은 며칠이고 때로는 몇 달이고 몇
년이고 성리·의두가 되었고, 알아지는 만큼 정리하고 또 정리하였다.
우리 교리 전체가 온통 성리로 되어 있는 성리대전(性理大全)이라
는 장산 스승님의 말씀이 비로소 이해되기 시작했다.

그러면서 서가에 몇 년째 꽂혀 있던 각산(覺山) 종사님의 '교전 공부'는 스스럼없는 친구가 되었고, 볼수록 돌고 도는 단어에 혼란스럽기만 하던 '원불교 용어 사전'은 좋은 길잡이가 되었다.

정전의 한 말씀 한 말씀에 담겨 있는 뜻을 캐다 보니 보물찾기가 딴 데 있지 않았다. 바로 정전에, 대종사님의 말씀에 있었다. 정산 종사님과 대산 종사님은 어떻게 말씀하셨을까 하고 '정산 종사 법어', '세전', '교사', '한 울안 한 이치', '정산 종사 법설', '대산 종사 법문집', '대산 종사 법어'의 말씀을 인용하기도 하였다.

또한 훈련 때마다 적어 두었던 스승님들의 말씀과 법동지들의 일기는 좋은 참고 자료가 되었으며, 정전을 연마하며 기재해 둔 정기 일기는 정전 활용 예로 군데군데 삽입하였다.

이 공부 자료는 초보 교도의 입장에서, 마음 사용에 정전의 원문을 어떻게 활용할 것인가 하는 관점에서, 한글을 아는 사람이면 누구나 알 수 있고, 이 한 권이면 누구나 다 정전 공부를 하는 동시에 마음 공부도 할 수 있도록 하면 좋겠다는 생각과, 대종사님의 법을 건성건성 해석하던 지난날을 돌아보며 정리하다 보니 중언부언한 점도 없지 않다. 이런 미숙한 점들은 영생을 통해 공부가 되어지는 만큼 해결해 갈 것이다.

아직은 너무도 부족하지만 알아지는 만큼 보완할 것이며, 한 매듭을 짓는다는 의미에서 진리에 목말라 헤맨 경험을 돌아보며 한 권의 책으로 묶게 되었다.

항상 왕초보 공부인이다. 대종사님의 법을 그대로 밟아 가는 공부인, 성불 제중 제생 의세하는 공부인이 되도록까지 서원하며, 우리의 교법과 마음의 눈을 뜨도록 인도해 주신 장산 스승님과 많은 심사·심우님들의 은혜에 지면으로나마 감사드린다.

원기 101년(2016) 3월

류백철 합장

차   례

제3 수행편(修行編)

수행편은, 집을 짓는 것에 비유하면, 구상한 집(총서편)의 상세한 설계도(교의편)에 따라 집을 지어 그 집에서 생활하며 자신의 삶을 사는 것(수행편)이다.

내 영생의 구상과 포부(성불 제중, 제생 의세)를 실현시킬 바탕인 일원상의 진리와 사은·사요·삼학·팔조로 정신·육신·물질의 자력을 양성하며 생활하고, 밖으로 사회로 세계로 미래로 나아가 자신의 삶을 영위할 뿐만 아니라 사은의 공물(公物)7)임을 알고 사회·국가·세계에 보은·봉공하는 수행법과 방향로를 이르고 있다.

수행이란 무엇인가?

일상하는 행동을 닦는 것이며, 사람의 타고난 성품(본성)을 단련하는 것이다.

수(修)는 지혜를 닦는 것이므로 공부요, 행(行)은 복덕을 쌓는 것이므로 사업(보은행)이다.

따라서 수행은 복과 혜를 아울러 닦는 것이며, 공부와 사업을 병행하는 것이다.

수(修)는 무아의 경지를 닦는 것이며, 행(行)은 봉공행을 하는 것이므로 무아 봉공이 곧 수행이다.

또한 수행을 '일원상 서원문'에서 찾아 보면, 수(修)는 일원의 체성(體性)에 합하는 것이며, 행(行)은 일원의 위력을 얻는 것이다. 그러므로 수와 행은 둘이 아니라, 동시성이며 하나다.

어떤 수행인가?

우리의 수행은 '일원상의 수행'이다.

---

7) 사은의 은혜 속에서 태어나서 사은의 은혜로 살아가며, 항상 사은의 은혜에 감사 보은하며 살아가는 사람.

모든 일을 응용할 때에 육근 동작 하나하나가 '일원상의 수행'으로 나투어져야 한다.

'일원상의 수행'은 일원상의 진리에 바탕을 둔 수행이며,

일원상의 진리를 신앙하는 동시에 수행의 표본을 삼아 일원상과 같이 원만 구족하고 지공 무사한 각자의 마음을 알고 양성하고 사용하자는 삼학 수행이며,

'일원상의 진리'가 편만(遍滿)[8]되게 나투어져 있는 사은임을 알고 느끼고 보은하는 사은 수행이며,

인류 사회를 고르게 하고 인류에 대하여 불공하는 법을 펼쳐 놓은 사요 수행이며,

'일원상의 진리'로 나투어지는 마음을 점검하고 분발케 하는 팔조 수행이다.

이렇게 하는 수행이야말로 대종사님의 법을 그대로 공부하는 것(修)이며, 부려 쓰는 것(行)이다.

제1장 일상[9] 수행의 요법[10](日常修行－要法)

일상이 없으면 수행·요법이 있겠는가?

이는 우리의 몸이 만사 만리의 근본임과 같은 의미다. 즉 무시 광겁의 시작이요 끝이 일상이며, 내가 있는 지금 여기인 현하가 일상이다.

그러므로 일상 속에서 마음껏 헤엄칠 수 있는 내가 있기에 나의 일상이 있으며, 그를 굴리는 수행이 있으며, 그 수행을 수행다울 수 있게 하는 요법이 있는 것이다.

---

8) 널리 그득 참.
9) 날마다. 늘. 항상.
10) 요긴한 법.

일상 수행은 무엇으로 하며, 일상 수행의 요법은 무엇인가?

건설하듯이 무엇을 새로 만들어 수행하는 것이 아니라, 교법의 설계도인 교의편의 핵심, 즉 일원상의 진리, 사은 사요, 삼학 팔조로 수행하는 것이다.

따라서 대종사님께서 일상을 수행하는데 없어서는 안 될 요긴한 법인 '일상 수행의 요법'은 일원상의 진리, 사은, 사요, 삼학, 팔조로 구성하였음을 짐작할 수 있으며, 결국 영생을 통하여 닦은 경륜과 만법의 결정체를 아홉 가지로 뭉쳐 '일상 수행의 요법'으로 제시하였다.

이 '일상 수행의 요법'은 부처님의 팔만사천 무량 법문의 핵심 요결이며, 대종사님과 부처님만의 것도 아니요 갖다 쓰는 사람의 것이다.

누구나 이 '일상 수행의 요법'을 요긴하게 쓰는 것이 대종사님의 본의와 진정으로 합일되는 것이며, '일원상의 수행'을 하는 것이다.

또한 이 '일상 수행의 요법'은 교의편의 내용을 하나하나 상기(想起)시키며 수행편의 문을 활짝 여는 안내자다.

---

1. 심지(心地)는 원래[11] 요란함[12]이 없건마는[13] 경계를 따라 있어지나니[14], 그 요란함을 없게 하는[15] 것으로써 자성(自性)[16]의 정(定)을 세우자.

---

11) 본디(처음부터 또는 근본부터). 여기서 원래는 부사[용언(동사, 형용사) 또는 다른 말 앞에 놓여 그 뜻을 분명하게 하는 품사]로, 없다를 분명하게 한다.
12) 시끄럽고 어지러운 것.
13) 없건마는(없다+건마는): 어떤 사실이나 현상이 현실로 존재하지 않는 상태다.
   -건마는: 앞의 사실을 기정 사실, 또는 당연한 사실로 인정하거나 미루어 짐작하면서, 뒤의 사실을 이에 맞서게 하는 뜻을 나타내는 종속적 연결 어미.
14) 있어지나니(있다+어지다+나다+니): (어떤 사실이나 현상, 또는 시기·방법·경우 등이) 현실로 존재하는 상태이다.
   -어지다: (동사 뒤에서 '-어지다' 구성으로 쓰여) 앞말이 뜻하는 대로 하게 됨을 나타내는 말.

심지(心地)란?

심지(心地)는 마음의 본바탕이다.
마음 심(心), 땅 지(地)로서 우리의 마음 땅이다.
땅은 어떠한가?
곡식만 나고 잡초는 나지 않는가?
나지 말라는 잡초는 더욱 성하고, 뽑아도 뽑아도 나지 않는가?
우리의 마음 땅도 마찬가지다.

항상 요란함이 없기만 하면 좋겠는데, 경계를 대하면 정도의 차이만 있을 뿐 요란해지기도 하고, 차분하게 안정이 되었다가도 또 경계를 대할 때마다, 뽑은 잡초가 또 나오듯, 요란한 마음이 일어남을 누구나 다 느낄 것이다.

따라서 '심지'란 원래 요란함이 없건마는 경계를 따라 있어지는 마음이다.

또한 '일원상의 진리'의 '우주 만유의 본원·제불 제성의 심인·일체 중생의 본성', 일원상 서원문의 '일원'이니, 곧 '일원상의 진리'가 곧 우리의 마음인 '심지'다.

나는 마음 공부를 하고 또 해도 왜 경계를 대할 때마다 요란함이 없어지지 아니할까?

마음이 살아있기 때문이다. 요란함은 진리의 작용이기 때문에 걱정할 필요는 없다. 기름진 땅에서는 곡식과 함께 잡초도 잘 자라듯, 우리의 마음 땅도 이와 똑같다.

잡초를 뽑기 위해 김을 매는 것이 아니라 곡식을 키우기 위해

나다: 일부 동사의 어미 '-아·-어' 뒤에 쓰이어, 그 동작의 진행을 강조하는 뜻을 나타냄.
-니: (모음으로 끝난 형용사 어간이나 높임의 '-시-' 뒤에 붙는) 하게체의 평서문 종결 어미. 경험을 바탕으로 하여 믿는 바를 일러 주는 뜻을 나타냄.
15) -게 하다: (동사나 형용사 뒤에서 '-게 하다' 구성으로 쓰여) 앞말의 행동을 시키거나 앞말이 뜻하는 상태가 되도록 함을 나타내는 말.
16) 모든 사람이 본래부터 갖추고 있는 부처를 이룰 수 있는 본래 성품(佛性). 변하지 않는 본성.

김을 매는 심경으로, 마음이 요란해질 때마다 그 요란함을 공부거리 삼아 공부만 하면 된다.

이것이 우리가 하고 또 하고, 하고 또 해야 할 일이다.

대종사님께서는 하고많은 단어 중에서 왜 심지(心地)를 선택하였을까?

심지(心地: 마음 땅, 마음 바탕)와 비슷한 단어는 여럿 있다.

심전(心田: 마음 밭), 심성(心性: 변하지 않는 착한 마음), 성품(性品), 정신(精神), 본성(本性), 자성(自性) 등 하고많은 단어 중에서 왜 심지(心地)를 선택하였을까?

땅(地)은 지극히 정직하여 콩 심으면 콩 나오고, 팥 심으면 팥 나오듯이, 우리의 마음도 행복·희망·복·긍정·칭찬·기쁨과 같은 양(陽)의 씨앗이 있으면 양의 싹이 나오고 양의 열매가 열리며, 불행·절망·죄·부정·비난·슬픔 등과 같은 음(陰)의 씨앗이 있으면 음의 싹이 나오고 음의 열매가 열리듯이 땅(地)의 성질이나 우리 마음(心)의 성질이 같기 때문에 '심지(心地)'를 사용하지 않았을까!

이 음의 싹이 나오고, 양의 싹이 나오는 것은 조건(경계)에 따라 일어나는 진리의 작용이라 인위적으로 막을 수 있는 것이 아니다. 막았다 하더라도 그것은 풀을 돌로 눌러둔 것과 같아서(如石壓草) 일시적일 뿐 결국에는 터져 나오고 만다.

이는 마치 화를 참고 억누르기만 하면, 화병 때문에 몸과 마음이 아프거나 한번 터질 때는 감당이 안 될 정도로 폭발하는 것과 같은 이치다.

이와 같이 대종사님께서는 단어 하나 정할 때에도 성리(性理)가 깃들어 있는 단어를 선택했음을 알 수 있다.

심지는 원래 요란함과 어리석음과 그름이 없건마는 경계를 따라 있어진다고 하였으니

"마음이라는 것이 모든 경계를 따라 있어지는 것이기 때문에 이것이 본심(本心)이 아니요 객심(客心)17)인 것이다.

그러므로 그러한 객심에 끌려 마음이 혼란해지거나 변동되지 않아야 정력을 얻었다 할 것이다.

일상 수행의 요법에서 밝혔듯이 심지는 원래 요란함과 어리석음과 그름이 없건마는 경계를 따라 있어진다고 하였으니, 경계를 당하여 원래의 마음을 대조해야 한다.

그러면 원래의 참마음인 원만구족하고 지공무사한 마음이 될 것이다18)."

'원래 요란함이 없건마는 경계를 따라 있어지나니.'라 함은?

이것은 일원상의 진리를 원래 요란함이 없는 진공 자리와 경계를 따라 요란함이 나타나는 묘유 자리로 나누기도 하고, 또한 진공과 묘유는 양면성과 동시성임을 의미한다.

'원래 요란함이 없는 것'은 진공(眞空) 자리, 대(大) 자리로서 대소 유무에 분별이 없는 자리며, 생멸 거래(나고 죽고 오고 감)에 변함이 없는 자리며, 선악 업보(착하고 악함에 따른 인과 보응)가 끊어진 자리며, 언어 명상이 돈공한 자리의 일컬음이다.

여기서 '없건마는'을 잘 보아야 한다.

'없다'가 아니다. 이때문에 '심지'를 '원래 요란함이 없고, 진공 자리'라고 오해하는 사람들이 없지 않다.

'-건마는'의 뜻은 '앞의 사실(없다)을 기정 사실 또는 당연한 사실로 인정하거나 미루어 짐작하면서 뒤의 사실(있다)을 이(없다)에 맞서게 하는 뜻을 나타냄'이다.

그러니까 원래 요란함이 없기도 하지만 있기도 하다는 뜻이다. 빛이 있으면 그림자도 있듯이.

따라서 이 '없건마는'은 진리의 동시성과 양면성과 원융 무애함을

---

17) 딴마음(주의를 기울이지 않고 다른 것을 생각하는 마음).
18) 대산 종사 법문집, 제5집, 제2부 연도수덕(研道水德), 6. 무심결(無心訣), p.172.

나타낸다(일원은······없는 자리며, 공적 영지의 광명을 따라······나타
나서······생겨나며, ······드러나고).

이처럼 없는 줄만 알다가 있는 줄도 알게 되니, 생각이 한쪽으
로 치우치지 않게 되고 무엇이든 너무 고집할 수 없게 된다.

그러므로 우리는 편협한 마음을 내는 사람(비공부인)에서 원만
한 마음을 사용하는 공부인으로 바뀌게 된다.

'경계'란?

삶 속에서 나와 만나게 되는 모든 상황·사람·물건·말·행동·글(외
경)과 그로 인해 일어나는 마음 작용(내경)들이다. 화가 날 때도
경계지만 기쁠 때도 물론 경계다.

예를 들면, 운전을 잘 하고 있는데 갑자기 옆 차선의 차가 신호
도 없이 끼어들었을 때 끼어든 차(외경)와 그로 인해 생기는 내
마음이 경계며, '그 요란함'이다

'경계를 따라 있어지나니,'는?

'일원상의 진리'의 묘하게 있어지는 '묘유'다.
혼자 있으면 마음이 요란해지는가?
남과 부딪히는 일이 없으니 마음이 요란할 일은 없다.
그러나 혼자 있다 하여 마음 작용이 정말 일어나지 않는가?
외롭고 쓸쓸한 것 또한 경계를 따라 있어지는 묘한 마음 작용이다.
따라서 어떤 상황에서든 일체의 마음 작용이 곧 '경계를 따라
있어지나니,'의 뜻이다.

또한 경계를 따라 요란함이 있어진다고 하니까, 무조건 경계를
따라 요란해진다는 의미가 아니다. 경계를 따라 요란할 수도 있고,
아닐 수도 있다는 말이다.

만약 지금 여기서 내가 대하는 경계에 따라 요란하지 않으면 경

계가 아니다. 경계로 다가오니까 요란해지는 것이다. 이는 마치 사람의 성품이 정(靜)하면 무선무악하나, 동(動)하면 능선능악한 이치와 같은 의미다.

'경계를 따라'가 일원상의 진리에서 보는 '공적 영지의 광명을 따라'이다. 즉 '원래는 없건마는[공적(空寂)] 묘하게 있어지는[영지(靈知)] 상황과 마음 작용[광명(光明)]을 따라'이다.

'(경계를 따라) 있어지나니,'란?

있어진다는 것은 대소 유무에 분별이 나타나는 것이며, 이에 따라 선악 업보에 차별이 생겨나는 것이며, 언어 명상이 완연하여 시방 삼계(十方三界)가 장중(掌中)에 한 구슬같이 드러나는 것이다.

그리고 '있어지나니,'에서 쉼표(,)를 예사로 보아 넘길 수 없다. 그냥 폼으로 찍은 부호가 아니다. 쉼표는 그 자리에서 확실하게 쉬라는 뜻이다. 즉 요란한 마음을 멈추고, 그런 자신과 상대방을 자신의 틀(기준, 분별성, 고정 관념, 주착심, 선입견 등)로 간섭하거나 판단하지 않고 그대로 보라는 의미다.

그러면 어떻게 되는가?

나(의 입장)도, 상대방(의 입장)도 인정을 하게 된다. 나타난 현상으로 인식하게 된다(죄는 미워하되, 사람은 미워할 수 없다.).

원래는 요란함이 없건마는 경계를 따라 묘~하게 일어나는 줄도 알게 된다. 그러니 내 마음도 인정하고 수용하게 되며, 상대방의 마음도 나와 다르지 않은 줄 알게 되므로 인정하게 된다.

묘하게 화가 나는(나타나는) 것, 묘하게 화를 내는(나타내는) 것을 인정하게 된다. 있어지는 것(요란함, 어리석음, 그름)을 그대로 믿게 되는 것이다. 이것이 곧 일원상의 신앙이다(……없는 자리로 믿으며, ……나는 것을 믿으며).

이 쉼표(,)는 경계를 따라 일어나는 마음 작용(요란함, 어리석음, 그름)을 일단 멈추는 것이다(앗, 경계다! 앗, 공부할 때다!). 멈추고

서 그 있어지는 마음을 있는 그대로 인정하고 수용하고 받아들인다는 의미며, 있어지는 그 자체가 신앙의 대상이며, 이를 신앙한다는 뜻이다. 이것이 일원상의 신앙이다.

마음 공부는 경계를 따라 일어나는 마음 작용을 일단 멈추는 데에서부터 시작된다. 아무리 법이 높다 할지라도 경계를 따라 일어나는 자신의 마음 작용을 멈추지 못하고 끌려가 화낼 것 다 내고, 하지 않아도 될 그른 행동을 하고 나서 후회한다면 그때는 마음을 챙겼다고 할 수 없다.

이 쉼표(,)를 경계를 따라 일어나는 우리 마음에 확실하게 찍고 안 찍는 것에 따라 얼마나 큰 차이가 있음을 알 수 있지 않는가?!

'그 요란함을 없게 하는 것으로써 자성의 정을 세우자.'라 함은?

그 요란함을 없게 하는 방법에는 여러 가지가 있다.

정기 훈련 11과목인 염불·좌선, 경전·강연·회화·의두·성리·정기 일기, 상시 일기·주의·조행에 의한 정기 훈련법과, 상시 훈련법인 '상시 응용 주의 사항'과 '교당 내왕시 주의 사항' 등을 끊임없이 반복 훈련하면 경계에 흔들리지 않게 된다.

이런 방법들은 결국 무엇을 하자는 것인가?

경계를 따라 일어나는 마음에 끌려다니며 파란 고해에서 허덕이는 나를 광대무량한 낙원으로 인도하자는 것이다. 괴로움에서 벗어나 복락을 누리는 낙원 생활을 하자는 것이 마음 공부를 하는 궁극적인 목적이요, 원불교 신앙의 비전이다.

그러니 결국 11과목으로 공부하는 것은 마음의 안정을 얻자는 것이며, 안으로 분별성과 주착심을 없이 하며 밖으로 두렷하고 고요한 정신을 양성하자는 것이며, 천만 가지로 흩어진 정신을 일념으로 만들자는 것이다. 즉 한 마음 밝히자는 것이다(通萬法 明一心, 明一心 通萬法).

경계를 따라 일어나는 그 마음은 항상 한 번이며 처음이다.

이는 경계마다 순간마다 일어나는 그 마음만 해결하자는 말이다.

지나간 경계를 따라 일어난 마음에 잡히지도 말고, 다가올 경계를 따라 일어날 마음을 미리부터 해결하자는 것이 아니다.

지금 여기서 일어나는 마음만 해결하면 과거의 마음도, 다가올 마음도 해결이 되며, 해결할 수 있는 마음의 힘(삼대력)이 길러진다.

그러니까 현재 내가 대하고 있는 경계를 따라 일어나는 마음만 챙기면 모든 것이 해결된다는 말이다.

그러므로 현재의 마음을 해결할 수 있는 비법이 '그 요란함을 없게 하는 것으로써'에 담겨 있다.

'원래는 (욕심난다 나지 않는다 분별하는 마음이) 없건마는 좋은 물건을 보는 경계를 따라 욕심나는 마음에 끌려 과소비를 하게 되었구나!'

'원래는 그런 사람이 아니건마는 경계를 따라 그렇게 되었구나!'

'원래는……없건마는……그렇겠구나!'

즉 자신의 원래 분별·주착도 없는 원래 마음 자리에 묘하게 있어지는(일어나는) 마음을 비춰보는(대조하는) 것이다.

한두 번하고, 하루 이틀하고 안 된다고 낙망하거나 포기하는 것이 아니라, 경계를 대할 때마다 내 마음이 끌리나 안 끌리나 챙기고 또 챙기고, 대조하고 또 대조하기만 하자는 것이다.

마음 작용이 일어날 때마다 하고 또 할 뿐이다. 이것이 항상 하는 것이며, 오래오래 계속하는 것이며, 마음 공부의 참다운 묘미를 느끼는 것이다.

이 마음 대조 공부가 '법(원래 마음)과 마(경계를 따라 묘하게 일어나는 마음)를 일일이 분석하는' 것이며, '천만 경계 중에서 사심을 제거하는 재미'를 느끼는 것이다.

이와 같이 하면 어떻게 되는가?

스스로의 마음이 평안해진다.

이를 일러 '자성의 정(定)'이 세워진다고 한다.

'자성의 정'은 일부러 세우려고 애를 쓴다 하여 세워지지는 않는다.

'자성의 정'은 그 경계로 공부하기만 하면, 오래오래 계속하기만 하면 무위이화 자동적으로 세워지는 것이다. 세우는 데 잡힐 필요가 없다. '깨달음도 버려라'는 의미가 바로 이것이다.

이와 같이 하는 마음 대조가 누구나 할 수 있는 마음 공부의 알파요 오메가다.

1조는 일원상의 진리에 바탕한 정신 수양으로서, 생활 속에서 마음 땅에 수없이 일어나는 요란한 경계들을 접했을 때 분별성과 주착심에 끌리지 아니하고 꾸준한 반복 훈련을 통해서 두렷하고 고요한 정신을 양성하자는 것이다.

그러나 1조로 공부한다 하여 어찌 정신 수양만 되겠는가?

삼학은 각각인 동시에 또한 하나이니 음양 상승의 도를 따라 삼대력이 동시에 길러진다.

이러하기에, 우리 법은 명일심하면 통만법하게 되는 이치로 짜여 있으니, 어찌 이것이다 저것이다 고집할 수 있을 것인가! 그 절묘함에 입가에는 미소가 절로 흐른다.

그 요란함은 몇 번째인가?

경계를 따라 있어진 그 요란함은 항상 첫 번째요 한 번이다.

구정(九鼎) 선사가 밤새 아홉 번 솥을 다시 고쳐 걸었지만, 항상 처음이었듯이.

이는 분별성과 주착심 없이 하기 때문이다.

판단과 간섭을 놓고 하기 때문이다.

'없게 하는 것으로써'란?

없게 하는 것은 없애는 것과 다르지 않다.

으뜸꼴인 '없게 하다'와 '없애다'의 뜻을 살펴보자.

- 없게 하다: 없다+게 하다
- 없 애 다: 없이하다 = 없어지게 하다 = 없어지다+게 하다

결국 그 차이는 '없다'와 '없어지다'의 뜻을 통해서 찾아보자.

- 없다: 어떤 일이나 현상이나 증상 따위가 생겨 나타나지 않은
  상태이다(본래 상태).
- 없어지다: 어떤 일이나 현상이나 증상 따위가 나타나지 않게
  되다. 있던 것이 없게 되다(묘유→진공).
- -게 하다: (~을 하도록) 시키다.

'그 요란함을 없게 하다'는 '그 요란함이 생겨 나타나지 않은 상태가 되도록 시키다'이며, '없애다'는 '(그 요란함이) 나타나지 않게 되도록 시키다'이다. 즉 '-게 하다'가 붙는 순간 '없게 하다'와 '없애다'는 그 차이가 없음을 알 수 있다.

'없게 하다'는 없도록 시키거나 없는 상태가 되게 하는 것이다.

누가 누구에게 없도록 시키며, 누가 없게 하는가?

경계를 따라 내 안에서 일어나는 요란함을 그 요란함이 있기 전 원래 마음으로 돌아가도록, 또는 요란함이 없는 마음을 유지하도록 내가 나에게 시키는 것이다.

이는 끊임없이 1조로 챙기고 또 챙기고, 대조하고 또 대조하는 것이다. 결국에는 경계마다 일어나는 요란함이 없어질 때까지, 또는 ⊠겨 . . . . , ...

'없애다'는 자기 스스로 하거나 또는 남에게 하게 하는 것이다.

즉 경계를 따라 내 안에서 일어나는 요란함이 대부분 내 탓임에도 불구하고 내 탓인 줄 모르거나 또는 내 탓이 아니라고 모른 척하고 남의 탓으로 돌리는 것이다. 상대방에게 나의 요란함이 없도록, 내가 요란하지 않도록 요구하는 것이다.

따라서 없게 하는 것과 없애는 것은 마치 잡초를 뽑아 버리는 식이 아니라, 곡식을 살리는 마음으로 잡초를 뽑는 것과 같은 마음으로 해야 한다.

그 요란함을 어떻게 하면 없게 할 수 있는가?

경계를 따라 있어지는 요란함은 일시적으로 없게 해도 또 생겨난다. 이는 마치 밭에 나는 잡초를 일시적으로 뽑았다 해도 며칠 지나면 다시 나는 것과 같은 이치다.

그 요란함은 본질적인 실체가 아니라, 어떤 원인과 조건이 맞으면 나타나는 찰나적인 현상일 뿐이다. 즉 그 요란함은 바람이 불면 일어나는 파도와 같은 것이다. 깊은 바다 속은 아무리 바람이 불어도 파도가 없는데, 바람(경계)이라는 조건을 만나면 일시적으로 일어나는 현상(요란함)이며, 그 현상은 변화하나 파도의 본질이나 깊은 바닷물의 본질인 물은 변함이 없는 것이다.

따라서 이 일시적으로 없어졌다가도 또 생겨나는 그 요란함을 없게 하기 위해서는 늘 마음을 살피다가 요란함이 생겼을 때 그 요란함을 있는 그대로 수용하고(경계를 따라 있어지나니,) 원래 자리(심지는 원래 요란함이 없건마는)에 대조하면(그 요란함을 없게 하는 것으로써) 시간의 조만은 있을지언정 그 요란함은 반드시 없어지게 되며(자성의 정을 세우자.),

처음에는 잘 되지 않더라도 계속해서 반복하다 보면, 그 요령을 터득하게 되고 힘이 쌓여 반드시 성공하게 된다.

'자성(自性)의 정(定)'이란?

자성(自性)은 각자의 원래 성품, 자기 본성(自己本性)이다.
정(定)이란 바뀌거나 옮겨지지 않는 것, 육근이 경계를 대하되 마음이 경계에 끌리지 아니하는 것이다.
따라서 자성(自性)의 정(定)은 요란함이 없는 본래 마음이며, 어떠한 경계(천만 경계)를 대하게 되더라도 마음이 항상 두렷하고 고요하여 원래 자기의 성품을 잃지 않는 마음의 힘(수양력)이다.

자성, 즉 자기 본래 성품과 각자의 원래 성품에서 본래 성품,

원래 성품은 성품과 어떤 차이가 있는가?

본래 성품과 원래 성품은 같은 뜻으로 성품 앞에 부사인 본래·원래(처음부터 또는 근본부터)가 붙어 있다.

성품은 원래에 분별 주착이 없으며, 정하면 무선 무악하나 동하면 능선 능악하며, 원래 청정하여 선과 악이 없건마는 경계를 따라 선하기도 하고 악하기도 하며, 원래 요란함(·어리석음·그름)이 없건마는 경계를 따라 있어지기도 한다.

즉 성품에는 진공과 묘유, 양의 진리와 음의 진리가 동시에 존재하여 상황에 따라 주와 종으로 동시성과 양면성, 음양 상승으로 나타난다.

그러나 성품 앞에 본래·원래가 붙으면 묘유, 음의 진리는 사라지고, 공부인이면 누구나 추구하는 진공, 양의 진리만 남게 된다.

그래서 심인·불성을 말할 때는 본래 성품(본성)이라고 한다.

'세우자'라 함은?

'세우다'는 서 있지 않은 것, 넘어진 것을 다시 서 있게 하는 것이다. 또한 원래 서 있던 것(심지는 원래 요란함이 없건마는)이 잠시 잠깐 쓰러진 것(경계를 따라 있어지나니,)을 다시 세우는 것(그 요란함을 없게 하는 것으로써 자성의 정을 세우자.)이다.

이는 길을 가다가 돌부리(경계)에 걸려 넘어진 사람이 일어나 원래 가던 길을 계속 가는 것과 같고,

경계를 따라 잠시 잠깐 넘어져 요란해졌을 뿐, 원래 나의 성품은 요란하다 요란하지 않다는 분별도 없음을 알기에 원래 그런 나로 다시 세우는 것이다.

서 있는 것, 즉 나의 성품은 원래 요란함이 없는 것이 나의 본래임을 알기에 ─ 객지에 나갔던 사람들이 고향으로 돌아오듯, 길 잃은 아이가 마치 어머니의 품안에 안기듯이 ─ 본래의 나로 돌아오는 것이다.

'요란함을 없게 하는 것으로써'는 극기(克己)와 같고, '자성의 정을 세우자'는 복례(復禮)와 같나니

"일상수행의 요법 가운데 '……요란함을 없게 하는 것으로써'는 극기(克己)[19]와 같고, '……자성의 정을 세우자.' 하는 것은 복례(復禮)[20]와 같다고 할 수 있다[21]."

경계에는 순경(順境)·역경(逆境)·공경(空境)이 있나니

말씀하시기를

"국방을 하는 데에도 육·해·공 삼 방면의 방어가 필요한 것 같이 공부인에게도 삼 방면의 항마가 필요하나니,

그는 곧 순경과 역경과 공경(空境)[22]의 세 경계라,

순경은 내 마음을 유혹하는 경계요,

역경은 내 마음에 거슬리는 경계요,

공경은 내 마음이 게을러진 경계니,

법강항마할 때까지는 방어에 주로 주력하고 항마 후에는 이 모든 경계를 노복(奴僕)[23]처럼 부려 쓰나니라[24]."

참으로 공부할 줄 아는 사람은 경계를 당했다고 생각지 아니하고

---

19) 자기의 감정이나 욕심, 충동 따위를 이성적 의지로 눌러 이김.
20) 예를 따라 좇으며 예의 본질로 되돌아가는 일.
21) 한 울안 한 이치에, 제1편 법문과 일화, 제3장 일원의 진리, 94절, p.85.
22) 마음 공부하는 사람에게 수행 정진하는 마음이 게을러진 경계. 공부인에게 순경·역경·공경의 세 가지 경계가 있다. 공경은 순경처럼 편안하면서도 따로이 하고 싶은 일이 없어 게으르게 만든다. 공경을 극복하지 못하면 뿌리가 말라버린 나무와 같아서 매우 위험하다. 역경의 경우에는 극복하려는 의지가 생길 수도 있지만, 공경의 경우에는 갈수록 더 게을러진다. 순경·역경·공경을 다 극복해야만 항마할 수 있고, 모든 경계를 마음대로 부려 쓸 수 있다. 진정한 수행자에게는 좋은 경계 나쁜 경계가 따로 없다. 자기 스스로가 노력하기에 따라서 좋은 경계가 될 수도 있고, 나쁜 경계가 될 수도 있는 것이다.
23) 사내종(종살이를 하는 남자).
24) 정산 종사 법어, 제2부 법어(法語), 제7 권도편(勸道篇), 41장, p.881.

대종사 말씀하시었다.

"참으로 공부할 줄 아는 사람은 좋은 경계나 낮은 경계를 당할 때에 경계를 당했다고 생각지 아니하고,

정히 이때가 공부할 때가 돌아왔다고 생각하여 경계에 휩쓸려 넘어가지 아니하고 그 경계를 능히 잘 부려 쓰는 것이다[25]."

'심지는 원래 요란함이 없건마는 경계를 따라 있어지나니,'와 같은 의미를 참회문·좌선법·일원상의 진리에서 찾아보면?

참회문의 '자성의 분별 없는 줄만 알고 분별 있는 줄은 모르는 연고라,……'와 좌선의 방법의 '망념이 침노하면 다만 망념인 줄만 알아두면 망념이 스스로 없어지나니……'이다. 즉 '심지(자성)는 원래 요란함(·분별·망념)이 없건마는 경계를 따라 (요란함·분별·망념이) 있어지나니(있는 줄만 알면, 다만 망념인 줄만 알아두면),'로 대조할 수 있다.

일원상의 진리에서 보면, '심지는 원래 요란함이 없건마는'에 해당되는 부분은 '일원(一圓)은 대소 유무(大小有無)에 분별이 없는 자리며, 생멸 거래에 변함이 없는 자리며, 선악 업보가 끊어진 자리며, 언어 명상(言語名相)이 돈공(頓空)한 자리로서'에 해당된다.

'경계를 따라'는 '공적 영지(空寂靈知)의 광명을 따라'에 해당되고,

'있어지나니,'는 '대소 유무에 분별이 나타나서 선악 업보에 차별이 생겨나며, 언어 명상이 완연하여 시방 삼계(十方三界)가 장중(掌中)에 한 구슬같이 드러나고,'에 해당된다.

'그 요란함을 없게 하는 것으로써 자성의 정을 세우자.'는 '대소 유무에 분별이 나타나서 선악 업보에 차별이 생겨나며, 언어 명상이 완연하여 시방 삼계(十方三界)가 장중(掌中)에 한 구슬같이 드러나는' 마음, 즉 그 요란함을 '대소 유무(大小有無)에 분별이 없는 자리며, 생멸 거래에 변함이 없는 자리며, 선악 업보가 끊어진 자리며, 언어 명상(言語名相)이 돈공(頓空)한 자리'인 그 요란함이 있기 전

---

25) 대종경 선외록, 9. 일심적공장(一心積功章), 8절, p.62.

원래 마음에 대조하여 자성의 정[대소 유무(大小有無)에 분별이 없는 자리, 생멸 거래에 변함이 없는 자리, 선악 업보가 끊어진 자리, 언어 명상(言語名相)이 돈공(頓空)한 자리]을 세우는 것이다.

또한 여기서 보면 심지(心地)는 자성(自性)이요 일원상의 진리 그 자체임을 확인할 수 있다.

밖으로 경계를 대치하고 안으로 자기 마음을 닦는 공부법은?

수심정경(修心正經)[26]의 강령을 밝히시며
외수양(外修養)과 내수양(內修養)에 대하여 말씀하시기를
"외수양은 밖으로 경계를 대치[27]하는 공부인 바,
첫째는 피경 공부니, 처음 공부할 때는 밖에서 유혹하는 경계를 멀리 피하는 것이요,
둘째는 사사(捨事) 공부니, 긴하지[28] 않은 일과 너무 번잡한 일은 놓아버리는 것이요,
셋째는 의법(依法) 공부니, 해탈의 법을 믿어 받들고 진리로 안심을 구하는 것이요,
넷째는 다문(多聞) 공부니, 위인들의 관대한 실화를 많이 들어 항상 국량(局量)[29]을 크게 하는 것이라,
이러하면 자연히 바깥 경계가 평정(平定)[30]되어 마음이 편안하리라.
내수양은 안으로 자기 마음을 닦는 공부인 바,
첫째는 집심(執心) 공부니, 염불·좌선을 할 때와 일체 때에 마음을 잘 붙잡아 외경에 흘러가지 않게 하기를 소 길들이는 이가 고삐를 잡고 놓지 않듯 하는 것이요,

---

26) 교단 초기에 많이 사용되었던 참고 경전의 하나. 작자와 연대는 미상이나 대개 강증산 계통에서 나온 것으로 추정하고 있다. 그 내용은 정신 수양의 원리와 방법을 밝힌 것으로 불교·유교·도교·천도교 등의 정신이 혼합되어 있다.
27) 다른 것으로 바꾸어 놓음.
28) (긴하다+지): 꼭 필요하다. 매우 간절하다.
29) 남의 잘못을 이해하고 감싸 주며 일을 능히 처리하는 힘.
30) 반란이나 소요를 누르고 평온하게 진정함.

둘째는 관심(觀心) 공부니, 집심 공부가 잘 되면 마음을 놓아 자적(自適)[31]하면서 다만 마음 가는 것을 보아 그 망념만 제재(制裁)[32]하기를 소 길들이는 이가 고삐는 놓고 소가 가는 것만 제재하듯 하는 것이요,

셋째는 무심(無心) 공부니, 관심 공부가 순숙(純熟)[33]하면 본다는 상도 놓아서 관하되 관하는 바가 없기를 소 길들이는 이가 사람과 소가 둘 아닌 지경에 들어가 동과 정이 한결같이 하는 것이라,

한 마음이 청정(淸淨)[34]하면 백천 외경이 다 청정하여 경계와 내가 사이가 없이 한 가지 정토를 이루리라[35]."

마음을 지나치게 급히 묶으려 하지 말고 간단없이 서서히, 궁극에 가서는 능심(能心)에 이르러야

말씀하시기를

"마음을 지나치게 급히 묶으려 하지 말고 간단없는 공부로써 서서히 공부하며, 집심(執心)과 관심(觀心)과 무심(無心)을 번갈아 하되, 처음 공부는 집심을 주로 하고, 조금 익숙하면 관심을 주로 하고 좀 더 익숙하면 무심을 주로 하며, 궁극에 가서는 능심(能心)에 이르러야 하나니라[36]."

좌선은 정 공부의 큰 길이 되고 기도는 정 공부의 지름길이 되나니

학인이 묻기를

"정(定) 공부의 길로는 염불과 좌선뿐이오니까?"

말씀하시기를

---

31) 아무런 속박을 받지 않고 마음껏 즐김.
32) 일정한 규칙이나 관습의 위반에 대하여 제한하거나 금지함. 또는 그런 조치.
33) 완전히 익음.
34) 맑고 깨끗함.
35) 정산 종사 법어, 제2부 법어(法語), 제6 경의편(經義篇), 65장, p.864.
36) 정산 종사 법어, 제2부 법어(法語), 제7 권도편(勸道篇), 48장, p.886.

"무슨 일이나 마음이 한 곳에 일정하여 끌리는 바 없으면 정 공부가 되나니, 기도도 정 공부의 길이 되며, 매사를 작용할 때에 온전한 생각으로 그일 그일의 성질을 따라 취할 것은 능히 취하고 놓을 것은 능히 놓으면 큰 정력을 얻나니라."

또 말씀하시기를

"좌선은 정 공부의 큰 길이 되고 기도는 정 공부의 지름길이 되나니, 기도 들이며 일심이 되면 위력과 정력을 아울러 얻나니라[37]."

---

2. 심지는 원래 어리석음[38]이 없건마는 경계를 따라 있어지나니, 그 어리석음을 없게 하는 것으로써 자성의 혜(慧)를 세우자.

2조는 일원상의 진리에 바탕한 사리 연구로서, 경계를 따라 어리석은 마음이 일어날 때 이 마음을 공부 거리 삼아 공부함으로써 어리석음으로 일어나는 경계에서 해탈하여 자성의 혜를 세우자는 것이다.

'혜(慧)'란 무엇인가?

천만 사리를 분석하고 판단하는 데 걸림 없이 아는 지혜며, 천조의 난측한 대소 유무의 이치와 인간의 다단한 시비 이해의 일을 실생활에 다달아 밝게 분석하고 빠르게 판단하는 힘이며, 마음과 경계가 한 가지로 공(空)하여 비추어 보는 것이 미혹됨이 없는 것이다.

'자성(自性)의 혜(慧)'란?

심지는 원래 어리석음이 없는 마음이며, 어떠한 문제라도(천만

---

37) 정산 종사 법어, 제2부 법어(法語), 제7 권도편(勸道篇), 14장, p.872.
38) ①사물에 어둡고 지능이나 사고력이 부족함. ②대소 유무와 시비 이해를 전연 알지 못하고 자행 자지함을 이름.

사리를) 밝게 분석하고 빠르게 판단하는 데 걸림 없이 아는 지혜의 힘이다.

범상(凡常)한 사람에게 무슨 일에나 지혜 어두워지게 하는 두 가지 조건은?

대종사 말씀하시기를
"범상(凡常)[39] 한 사람에게는 무슨 일에나 지혜 어두워지게 하는 두 가지 조건이 있나니,

하나는 욕심에 끌려 구하므로 중도를 잃어서 그 지혜가 어두워지는 것이요,

또 하나는 자기의 소질 있는 데에만 치우쳐 집착되므로 다른 데에는 어두워지는 것이라,

수도하는 사람은 이 두 가지 조건에 특히 조심하여야 하나니라[40]."

가리어서 끌리고 끌려서 그르고 글러서 죄가 되나니

말씀하시기를
"가리어서 끌리고 끌려서 그르고 글러서 죄가 되나니,

어리석은 이는 자기 생각 하나 뿐이라 자기란 것에 가리어서 모든 작용이 글러지나 그도 타인을 비판하는 데에는 걸림이 없으므로 밝나니,

그 밝음을 돌려다가 자기 허물 고치는 데 이용하면 대지(大智)와 대복을 얻으리라[41]."

> 3. 심지는 원래 그름이 없건마는 경계를 따라 있어지나니, 그 그름을 없게 하는 것으로서 자성의 계(戒)를 세우자.

---

39) 중요하게 여길 만하지 아니하고 예사로움.
40) 대종경, 제3 수행품(修行品), 28장, p.160.
41) 정산 종사 법어, 제2부 법어(法語), 제5 원리편(原理篇), 26장, p.826.

3조는 일원상의 진리에 바탕한 작업 취사로서, 경계를 따라 그른 마음이 일어날 때 이 마음을 공부 거리 삼아 공부함으로써 그름[42]으로 일어나는 경계에서 해탈하여 자성의 계를 세우자는 것이다.

경계를 따라 일어나는 마음의 원리는?

대종사 말씀하시기를

"사람의 성품이 정한즉 선도 없고 악도 없으며, 동한즉 능히 선하고 능히 악하나니라[43]."

대종사 말씀하시기를

"한 마음이 선하면 모든 선이 이에 따라 일어나고, 한 마음이 악하면 모든 악이 이에 따라 일어나나니, 그러므로 마음은 모든 선악의 근본이 되나니라[44]."

"사람의 성품은 원래 청정하여 선과 악이 없건마는 경계를 따라 선하기도 하고 악하기도 하므로, 선한 환경에 처하면 자연히 그 선에 화하기 쉽고 악한 환경에 처하면 자연히 그 악에 물들기 쉽나니라[45]."

왜 자성(自性)이라 하지 않고 자성의 정(定)·혜(慧)·계(戒)라고 할까?

자성의 속성을 보면, 원래 요란함·어리석음·그름이 없건마는 경계를 따라 요란해질 수도, 어리석어질 수도, 글러질 수도 있다.

원래 요란함·어리석음·그름이 없는 우리의 성품은 분별성과 주착심도 없으며, 두렷하고 고요하다.

정할 때는 우리의 성품을 이와 같이 양성하는 동시에, 동할 때는 일시적으로 끌릴지언정 끌려가지 않도록 원래 자리에 대조하여 자성을 챙기고 또 챙겨야 한다.

---

42) 옳지 못함.
43) 대종경, 제7 성리품(性理品), 2장, p.258.
44) 대종경, 제11 요훈품(要訓品), 3장, p.315.
45) 정산 종사 법어, 제1부 세전(世典), 제2장 교육(敎育), 3. 유교(幼敎)의 도, p.732

우리가 모든 일을 응용할 때에 육근의 작용에 따라 요란해지면 그 요란해진 마음을 수용하고 원래 자리에 대조하여 다시 세워진 마음을 자성의 정(定)이라 하며, 그 어리석어진 마음을 수용하여 원래 자리에 대조하여 다시 세워진 마음을 자성의 혜(慧)라 하며, 그 글러진 마음을 수용하고 원래 자리에 대조하여 다시 세워진 마음을 자성의 계(戒)라 한다.

따라서 그 요란함을 통하여 공부함으로써 자성의 정이 쌓이고, 그 어리석음을 통하여 공부함으로써 자성의 혜가 밝아지고, 그 그름을 통하여 공부함으로써 자성의 계가 지켜진다.

자성의 정·혜·계는 세우는 것인가? 세워지는 것인가?

심지는 원래 요란하다 요란하지 않다, 어리석다 어리석지 않다, 그르다 그르지 않다는 분별도 없건마는 경계를 따라 요란함·어리석음·그름이 있어지는 것이니까 '내 마음에 요란함·어리석음·그름이 생겼구나! 공부할 때가 왔구나!'라고 있어진 그대로 수용하고,

요란해지고 어리석어지고 글러진 마음을 요란하기 전 마음, 어리석어지기 전 마음, 글러지기 전 마음과 대조하면 그 요란함·그 어리석음·그 그름은 저절로 없어지며, 고요한 마음으로 다시 되어진다.

이것이 바로 자성의 정·혜·계를 세우는 것이며, 자성의 정·혜·계가 세워지는 것이다.

세우는 것은 내가 애써 세우는 의미라면, 세워지는 것은 쓰러졌다가 그 경계로 공부함에 따라 자동적으로 다시 일으켜져서 세워지는 의미가 있다.

따라서 그 요란함·그 어리석음·그 그름이 생기는 것을 수용하는 주체는 나[我]이므로 잠시 넘어진(요란해진, 어리석어진, 글러진) 자성의 정·혜·계를 세운다 할 수 있으며, 자성의 정·혜·계 입장에서 보면 세워지는 것이 아니겠는가?

자성의 정, 자성의 혜, 자성의 계가 세워졌는지, 안 세워졌는지 어떻게 알 수 있는가?

요란한 마음이 자성의 정(요란함이 없는 마음)이 되고, 어리석은 마음이 자성의 혜(어리석음이 없는 마음)가 되고, 그른 마음이 자성의 계(그름이 없는 마음)가 되었는지 어떻게 알 수 있는가?

요란함은 감정(기쁨, 성냄, 슬픔, 즐거움, 슬픔, 사랑, 미움, 욕심, 근심, 놀람, 두려움 등)의 변화로 일어나는 마음이므로 자성의 정(定)은 경계를 따라 이런 감정의 변화 없이, 즉 마음이 두렷하고 고요하여 분별성과 주착심이 없고 끌리는 안 끌리는 대중만 잡아 마음의 자유를 얻으면 자성의 정이 세워진다.

어리석음은 생각의 변화로 일어나는 마음으로서 경계를 따라 일어나는 생각이 대소 유무와 시비 이해를 따라 일어남을 알고, 시비 이해를 대소 유무의 이치로 밝게 분석하고 빠르게 판단하여 자행 자지하지 않는 것이다. 즉 무엇이 옳고 무엇이 그르며, 무엇이 이롭고 무엇이 해로우며, 옳은 것은 이롭고 그른 것은 해가 됨을 대소 유무로 밝게 분석하고 빠르게 판단하여 자행 자지하지 않으면 자성의 혜(慧)가 세워진다.

그름은 행동(실행, 실천)으로 나타나는데, 하지 말아야 할 일은 하고 해야 할 일은 안 하는 것이다. 그러므로 경계를 대했을 때, 해야 할 일은 죽기로써 하고 하지 말아야 할 일은 죽기로써 하지 않으면 자성의 계(戒)가 세워진다.

1조를 왜 일원상의 진리에 바탕한 정신 수양이라 하고, 2조를 왜 일원상의 진리에 바탕한 사리 연구라 하고, 3조를 왜 일원상의 진리에 바탕한 작업 취사라 하는가?

일원상의 진리와 삼학의 관계를 살펴보자.

교법의 총설에서 '우리는 우주 만유의 본원이요, 제불 제성의 심인(心印)인 법신불 일원상을 신앙의 대상과 수행의 표본으로 모시고,……수양·연구·취사의 삼학(三學)으로써……수행의 강령을 정하였으며'와 같이 수행의 강령으로 정한 삼학의 바탕은 법신불 일원상(=일원상의 진리)임을 알 수 있고,

일원상의 수행에서 '일원상의 진리를 신앙하는 동시에 수행의 표본을 삼아서 일원상과 같이 원만 구족(圓滿具足)하고 지공 무사(至公無私)한 각자의 마음을 알자는 것(=사리 연구)이며, 또는 일원상과 같이 원만 구족하고 지공 무사한 각자의 마음을 양성하자는 것(=정신 수양)이며, 또는 일원상과 같이 원만 구족하고 지공 무사한 각자의 마음을 사용하자는 것(=작업 취사)이며'를 보면 이 역시 삼학의 바탕은 일원상의 진리임을 알 수 있으며,

일원상 서원문에서 '우리 어리석은 중생은 이 법신불 일원상을 체받아서 심신을 원만하게 수호하는 공부(=정신 수양)를 하며, 또는 사리를 원만하게 아는 공부(=사리 연구)를 하며, 또는 심신을 원만하게 사용하는 공부(=작업 취사)를 지성으로 하여'를 보면 이 역시 그러함을 알 수 있다.

따라서 삼학의 바탕·근본은 일원상의 진리이므로 일상 수행의 요법 1·2·3조는 그냥 삼학을 나타내는 조항이 아니라, 일원상의 진리에 바탕한 삼학임을 어찌 잊을 수 있겠는가!

일원상의 진리가 진공·묘유·조화로 이루어져 있듯이, 1·2·3조의 구성 또한 진공(=심지는 원래 요란함·어리석음·그름이 없건마는)과 묘유(=경계를 따라 있어지나니,)와 조화(=그 요란함·그 어리석음·그 그름을 없게 하는 것으로써 자성의 정·혜·계를 세우자.)로 이루어져 있음을 볼 때, 1·2·3조가 일원상의 진리에 바탕하고 있는 것은 지극히 당연하다 하겠다.

'나의 교법 가운데 일원을 종지(宗旨)46)로 한 교리의 대강령인 삼학 팔조와 사은 등은 어느 시대 어느 국가를 막론하고 다시 변경할 수 없으나……47).'

---

46) 한 종교의 가장 근본되고 중심이 되는 교리의 참뜻(敎義)과 취지(趣旨). 원불교의 종지는 우주 만유의 근본 원리요 제불 제성의 심인인 법신불 일원상을 최고 종지로 하여 신앙의 대상과 수행의 표본으로 삼고 있다.

또한 '일상 수행의 요법'이 교리 전체의 집합체요 결정체이므로 일원상의 진리와 삼학이 1·2·3조에 동시에 뭉쳐져 있어야 일원상 장(章)이 포함되어 있는 '일상 수행의 요법'이 되지 않겠는가!

　만약 '일상 수행의 요법'에 삼학·팔조, 사은·사요만 있고, 일원상 장(章)이 없다면 '일상 수행의 요법'을 어찌 교의편의 결정체라 하겠는가?

심전 계발의 전문 과목인 수양·연구·취사의 세 가지 강령을 실습하기 위하여 일상 수행의 모든 방법을 지시하였나니

　또 말씀하시기를

　"예로부터 도가(道家)에서는 심전을 발견한 것을 견성(見性)이라 하고 심전을 계발하는 것을 양성(養性)과 솔성(率性)이라 하나니,

　이 심전의 공부는 모든 부처와 모든 성인이 다 같이 천직(天職)으로 삼으신 것이요, 이 세상을 선도(善導)하는 데에도 또한 그 근본이 되는 것이니라.

　그러므로, 우리 회상에서는 심전 계발의 전문 과목으로 수양·연구·취사의 세 가지 강령을 정하고 그를 실습하기 위하여 일상 수행의 모든 방법을 지시하였나니,

　수양은 심전 농사를 짓기 위하여 밭을 깨끗하게 다스리는 과목이요,

　연구는 여러 가지 농사 짓는 방식을 알리고 농작물과 풀을 구분하는 과목이요,

　취사는 아는 대로 실행하여 폐농을 하지 않고 많은 곡식을 수확하게 하는 과목이니라.

　지금 세상은 과학 문명의 발달을 따라 사람의 욕심이 날로 치성하므로 심전 계발의 공부가 아니면 이 욕심을 항복 받을 수 없고 욕심을 항복 받지 못하면 세상은 평화를 보기 어려울지라,

　그러므로 이 앞으로는 천하의 인심이 자연히 심전 계발을 원하

---

47) 대종경, 제15 부촉품(附囑品), 16장, p.407.

게 될 것이요,

심전 계발을 원할 때에는 그 전문가인 참다운 종교를 찾게 될
것이며, 그 중에 수행이 원숙(圓熟)48)한 사람은 더욱 한량없는 존
대를 받을 것이니,

그대들은 이때에 한 번 더 결심하여 이 심전 농사에 크게 성공
하는 모범적 농부가 되어볼지어다49)."

지성(至誠)으로 항상 심지가 요란하지 않게, 어리석지 않게, 그르지 않게 하고 보면 지옥 중생이라도 천도할 능력이 생기나니

대종사 말씀하시기를

"정성과 정성을 다하여 항상 심지가 요란하지 않게 하며, 항상
심지가 어리석지 않게 하며, 항상 심지가 그르지 않게 하고 보면
그 힘으로 지옥 중생이라도 천도할 능력이 생기나니,

부처님의 정법에 한 번 인연을 맺어 주는 것만 하여도 영겁을
통하여 성불할 좋은 종자가 되나니라50)."

자성정을 아는 사람은 번뇌가 눈 녹듯이 녹아나고

"육조 대사와 신수 대사는 계·정·혜로써 교화를 하였으나 그 단
계가 서로 달랐다.

신수 대사는 단순한 계·정·혜를 가르치고, 육조 대사는 자성계·
정·혜를 가르쳤는데,

신수의 계·정·혜는 길을 가는데 목적지를 모르고 가는 것과 같
고, 육조의 자성 계·정·혜는 목적지를 알고 가는 것과 같다.

가령 정(定)을 익히는 데에도 자성정을 모르는 사람은 번뇌를
누를수록 계속 일어나지만, 자성정을 아는 사람은 번뇌가 눈 녹듯

---

48) 인격이나 지식 따위가 깊고 원만하다.
49) 대종경, 제3 수행품(修行品), 60장, p.180.
50) 대종경, 제9 천도품(薦度品), 27장, p.298.

이 녹아나고, 자성에 생사가 없는 줄을 모르는 사람은 죽음에 당하여 공포를 느끼나, 자성에 생사가 없는 것을 아는 사람은 죽음에 당하여도 안심을 얻는 것이다.

또한, 혜를 닦는 데에도 자성의 혜를 모르는 사람은 아는 것에 집착하지만, 자성의 혜를 아는 사람은 모자람이 없는 본래 일원의 반야 광명을 얻을 것이다.

그리고, 계를 세우는 데에도 자성의 계를 모르는 사람은 일상생활에 있어서의 시비와 선악을 가리는 데 급급하지만, 자성의 계를 아는 사람은 사(邪) 없는 것이 정(正)이요, 정은 우리의 근본 자리임을 알아 천지와 더불어 일치하는 행을 하게 될 것이다[51]."

4. 신과 분과 의와 성으로써 불신과 탐욕과 나와 우를 제거하자.

4조는 공부의 요도 중 팔조다.

불신(不信)은 나와 상대방과 대중을 믿지 아니하고 또한 어떤 사실(事實, 寫實)을 믿지 아니하여 만사를 이루려 할 때에 결정을 얻지 못하게 하는 경계를 대할 때 일어나는 마음이므로 이때는 믿음인 신(信)으로 대조하며,

탐욕(貪慾)은 모든 일을 상도에 벗어나서 과히 취하는 경계를 대할 때 일어나는 마음이므로 이때는 의(疑)와 성(誠)으로 대조하며,

나(懶)는 만사를 이루려 할 때에 하기 싫어하는 게으름 경계를 대할 때 일어나는 마음이므로 이때는 분(忿)과 성(誠)으로 대조하며,

우(愚)는 대소 유무와 시비 이해를 전연 알지 못하고 자행 자지하는 어리석음 경계를 대할 때 일어나는 마음이므로 이때는 의(疑)로 대조한다.

신·분·의·성으로써 불신·탐욕·나·우를 어떻게 제거하는가?

---

[51] 한 울안 한 이치에, 제1편 법문과 일화, 제3장 일원의 진리, 30절, p.69.

첫째, 나도 상대방도 경계를 따라 때로는 불신(不信)하고, 탐욕(貪慾)하고, 게으르고, 어리석을 수 있음도 받아들여야 한다.

둘째, 불신은 신(信)으로써 제거할 수 있으나, 분(忿)·의(疑)·성(誠)을 복합적으로 들이대어야 제거할 수 있다.

탐욕의 경우도, 나(懶)의 경우도, 우(愚)의 경우도 그러함을 알아야 한다.

신·분·의·성도, 불신·탐욕·나·우도 나의 자성 원리다.

신·분·의·성도, 불신·탐욕·나·우도 나의 마음 작용이다.

원래는 신·분·의·성, 불신·탐욕·나·우에 대한 분별도 없건마는 경계를 따라 순하게 발할 때에는 신·분·의·성으로, 거슬러 발할 때에는 불신·탐욕·나·우로 작용될 뿐이다.

은에서 해가 나오듯이(害生於恩) 신·분·의·성도 챙기고 가꾸지 않으면 불신·탐욕·나·우로 바뀌어 버리나, 불신·탐욕·나·우도 정성스럽게 공부 거리로 삼아 돌리면―해에서 은이 나오듯이(恩生於害)―신·분·의·성을 더욱 튼튼하게 키우는 원동력이 되니 영원한 신·분·의·성도, 영원한 불신·탐욕·나·우도 없는 것이다.

시비 이해의 경계에서 마음을 챙겨 공부 거리로 삼고, 일어나는 마음 작용 경계에서 마음을 챙겨 공부 거리로 삼을 뿐이다. 오직 대하게 되는 경계를 따라 공부하고 또 공부할 뿐이다.

5. 원망 생활을 감사 생활로 돌리자.

5조가 왜 사은(四恩)인가?

사은은 피은·보은·배은으로 나투어진다.

이를 대입해 보면, 원망 생활은 배은이고 감사 생활은 보은인데, 피은은 어디에 있는가?

생략되어 있다.

원망 생활하는 사람은 누구며, 감사 생활하는 사람은 누구인가?

원망 생활하는 사람도 나요 감사 생활하는 사람도 나 자신이니, 나라는 존재가 바로 피은된 존재구나!

아, 그래서 5조가 사은을 나타내구나!

5조는 언제 사용하는가?

경계를 따라 내 마음속에서 원망심이 날 때 사용한다.

원망할 일이 있더라도 은혜 입은 내역(소종래)을 발견하여 원망할 일을 감사함으로써 그 은혜에 보은하자는 것이다. 이것이 5조로 마음 대조를 하는 목적이다.

그러면 원망 생활은 무엇인가?

경계를 따라 원망심이 나는 것은 지극히 사실적인 진리의 작용이지만, 이 원망심을 공부 거리로, 공부 찬스로 삼지 못하여 원망심이 지속되거나, 마음을 챙기고 또 챙겨도 해결되지 않아 불쑥불쑥 솟아나는 원망심에 끌려 있는 것이다.

정작 문제는 이 원망 생활을 감사 생활로 돌리지 않는 것도, 원망심 나는 그 순간을 경계로 인식하지 못하는 것이 아니라, 알고서도 실행이 없는 것이다.

원망심과 원망 생활 중 무엇이 더 문제인가?

사람의 마음은 원래 원망한다 안 한다는 생각도 없건마는 경계를 따라 원망심이 날 수도 있다.

직접적인 이해 관계에 부딪쳐서 불공정하고 불리한 결과가 주어진다면, 그 상대방에 대하여 원망심이 나는 것은 사실적이고 정상적이다.

이런 경우에도 원망심이 나지 않는다면, 그 마음은 죽은 마음이거나, 아니면 모든 시비 이해를 초월한 경우일 것이다.

이처럼 원망심 나는 것은 정상이며, 사람에 따라 지속 시간이 길고 짧을지라도 누구나 원망심을 낼 수 있다. 이것이 원망 생활이다.

따라서 누구나 원망심이 날 수도 있고 원망 생활을 할 수도 있으나, 정작 문제는 원망 생활을 감사 생활로 돌리지 않는 것이다.

이 원망심과 원망 생활에 끌려 다니지 않도록 자신을 훈련시키고 공부하는 기회로 삼아 강급된 생활을 버리고 진급된 생활을 하게 하고, 정신 세력을 확장할 수 있는 기회를 준 상대방에게 오히려 감사함으로써 선업(善業)을 쌓을 수 있는 계기가 된다.

또 잘 대해 주던 때를 생각해 감사함으로써 원망 생활을 일찍 끝내고 감사 생활을 길게 유지하는 것이 바로 낙원 생활을 하는 것이다.

'돌리자'에는 어떤 뜻이 담겨 있는가?

'돌리다'의 의미는 '마음을 달리 먹다. 방향을 딴 쪽으로 바꾸다'이다.

'돌리자'는 경계를 따라 요란해지고 어리석어지고 글러져도, 우리의 원래 마음은 요란함·어리석음·그름이 없으므로 자성의 정·혜·계를 세우면, 그 요란함·그 어리석음·그 그름도 없는 본래 마음(자성)으로 다시 되어지는 것과 같은 의미를 담고 있다.

경계를 따라 잠깐 제자리에서 벗어났으니(경계를 따라 있어지나니,) 원래 자리(심지는 원래 요란함이 없건마는)로 돌아가자는 의미다.

원래 자리에서 벗어났으니 이번에는 어디로 갈 것인가?

돌아갈 곳은 본래 자리(위치)가 아니겠는가!

왜 은혜를 발견하여 감사 생활을 하여야 하며, 원망 생활을 감사 생활로 어떻게 돌리는가?

말씀하시기를

"감사 생활만 하는 이는 늘 사은의 도움을 받게 되고, 원망 생활만 하는 이는 늘 미물에게서도 해독을 받으리라[52]."

대종사 말씀하시었다.

"은혜를 발견하면 원수도 다시 은인으로 화하고, 원망을 일어내면 은인도 오히려 원수가 되는 것이다[53]."

"원망 생활을 감사 생활로 돌리는 데에는, 첫째, 지혜로써 돌리고, 둘째, 진리로써 돌리고, 셋째, 실천으로써 돌린다[54]."

6. 타력 생활을 자력 생활로 돌리자.

6조는 사요의 자력 양성이다.

이는 타력 생활을 하려는 경계나 타력 생활을 하는 경계를 따라 작용되는 마음을 대조할 때 사용하는 요법이다.

타력 생활은 무엇인가?

자신이 할 수 있고, 또 자신이 해야 하는 일인 데에도 습관적으로, 또는 하기 싫고 귀찮아서 다른 사람에게 미루거나 다른 사람이 하게 하는 것이다.

어떤 생활이 나를 기쁘게 하고, 주위 인연들을 기쁘게 하고, 나를 진급하게 하는가?

순간적인 자력일 수도 있으나, 처음에는 미미할 지라도 끊임이 없이 오래오래 계속하는 자력 생활이다.

이 자력 생활이야말로 모든 일을 이루게 하는 원동력이다.

자력 생활은 좋고, 타력 생활은 나쁜 것으로 단정할 수는 없다.

일시적인 타력 생활은 정도의 차이가 있을 뿐 누구나 할 수 있다. 공생 공영하는 측면에서 보면 어느 정도의 타력 생활은 피할 수 없으며, 분업의 측면에서는 오히려 필요하기까지 하며, 타력의 도움 없이는 한시도 살아갈 수 없기 때문이다.

그러나 이러한 타력도 자력이 바탕이 되어야 하며, 나 또한 상

---

52) 정산 종사 법어, 제2부 법어(法語), 제11 법훈편(法訓編), 59장, p.948.
53) 대종경 선외록, 19. 요언법훈장(要言法訓章), 31절, p.124.
54) 한 울안 한 이치에, 제1편 법문과 일화, 제3장 일원의 진리, 11절, p.65.

대방이 필요로 하는 타력이 되어 주어야 한다. 자력은 타력의 근본이 되고, 타력은 자력의 근본이 되기 때문이다.

그러나 하지 않아도 되는 타력 생활을 오래오래 계속하는 것은 버려야 한다.

이 세상에는 영원히 좋고 영원히 나쁜 것은 없다. 항상 변한다.

자력 생활하는 나도 항상 챙기지 않으면 영원한 자력 생활을 할 수 없으며, 타력 생활하는 나도 챙기고 불공하여 자력 생활하는 나로 돌려 자력을 갖추면 자력 생활을 할 수 있게 된다.

7. 배울 줄 모르는 사람을 잘 배우는 사람으로 돌리자.

7조는 사요 중 지자 본위다.

이는 배워야 하는 경계를 따라 배우려는 마음이 나지 않거나 망설일 때 마음 대조하는 요법이다.

누구의 도움이 아쉽고, 필요한 경계를 따라 이해 관계로 불편한 지자에게, 나보다 어린 사람에게, 평소 나보다 못하다고 생각하는 사람에게 자존심 때문에 내키지 않는데 배움을 청하기는 말처럼 쉽지 않다.

경계를 따라 이리저리 분별하고 차별하느라 배울 줄 모르는 나를 본래 마음으로 돌려 구하는 때에 그 구하는 데에만 의미를 두고 배우자는 것이다.

사람의 성품에는 본래 유무식·남녀·노소·선악·귀천이 없으므로 이들이 없는 본래 마음으로 돌아가 잘 배우자는 것이다.

여기서 '잘'이라 하여 혹시 수단·방법을 가리지 않고 모르는 것을 아는 데에만 목적을 두고 상대방의 처지와 마음을 살피지 않으면 오히려 그 목적을 달성하지 못할 뿐만 아니라, 마음을 상하게 하거나 평소의 관계를 더욱 악화시킬 수 있음을 염두에 잊지 말아야 할 것이다.

이 '잘' 속에는 마냥 잘 되는 일만 있는 것이 아니라, 비록 일시

적일 지라도 아픔·괴로움·좌절 등의 어려운 과정을 극복하는 과정
도 함축되어 있다.

그러므로 모르는 것을 알게 해 주는 것에 오직 감사하고, 배울
줄 모르는 경계를 따라 잘 배우는 나로 돌린 나 자신에게 오직 감
사하고 또 감사할 일이다.

상대방이 가르쳐 주지 않으려고 할 때에는 어떻게 해야 잘 배울 수 있는가?

이런 경우는 내게 매우 중요한 순간이 될 수 있다.

구하는 경계를 따라서 창피와 모욕을 당할 수도 있고, 노력을
하여도 쉽게 구해지지 않을 수도 있다.

오히려 하기 싫은 마음에 끌려 포기하고 싶은 마음도 강할 것이다.

그러나 어쩌겠는가?

내게 꼭 필요한 것을 상대방이 가지고 있는데…….

이럴 때는 '지자 본위'에 대조해야 한다.

어떠한 처지에 있든지 배움을 구할 때에는 그가 나의 스승이며, 모
르는 사람이 아는 사람에게 배우는 것은 당연한 일이므로 오직 '불공
하는 법'으로 구하는 사람이 알고자 하는 목적만 달하자는 것이다.

배울(가르칠) 줄 모르는 사람은 누구이고, 잘 배우는(가르치는) 사람은 누구인가?

배울(가르칠) 줄 모르는 사람(비공부인)과 잘 배우는(가르치는)
사람(공부인)은 유무식·남녀·노소·선악·귀천을 막론하고 누구나 해
당될 수 있으나, 나 자신이다.

보통, 사람들은 자신은 잘 배울(가르칠) 줄 알고 남은 잘 배울
(가르칠) 줄 모른다고 생각하기 쉬우나, 경계를 따라 배울(가르칠)
줄 모르는 사람도 나요 잘 배우는(가르치는) 사람도 나 자신이다.

요란함·어리석음·그름이 없는 경우에는 잘 배우게(가르치게) 되

지만, 경계를 따라 요란해지고 어리석어지고 글러질 때에는 배울 (가르칠) 줄 모르게 되기 쉽다.

자신의 경계를 인정하고 공부할 기회로 삼아 돌린 사람은 잘 배우는(가르치는) 사람이요 부처다. 부처도 경계를 경계로 인정하지 않고 공부하지 않으면 잘 배우는(가르치는) 사람이 아니요, 사은에 배은하는 것이다.

그러므로 항상 마음을 잘 챙겨 배울(가르칠) 줄 모르는 나를 잘 배우는(가르치는) 사람으로 돌리면, 내가 곧 처처에 나투어지는 살아 있는 부처가 될 것이다.

8. 가르칠 줄 모르는 사람을 잘 가르치는 사람으로 돌리자.

8조는 사요 중 타자녀 교육이다.

이는 가르쳐야 할 자리에서 가르치려는 마음이 생기지 않거나 망설일 때, 또는 가르치고 싶어 안달할 때 마음 대조하는 요법이다.

왜 이런 마음이 나는가?

다른 사람을 가르치는 일이 귀찮거나, 상대방을 평소에 무시하는 마음이 있거나, 가르치더라도 건성건성 가르치거나, 아는 사실을 가르쳐 주고 싶은 마음이 나지 않을 때 원래 마음으로 돌아가 잘 가르치자는 것이다.

이때 내 마음을 잘 살펴 평상심으로 돌아가 가르친다는 마음 없이 가르쳐야 하며, 가르친다는 티를 내지 않아야 한다.

또한 가르침을 받는 상대방도 잘 살펴야 한다.

기분이 상하지 않게 해야 하고, 자존심을 건드리지 말아야 한다.

가르치고도 가르치지 않음만 못한 경우가 생긴다면 오히려 가르치지 않는 것이 더 나을 것이다.

오른손이 한 일을 왼손이 모르게 하라 했듯이, 하고도 한다는 마음이 없는 응용 무념으로 해야 상생 상화가 되는 것이다.

사람의 성품은 선한 환경에 처하면 자연히 그 선에 화하기 쉽고 악한 환경에 처하면 자연히 그 악에 물들기 쉽나니라

"사람의 성품은 원래 청정하여 선과 악이 없건마는 경계를 따라 선하기도 하고 악하기도 하므로, 선한 환경에 처하면 자연히 그 선에 화하기 쉽고 악한 환경에 처하면 자연히 그 악에 물들기 쉽나니라.

그 중에도 천진난만한 어린 시절에는 아직 의식이 충분히 다 발달되지 못한 까닭에 보는 대로 듣는 대로 화하는지라,

옛날 맹자의 어머니는 삼천지교를 행하여 마침내 맹자를 성현 되게 하였다 하나니, 어린 때의 교육을 어찌 소홀히 할 바이리요.

어린이 교육의 법에 대하여는 대종사께서 네 가지 길을 말씀하여 주시었나니,

첫째는 심교(心敎)라, 마음에 신앙처를 두고 바르고 착하고 평탄하게 마음을 가져서 자녀로 하여금 그 마음을 먼저 체받게 하는 것이요,

둘째는 행교(行敎)라, 자신이 먼저 실행하고 행동에 법도가 있어서 자녀로 하여금 저절로 그 실행을 체받게 하는 것이요,

셋째는 언교(言敎)라, 매양 불보살 성현들과 위인 달사들의 가언 선행(嘉言善行)[55]을 많이 일러 주어 그것을 기억하여 체받게 하며 모든 사리를 순순히 타일러서 가르치는 것이요,

넷째는 엄교(嚴敎)라, 이는 철 없는 때에 부득이 위엄으로 가르치는 법이니 이는 자주 쓸 법은 아니니라[56]."

9. 공익심 없는 사람을 공익심 있는 사람으로 돌리자.

'공익'이란?

---

55) 본받을 만한 좋은 말과 착하고 어진 행실.
56) 정산 종사 법어, 제1부 세전(世典), 제2장 교육(敎育), 3. 유교(幼敎)의 도, p.732.

사익(私益: 개인의 이익)이 아니라, 사회 전체의 이익, 공공(公共: 국가나 사회의 구성원에게 두루 관계되는 일)의 이익이다.

이 공익은 '동포 보은의 조목'을 실행하는 것이므로 항상 공정한 자리에서 자리 이타로써 실행하여야 한다.

'공익심 없는 사람'은 누구며, '공익심 있는 사람'은 누구인가?

공익심 있는 사람은 나일 수도 있고 아닐 수도 있다.

공익심 없는 사람도 마찬가지다.

마음이 동하여 경계에 끌리면 공익심이 없는 사람이 되고, 마음이 두렷하고 고요하여 분별성과 주착심이 없으면 경계에 끌리지 않으므로 공익심 있는 사람이 된다.

공익심 없는 다른 사람을 탓할 것이 아니라, 나 자신부터 먼저 살펴 경계를 대할 때마다 그 경계를 나의 경계로 인정하고 공부할 기회로 삼아 자성에 대조하여 공익심 있는 사람으로 돌려야 한다.

또한 나를 통해 다른 사람들도 공익심 없음을 반성하는 기회가 되고, 공익심 부족한 다른 사람을 통해 나의 공익심 없음을 반성하는 동시에 나의 공익심을 키워가는 스승으로 삼아야 한다.

공익심은 작은 것에서부터, 내 주위(가정·이웃)에서부터 힘 미치는 대로 나투어 가는 것이 올바른 방향로며, 이렇게 될 때는 사회·국가·세계로도 뻗어갈 수 있는 원동력이 길러진다.

'세우라, 제거하라, 돌리라'가 아니고, 왜 '세우자, 제거하자, 돌리자'인가?

'-라'는 '명령을 나타내는 종결 어미'고, '-자'는 '친구나 손아랫사람에게 함께하기를 청하는 뜻의 종결 어미'를 뜻한다.

즉 이는 명령하는 것과 함께하기를 청하는 차이다.

만약 대종사님께서 명령하듯이 "일상 수행의 요법으로 마음 공

부하라.”고 하는 것과 “나도 이 일상 수행의 요법으로 마음 공부
할 테니 너도 함께해 보자.”고 청한다면, 어느 쪽을 더 반기고 따
르고 싶을까?

이 ‘-자’는 인도자의 마음이 어떠해야 하는지를 말하고 있다.

누구에게나 함께하기를 청하는 마음이 되면 서로 정이 우러나고
건네어지게 된다.

일상 수행의 요법과 교리와의 관계는?

교리는 일원상(일원상의 진리·신앙·수행, 일원상 서원문, 일원상
법어, 게송), 사은(천지은, 부모은, 동포은, 법률은) 사요(자력 양성,
지자 본위, 타자녀 교육, 공도자 숭배), 삼학(정신 수양, 사리 연구,
작업 취사) 팔조(신·분·의·성, 불신·탐욕·나·우), 인생의 요도(사은,
사요)와 공부의 요도(삼학, 팔조), 사대 강령(정각 정행, 지은 보은,
불법 활용, 무아 봉공)으로 구성되어 있다.

이를 ‘일상 수행의 요법’과 관련지어 보면, 1~3조는 삼학, 4조는
팔조, 5조는 사은, 6~9조는 사요에 해당된다.

일원상 장(章)은 일원상의 진리가 나투어져 있는 현상과 실생활
에서 누구나 쓸 수 있도록 밝혀 주신 삼학 팔조·사은 사요의 바탕
이 되어 대체로는 1조부터 9조 전체에 다 녹아 있고, 구체적으로
는 1~3조 삼학의 바탕이 되고 있다.

이를 정리하면 다음 표와 같고, 삼학 팔조·사은 사요와 일상 수
행의 요법을 관련지어 보면,

1조는 정신 수양, 2조는 사리 연구, 3조는 작업 취사, 4조는 팔
조를 나타내므로 1~4조가 삼학·팔조에 해당된다.

5조는 사은이며, 6조는 자력 양성, 7조는 지자 본위, 8조는 타자
녀 교육, 9조는 공도자 숭배에 해당되므로 5~9조가 사은·사요를
나타냄을 알 수 있다.

그러나 1조만 정확히 알아도 그 1조에 이미 9조까지 전체가 녹

아 있으므로 9조까지 다 알 수 있게 된다.

일상 수행의 요법	교의편				
	일원상	사은	사요	삼학	팔조
1. 심지(心地)는 원래 요란함이 없건마는 경계를 따라 있어지나니, 그 요란함을 없게 하는 것으로써 자성(自性)의 정(定)을 세우자.	○ 일원상의 진리			○ 정신 수양	
2. 심지는 원래 어리석음이 없건마는 경계를 따라 있어지나니, 그 어리석음을 없게 하는 것으로써 자성의 혜(慧)를 세우자.	○ 일원상의 진리			○ 사리 연구	
3. 심지는 원래 그름이 없건마는 경계를 따라 있어지나니, 그 그름을 없게 하는 것으로써 자성의 계(戒)를 세우자.	○ 일원상의 진리			○ 작업 취사	
4. 신과 분과 의와 성으로써 불신과 탐욕과 나와 우를 제거하자.					○
5. 원망 생활을 감사 생활로 돌리자.		○			
6. 타력 생활을 자력 생활로 돌리자.			○ 자력 양성		
7. 배울 줄 모르는 사람을 잘 배우는 사람으로 돌리자.			○ 지자 본위		
8. 가르칠 줄 모르는 사람을 잘 가르치는 사람으로 돌리자.			○ 타자녀 교육		
9. 공익심 없는 사람을 공익심 있는 사람으로 돌리자.			○ 공도자 숭배		

그러니 어느 조목인들 1조부터 9조까지 전체 아님이 없고, 전체 교리가 다 담겨 있지 않은 게 없다. 다만 직접적으로 지칭하고 있느냐 있지 않느냐에 차이가 있을 뿐이다.

교의편의 순서는 바탕이 되는 일원상장을 제외하고 사은·사요·삼학·팔조로 되어 있는데, 일상 수행의 요법에서도 왜 이 순서로 되어 있지 않고 1·2·3·4조의 삼학·팔조부터 시작될까?

일상 수행의 요법은 수행편의 제일 처음에 나오므로 신앙의 강령인 사은·사요보다 수행의 강령인 삼학·팔조부터 시작되는 것이 당연하지 않겠는가?!

이를 통해 삼학·팔조가 수행의 향도(嚮導)임을 알 수 있고, 교리도에서 보면 '진공 묘유의 수행문' 구성도 삼학·팔조이므로 이 또한 일상 수행의 요법의 순서와 상통함을 알 수 있다.

'일상 수행의 요법'이 왜 수행편의 맨 처음에 왔을까?

원불교 기본 교리의 핵심인 교리 강령(綱領)[57]이요 교강(敎綱) 9조인 일상 수행의 요법은 교의편의 결정체인데, 이 교의편의 내용이 왜 수행편에서 맨 처음에 왔을까?

학교 수업 시간을 상기해 보자.

수업이 끝날 5분 전쯤 되면 선생님께서 수업 내용의 핵심을 요약해 주는데, 교의편의 "제6장 인생의 요도(人生-要道)와 공부의 요도(工夫-要道)"와 "제7장 사대강령(四大綱領)"이 바로 교의편의 요약이다.

그리고 다음 시간이 되면, 선생님께서는 바로 진도를 나가기에 앞서 지난 시간의 수업 내용을 상기시키면서 지금 수업 내용과 연결이 되도록 해 주는데, 일상 수행의 요법이 바로 앞선 교의편의 내용을 상기시키는 것인 동시에 교의편과 수행편의 징검다리다.

수행은 어떤 새로운 것으로 하는 것이 아니라, 교법의 설계도인 교의편의 내용을 몸과 마음과 기운으로 나투는 수행을 하자는 것이다.

하고 또 하여 굳이 한다는 마음을 챙기지 아니하여도 몸이 무위이화 자동적으로 행해지고, 그와 동시에 기운까지도 상생 상화로 순응하는 수행을 하고 또 하자는 것이다.

이상이 일상 수행의 요법을 수행편의 맨 처음에 두신 대종사님

---

57) 어떤 일을 추진해 가는 데에서 으뜸되는 줄거리.

의 뜻이 아니겠는가?!

'일상 수행의 요법'을 조석으로 외게 하는 뜻은?

대종사 말씀하시기를
"내가 그대들에게 '일상 수행의 요법'을 조석으로 외게 하는 것은 그 글만 외라는 것이 아니요, 그 뜻을 새겨서 마음에 대조하라는 것이니, 대체로는 날로 한 번씩 대조하고 세밀히는 경계를 대할 때마다 잘 살피라는 것이라, 곧

심지(心地)에 요란함이 있었는가 없었는가?
심지에 어리석음이 있었는가 없었는가?
심지에 그름이 있었는가 없었는가?
신·분·의·성의 추진이 있었는가 없었는가?
감사 생활을 하였는가 못하였는가?
자력 생활을 하였는가 못하였는가?
성심으로 배웠는가 못 배웠는가?
성심으로 가르쳤는가 못 가르쳤는가?
남에게 유익을 주었는가 못 주었는가?

를 대조하고 또 대조하며 챙기고 또 챙겨서 필경은 챙기지 아니하여도 저절로 되어지는 경지에까지 도달하라 함이니라.
사람의 마음은 지극히 미묘하여 잡으면 있어지고 놓으면 없어진다 하였나니, 챙기지 아니하고 어찌 그 마음을 닦을 수 있으리요.
그러므로, 나는 또한 이 챙기는 마음을 실현시키기 위하여 상시 응용 주의 사항과 교당 내왕시 주의 사항을 정하였고,
그것을 조사하기 위하여 일기법을 두어 물 샐 틈 없이 그 수행 방법을 지도하였나니,
그대들은 이 법대로 부지런히 공부하여 하루 속히 초범(超凡) 입성(入聖)58)의 큰일을 성취할지어다59)."

---

58) 범부의 경지를 뛰어넘어 성인의 경지에 들어간다는 뜻.

그러므로 일상 수행의 요법을 경계를 대할 때마다 세밀히 대조할 때와 대체로 하루에 한 번씩 대조할 때는 어떻게 하는가?

	경계를 대할 때마다 세밀히 대조할 때는 어떻게 대조하는가?	대체로 하루에 한 번씩 대조할 때에는 어떻게 대조하는가?[60]
1	심지(心地)는 원래 요란함이 없건마는 경계를 따라 있어지나니, 그 요란함을 없게 하는 것으로써 자성(自性)의 정(定)을 세우자.	심지(心地)에 요란함이 있었는가 없었는가?
2	심지는 원래 어리석음이 없건마는 경계를 따라 있어지나니, 그 어리석음을 없게 하는 것으로써 자성의 혜(慧)를 세우자.	심지에 어리석음이 있었는가 없었는가?
3	심지는 원래 그름이 없건마는 경계를 따라 있어지나니, 그 그름을 없게 하는 것으로서 자성의 계(戒)를 세우자.	심지에 그름이 있었는가 없었는가?
4	신과 분과 의와 성으로써 불신과 탐욕과 나와 우를 제거하자.	신·분·의·성의 추진이 있었는가 없었는가?
5	원망 생활을 감사 생활로 돌리자.	감사 생활을 하였는가 못하였는가?
6	타력 생활을 자력 생활로 돌리자.	자력 생활을 하였는가 못하였는가?
7	배울 줄 모르는 사람을 잘 배우는 사람으로 돌리자.	성심으로 배웠는가 못 배웠는가?
8	가르칠 줄 모르는 사람을 잘 가르치는 사람으로 돌리자.	성심으로 가르쳤는가 못 가르쳤는가?
9	공익심 없는 사람을 공익심 있는 사람으로 돌리자.	남에게 유익을 주었는가 못 주었는가?

대종경 수행품 1장은 '일상 수행의 요법'과 '정기 훈련법과 상시 훈련법'을 다 포함하고 있고, '일상 수행의 요법'은 정전의 교의편 전체를 다 담고 있다.

그러므로 이는 정전마음공부의 기본이 되며, 대종사님께서 우리

---

59) 대종경, 제3 수행품(修行品), 1장, p.140.
60) 대종경, 제3 수행품(修行品), 1장, p.140.

에게 주신 용심법의 요약본이다.

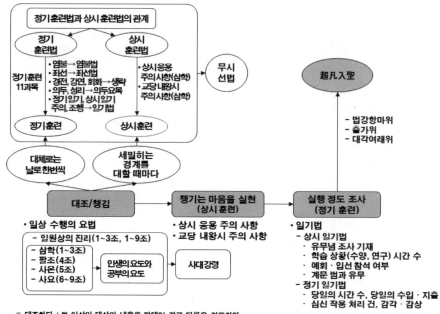

・대조하다 : 둘 이상인 대상의 내용을 맞대어 같고 다름을 검토하다.
　살피다 : 두루두루 주의하여 자세히 보다. 형편이나 사정 따위를 자세히 알아보다.
　챙기다 : (필요한 물건을 찾아서 갖추어 놓거나) 무엇을 빠뜨리지 않았는지 살피다. → 챙기는 것은 살피는 것을 포함함.

목적 반조(目的返照)의 공부와 자성 반조(自性返照)의 공부는
'일상 수행의 요법'을 표준으로 하여 하나니

　이어 말씀하시기를
　"목적 반조(目的返照)61)의 공부와 아울러 또한 자성 반조(自性
返照)62)의 공부를 하여야 하나니,

---

61) 어떤 일을 하는 목적, 인생을 왜 살아가느냐 하는 목적, 입교하게 된 목적
　　등이 무엇인가를 다시 한 번 반성·다짐하고 결심을 새롭게 하는 것. 서원이
　　퇴전할 때, 용기가 생기지 않을 때, 결심이 굳지 않을 때, 다시 말하면 신심·
　　공심·공부심이 약해질 때에는 목적 반조로 스스로를 더욱 채찍질해 간다.
62) 천만 경계 속에서 항상 자성의 정·혜·계를 찾는 공부. 분별심·차별심·번뇌 망

참다운 자성 반조의 공부는 견성을 하여야 하게 되지마는 견성을 못한 이라도 신성 있는 공부인은 부처님의 법문에 의지하여 반조하는 공부를 할 수 있는바,

그 요령은 정전 가운데 일상 수행의 요법을 표준하여 천만 경계에 항시 자성의 계·정·혜를 찾는 것이요,

부연하여 그 실례를 들어 본다면, 때로 혹 자타의 분별이 일어나서 무슨 일에 공정하지 못한 생각이 있거든 바로 자성 반조하여 원래에 자타없는 그 일원의 자리를 생각할 것이요,

때로 혹 차별의 마음이 일어나서 나의 아랫사람을 업수이[63] 여기는 생각이 나거든 바로 자성에 반조하여 원래에 차별 없는 그 평등한 자리를 생각할 것이요,

때로 혹 번뇌가 치성(熾盛)[64]하여 정신이 스스로 안정되지 못하거든 바로 자성에 반조하여 원래에 번뇌 없는 그 청정한 자리를 생각할 것이요,

때로 혹 증애(憎愛)[65]에 치우쳐서 편벽된 착심이 일어나거든 바로 자성에 반조하여 원래에 증애 없는 그 지선(至善)[66]한 자리를 생각할 것이요,

때로 혹 있는 데에 집착하여 물욕을 끊기가 어렵거든 바로 자성에 반조하여 원래에 있지 않은 그 진공의 자리를 생각할 것이요,

때로 혹 없는 데에 집착하여 모든 일에 허망한 생각이 일어나거든 바로 자성에 반조하여 원래에 없지 않은 묘유의 자리를 생각할 것이요,

때로 혹 생사의 경우를 당하여 삶의 애착과 죽음의 공포가 일어나거든 바로 자성에 반조하여 원래에 생멸 없는 그 법신 자리를

상심·사랑 계교심·증애심·편착심·삼독 오욕심 등을 끊고, 항상 자성의 본래 자리를 찾고 반성하는 공부. 이는 곧 회광반조의 공부요 무시선 무처선의 수행이다.

63) 업신여기다의 사투리. 이는 깔보다, 얕보다의 뜻임.
64) 불길같이 성하게 일어남.
65) 미움과 사랑(憎愛).
66) 지극히 착함.

생각할 것이요,

때로 혹 법상(法相)67)이 일어나서 대중과 더불어 동화하지 못하거든 바로 자성에 반조하여 원래에 법상도 없는 그 상 없는 자리를 생각하라.

이와 같이 하면 견성 여부를 막론하고 마음의 작용이 점차로 자성에 부합될 것이며, 공부를 오래오래 계속하면 일체시 일체처에 항상 자성을 떠나지 아니하여, 필경 자성의 진리를 밝게 깨닫는 동시에 자성의 광명이 그대로 나타나게 될 것이니,

이것이 곧 부처님의 경계요 성현의 작용이니라68).”

‘일상 수행의 요법’으로 공부하여 얻게 되는 실효과는?

영산에서 학인들에게 교강69)에 부연하여 “구성심(九省心) 조항”을 써 주시니

“심지가 요란하지 아니함에 따라 영단(靈丹)70)이 점점 커져서 대인의 근성(根性)71)을 갖추게 되고,

심지가 어리석지 아니함에 따라 지혜의 광명이 점점 나타나서 대인의 총명을 얻게 되고,

심지가 그르지 아니함에 따라 정의의 실천력이 점점 충장(充壯)72)하여 대인의 복덕을 갖추게 되고,

신과 분과 의와 성을 운전함에 따라 불신과 탐욕과 나와 우가 소멸되어 대도의 성공을 볼 수 있고,

원망 생활을 감사 생활로 돌림에 따라 숙세에 맺혔던 원수가 점

---

67) 스스로 법을 깨쳤다, 법력을 갖추었다고 집착하는 것. 법박과 같은 뜻.
68) 정산 종사 법어, 제2부 법어(法語), 제9 무본편(務本篇), 27장, p.915.
69) 원불교의 기본 교리를 강령적으로 요약한 것. 일상 수행의 요법 9조를 말한다. 삼학 팔조·사은 사요 등 원불교의 기본 교리의 내용이 다 포함되어 있어 흔히 교리 강령 또는 교강이라 한다.
70) 깊은 수양으로 얻어진 신령스러운 마음의 힘. 심단(心丹)과 같은 말.
71) ①어떤 일을 끝까지 해내고야 마는 성질. ②근본이 되는 성질. ③뿌리가 깊이 박힌 성질. 여간해서는 없어지지 않는 성질.
72) 기세가 충만하고 씩씩함.

점 풀어지고 동시에 복덕이 유여(裕餘)[73]하고,

타력 생활을 자력 생활로 돌림에 따라 숙세에 쌓였던 빚이 점점 갚아지고 동시에 복록(福祿)[74]이 저축되고,

배울 줄 모르는 사람을 잘 배우는 사람으로 돌리며 가르칠 줄 모르는 사람을 잘 가르치는 사람으로 돌림에 따라 세세 생생에 항상 지식이 풍부하여지고,

공익심 없는 사람을 공익심 있는 사람으로 돌림에 따라 세세 생생에 항상 위덕(威德)[75]이 무궁하리라[76]."

'일상 수행의 요법' 각 조목의 순서를 바꾸면 어떻게 될까?

각 조목의 순서를 편리한 대로 앞뒤로 바꾸면 어떻게 될까?

아무래도 어색하고 이상할 것 같아 바꾸지 않는 것이 좋겠다고 생각할 수 있으나, 1조부터 9조를 하나하나 음미해 보면, 그 순서를 바꾸어서는 안 되는 분명한 이유를 발견할 수 있다.

정전의 내용을 보면 알 수 있듯, 어느 것 하나 그냥 쓰여진 것은 하나도 없다. 대종사님께서 진리의 모습을 보시고 사진 찍듯이 그대로 옮겨 놓으셨기 때문이다.

우리는 이 요법을 경계를 대할 때마다 용심법으로 사용하기만 하면, 유무식·남녀·노소·선악·귀천을 막론하고 자성의 정·혜·계를 세우는 데 반드시 성공할 수 있는 공부인이 되게 하셨다.

일상 수행의 요법 가운데 '돌리자'는 말씀에 큰 공부가 들어 있나니

대산 종사 말씀하시기를

---

73) 모자라지 않고 넉넉하다.
74) 행복과 녹봉(祿俸). 복은 스스로 지어서 받는 행복, 녹봉은 관리들이 나라로부터 받는 봉급.
75) 위엄과 덕망. 불보살이나 위대한 성자의 인격.
76) 정산 종사 법어, 제2부 법어(法語), 제7 권도편(勸道編), 30장, p.877.

"일상 수행의 요법 가운데 '돌리자'는 말씀에 큰 공부가 들어 있나니, 자신의 중생심을 부처님 마음으로 돌리고, 경계 속에서 당한 해로움을 기꺼이 나에게 돌리며, 잘못한 사람도 끝까지 호념하여 재생의 기회를 갖도록 돌리는 데 힘써야 하느니라[77]."

평생 '일상 수행의 요법'만 읽고 실행하여도 성불하리니

말씀하시기를

"옛날 한 선비는 평생 소학(小學)[78]만 읽었다 하나니, 우리는 평생 '일상 수행의 요법'만 읽고 실행하여도 성불에 족하리라[79]."

대종사 말씀하시었다.

"나의 공부 강령은 마음의 원리를 알아 마음을 잘 쓰라는 것이다[80]."

---

77) 대산 종사 법어, 제2 교리편, 63장, p.61.
78) 중국 송(宋)나라 주자(朱子)가 제자 유자징(劉子澄)을 시켜 소년들을 학습시켜 교화할 수 있는 내용의 책을 편찬케 하고 주자 자신이 교열·가필한 것이다. 유교의 윤리 사상과 현철(賢哲)의 가언 선행을 기록하여, 당시의 봉건 사회에서 개인 도덕의 수양서로서 널리 읽혔다. 우리나라에서도 조선시대 말기까지 한문서당에서 학습 교재로 많이 사용되었다.
79) 정산 종사 법어, 제2부 법어(法語), 제11 법훈편(法訓篇), 7장, p.941.
80) 대종경 선외록, 15. 생사인과장(生死因果章), 11절, p.100.

제2장 정기 훈련과 상시 훈련(定期訓練-常時訓練)

일상 수행하는 데 요긴한 법으로 일상 수행의 요법을 내 놓으셨건만, 이 요법대로 누구나 수행이 잘 되는가?

극소수를 제외하고는 대부분 잘 되지 않는다.

각자의 근기가 다르고, 살아온 습관이 다르기 때문이다.

그래서 대종사님께서는 수행을 잘 하고 기질을 바꾸기 위해서 정기·상시로 법대로 훈련하게 하셨다.

공부인에게 일분 일각도 공부를 떠나지 아니하고 정기로 법의 훈련을 받게 하기 위해 정기 훈련법을 내놓으셨고, 상시로 수행을 훈련시키기 위해 상시 훈련법을 내놓으셨다.

따라서 정기 훈련은 정기 훈련법으로, 상시 훈련은 상시 훈련법으로 훈련하게 하셨다.

평소 일상생활 속에서 정기 훈련과 상시 훈련으로 평상심을 기르는 것이 가장 중요하나니

대산 종사 말씀하시기를

"진리를 일상생활 속에서 물을 마시고 숨을 쉬듯이 활용하는 법이라야 만대를 이어갈 살아 있는 법이라, 평소 일상생활 속에서 정기 훈련과 상시 훈련으로 평상심을 기르는 것이 가장 중요하나니, 특별히 혼자서 애쓰는 것보다 아침부터 저녁까지 대중과 함께 법도 있는 생활을 오래오래 계속하고 보면 나도 모르는 사이에 큰 힘이 쌓이게 되느니라[81]."

정기 훈련과 상시 훈련을 조석으로 결제하고 해제하라

대산 종사 말씀하시기를

"정기 훈련과 상시 훈련을 조석으로 결제하고 해제하라.

---

81) 대산 종사 법어, 제3 훈련편, 3장, p.71.

아침에 일어나면 정기 훈련을 결제하여 심고·좌선·독경 등을 한 다음 이를 해제함과 동시에 상시 훈련을 결제해 각자의 일터에서 활동을 하고,

오후에 일을 마치면 다시 이를 해제하고 정기 훈련을 결제하여 경전·의두·회화·심고·염불·좌선·일기 등으로 정진하라.

이처럼 매일매일 결제 해제, 해제 결제를 3년만 계속하고 보면 마침내 큰 힘을 얻게 되느니라82)."

제1절 정기 훈련법(定期訓練法)

공부인83)에게 정기(定期)84)로 법85)의 훈련86)을 받게87) 하기 위하여 정기 훈련 과목으로 염불(念佛)·좌선(坐禪)·경전(經典)·강연(講演)·회화(會話)·의두(疑頭)·성리(性理)·정기 일기(定期日記)·상시 일기(常時日記)·주의(注意)·조행(操行) 등의 과목을 정하였나니,

염불·좌선은 정신 수양 훈련 과목이요, 경전·강연·회화·의두·성리·정기 일기는 사리 연구 훈련 과목이요, 상시 일기·주의·조행은 작업 취사 훈련 과목이니라.

공부와 훈련의 관계는?

공부는 '학문을 배움. 또, 배운 것을 익힘'이며, 한두 번 배우고

---

82) 대산 종사 법어, 제3 훈련편, 29장, p.84.
83) 대종사님께서 정전에 밝혀 놓으신 법(일원상의 진리·신앙·수행)대로 공부길을 잡고, 대종사님의 가르침을 그대로 밟아 가는 사람.
84) 정한 기한. 또는 기간. 일정하게 지키는 시기.
85) 대종사님께서 정전에 나투어 주신 모든 법. 전 교리와 수행법.
86) 실무를 배워 익힘. 익숙하게 될 때까지 몇 번이고 거듭하여 연습하는 것. 완료된 것이 아니라 계속 진행형의 의미가 깊어져 있다.
87) (받다+게): 자기에게 베풀어지는 어려운 과정을 겪다.

익히는 것에 그치는 것이 아니라, 배우고 깨달은 것을 익숙하게 될 때까지 익히고, 또 그를 통하여 배우고 깨닫는 것이다.

바로 이런 의미의 말이 훈련이다.

훈련이란 '(나를) 어떤 일에 익숙하기까지 가르치고 연습시키는 것'을 말하므로 공부가 곧 훈련이요 훈련이 곧 공부다.

이런 의미를 알고 나니, '공부'·'공부인'이란 말이 '훈련'·'훈련법'과 얼마나 잘 어울리는 천생 배필이지 않은가!

공부인에게 정기로 법의 훈련을 어떻게 받게 하는가?

법의 훈련은 대종사님 법에 근거한 사실적 도덕의 훈련이며, 대종사님께서 정전에 나투어 주신 그 법대로 밟아가는 것이다.

일원상의 진리를 신앙하는 동시에 수행의 표본을 삼아서 비공부인 나를 공부인 되게 하는 훈련이다.

그러면 법의 훈련을 보다 구체적으로 받으려면 어떻게 해야 할까?

대종사님께서는 정기 훈련 11과목을 법의 훈련(공부) 과목으로 정하였으므로, 시간을 정하여 혼자하든지 또는 공부 모임에서 공부인들과 함께하든지 이 11과목으로 오래오래 공부하기를 계속하면 정기로 법의 훈련을 받는 것이다.

왜 정신 수양 과목, 사리 연구 과목, 작업 취사 과목이 아니고, 정신 수양 훈련 과목, 사리 연구 훈련 과목, 작업 취사 훈련 과목인가?

공부란 한두 번 하고 마는 것이 아니라, 배우고 깨친 것을 익숙하게 될 때까지 익히고 또 익히는 것이므로 공부는 곧 훈련이요 훈련은 곧 공부다.

일기를 기재시키는 뜻을 보면, 상시 일기는 재가·출가와 유무식을 막론하고 당일의 유무념 처리와 학습 상황과 계문에 범과 유무를 반성하게 하기 위함이며, 정기 일기는 모든 일을 작용할 때 취사의 능력을 얻게 함이고 대소 유무의 이치가 밝아지는 정도를 대조하게 함이므로 취사·주의·반성·작용·대조는 한시도 우리의 생활과 떼어 놓을 수 없는 것이다. 끊임없이 하고 또 하는 것이며, 이것들은 곧 우리 생활의 일부요 전체다. 이렇게 하는 것이 바로 훈련이다.

참회와 서원을 보자.

어느 한 순간 경계를 대하게 되었을 때만 참회하고, 마음이 두렷하고 고요할 때와 어떠한 마음을 정하려 하고 더욱 굳건히 할 때에만 서원을 세우는가?

정해진 법회 시간이나 기도 시간에만 참회하고 서원하는가?

그런 경우도 있겠으나, 참회와 서원은 행·주·좌·와·어·묵·동·정 간에 염념 불망[88]하는 마음으로 한시도 마음에서 떠나지 아니하고 경계를 대할 때마다 참회하고 또 서원하는 것이 아닌가?!

그러고 보니, 경계를 따라 있어지나니 다음의 쉼표(,)와 대중만 잡아갈지니라의 '만' 속에는 이미 참회와 서원도 들어 있는 게 아닌가!

이렇게 보니 공부·일기·서원·참회만 훈련이 아니라, 마음 대조·염불·좌선 등 훈련 아닌 것이 없다.

대종사님께서 '정기 훈련법'의 11과목을 정기 과목이라 하지 않고 왜 '정기 훈련 과목'이라 했으며,

'염불·좌선'을 정신 수양 과목이라 하지 않고 왜 '정신 수양 훈련 과목'이라 했으며,

'경전·강연·회화·의두·성리·정기 일기'를 사리 연구 과목이라 하지 않고 왜 '사리 연구 훈련 과목'이라 했으며,

'상시 일기·주의·조행'을 작업 취사 과목이라 하지 않고 '작업 취사 훈련 과목'이라 했는지 알 수 있을 것 같다.

이 훈련 자(字)에 힘을 주라는 의미를 알 것 같다.

염불[89]은 우리의 지정[90]한 주문(呪文)[91] 한 귀[92]를 연하여[93] 부르게 함이니, 이는 천지 만엽[94]으로 흩어진 정신을 주문 한 귀에 집주[95]하되 천념 만념[96]을 오직 일념[97]으로 만들기 위함이요,

---

88) 자꾸 생각나서 잊지 못함(念念不忘).

염불에 몇 가지 단계가 있는가?

"부처님의 명호를 구송(口誦)98)만 하거나 그 상호(相好)99) 등을
염하고 있는 것은 하열100)한 근기의 염불이요,
　부처님의 원력과 부처님의 마음과 부처님의 실행을 염하여 염불
일성에 일념을 집주101)함은 진실한 수행자의 염불이니라102)."

'우리의 지정한 주문(呪文) 한 귀(句)'는?

원래에 분별 주착이 없는 자성의 정(定)·혜(慧)·계(戒)를 세워
천념 만념을 일념으로 만드는 "나무아미타불(南無阿彌陀佛)"이다.

'천지 만엽으로 흩어진 정신을 주문 한 귀에 집주하여 천념 만념을 오직 일념으로 만들기 위함'이란?

이는 정신 수양이다.

---

89) 부처의 상호(相好)·공덕을 염(念)하면서, 입으로 불명(佛名)을 부르는 일. 또
　는 아미타불의 명호를 외는 일. 염(念)은 '생각하다. 마음에 두다. 조용히 불
　경이나 진언 따위를 외우다.'의 뜻이다.
90) 이것이라고 가리켜 정함.
91) 일심을 만들어 각자의 소원을 달성하기 위해 반복해서 외울 수 있도록 만든
　간단한 기원문의 일종(예: 영주, 청정주, 성주 등).
92) 글귀. 시문의 토막토막 끊어진 구절.
93) 이어 대다. 잇닿다.
94) 무성한 식물의 가지와 잎. 일이 여러 갈래로 나뉘어 어수선함을 비유하는 말.
　천지 만엽으로 흩어진 정신: 경계를 따라 일어난 마음.
95) 한 군데로 모아 쏟음. 한 군데로 기울어짐.
96) 여러 가지 많은 생각. 천지 만엽으로 흩어진 정신.
97) ①한결 같은 마음. 한 가지 생각. 온 정신(全心)을 기울여 염불하는 일. ②두
　렷하고 고요하여 분별성과 주착심이 없는 경지의 마음.
98) 소리 내어 읽거나 외움.
99) 얼굴의 형상.
100) 천하고 비열함.
101) 한 군데로 모아 쏟음. 한 군데로 기울어짐.
102) 정산 종사 법어, 제2부 법어(法語), 제6 경의편(經義篇), 28장, p.848.

천지 만엽으로 흩어진 정신, 즉 경계를 따라 일어나는 분별성과 주착심을 안으로 없이 하며, 밖으로 산란하게 하는 경계에 끌리지 아니하여 두렷하고 고요한 정신을 양성함을 이름이며,

경계를 대할 때마다 공부할 때가 돌아온 것을 염두에 잊지 말고 항상 끌리고 안 끌리는 대중만 잡는 것이다.

> 좌선은 기운을 바르게103) 하고 마음을 지키기104) 위하여 마음과 기운을 단전(丹田)105)에 주(住)하되106) 한 생각이라는 주착107)도 없이 하여, 오직 원적 무별(圓寂無別)108)한 진경109)에 그쳐110) 있도록 함이니, 이는 사람의 순연111)한 근본 정신을 양성하는 방법이요,

'마음을 지키기 위하여'라 함은?

마음을 지키는 것은 경계를 대할 때마다 공부할 때가 돌아 온 것을 염두에 잊지 말고 항상 끌리고 안 끌리는 대중만 잡아가는, 즉 마음을 잃지 않고 경계를 공부 기회로 삼는 것이며,

또는 심지는 원래 요란함·어리석음·그름이 없건마는 경계를 따라 있어지나니, 그 요란함·그 어리석음·그 그름을 없게 하는 것으

---

103) (바르다+게): 틀리거나 비뚤어지지 않고 곧다. 도리에 맞다.
104) (지키다+기): 잃지 않도록 살피다.
105) ①배꼽 아래 5cm 정도에서 다시 안쪽으로 5cm 정도 되는 부위를 이름. ②마음의 딴 이름.
106) (주하다+되): 머물다. 그치다.
107) 한 편에 집착하여 머물러 있는 것.
108) 한 생각이라는 주착도 없는 상태. 마음이 두렷하고 고요하여 분별성과 주착심이 없는 상태.
109) 실제의 경지. 참다운 경지. 우리의 자성(自性)·성품을 나타내는 말로서 조금도 거짓이 없고 오직 진실 그대로라는 뜻. 원적 무별한 마음의 상태. 적적 성성(寂寂惺惺)하고, 성성 적적(惺惺寂寂)한 마음의 상태.
110) (그치다+여): 계속되는 움직임이 멈추게 되다. 계속되는 움직임을 멈추게 하다.
111) 본디 그대로의 순전(순수하고 완전함)한 모양. 섞인 것이 조금도 없는 모양.

로써 자성의 정·혜·계를 세우자는, 즉 원래 마음을 잃지 않고 경계를 따라 있어지는 그 요란함·그 어리석음·그 그름으로 공부하여 자성의 정·혜·계를 세우는 것이며,

또는 경계를 따라 원망심을 내다가도 마음을 챙겨 급기야는 원망 생활을 감사 생활로 돌리는 것이며,

또는 만사를 작용할 때에 원·근·친·소(遠近親疎)와 희·로·애·락(喜怒哀樂)에 끌리지 아니하고 오직 중도를 잡는 것 또한 마음을 잘 지키는 것이다.

'한 생각이라는 주착도 없이 하여'라 함은?

한 생각이라는 주착도 없는 상태며, 원적 무별(圓寂無別)한 진경을 이르며, 마음이 두렷하고 고요하여 분별성과 주착심이 없는 상태의 마음을 이른다.

'원적 무별(圓寂無別)한 진경에 그쳐 있도록 함'이란?

경계를 따라 일어나는 마음을 챙기고 또 챙기고 대조하고 또 대조하여 원래 마음으로 돌려 분별성과 주착심을 없이 함으로써 마음이 두렷하고 고요한 상태에 있는 것이다.

'사람의 순연한 근본 정신'은 무엇이며, 이를 양성하는 것이란?

사람의 순리 자연한 근본 정신은 일체 중생의 본성(本性)이며, 원래에 분별·주착이 없는 각자의 성품이며, 두렷하고 고요하여 분별성과 주착심이 없는 경지의 마음이다.

그러므로 이를 양성하는 것이란 정신 수양을 말한다.

좌선은 정(定) 공부의 큰길이요, 기도는 정 공부의 지름길이니

학인이 묻기를

"정(定) 공부의 길로는 염불과 좌선뿐이오니까?"

말씀하시기를

"무슨 일이나 마음이 한 곳에 일정하여 끌리는 바 없으면 정 공부가 되나니, 기도도 정 공부의 길이 되며, 매사를 작용할 때에 온전한 생각으로 그 일 그 일의 성질을 따라 취할 것은 능히 취하고 놓을 것은 능히 놓으면 큰 정력을 얻나니라."

또 말씀하시기를

"좌선은 정 공부의 큰 길이 되고 기도는 정 공부의 지름길이 되나니, 기도 드리며 일심이 되면 위력과 정력을 아울러 얻나니라[112]."

초학자는 좌선보다는 염불을 많이 하라

대종사 서울 교당에서 수양 방법에 대하여 말씀하시었다.

"초학자는 좌선보다는 염불을 많이 하라."

이공주 여쭈었다.

"노인은 모르지만 젊은 사람이 어찌 나무아미타불을 부르고 있겠나이까?"

대종사 말씀하시었다.

"그러면 글귀는 외우겠는가?"

공주 사뢰었다.

"글귀야 얼마든지 외울 수 있겠나이다."

대종사 말씀하시었다.

"그렇다면 염불 대신 외울 글귀 하나를 지어줄 것이니 받아쓰라."

하시고 즉석에서 "去來覺道無窮花 步步一切大聖經(거래각도무궁화 보보일체대성경)"이라 하시었다.

함께 있던 성성원(成聖願)이 여쭈었다.

"저도 염불은 남이 부끄러워 못하겠사오니 글귀 하나 지어주소서."

---

112) 정산 종사 법어, 제2부 법어(法語), 제7 권도편(勸道篇), 14장, p.872.

대종사 웃으시며 말씀하시었다.

"그러면 또 받아 써 보라."

하시고 "永天永地永保長生 萬歲滅度常獨露(영천영지영보장생 만세멸도상독로)"라 하시었다.

그 후 몇 해를 지나 그 글귀를 성주(聖呪)라 제목하여 영혼들의 천도 주문으로 사용하였다[113].

염불과 좌선이 정할 때 공부 과목이지만, 염불과 좌선의 관계는?

염불과 좌선은 정신 수양 훈련 과목이며 정(靜)할 때 공부 과목이다.

좌선은 정적(靜的)인데 비해, 염불을 하면 입·목·머리·배 뿐만이 아니라 몸 전체가 울리므로 동적(動的)이다. 즉 정 속에 동이 있는 셈이다. 그러나 염불을 일심으로 계속하면 염불을 한다는 생각도, 몸이 울린다는 생각도 없어지고 정 상태가 되나, 몸이 울리는 것 또한 사실이므로 정 속에 동이 들어 있다.

이는 마치 삼학에서 수양 속에 연구·취사가 바탕으로 포함되어 있고, 연구 속에 수양·취사가 바탕으로 포함되어 있고, 취사 속에 수양·연구가 바탕으로 포함되어 있듯이, 정 속에 동이 있고 동 속에 정이 있는 의미와 같다.

그러므로 좌선을 할 때 일심이 잘 되지 않으면 이는 동한 상태이므로 정 중 동 공부인 염불로 마음을 안정시킨 후에 좌선을 하면 일심이 잘 모아진다.

염불과 좌선은 상황에 따라 주(主)와 종(從)이 있을 뿐, 천념 만념을 일념을 만드는 데 서로서로 도움이 되고 바탕이 되는 하나의 관계를 이루고 있다.

수양의 방법은 염불과 좌선과 무시선 무처선이 주가 되나 연구

---

113) 대종경 선외록, 22. 최종선외장(最終選外章), 2절, p.149.

와 취사가 같이 수양의 요건이 되나니라

말씀하시기를

"수양의 방법은 염불과 좌선과 무시선 무처선이 주가 되나 연구와 취사가 같이 수양의 요건이 되며,

연구의 방법은 견문과 학법(學法)과 사고가 주가 되나 수양과 취사가 같이 연구의 요건이 되며,

취사의 방법은 경험과 주의와 결단이 주가 되나 수양과 연구가 같이 취사의 요건이 되나니라114)."

경전115)은 우리의 지정 교서와 참고 경전 등을 이름이니, 이는 공부인으로 하여금 그 공부하는 방향로116)를 알게 하기 위함이요,

'지정 교서와 참고 경전 등'이란?

지정 교서는 원불교의 교리·제도·역사 등을 교도들에게 가르치기 위한 기본 교과서로서 원불교 교전(정전, 대종경), 불조요경, 정산 종사 법어(세전, 법어), 예전, 교사, 성가, 교헌 등의 7대 교서를 말하며, 대산 종사 법어를 더하여 8대 교서라 하고, 정전·대종경·불조요경·예전·세전·정산 종사 법어·대산 종사 법어·교사·성가·교헌 등을 10대 교서라고 한다.

참고 경전은 지정 교서를 제외한 선진님들의 법어나 기타 이웃 종교의 경전이나 성현들의 가르침을 기록한 경전을 일컫는다.

경전이라 하는 것은 과거 세상의 성자 철인들이 세도 인심(世道

---

114) 정산 종사 법어, 제2부 법어(法語), 제6 경의편(經義編), 15장, p.843.
115) ①성인이 지은 글. 성인의 언행을 적은 글. 사서·오경 등. 불교의 교리를 적은 글. ②우리의 지정 교서와 참고 경전 등을 이름이니, 이는 공부인으로 하여금 그 공부하는 방향로를 알게 하기 위함이다.
116) 공부하는 방향로: 공부길.

人心)을 깨우치기 위하여 그 도리를 밝혀 놓은 것이지마는

　대종사 말씀하시기를

　"세상 사람들은 경전을 많이 읽은 사람이라야 도가 있는 것으로 인증하여, 같은 진리를 말할지라도 옛 경전을 인거(引據)[117]하여 말하면 그것은 미덥게 들으나, 쉬운 말로 직접 원리를 밝혀줌에 대하여는 오히려 가볍게 듣는 편이 많으니 이 어찌 답답한 생각이 아니리요.

　경전이라 하는 것은 과거 세상의 성자 철인들이 세도 인심(世道人心)[118]을 깨우치기 위하여 그 도리를 밝혀 놓은 것이지마는, 그것이 오랜 시일을 지내 오는 동안에 부연(敷衍)[119]과 주해(註解)[120]가 더하여 오거 시서(五車詩書)[121]와 팔만 장경(八萬藏經)[122]을 이루게 되었나니,

　그것을 다 보기로 하면 평생 정력을 다하여도 어려운 바라, 어느 겨를[123]에 수양·연구·취사의 실력을 얻어 출중 초범[124]한 큰 인격자가 되리요.

　그러므로, 옛날 부처님께서도 정법(正法)과 상법(像法)과 계법(季法)[125]으로 구분하여 법에 대한 시대의 변천을 예언하신 바 있거니와, 그 변천되는 주요 원인은 이 경전이 번거하여 후래 중생

─────────────

117) 인용하여 근거로 삼음. 또는 그 근거.
118) 그 시대의 사회적 현상과 사람들의 정신 상태.
119) 이해하기 쉽도록 설명을 덧붙여 자세히 말함.
120) 본문의 뜻을 알기 쉽게 풀이함. 또는 그런 글.
121) 다섯 대의 수레에 가득 실을 만큼 많은 장서(藏書)라는 말. 책이 매우 많은 것을 비유하는 말.
122) 팔만대장경, 팔만사천대장경의 준말. 대장경에 팔만 사천의 법문이 있다고 해서 이렇게 말한다.
123) 일을 하다가 쉬게 되는 틈. 여가.
124) 출중 초범(出衆超凡): 여러 사람 가운데서 특별히 두드러지고, 범상함을 넘어서서 뛰어남.
125) 정법(正法)·상법(像法)·계법(季法): 정법·상법·말법(末法) 또는 정법시(時)·상법시·말법시라고도 하고, 서가모니불이 입멸한 뒤에 교법이 유행하는 시기를 3단계로 나누어 설명하는 것으로 ①정법시: 교법·수행·증과의 삼법(三法)이 완전한 시대를 말하며, ②상법시: 교법과 수행은 있으나, 증과하는 이가 없는 시대를 말하며, ③말법시: 교법만 있고 수행과 증과가 없는 시대를 말한다.

이 각자의 힘을 잃게 되고 자력을 잃은 데 따라 그 행동이 어리석어져서 정법이 자연 쇠하게 되는지라,

그러므로 다시 정법 시대가 오면 새로이 간단한 교리와 편리한 방법으로 모든 사람을 실지로 훈련하여 구전 심수(口傳心授·受)126)의 정법 아래 사람사람이 그 대도를 체험하고 깨치도록 하나니, 오거 시서는 다 배워 무엇하며 팔만 장경은 다 읽어 무엇하리요.

그대들은 삼가 많고 번거한 옛 경전들에 정신을 빼앗기지 말고, 마땅히 간단한 교리와 편리한 방법으로 부지런히 공부하여, 뛰어난 역량(力量)을 얻은 후에 저 옛 경전과 모든 학설은 참고로 한번 가져다 보라.

그리하면127), 그때에는 십년의 독서보다 하루 아침의 참고가 더 나으리라128)."

많고 번거한 모든 경전을 읽기 전에 먼저 이 현실로 나타나 있는 큰 경전을 잘 읽어야

대종사 말씀하시기를
"그대들 가운데 누가 능히 끊임없이 읽을 수 있는 경전을 발견하였는가?

세상 사람들은 사서 삼경(四書三經)이나 팔만 장경이나 기타 교회의 서적들만이 경전인 줄로 알고 현실로 나타나 있는 큰 경전은 알지 못하나니 어찌 답답한 일이 아니리요.

사람이 만일 참된 정신을 가지고 본다면 이 세상 모든 것이 하나도 경전 아님이 없나니, 눈을 뜨면 곧 경전을 볼 것이요, 귀를 기울이면 곧 경전을 들을 것이요, 말을 하면 곧 경전을 읽을 것이

---

126) ①스승이 제자에게 비법을 말로 전해주고 마음으로 가르쳐 주는 것. ②스승이 말로 전해주고 제자가 마음으로 받아들이는 것, 즉 지도인과 문답하고, 지도인의 감정을 얻고, 지도인에게 해오를 얻는 것을 말한다.
127) '그러하면'을 '그리하면'으로 고침. 그리하다: 앞에서 언급한 행위를 하다.
128) 대종경, 제3 수행품(修行品), 22장, p.156.

요, 동하면 곧 경전을 활용하여 언제 어디서나 조금도 끊임없이 경전이 전개되나니라.

무릇, 경전이라 하는 것은 일과 이치의 두 가지를 밝혀 놓은 것이니, 일에는 시비 이해를 분석하고 이치에는 대소 유무를 밝히어, 우리 인생으로 하여금 방향을 정하고 인도를 밟도록 인도하는 것이라, 유교·불교의 모든 경전과 다른 교회의 모든 글들을 통하여 본다 하여도 다 여기에 벗어남이 없으리라.

그러나, 일과 이치가 글에 있는 것이 아니라 세상 전체가 곧 일과 이치 그것이니 우리 인생은 일과 이치 가운데에 나서 일과 이치 가운데에 살다가 일과 이치 가운데에 죽고 다시 일과 이치 가운데에 나는 것이므로 일과 이치는 인생이 여의지 못할 깊은 관계가 있는 것이며 세상은 일과 이치를 그대로 펴 놓은 경전이라,

우리는 이 경전 가운데 시비 선악의 많은 일들을 잘 보아서 옳고 이로운 일을 취하여 행하고 그르고 해 될 일은 놓으며, 또는 대소 유무의 모든 이치를 잘 보아서 그 근본에 깨침이 있어야 할 것이니, 그런다면 이것이 산 경전이 아니고 무엇이리요.

그러므로, 나는 그대들에게 많고 번거한 모든 경전을 읽기 전에 먼저 이 현실로 나타나 있는 큰 경전을 잘 읽도록 부탁하노라[129]."

지묵의 경전보다 현실의 경전이 더욱 큰 경전이요 현실의 경전보다 무형의 경전이 더욱 근본 되는 경전이니라

말씀하시기를
"부처님께서는 근기 따라 읽게 하는 세 가지 경전을 설하시었나니,
첫째는 지묵(紙墨)[130]으로 기록된 경전들이요,
둘째는 삼라만상으로 나열되어 있는 현실의 경전이요,
셋째는 우리 자성에 본래 구족한 무형의 경전이라,
지묵의 경전보다 현실의 경전이 더욱 큰 경전이요 현실의 경전

---

129) 대종경, 제3 수행품(修行品), 23장, p.157.
130) 종이와 먹을 아울러 이르는 말.

보다 무형의 경전이 더욱 근본 되는 경전이니라."

또 말씀하시기를

"'성인이 나시기 전에는 도가 천지에 있고, 성인이 나신 후에는 도가 성인에게 있고, 성인이 가신 후에는 도가 경전에 있다.' 하시 었나니, 우연 자연한 천지의 도가 가장 큰 경전이니라[131]."

정전은 원경(元經)이요 대종경은 통경(通經)이라

정산 종사 말씀하시기를

"정전은 교리의 원강(元綱)[132]을 밝혀 주신 '원(元)'의 경전[133]이요 대종경은 그 교리로 만법을 두루 통달케 하여 주신 '통(通)'의 경전[134]이라,

이 양대 경전이 우리 회상 만대의 본경(本經)[135]이니라."

시자 이공전(李空田)[136] 사뢰기를

"예전 등 기타 교서의 주지(主旨)[137]는 무엇이오니까?"

---

131) 정산 종사 법어, 제2부 법어(法語), 제9 무본편(務本篇), 52장, p.925.
132) 으뜸·근본·근원이 되고 뼈대가 되는 줄거리.
133) 원경(元經): 모든 경전 중에서도 가장 근본되고 으뜸되는 경전이라는 뜻.
134) 통경(通經): 그 내용이 사통오달로 모든 경우에 두루 해당되는 경전이라는 뜻.
135) 근본·기본이 되는 경전. 이는 참고서와 대비되는 교과서를 말함.
136) 본명은 순행(順行). 법호는 범산(凡山). 법훈은 종사. 1927년(원기12) 3월 24일, 전남 영광군 묘량면 신천리에서 부친 호춘(恒山 李昊春)과 모친 김장신갑(裁陀圓 金長信甲)의 4남매 중 장남으로 출생하여 2013년 열반했다. 1940년 총부를 방문하여 소태산 대종사를 뵙고 입교와 함께 전무출신을 서원했다. 유일학림 1기로 수학한 다음 원광사 주필, 법무실 비서, 대종경 편수위원, 정화사 사무장, 원불교신보사 주필, 감찰원 부원장, 하섬수양원장, 원불교신보사장, 남자원로수양원장, 수위단원을 역임하고, 한국종교인협의회 발기위원과 세계종교자평화회의 원불교대표 등 교단의 대외교류 역할을 수행했다. 특히 소태산 당시인 1942년 박장식, 1943년 정산 종사를 보필하여 '정전' 편찬에 조력한 것을 시작으로 원불교 교서 편수에 참여하여 대산 종사 재위 중에 '원불교 교전' 등의 7대 교서를 완정하는 주역으로 활약했다.
137) 주장이 되는 요지(要旨: 말이나 글 따위에서 핵심이 되는 중요한 내용)나 근본이 되는 중요한 뜻.

말씀하시기를

"예전은 경(敬), 성가(聖歌)는 화(和), 세전(世典)은 정(正)이 각각 그 주지가 되나니라138)."

원기 원년 대종사께서 대각 후 비몽사몽간에 생각된 경명(經名)이 금강경이었다. 그해 5월 일산 이재철 대봉도가 대종사님의 명을 받들고, 금강경을 불갑사에서 구해다 드렸다. 또한 모든 종교의 경전을 두루 열람하시고는 금강경을 연원경으로 정하고 서가모니불에게 연원을 정하였다.

이때 대종사님께서 참고하신 경전은 사서(四書)139), 소학(小學)140), 금강경(金剛經), 선요(禪要)141), 불교대전(佛敎大全)142), 팔상록(八相錄)143), 음부경(陰符經)144), 옥추경(玉樞經)145), 동경대전(東經大全)146),

---

138) 정산 종사 법어, 제2부 법어(法語), 제6 경의편(經義篇), 1장, p.839.
139) 대학(大學), 논어(論語), 맹자(孟子), 중용(中庸)의 네 가지 경서(經書).
140) 송대의 성리학자 주희(朱熹)의 지시로 문인 유자징(劉子澄)이 여러 교육 내용을 모아 편집한 책으로 총 6권이 전한다. 내편은 권1 입교(立敎), 권2 명륜(明倫), 권3 경신(敬身), 권4 계고(稽古)로 되어 있고, 외편은 권5 가언(嘉言), 권6 선행(善行)으로 되어 있다. 소학의 내편은 서경·의례·주례·예기·효경·좌전·논어·맹자·제자직(弟子職)·전국책(戰國策)·설원(說苑) 등에서 내용을 추출한 것으로 알려져 있다.
141) 중국 원(元)나라 때의 임제종 선승 고봉원묘(高峰圓妙)의 어록으로, 선법(禪法)의 요의(要義)를 밝힌 선서(禪書).
142) 만해 한용운이 편찬한 현대적 불교 성전. 만해는 그의 불교 유신 사상에 입각해서 불교의 전통을 현대의 상황에 맞추어 '불교대전'을 편찬했다. 만해는 '조선불교유신론'을 탈고한 뒤인 1912년부터 통도사에서 '고려대장경' 1,511부 6,802권을 낱낱이 열람하고 그 가운데에서 1,000여부의 경·율·론으로부터 중요한 내용을 발췌한 것이다. 따라서 '불교대전'은 축소판 '팔만대장경'이라 할 수 있다.
143) 서가모니의 일대기를 여덟 부분으로 나누어 기록한 책.
144) 도가(道家)의 사상을 수용한 병법(兵法) 책. 447자의 단문으로, 구성은 신선포일연도(神仙抱一演道), 부국안민연법(富國安民演法), 강병전승연술(强兵戰勝演術)의 3장이다. 도교에서 경전으로 받들리며, 이에 따라 경(經)이란 글자도 붙게 되었다. 음양이론과 생사의 문제 등을 다루고 있으며, 우리나라에도 일찍부터 유행했다.
145) 도교 경전의 하나. 남송대인 13세기경에 성립된 것으로, '도장(道藏)' 동진부(洞眞部)에는 금단도(金丹道)인 전진교(全眞敎)를 대성한 백옥섬(白玉蟾)의 주(註)를 포함한 집주본(集註本)이 수록되어 있다.

동학가사(東學歌辭)147), 구약(舊約)148), 신약(新約)149) 등이다. 기회 있을 때마다 몇 가지를 대중들에게 말씀하시고 강설하였다. 정산 종법사님도 금강경, 육조단경(六祖壇經)150), 대순전경(大巡典經)151), 수심

146) 동학(東學)의 창시자 최제우(水雲崔濟愚)가 지은 경전. '용담유사(龍潭遺詞)'와 함께 동학계 종교의 기본 경전이다.
147) 동학·천도교에서 펴낸 가사의 총칭. 최제우의 '용담유사(龍潭遺詞)'를 비롯해 동학 계통의 여러 종파에서 펴낸 많은 가사가 있다.
148) 구약성서의 준말. 신약성서와 함께 기독교의 소의경전이며, 예수 탄생 이전에는 유태교의 성전이었으며 기독교가 유태교의 영향을 받아 생겼기 때문에 오늘날 기독교의 '성경'으로 받아들여지고 있다. 유대인의 성경은 약 3,500~2,000년 사이에 오랜 세월을 거쳐 쓰인 것들을 모은 것으로서 본래 히브리어로 쓰인 24권의 책들을 그리스어로 번역하면서 39권으로 재편집했다. 구약은 3부로 나누어지는데 제1부인 토라(Torah)는 율법서로 모세5경이라고도 하며 제2부 예언서 13권과 제3부 성문서 21권으로 이루어졌다.
149) 신약성서의 준말. 기독교 '성서' 중 예수 탄생 이후 신의 계시를 기록한 것. '신약'이라는 말은 유태교의 경전이었던 '구약'과 구별하여 예수 그리스도에 의한 새로운 구제 계약이란 뜻으로 예수의 생애를 기록한 복음서 4부와 제자들의 전도 기록인 '사도행전' 및 사도들의 서간류 21부, '묵시록' 등 총 27부로 되어 있는데 모두 그리스어로 씌어졌다. 기독교의 경전이 된 것은 4세기말부터다.
150) 요약 중국 남종선(南宗禪)의 근본이 되는 선서(禪書). 달마(達磨)에 의해서 시작된 중국 선의 흐름은 6대째가 되는 혜능(慧能)에 오게 되면 '금강경'의 반야 사상에 근거한 새로운 경향을 띠게 되는데, 이 혜능을 등장 인물로 하여 대상의 모양이나 불성의 근본에 집착하지 않은 활달, 자재로운 좌선을 강조하며, 견성(見性)할 것을 내용으로 하는 달마의 전통이 남종선으로 이어지고 있다고 서술되었다. 이 책은 불교 경전이 아니라 중국의 선사(禪師)들이 여러 세대에 걸쳐 가필(加筆), 보충한 형태로 편찬되었기 때문에 여러 가지 종류가 있으나 둔황(敦煌)에서 출토된 것이 가장 오래되어 이를 기준으로 초기 선종의 흐름을 파악하였다. 한국의 선종도 중국의 남종선에서 유래한 까닭에, 일찍부터 이 책이 유행하여 이제까지 밝혀진 목판·판각(板刻) 종류만도 20종이나 되며, 주로 덕이본(德異本)이 유통되어 왔다.
151) 증산교 교주인 강일순(姜一淳)의 행적과 가르침을 적은 것으로 증산교의 기본 경전. 1929년 이상호(李祥昊)·이정립(李正立) 형제가 편찬하였다. 이들 형제는 강일순이 죽자 그 제자인 차경석(車京錫)이 분파하여 세운 보천교(普天敎)의 간부로 있다가 탈퇴한 뒤, 현재의 증산교 교단을 창립하였다. 이들은 먼저 당시 구전되던 증산 강일순의 정확한 행적과 가르침을 증산 생전의 여러 제자들을 방문하면서 수집, 정리하여 1926년에 '증산천사공사기(甑山天師公事記)'를 편찬하였다. 이를 다시 수정, 보완하여 1929년 상생사(相生社)에서 출판한 것이 바로 '대순전경(大巡典經)'의 초판으

정경(修心正經)152), 치문(緇文)153), 삼가귀감(三家龜鑑)154) 등을 수도인이면 한번 섭렵해야 한다고 말씀하셨다.

나는 두 스승님의 말씀 따라 모든 경전들을 섭렵하였다. 그러던 중 대종사님께서 "너는 나보다 글이 수승하니 이제 더 이상 책을 보지 말라." 하여 그 동안 덮어두었다가 대중을 지도할 위치에 서니 할 수 없이 책을 다시 보게 되었다. 책을 다시 보니 저절로 뜻이 통하고 강령이 잡혔다. 팔만장경이나 오거시서를 다 볼 것은 없지만 우리의 지정 교서를 공부한 후 타종교의 경전을 한 번 보아야 한다. 그래야 우리 법이 대경대법인 줄 알게 될 것이며, 삼교의 교지를 두루 통달하게 될 것이다.

로 모두 13장 499절 249면으로 되어 있다. 1947년 일제하에서 기록할 수 없었던 내용을 추가하고 체재를 전면 수정하여 총 9장 731절 362면으로 증편한 것이 제3판이다. 그리고 그것을 조금씩 증보하여 1979년에 총 9장 859절 431면으로 낸 것이 현재의 제8판 '대순전경'이다.

152) 정산 종사가 1950년대에 '정정요론(定靜要論)'을 장(章)을 나눈 다음 내용을 가감·보충정리하고 이름 붙여 발간한 수양 보조 교재. 1927년 5월에 발간된 '수양연구요론(修養硏究要論)'에 수록된 '정정요론'은 원래 '정심요결(正心要訣)'로 불리는 독립된 서적으로 전래의 도교계통 수련서였다. 부안 사람 이옥포(李玉圃)가 1900년대에 기술한 것으로 전하는데, 정산이 스승을 찾아 전라도를 순력하던 1917년 증산교단(甑山敎團)을 방문했을 때 강일순(姜一淳)의 여식 강순임(姜舜任)을 통해 수집하여 교단에 수용되었다. 이를 소태산 대종사의 감수 아래 1924~1925년에 이춘풍(李春風)이 번역하고 도교적인 수양 방법을 불교적인 흐름으로 조정하여 '수양연구요론'의 1~2장에 수록함으로써 초기 교단의 수양 보조 교재로 활용되었다. 1950년대에 이르러 정산은 이의 원전을 전후 8장으로 나누고, 내용을 가감·보충해 발간하여 선원(禪院)의 수양 교재로 사용했다.

153) 승려들이 공부하는 데 교훈으로 삼을 만한 고승들의 글을 모아 엮은 책.

154) 조선 중기의 승려 휴정(休靜)이 지은 책. '선가귀감(禪家龜鑑)'·'유가귀감(儒家龜鑑)'·'도가귀감(道家龜鑑)'을 합본해 '삼가귀감'이라 하였으며, 1928년 조선불교중앙교무원에서 간행하였다.
'선가귀감'은 1590년(선조 23)에 목판본으로 간행한 유점사판(楡岾寺板)을 위시하여 여러 차례에 걸친 개판이 있었으며, 근래에 이르러 번역본도 여러 종 출간되었다. '유가귀감'은 논리적 체계를 세워 유교를 논한 것은 아니나, 그 제목에 잘 나타나 있는 바와 같이 유가의 교훈에서 귀감을 삼을 만한 것을 정리한 것이다. '도가귀감'은 '유가귀감'과는 달리 도의 근원을 추구하고, 도를 얻은 사람을 설명하고 있다.

불가의 금강경을 비롯하여 육조단경, 신심명(信心銘)155), 증도가(證道歌)156), 초발심자경문(初發心自警文)157), 수심결(修心訣)158), 선가귀감(禪家龜鑑)159), 과거칠불(過去七佛)160)과 삽삼조사(卅三祖師)161) 등과 유가의 중용(中庸)162), 유가귀감(儒家龜鑑), 명심보감

---

155) 중국 선종의 제3대 조사인 승찬(僧璨)이 선(禪)과 중도(中道) 사상의 요체를 사언절구(四言絶句)의 게송(偈頌)으로 지은 글. 승찬이 선사상의 극치를 신심불이(信心不二)라고 보아, 중생이 본래 부처임을 설파한 4언 146구 548자로 설한 운문체의 선서(禪書)이다. 선의 요체를 대중들에게 쉽게 풀이하여 이해시키려는 목적에서 쓰여졌다.

156) 당(唐)의 영가 현각(永嘉玄覺) 지음. 선(禪)의 핵심을 운문(韻文)으로 읊은 글. 남종선의 시조인 6조 혜능(慧能)에게서 선요(禪要)를 듣고 하룻밤에 증오(證悟)를 얻은 저자가 그 대오의 심경에서 증도의 요지를 247구 814자의 고시체로 읊은 시이다.

157) 출가한 사미가 지켜야 할 덕목을 적은 기본 규율서로서, 고려 중기 지눌(知訥)이 지은 '계초심학인문(誡初心學人文)'과 신라의 원효(元曉)가 지은 '발심수행장(發心修行章)', 고려 후기 야운(野雲)이 지은 '자경문(自警文)'을 합본한 책이다. 야운의 '자경문'이 고려 후기에 저술된 것을 보면 조선시대 때 합본된 것이 분명하나 언제, 누가 합본하였는지는 알 수 없다. '계초심학인문'은 지눌이 조계산 수선사에서 대중을 인도하고 교화시키기 위하여 지은 기본 규율서로 주요 내용은 행자의 마음가짐과 지켜야 할 규범, 일반 대중이 지켜야 할 준칙, 선방에서 지켜야 할 청규 등이다. '발심수행장'에는 수행에 필요한 마음가짐이 적혀 있고, '자경문'에는 수행인이 스스로 일깨우고 경계해야 할 내용이 담겨 있다.

158) 고려 지눌(知訥, 1158~1210)이 찬술한 대표적인 저서의 하나로 '목우자 수심결(牧牛子修心訣)' 또는 '보조국사 수심결(普照國師修心訣)'이라고도 일컫는다. 제명(題名) 그대로 공부하는 이(수행자)의 마음을 닦는 요결(要決)을 간결하게 밝혀 놓은 글이다.

159) 조선 시대의 고승 휴정(休靜, 1520~1604)이 지은 대표적 저서. 명종 19년(1564, 휴정 45세)에 금강산에서 글이 완성되었고, 그 뒤 묘향산 보현사(普賢寺)에서 간행되었다. 참선 공부를 하는 수행자들이 귀감으로 삼을 수 있도록, 50여 종의 경전과 어록(語錄) 등을 참고로 체계 정연하게 엮은 글이다.

160) 서가모니불이 탄생하기 이전에 출현한 일곱 부처님. 비바시불(毘婆尸佛), 시기불(尸棄佛), 비사부불(毘舍浮佛), 구류손불(拘留孫佛), 구나함모니불(拘那含牟尼佛), 가섭불(迦葉佛), 서가모니불(釋迦牟尼佛) 등이다. 앞의 세 부처님은 과거 장엄겁에 나신 부처님, 뒤의 네 부처님은 현재의 현겁(賢劫)에 나신 부처님으로 본다.

161) 선종에서, 서가모니불의 정통 법맥을 이은 33인의 조사. 서가모니가 입멸한 후, 불법(佛法)이 이심전심(以心傳心)으로 전승되어 온 인도의 28조(祖)와 중국의 혜가(慧可)·승찬(僧璨)·도신(道信)·홍인(弘忍)·혜능(慧能)을 일컬음.

(明心寶鑑)163) 등과 도가의 도덕경(道德經), 대통경(大通經)164), 옥추경, 도가귀감(道家龜鑑)165), 천부경(天符經)166)과 유불선의 정수를 종합한 삼가귀감, 채근담(菜根譚)167) 등이나 기타 소서(素書)168), 음부경, 대순전경, 수심정경 등을 한 번 열람하여야 한다.

그 중 이 장에서는 참고 경서를 원문 중심으로 몇 종 선택하여 소개하니 공부에 도움되기 바란다169).

> 강연은 사리170)간에 어떠한 문제를 정하고 그 의지171)를 해석시킴이니, 이는 공부인으로 하여금 대중의 앞에서 격(格)172)을 갖추어173) 그 지견174)을 교환하며 혜두(慧頭)175)를 단련176) 시키기 위함이요,

---

인도의 28조는 달마대사이다.

162) 공자의 손자인 자사의 저작이며 사서(四書)의 하나며 동양 철학의 중요한 개념을 담고 있다. '대학(大學)'·'논어(論語)'·'맹자(孟子)'와 함께 사서(四書)로 불리고 있으며, 송학(宋學)의 중요한 교재가 되었다. 여기서 '中'이란 어느 한쪽으로 치우치지 않는다는 것, '庸'이란 평상(平常)을 뜻한다.

163) 고려 때 어린이들의 학습을 위하여 중국 고전에 나온 선현들의 금언(金言)·명구(名句)를 편집하여 만든 책. 책명의 '명심'이란 명륜(明倫)·명도(明道)와 같이 마음을 밝게 한다는 뜻이며, '보감'은 보물과 같은 거울로서의 교본이 된다는 것을 뜻하였다.

164) 중국 도교의 경전으로 선시 형태임.

165) '유가귀감', '선가귀감'과 더불어 서산대사 유불선의 정수를 정리한 것이다. 조선시대의 최고승 중에 한 분이 간추린 '도가 정신의 정수'이다.

166) 대종교 경전의 하나로 모두 81자로 된 짧은 경전. 1에서 10까지의 숫자를 가지고 천·지·인(天地人)의 생성 소멸의 무한 반복의 경로를 설파한 경전.

167) 중국 명나라 말기의 환초도인(還初道人) 홍자성(洪自誠)이 유교 사상을 줄기로 하여 불교 사상과 도교 사상을 가미하여 엮은 책으로 동양적 인간학을 잘 나타내 주고 있는 수양서(修養書).

168) 황석공(黃石公)이 지었다고 하는 책으로, 도덕치국의 길을 밝히고 있다.

169) 대산 종사 법문집, 5집, 제3부 파수공행(把手共行), 3. 참고 경서(參考經書), p.303.

170) 인간이 세상을 살아가는 데 있어서 시·비·이·해(是非利害)를 사(事)라 하고, 천조의 대·소·유·무(大小有無)를 이(理)라 한다.

171) 뜻.

172) 환경과 사정에 자연스럽게 어울리는 체제와 품위·신분·지위.

173) (갖추다+어): 쓰일 바를 따라 모든 것을 갖게 차리다.

강연은 왜 격을 갖추어서 하는가?

격을 갖춘다 함은 외적으로는 연상(硯床)177)이나 법석(法席)178)을 정식으로 갖추는 것이요, 내용적으로는 강연의 주제에서 벗어나지 않게 하며, 서론·본론·결론의 순서에 따라 조리(條理)179)가 정연(井然)180)하게 하는 것이다.

격을 갖추는 목적은 사리간에 문제의 핵심을 정확히 파악하며 논리181) 정연하게 해석함으로써 그 문제의 의의와 목적, 방법과 결과를 분명하게 알 수 있게 하는바 주로 연역적(演繹的)182) 사고 방식이 단련된다 할 것이다.

회화는 각자의 보고 들은 가운데 스스로 느낀183) 바를 자유로이184) 말하게 함이니, 이는 공부인에게 구속185) 없고 활발186) 하게 의견187)을 교환하며 혜두를 단련시키기 위함이요,

'자유로이'의 극한은?

174) 슬기(智慧)와 식견(識見: 학식과 의견, 곧 사물을 올바르게 판단할 수 있는 능력).
175) 지혜·슬기. 사물의 이치를 밝게 분별할 수 있는 정신력.
176) 몸과 마음을 닦음. 배운 것을 익숙하게 익힘.
177) 문방제구를 벌여 놓아두는 작은 책상.
178) 설법하는 자리. 대중이 모여서 설법을 듣고 진리를 배우는 자리. 법회를 보는 자리. 법잔치를 베푸는 자리.
179) 말이나 글 또는 일이나 행동에서 앞뒤가 들어맞고 체계가 서는 갈피.
180) 짜임새와 조리가 있다
181) 사고나 추리 따위를 이끌어 가는 과정이나 원리.
182) 어떤 명제에서 논리의 절차를 밟아 결론을 이끌어 내거나 또는 그런 과정으로 추론하는 (것).
183) (느끼다+ㄴ): 바깥 사물의 영향을 받아 마음에 깨닫다.
184) -로이: '-롭-'에 '-이'가 붙어 부사를 만드는 접미사. '-롭게'의 뜻. 여기서 '-롭-'의 뜻은 '그러하다', '그럴 만하다'의 뜻으로 형용사를 만든다.
185) 자유 행동을 제한 또는 정지시킴.
186) 기운차게 움직이는 모양. 생기가 있어 원기가 좋음.
187) 마음에 느낀 바 생각.

여기서 '자유로이'의 뜻은 제 마음대로 행동하는 식의 자유로운 것(자행 자지)을 의미하는 것이 아니라,

남에게 구속을 받거나 무엇에 얽매이지 않고 활발하게 의견을 교환하고 혜두를 단련시키는 측면에서 자유로운 것, 즉 자유 자재하는 것이다.

강연·회화가 혜두를 어떻게 단련시키는가?

강연과 회화는 대중이 여럿 모여서 하므로 평소 연구하고 실천한 것이나 감각·감상, 심신 작용의 처리건 등을 조리 정연하게 표현하기 위해서는 자연히 머리를 짜내고 정신을 집중시켜 생각을 궁굴리게 되며,

이렇게 하기 위해서는 자연 현상이나 대인 접물을 건성으로 보아 넘기지 않게 되어 관찰력과 통찰력이 길러지므로 강연·회화는 혜두를 단련케 하는 계기가 된다.

이런 의미에서 강연·회화를 사리 연구 훈련 과목으로 한 것 같다.

> 의두는 대소 유무의 이치와 시비 이해의 일이며 과거 불조[188]의 화두(話頭)[189] 중에서 의심나는 제목을 연구하여 감정[190]을 얻게 하는 것이니, 이는 연구의 깊은 경지를 밟는 공부인에게 사리간 명확[191]한 분석을 얻도록 함이요,

정전 전체가 의두·성리 거리다

---

188) 부처와 조사. 불교의 모든 성현들. 제불 제성.
189) 선가(禪家)에서 스승이 제자에게 제시한 문제. 공안(公案: 선가에서 스승이 제자에게 깨침을 얻도록 인도하기 위하여 제시한 문제)이나 고칙(古則: 재래 불교에서 공안과 같은 말로 씀) 중에서 후학들에게 지혜를 연마하거나 성리를 단련시키기 위하여 제시한 문제.
190) 공부의 정도를 스승이나 대중으로부터 평가 받는 일.
191) 아주 뚜렷하여 틀림이 없음. 명백하고 확실함.

대종사님께서 정전을 쓰실 때 대소 유무의 이치와 시비 이해의 일, 우주 만유의 본래 이치와 우리의 자성 원리를 밝혀 정리하셨기 때문에 정전 전체가 의두·성리 거리다.

정전의 단어 하나하나, 문장 한 구절 한 구절, 부호 하나하나까지도 의두·성리 아님이 없다하여 정전을 성리대전(性理大全)이라 한다.

그러므로 정전으로 공부를 하면 자연히 의두·성리를 연마하게 된다.

의두가 사리 연구 훈련 과목 중의 하나인 것은 당연한 것이니

의두 거리는 '대소 유무의 이치와 시비 이해의 일'이므로 모든 이치(理致)와 모든 일(事) 자체가 의두의 대상이라는 말이며, 이치와 일은 곧 사리(事理)다.

사리 연구에서 보면, 사(事)라 함은 '인간의 시·비·이·해를 이름'이요, 이(理)라 함은 '천조의 대소 유무를 이름'이라고 정의하고 있다.

따라서 삼학의 사리 연구가 바로 의두를 연마하는 것이므로 정기 훈련법 11과목에서 의두가 사리 연구 훈련 과목 중의 하나임은 결코 우연이 아니라, 당연한 것임을 알 수 있다.

의두의 대상은 대소 유무의 이치와 시비 이해의 일이며 과거 불조의 화두(話頭) 중에서 의심나는 제목이다

의두의 대상은 '대소 유무의 이치', '시비 이해의 일', '과거 불조의 화두(話頭) 중에서 의심나는 제목'의 순서로 되어 있다.

이들 순서를 잘 보아야 한다.

대종사님께서는 단어 하나하나, 부호 하나하나까지도 허투루 쓰지 않으셨다.

그러므로 의두는 실생활에서 경계를 따라 만나게 되는 '대소 유무의 이치'와 '시비 이해의 일'을 연마하면 좋을 것이며, 그리고 나서 '과거 불조의 화두(話頭) 중에서 의심나는 제목'을 연마하면 좋을 것이다.

의두 연마를 오래오래 계속하면 어떻게 되는가?

공부인들이 사리간 명확한 분석을 얻게 되고, 대소 유무의 이치와 시비 이해의 일을 분석하고 판단하는 데 걸림 없이 아는 지혜의 힘이 생길 뿐만 아니라, 실생활에 다달아 이를 밝게 분석하고 빠르게 판단하여 알게 될 것이다.

'과거 불조의 화두(話頭) 중에서 의심나는 제목'의 핵심 내용은 무엇일까?

어떤 특별한 내용을 담고 있을까?

'대소 유무의 이치'와 '시비 이해의 일'이다.

천조(天造)의 '대소 유무의 이치'와 우리 심신 작용의 '대소 유무의 이치', 인간의 다단한 '시비 이해의 일'을 제외하고 다른 무엇이 있을 수 있겠는가?

따라서 내가 지금 여기서 대하고 있는 '대소 유무의 이치'와 '시비 이해의 일'로 의두 연마를 하자는 것이다.

그러고도 여유가 있거나, 다른 의심 거리가 없거나, 연마하고 싶은 것이 있으면 '과거 불조의 화두(話頭) 중에서 의심나는 제목'으로도 연마하자는 것이다.

처음부터 '과거 불조의 화두(話頭) 중에서 의심나는 제목'으로 의두 연마를 하면 잘 되지 않는다. 그 화두가 무엇을 말하는지조차 모를 수 있다.

내 주변에서, 내 삶 속에서 일어나고 있는 '대소 유무의 이치'와 '시비 이해의 일'로 의두 연마를 하다 보면, 자연스럽게 '과거 불조의 화두(話頭)'도 깨닫게 되고, 또 연마하면 쉽게 알아지기 때문에 의두 연마하는 순서도 그렇게 정한 듯싶다.

성리[192]는 우주 만유의 본래 이치[193]와 우리의 자성 원리[194]를 해결[195]하여 알자 함[196]이요,

성리와 의두의 차이는?

성리는 '우주의 본래 이치와 우리의 자성 원리를 해결하여 알자 함'이요,

의두는 '대소 유무의 이치와 시비 이해의 일이며 과거 불조의 화두(話頭) 중에서 의심나는 제목을 연구하여 감정을 얻게 하는 것이니, 이는 연구의 깊은 경지를 밟는 공부인에게 사리간 명확한 분석을 얻도록 함'이다.

의두는 공부인이 사리간에 의심나는 것을 알아내려는 노력이므로, 공부인이 의심을 내고(疑) 알아내려고 노력하는 것(忿·誠)은 사(事)와 이(理)임을 알 수 있다.

사(事)의 뜻이 '인간의 시·비·이·해를 이름'이요, 이(理)의 뜻이 곧 '천조의 대소 유무를 이름'임을 상기해 보면, 우주 만유의 본래 이치는 천조의 대소 유무의 이치임을 알 수 있고, 우리의 자성 원리는 인간의 시·비·이·해에 따라 나타나는 진공 묘유의 조화라 볼 수 있다.

따라서 성리는 우주 만유의 본래 이치와 우리의 자성 원리를 해결하여 알자는 것이므로 이 이치와 이 원리 자체가 곧 의두 거리다.

그러므로 성리는 끊임없이 의두를 연마하는 것임을 알 수 있다.

왜 '자성'이라 하지 않고 '자성 원리'라고 했을까?

자성(自性)은 일체 중생의 본성(本性: 본래 성품)이요 일원상의 진리 그대로인 근본 마음으로서, 요란하지 않은 마음을 자성

---

192) ①인성(人性)과 천리(天理). ②인성의 원리.
193) 우주 만유의 본래 이치: 천조의 대소 유무의 이치.
194) 우리의 자성 원리: 인간의 시·비·이·해에 따라 나타나는 진공 묘유의 조화.
195) 얽힌 일을 풀어서 처리함. 문제를 풀어서 결말을 지음.
196) -자: 동사의 어간에 붙어 하고자 하는 뜻을 나타내는 연결 어미. 함(하다 +ㅁ): 알자의 '-자'가 하고자 하는 뜻을 나타내므로 '-자' 아래에 오는 '하다'는 동작을 실현시키려는 욕망을 나타내는 말임.

의 정(定), 어리석지 않은 마음을 자성의 혜(慧), 그르지 않은 마음을 자성의 계(戒)라 한다.

우리의 원래 마음은 이러하나 경계를 따라 요란함 또는 어리석음 또는 그름이 있어지기도 하고, 또한 우리의 원래 마음(자성)과 대조하면 그 요란함·그 어리석음·그 그름은 없어져 자성의 정·혜·계가 세워진다.

이는 사람의 성품이 정(定)할 때는 무선 무악(無善無惡)하고 동(動)할 때는 능선 능악(能善能惡)한 것과 같은 이치다.

따라서 우리 마음의 속성이 이와 같으므로 자성이라 하지 않고 자성 원리라 하며, 이런 자성의 원리를 알아야 자성을 여의지 않게 된다.

왜 자성을 해결한다 하지 않고 자성 원리를 해결한다고 했을까?

우리의 자성(본래 성품)은 요란하지 않다 요란하다, 또는 어리석지 않다 어리석다, 또는 그르지 않다 그르다는 분별도 없는 여여 자연한 진공 자리로서 우주 만유의 본원이요, 제불 제성의 심인이요, 일체 중생의 본성인 동시에 경계에 끌리면 요란해지고 어리석어지고 글러진다.

우리가 해결할 수 있고 해결해야 될 대상은 경계를 따라 나타나고 생겨나고 드러나는 그 요란함과 그 어리석음과 그 그름으로 나타나는 마음이다.

이와 같은 우리 성품의 성질을 알고 경계를 대하는 마음을 분별성과 주착심으로 간섭하지 않고, 또는 이들을 분별성과 주착심으로 판단하지 않고 나타나고 생겨나고 드러나는 그대로 수용하여 요란한 마음이 일어날 때는 요란함이 있기 전 마음에 대조하여 자성의 정을 세우고, 어리석은 마음이 일어날 때는 어리석음이 있기 전 마음에 대조하여 자성의 혜를 세우고, 그른 마음이 일어날 때는 그름이 있기 전 마음에 대조하여 자성의 계를 세우는 것이 바로 자성 원리를 해결하는 것이다.

끊임없이 일어나는 마음 작용을 본래 성품에 대조하여 본래 자리로 돌리고 세우기를 하고 또 하여 필경은 챙기지 아니하여도 저절로 되어지는 것 또한 자성의 원리를 해결하는 것이다.

왜 자성 원리를 알아서 해결한다 하지 않고 해결하여 안다고 할까?

자성 원리를 알아서 해결하겠다는 것은 도(道)를 깨친 후에 모든 생활을 잘 하겠다(해결하겠다)는 것이며,

또는 도(道)는 우리 생활과 떨어져 있는 산중이나 별스런 세계에 존재한다고 여기는 것이며, 또는 컴퓨터를 사용하기 전에 컴퓨터의 모든 소프트웨어·구조·부품 등의 기능과 역할을 알고 나서 사용하겠다는 생각과 다르지 않다.

이는 상시와 정기를 인위적으로 분리하려 하고, 동과 정을 인위적으로 분리하려 하고, 영과 육을 인위적으로 분리하려는 것과 같다.

우리가 컴퓨터를 사용하다 보면(해결하는 것임) 컴퓨터의 소프트웨어·구조·부품까지도 차츰차츰 알게 되어(아는 것임) 노력하는 만큼 잘 사용할 수 있게 된다.

또 자동차를 운전하다 보면(해결하는 것임) 운전 기술, 자동차 구조와 원리까지도 차츰 알게 되어 급기야는 자동차를 잘 운전할 수 있게 된다.

우리의 자성 원리를 해결하여 알자는 것도 이와 똑같은 이치다.

불조(佛祖)들의 천경 만론(千經萬論)[197]은 마치 저 달을 가리키는 손가락과 같나니

대종사 말씀하시기를

"근래에 왕왕 성리를 다루는 사람들이 말 없는 것으로만 해결을 지으려고 하는 수가 많으나 그것이 큰 병이라,

참으로 아는 사람은 그 자리가 원래 두미(頭尾)[198]가 없는 자리

---

197) 수없이 많은 경전과 학설을 말한다.

지마는 두미를 분명하게 갈라낼 줄도 알고,

언어도(言語道)가 끊어진 자리199)지마는 능히 언어로 형언200)할 줄도 아나니,

참으로 아는 사람은 아무렇게 하더라도 아는 것이 나오고, 모르는 사람은 아무렇게 하여도 모르는 것이 나오나니라.

그러나, 또한 말 있는 것만으로 능사(能事)201)를 삼을 것도 아니니 불조(佛祖)들의 천경 만론은 마치 저 달을 가리키는 손가락과 같나니라202)."

성리를 알았다는 사람으로서 대와 무는 대략 짐작하면서도 소와 유의 이치를 해득하지 못하면 어찌 완전한 성리를 깨쳤다 하리요

대종사 선원 대중에게 말씀하시기를

"대(大)를 나누어 삼라 만상 형형 색색의 소(小)를 만들 줄도 알고, 형형 색색으로 벌여 있는 소(小)를 한 덩어리로 뭉쳐서 대(大)를 만들 줄도 아는 것이 성리의 체(體)를 완전히 아는 것이요,

또는 유를 무로 만들 줄도 알고 무를 유로 만들 줄도 알아서 천하의 모든 이치가 변하여도 변하지 않고 변하지 않는 중에 변하는 진리를 아는 것이 성리의 용(用)을 완전히 아는 것이라,

성리를 알았다는 사람으로서 대와 무는 대략 짐작하면서도 소와 유의 이치를 해득하지 못한 사람이 적지 아니하나니 어찌 완전한 성리를 깨쳤다 하리요203)."

대와 소와 유무가 서로 유기적으로 이루어져 있고, 이들이 하나의 관계를 이루고 있으며, 대(大) 속에 소(小)와 유무(有無)가 들어 있고, 소 속에 대와 유무가 들어 있고, 유무 속에 대와 소가 들

---

198) 어떤 일의 시작과 끝. 자초지종(自初至終).
199) 언어도(言語道)가 끊어진 자리: 언어도단(言語道斷)의 입정처(入定處).
200) 말이나 글, 몸짓 따위로 사물이나 사람의 모양을 나타내어 말함.
201) 자기에게 알맞아 잘해 낼 수 있는 일. 잘하는 일.
202) 대종경, 제7 성리품(性理品), 25장, p.265.
203) 대종경, 제7 성리품(性理品), 27장, p.266.

어 있음을 아는 것이 성리를 깨쳤다고 할 것이다.

성리 공부는 성태(聖胎)를 장양(長養)하는 공부니

대산 종사 말씀하시기를

"성리 공부는 성태(聖胎)를 장양(長養)하는 공부니, 급하게 해서
도 안 되고 무작정 화두를 든다고 되는 것도 아니니라.

천년을 공부해도 공부길을 제대로 잡지 못하면 허무적멸에 빠지
기 쉽고, 뼈를 깎는 고행도 자칫 병만 키울 뿐 실효를 거두기가
어렵나니, 급하게 서두르거나 게을리 하지 말고 오로지 대종사께
서 밝혀 주신 훈련법으로 법위 등급에 따라 일심으로 정진하다 보
면 결국 불지에 이르게 되느니라[204]."

정기 일기는 당일[205]의 작업 시간 수와 수입 지출과 심신 작
용의 처리건과 감각(感覺)[206]·감상(感想)[207]을 기재[208]시킴이요,

심신 작용의 처리건이란 무엇인가?

심신이 작용됨에 따라 경계를 대하게 되기도 하고 또는 상대방
에게 경계를 주기도 하는데, 이때 일어나는 심신 작용의 처리에는
일상 수행의 요법 1·2·3조가 가장 효과적인 방법이다.

즉 경계를 따라 있어지는 그 요란함과 그 어리석음과 그 그름을
수용하고, 그 요란함과 그 어리석음과 그 그름이 있기 전 마음에

---

204) 대산 종사 법어, 제3 훈련편, 6장, P.73.
205) 일이 생긴 바로 그 날.
206) ①감촉(신심이 부처나 심령에 통함)되어 깨달음. 느낌. 사물을 느껴서 받
아들이는 힘. ②어떤 사물을 통하여 사리간에 의심 없이 알았거나 실천하
는 중에 확신하게 되는 것.
207) ①느낀 생각. ②자연 현상이나 대인 접물간에 우연히 느껴진 생각으로서 진
리성이 있다고 여겨지는 것 또는 어떤 사물을 통하여 미루어 생각되는 것.
208) 글로 써서 올림. 글로 써서 실음.

대조하여(심지는 원래 요란함·어리석음·그름이 없건마는) 그 요란함으로 자성의 정을 쌓고, 그 어리석음으로 자성의 혜를 밝히고, 그 그름으로 자성의 계를 지키면서 공부한 성공·실패담(진공 묘유의 조화)이 곧 심신 작용 처리건이다.

정기 일기와 상시 일기에서 '쓰다'와 '기재하다'의 차이는?

'쓰다(write)'와 '기재(record)'의 뜻을 보면,

'쓰다'는 '붓·펜 등으로 글씨를 그리다. 글을 짓다.'이고, 기재는 '(…을…에) 문서 따위에 글로 써서 올리다.'이다.

기재도 결국 글을 쓰는 것이지만, 정기 일기와 상시 일기에서 기재의 의미 속에는 단순히 글을 쓰는 이상의 깊은 뜻이 담겨 있다.

즉 정기 일기는 당일의 작업 시간 수와 수입 지출과 심신 작용의 처리건과 감각(感覺)·감상(感想)을 기재하는 것인데, 작업 시간 수와 수입 지출의 내용과 심신 작용의 처리건과 감각·감상된 내용을 적당히 또는 가상적으로 쓸 수는 없으며,

상시 일기를 기재할 때 당일의 유무념 처리와 학습 상황과 계문에 범과 유무를 적당히 또는 가상적으로 쓸 수는 없다.

자신의 일기를 가상적으로 썼다면, 이는 일기로서의 가치와 생명력이 없는 것이다.

일기가 일기로서의 가치와 생명력을 가지려면 가상적으로 쓰는 것이 아니라, 거짓 없이 있는 그대로 기록해야 한다.

간호사가 환자의 체온을 차트(chart)에 기록하듯이, 실험실의 온습도계가 그 온도와 습도를 기록하듯이.

따라서 이 '기재'한다는 단어 속에는 있었던 그대로를, 또는 있는 그대로를 사진 찍듯이 글로 옮긴다는 의미가 담겨 있다.

당일의 작업 시간 수를 기재시키는 뜻은?

주야 24시간 동안 가치 있게 보낸 시간과 허망하게 보낸 시간을

대조하여, 허송한 시간이 있고 보면 뒷날에는 그렇지 않도록 주의하여 잠시라도 쓸데없는 시간을 보내지 말자는 것이다.

당일의 수입·지출을 기재시키는 뜻은?

수입이 없으면 수입의 방도를 준비하여 부지런히 수입을 장만하고, 지출이 많을 때에는 될 수 있는 대로 지출을 줄여서 빈곤을 방지하여 안락을 얻게 하기 위함이며, 설사 유족한 사람이라도 놀고 먹는 폐풍을 없게 하기 위함이다.

심신 작용의 처리건을 기재시키는 뜻은?

당일의 시비를 감정하여 죄복의 결산을 알게 하며, 시비 이해를 밝혀 모든 일을 작용할 때 취사의 능력을 얻게 함이다.

감각이나 감상을 기재시키는 뜻은?

감각이나 감상을 얻은 그 상황에 대한 대소 유무의 이치가 밝아지는 정도를 대조하게 하자는 것이다.

상시 일기는 당일의 유무념 처리와 학습 상황209)과 계문에 범과210) 유무를 기재시킴이요,

유무념은 무엇이며, 어떻게 처리하고 기재하는가?

유념은 하자는 조목과 말자는 조목에 취사하는 주의심을 가지고 한 것이며, 무념은 취사하는 주의심 없이 한 것이다.

---

209) 배워서 익힘과 일이 되어 가는 형편이나 모양.
210) 허물을 저지름.

유념·무념은 모든 일을 당하여 유념으로 처리한 것과 무념으로 처리한 번수를 조사 기재하되, 처음에는 일이 잘 되었든지 못 되었든지 취사하는 주의심을 놓고 안 놓은 것으로 번수를 계산하나, 공부가 깊어가면 일이 잘 되고 못 된 것으로 번수를 계산한다.

학습 상황은 어떻게 기재하는가?

수양(염불, 좌선, 기도, 주문, 독경 등)과 연구(경전, 강연, 회화, 의두, 성리, 정기 일기 등)의 각 과목은 그 시간 수를 계산하여 기재하며, 예회와 입선은 참석 여부를 대조 기재한다.

계문의 범과 유무는 어떻게 대조 기재하는가?

범과가 있을 때에는 해당 조목에 범한 번수를 기재한다.

재래의 훈련보다 몇 배 이상의 실효과를 얻을 수 있는 길은?

대종사 선원 대중에게 말씀하시기를
"재래 사원(寺院)에서는 염불종(念佛宗)은 언제나 염불만 하고, 교종(教宗)은 언제나 간경(看經)[211]만 하며, 선종(禪宗)은 언제나 좌선만 하고, 율종(律宗)은 언제나 계(戒)만 지키면서, 같은 불법 가운데 서로 시비 장단을 말하고 있으나 그것은 다 계·정·혜 삼학의 한 과목들이므로 우리는 이것을 병진하게 하되,
매일 새벽에는 좌선을 하게 하고, 낮과 밤에는 경전·강연·회화·의두·성리·일기·염불 등을 때에 맞추어 하게 하며, 이 여러 가지 과정으로 고루 훈련하나니, 누구든지 이대로 정진한다면 재래의 훈련에 비하여 몇 배 이상의 실효과를 얻을 수 있나니라[212]."

---

211) ①종교의 경전을 읽는 것. 원불교에서 간경은 대개 새벽 좌선이 끝난 후나 법회 시간에 한다. ②선종(禪宗)에서 사용하는 말로서 경계를 피해 고요한 곳에서 소리를 내지 않고 마음속으로 불경을 읽는 것.

주의는 사람의 육근을 동작213)할 때에 하기로 한 일과 안 하기로 한 일을 경우214)에 따라 잊어버리지 아니하고 실행하는 마음을 이름이요,

'육근을 동작할 때'라 함은?

육근 자체는 그들의 기능과 일정한 형상을 이르지만, 이들이 동작할 때 비로소 실행이 나타난다.
다만 경계가 되고 안 되고는 그때의 상황성과 그 사람의 밝아진 정도, 또는 수행의 정도에 달려 있다.
동하여도 동하는 바가 없고 정하여도 정하는 바가 없으면 육근 동작에 걸림이 없게 된다.

'하기로 한 일'과 '안 하기로 한 일'은 무엇인가?

'하기로 한 일'은 옳고 바른 일(정의)이므로 아무리 하기 싫어도 기어이 하는 것이요, '안 하기로 한 일'은 그르고 삿된 일(불의)이므로 아무리 하고 싶어도 기어이 하지 않는 것이다.

'경우에 따라 잊어버리지 아니하고'라 함은?

육근을 동작할 때에, 또는 경계를 대할 때마다 공부할 때가 돌아온 것을 염두에 잊지 않는 것이다.

---

212) 대종경, 제2 교의품(教義品), 20장, p.124.
213) ①몸과 손발을 움직이는 짓. ②사전(辭典)에는 육근 중 몸과 손발만을 지칭하고 있다. 몸과 손발은 신(身)을 이르므로 안·의·비·설·의는 언급하지 않았다고 여길 수 있다. 그러나 안·의·비·설·의는 딴 데 있는 것이 아니라, 우리 몸을 떠나서는 작용할 수 없다. 따라서 몸과 손발이라 했지만, 육근을 모두 표현하고 있음을 알 수 있다.
214) 놓여 있는 조건이나 놓이게 된 형편이나 사정.

'경우에 따라 잊어버리지 아니하고 실행하는 마음'이란?

경계를 대할 때마다 공부할 때가 돌아온 것을 염두에 잊지 말고 항상 끌리고 안 끌리는 대중만 잡는 것이며,

또는 망념이 침노하면 다만 망념인 줄만 알아두는 것이며, 절대로 그것을 성가시게 여기지 않는 것이다.

우리 사람들은 경우에 따라 잊어버리는 속성이 있는데, 주의는 하기로 한 일과 안 하기로 한 일은 어떠한 경우라도 잊어버리지 아니하는 것뿐만 아니라 반드시 실행하는 마음이므로, 잊지 않는 것과 실행은 동시(일원상의 진리를 신앙하는 동시에 수행의 표본을 삼는 것)라는 뜻이다.

따라서 잊어버리지 않고 실행하는 마음, 즉 주의는 엄청난 적공(積功)임을 알 수 있다.

> 조행215)은 사람으로서 사람다운216) 행실 가짐217)을 이름이니, 이는 다 공부인으로 하여금 그 공부를 무시로218) 대조하여 실행에 옮김으로써219) 공부의 실효과220)를 얻게 하기 위함이니라.

'그 공부'란?

사람으로서 사람다운 행실을 가지는 것이 곧 공부다.

---

215) 몸을 가지는 온갖 행실(실지로 드러나는 행동).
216) -다운(-다우+ㄴ): '-답다·-답-'의 변칙 어간. 여기서 '-답다'는 일부 체언 뒤에 붙어, '그 체언이 지니는 성질이나 특성을 가지고 있다'는 뜻의 형용사를 만드는 접미사이고, '-답-'은 명사 따위의 아래에 붙어, '그 성질이나 자격이 있다'는 뜻으로 형용사를 만듦.
217) (가지다+ㅁ): 제 것이 되게 하다. 소유하다.
218) ①정한 때가 없이 수시로. ②경계를 대할 때마다. 정기·상시에.
219) (옮기다+ㅁ+으로써): 어떤 일을 다음 단계로 밀고 나아가다.
220) 공부의 실효과: ①원만한 삼대력을 얻는 것. ②경계를 따라 있어진 요란함·어리석음·그름을 없이하여 자성의 정·혜·계를 세우는 것.

경계를 대할 때마다 마음이 일어나며, 이 일어난 마음이 곧 사람의 행실을 결정한다.

그러므로 경계를 따라 옮겨지는 각자의 일상 행동이 곧 공부 거리요 공부 찬스다.

또한 경계를 따라 일어나는 마음이 그 경계에 끌리고 안 끌리는 대중만 잡는 것이며, 이렇게 하여 하기로 한 일은 하였는지 또는 안 하기로 한 일은 하지 않았는지 살피고 또 살피는 것이다.

'그 공부를 무시로 대조하여 실행에 옮김으로써 공부의 실효과를 얻게 하기 위함'이라 함은?

경계를 따라 마음이 일어날 때마다 그 마음을 챙기고 또 챙기고, 대조하고 또 대조하여 그 마음을 자유 자재로 사용함으로써 마음의 자유를 얻어 사람으로서 사람다운 행실을 가지는 것이다.

결국 경계를 따라 일어나는 마음을 사용하여 나타나는 공부의 실효과를 얻었느냐 그렇지 않느냐의 차이는 하기로 한 일과 해야 할 일(정의)은 기어이 실행하고, 안 하기로 한 일과 안 해야 될 일(불의)은 기어이 실행하지 않는 취사력의 차이다.

또한 비록 기어이 해야 하는 정의라 하더라도 이를 주장하거나 고집하지 않는 것이며, 다른 사람이 원하지 않을 때에는 권하지 말고 오직 자기만 실행하며 자력을 양성하는 것 또한 공부의 실효과를 얻는 것이다.

어떻게 정기 훈련 11과목으로 다 법의 훈련을 받을 수 있는가?

어떻게 11과목으로 다 공부할 수 있나 부담감을 느낄 수 있다.

그러나 우주 만유의 본래 이치와 우리의 자성 원리는 낱낱이 나투어져 있으나, 그 본래는 하나이듯이 각자의 근기에 맞는 한두 가지만 잘 살려 통달하면 11과목 전체와 만나게 된다.

만류 귀종(萬流歸終), 명일심통만법(明一心通萬法) 이치와 같은 것이다.

즉 11과목으로 법의 훈련을 받자는 것도 한 마음 밝혀 어떠한 이치에도 어떠한 일에도 걸림없이 취사하자는 것이며, 그 밝아진 마음으로 만법을 통달하자는 것이다.

통만법 명일심 명일심 통만법

삼대력(三大力) 얻는 과목을 단련하자는 뜻은 모든 서원을 달성하는 원동력을 얻어 원만한 수행을 하는 신자가 되기 위함이니

대종사 또 말씀하시기를

"과거 불가에서 가르치는 과목은 혹은 경전을 가르치며, 혹은 화두(話頭)를 들고 좌선하는 법을 가르치며, 혹은 염불하는 법을 가르치며, 혹은 주문을 가르치며, 혹은 불공하는 법을 가르치는데, 그 가르치는 본의가 모든 경전을 가르쳐서는 불교에 대한 교리나 제도나 역사를 알리기 위함이요,

화두를 들려서 좌선을 시키는 것은 경전으로 가르치기도 어렵고 말로 가르치기도 어려운 현묘한 진리를 깨치게 함이요, 염불과 주문을 읽게 하는 것은 번거한 세상에 사는 사람이 애착 탐착이 많아서 정도(正道)에 들기가 어려운 고로 처음 불문에 오고 보면 번거한 정신을 통일시키기 위하여 가르치는 법이요,

불공법은 신자의 소원 성취와 불사(佛事)에 도움을 얻기 위하여 가르치나니, 신자에 있어서는 이 과목을 한 사람이 다 배워야 할 것인데 이 과목 중에서 한 과목이나 혹은 두 과목을 가지고 거기에 집착하여 편벽된 수행길로써 서로 파당을 지어 신자의 신앙과 수행에 장애가 되었으므로,

우리는 이 모든 과목을 통일하여 선종의 많은 화두와 교종의 모

든 경전을 단련하여, 번거한 화두와 번거한 경전은 다 놓아버리고 그 중에 제일 강령과 요지를 밝힌 화두와 경전으로 일과 이치에 연구력 얻는 과목을 정하고, 염불·좌선·주문을 단련하여 정신 통일하는 수양 (훈련) 과목을 정하고, 모든 계율과 과보 받는 내역과 사은의 도를 단련하여 세간 생활에 적절한 작업 취사의 과목을 정하고, 모든 신자로 하여금 이 삼대 (훈련) 과목을 병진하게 하였으니,

연구 (훈련) 과목을 단련하여서는 부처님과 같이 이무애(理無碍) 사무애(事無碍)[221]하는 연구력을 얻게 하며,

수양 (훈련) 과목을 단련하여서는 부처님과 같이 사물에 끌리지 않는 수양력을 얻게 하며,

취사 (훈련) 과목을 단련하여서는 부처님과 같이 불의와 정의를 분석하고 실행하는 데 취사력을 얻게 하여,

이 삼대력(三大力)으로써 일상 생활에 불공하는 자료를 삼아 모든 서원을 달성하는 원동력을 삼게 하면 교리가 자연 통일될 것이요 신자의 수행도 또한 원만하게 될 것이니라[222]."

모든 수행의 귀결(歸結)이요 실효과는 조행(操行)이다

염불·좌선·경전·강연·회화·의두·성리·정기 일기·상시 일기·주의 10과목은 결국 무얼하자는 것이며, 그 귀결은 무엇인가?

이는 다 공부인으로 하여금 그 공부를 무시로 대조하여 실행에 옮김으로써 공부의 실효과를 얻

모든 수행의 실효과는 조행

221) 우주 만물의 온갖 이치와 인생의 모든 일에 대해서 조금도 막히고 걸림이 없는 것. 대소유무의 이치, 성주괴공·생주이멸의 이치, 춘하추동의 이치 등에 확철대오하고, 인생의 생로병사·길흉화복·선악귀천·진급강급·고락죄복·시시비비 등 모든 일에 대해서도 손바닥 위의 구슬을 들여다보듯 훤히 아는 것.
222) 대종경, 제1 서품(序品), 19장, p.109.

고, 사람으로서 사람다운 행실을 가지는 조행(操行)이다.

이 조행대로 사는 사람이 곧 활불이다.

정기 훈련 11과목은 수행편에 어떻게 펼쳐져 있는가?

정기 훈련 11과목과 수행편의 순서를 살펴보면 다음 표와 같다.

염불은 염불법으로, 좌선은 좌선법으로, 경전은 정전 자체가 경전이고 강연·회화는 공부한 실효과를 나누는 것이므로 그 수행법은 생략되었고, 의두·성리는 합해 의두 요목으로, 정기 일기·상시 일기·주의·조행은 통합하여 일기법으로 그 수행법을 내놓으셨다.

정기 훈련 11과목			수행편 순서	비　　고
정신 수양 훈련 과목	염불	→	제3장 염불법	
	좌선	→	제4장 좌선법	
사리 연구 훈련 과목	경전	→	(생략)	정전 자체가 경전이요, 강연·회화의 바탕이므로 생략됨.
	강연			
	회화			
	의두	→	제5장 의두 요목	
	성리			
작업 취사 훈련 과목	정기 일기	→	제6장 일기법	주의·조행은 상시 일기법과 정기 일기법에 포함됨.
	상시 일기			
	주의			
	조행			

제2절　상시 훈련법(常時訓練法)

공부인에게 상시로 수행을 훈련시키기 위하여 〈상시 응용 주의 사항(常時應用注意事項)〉 육조(六條)와 〈교당 내왕시 주의 사항(敎堂來往時注意事項)〉 육조를 정하였나니라.

왜 상시로 수행을 훈련시켜야 하는가?

수행은 마음으로 수양·연구한 것을 몸(행동)으로 실천하는 것이며, 지혜를 밝히고 복덕을 쌓아가는 것이므로 이는 하루아침에 되었다고 하여, 또는 한두 번하고 되었다 하여 상시로도 잘 된다고 과연 보장할 수 있는가?

무위이화 자동적으로 마음 따라 몸도 가고, 몸 따라 마음도 가는 수행도 습관이 되고 길이 들기까지 고뇌와 갈등어린 훈련 없이 과연 쉽사리 이루어지던가?

하고 또 하여 저절로 되어질 때까지 하자는 것이다. 오래오래 계속하자는 것이다. 이것이 수행을 훈련시키는 것이다.

이 수행 중의 몇 가지가 신혼 경례(晨昏敬禮)[223]요, 새벽 좌선이요, 예회·야회 참석하기요, 계문 지키기요, 경전 연습하기다.

(정산 종사) 말씀하시기를

"신혼 경례는 우리의 근본을 사모하는 예요, 우리의 마음을 챙기는 일정한 시간이니, 심신의 권태에 끌려 혹 등한한 생각이 나거든 본래 목적[224]에 반조하여 새로운 정신으로 힘써 행할 것이요,

새벽 좌선은 우리의 천진 면목[225]을 찾아보는 좋은 시간이니, 몸에 어떠한 지장이 있으면 이어니와 권태로 인하여 혹 등한한 생각이 나거든 본래 목적에 반조하여 비록 짧은 시간이라도 그 시간을 지킬 것이요,

예회나 야회는 우리 정신의 양식을 장만하는 특수한 날이니, 생

---

223) 새벽과 저녁에 심고를 올리고 경례하는 종교 행위다. 매일 새벽과 저녁 잠들기 전에 정성스런 마음을 다해 법신불 사은 전에 경건하게 심고를 올리는 동시에, 삼세 제불 제성과 부모 선조에게 공경심을 다하여 경례를 올린다. 심고는 새벽에는 서원을 다짐하고 그날 하루의 계획을 다짐하며, 저녁에는 그날 하루의 생활을 감사하고 죄복 선악을 참회 반성한다.
224) 사람마다 본래부터 갖추고 있는 자성불(自性佛). 천연 그대로여서 조금도 인위적인 조작이 섞이지 않는 진실한 모습.
225) 우리의 본래 면목은 아무런 사량 계교가 없어서 천진 난만하고 천진 무구하기 때문에 천진 면목(天眞面目)이라 한다.

활의 복잡에 사로 잡혀 혹 등한한 생각이 나거든 본래 목적에 반조하여 끊임없는 정성으로 참석할 것이요,

　계율은 수행자의 생명이요 성불의 사다리니, 심신의 철없는 요구에 추종하여 혹 등한한 생각이 나거든 본래 목적에 반조하여 죽기로써 기어이 실행할 것이요,

　경전은 우리의 전도를 바로 인도하는 광명의 등불이니, 시간의 틈을 다른 데에 빼앗기어 그 연습에 혹 등한한 생각이 나거든 본래 목적에 반조하여 그 연습에 힘쓸 것이니라226)."

1. 상시 응용 주의 사항

1. 응용(應用)227)하는 데 온전한228) 생각229)으로 취사230)하기를 주의231)할 것이요,

'응용(應用)하는 데'란?

　생활 속에서 마음이 작용되지 않는 경우는 없으므로 우리의 삶 자체가 '응용하는 데'며, 천만 경계를 따라, 어떠한 상황에 처하여 육근 작용이 일어나는 순간, 일일 시시(一日時時)가 곧 '응용하는 데'이다.

　또한 생활에 나투어져 있는 모든 천지 만물은 법신불 일원상의 응화신이요 은혜 덩어리이므로 '응용하는 데'가 바로 처처 불상이 있는 곳이다.

---

226) 정산 종사 법어, 제2부 법어(法語), 제9 무본편(務本編), 25장, p.913.
227) 사물에 따라 작용시켜 씀. 원리를 실제에 활용함.
228) 온전한(온전하다+ㄴ): 흠결(일정한 수효에서 부족함이 생김)이 없이 완전하다.
229) 사고·추억·기억·상상·관심·사모·동경 따위 정신 작용의 통칭. 의견·목적·감상 따위 심리 상태의 통칭.
230) 정의는 취하고 불의는 버리는 것.
231) ①마음에 새겨 두고 조심함. ②어떤 한 곳이나 일에 관심을 집중하여 기울임. ③사람의 육근을 동작할 때에 하기로 한 일과 안 하기로 한 일을 경우에 따라 잊어버리지 아니하고 실행하는 마음을 이름.

'온전'하다 함은?

흠결이 없이 완전(완전 무결)하다는 뜻으로 원만 구족하다는 말이다. 즉 조금도 모자람이 없고 완전하게 갖추어져 있는 상태를 말한다.

만약 온전함을 잘못된 것이 없이 바르거나 옳은 것, 대소 유무에 분별이 없는 것, 선악 업보에 차별이 없는 것, 생멸 거래에 변함이 없는 것 등 양(陽)의 진리와 진공이라고 한다면 음의 진리와 묘유가 나올 때에는 어떻게 할 것인가?

경계를 따라 작용되는 마음은 정(靜)하면 분별 주착이 없으므로 원래 마음 상태지만, 동(動)하면 분별성과 주착심에 끌려 요란해지고 어리석어지고 글러질 수도 있다.

이와 같이 경계를 따라 나오는 묘유가 공부 거리며, 그때가 공부 찬스이므로 진공으로도 공부하고 묘유로도 공부를 해야 생각이 한쪽으로 치우치지 않고 음과 양을 다 아우를 수 있다.

양은 양으로만 존재하지 않고 음은 음으로만 존재하지 않는다. 경계를 따라 음은 양으로도 또는 양은 음으로도 변화할 수 있고, 음과 양은 동시성과 양면성으로 항상 존재하는 동시에 상황에 따라 양이 주(主)로 나타나면 음은 바탕·종(從)으로 존재하고, 음이 주가 되면 양은 바탕·종으로 존재함을 알아야 한다.

이러한 이치를 아는 것이 진리의 하나 자리를 아는 것이며, 이런 줄 아는 것이 흠결이 없는 것이며 온전한 것이다.

이래야 바른 취사가 되기 때문이다.

'온전한 생각으로 취사하기'란?

우리가 세상을 살아갈 때 온전한 생각으로 옳은 것은 취하고, 그른 것은 놓아버리는 것이다.

온전한 생각으로 취사하는 공부는 삼학을 동시에 하는 것(動時

三學, 三學竝進)이다.

첫째, 경계를 대할 때마다 일단 마음을 멈추는 '멈춤 공부'를 하자는 것이다. 마치 군인이나 경찰이 지키는 검문소를 출입할 때 점검하듯이 일어나는 모든 마음 작용을 멈추고, 끌리고 안 끌리는 대중만 잡는 것이다. 두렷하고 고요하여 분별성과 주착심이 없는 경지의 마음으로 돌아가는 것이다. 이렇게 그일 그일에 일심으로 마음을 멈추면 멈출수록 정력(定力)이 쌓이게 된다.

둘째, 마음 작용을 멈춘 후 반드시 생각을 궁글려서 밝게 분석하고 빠르게 판단하는 '생각하는 공부'를 하자는 것이다. 이렇게 하고 또 하기를 오래오래 계속하면 바른 지각(知覺)을 얻어 혜력(慧力)이 쌓이고 그일 그일에 자성의 혜광(慧光)이 비치게 된다. 이때, 생각해 보아도 미처 바른 판단이나 현명한 생각이 나지 않으면 여러 사람들의 생각을 경청해 보거나 급하게 결정하지 말고 잠시 놓아두고 바른 생각을 기다리는 여유를 갖는 편이 오히려 좋을 수 있다. 이는 여러 생각으로 차 있으면 그것에 막혀 큰 생각이 솟아나지 못하기 때문이다.

셋째, 바른 판단을 얻은 후에 바로 취사하여 결단 있게 실천하는 '취사하는 공부'를 하자는 것이다. 이렇게 하고 또 하기를 오래오래 계속하면 상황상황에 딱 맞게(時中) 취사를 하므로 덕행이 나타나고, 취사력이 쌓이게 된다.

열 가지 일을 살피나 스무 가지 일을 살피나 자기의 책임 범위에서만 하는 것이 응용하는 데 온전한 마음이니

양도신(梁道信)[232]이 여쭙기를

"대종사께옵서 평시에 말씀하시기를, 이 일을 할 때 저 일에 끌

---

232) 1918~. 본명 소숙(小淑), 법호 훈타원(薰陀圓). 부산에서 출생. 김기천(金幾千)의 인도로 1933년(원기 18)에 입교하고, 1935년)에 출가했다. 수행에 뛰어났고, 남원·종로·부산교당 등에서 교화에 큰 역량을 보여주었다. 동산 훈련원에서 후진 양성에도 헌신하였다. 종사위 법훈을 받았다.

리지 아니하며, 저 일을 할 때 이 일에 끌리지 아니하고, 언제든지 하는 그 일에 마음이 편안하고 온전해야 된다 하시므로 저희들도 그와 같이 하기로 노력하옵던 바,

제가 이 즈음에 바느질을 하면서 약을 달이게 되었사온데 온 정신을 바느질하는 데 두었삽다가 약을 태워버린 일이 있사오니, 바느질을 하면서 약을 살피기로 하오면 이 일을 하면서 저 일에 끌리는 바가 될 것이옵고, 바느질만 하고 약을 불고하오면 약을 또 버리게 될 것이오니, 이런 경우에 어떻게 하는 것이 공부의 옳은 길이 되나이까?"

대종사 말씀하시기를

"네가 그때 약을 달이고 바느질을 하게 되었으면 그 두 가지 일이 그때의 네 책임이니 성심 성의를 다하여 그 책임을 잘 지키는 것이 완전한 일심이요 참다운 공부니, 그 한 가지에만 정신이 뽑혀서 실수가 있었다면 그것은 두렷한 일심이 아니라 조각의 마음이며 부주의한 일이라,

그러므로 열 가지 일을 살피나 스무 가지 일을 살피나 자기의 책임 범위에서만 할 것 같으면 그것은 방심이 아니고 온전한 마음이며, 동할 때 공부의 요긴한 방법이니라.

다만, 내가 아니 생각하여도 될 일을 공연히 생각하고, 내가 안 들어도 좋을 일을 공연히 들으려 하고, 내가 안 보아도 좋을 일을 공연히 보려 하고, 내가 간섭하지 않아도 좋은 일을 공연히 간섭하여, 이 일을 할 때에는 정신이 저 일로 가고 저 일을 할 때에는 정신이 이 일로 와서 부질없는 망상이 조금도 쉴 사이 없는 것이 비로소 공부인의 크게 꺼릴 바이라,

자기의 책임만 가지고 이 일을 살피고 저 일을 살피는 것은 비록 하루에 백천만[233] 건(件)을 아울러 나간다 할지라도 일심 공부하는 데에는 하등(何等)[234]의 방해가 없나니라[235]."

---

233) 몹시 많은 수.
234) 아무런.

일심 공부를 하는데, 마음이 번거하기도 편안하기도 하는 원인은?

대종사 말씀하시기를

"그대들이 일심 공부를 하는데 그 마음이 번거236)하기도 하고 편안하기도 하는 원인을 아는가?

그것은 곧 일 있을 때에 모든 일을 정당하게 행하고 못 하는 데에 원인이 있나니,

정당한 일을 행하는 사람은 처음에는 혹 복잡하고 어려운 일이 많은 것 같으나 행할수록 심신이 점점 너그럽고 편안하여져서 그 앞길이 크게 열리는 동시에 일심이 잘 될 것이요,

부정당한 일을 행하는 사람은 처음에는 혹 재미있고 쉬운 것 같으나 행할수록 심신이 차차 복잡하고 괴로와져서 그 앞길이 막히게 되는 동시에 일심이 잘 되지 않나니,

그러므로 오롯한 일심 공부를 하고자 하면 먼저 부당한 원을 제거하고 부당한 행을 그쳐야 하나니라237)."

2. 응용하기 전에 응용의 형세238)를 보아239) 미리240) 연마241)하기를 주의할 것이요,

'응용하기 전에 응용의 형세를 보아'라 함은?

'응용하기 전'이란 경계를 따라 육근이 작용되기 전이며,

'응용의 형세'란 나와 상대방의 입장·처지·상황과 그 관계 등이며,

---

235) 대종경, 제3 수행품(修行品), 17장, p.152.
236) 조용하지 못하고 수선함. 귀찮고 짜증스러움.
237) 대종경, 제3 수행품(修行品), 18장, p.153.
238) (어떤 일의) 형편이나 상태.
239) (보다+아): 대상의 내용이나 상태 등을 알려고 살피다. 고려하다. 생각하다.
240) 어떤 일이 아직 생기기 전에. 앞서서.
241) 갈고 닦음. 학예(학문과 예능)를 깊이 연구함.

'응용의 형세를 보아'란 이들 전체를 아울러 살피고 헤아리는 것이다.

2조로 미리 연마하고 1조로 취사하면 하고자 하는 일이 더 잘 될 것 같은데, 왜 1조가 먼저인가?

2조는 직장에서 상사에게 보고 준비할 때, 논문 발표나 세미나 준비할 때, 중요한 사람을 만나 어떤 일을 결정하려고 할 때, 회의하기 전 등과 같이 정해진 일을 하고자 할 때에는 대소 유무로 미리 준비하고 연마하여 실행하는 것이 일상화 되어 있다.

그러나 우리의 삶이 어찌 정해진 대로, 또는 예상하는 대로만 굴러가던가?

우리가 대하는 경계는 원하던 원하지 않던, 또는 인연 따라 그저 올 뿐이다. 응용하기 전에 미리 연마할 짬도 없이.

그러니 어쩌겠는가!

오직, 해야 할 것은 응용하는 데가 경계인 줄 알고 온전한 생각으로 취사하기를 주의하고 또 주의할 뿐이다. 이리하고 또 하면 할수록 수양·연구에 바탕한 취사력이 길러져 우리가 원하는 것을 자리이타로 이룰 수 있다.

이러하기에 2조보다 1조의 순서를 먼저 둔 것이 아니겠는가?

모든 응용에 걸리고 막히지 아니하려면?

한 제자 여쭙자 하기를

"저는 늘 사물(事物)에 민첩하지 못하오니 어찌하면 사물에 밝아질 수 있사오리까?"

대종사 말씀하시기를

"일을 당하기 전에는 미리 연마하고, 일을 당하여서는 잘 취사하고, 일을 지낸 뒤에는 다시 대조하는 공부를 부지런히 하며, 비록 다른 사람의 일이라도 마음 가운데에 매양 반조(返照)하는 공부를 잘 하면, 점점 사물에 능숙하여져서 모든 응용에 걸리고 막히지 아니하리라242)."

무슨 일이나 준비가 없는 일은 분망하고 질서가 맞지 아니하나니

말씀하시기를

"무슨 일이나 준비가 없는 일은 분망243)하고 질서가 맞지 아니하나니, 그러므로 예의(禮儀) 실현이 먼저 연마와 준비로부터 시작되는 것이요, 혼자 있는 때에 방심하고 몸을 함부로 가지면 남이 있는 때에도 그 습관이 나오게 되나니,

옛 성현의 말씀에 '그 혼자 있을 때를 삼가라.' 하신 것은 숨은 것과 나타난 것이 곧 둘 아닌 까닭이니, 예를 행하는 이의 먼저 주의할 바이니라244)."

3. 노는 시간이 있고 보면 경전·법규245) 연습246)하기를 주의할 것이요,

왜 '노는 시간이 있고 보면 경전·법규 연습하기를 주의'하라시는가?

여기서 노는 시간이란 여가 시간을 말한다. 일하는 시간에는 그 일하는 데에 전념하므로 경전·법규 연습하기가 쉽지 않다.

그러므로 일하는 시간에 일부러 경전·법규 연습하기 위해 시간

---

242) 대종경, 제3 수행품(修行品), 24장, p.158.
243) 매우 바쁨(奔忙).
244) 정산 종사 법어, 제2부 법어(法語), 제2 예도편(禮道篇), 16장, p.779.
245) 교단의 질서를 유지하기 위하여 교도들이 지켜야 할 각종 법령이나 규율, 교헌·교규·교령 등의 헌규와, 정기 훈련법·상시 훈련법·교당 내왕시 주의 사항·삼십 계문, 각종 예법 등.
246) 학문이나 기예(갈고 닦은 기술이나 재주 또는 솜씨) 따위를 되풀이하여 익힘.

을 내느니보다는,

일할 때는 일하는 그 자체가 동할 때의 공부로서 정할 때의 공부 자료를 준비하는 시간이므로 일하는 데 전념하고,

노는 시간이 있을 때에는 그 시간을 정당하지 못한 벗을 좇아다니느라 또는 잡기를 하느라 또는 주색 낭유하는 등의 일에 낭비하지 말고 '노느니 염불한다'는 말도 있듯이 마음을 챙기고 또 챙겨 경전·법규 연습하는 데 여가 시간을 선용하자는 말씀이다.

이것이 바로 정할 때 공부로서 동할(일할) 때 공부의 자료를 준비하는 시간이 되므로 이는 서로서로 도움이 되고 바탕이 되어 일분 일각도 공부심을 놓지 않게 한다.

노는 시간에 '경전·법규 연습'은 어떻게 하는가?

노는 시간은 상시 훈련 중의 정기 훈련 시간이다.

이때 할 수 있는 경전·법규 연습하기는 이들의 봉독(奉讀), 사경(寫經), 그 의미를 파악하기 위한 공부, 모든 일을 처리한 뒤에 그 처리건을 생각하여 보되 하자는 조목과 말자는 조목에 실행이 되었는가 못 되었는가 경전·법규에 대조하는 것 등이다.

또한 육근이 무사하면 경전·법규에 대조하며 잡념을 제거하고 일심을 양성하는 것이다.

노는 시간은 정(靜)할 때이므로 경전·법규로 법의 훈련을 받게 하여 공부인으로 하여금 수양·연구를 주체 삼아 상시 공부의 자료를 준비할 수 있다.

이것이 노는 시간이 있고 보면 경전·법규 연습하기를 주의하는 목적일 것이다.

동할 때 하는 경전·법규 연습은 어떻게 하는가?

경전과 법규의 가르침을 실생활의 경계를 대할 때마다 실행하고, 또 실행하기를 반복하고 또 반복하는 것이다. 넘어져도 경전·

법규 연습하기를 끝까지 놓지 않는 것이다. 하고 또 하며 실패는 하더라도 실수는 하지 않는 것이다.

이렇게 하고 또 하는 연습하기를 경우에 따라 잊어버리지 아니하고 실행하는 것이다.

여기서 연습의 형태는 수행의 정도와 상황에 따라 여러 가지가 있으므로 취사 선택하되, 어떠한 경우에도 그 연습하기를 잊어버리지 아니하는 것이다.

4. 경전·법규 연습하기를 대강247) 마친 사람은 의두 연마하기를 주의할 것이요,

경전·법규 연습하기를 '철저히(완벽하게)' 마친 사람이라 하지 않고, 왜 '대강' 마친 사람은 의두 연마하기를 주의하라 하셨나?

철저하다 또는 완벽하다의 한계는 어디까지인가?

현재 상태보다 조금이라도 나아진 정도로 볼 수도 있으나, 곧 불만족스런 상태로 바뀌게 된다.

그러니 경전·법규 연습하기를 어느 정도 해야 철저히 한 것이고 완벽하게 한 것일까?

요원하다. 항상 불안하다.

여기서 대강(大綱)은 부사(副詞)로 '기본적인 부분만으로, 즉 핵심적인 것만으로'이므로 자신의 밝아진 정도껏, 수행의 정도껏 경전·법규 연습하기에 힘쓰고 의두 연마하기를 주의하는 것이다.

이러기를 하고 또 하고, 하고 또 하고 오래오래 계속하는 것이다.

알게 되면 보이게 되고, 그때 보이는 것은 전과 다르나니……

자신의 밝아진 정도, 또는 수행의 정도가 그 사람의 전체요, 100퍼센트요, 원만 구족 지공 무사한 상태요, 온전한 상태다.

철저히(완벽하게)보다 대강이란 표현이 얼마나 여유로운가!

---

247) ①자세하지 않은, 기본적인(핵심되는) 부분만으로. ②대충(어림잡아)이 아님..

경전·법규 연습하기를 대강 마친 사람은 더 연습하라 하지 않고 왜 의두 연마하기를 주의하라 하시는가?

밝아진 정도껏이지만 경전·법규의 기본적인(핵심적인) 내용과 그 대의(요점)를 알고, 그 아는 만큼 실생활에 되풀이하여 활용하고, 이때 일어나는 마음 작용을 경전·법규에 대조하기를 하고 또 하고 하고 또 하면 천만 경계를 따라 작용되는 대소 유무의 이치와 시비 이해의 일에 대한 의심 거리(의두)가 자연히 생기게 마련이다.

이 일어나는 의심이 무엇인지 해결하기 위해 경전·법규 연습하기를 대강 마친 사람은 의두 연마하기를 주의하자는 것이다.

이때 주의는 무엇인가?

사람의 육근을 동작할 때에 하기로 한 일과 안 하기로 한 일을 경우에 따라 잊어버리지 아니하고 실행하는 마음이다.

즉 의두 연마하기를 경우에 따라 잊어버리지 아니한다고 하여 의두 연마는 하고 경전·법규 연습은 하지 않아도 되는 것은 아니다.

수행의 정도, 공부의 정도 측면에서 이제는 의두를 연마할 때가 되었으므로 경전·법규 연습과 동시에 의두 연마도 생활화하자는 것이다.

이와 같이 하고 보면, 일과 이치에 밝아져서 실생활에 다달아 밝게 분석하고 빠르게 판단하게 되고, 천만 사리를 분석하고 판단하는 데 걸림 없이 아는 지혜의 힘(연구력)이 자연스럽게 생기게 된다.

5. 석반248) 후 살림249)에 대한 일이 있으면 다 마치고 잠자기 전 남은 시간이나 또는 새벽에 정신을 수양하기 위하여 염불과 좌선하기를 주의할 것이요,

---

248) 저녁밥.
249) 한 집을 이루어 살아 나가는 일.

상시 응용 주의 사항 3조 '노는 시간이 있고 보면'과 5조 '잠 자기 전 남은 시간이나'에서 노는 시간이나 남은 시간에만 공부를 하고 다른 시간에는 공부를 하지 않는가?

이런 의문은 동과 정을 구분하려 하고, 손바닥과 손등을 떼어놓으려는 이분법적인 사고(思考) 때문에 갖게 된다.

여가가 있으면 다른 데에 정신 팔기, 즉 주색 낭유(酒色浪遊), 잡기, 금은 보패 구하는 데 정신을 빼앗기는 것, 정당하지 못한 벗을 좇아 노는 것, 예 아닌 노래 부르고 춤추는 자리에 좇아 노는 것보다는 노는 시간은 정기 공부 시간으로 삼을 수 있으므로 동할 때(상시) 공부의 자료를 준비하고,

동할 때는 정할 때 공부의 자료를 준비하면 서로서로 도움이 되며, 일분 일각도 공부를 놓지 않게 되어(동정 일여) 생활 속에서도 공부할 수 있고, 노는 시간이나 남은 시간 중에서도 공부할 수 있다.

즉 하루 중 반은 농사짓고, 반은 선(禪)을 하는 반농 반선(半農半禪)이 아니라, 농사(생활) 지을 때에도 일심으로 하고 선을 할 때에도 일심으로 하는 전농 전선(全農全禪)을 하자는 것이다.

정신을 수양하기 위하여 염불과 좌선하느라 살림 시간과 잠자는 시간이 부족하여 생활에 지장이 있는 것은 아닌가?

이러한 생각은 과거에는 세간 생활을 하고 보면 수도를 못한다 하여 누구나 불교의 참다운 신자가 되기로 하면 세간 생활에 대한 의무와 책임이며 직업까지라도 돌보지 않고 출세간 생활을 하는 것과 같은 것이다.

그러므로 새 세상의 종교(원불교)는 수도와 생활이 둘이 아닌 산 종교이듯 석반 후 살림에 대한 일이 있으면 다 마치고 잠자기 전 남은 시간이나 또는 새벽에 염불과 좌선을 함으로써 정신을 수양함은 물론이고 생활도 잘 할 수 있게 된다.

6. 모든 일을 처리한 뒤에 그 처리건을 생각하여 보되, 하자는 조
목250)과 말자는 조목에 실행이 되었는가 못 되었는가 대조하기
를 주의할 것이니라.

왜 '하자는'과 '말자는'인가?

우리가 보통 주의를 주거나 환기시킬 때의 말은 당부하거나, 명
령하거나, 강요하거나, 강조하는 투가 허다하다.

상시 응용 주의 사항 6조의 '하자는'과 '말자는'은 보통 '하라는'
과 '말라는', 또는 '해야 하는'과 '말아야 하는' 등으로 표현한다.

그런데 대종사님께서는 왜 '하자는'과 '말자는'이라고 했을까?

'하자는'과 '말자는'의 '-자'는 친구나 손아랫사람에게 함께하기를
청하는 뜻이며, '-는'은 동사의 그 동작이 현재 진행 중임을 나타
내므로 이 두 어미(-자·-는)에서 그 답을 구할 수 있다.

함께하자고 청할 때 나는 빼고 다른 사람만 하라는 것이 아니
라, 나도 할 테니 너도 같이 하자는 뜻이다. 이처럼 함께하기를 청
할 때, 상대방도 유익하고 공정해야 마음이 움직여서 참여하게 되
므로 이 '-자'에는 자리 이타와 공정한 도의 의미도 들어 있다.

또 우리가 실행을 할 때 한두 번하고 마는 것이 아니라, 오래오
래 계속해야 하므로 '-는'은 이런 계속·진행의 의미를 담고 있다.

상시 응용 주의 사항 1~5조는 6조로 귀결되고, 6조로 매듭을 지어야 온전한 공부가 된다

정기 훈련 11과목이 모두 조행으로 귀결되듯 무슨 일이든 매듭이
지어져야 한다. 6조가 바로 이런 역할을 하는 매듭이요 마침표다.

'모든 일을 처리한 뒤에 하자는 조목과 말자는 조목의 실행 여

---

250) 낱낱이 들어 벌인 일의 가닥.

부와 그 정도를 대조하기를 주의'하라 함은?

이 '모든 일을 처리한 뒤에'라 함은 그 일을 모두 처리한 뒤로 생각할 수도 있고, 하루의 모든 일을 처리한 뒤로 생각할 수도 있다.

그 일 모두를 혼자 처리한 경우에는 그 일을 모두 처리한 뒤에 대조하든, 하루의 모든 일을 처리한 뒤에 저녁에 대조해도 괜찮다.

그러나 그 일 모두를 처리한 사람이 여러 명일 때는 일과 시간 중에 대조하든, 저녁이라도 모두 함께 모일 수 있을 때 하자는 조목과 말자는 조목의 실행 여부와 그 정도를 대조하자는 것이다.

어떤 일을 처리한 뒤에 대조할 때에는 시간이 너무 지나지 않아야 한다. 그 처리건에 대한 정리와 준비가 끝나면 바로 해야 한다. 그 대조할 필요성을 느낄 때, 기억이 생생할 때 바로 해야 한다.

'상시 응용 주의 사항' 각 조목을 '삼학'과 '동·정'으로 나누어 보고, 이를 '정기 훈련법과 상시 훈련법의 관계'와 비교해 보면?

대종사 말씀하시기를 "상시 응용 주의 사항은 곧 삼학을 분해하여 제정한 것이니, 오조는 정신 수양을 진행시키는 길이요, 이조·삼조·사조는 사리 연구를 진행시키는 길이요, 일조는 작업 취사를 진행시키는 길이요, 육조는 삼학 공부를 실행하고 아니한 것을 살피고 대조하는 길이니라[251]."

또 여쭙기를 "상시 응용 주의 사항 각 조목을 동·정 두 사이로 나누어 보면 어떻게 되나이까?"

대종사 말씀하시기를 "삼조·사조·오조는 정할 때 공부로서 동할 때 공부의 자료를 준비하는 길이 되고, 일조·이조·육조는 동할 때 공부로서 정할 때 공부의 자료를 준비하는 길이 되나니, 서로 서로 도움이 되는 길이니라[252]."

---

251) 대종경, 제6 변의품(辨疑品), 26장, p.250.
252) 대종경, 제6 변의품(辨疑品), 26장, p.251.

이를 정기 훈련법의 정신 수양 훈련 과목, 사리 연구 훈련 과목, 작업 취사 훈련 과목과 비교하면 다음과 같다.

상시 훈련법			정기 훈련법	
상시 응용 주의 사항	삼학	동정 관계	주체	훈련 과목
5. 석반 후 살림에 대한 일이 있으면 다 마치고 잠자기 전 남은 시간이나 또는 새벽에 정신을 수양하기 위하여 염불과 좌선하기를 주의할 것이요,	오조는 정신 수양을 진행시키는 길이요,	삼조·사조· 오조는 정할 때 공부로서 동할 때 공부의 자료를 준비하는 길이 되고,	정신 수양 훈련 과목	염불(念佛)
				좌선(坐禪)
3. 노는 시간이 있고 보면 경전·법규 연습하기를 주의할 것이요, 4. 경전·법규 연습하기를 대강 마친 사람은 의두 연마하기를 주의할 것이요,	이조·삼조· 사조는 사리 연구를 진행시키는 길이요,		사리 연구 훈련 과목	경전(經典)
				강연(講演)
				회화(會話)
				의두(疑頭)
				성리(性理)
				정기 일기 (定期日記)
2. 응용하기 전에 응용의 형세를 보아 미리 연마하기를 주의할 것이요,	일조는 작업 취사를 진행시키는 길이요,	일조·이조· 육조는 동할 때 공부로서 정할 때 공부의 자료를 준비하는 길이 되나니,	작업 취사 훈련 과목	상시 일기 (常時日記)
1. 응용(應用)하는 데 온전한 생각으로 취사하기를 주의할 것이요,				주의(注意)
6. 모든 일을 처리한 뒤에 그 처리건을 생각하여 보되, 하자는 조목과 말자는 조목에 실행이 되었는가 못되었는가 대조하기를 주의할 것이니라.	육조는 삼학 공부를 실행하고 아니한 것을 살피고 대조하는 길이니라.			조행(操行)
서로서로 도움이 되는 길이니라.				

상시 응용 주의 사항 6조는 천여래 만보살을 배출하는 공부법

대산 종사 말씀하시기를

"상시 응용 주의 사항 6조는 마음을 잘 사용하자는 공부법이요, 사람을 새롭게 바꾸는 묘방인 동시에 과거에도 없고 미래에도 없는 대도 정법이니라.

제1조는 온전한 생각으로 취사하는 동시 삼학(動時三學) 공부로 일을 당할 때마다 멈추는 공부를 하여 일심 정력을 쌓고, 멈춘 후에는 다시 생각을 궁굴려서 바른 지각을 얻고, 또 옳은 판단을 얻은 후에는 바로 취사를 해서 결단 있는 실천을 하자는 것이요,

제2조는 미리 연마하고 준비하는 여유(餘裕) 공부로 일이 없을 때는 일이 있을 때를 대비해 물심 예축을 잘하자는 것이요,

제3조는 묻고 배우는 대성(大成) 공부로 천지는 법이요 산 경전이라, 어느 때 어느 곳에서나 공부하는 대중을 놓지 말고 경전과 스승을 정하여 사제훈도로 늘 묻고 배우자는 것이요,

제4조는 의심을 풀어내는 정각(正覺)[253] 공부로 일과 이치 간에 의심 건을 하나씩 적어두고 어미닭이 알을 품듯 알맞게 혜두를 단련하여 의심을 풀어내자는 것이요,

제5조는 마음을 고요하게 하는 정려(靜慮)[254] 공부로 매일 아침 저녁으로 복잡한 신경을 쉬고 마음을 텅 비우는 염불·좌선·심고· 기도·송주의 시간을 가져 마음을 고요하게 하자는 것이요,

제6조는 반성 대조하는 성찰(省察)[255] 공부로 일을 지낼 때마다 반드시 반성을 하여 시비를 감정하고, 취침 전에는 일기 기재와 유무념 대조로 그날의 죄복을 결산하고 다시 한 번 본원을 챙기자는 것이니라.

대종사께서는 과거에는 천생에 할 공부를 이 회상 이 법으로는 단생에 할 수도 있고, 평생에 할 공부를 정성만 들이면 쉽게 이룰

---

253) 올바른 깨달음. 미망(迷妄: 사리에 어두워 진실을 가리지 못하고 헤맴. 또는 그런 상태.)을 끊어버린 여래의 참되고 바른 지혜.
254) 조용히 생각함. 마음을 통일하여 진리를 생각하는 것.
255) 자기의 마음을 반성하여 살핌.

수도 있다고 하셨나니, 이 상시 응용 주의 사항 6조 공부야말로
천여래 만보살을 배출할 수 있도록 밝혀 주신 공부법이니라[256].”

2. 교당 내왕시 주의 사항

1. 상시 응용 주의 사항으로 공부하는 중 어느[257] 때든지 교당
   에 오고 보면 그 지낸 일을 일일이[258] 문답[259]하는 데 주의
   할 것이요,

‘상시 응용 주의 사항으로 공부하는 중’이란?

교당 내왕시 주의 사항 중 1조가 가장 중요하며, 그 중에서도
이 ‘상시 응용 주의 사항으로 공부하는 중’이 가장 중요하다.
상시 응용 주의 사항으로 공부를 하지 않으면 교당에 오더라도
지도인과 공부심으로 문답하는 내용은 아닐 수 있으며, 설령 문답
을 하더라도 공부와 연결되지 않을 수 있다.
‘상시 응용 주의 사항으로 공부하는 중’은 완료형이 아니라, 진
행형이다.
즉 경계를 따라 작용되는 마음 작용과 진리의 작용은 어떤 인
(因)에 대한 과(果)며, 이것이 인(因)이 되어 또 다른 과(果)로 돌
고 돌므로 항상 진행형이다.

‘어느 때든지 교당에 오고 보면’이라 함은?

왜 교당에 간다고 하지 않고 온다고 하셨을까?

---

256) 대산 종사 법어, 제2 교리편, 65장, p.62.
257) 여럿 가운데 어떤 막연한 어떤. 분명하지 않은 사물이나 사람·때·곳 따위
　　를 막연히 가리키는 말. 어느 때: 언제
258) 일마다 다. 하나씩. 낱낱이.
259) 물음과 대답(問答).

그것도 어느 때든지다.

이 말은 교당이 법회 때에만 가고 특별한 일이 있을 때에만 가는 곳이 아니라, 공부하는 나의 집이라는 뜻이다.

내 집이기 때문에 온다고 하지, 남의 집이면 어떻게 온다고 하겠는가?

남의 집일 때는 간다고 한다.

'교당'은 어떤 곳인가?

상시 응용 주의 사항 여섯 조목으로 공부하는 중 그 지낸 일을 일일이 문답하는 곳이며,

어떠한 사항에 감각된 일이 있고 보면 그 감각된 바를 보고하여 지도인의 감정을 얻는 곳이며,

어떠한 사항에 특별히 의심나는 일이 있고 보면 그 의심된 바를 제출하여 지도인에게 해오(解悟)를 얻는 곳이며,

매 예회(例會)날에는 모든 일을 미리 처결하여 놓고 와서 그 날은 공부에만 전심하는 곳이며,

어떠한 감각이 되었는지 어떠한 의심이 밝아졌는지 소득 유무를 반조(返照)하게 하는 곳이다.

교당은 문답하며 감정과 해오를 얻는 곳이다

교당은 상시 응용 주의 사항으로 공부하는 중 그 지낸 일을 일일이 문답하고, 그 감각된 일에 대한 감정을 얻고, 특별히 의심나는 일에 대한 해오를 얻는 곳이다.

감정과 해오는 문답을 통해서 얻는 것이므로 결국 교당은 문답·감정·해오가 있는 곳이다.

만약 문답·감정·해오가 이루어지지 않는다면 교당이라 할 수 있는가?

굳이 교당이 아니라도 문답·감정·해오가 이루어지는 곳이면 그

곳이 교당이 아닌가!

교당 건물이라는 하드웨어보다는 문답·감정·해오라는 소프트웨어가 더 중요하고 공부인에게 도움이 더 큼을 강조하는 말이다.

그러므로 교당이면 도덕적인 문답이 아니라, 그 사람의 근기와 상황에 맞춘 맞춤복 문답이 이루어져야 한다.

'그 지낸 일'이란?

상시 응용 주의 사항으로 공부하는 중 생긴 감각·감상이나 심신 작용 처리건이다.

또한 '정기 훈련법과 상시 훈련법의 관계'에서 보듯이, 동할 때 공부로서 작업 취사를 주체삼아 정기 공부의 자료를 준비하는 때이다.

> 2. 어떠한[260] 사항에 감각[261]된 일이 있고 보면 그 감각된 바[262]를 보고[263]하여 지도인의 감정[264] 얻기를 주의할 것이요,

'(상시 응용 주의 사항으로 공부하는 중) 어떠한 사항에 감각된 일이 있고 보면 그 감각된 바를 보고하여 지도인의 감정 얻기를 주의할 것이요.'라 함은?

1조의 '상시 응용 주의 사항으로 공부하는 중'이 생략되어 있다고 보아야 한다.

---

260) 어떠한(어떠하다+ㄴ): 일의 성질이나 상태가 어찌되어 있다. 그 차이와 정도 등의 상황성을 나타낸다.

261) 어떤 사물이나 경계에 부딪쳐 문득 자기의 마음속에 스스로 일어나는 깨달음. 이 감각이 쌓이고 쌓이면 마침내 큰 깨침을 얻게 된다.

262) 앞에서 말한 내용 그 자체나 일 따위를 나타내는 말.

263) 주어진 임무에 대하여 그 결과나 내용을 말이나 글로 알림(의식이나 감각으로 느끼게 하거나 깨닫게 함).

264) ①사물의 값어치, 좋고 나쁨, 진짜와 가짜 등을 살펴서 판정함. ②공부의 정도를 스승이나 대중으로부터 평가 받는 일.

1조처럼 '상시 응용 주의 사항으로 공부하는 중'을 넣었을 때와 넣지 않았을 때를 비교해 보자.

3조도 마찬가지다. 어느 쪽에 감칠맛이 더해지는지…….

'감각된 일'이란?

어떤 사물을 통하여 사리간에 의심 없이 알았거나 실천하는 중에 확신하게 되는 것이므로, 이는 마음 공부한 소중한 자료다.

교무님이라 하지 않고 왜 지도인이라고 했을까?

교당 내왕시 주의 사항이므로 감각된 일은 교무님의 감정(鑑定)을 얻고, 의심난 일은 교무님에게 해오를 얻어야 한다고 해야 될 것 같은데, '왜 지도인이라 했을까?' 하는 의문을 갖게 된다.

이 말씀을 통해서 대종사님께서는 교무님을 지도인 중의 한 분으로 보았음을 알 수 있다.

지도인의 자격에 대해서는 최초 법어의 '지도인으로서 준비할 요법'과 사요의 '지자 본위의 조목'에서 발견할 수 있다.

즉 '지도인으로서 준비할 요법'에서 지도인(또는 스승)은

1) 지도 받는 사람 이상의 지식을 가질 것이요,
2) 지도 받는 사람에게 신용을 잃지 말 것이요,
3) 지도 받는 사람에게 사리(私利)를 취하지 말 것이요,
4) 일을 당할 때마다 지행을 대조할 것이니라.

고 이르고, 지자 본위의 조목에서는

1) 솔성(率性)의 도와 인사의 덕행이 자기 이상이 되고 보면 스승으로 알 것이요,
2) 모든 정사를 하는 것이 자기 이상이 되고 보면 스승으로 알

것이요,

　3) 생활에 대한 지식이 자기 이상이 되고 보면 스승으로 알 것
　　이요,

　4) 학문과 기술이 자기 이상이 되고 보면 스승으로 알 것이요,

　5) 기타 모든 상식이 자기 이상이 되고 보면 스승으로 알 것이
　　니라.

고 이르고 있다.

이들의 모든 조목에 하나라도 해당되는 사람을 근본적으로 차별
있게 할 것이 아니라, 구하는 때에 있어서(상황 상황에 따라서는)
누구나 다 지도인(스승)이다.

도학을 배우는 사람이 시비의 감정을 받지 아니하면 그 공부는 요령 있는 공부가 되지 못하리라

대종사 말씀하시기를

"기술을 배우는 사람은 그 스승에게 기술의 감정을 받아야 할
것이요,

도학을 배우는 사람은 그 스승에게 시비의 감정을 받아야 하나니,

기술을 배우는 사람이 기술의 감정을 받지 아니하면 그 기술은
줄 맞은 기술이 되지 못할 것이요,

도학을 배우는 사람이 시비의 감정을 받지 아니하면 그 공부는
요령 있는 공부가 되지 못하리라.

그러므로, 내가 항상 그대들에게 일과 이치 간에 잘한다 잘못한
다 하는 감정을 내리는 것은 그대들로 하여금 굽은 길을 피하고
바른 길을 밟게 하고자 함이어늘,

만일 나에게 감정 받기를 꺼린다든지 그 잘한다 잘못한다 하는
데에 불만을 가진다면 본래 배우러 온 목적이 그 무엇이며 공부는
어떻게 진취될 것인가?

나쁜 아니라, 누구든지 정당한 비판과 충고는 그대들의 전도에

보감이 되는 것이어늘, 그 전도를 열어 주는 은인(恩人)에게 혹 원망을 가진다면 또한 배은자가 되지 아니하겠는가?

그런즉, 그대들은 내가 그대들에게 잘한다 잘못한다 하는 데에나 세상이 잘 한다 잘못 한다 하는 데에나 다 같이 감사하는 동시에 공부의 참된 요령을 얻어 나가기에 더욱 힘쓸지어다265)."

공부인이 각자의 마음병을 발견하여 그것을 치료하려면 그대들도 지도인에게 마음병의 증세를 사실로 고백하여야 할 것이요

또 말씀하시기를

"공부하는 사람이 각자의 마음병을 발견하여 그것을 치료하기로 하면 먼저 치료의 방법을 알아야 할 것이니,

첫째는 육신병 환자가 의사에게 자기의 병증을 속임 없이 고백하여야 하는 것 같이 그대들도 지도인에게 마음병의 증세를 사실로 고백하여야 할 것이요,

둘째는 육신병 환자가 모든 일을 의사의 지도에 순응하여야 하는 것 같이 그대들도 지도인의 가르침에 절대 순응하여야 할 것이요,

셋째는 육신병 환자가 그 병이 완치 되도록까지 정성을 놓지 아니하여야 하는 것 같이 그대들도 끝까지 마음병 치료에 정성을 다하여야 할지니,

이와 같이 진실히 잘 이행한다면 마침내 마음의 완전한 건강을 회복하는 동시에 마음병에 허덕이는 모든 대중을 치료할 의술까지 얻게 되어, 너른 세상에 길이 제생 의세의 큰일을 성취하게 되리라266)."

3. 어떠한 사항에 특별히 의심나는 일이 있고 보면 그 의심된 바를 제출267)하여 지도인에게 해오(解悟)268) 얻기를 주의할 것이요,

---

265) 대종경, 제3 수행품(修行品), 49장, p.171.
266) 대종경, 제3 수행품(修行品), 57장, p.178.

'어떠한 사항에 특별히 의심나는 일'이란?

상시 응용 주의 사항으로 공부하다가 의심나는 것(감각, 감상, 심신 작용 처리건 등) 중에서 스스로 해결되지 않는 것이다.

즉 여러 일 중에서 의심나는 것이 특별한 것이 아니라, 공부하다가 의심나는 일 중에서 자신이 연구해도 해결되지 않거나 자신의 깨달음이 맞는지 의심나는 것이 바로 특별히 의심나는 일이다.

이들은 스승과 문답을 통해 감정을 얻고 해오를 얻어 바르게 깨쳤는지 점검할 공부 거리다.

2조 '어떠한 사항에 감각된 일이 있고 보면 그 감각된 바를 보고하여 지도인의 감정 얻기를 주의할 것이요'와 3조 '어떠한 사항에 특별히 의심나는 일이 있고 보면 그 의심된 바를 제출하여 지도인에게 해오(解悟) 얻기를 주의할 것이요'에서 2조에서는 '보고'라 하고, 3조에서는 '제출'이라 했는데, 그 차이는?

'보고(報告)'는 '(지시 또는 감독하는 사람에게) 일의 내용이나 결과를 말이나 글로 알림'인데, 이 '알림'은 '의식(意識)이나 감각(感覺)으로 느끼게 하거나 깨닫게 함'이다.

'제출'은 '생각(生覺), 의견(意見), 문안(文案), 법안(法案) 등을 말·글로 나타내어 보이게 함. 물건을 밖으로 옮기거나 꺼내 놓음'이다.

'보고(보다+고)'는 '의식이나 감각으로 느끼게 하거나 깨닫게 한다.'는 뜻이 있으므로 '감각된 일'과 '그 감각된 바'와 잘 어울리며,

'제출'은 '말이나 글로 나타내어 보이게 하거나 꺼내 놓는다.'는 뜻이므로 '의심나는 일'과 '그 의심된 바'와 너무나 잘 어울린다.

---

267) 생각이나 의견이나 문안·법안 등을 말·글로 나타내어 보이게 하다.
268) ①요해각오(了解覺悟). 도리를 깨달아 아는 것. ②미(迷: 정신이 헷갈려서 갈팡질팡 헤맴. 마음이 흐려서 무엇에 홀림)를 풀고 진리를 깨달음. ③깨달음은 해오와 증오(證悟)로 분류하는데, 증오가 더 이상 닦음이 필요 없을 만큼 완전한 깨침이라면, 해오는 닦음을 필요로 하는 첫 단계의 깨침으로 돈오(頓悟)와 같이 쓰임.

대종사님께서는 어찌 이처럼 가장 잘 어울리는 단어를 골라 사용하셨는지 감탄하지 않을 수 없다.

'공부하는 가운데 감각 건이나 감상 건이나 의심되는 바를 지도인에게 제출하면 모두가 고루 밝아지나니'라 함은?

원기 25년 동선 어느 예회에 대종사 말씀하시었다.

"내가 이번에 부산 갔을 때 부산 회원들의 공부하는 것을 들은 즉 회원들이 1주일간 집에서 공부하는 가운데 감각 건이나 감상 건이나 교과서 중 모르는 조목을 각자 공책에 적어 가지고 와서 예회날 제출하면 교무는 예회에서 일일이 그 해답을 해 주는 고로 일반이 다 그 조목을 알게 되어 부산 회원들은 교리가 고루 밝아진다고 하더라.

그 방법이 아주 좋으니 총부에서도 그 법을 써서 교과서 중 모르는 점이나 공부 생활 중 의심된 점이 있거든 공책에 적어 가지고 와서 대중이 함께 해답을 듣게 하라."

그 후부터 예회 순서에 질의 문답 순을 넣게 되었다[269].

교당 내왕시 주의 사항 1, 2, 3조의 실행이 곧 구전 심수의 정법으로 공부하는 길이다

공부는 정기적인 문답을 통하여 감정과 해오를 얻어야 한다.

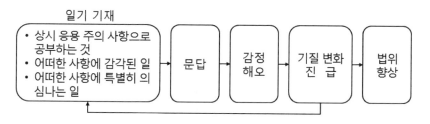

---

269) 대종경 선외록, 17. 선원수훈장(禪院垂訓章), 3절, p.107.

이래야 구전 심수의 정통 법맥이 이어지고, 기질이 변화됨과 동시에 진급이 되고 법위 또한 향상되기 때문이다.

지도인과 문답하며 감정·해오 얻는 구전 심수 공부법이 최선인 이유는?

송도성(宋道性)[270]이 여쭙기를

"제가 전 일에 옛 성인의 경전도 혹 보았고 그 뜻의 설명도 들어보았사오나 그때에는 한갓 읽어서 욀 뿐이요, 도덕의 참 뜻이 실지로 해득되지 못하옵더니 대종사를 뵈온 후로는 차차 사리에 밝아짐이 있사오나, 알고 보니 전에 보던 그 글이요, 전에 듣던 그 말씀이온데, 어찌하여 모든 것이 새로 알아지는 감이 있사온지 그 이유를 알고자 하나이다."

대종사 말씀하시기를

"옛 경전은, 비유하여 말하자면, 이미 지어 놓은 옷과 같아서 모든 사람의 몸에 고루 다 맞기가 어려우나 직접 구전 심수(口傳心授)로 배우는 것은 그 몸에 맞추어 새 옷을 지어 입는 것과 같아서 옷이 각각 그 몸에 맞으리니, 각자의 근기와 경우를 따라 각각 그에 맞는 법으로 마음 기틀을 계발하는 공부가 어찌 저 고정한 경전만으로 하는 공부에 비할 바이리요[271]."

---

270) 1907~1946 본명 도정(道正), 법호 주산(主山). 송규의 친 아우로서 형과 함께 교단 창립에 공헌하였다. 1922년(원기 7)에 출가하면서 "마음은 스승님께 드리고 몸은 세계에 바쳐서, 일원대도의 법륜을 크게 굴려 영겁토록 쉬지 않으리라(獻心靈父 許身斯界 常轉法輪 永轉不休)"라는 출가시를 소태산 대종사에게 바쳤다. 이 출가시는 후진들에게 큰 거울이 되고 있다. 교단 초기에 송도성은 전음광·이공주 등과 함께 '월말통신', '월보', '회보' 등의 편집·발행에 주역을 담당하였다. 소태산 대종사의 법설을 많이 수필했고, '심금(心琴)', '진경(眞境)', '적멸의 궁전', '오! 사은이시여' 등 많은 시가와 논설을 남겼다. 8·15 광복 직후 그가 주도해서 발족시킨 '금강청년단'은 뒷날 원불교 청년회의 모체가 되었고, 8·15 직후 거교적으로 전개했던 전재동포구호사업에 앞장 서 헌신하다가 과로로 병을 얻어 40세의 젊은 나이로 열반했다.

271) 대종경, 제2 교의품(敎義品), 24장, p.125.

4. 매년 선기(禪期)에는 선비(禪費)272)를 미리 준비하여 가지고
선원273)에 입선하여 전문 공부274)하기를 주의할 것이요,

'선기(禪期)'란?

각 훈련원에서 훈련을 실시하는 때이다.
교단 초창기에는 일반적으로 동선(冬禪)·하선(夏禪)을 3개월씩
실시275)하였으나, 요즘에는 여러 훈련원에서 수시로 훈련을 실시
하므로 각자의 사정에 따라 시간을 내어 자신의 선기로 삼으면 될
것이다.

'선원(禪院)'이란?

정기 훈련을 실시하는 훈련 기관으로서 일정한 기간 동안 각종
교리와 정기 훈련 11과목(염불·좌선·경전·강연·회화·의두·성리·정
기 일기·주의·조행) 등을 통해 훈련을 난다.
교단 초창기에는 선원이란 말을 많이 사용하였으나, 지금은 훈
련원이란 말을 더 많이 사용하고 있다.

'입선(入禪)'이란?

선기에 훈련원에 가 훈련을 나는 것이다.
교단 초창기에는 동선·하선이 주(主)였으나, 요즘에는 연중 수시
로 훈련을 실시하고 있고, 재가 교도와 출가 교역자는 각자의 사
정에 따라 훈련을 나고 있다.

---

272) 훈련비. 또는 훈련을 나는데 드는 경비의 총칭.
273) 정기 훈련을 실시하는 훈련 기관. 선종(禪宗)의 사원(寺院).
274) 일상 생활하면서 공부(상시 훈련)하다가 선원에 입선하여 특별 정진(정기
훈련)하는 것.
275) 동선: 음력 11월 6일~2월 6일. 하선: 음력 5월 6일~8월 6일.

전문 공부하기는 어떻게 하는가?

일상 생활하면서 공부(상시 훈련)하다가 선원에 입선하여 특별 정진 공부(정기 훈련)를 하는 것이다.

즉 상시에는 작업 취사를 주체삼아 정기 공부의 자료를 준비하고, 정기에는 선원에 입선하여 수양·연구를 주체 삼아 상시 공부의 자료를 준비하는 하는 것이다.

왜 '선원에 입선하여 전문 공부하기를 주의'하라 하셨나?

우리의 공부법은 동정 일여(動靜一如), 무시선 무처선, 처처 불상 사사 불공인데, 선원(훈련원)에 입선하지 않고 집에서나 직장에서 생활하면서 공부하면 되지, 왜 특별히 매 선기에는 선비를 미리 준비하여 가지고 선원에 입선하여 전문 공부하기를 주의하라 하셨나 하는 의문을 가질 수 있다.

대종경 교의품 21장의 말씀으로 그 궁금증을 해결할 수 있다.

"선원에서 대중이 모이어 공부에 대한 의견을 교환하는 것은, 그에 따라 혜두가 고루 발달되어 과한 힘을 들이지 아니하여도 능히 큰 지견을 얻을 수 있게 하자는 것이니라."

선원에 입선하는 것은 환자가 병원에 입원하는 것과 같나니

대종사 선원 결제식에서 대중에게 말씀하시기를

"그대들이 선원에 입선하는 것은 마치 환자가 병원에 입원하는 것과 같나니, 사람의 육신에 병이 생기면 병원에서 의약으로 치료하게 되고, 마음에 병이 생기면 도가에서 도덕으로 치료하게 되는지라,

그러므로 부처님을 의왕(醫王)276)이라 함과 같이 그 교법을 약재라 하고, 그 교당을 병원이라 할 수 있나니라.

---

276) 부처님이 이 세상 모든 사람들의 마음병을 가장 잘 치료해 준다하여, 의사에 비유하여 의사 중의 왕이라는 뜻으로 의왕(醫王)이라고 한다.

그러나, 세상 사람들은 육신의 병은 병으로 알고 시간과 돈을 들여 치료에 힘쓰지마는 마음의 병은 병인 줄도 모르고 치료해 볼 생각을 내지 않나니 이 어찌 뜻 있는 이의 탄식할 바 아니리요,

육신의 병은 아무리 중하다 할지라도 그 고통이 일생에 그칠 것이요 경하면 짧은 시일에 가히 치료할 수도 있으나,

마음의 병은 치료하지 아니하고 그내로 두면 영원한 장래에 죄고의 종자가 되나니,

마음에 병이 있으면 마음이 자유를 잃고 외경의 유혹에 끌리게 되어 아니 할 말과 아니 할 일과 아니할 생각을 하게 되어

자기 스스로 죽을 땅에 들기도 하고,

자기 스스로 천대를 불러들이기도 하고,

자기 스스로 고통을 만들기도 하여,

죄에서 죄로, 고에서 고로 빠져 들어가 다시 회복할 기약이 없게 되나니라.

그러나, 마음에 병이 없으면 시방 세계 너른 국토에 능히 고락을 초월하고 거래에 자유하며 모든 복락을 자기 마음대로 수용할 수 있나니,

그대들이여! 이 선기 중에 각자의 마음병을 잘 발견하여 그 치료에 정성을 다하여 보라277).”

왜 훈련기(訓鍊期), 훈련비(訓鍊費), 훈련원(訓鍊院), 입원(入院)이 아니고, 선기(禪期), 선비(禪費), 선원(禪院), 입선(入禪)인가?

선기(禪期)·선비(禪費)·선원(禪院)·입선(入禪)은 교단 초기부터 사용하였는데, 현재는 선원(禪院)보다는 훈련원(訓鍊院)을 더 많이 사용하고 있다.

입선(入禪)을 ‘동선·하선 등의 정기 훈련에 들어가는 것, 선을 나는 것’이라 하는데, 교단 초창기의 3개월씩 나던 동선·하선이 요즘

---

277) 대종경, 제3 수행품(修行品), 56장, p.176.

에는 1주일의 전무출신 훈련으로 정기 훈련 형태가 달라졌고, 현재 입선은 재가·출가가 훈련원에서 정기 훈련을 나는 것을 말한다.

이와 같이 선기(禪期)·선비(禪費)·선원(禪院)·입선(入禪)의 단어는 '동선(冬禪)·하선(夏禪)·선(禪) 나다'의 의미에서 유래되어 사용된 것으로 보인다.

> 5. 매 예회(例會)278)날에는 모든 일을 미리 처결279)하여 놓고 그 날은 교당에 와서 공부에만 전심280)하기를 주의할 것이요,

예회 날을 당하여 비로소 먹을 것을 찾는 것은 벌써 공부에 등 한하고 법에 성의 없는 것이니

대종사 선원 대중에게 말씀하시기를
"영광(靈光)의 교도 한 사람은 품삯 얼마를 벌기 위하여 예회(例會)날 교당 근처에서 일을 하고 있더라 하니, 그대들은 그 사람을 어떻게 생각하는가?"

한 제자 사뢰기를
"그 사람이 돈만 알고 공부에 등한한 것은 잘못이오나 만일 그 날 하루의 먹을 것이 없어서 부모·처자가 주리게 되었다 하오면, 하루의 예회에 빠지고라도 식구들의 기한(飢寒)281)을 면하게 하는 것이 옳지 아니하오리까?

대종사 말씀하시기를
"그대의 말이 그럴 듯하나 예회는 날마다 있는 것이 아니니 만일 공부에 참 발심이 있고 법의 가치를 중히 아는 사람이라면 그 동안에 무엇을 하여서라도 예회 날 하루 먹을 것은 준비하여 둘

---

278) 매 일요일 또는 적당한 날로 한 달에 네 번씩 거행한다. 일정한 날짜를 정해 놓고 모이는 모임.
279) 결정하여 조처함.
280) 온 마음. 마음을 오롯이 한 곳에만 씀.
281) 굶주리고 헐벗어 배고프고 추움.

것이어늘, 예회 날을 당하여 비로소 먹을 것을 찾는 것은 벌써 공부에 등한하고 법에 성의 없는 것이라,

그러므로 '교당 내왕시 주의 사항'에도 미리 말하여 둔 바가 있는 것이며,

또는 혹 미리 노력을 하였으되 먹을 것이 넉넉지 못하더라도 그 사람의 마음 가운데 일호의 사심이 없이 공부한다면 자연 먹을 것이 생기는 이치도 있나니,

예를 들어 말하자면 어린 아이가 그 어머니의 배 밖에만 나오면 안 나던 젖이 나와져서 그 천록(天祿)[282]을 먹고 자라나는 것과 같나니라[283]."

예회에 더 잘 나와 공부를 하면 돈 버는 방식도 알게 되리니

대종사 예회에서 대중에게 말씀하시기를

"내가 오늘은 그대들에게 돈 버는 방식을 일러 주려 하노니[284] 잘 들어서 각각 넉넉한 생활들을 하여 보라.

그 방식이라 하는 것은 밖으로 무슨 기술을 말하는 것이 아니라 안으로 각자의 마음 쓰는 법을 이름이니, 우리의 교법이 곧 돈을 버는 방식이 되나니라.

보라! 세상 사람들의 보통 생활에는 주색이나 잡기로 소모되는 금전이 얼마며, 허영이나 외화로 낭비되는 물질이 얼마며, 나태나 신용 없는 것으로 상실되는 재산이 또한 그 얼마인가?

생활의 표준이 없이 되는 대로 지내던 그 사람이 예회에 나와서 모든 법을 배우는 동시에 하라는 일과 말라는 일을 다만 몇 가지만 실행할지라도 공연히 허비하던 돈이 밖으로 새어 나가지 아니하고 근검과 신용으로 얻는 재산이 안에서 불어날 것이니, 이것이

---

282) 하늘이 주는 복록(복되고 영화로운 삶).
283) 대종경, 제3 수행품(修行品), 7장, p.144.
284) ①앞말이 뒷말의 원인·근거·전제 따위임을 나타냄. ②어떤 사실을 진술하고 이와 관련된 다른 사실을 이어서 설명하는 뜻을 나타냄.

곧 돈을 버는 방식이니라.

그러하거늘, 세상 사람들은 공부하는 것이 돈 버는 것과는 아무 관계가 없는 줄로 알고 돈이 없으니 공부를 못 한다 하며 돈을 벌자니 예회에 못 간다 하나니, 그 어찌 한 편만 보는 생각이 아니리요.

그러므로, 이 이치를 아는 사람은 돈이 없으니 공부를 더 잘 하고 돈을 벌자니 예회에 더 잘 나와야 하겠다는 신념을 얻어서 공부와 생활이 같이 향상의 길을 얻게 되리라[285]."

6. 교당에 다녀갈[286] 때에는 어떠한 감각이 되었는지 어떠한 의심이 밝아졌는지 소득[287] 유무를 반조(返照)[288]하여 본 후에 반드시 실생활[289]에 활용[290]하기를 주의할 것이니라.

교당은 어떠한 감각이 되었는지, 어떠한 의심이 밝아졌는지 소득 유무를 반조(返照)하게 하는 곳이니

교당에 다녀간다는 말은 교당에 왔다가 가는 것이므로 이 '왔다'와,

교당 내왕시 주의 사항 1조인 '상시 응용 주의 사항을 공부하는 중 교당에 오고 보면……,'의 '오고'와,

5조인 '매 예회(例會)날에는 모든 일을 미리 처결하여 놓고 그 날은 교당에 와서……,'의 '와서'는 처소와 그 방향이 동일하다.(가정→교당←일터)

기막힌 일치요 표현이다.

이는 우리의 몸과 마음이 가정에서 교당으로, 또는 직장에서 교당으로, 또는 학교에서 교당으로 모이고 모여 공부심이 살아나고,

---

285) 대종경, 제3 수행품(修行品), 8장, p.145.
286) (다녀가다+ㄹ): 어느 곳에 왔다가 가다. 들렀다가 가다.
287) 일의 결과로 생긴 이익.
288) 빛이 되쬐는 일.
289) 실제 생활. 우리의 각자 생활.
290) 살리어 잘 응용함.

공부길이 열리어 공부인으로 거듭나는 마음의 고향이요, 마음에 활력을 충전하는 훈련소라는 말이다.

2·3·6 조에서 '어떠한'이 주는 의미는?

경계를 따라 육근이 작용되는 사항이나 감각이나 의심이 생겨난 상황성을 보라는 의미다.

그 상황성에 따라 있어진 사항이나 감각이나 의심에 주의심을 잃지 않는 것이 바로 마음 공부다.

'소득 유무'란?

상시 공부하는 중 감각된 일이나 특별히 의심된 바를 지도인과 문답·감정·해오를 통해 어떠한 감각이 되었는지, 또는 그 의심에 대한 밝아짐의 정도가 어떠하였는지 그 유무를 이른다.

'반조(返照)'란?

저녁에 햇빛이 서산에 걸려서 동쪽을 되비치는 것을 반조라 하는데, 이를 마음 공부에 비유해 보면, 경계를 따라 끌려다니는 마음(요란함, 어리석음, 그름)을 있어진 그대로 수용하고, 본래 마음자리(일념미생전, 본래 면목, 성품, 자성)에 대조하여 그 마음 자리를 찾는(자성의 정·혜·계를 세우는) 것을 말한다.

자성을 찾는 것을 자성 반조, 서원을 되새겨 보는 것을 서원 반조, 목적을 다시 강조해 보는 것을 목적 반조라고 한다.

교당에 다니는 것도 좋은데, 왜 소득 유무를 반조해야 하는가?

무슨 일을 하든지 이익이 생겨야 일을 하는 보람도, 재미도, 의욕도 생긴다.

교당에 다니는 것도, 마음 대조 공부하는 것도 마찬가지다.

소득이 있어야 재미가 있고, 신과 분과 의와 성이 생기고, 삼학이 촉진되어 마음 공부가 되어진다.

소득이 적거나 없다면 왜 그런지 지도인과 문답하여 감정과 해오를 얻어 반드시 해결하는 반조 공부를 하여야 한다.

상시 응용 주의 사항과 교당 내왕시 주의 사항의 관계는?

"상시 응용 주의 사항과 교당 내왕시 주의 사항의 관계는 어떠하나이까?"

대종사 말씀하시기를

"상시 응용 주의 사항은 유무식·남녀·노소·선악·귀천을 막론하고 인간 생활을 하여 가면서도 상시로 공부할 수 있는 빠른 법이 되고,

교당 내왕시 주의 사항은 상시 응용 주의 사항의 길을 도와주고 알려 주는 법이 되나니라291)."

상시 응용 주의 사항과 교당 내왕시 주의 사항을 정한 뜻은?

"사람의 마음은 지극히 미묘하여 잡으면 있어지고 놓으면 없어진다 하였나니, 챙기지 아니하고 어찌 그 마음을 닦을 수 있으리요?

그러므로, 나는 또한 이 챙기는 마음을 실현시키기 위하여 상시 응용 주의 사항과 교당 내왕시 주의 사항을 정하였나니라292)."

정기 훈련법과 상시 훈련법의 제정과 실시의 기원

원기 9년(1924, 甲子) 5월에 대종사 진안 만덕산에 가시어 한 달 동안 선(禪)(金光旋 주관)을 나시며, 김대거(金大擧)를 만나시었고, 이듬해 3월에 새 교법을 지도 훈련하기 위하여 정기 훈련법과 상

---

291) 대종경, 제6 변의품(辨疑品), 26장, p.250.
292) 대종경, 제3 수행품(修行品), 1장, p.140.

시 훈련법을 제정 발표하시었다.

정기 훈련은 매년 정기로 공부를 훈련시키는 방법으로서 동하 양기(冬夏兩期)의 선(禪)으로 하되, 하선은 음 5월 6일에 결제하여 8월 6일에 해제하고, 동선은 11월 6일에 결제하여 이듬해 2월 6일 에 해제하며, 과정은 염불(念佛)·좌선(坐禪)·경전(經典)·강연(講演)· 회화(會話)·문목(問目)293)·성리(性理)·정기 일기(定期日記)·주의(注 意)·조행(操行)·수시 설교(隨時說敎)294) 등 11과로 정하였다.

상시 훈련은 상시로 공부하는 방법으로서 '상시 응용 주의 사항' 6조와 '공부인이 교무부에 와서 하는 책임295)' 6조(條)를 정하였고, 이 모든 조항을 실질적으로 대조 연습하기 위하여 유무념 조사와 상시 일기 조사법을 정하였으며, 문자 서식에 능치 못한 사람을 위 하여 태조사(太調査)법을 두어 유무념을 대조하게 하였다.

특히 일기 조사법은 매일 공부의 실행 여부만 조사 기재하는 것 이 아니라, 정신·육신·물질 삼 방면으로 혜시·혜수한 것도 대조 기 재하며, 공부·사업·생활 삼 방면의 의견 제출과 삼십 계문의 범과 유무도 대조 기재하되, 이 공부를 달[月]로 검사하기 위하여 매월 단장 조사법을 정하고, 해[年]로 검사하기 위하여 매년 교무부 보 고법을 정하였으니, 그 방법이 심히 간명하고 맥락이 또한 서로 관통하여 유무식·남녀·노소를 막론하고 근기를 따라 바로 정법에

---

293) 교단 초창기 '육대 요령'에 처음 나타난 정기 훈련 11과목의 하나. 사리 연구 훈련 과목에 속하는 것으로, '문목이라 함은 본회 교과서 수양 연구 요론 내 대소 유무와 시비 이해를 망라하여 지정된 137개 항의 의두 문 목과 기타 일체 인간에 의심할 만한 제목을 이름이니, 어떠한 문목이든지 각자의 연구대로 그 해결안을 제출하여 얻게 하는 것으로서, 이는 본회 초급 교과서를 마치고 연구의 실질 경지를 밟는 공부인에게 사리간의 명 확한 분석력을 얻도록 하기 위함이다.'라고 하였다. 이 문목 137개 항목은 현재 20개 조항의 의두 요목으로 바뀌었다.

294) 시간과 장소에 구애 없이, 예정이나 계획 없이, 일정한 격식을 갖추지 않 고 그때 그때의 상황에 따라 하는 설교. 수시 설교는 "육대 요령"에 정기 훈련 11과목의 하나로 들어 있었다. 육대요령의 11과목은 "정전"의 11과 목과는 약간 다르게 나타나 있다. 의두 요목 대신 문목(問目)으로 표현되 어 있고, 상시 일기가 없는 대신 수시 설교가 들어있다.

295) '교당 내왕 시 주의 사항'을 말한다.

들게 하는 훈련의 강령이 되었다.

원기 10년(1925, 乙丑) 5월 6일에 대종사 새 훈련법에 의하여 첫 정기 훈련을 실시하실 제, 총부 가옥이 아직 협착(狹窄)296)하므로 임시로 구내 개인 가옥(全飮光집) 일부를 빌려 교무 송규의 지도 아래 10여명의 남녀 선원(禪員)이 하선 훈련을 받게 하시고, 11월 에는 교무 이춘풍(李春風)의 지도 아래 20여명의 남녀 선원이 동 선 훈련을 받게 하시니, 이 양기(兩期)의 선(禪)297)이 새 회상 정 기 훈련의 원시(元始)298)가 되었다.

이 정기 훈련은 일반 선원(禪員)의 공부를 단련하는 중요한 기 간이 될 뿐 아니라, 초창기에 교무를 양성하는 유일한 방도로 활 용되었으며, 훈련의 장소는 그 후 공회당을 신축하여 간고(艱 苦)299)한 가운데 선원 훈련의 명맥을 이어 나왔다300).

제3절 정기 훈련법과 상시 훈련법의 관계

정기 훈련법과 상시 훈련법의 관계301)를 말하자면302), 정기 훈련법은 정할 때 공부로서 수양·연구를 주체303) 삼아304) 상시 공부의 자료305)를 준비306)하는 공부법이 되며, 상시 훈련법은 동할 때 공부로서 작업 취사를 주체 삼아 정기 공부의 자료를 준비하는 공부법이 되나니, 이 두 훈련법은 서로서로 도움이 되고 바탕307)이 되어 재세 출세의 공부인308)에게 일분 일각309) 도 공부를 떠나지 않게 하는 길이 되나니라.

---

296) 차지하고 있는 자리가 매우 좁음.
297) 양기(兩期)의 선(禪): 동선과 하선.
298) 시작하는 처음.
299) 가난하고 고생스러움.
300) 원불교 교사, 제2편 회상(會上)의 창립(創立), 제1장 새 회상의 공개, 4. 훈련법의 발표와 실시, p.1070.
301) 둘 이상의 사람, 사물, 현상 따위가 서로 관련을 맺거나 관련이 있음. 또

정기 훈련법은 왜 수양·연구를 주체 삼아 상시 공부의 자료를 준비하는 공부법이 되는가?

정기 훈련법은 정(靜)할 때 하는 공부다.

정할 때는 어떤 공부를 하는가?

정신을 수양하는 공부를 하고, 사리를 연구하는 공부를 한다.

그러므로 정할 때 수양·연구를 주체 삼는 것은 지극히 당연하다.

그럼 왜 이때 상시 공부의 자료가 준비되는가?

조용할 때나 한가하게 시간이 날 때나 정기 훈련 시간에는 상시 생활하면서 의문이 걸렸던 일이나, 이치를 궁구하여 해결하거나, 문답을 통해 감정과 해오를 얻게 되므로 이 자료들은 상시에 활용할 수 있는 바탕이 된다.

그래서 정할 때 수양·연구를 주체 삼아 공부하는 것이 곧 상시 공부의 자료를 준비하는 것이다.

'수양·연구를 주체 삼아, 작업 취사를 주체 삼아'란?

'주체(主體)'란 '사물의 작용이나 어떤 행동의 주(主)가 되는 것' 이며, 비슷한 말은 중심(매우 중요하고 기본이 되는 부분), 핵심 (사물의 가장 중심이 되는 부분이나 요점), 모체(母體: 갈려 나온 조직·사고(思考) 등의 근본이 되는 것이다.

그러므로 주(主)가 있으면 종(從)이 있기 마련이다. 주와 종은

는 그런 관련.

302) 말로 나타내기로 하면. 이를테면.

303) 사물의 작용이나 어떤 행동의 주(主)가 되는 것.

304) (삼다+아): 무엇이 무엇을 되게 하거나 여기다.

305) 바탕이 되는 재료.

306) 미리 마련하여 갖춤.

307) 타고난 성질이나 체질 또는 재질. 근본을 이루는 부분.

308) 재세 출세의 공부인: 재가 교도와 출가 교도. 누구나 다.

309) 일분 일각: 극히 짧은 시간. 일각은 한 시간의 4분의 1이므로 15분.

대립되는 상대 개념의 관계가 아니라, 항상 동시에 존재하며 서로
서로 도움이 되고 바탕이 되는 관계를 이루어 상황에 따라 주(主)
가 종(從)이 되기도 하고, 종(從)이 주(主)가 되기도 한다.

'삼아(삼다+아)'는 '무엇을 무엇이 되게 하거나 여기다'이다.

그러므로 이 '주체 삼아'를 대입하면, 정기 훈련법은 정할 때 공
부로서 수양·연구를 주(主)가 되게 하고 작업 취사를 종(從)이 되
게 하여 상시 공부의 자료를 준비하는 공부법이 되며, 상시 훈련법
은 동할 때 공부로서 작업 취사를 주(主)가 되게 하고 정신·연구를
종(從)이 되게 하여 정기 공부의 자료를 준비하는 공부법이다.

'상시 공부의 자료'란?

정할 때(정기에) 수양·연구를 주체 삼아 공부하면서 준비하는
자료다.

그러면 수양·연구를 주체 삼아 하는 공부에는 무엇이 있는가?

여러 가지가 있을 수 있겠지만, 정신 수양을 구체적으로 훈련하
는 과목으로 염불·좌선이, 사리 연구를 구체적으로 훈련하는 과목
으로 경전·강연·회화·의두·성리·정기 일기가 있다.

그러므로 정기에 이들 과목으로 공부하면서 얻은 자료가 상시
공부의 자료가 된다.

'정기 공부의 자료'란?

동할 때 작업 취사를 주체 삼아 공부하면서 준비하는 자료다.

그러면 작업 취사를 주체 삼아 하는 공부에는 무엇이 있는가?

여러 가지가 있을 수 있겠지만, 대종사님께서 제시한 상시 일
기·주의·조행인 작업 취사 훈련 과목이 있다.

그러므로 상시에 이들 과목으로 공부하면서 얻은 자료가 정기
공부의 자료가 된다.

상시 훈련법은 왜 작업 취사를 주체로 삼아 정기 공부의 자료를 준비하는 공부법이 되는가?

상시 훈련법은 동할 때하는 공부이므로 상시 생활하면서 공부한다.

그러므로 실제로 모든 일을 응용하는 데 있어서 육근을 작용하여 정의는 용맹 있게 취하고, 불의는 용맹 있게 버리는 작업 취사를 동할 때 공부의 주체로 삼는 것은 너무나 당연하다.

그런데 왜 이때 정기 공부의 자료를 준비하게 되는가?

모든 일을 당하여 하자는 조목과 말자는 조목에 취사하는 주의심을 가지고 했는지, 취사하는 주의심이 없이 했는지 유념·무념 대조를 하고, 계문의 범과 유무를 대조하고,

육근을 동작할 때에 하기로 한 일과 안 하기로 한 일을 경우에 따라 잊어버리지 아니하고 실행하면서, 또는 경계를 따라 공부를 무시로 대조하여 실행에 옮김으로써 공부의 실효과를 얻게 하기 위함이다.

그래서 동할 때 작업 취사를 주체 삼아 공부하는 것이 곧 정기 공부의 자료를 준비하는 것이다.

'이 두 훈련법은 서로서로 도움이 되고 바탕이 되어 재세 출세의 공부인에게 일분 일각도 공부를 떠나지 않게 하는 길이 되나니라' 함은?

일원상의 진리를 신앙하고 수행하는 것이 동시이듯, 자력은 타력의 근본이 되고 타력은 자력의 근본이 되듯 정기 훈련법과 상시 훈련법도 마찬가지다.

서로서로 도움이 되고 바탕이 되는 은혜의 관계며, 손등과 손바닥의 관계와 같아서 사실은 떨어지래야 떨어질 수 없다.

이렇게 되어야 거래와 순환이 이루어지면서 공부가 촉진되고 순숙되어 공부인들로 하여금 일분 일각도 공부를 떠나지 않게 된다.

'원만한 공부법은 동과 정 두 사이에 공부를 여의지 아니하나니'라 함은?

송벽조(宋碧照)310) 좌선에만 전력하여 수승 화강을 조급히 바라다가 도리어 두통을 얻게 된지라, 대종사 말씀하시기를

"이것이 공부하는 길을 잘 알지 못하는 연고라, 무릇 원만한 공부법은 동과 정 두 사이에 공부를 여의지 아니하여

동할 때에는 모든 경계를 보아 취사하는 주의심을 주로 하여 삼대력을 아울러 얻어 나가고,

정할 때에는 수양과 연구를 주로 하여 삼대력을 아울러 얻어 나가는 것이니,

이 길을 알아 행하는 사람은 공부에 별 괴로움을 느끼지 아니하고 바람 없는 큰 바다의 물과 같이 한가롭고 넉넉할 것이요,

수승 화강도 그 마음의 안정을 따라 자연히 될 것이나 이 길을 알지 못하면 공연한 병을 얻어서 평생의 고초311)를 받기 쉽나니 이에 크게 주의할지니라312)."

정기 훈련 10과목과 상시 훈련 12과목으로 훈련하면 누구나 다 불보살의 인격을 이룰 수 있나니라

"오늘은 대종사님께서 59년 전(1916) 병진 3월 26일(양력 4월 28일)에 일원의 진리를 대각하시고 '물질이 개벽되니 정신은 개벽하자.'는 인류 공동의 대명제(大命題)313)를 제창(提唱)314)하시어 앞으로 이루어질 하나의 대문명 세계 건설의 설계도를 제시해 주신 날이요, 우리 재가·출가 모든 동지의 공동 생일 기념일의 뜻까지

---

310) 1874-1939. 본명 찬오(贊五), 법호 하산(夏山). 전북 김제에서 출생. 강증 산교의 신자로 신흥 종교에 관심이 많았다. 부안 봉래정사에서 소태산 대종사를 만나 제자가 되었고, 상당 기간 시봉하였다. 주로 강증산 계통의 신자들을 소태산 대종사에게 많이 귀의시켰다.
311) 괴로움과 어려움
312) 대종경, 제3 수행품(修行品), 40장, p.165.
313) 어떤 문제에 대한 가장 기본이 되는 논리적 주장이나 판단을 언어나 기호로 나타낸 것.
314) 어떤 일을 내놓아 주장함.

겸한 경사스러운 날로서 이 기념일이 거듭될수록 대종사님께서 염원하신 일원세계 건설의 기반이 더욱 다져질 것입니다.

지금 세계의 정세는 하나의 세계 건설을 위해 갖은 진통을 겪고 있음을 우리는 직감할 수 있습니다. 원유·식량·공해(公害), 그리고 각종 원자재 등 경제적인 파동과 정치적인 국제 협상 등은 인류 개개인과 가정 살림에까지 그 영향이 급속도로 파급되고 있습니다.

그러므로 모든 인류는 나만을, 내 가정만을 생각하는 좁고 국한된 생각을 벗어나서 저편의 이로움이 나의 이로움이요, 나의 이로움이 저편의 이로움이 되고, 저편의 해로움이 나의 해로움이요, 나의 해로움이 바로 저편의 해로움이 됨을 알아서 하나가 전체요 전체가 하나인 새 세계 건설에 앞장서야 하겠습니다.

이에 우리 인류는 제불 제성이 깨치신 진리가 하나임을 아는 대진리관을 확립하고, 온 인류와 모든 생령이 한 가족의 지친(至親)315)임을 아는 대윤리관을 확립하며, 국가는 한 큰 집이고, 세계는 인류 전체의 집임을 아는 대국가관과 대세계관을 확립하여 그 사상을 실생활에 나타내는 훈련을 다 같이 실시해야 하겠습니다.

훈련은 단련이요, 단련은 바로 심신의 수련이니, 이 수련을 통하여 각자의 기질 변화를 시켜 인간 개조의 대혁명을 가져오게 하는 것입니다.

예로부터 새 역사를 창조한 모든 위인 달사(達士)316)들이 하나같이 자신 훈련으로 자신의 심신 혁명부터 이룩하였고, 삼세의 모든 성인들께서도 시대를 따라 출현하시어 큰 서원을 세우신 후 반드시 자신 수련을 먼저 하시고 새로운 훈련으로 인류 훈련을 끊임없이 시키시어 새 세계를 개척하도록 해 주셨습니다.

서가모니 부처님께서는 왕궁가의 태자로 태어나시어 사문유관(四門遊觀)317)하실 때부터 79세의 열반상을 나투실 때까지 자신과

---

315) 매우 가까운 친족. 부자간·형제간의 일컬음.
316) 이치에 밝아 사물에 얽매이지 않는 사람.
317) 석가모니가 태자 때 동문 밖에 나갔다가 노인을, 남문 밖에서 병자를, 서문 밖에서 죽은 사람을, 북문 밖에서 위의(威儀)를 갖춘 사문(沙門)을 보

1천2백 제자의 훈련을 끊임없이 하시어 3천년 동안 불일(佛日)을 빛내고 법륜(法輪)을 굴려 수없는 중생을 제도하셨고,

공자님께서도 십유오이지우학(十有五而志于學)하여 칠십이종심소욕불유구(七十而從心所欲不踰矩)[318]하시기까지 역시 당신과 제자들의 훈련을 끊임없이 하셨으므로 2천5백여 년 동안 그 도맥을 이어 많은 동포를 구원하셨고,

예수님께서도 마구간에서 태어나 갖은 수난을 다 겪으시면서도 당신 스스로 12사도 및 일반 신도의 훈련을 십자가에 못 박힐 순간까지 쉬지 아니하셨으므로 2천년 동안 사랑과 희망을 온 인류에게 심어 주어 많은 생령을 구원해 주셨습니다.

또한 새 세상의 새 주세불로 나오신 대종사님께서도 세 살 때부터 부모님과 마을 사람들의 사는 것을 일일이 물으시고 나는 달리 살아야겠다는 그 한 마음이 주체가 되어 자신의 훈련을 시작하셨습니다.

그리하여 26세에 대각을 이루시고 회상을 펴신 후, 진리적 종교의 신앙과 사실적 도덕의 훈련으로 모두가 일원상의 진리를 신앙하고 수행하여 원만한 인격을 이루고 어느 곳 어느 때나 생활 속에서 불법을 활용할 수 있도록 동정간 빈틈없는 훈련법을 제정해 주셨습니다. 그 훈련법이 바로 정기 훈련법과 상시 훈련법입니다.

정기 훈련법은 정할 때 공부로서 수양·연구를 주체 삼아 상시 공부의 자료를 준비하는 공부법으로, 염불·좌선·경전·강연·회화·의두·성리·정기일기·상시일기·주의·조행을 밝혀 주셨고,

상시 훈련법은 동할 때 공부로서 작업 취사를 주체 삼아 정기

고, 늙고 병들고 죽는 고통에서 해탈하고자 출가를 결심한 고사(故事).

318) 子曰 吾 十有五而志于學하고, 三十而立하고, 四十而不惑하고, 五十而知天命하고, 六十而耳順하고, 七十而從心所欲하여 不踰矩니라(자왈 오 십유오이지우학하고, 삼십이립하고, 사십이불혹하고, 오십이지천명하고, 육십이이순하고, 칠십이종심소욕하여 불유구니라). 나는 열다섯에 학문에 뜻을 두었고, 서른에 스스로 섰고, 마흔에는 마음에 미혹됨이 없었고, 쉰에는 천명을 알았으며, 예순에 귀가 순했고, 일흔에는 마음이 하고자 하는 바를 따라도 법도에 어긋나는 일이 없었다.

공부의 자료를 준비하는 공부법으로, 상시 응용 주의 사항 6조목과 교당 내왕시 주의 사항 6조목을 제정해 주시어 재세·출세의 공부인에게 일분 일각도 자신의 훈련을 떠나지 않고 일원상의 진리를 모시고 닦고 합일하게 하시었습니다.

이와 같은 훈련법으로 적공을 계속할 때 훈련 즉 불공이 되고, 불공 즉 훈련이 되어 불공은 바로 봉공으로 나타나 보은의 덕행으로 행하여져서 자신과 가정과 국가와 세계를 새롭게 개조시킬 수 있는 원동력과 저력이 될 것입니다.

그러므로 남녀 노소를 막론하고 대종사님께서 밝혀 주신 정기 훈련 11과목과 상시 훈련 12조목으로 훈련하면 누구나 다 불보살의 인격을 이룰 수 있고, 제생의세의 대임(大任)[319]을 달성시킬 수 있으며, 이 지상에 낙원을 건설할 수 있을 것입니다.

대종사님의 일원대도에 남 먼저 귀의한 우리 모든 동지들은 훈련에 대한 각성을 더욱 새롭게 하여 자신이 자신을 가르치고 책임지는 자신 훈련을 더욱 철저히 하여 교도 훈련과 국민 훈련, 인류 훈련에 다 같이 앞장서서 항상 불일(佛日)을 중휘(重輝)시키고 법륜(法輪)을 부전(復轉)[320]시킬 것을 당부하는 바입니다[321]."

정기 훈련법과 상시 훈련법은 대종사께서 한량없는 생을 오가며 천여래 만보살을 만들기 위해 세우신 원력이요 방법이니라

대산 종사 말씀하시기를

---

319) 아주 중대한 임무.
320) 불일중휘(佛日重輝) 법륜부전(法輪復轉): 부처님의 지혜 광명이 거듭 빛나고, 법의 수레바퀴를 다시 힘차게 굴린다는 뜻이다. 주세불 소태산 대종불일중휘는 공간적으로 무변 세상에 부처님의 지혜 광명이 비추어 줄 것을 염원하는 뜻. 법륜부전은 시간적으로 무시광겁에 법의 수레바퀴가 쉬지않고 굴러가기를 염원하는 뜻이다. 소태산 대종사님의 출현과 미래 세계의 주세 종교인 원불교의 창립을 찬탄하는 말.
321) 대산 종사 법문집, 제2집, 제5부 대각개교절 경축사, 원기 60년 개교 경축사, 훈련하는 교단, p.169.

"정기 훈련법과 상시 훈련법은 대종사께서 일원 대도를 깨치고 그 진리를 체득하도록 내놓으신 법이라, 한 생에 계획하신 것이 아니요 한량없는 생을 오가며 천여래 만보살을 만들기 위해 세우신 원력이요 방법이니라.

그러므로 대종사께서는 '혼자 재주를 부리거나 산중으로 들어가는 사람은 큰 성공을 거두기 어려우나 대중과 함께 훈련을 하다 보면 자기도 모르는 사이에 일심이 얻어지고 지혜가 단련되며 취사심도 깊어지게 된다.'고 하셨느니라.

지금 우리는 항상 똑같은 경전과 방법으로 훈련을 하므로 이를 대수롭지 않게 생각할 수 있으나 사사로운 마음 없이 계속해서 공을 들이면 마침내 부처를 이룰 수 있나니, 대종사님 말씀을 그대로 믿고 훈련 받은 사람들은 그 기운으로 각자가 맡은 일터에서 공부나 사업에 큰 몫을 하였느니라[322]."

어떻게 해야 쉬지 않는 공부를 할 수 있습니까?

대산 종사 말씀하시기를

"대종사께서는 누구나 쉽게 새 사람이 될 수 있는 방법으로 정기 훈련법과 상시 훈련법을 밝혀 주셨나니,

우리는 정기 훈련을 잘해야 상시 훈련에 도움이 되고 상시 훈련을 잘해야 정기 훈련에 도움이 되는 이치를 알아서 이 두 훈련을 함께 병진해 나가야 할 것이니라.

만일 그 중요성을 알지 못한 채 일생을 허비하고 보면 참으로 허망한 사람이 되고야 말 것이니,

정기 훈련과 상시 훈련을 철저히 해서 과거의 잘못을 참회하고 새 사람이 되도록 쉬지 않는 공부를 해야 하느니라[323]."

---

322) 대산 종사 법어, 제3집, 제3 훈련편, 24장, p.81.
323) 대산 종사 법어, 제3집, 제3 훈련편, 28장, p.83.

제3장 염불법 (念佛法)

염불법은 정기 훈련 11과목 중 정신 수양 훈련 과목인 염불로
하는 수행법으로서, 천만 가지로 흩어진 정신을 일념으로 만들고
순역 경계에 흔들리는 마음을 안정시키는 공부법이다.

1. 염불의 요지[324] (念佛-要旨)

이때까지 염불은 "나무아미타불. 나무아미타불" 하고 소리를 내
거나 마음속으로 주문처럼 외는 것이며, 정기 훈련 11과목 중 정
신 수양 훈련 과목의 하나라고 생각한 점도 없지 않았다.

그러면 염불을 함으로써 정신 수양이 어떻게 훈련되는지 살펴보자.
'염불'의 뜻을 국어사전에서 찾아보면, '부처를 생각하는 것'이다.

부처를 생각한다고 하니까 그저 막연히 부처를 생각하는 것이
아니라, 경계를 대할 때마다 일어나는 마음을 간섭하거나 판단하
지 않고 '나의 원래 마음인 부처의 마음'에 대조하는 것, 경계를
대할 때마다 원래에 분별·주착이 없는 나의 성품으로 돌아가는
것, 경계를 대할 때마다 '앗, 경계다!'를 습관처럼 외치며 일어나는
마음을 멈추는 것도 염불이다.

경계를 대할 때마다 원래에 분별·주착이 없는 절대 자리에서 고
요하고 두렷한 원래 마음을 사용하는 공부법이 곧 대종사님께서
내놓으신 염불법의 본래 뜻이며, 정신 수양을 훈련하는 것이다.

염불이라 함은 '천만 가지로 흩어진 정신을 일념으로 만들기 위
한 공부 법이요,…… 곧 참다운 염불의 공부니라.'고 대종사님께서
는 너무나도 분명하고도 자상하게 밝히셨다.

물론 이 의미는 모두 다 잘 알 것이나, 이 염불법의 말씀 한 마
디 한 마디를 밥을 꼭꼭 씹어 먹듯이 음미하며 마음 공부(용심법)
에 어떻게 써먹을 수 있을까, 또는 전체 교리와 어떻게 이어져 있

---

324) 말이나 글 따위에서 핵심이 되는 중요한 내용.

고 전체 수행법과 어떻게 이어져 있는지, 또는 일상생활에서 어떻게 사용할 것인지 연마해 보는 것도 큰 의미가 있다.

원래에 분별 주착이 없는 내 성품 자리로 돌아가자. 나무아미타불.
원래에 분별 주착이 없는 내 성품 자리로 돌아가자. 나무아미타불.

대범, 염불325)이라 함은 천만 가지로 흩어진326) 정신327)을 일념328)으로 만들기 위한 공부 법이요, 순역(順逆) 경계329)에 흔들리는330) 마음을 안정331)시키는 공부법으로서 염불의 문구332)인 나무아미타불(南無阿彌陀佛)은 여기 말로 무량수각(無量壽覺)333)에 귀의334)한다는 뜻인 바,

---

'염불이라 함은 천만 가지로 흩어진 정신을 일념으로 만들기 위

---

325) 부처의 모습이나 그 공덕을 생각하면서 부처의 이름을 외는 일. 특히 '나무아미타불'을 외는 일.
326) (흩어지다+ㄴ): (모였던 것이) 여기저기 떨어져 헤어지다.
327) 천만 가지로 흩어진 정신: 순역(順逆) 경계에 흔들리는 마음. 천지 만엽으로 벌여가는 정신. 천만 생각. 천지 만엽으로 흩어진 정신. 천념 만념(千念萬念).
328) 한결같은 마음. 두렷하고 고요하여 분별성과 주착심이 없는 경지의 정신을 이름.
329) ①순(順)은 마음에 맞는 것, 역(逆)은 마음에 맞지 않는 것. 따라서 좋고 나쁜 경계를 말함. ②순경(順境: 환경이 좋거나 하여, 마음먹은 일이 뜻대로 잘 되어 가는 경우)과 역경(逆境: 일이 뜻대로 되지 않는 불운한 처지. 고생이 많은 불행한 처지).
330) (흔들리다+는): 어떤 안정된 상태가 동요되다.
331) 흔들림 없이 안전하게 자리잡음.
332) 글의 구절(긴 글의 한 부분인 토막 글). 글귀.
333) ①각(覺)이 무량수(無量壽)라는 말로서 무량수는 곧 원래 생멸이 없는 마음을 이르며, 그 가운데에도 또한 소소영령(昭昭靈靈)하여 매(昧: 어둡거나 어리석거나 탐하는 것)하지 아니한 바가 있는데, 이를 각(覺)이라 하고, 자심 미타라고도 한다. ②원래 생멸 없는 가운데 소소영령하여 매(昧)하지 아니한 원만 구족하고 지공 무사한 각자의 마음 자리. 자심 미타(自心彌陀).
334) ①돌아가 몸을 의지함. 신불(신령{신앙의 대상이 되는 초자연적인 정령(만물의 근원이 된다고 하는 초자연적인 힘), 즉 일원상의 진리})과 부처의 가르침을 믿고 그에 의지함. 특히 불교에서, 부처를 믿고 그 가르침에 따름을 이름. ②일원상의 진리를 신앙하는 동시에 수행의 표본으로 삼는 것.

한 공부법이요, 순역(順逆) 경계에 흔들리는 마음을 안정시키는 공부법으로서'라 함은?

심지는 원래 요란함이 없건마는 순경·역경을 따라 다양하게 있어진다. 순경을 당하여 즐거운 마음도 나고 심지어는 간사하고 망녕된 마음도 나며, 역경을 당해서는 원망하고 미워하고 괴로운 마음이 나온다.

이런 때의 마음은 어떤 상태인가?

별의별 생각이 다 난다. 이것이 바로 천만 가지로 흩어진 정신이며, 흔들리는 마음이며, 산란한 마음이다.

이러한 정신과 마음을 일념으로 만들고 안정시키는 것이 곧 경계를 대할 때마다 일어나는 마음을 있는 그대로 수용하고, 원래 마음에 대조하여 자성의 정(요란함이 없는 마음)을 세우는 것이다.

이렇게 되면 어떻게 되는가?

마음이 안으로 두렷하고 고요하여 분별성과 주착심이 없어지고 밖으로 산란하게 하는 경계에 끌리지 아니하여 두렷하고 고요한 정신이 길러지므로 정신 수양이 되며, 경계를 대하여 마음이 요란해질 때마다 일어나는 묘한 마음을 원래 마음에 대조하고 또 대조하고, 살피고 또 살피면 자성의 정이 세워지지 않는가?

이 상태가 곧 일념이 되는 것이며, 마음이 안정되는 것이며, 분별성과 주착심이 없는 경지이므로 미타(彌陀)인 것이다. 경계를 대할 때마다 이렇게 하고 또 하는 것이 곧 훈련이다.

이러하기에 대종사님께서는 염불을 정신 수양 훈련 과목의 하나로 삼으신 것이리라.

'일념으로 만들기 위한 공부법'이란?

오직 미타 일념에 그치는 것이다. 즉 경계를 따라 천만 가지로 흩어진 마음을 두렷하고 고요하여 분별성과 주착심이 없는 경지로 돌리는 것(회복하는 것)이 일념이다.

분별성과 주착심에 끌려 일어나는 요란한 마음을 멈추고 원래는 없건마는 경계를 따라 일어나는 것임을 알고 요란하기 전 마음(원래 마음)에 대조하여 자성의 정을 세운 상태(요란함이 없는 마음을 회복한 상태)가 미타며, 이 상태가 일념이 된 것이다.

'천만 가지로 흩어진 정신을 일념으로 만들기 위한 공부법'이란?

염불이요 정신 수양 훈련이다.

천만 가지로 흩어지는 정신을 오직 미타 일념에 그치는 것이며, 경계를 대할 때마다 공부할 때가 돌아온 것을 염두에 잊지 말고 끌리고 안 끌리는 대중만 잡아가는 것이며,

순역(順逆) 경계에 흔들리는 마음을 안정시키는 공부법이며, 이 마음을 무위 안락의 지경에 돌아오게 하는 것이다.

'나무아미타불(南舞阿彌陀佛)'이란?

나무(南無)는 '돌아가 의지함'의 뜻으로, 부처 이름이나 경문(經文: 불교 경전의 한 문구) 앞에 붙여서, 절대적인 믿음을 나타내는 말이며, 일상 수행의 요법의 '세우자', '돌리자'와 같은 의미다.

아미타(阿彌陀)는 서방 정토의 극락(極樂) 세계에 있다는 부처의 이름이며, 모든 중생을 구제한다는 큰 서원(誓願)을 세운 부처로서 이 부처를 믿고 염불하면 죽은 뒤에 극락 정토에 태어난다고 한다.

아미타는 아미타불(阿彌陀佛)이며, 줄여서 미타라고 하는데, 두렷하고 고요하여 분별성과 주착심이 없는 마음, 원래에 분별·주착이 없는 내 성품이다.

그래서 아미타는 내 본래 마음이 부처와 같은 마음이므로 자심미타(自心彌陀)라 하며, 자심 미타는 '내 마음이 미타(부처)인 줄 발견하는 것'이므로 즉심시불(卽心是佛)이다. 즉

아미타불=아미타=미타=자심 미타=즉심시불

나무아미타불(南無阿彌陀佛)은 아미타불에, 무량수각(無量壽覺)에 귀의한다는 뜻인 바, 과거에는 부처님의 신력에 의지하여 서방 정토 극락(極樂)에 나기를 원하며 미타 성호를 염송하였으나 우리는 바로 자심 미타를 발견하여 자성 극락에 돌아가기를 목적한다.

그러므로 나무아미타불(南無阿彌陀佛)은 원래에 분별·주착이 없는 내 마음 자리에 돌아가는 것, 자심 미타를 발견하여 자성 극락에 돌아가는 것이므로, 이는 곧 '심지는 원래 요란함(·어리석음·그름)이 없건마는 경계를 따라 있어지나니, 그 요란함(·어리석음·그름)을 없게 하는 것으로써 자성의 정(·혜·계)를 세우자.'와 같은 의미임을 알 수 있다.

아, 나무아미타불(南無阿彌陀佛)이 일상 수행의 요법 1·2·3조구나!

'염불의 문구인 나무아미타불(南無阿彌陀佛)은 여기 말로 무량수각(無量壽覺)에 귀의한다는 뜻인 바'라 함은?

'나무(南無)'의 사전적 의미는 '돌아가 의지함'이다.

무엇에 돌아가서 무엇에 의지함인가?

바로 '아미타불'이다.

일원상과 같이 원만 구족하고 지공 무사한 내 마음이며, 두렷하고 고요하여 분별성과 주착심이 없는 마음인 아미타불에 돌아가자는 것이다.

원래 분별 주착이 없는 나의 성품, 제불 제성의 심인과 같은 나의 성품을 회복하는 것이다.

이는 곧 내 마음이 경계를 따라 요란해지기도 하지만, 원래 마음은 분별 주착도 없는 것임을 알고, 그 마음을 양성하고, 그 마음을 사용하는 것이 바로 나무아미타불의 뜻이다.

'무량수각(無量壽覺)'은 '각(覺)'이 '무량수'라는 말이다. 즉 우리의 마음은 원래 남[生]도 멸함도 없이 영원 무궁하므로 이를 무량수라 하며, 우리의 마음 가운데에는 생멸이 없고 원래 분별 주착이 없는 성품(원래 마음)이 있는바, 이는 소소 영령(昭昭靈靈)하여 매(昧)하지 아니하므로 이를 각(覺)이라고 한다.

경계를 따라 요란해진 마음을 요란함이 없는 원래 마음에 대조하고 또 대조함으로써 원래 마음으로 돌아가고, 또 요란해지면 또 대조하여 원래 마음으로 돌아가는 마음 공부를 쉬지 않는 것, 경계를 대할 때마다 그 마음을 요란함 없이 사용하고 또 사용하는 것이 곧 무량수각(無量壽覺)에 귀의한다는 뜻이다.

결국 '무량수각(無量壽覺)', 또는 '무량수각(無量壽覺)에 귀의하는 것'은 일상 수행의 요법 1·2·3조의 '자성의 정·혜·계'를 세우는 것이다. 육근 작용에 따라 일어나는 마음 작용은 대소 유무(진공 묘유의 조화)에 따라 생멸이 없음을 깨닫고 수용하고 이를 경계 경계마다 활용하자는 것이다.

이렇게 알고 나니, '나무아미타불'은 경계를 대할 때마다 공부할 때가 돌아온 것을 염두에 잊지 않고 '앗, 경계다! 공부할 때다!', '심지는 원래 요란함(·어리석음·그름)이 없건마는 경계를 따라 있어지나니, 그 요란함(·어리석음·그름)을 없게 하는 것으로써 자성의 정(·혜·계)을 세우자.'며, 대조하고 또 대조하고 챙기고 또 챙기는 것이다.

과거에는 부처님의 신력335)에 의지하여 서방 정토 극락(極樂)336)에 나기를 원하며 미타 성호337)를 염송338)하였으나 우리는 바로 자심(自心) 미타339)를 발견하여 자성 극락에 돌아가기를 목적하나니, 우리의 마음340)은 원래 생멸이 없으므로 곧 무량수341)라 할 것이요, 그 가운데342)에도 또한 소소 영령(昭昭靈靈)343)하여 매(昧)하지344) 아니한 바가 있으니 곧 각(覺)345)이라 이것을 자심 미타라고 하는 것이며, 우리의 자성346)은 원래 청정347)하여 죄복348)이 돈공349)하고 고뇌350)가 영멸(永滅)351)하였나니, 이것이 곧 여여(如如)352)하여 변함이 없는 자성 극락이니라.

---

335) 신통한 힘. 신의 위력.
336) 서방: 서방 극락의 준말.
　　정토: 부처가 사는 청정한 곳. 불계(佛界).
　　서방 정토: 서방 극락. 극락 정토. 줄여서 서방(西方)이라 함.
　　극락(極樂): 극락 정토의 준말. '더없이 안락하고 아무 걱정이 없는 지경

'과거에는 부처님의 신력에 의지하여 서방 정토 극락(極樂)에 나기를 원하며 미타 성호를 염송하였으나'라 함은?

이 과거는 나와 상관 없는 세계가 아니라, 경계를 따라 끌렸을

이나 그런 곳'을 비유하여 이르는 말로서, 맑고(수양) 밝고(연구) 훈훈한 (취사) 사람의 마음속에 있다. 우리의 마음이 두렷하고 고요하여 분별성과 주착심이 없는 그때가 곧 극락이다.

337) 불보살 성인의 이름이나 호칭. 미타 성호: 미타, 즉 아미타불의 이름.
338) ①마음으로 부처를 생각하면서, 일심(一心)으로 불경을 외는 일. 속마음으로 외거나 또는 뜻을 생각하며 외는 것. ②《선가귀감(禪家龜鑑)》에서 '염불이란 입으로만 하면 송(誦)이요, 마음으로 해야만 염불(念佛)이다'라고 밝히고 있다.
339) 자심(自心) 미타: ①우리의 본래 마음(自心)이 곧 부처(阿彌陀佛)라는 뜻으로서, 우리의 마음(일체 중생의 본성)도 부처와 같은 마음(제불 제성의 심인)인 줄 아는 것임. ②원래 생멸이 없고 그 가운데에도 또한 소소영령(昭昭靈靈)하여 매(昧)하지 아니한 각자의 마음. 원만 구족하고 지공 무사한 각자의 마음.
340) 우리의 마음: 원래 생멸이 없으므로 곧 무량수라 할 것이요, 그 가운데에도 또한 소소영령(昭昭靈靈)하여 매(昧)하지 아니한 바가 있으니 곧 각(覺)이라 이것을 자심 미타라고 하는 것임.
341) 원래 생멸이 없으므로 곧 무량수라 할 것이요, 그 가운데에도 또한 소소영령(昭昭靈靈)하여 매(昧)하지 아니한 바가 있으니 곧 각(覺)이라 이것을 자심 미타라고 하는 것임.
342) 그 가운데: 우리의 마음이 원래 생멸이 없는 가운데.
343) 속일 수 없고 가릴 수 없이 아주 신령스럽고 지극히 밝음.
344) (매하다+지): 어둡고 어리석고 탐하다.
345) 우리의 마음은 원래 생멸이 없는 가운데에도 또한 소소영령(昭昭靈靈)하여 매(昧)하지 아니한 바가 있는 것.
346) 원래 청정하여 죄복이 돈공하고 고뇌가 영멸(永滅)하였나니, 이것이 곧 여여(如如)하여 변함이 없는 자성 극락임.
347) 맑고 깨끗함, 또는 깨끗하여 속됨이 없음.
348) 죄와 복. 악한 과보를 받을 나쁜 짓을 죄라 하고, 선한 과보를 받을 착한 짓을 복이라 한다. 곧 악업을 죄라 하고, 선업을 복이라 한다.
349) 마음에 모든 생각이 끊어지고 일체 망상이 다 비어 있어서 무엇이라고 정할 수 없는 상태.
350) 괴로움과 번뇌.
351) 영원히 없어짐. 본래 없음.
352) 바른 지혜로 깨닫게 되는 모든 법의 본체(우주 만유의 본원, 제불 제성의 심인, 일체 중생의 본성).

때며, 자성의 정·혜·계를 세울 줄 모르거나 신과 분과 의와 성으로써 불신과 탐욕과 나와 우를 제거하지 않았을 때며, 원망 생활하는 나를 감사 생활하는 나로 돌리지 않았을 때며, 타력 생활하는 나를 자력 생활하는 나로 돌리지 않았을 때며, 배울 줄 모르는 나를 잘 배우는 나로 돌리지 않았을 때며, 가르칠 줄 모르는 나를 잘 가르치는 나로 돌리지 않았을 때며, 공익심 없는 나를 공익심 있는 나로 돌리지 않았을 때다.

'과거처럼 부처님의 신력에 의지하는 것'은 진리 불공의 한 모습인 동시에 절대자에 대한 기댐이며, 자력을 길러 해결하기보다는 타력에 의지하는 생활이다.

사람이 출세하여 살아가기로 하면 자력과 타력이 같이 필요하며, 자력과 타력은 서로서로 도움이 되고 바탕이 되므로 경우에 따라서 의지도 해야 하지만, 타력도 자력에 바탕을 둔 타력 생활이어야 나의 자력이 되는 것이다.

'과거에는 부처님의 신력에 의지하여 서방 정토 극락(極樂)에 나기를 원하며 미타 성호를 염송'하는 것은 '불공하는 법'의 그 '과거 불공법'과 같다.

'과거에는 부처님의 신력에 의지하여 서방 정토 극락(極樂)에 나기를 원하며 미타 성호를 염송하였으나'에서 느껴지는 것은 과거 염불법의 한 모습이다.

즉 '불공하는 법'에서 '과거의 불공법과 같이 천지에게 당한 죄복도 불상(佛像)에게 빌고, 부모에게 당한 죄복도 불상에게 빌고, 동포에게 당한 죄복도 불상에게 빌고, 법률에게 당한 죄복도 불상에게만 빌 것이 아니라'에서 '과거 불공법'의 한 모습을 알 수 있는 것처럼 '과거 염불법'과 '과거 불공법'은 비슷한 느낌을 준다.

왜 과거에는 부처님의 신력에 의지하여 서방 정토 극락(極樂)에 나기를 원하였는가?

우리의 본래 마음이 곧 부처인 줄 몰랐거나 일원상과 같이 원만 구족하고 지공 무사한 줄 몰랐기 때문이며, 또는 마음이 두렷하고 고요하여 분별성과 주착심이 없는 경지가 곧 극락 세계요 서방 정토인 줄 몰랐기 때문에 타력에 의존하여 해결하려 한 것이다.

그러나 우리는 각자의 본래 마음이 원만 구족하고 지공 무사한 줄 알고, 분별성과 주착심이 없는 마음 상태가 곧 극락이요 서방 정토인 줄 알기 때문에 경계를 대할 때마다 이 마음을 쓰면서(해결하여) 극락과 서방 정토를 알아가는 것이다.

'서방 정토 극락(極樂)'은 무슨 뜻인가?

서방, 서방 극락, 극락 정토, 극락은 다 같은 뜻이며, 두렷하고 고요하여 분별성과 주착심이 없는 상태의 마음이며, 이런 마음으로 살아가는 생활이며, 이런 맑고 밝고 훈훈한 마음이 건네지는 가정과 사회가 곧 더할 수 없는 이상 세계인 서방 정토 극락이다.

이렇게 알고 나니, 우리는 이미 서방 정토 극락을 이루고 있으며, 이미 서방 정토 극락 생활을 하고 있지 않은가?

이는 누구나 다 원하며, 누구나 다 이 서방 정토 극락에서 살기를 원하고 있으나, 자력 생활 없이 원하기만 하는 것은 마치 풍수에 의존하여 집안과 자손이 잘 되기를 바라는 거나 다름없는 것이다.

그런데 왜 서방(西方)이 정토며, 극락이며, 정토가 극락인가?

정산 종사님께서는 서방은 "오행으로는 금(金)에 속하고 금은 가을 기운에 속한다 하나니, 가을은 맑고 서늘한지라 맑고 가라앉은 우리의 마음 기운을 서방으로 상징한 것이니라.

그러므로, 우리의 정신이 온전하여 맑고 서늘하면 시방 세계 어디나 다 정토니라[353]."고 하셨다.

---

353) 정산 종사 법어, 제2부 법어(法語), 제6 경의편(經義篇), 54장, p.858.

서방이 계절로는 가을이고, 가을에는 기운이 맑고 서늘하므로 이는 우리 마음이 요란함·어리석음·그름이 없는, 이들이 없어진 상태의 마음, 우리의 원래 마음이다.

그런데 왜 서방이 요란함이 없는 마음이며, 맑은 기운을 나타내는지 이해가 되는가?

서방의 반대는 동방(東方)이다. 동방은 오행으로 목(木)이며 해가 떠오르는 쪽이다.

우리의 마음에서 해가 뜨는 것은 무엇을 의미하는가?

경계를 따라 무위이화 자동적으로 일어나는 마음이다. 일어나는 마음이 곧 우주의 순환하는 이치를 따라 우리가 언제나 맞이하고 있는 태양이며, 이 상태가 마음의 동방이다.

그러니까 경계를 따라 자신의 분별성과 주착심이라는 틀에 끌려에 일어나는 이 마음을 있는 그대로 보고, '야, 참 묘하구나! 이런 마음도 다 나오는구나!' 하며, 일원상의 진리가 대소 유무의 이치를 따라 마음에서 조화가 일어나는 줄 알고, 있어지는 그대로 신앙하고 수용하면 어떻게 되는가?

요란하게·어리석게·그르게 일어나던 마음이 차분하게 가라앉으며 그 경계에 더 이상 끌려가지 않게 된다.

더구나 원래 마음에 대조까지 하여 자성의 정(·혜·계)가 세워지면 마음이 차분해지고 안정을 얻게 된다.

이 상태가 무엇인가?

뜨겁던 해가 서쪽으로 지면 서늘해지듯이, 요란하고 어리석고 그른 마음이 원래 마음으로 되돌아가면 마음의 안정을 얻게 된다.

이렇게 되는 것이 마음에서 일어나는 서방의 의미다.

또한 이 서방의 마음 상태는 어떠한가?

맑고 밝고 훈훈하고 고요하므로 이 마음이 정토며 극락이다.

이래서 서방(西方)이 정토요 극락이다.

서방 정토 극락에 나는 것이란?

우리가 경계를 대할 때마다 요란해지고 어리석어지고 글러지는 나를 간섭 없이, 판단 없이 있는 그대로 수용하고 원래 마음에 대조하고 또 대조하여 요란해진 만큼 자성의 정력을 쌓고, 어리석어진 만큼 자성의 혜력을 밝히고, 글러진 만큼 자성의 계력을 지키는 것을 이르는 것이며,

파란 고해에서 생활하는 나의 마음을 공부삼아 지금 여기서 낙원 생활하는 나로 인도하는 것이며,

경계를 대할 때마다 일원상의 진리를 신앙하는 동시에 수행의 표본을 삼는 생활이며,

경계를 통하여 그 경계로 공부하고 그 경계에서 해탈하는 것이다.

결국, '서방 정토 극락에 나는 것'은 '나무아미타불', 즉 원래에 분별 주착이 없는 성품 자리로 돌아가는 것이며, 내 안에 있는 부처의 마음으로 돌아가는 것이다.

'과거에는 서방 정토 극락(極樂)에 나기를 원하며 미타 성호를 염송하였으나'란?

여기서 미타 성호를 염송하는 목적을 발견하게 된다.

바로 서방 정토 극락에 나기를 원하기 때문에 '나무아미타불, 나무아미타불'이라고 미타 성호를 염송하게 된다.

미타 성호(聖號)는 미타, 즉 아미타불의 이름이다.

'나무아미타불, 나무아미타불' 하고 외는 것이 미타 성호를 염송하는 것이다.

마음속으로 이 생각 저 생각을 하면서 입으로만 염불하면 염불(지혜)이 아니라, 염송(지식)이다.

잡념을 놓고 일심으로 염불하는 것이 본래의 염불(지혜)이다.

미타 성호를 일시적으로 염송하더라도 염불의 이치를 알고 보면 일념이 된다.

염불의 소리도, 입술이 달싹거리는 것조차도 잊어버리고 일념이
되어 염불을 하게 된다.

오로지 일념으로 미타 성호를 염송하면 천만 가지로 흩어진 정
신이 일념으로 만들어지고 안정이 된다.

그래서 오직 일념이 중요하다.

'자심(自心) 미타'를 발견하는 것이란?

나의 본래 마음은 부처의 마음이며, 또는 부처와 같은 마음이
이미 내 마음에 있음을 아는 것이며,

또는 거부 장자가 부자인 줄 모르고 있다가 비로소 부자인 줄
아는 것이며, 또는 내가 항상 성인의 태(聖胎)를 기르고 있는(長
養) 줄 모르다가 이미 나도 성태를 장양(聖胎長養)하고 있음을 아
는 것이며,

또는 내 본래 마음이 일원상과 같이 원만 구족하고 지공 무사한
줄 아는 것이다.

'자성 극락(自性極樂)'이란?

우리의 자성이 곧 그대로 극락 정토라는 말이며,

우리의 자성은 원래 청정하여 죄복이 돈공하고 고뇌가 영멸(永
滅)하였나니, 이것이 곧 여여(如如)하여 변함이 없는 것이며,

극락을 밖에서 구하려 하지 말고 자성을 회복하면 그 상태가 곧
극락이다.

'우리는 바로 자심(自心) 미타를 발견하여 자성 극락에 돌아가
기를 목적하나니'라 함은?

내 마음이 곧 미타(부처)의 마음이며, 발견하면 자성이 곧 극락
인 줄 알게 된다. 자성의 정·혜·계를 세우는 것, 원래 마음으로 돌

아가는 것이 곧 극락에 있는 것이다.

경계를 대할 때마다 요란함·어리석음·그름이 없는 마음을 사용하는 것이 곧 극락 생활이다.

극락은 멀리, 딴 곳에 있는 게 아니라 이미 나와 함께 항상 있는 것이다. 단지 발견하기도 하고 못하기도 할 뿐이다.

경계를 따라 일어나는 마음을 원래 마음으로 돌리면 극락이요, 돌리지 못하고 일어난 마음에 끌려다니면 지옥이다.

그러니까 극락 생활을 하고 못하고는 내 마음을 자유롭게 사용하고 못하고에 달려 있다.

그러면 '자심 미타를 발견'하는 목적은 무엇이며, 우리가 신앙하고 수행하는 목적은 무엇인가?

자성 극락에 돌아가자는 것이다. 즉 낙원 생활을 하자는 것이다.

복락을 누리는 생활을 하기 위해 경계를 대할 때마다 자심 미타(내 마음이 곧 부처, 또는 원래 마음)를 발견하자는 것이다.

'우리의 마음은 원래 생멸이 없으므로 곧 무량수라 할 것이요'라 함은?

우리의 마음, 즉 각(覺)은 미타며, 일체 중생의 본성이며, 법신불 일원상이다.

염불의 이치를 알고 보면 일념이 된다. 오로지 일념으로 미타 성호를 염송하면 천만 가지로 흩어진 정신이 일념으로 만들어지고, 안정이 된다. 오직 일념이 중요하다.

그러니까 우리의 마음은 일원상의 진리요, 본원 자리라고 한다.

남(生)도 멸(滅)함도 없는 원래 자리다.

그러다가 경계를 따라 있어지기도 하고 없어지기도 한다. 이 마음 작용이 곧 생멸 없는 도(道)와 인과 보응 되는 이치를 따라 생멸이 없는 것이며, 무량수(無量壽)인 것이다.

'그 가운데에도 한 소소 영령(昭昭靈靈)하여 매(昧)하지 아니한 바가

있으니 곧 각(覺)이라 이것을 자심 미타라고 하는 것이며,'라 함은?

'그 가운데에도'란 '우리의 마음은 원래 생멸이 없는 데에도'란 말이다.

즉 우리의 마음은 원래 생하지도 멸하지도 않지만 그런 중에도 한 가지(소소영령하여 매하지 아니함)가 있으니, 이는 매우 밝고 분명하고 신령스럽고 기기묘묘하여 말이나 글이나 생각으로써는 도저히 알 수도 없고 미칠 수도 없고 이해하고 헤아릴 수 없는 것으로서 사리 분별이 명확하고 지혜가 밝은 것은 우리의 본래 성품 자리(본성)다.

이(一圓)는 '일원상의 진리'의 진공, 대(大) 자리로서 일체 중생의 본성이요, 언어 명상이 돈공한 자리며, 원래 분별 주착이 없다.

각(覺)　= 원래 생멸(生滅)이 없는 우리의 마음
　　　　= 자심 미타
　　　　= 자성 극락
　　　　= 원래 분별 주착이 없는 각자의 성품
　　　　= 대소 유무(大小有無)에 분별이 없는 자리
　　　　= 생멸 거래에 변함이 없는 자리
　　　　= 선악 업보가 끊어진 자리
　　　　= 언어 명상(言語名相)이 돈공(頓空)한 자리

'우리의 자성은 원래 청정하여 죄복이 돈공하고 고뇌가 영멸(永滅)하였나니,'라 함은?

우리의 자성[일원(一圓)]은 우주 만유의 본원이며, 제불 제성의 심인이며, 일체 중생의 본성이며, 대소 유무(大小有無)에 분별이 없는 자리며, 생멸 거래에 변함이 없는 자리며, 선악 업보가 끊어진 자리며, 언어 명상(言語名相)이 돈공(頓空)한 자리(원래 마음)

이므로, 원래 마음은 이런 줄 정확히 알아야 한다.

이 진공 자리는 그 휘황찬란한 묘유(妙有)와 변하는 자리인 조화(造化)와 서로서로 바탕하고 있음을 알아야 참된 진공이 되는 것이다.

'이것이 곧 여여(如如)하여 변함이 없는 자성 극락이니라' 함은?

우리의 자성은 원래 청정하여 죄복이 돈공하고 고뇌가 영멸(永滅)하고, 원래 생멸이 없다(원래 마음).

그러므로, 염불하는 사람이 먼저 이 이치를 알아서 생멸이 없는 각자의 마음354)에 근본355)하고 거래가 없는 한 생각356)을 대중357)하여, 천만 가지로 흩어지는 정신을 오직 미타 일념358)에 그치며 순역 경계에 흔들리는 마음을 무위 안락359)의 지경360)에 돌아오게361) 하는 것이 곧 참다운362) 염불의 공부니라.

---

354) 생멸이 없는 각자의 마음: 거래가 없는 한 생각. 여여(如如)하여 변함이 없는 자성 극락. 미타 일념. 천만 생각을 다 놓아 버린 오직 한가한 마음과 무위의 심경. 각자의 심성 원래.
355) 사물이 생겨나는데 바탕이 되는 것. 기초. 기본.
356) 거래가 없는 한 생각: 생멸이 없는 각자의 마음. 여여(如如)하여 변함이 없는 자성 극락. 미타 일념. 천만 생각을 다 놓아 버린 오직 한가한 마음과 무위의 심경. 각자의 심성 원래.
357) 표준이나 기준으로 함.
358) 미타 일념: 생멸이 없는 각자의 마음에 근본하고 거래가 없는 한 생각을 대중하여, 천만 가지로 흩어지는 정신을 일념으로 만드는 것.
359) ①무위의 상태가 가장 안락하다는 말. 애써 공들이지 않아도 아주 자연스러우며, 길이 편안하고 즐거운 모습. ②무위가 곧 안락이다. 인위적 행위, 과장된 행위, 계산된 행위, 쓸데없는 행위, 남을 의식하고 남에게 보이려고 하는 행위, 자기 중심적인 행위, 부산하게 설치는 행위, 억지로 하는 행위, 남의 일에 간섭하는 행위, 함부로 하는 행위 등 일체 부자연스런 행위를 하지 않는 '함이 없는 함'의 상태를 무어라 하겠는가? 이는 아무런 근심 걱정이 없이 편안하고 즐거운 안락의 세계일 수밖에 없다.
360) 어떤 처지나 형편.

'이 이치'란?

우리의 마음은 원래 생멸이 없는 가운데에도 또한 소소영령(昭昭靈靈)하여 매(昧)하지 아니한 바가 있으며, 우리의 자성은 원래 청정하여 죄복이 돈공하고 고뇌가 영멸(永滅)하므로 곧 여여(如如)하여 변함이 없는 자성 극락임을 말한다.

이 이치를 아는 사람은 공부인이요, 항상 끌리고 안 끌리는 대중만 잡는다.

'생멸이 없는 각자의 마음에 근본하고 거래가 없는 한 생각을 대중하여'라 함은?

심지는 원래 요란함이 없건마는 경계를 따라 있어지나니, 그 요란함을 없게 하는 것으로써 자성의 정을 세우자.

경계를 대할 때마다 공부할 때가 돌아온 것을 염두에 있지 말고 항상 끌리고 안 끌리는 대중만 잡아갈 지니라.

'천만 가지로 흩어지는 정신을 오직 미타 일념에 그치며'라 함은?

천만 가지로 흩어지는 정신을 일념으로 만들기 위한 공부며,

경계를 대할 때마다 공부할 때가 돌아온 것을 염두에 잊지 말고 끌리고 안 끌리는 대중만 잡아가는 것이며,

오직 왕초보로 돌아가는 것이다.

구정 선사의 그 한 번뿐인 솥걸기로 돌아가는 것이며, 분별 주착이 없는 그 마음으로 돌아가는 것이다.

'순역 경계에 흔들리는 마음을 무위 안락의 지경에 돌아오게 하는 것'이라 함은?

---

361) (돌아 오다+게): 떠났던 자리로 다시 오다.
362) (참다우+ㄴ): 거짓이 없고 바르다.

경계가 있기 전 마음으로 돌리는 것과 원래 마음을 사용하는 것이 무위 안락의 지경에 돌아오게 하는 것이다.

이것이 곧 극락이요 더 할 수 없는 이상 세계다.

'무위(無爲)'란?

무위란 함이 없는 함이다.

하고자 하지 않아도 저절로(=자동적으로=스스로) 되는 것이다.

이것이 무엇인가?

자연이다. 무위가 곧 자연이며, 자연은 무위일 수밖에 없다.

그러므로 무위, 즉 자연은 존재하는 것 자체가 완전한 것이다.

족해 보이면 족해 보이는 그 자체, 부족해 보이면 부족해 보이는 그 자체로서 완전한 것이다.

나타나는 모습에 차이가 나는 것은 단지 인과 보응의 이치에 따라 나타나기 때문이며, 이 인과의 이치 또한 무위 자연의 도를 따라 그 상황에서 나타나는 완전함이니, 세상 만물 어느 하나인들 완전하지 않은 게 있겠는가?!

어느 정도여야 무위(無爲)란 말인가?

무위는 함이 없는 함이며, 하고자 하지 않아도 스스로 되어지는 것이다.

우리의 수행이 과연 이러하려면 어느 만큼 닦아야 하는가?

자신의 습관을 넘어, 자신의 고정 관념을 넘어 저절로 되어지는……

경계를 따라 얼마나 실패하고 넘어져야 하는가?!

생각이 미치기 전에 일(상황)에 따라 자동적으로 몸이 움직이는 것이다.

숨을 쉰다는 생각이 없는데도 숨이 쉬어지듯이 공부가 습관이 되고, 마음 대조가 습관이 되어 드디어는 한다는 생각을 하지 않아도 되어지고, 하지 않는다는 생각을 하기도 전에 이미 되어지는 것이 무위다.

생각이 미치기 전에 몸이 이미 행하는 경지가 무위이니, 이는 오직 익숙할 때까지 몇 번이고 되풀이하는 개념을 넘어 숨을 쉬듯이, 밥을 먹듯이 생활화되어야 한다.

대종사님의 법을 체받고, 사용하고, 연구하는 실행을 하고 또 하고 하고 또 하는 것이 곧 무위지경에 이르는 지름길이다.

무위(無爲)가 무엇인데, 안락(安樂)이라 하는가?

무위가 '행위가 없음'이라 하여 가만히 앉아서 무위 도식하거나 빈둥거리는 것이 아니라, 인위적인 행위, 과장된 행위, 계산된 행위, 쓸데없는 행위, 남을 의식하여 잘 보이려는 행위, 부산하게 설치는 행위, 자기중심적인 행위, 억지로 하는 행위, 남의 일에 간섭하는 행위, 함부로 하는 행위 등 일체 부자연스런 행위를 하지 않는 것이다. 행동이 너무나 자연스럽고 자발적이어서 자신의 행동이 행동으로 느껴지지 않는 행동이다.

그래서 행동이라 이름할 수도 없는 행동, 그런 행동이 '함이 없는 함'인 무위다.

그러면 이런 상태의 마음은 어떠한가?

'편안하고 즐거우며(안락), 스스로 그러하다(자연)'고밖에 달리 표현할 수 없다.

즉 무위 안락이며, 무위 자연, 무위이화(無爲而化)다.

요란함이 없는 마음, 요란함을 통하여 요란함 없는 마음으로 돌아간 상태가 곧 무위 안락의 지경이며, 무위 자연의 심경이다.

'무위 안락의 지경에 돌아오게 하는 것'이란?

본래 마음은 무위 안락의 지경에 있다는 말이다.

즉 무위 안락의 지경에 있던 마음이 순역 경계를 따라 흔들리다가 그 마음을 챙겨서 안정이 되면 거기가 본래 무위 안락의 지경이다.

'곧 참다운 염불의 공부니라'함은?

'-니라'는 진리나 보통의 사실을 가르쳐 줄 때나 으레 그러한 일이나 경험으로 얻은 사실을 타이르듯 일러줄 때 쓴다.

누가 일러주는가?

대종사님이다.

참다운 염불의 공부란 "염불하는 사람이 먼저 이(우리의 마음이 원래 자심 미타고, 우리의 자성이 원래 자성 극락인) 이치를 알아서 생멸이 없는 각자의 마음에 근본하고 거래가 없는 한 생각을 대중하여, 천만 가지로 흩어지는 정신을 오직 미타 일념에 그치며 순역 경계에 흔들리는 마음을 무위 안락의 지경에 돌아오게 하는 것"이라고 타이르듯이 내게 들려주는 대종사님의 음성이다.

참다운 염불 공부를 하면 대종사님과 하나로 만나게 된다.

대종사님께서는 너무나도 자상하시다.

마음의 비밀을 온갖 예로 밝혀 주신다.

천만 방편이란 말씀이 실감이 난다.

염불법도, 불공하는 법도, 좌선법도, 아니 정전 전체가 마음을 밝혀주는 대종사님의 자비 법문임을 실감하게 된다.

염불법은 곧 일상 수행의 요법 1·2·3조!

염불법은 '대범, 염불이라 함은 천만 가지로 흩어지는 정신을 일념으로 만들기 위한 공부법이요, 순역(順逆) 경계에 흔들리는 마음을 안정시키는 공부법으로서……'로 시작되어 '천만 가지로 흩어지는 정신을 오직 미타 일념에 그치며 순역 경계에 흔들리는 마음을 무위 안락의 지경에 돌아오게 하는 것이 곧 참다운 염불의 공부니라.'로 끝난다.

이를 일상 수행의 요법 1·2·3조와 비교하면,

염불법의 '천만 가지로 흩어지는 정신'과 '순역(順逆) 경계에 흔들리는 마음'은 '경계를 따라 있어지나니,'의 그 있어지는 요란함과 어리석음과 그름이며,

'흩어지는 정신을 일념으로 만들기 위한 공부, 흔들리는 마음을 안정시키는 공부, 흩어지는 정신을 오직 미타 일념에 그치며, 흔들리는 마음을 무위 안락의 지경에 돌아오게 하는 것'은 '그 요란함·그 어리석음·그 그름을 없게 하는 것으로써 자성의 정·혜·계를 세우자.'임을 알 수 있다.

2. 염불의 방법

염불의 방법은 극히 간단363)하고 편이364)하여 누구든지 가히365) 할 수 있나니,

1. 염불을 할 때는 항상 자세를 바르게 하고 기운을 안정366)하며, 또는 몸을 흔들거나 경동367)하지 말라.

염불할 때 챙기는 순서는, 1~5조에서 보면, '자세→음성→정신→생각→마음'의 순이다.

염불은 천만 가지로 흩어진 정신을 일념으로 만들기 위한 공부법이요, 순역(順逆) 경계에 흔들리는 마음을 안정시키는 공부법이

---

363) ①(사물의 내용이나 얼개가) 까다롭지 않고 단순함. 간략함. ②번거롭지 않고 손쉬움.
364) 편리하고 쉬움.
365) (능히, '-ㄹ만 하다', '-ㅁ직하다' 따위와 호응하여) '능히', '넉넉히', '크게', '틀림없이'의 뜻을 나타냄.
366) 바뀌어 달라지지 아니하고 일정한 상태를 유지함.
367) 경거 망동(輕擧妄動)의 준말. 가볍게 움직임.

므로 이렇게 하기 위한 자세와 기운 주하기다.

즉 항상 자세를 바르게 하고 기운을 안정하며, 또는 몸을 흔들거나 경동하지 않는 것이 염불의 목적인 천만 가지로 흩어진 정신을 일념으로 만들고, 순역(順逆) 경계에 흔들리는 마음을 안정시키는데 도움이 되고 바탕이 된다.

대중이 모여 염불을 할 때 무심결에 몸을 흔들거나 가볍게 움직인다면 나의 자세로 인해 다른 사람들의 주의력과 집중력을 떨어뜨릴 수 있으므로 이를 삼가자는 것이다.

나의 자세로 인해 도움은 주지 못할망정 어찌 방해가 되어서야 되겠는가?

2. 음성은 너무 크게도 말고 너무 작게도 말아서 오직 기운에 적당하게 하라.

2조 역시 1조와 마찬가지로 염불을 하는 목적이 천만 가지로 흩어진 정신을 일념으로 만들고, 순역(順逆) 경계에 흔들리는 마음을 안정시키는 것이므로 그 정신이 일념이 되고 그 마음이 안정되도록 염불하는 음성을 너무 크게 하지도 말고 너무 작게 하지도 말라는 것이다.

크게 해 보면 몇 번은 할 수 있으나 곧 목이 잠기거나 화기가 얼굴로 올라와 계속 할 수 없게 되고, 너무 작으면 염불하는 소리의 기운이 약해 오히려 그 정신이 일념이 되지 않고 그 마음 또한 안정이 되지 않는다.

그러나 염불 소리가 내 기운과 몸과 하나로 되어 공명을 일으키면 천만 가지로 흩어진 정신이 일념이 되고, 순역(順逆) 경계에 흔들리는 마음이 안정이 된다.

오직 이 목적을 달성하도록 자기에게 맞는 음성의 크기와 속도와 높낮이를 유지하는 것이 가장 좋을 것이다.

그런데 자기에게 맞는 음성의 크기와 속도와 높낮이는 그날의 몸 상태에 따라 달라질 수 있으므로 그날의 자신에 맞게 조절하여야 한다.

이것이 '오직 기운에 적당하게 하라'는 의미일 것이며, 염불을 해 보면, 계속해 보면 저절로 되어진다.

> 3. 정신을 오로지 염불 일성368)에 집주369)하되, 염불 귀절370)을 따라 그 일념371)을 챙겨서 일념과 음성이 같이 연속372)하게 하라.

이는 염불을 하는 자세가 바로 잡히고 음성이 안정된 후, 이어지는 염불 일성, 즉 "나무아미타불"에 정신을 온통 모으는 준비 자세를 말한다.

오직 염불에 자세와 음성과 기운을 모아 마음이 고요하고 두렷하여 분별성과 주착심이 없어지게 한다.

> 4. 염불을 할 때에는 천만 생각을 다 놓아 버리고 오직 한가373)한 마음과 무위의 심경374)을 가질 것이며, 또는 마음 가운데에 외불(外佛)375)을 구하여 미타 색상376)을 상상하거나 극락 장엄377)을 그려내는 등 다른 생각은 하지 말라.

---

368) 염불 일성: 마음을 모아 오직 염불(나무아미타불)을 외는 소리.
369) (마음이나 힘 따위를) 한 군데로 모으거나 한 가지 일에 쏟음.
370) 구절(句節: 토막 글)의 잘못된 표기임. 염불 귀절: 나무아미타불(南無阿彌陀佛).
371) 그 일념: 염불을 하는 데 온통 기울이는 정신.
372) 끊이지 않고 죽(무엇이 한 줄로 잇달아 이어지거나 가지런하게 늘어선 모양) 이음, 또는 이어짐.
373) 바쁘지 않아 여유가 있음.
374) 마음의 상태, 또는 경지.
  무위의 심경: 모든 현상을 초월하여 상주(常住) 불변하는 진리 자리에 있는 마음의 상태.

'천만 생각'이란?

염불 일성에 일념을 모으지 못하고, 마음 가운데 외불(外佛)을 구하여 미타 색상을 상상하거나 극락 장엄을 그려내거나 하는 다른 생각이며, 순역(順逆) 경계에 흔들리는 마음이며, 다른 사심 잡념이며, 산란한 정신이며, 번뇌가 과중한 것 등을 말한다.

'천만 생각을 다 놓아 버리고'라 함은?

오직 한가한 마음과 무위의 심경을 가지는 것이며,

천만 가지로 흩어진 정신을 일념으로 만드는 것이며,

천만 가지로 흩어진 정신을 오직 미타 일념에 그치는 것이며,

순역(順逆) 경계에 흔들리는 마음을 안정시키는 것이며,

순역 경계에 흔들리는 마음을 무위 안락의 지경에 돌아오게 하는 것이며,

경계를 따라 있어지는 그 요란함·그 어리석음·그 그름을 없게 하는 것으로써 자성의 정·혜·계를 세우는 것이며,

경계를 대할 때마다 공부할 때가 돌아온 것을 염두에 잊지 말고 끌리고 안 끌리는 대중만 잡는 것이다.

'한가한 마음과 무위의 심경'이란?

천만 생각을 다 놓아 버린 마음의 상태며,

---

375) 마음 밖의 부처. 미타 색상 등의 등상불(等像佛)을 가리키는 말. 자기의 본래 마음이 곧 부처인 줄 모르고 자기를 떠나서 밖에 따로 부처가 있다고 생각하는 것.

376) 눈으로 볼 수 있는 형상을 이르는 말.
    미타 색상: 부처의 모습이나 형상. 등상불(等像佛). 염불할 때 우리의 본래 마음이 곧 부처인 줄 모르고 부처의 형상을 마음속에 그리는 것.

377) 장엄: 엄숙(장엄하고 정숙함)하고 위엄(의젓하고 엄숙함)이 있음.
    극락 장엄: 염불할 때 마음속으로 아름답고 화려하게 장식된 극락을 상상하는 것. 즉 극락 장엄은 허상에 불과한 것이다.

천만 가지로 흩어진 정신이 일념으로 된 상태며,

오직 미타 일념에 그친 상태의 마음이며,

순역(順逆) 경계에 흔들리는 마음이 안정된 상태며,

무위 안락의 지경에 돌아온 상태며,

경계를 따라 있어지는 그 요란함·그 어리석음·그 그름을 요란해지고 어리석어지고 글러지기 전 마음에 대조하여 자성의 정·혜·계를 세운 마음의 상태며,

경계를 대할 때마다 공부할 때가 돌아온 것을 염두에 잊지 말고 끌리고 안 끌리는 대중만 잡은 마음의 상태다.

'천만 생각을 다 놓아 버리고 오직 한가한 마음과 무위의 심경을 가질 것이며, 또는 마음 가운데에 외불(外佛)을 구하여 미타 색상을 상상하거나 극락 장엄을 그려내는 등 다른 생각은 하지 말라.' 함은?

천만 생각을 다 놓아 버리고 오직 한가한 마음과 무위의 심경을 가지게 되면 마음이 비워진 상태이기 때문에 이 마음을 오래오래 유지하는데 길이 들지 못하면, 비워지면 차는 이치에 따라, 망념이 침노하거나 마음에 남아 있던 일상의 일들이 생기게 된다.

이들이 바로 마음 가운데에 외불(外佛)을 구하여 미타 색상을 상상하는 것이며, 극락 장엄을 그려내는 것이다.

우리가 가장 먼저 해야 하고 챙기고 또 챙길 것은 천만 생각을 다 놓아 버리고 오직 한가한 마음과 무위의 심경을 가지는 것이지, 마음 가운데에 외불(外佛)을 구하여 미타 색상을 상상하거나 극락 장엄을 그려낼 것을 걱정할 필요는 없다.

이는 마음이 비워진 다음에 해결해도 늦지 않기 때문이며, 미리 걱정한다 하여 해결할 수 있는 것이 아니기 때문이다.

5. 마음을 붙잡는 데에는 염주를 세는 것도 좋고 목탁이나 북을 쳐서 그 운곡(韻曲)378)을 맞추는 것도 또한 필요하니라.

마음을 붙잡는 것이란?

천만 생각을 다 놓아버리는 것이며, 또는 천만 가지로 흩어진 정신을 일념으로 만드는 것이며, 또는 오직 미타 일념에 그치는 것이며, 또는 순역(順逆) 경계에 흔들리는 마음을 안정시키는 것이며, 또는 무위 안락의 지경에 돌아오게 하는 것이다.

경계를 따라 있어지는 그 요란함·그 어리석음·그 그름을 없게 하는 것으로써 자성의 정·혜·계를 세우는 것이며, 또는 경계를 대할 때마다 공부할 때가 돌아온 것을 염두에 잊지 말고 끌리고 안 끌리는 대중만 잡는 것이다.

이처럼 마음을 챙기고 또 챙기려면 경계를 따라 일어나는 마음을 보는 것이 가장 중요하다. 즉 마음이 일어나는 것을 알아차리고 경계에 끌리고 안 끌리는 마음을 주시하며 마음을 놓아도 보고, 붙잡아도 보는 공부를 일일이 실행하자는 것이다.

마음을 붙잡는 데에 왜 염주를 세는 것도 좋고 목탁이나 북을 쳐서 그 운곡(韻曲)을 맞추는 것도 또한 필요한가?

자세를 바르게 하고, 음성을 기운에 맞춰 적당히 하고, 정신을 챙겨 순간순간 일어나는 마음 작용을 챙기고 또 챙겨 염불 일성에 집주하고, 한가한 마음과 무위의 심경이 되어 마음이 비워지면 이 마음을 일념이 되도록 챙기고 또 챙기며 마음이 다른 곳으로 흐르지 않도록 마음을 붙잡는 효과적인 방법이 염주를 세거나, 목탁이나 북을 쳐서 그 운곡(韻曲)을 맞추는 것이다.

6. 무슨 일을 할 때에나 기타[379] 행·주·좌·와[380]간에 다른 잡념이 마음을 괴롭게 하거든 염불로써 그 잡념을 대치(對

---

378) 고·저·장·단(高低長短)을 맞추는 곡조. 리듬.

治)381)함이 좋으나, 만일 염불이 도리어382) 일하는 정신에 통일이 되지 못할 때에는 이를 중지함이 좋으니라.

6조는 1~5조를 통해 체득한 염불을 실생활에 활용할 때 생기는 현상에 대한 처방전이다

무슨 일이나 처음해 보거나 순숙(純熟)383)되지 못할 때 일어나는 현상에 대한 선각자의 길잡이는 목마른 가슴에 내리는 단비와 같다.

이는 염불로 천만 가지로 흩어지는 정신을 일념으로 만들고, 순역 경계에 흔들리는 마음을 안정시키려는 공부인들이 가능한 한 헤매지 않고 본래 마음을 쉽게 빨리 찾아 심락을 누리게 하려는 대종사님의 대자대비심이 온통 녹아 있는 처방전이 아닌가?!

염불이 도리어 일하는 정신에 통일이 되지 못할 때에는 이를 중지함이 왜 좋다고 하셨나?

염불을 하는 목적은 천만 가지로 흩어진 정신을 일념으로 만들기 위함이요, 또는 순역 경계에 흔들리는 마음을 안정시키기 위함인데, 염불을 함으로써 도리어 일하는 정신에 통일이 되지 못한다면 이는 염불의 본래 목적을 달성할 수 없기 때문이다.

이때는 염불을 일단 중지하였다가, 천만 가지로 흩어진 정신을

---

379) 그 밖의 또 다른 것. 여기서는 무슨 일을 할 때에나 그 밖의 육근 동작을 이름.
380) 일상의 기거 동작인 네 가지 위의(威儀: 불교에서 이르는, 규율에 맞는 기거 동작, 즉 행·주·좌·와)로서 가고, 머물고, 앉고, 자는 일을 이름.
381) ①상대적으로 다스려 감. ②경계를 따라 있어지는 그 요란함·그 어리석음· 그 그름을 원래 마음에 대조하여 없게 하는 것으로써 자성의 정·혜·계를 세우고 돌리고 길들여 감.
382) '오히려·반대로·차라리' 등의 뜻을 가진 접속 부사. 목적(의도)한 것과는 반대의 결과가 되었음을 나타냄.
383) 완전히 익음.

일념으로 만들고, 또는 순역 경계에 흔들리는 마음을 안정시키는 염불이 왜 일하는 정신에 통일이 되지 못하게 하는지 신·분·의·성으로써 실제로 시험해 볼 필요가 있다.

한두 번 해서 안 된다고 포기하지 말고 끝까지 염불 일념을 놓지 않는다면 염불의 실효과를 체득할 수 있을 것이다.

> 7. 염불은 항상 각자의 심성[384] 원래[385]를 반조(返照)[386]하여 분한 일을 당하여도 염불로써 안정시키고, 탐심이 일어나도 염불로써 안정시키고, 순경(順境)에 끌릴 때에도 염불로써 안정시키고, 역경에 끌릴 때에도 염불로써 안정시킬지니[387], 염불의 진리를 아는 사람은 염불 일성이 능히 백천 사마[388]를 항복 받을 수 있으며, 또는 일념의 대중[389]이 없이 입으로만 하면 별[390] 효과가 없을지나[391] 소리 없는 염불이라도[392] 일념의 대중이 있고 보면 곧 삼매(三昧)[393]를 증득(證得)[394]하리라[395].

---

384) 심성정(心性情)의 준말. 본디부터 타고난 마음씨. 참된 본성(本性), 즉 '진심(眞心)'을 불가(佛家)에서 이르는 말.

385) 본디.

386) 빛이 되비침, 또는 되비치는 빛.

387) ㄹ지니: 모음으로 끝난 체언이나 어간에 붙어서 '마땅히 그러할 것이니'의 뜻으로, 앞 말이 뒷말의 원인이나 근거가 됨을 나타내는 연결 어미.

388) 백천: 온갖. 한없는.
   사마: 몸과 마음을 괴롭혀 수행을 방해하는 사악한 마귀를 이름.

389) 대중: 대강 어림잡아 헤아림이 아니라, 어떠한 표준이나 기준이다.
   일념의 대중: 청정 일념, 미타 일념을 챙기는 마음, 또는 무량수각(無量壽覺)을 챙기는 마음.

390) 일부 명사 앞에 붙어, '보통과 다른'·'별난' 따위의 뜻을 나타냄.

391) ㄹ지나: 모음으로 끝난 체언이나 어간에 붙어서 '마땅히 그러할 것이나'의 뜻으로, 뒷말이 앞 말에 매이지 아니함을 나타내는 연결 어미.

392) 이라도: '이라고 하여도'가 줄어서 된 말로서 어떤 사실을 인정하거나 가정하되, 뒷말이 거기에 매이지 아니하고 맞서거나 그보다 더한 사실이 이어짐을 나타내는 서술격 조사.

393) 마음이 하나에 집중되어 흔들리지 않는 상태. 일심이 계속되는 상태. 잡

각자의 심성 원래를 반조(返照)하는 것이란?

심성 원래는 근본 마음 상태, 즉 본디부터 참된 마음씨(本性)며, 요란함·어리석음·그름이 있기 전 마음이며, 한 생각 일어나기 전 마음인 일념미생전(一念未生前)이다.

반조(返照)는 저녁에 햇빛이 서산에 걸려서 동쪽을 되비치는 것인데, 이를 마음 공부에 비유해 보면, 경계에 따라 끌려 다니는 마음(요란함·어리석음·그름)을 있어진 그대로 수용하고, 본래 마음 자리(일념미생전, 본래 면목, 성품, 자성)에 대조하여 그 마음 자리를 찾는(자성의 정·혜·계를 세우는) 것이다.

그러므로 각자의 심성 원래를 반조(返照)하는 것은 천만 가지로 흩어진 정신이나 순역(順逆) 경계에 흔들리는 마음을 그 마음이 일어나기 전 마음에 대조하는 것을 말한다.

분한 일을 당하는 것, 탐심이 일어나는 것, 순경(順境)에 끌리는 것, 역경에 끌리는 것이란?

천만 가지로 흩어진 정신이나 순역(順逆) 경계에 흔들리는 마음이 나타나는 모습들이며, 우리가 생활하면서 대하는 경계를 따라 작용되는 마음이다.

분한 일을 당하거나 탐심이 일어나거나 순경(順境)에 끌릴 때에나 역경에 끌릴 때에 왜 염불을 하면 안정되는가?

염불은 경계를 따라 끌리거나 일어나는 마음(천만 가지로 흩어

넘을 버리고 한 가지 일에만 정신을 집중하는 일.
394) ①몸과 마음으로 깨닫고 실천하여 의심 없이 체득(體得)함. 증명하여 완전히 내 것으로 만듦. ②아는 것과 행하는 것이 하나가 된 완전한 경지.
395) -리라: 모음으로 끝난 체언이나 어간에 붙는 해라체의 종결 어미. '-ㄹ 것이다'의 뜻으로, 추측이나 미래의 의지를 나타냄.

지는 정신, 순역 경계에 흔들리는 마음)을 일념으로 만들거나 또는 안정시키기 때문이다.

'염불의 진리'란?

염불이 천만 가지로 흩어진 정신을 일념으로 만들기 위한 공부법이요 순역(順逆) 경계에 흔들리는 마음을 안정시키는 공부법인 줄 알고,

염불 일성이 능히 백천 사마를 항복 받을 수 있으며, 또는 일념의 대중이 없이 입으로만 하면 별 효과가 없을지나 소리 없는 염불이라도 일념의 대중이 있고 보면 곧 삼매(三昧)[396]를 증득(證得)[397]하는 것이다.

백천 사마(百千邪魔)란 무엇인가?

한량없이 많은 삿된 마군(정법 수행을 방해하는 모든 것들)이며,

마음속에서 일어나는 번뇌 망상·시기 질투·삼독 오욕·사량 분별 등이 모두 백천 사마며,

경계를 따라 일어나는 요란함·어리석음·그름·분별성·주착심이 모두 백천 사마다.

소리 없는 염불이라도 일념의 대중이 있으면 염불(念佛)이요, 일념의 대중이 없이 입으로만 하면 염송(念誦)이다

오직 일념이 중요하다.

만약 일념을 주하는 데 표준을 두지 않고, 건성으로 입으로만 하면 별 효과가 없다.

---

396) 잡념을 떠나서 오직 하나의 대상에만 정신을 집중하는 경지. 이 경지에서 바른 지혜를 얻고 대상을 올바르게 파악하게 된다.
397) 바른 지혜로써 진리를 깨달아 얻음.

소리 없는 염불이라도 일념의 대중이 있고 보면 곧 삼매(三昧)를 증득(證得)398)한다고 하듯이, 이는 무슨 일이든 그 이치는 마찬가지라는 말이다.

확고한 신념과 서원을 세우고 일심으로, 지극 정성으로 하느냐 그렇지 않느냐의 차이 역시 염불과 염송의 차이와 같을 것이다.

3. 염불의 공덕399)

염불을 오래 하면 자연히 염불 삼매400)를 얻어 능히 목적하는 바401) 극락을 수용(受用)402)할 수 있나니 그 공덕의 조항은 좌선의 공덕과 서로 같나니라.

그러나403), 염불과 좌선이 한 가지404) 수양 과목405)으로 서로 표리406)가 되나니 공부하는 사람이 만일 번뇌407)가 과중408)하면 먼저 염불로써 그 산란한 정신409)을 대치410)하고 다음에 좌선으로써 그 원적411)의 진경412)에 들게413) 하는 것이며, 또한 시간에 있어서는 낮이든지 기타 외경414)이 가까운 시간에는 염불이 더415) 긴요416)하고, 밤이나 새벽이든지 기타 외경이 먼 시간에는 좌선이 더 긴요하나니, 공부하는 사람이 항상 당시417)의 환경418)을 관찰419)하고 각자의 심경420)을 대조하여 염불과 좌선을 때에 맞게 잘 운용하면 그 공부가 서로 연속되어421) 쉽게 큰 정력(定力)422)을 얻게 되리라.

---

398) 바른 지혜로써 진리를 깨달아 얻음.
399) 삼학 수행 또는 염불과 좌선 또는 공부와 사업을 병행하여 얻은 좋은 결과.
400) 청정 일념으로 염불을 계속하여 사심 잡념이 없어지고 영지가 열려 마침내 부처도 없고 나도 없고 염불 소리만 우주에 가득 차 우주와 내가 하나가 되는 경지.
401) -는바: 앞 말에 대하여 뒷말이 보충 설명의 관계에 있음을 나타내는 종속적 연결 어미.
402) 받아 활용하는 것.
403) '그러하나' 또는 '그러하지만'이 줄어서 된 말.

염불 삼매를 얻게 되면?

염불 삼매를 얻는다 함은 염불하는 내가 우주와 하나가 된다는 말이다.

염불은 정신 수양 훈련 과목의 하나로서 염불 삼매를 얻게 되는 것은 염불을 함으로써 얻어지는 결과이므로 이는 정신 수양의 결과와 다르지 않음을 의미한다.

그러므로 이를 '정신 수양의 결과'에서 찾아보면, 염불 삼매를

---

404) 한 가지: 같은.
405) 수양 과목: 정신 수양 훈련 과목. 염불과 좌선을 이름.
406) 겉과 속. 안과 밖. 표(表)와 리(裏)는 따로 떨어질 수 없는 동시성의 관계에 있으며, 진리의 작용에 의해 한쪽이 있으면 자동적으로 다른 한쪽이 따라오는 빛과 그림자와 같다. 따라서 표와 리는 적대적(敵對的)이고 배척해야 할 상대가 아니라, 상호 보완적이며 상호 의존적으로서 겉 없는 안이 존재할 수 없듯이 안 없는 겉도 존재할 수 없다. 당시의 상황에 따라 단지 겉이 우세할 수도, 또는 안이 우세할 수도 있다.
407) 마음이 시달려서 괴로움.
408) 힘에 겨움.
409) 그 산란한 정신: 번뇌가 과중하여 산란하게 된 정신.
410) 다른 것으로 바꾸어 놓음.
411) 열반의 다른 이름. 번뇌 망상의 세계를 떠나 청정한 열반의 세계에 들어가는 것.
412) 본바탕을 가장 잘 나타낸 참다운 지경. 실제 그대로의 경계.
    원적의 진경: 마음이 두렷하고 고요하여 분별성과 주착심이 없는 마음의 상태.
413) (들다+게): 어떤 상태가 이루어지거나 알맞게 되다.
414) 밖으로 산란하게 하는 경계. 마음을 빼앗아 가는 바깥의 여러 경계.
415) 어떤 수준보다도 심하게. 정도 이상으로.
416) 매우 중요함.
417) 어떤 일이 생긴 그때. 경계를 대하게 된 그때.
    당시의 환경: 그때 그때의 상황. 경계를 따라 마음 작용이 있어진 그때 그 곳의 상황성.
418) 주위의 사물이나 사정.
419) 사물의 있는 그대로의 현상을 주의 깊게 살펴 봄.
420) 마음의 상태(心境).
421) 서로 연속되어: 서로서로 도움이 되고 바탕이 되어.
422) 정신 수양 공부로 얻어진 마음의 힘(修養力). 정신이 철석같이 견고하여 천만 경계에도 흔들리지 아니하는 힘.

얻게 됨으로써 천만 가지로 흩어진 정신이 일념이 되고 순역 경계에 흔들리던 마음이 안정이 되므로, 결국 정신이 철석같이 견고해져 천만 경계를 응용할 때에 마음에 자주(自主)의 힘이 생기는 것임을 알 수 있다.

'좌선의 공덕'과 같은 '염불의 공덕'의 조항은?

1. 경거 망동하는 일이 차차 없어지는 것이요,
2. 육근 동작에 순서를 얻는 것이요,
3. 병고[423]가 감소되고 얼굴이 윤활하여지는 것이요,
4. 기억력이 좋아지는 것이요,
5. 인내력이 생겨나는 것이요,
6. 착심이 없어지는 것이요,
7. 사심(邪心)[424]이 정심(正心)[425]으로 변하는 것이요,
8. 자성의 혜광이 나타나는 것이요,
9. 극락을 수용하는 것이요,
10. 생사에 자유를 얻는 것이니라.

'염불과 좌선이 한 가지 수양 과목으로 서로 표리가 되나니'라 함은?

염불은 천만 가지로 흩어진 정신을 일념으로 만들기 위한 공부법이요, 순역(順逆) 경계에 흔들리는 마음을 안정시키는 공부법이며, 좌선은 마음에 있어 망념을 쉬고 진성을 나타내는 공부이므로 이들은 정신 수양을 훈련하는 과목이다.

그러므로 염불과 좌선이 한 가지 수양 과목으로 서로 표리가 된다 함은 서로서로 도움이 되고 바탕이 되는 관계라는 말이다.

---

423) 병으로 인한 괴로움(病苦).
424) 정심(正心)에 상대되는 말로서, 삿되고 악한 마음. 잘못되고 바르지 못한 마음.
425) 올바른 마음. 정의로운 마음. 정도(正道)·정법(正法)을 생각하는 마음.

즉 공부하는 사람이 만일 번뇌가 과중하면 먼저 염불로써 그 산란한 정신을 안정시키고 다음에 좌선으로써 그 원적의 진경에 들게 하는 것이며,

또한 시간에 있어서는 낮이든지 기타 외경이 가까운 시간에는 염불이 더 긴요하고, 밤이나 새벽이든지 기타 외경이 먼 시간에는 좌선이 더 긴요하므로,

공부하는 사람이 항상 당시의 환경을 관찰하고 각자의 심경을 대조하여 염불과 좌선을 때에 맞게 잘 운용하면 그 공부가 서로 도움이 되고 바탕이 되어 쉽게 큰 정력(定力)을 얻게 될 것이다.

당시의 환경을 관찰하고 각자의 심경을 대조한다는 말은?

마음이 요란해진 그때의 상황성과 마음 작용의 다양성을 잘 관찰하고 수용하여 대조한다는 말이며,

상시 응용 주의 사항 1조 '응용하는 데 온전한 생각으로 취사하기를 주의할 것이요.'와 같은 의미다.

'때에 맞게 잘 운용하면'에서 느껴지는 것은?

염불이든 좌선이든 하나를 고집할 것이 아니라, 현재의 환경(상황성)과 자신의 심경을 잘 관찰하여, 자심 미타를 발견하고 자성 극락에 들어가도록, 염불과 좌선 중 어느 것이 더 효율적일지 판단하여 선택하되, 염불과 좌선은 서로 표리의 관계임을 알아서 운용하는 것이 중요하다는 말이며, 그렇게 하였을 때 삼매를 증득하리라는 대종사님의 확신에 찬 말씀임을 알 수 있다.

'염불의 공덕'은 곧 '정신 수양의 결과'와 같다.

염불은 정신 수양 훈련 과목 중 하나다.

그러므로 염불의 결과인 염불의 공덕은 정신 수양의 결과와 같

을 수밖에 없다.

즉 '염불의 공덕(결과)'과 '정신 수양의 결과'를 비교해 보면, 다음과 같이 서로 같음을 알 수 있다.

그러므로 염불이 정신 수양 훈련 과목 중의 하나인 것은 결코 우연이 아님을 알 수 있다.

염불의 공덕	정신 수양의 결과
염불을 오래하면	우리가 정신 수양 공부를 오래오래 계속하면
자연히 염불 삼매를 얻어	정신이 철석같이 견고하여, 천만 경계를 응용할 때에 마음에 자주(自主)의 힘이 생겨
능히 목적하는바	결국
극락을 수용(受用)할 수 있나니	수양력을 얻을 것이니라.

대산 종사, '염불 10송'을 내리시니

"① 이 염불의 인연으로 삼계 업장이 소멸하여지이다[426]. 나무아미타불.

② 이 염불의 인연으로 시방세계가 청정하여지이다. 나무아미타불.

③ 이 염불의 인연으로 이매망량[427]이 항복하여지이다. 나무아미타불.

④ 이 염불의 인연으로 육근이 항상 청정하여 대지혜 광명이 발하여지이다. 나무아미타불.

---

426) -여지이다, -어지이다 : 공손히 기원하는 뜻을 나타내는 종결 어미. 주로 기도문 따위에 쓴다. '무엇 무엇이 어떻게 되기를 비나이다'의 뜻.

427) 온갖 도깨비와 귀신. 이매(魑魅)는 산이나 내에 있다는 네발 도깨비. 망량(魍魎)은 도깨비. 이매는 인면수신(人面獸身)에 네 다리를 가졌고 사람 홀리기를 좋아하며, 망량은 수신(水神)으로 세 살 어린애 같고 적흑색이라함('사기' 오제기주). 밝은 세상에서는 살지 못하고 어두컴컴한 곳에서만 산다는 모든 구제받지 못한 영(靈)을 통칭하는 말로서 인간들을 많이 괴롭히기도 하고 때로는 약한 자와 정의로운 자에게 도움을 주기도 한다고 생각했다.

⑤ 이 염불의 인연으로 심량428)이 광대하여 제불 조사의 심인을 닮을 만한 대법기429)가 되어지이다. 나무아미타불.

⑥ 이 염불의 인연으로 생사의 자유를 얻어 육도를 임의로 왕래하게 하여지이다. 나무아미타불.

⑦ 이 염불의 인연으로 무량세계 무량겁에 무량 중생으로 하여금 불도를 이루게 하여지이다. 나무아미타불.

⑧ 이 염불의 인연으로 삼계 진루(三界塵漏)430)가 다 사라지고 심월만 홀로 빛나게 하여지이다. 나무아미타불.

⑨ 이 염불의 인연으로 삼계의 유주 무주 고혼431)을 다 천도하게 하여지이다. 나무아미타불.

⑩ 이 염불의 인연으로 무량아승기겁432)에 흐를지라도 대서원, 대법륜, 대불퇴전이 되어지이다. 나무아미타불433)."

---

428) 마음의 국량(心量), 마음의 크기, 경계·대상을 포용하고 수용할 수 있는 마음의 양. 마음이 번뇌 망상을 일으켜 갖가지로 바깥 경계를 헤아리는 것을 범부의 심량이라 하고, 마음이 텅 비어 주관도 객관도 없이 무심의 상태가 된 것을 불보살의 심량이라 한다.

429) 대도정법을 능히 수행할 만한 소질 또는 힘을 가진 사람. 근기가 높고 법연이 깊은 사람.

430) 과거·현재·미래 세상의 티끌과 번뇌.

431) (有主 無主 孤魂): 의지할 곳 없이 이리저리 떠도는 넋. 천도 받지 못하고 허공을 떠도는 외로운 혼령.

432) (無量阿僧祇劫): 무량(無量)은 한량없이 많아서 인간의 지식으로써는 어떻게 헤아릴 수 없다는 말. 무한량(無限量)·무한대(無限大)의 뜻. 아승기(阿僧祇)는 인도에서 무한대의 큰 수를 나타내는 말로서 항하사의 일만 갑절이나 되는 무한대의 수. 또는 수량으로 계산할 수 없는 많은 수. 겁(劫)은 수가 무한하다는 뜻으로 무한히 긴 시간, 그러므로 무량아승기겁은 영원한 세월이라는 뜻.

433) 대산 종사 법어, 제4 적공편, 58장, p.119.

제4장 좌 선 법 (坐禪法)

좌선법은 정기 훈련 11과목 중 정신 수양 훈련 과목인 좌선으로 마음에 있어 망념을 쉬고 진성을 나타내며, 몸에 있어 화기는 내리게 하고 수기를 오르게 하는 수행법으로서, 원불교에서는 묵조선(默照禪)[434]에 가까운 단전주선(丹田住禪)[435]을 하고 있다.

1. 좌선의 요지[436] (坐禪-要旨)

대범[437], 좌선[438]이라 함은 마음에 있어 망념[439]을 쉬고 진성[440]을 나타내는 공부이며, 몸에 있어 화기[441]를 내리게 하고 수기[442]를 오르게 하는 방법[443]이니, 망념이 쉰즉[444] 수기가 오르고 수기가 오른즉 망념이 쉬어서 몸과 마음이 한결 같으며[445] 정신과 기운이 상쾌[446]하리라.

---

434) 공안(公案)이나 화두(話頭)를 연마하는 간화선(看話禪)과 상대되는 것으로 묵묵히 좌선을 통해서 마음을 깨치려는 수행법이다. 묵조선과 간화선은 수행 방법의 차이일 뿐이다. 묵조선은 원적무별한 상태에서 정진을 계속한다. 물론 잘못하면 무기공에 떨어질 우려가 있고, 현실 도피나 은둔주의로 변질될 염려도 있다. 그러나 서가모니불의 6년 좌선이나 달마대사의 구년 면벽은 묵조선에 가까운 것이다. 묵(默)이란 정(定)이요, 조(照)란 혜(慧)며, 묵은 외식제연[外息諸緣: 밖으로 끌려가는 모든 마음(인연)을 쉼]이요, 조란 요요상지[了了常知: 분명하게(밝게) 항상 앎]라 할 수 있다. 따라서 묵조선과 간화선은 서로 배척할 것이 아니라 병행하여 조화를 이루어야 할 것이며, 오늘날까지도 선의 양대 산맥을 이루고 있다.
435) 단전주(丹田住: 아랫배에 주하는 것)는 사념(思念)이 동하지도 아니하고 기운이 잘 내리며 안정을 쉽게 얻는 법이 되며, 묵조나 간화의 방법적인 허점을 극복할 수 있는 선이다. 단전주선의 특징은 좌선할 때 화두를 들지 아니하는 점에서 묵조선과 상통하나, 좌선을 마치고 정신이 상쾌한 때 화두를 궁굴려 나가는 것이 차이가 있다. 그 뜻은 마음이 화두에 짓눌리지 아니하고 좌선은 좌선대로 전일(專一: 마음과 힘을 오로지 한 곳에만 씀)하여 심신간에 더욱 건전해질 수 있는 방법을 모색하기 때문이다.
436) (말이나 글의) 중요한 뜻. 문장에서, 지은이의 의도를 짧게 간추린 대강의 내용.
437) 헤아려 생각하건대. 대체로 보아.

선(禪)이라면 좌선만을 이르는가?

일반적으로 선(禪)이라 하면 가부좌를 하는 좌선(坐禪)을 이르는데, '꼭 좌선을 해야만 선을 할 수 있는가?' 하는 의문을 가질 수 있다.

선은 모든 망념을 제거하고 진여(眞如)의 본성을 나타내게 하며, 원래에 분별 주착이 없는 각자의 성품을 오득하여 마음의 자유를 얻게 하는 공부이므로 어찌 처소(處所)와 시간과 그 형태에 구애될 수 있겠는가?

행선(行禪)·입선(立禪)·와선(臥禪)도 할 수 있어야 한다. 단지 좌선이 선을 하기에 가장 일반적이라는 점에서 선의 대명사처럼 인식되었으리라.

공부인의 목적은 이 선을 통하여 천만 경계 속에서도 모든 분별이 항상 정(定)을 여의지 아니하여 육근을 작용하는 바가 다 공적 영지의 자성에 부합되게 하는 것이다.

---

438) ①가부좌(跏趺坐)를 하고 조용히 앉아서 선정[禪定: 결가부좌하여 속정(俗情)을 끊고 마음을 가라 앉혀 삼매경에 이르는 일]에 들어 감, 또는 그렇게 하는 수행. ②마음에 있어 망념을 쉬고 진성을 나타내는 공부며, 몸에 있어 화기를 내리게 하고 수기를 오르게 하는 방법이니, 망념이 쉰즉 수기가 오르고 수기가 오른즉 망념이 쉬어서 몸과 마음이 한결 같으며 정신과 기운이 상쾌함. 모든 망념을 제거하고 진여(眞如)의 본성을 나타내며, 일체의 화기를 내리게 하고 청정한 수기를 불어내기 위한 공부법이다.

439) 있지도 않은 사실을 상상해 마치 사실인 양 굳게 믿는 일, 또는 그러한 생각.

440) ①본디 그대로의 성질. 타고난 성질. 우주 만유의 실체로서, 현실적이며 평등 무차별한 절대의 진리. 진여(眞如)의 본성(本性). ②자성의 정·혜·계. 분별·주착이 없는 각자의 성품.

441) ①불기운. 마음이 답답하여지는 기운. ②경계를 따라 있어지는 그 요란함·그 어리석음·그 그름. 온 몸의 수기를 태우고 정신의 광명을 덮는 기운. ③쉬지 않는 망념. 쓸데없는 망념. 마음을 머리나 외경에 주하여 동하는 생각.

442) ①물 기운. 마음을 시원하고 상쾌하게 하는 기운. ②자성의 정·혜·계를 세우는 공부심.

443) 어떤 목적을 달성하기 위하여 취하는 수단.

444) -ㄴ즉: 앞 말이 뒷말의 이유나 원인 또는 가정이나 조건 등이 됨을 나타냄.

445) (한결 같다+으며): 처음부터 끝까지 똑같다.

446) 기분이 아주 시원하고 거뜬함. 두렷하고 고요함.

그러므로 좌선의 장점은 그대로 살리되, 좌선을 하지 못하는 시간에도 선에서 마음이 떠나지 아니하는, 즉 행·주·좌·와·어·묵·동·정간에 염념 불망(念念不忘)하는 마음으로 행하는 생활선(生活禪)으로 나투어질 때 비로소 참다운 선을 한다고 할 수 있으며, 이는 곧 누구나 다 실행할 수 있도록 밝혀 놓은 무시선법을 행하는 것이다.

'망념'이란?

경계를 따라 일어나는 분별 시비심, 사량 계교심, 시기 질투심, 삼독 오욕심, 번뇌 망상심 등이다.

이들은, 원래 없건마는, 경계를 따라 일어나는 마음이다. 분별성과 주착심에 끌려 있지도 않은 사실을 상상해 마치 사실인 양 굳게 믿는 생각이다.

이 망념은 사람인 이상 정도의 차이가 있을 뿐이며, 심하느냐 가벼우냐의 차이가 있을 뿐이다.

그러니, 실체가 없는 이 망념에 끌려 속을 것인가, 아니면 이를 공부 기회, 공부 거리로 삼을 것인가?

마음에 있어 망념을 쉬고 진성을 나타내는 공부란?

망념이 일어날 때, 일상 수행의 요법 1·2·3조, 즉 '심지는 원래 요란함·어리석음·그름이 없건마는 경계를 따라 있어지나니, 그 요란함·그 어리석음·그 그름을 없게 하는 것으로써 자성의 정·혜·계를 세우자.'는 마음 대조 공식에 따라,

그 있어진 요란함·어리석음·그름(망념)을 그 이상도 그 이하도 아닌 있는 그대로 수용하고(일원상의 신앙), 망념이 일어나기 이전 마음에 대조하여 '자성의 정·혜·계(진성)'를 세우는 것이 곧 마음에 있어 망념을 쉬고 진성을 나타내는 공부다.

이 공부는 좌선의 방법 7조 '망념이 침노하면 다만 망념인 줄만 알아두면 망념이 스스로 없어지나니 절대로 그것을 성가시게 여기지 말며 낙망하지 말라.'에서 '망념이 침노하면 다만 망념인 줄만 알아두면'은 '마음에 있어 망념을 쉬는' 것이며, '망념이 스스로 없어지나니'는 '진성을 나타내는' 것이다.

'몸에 있어 화기를 내리게 하고 수기를 오르게 하는 방법'은?

한 제자 수승 화강(水昇火降)되는 이치를 묻자온데 대종사 말씀하시기를

"물의 성질은 아래로 내리는 동시에 그 기운이 서늘하고 맑으며, 불의 성질은 위로 오르는 동시에 그 기운이 덥고 탁하나니,

사람이 만일 번거한 생각을 일어내어 기운이 오르면 머리가 덥고 정신이 탁하여 진액(津液)447)이 마르는 것은 불 기운이 오르고 물 기운이 내리는 연고이요,

만일 생각이 잠자고 기운이 평순(平順)448)하면 머리가 서늘하고 정신이 명랑하여 맑은 침이 입 속에 도나니, 이는 물 기운이 오르고 불 기운이 내리는 연고이니라449)."

'무릇 원만한 공부 법은 동과 정 두 사이에 공부를 여의지 아니하는 것이듯, 수승 화강도 그 마음의 안정을 따라 자연히 될 것이니'라 함은?

송벽조(宋碧照) 좌선에만 전력하여 수승 화강을 조급히 바라다가 도리어 두통을 얻게 된지라, 대종사 말씀하시기를

"이것이 공부하는 길을 잘 알지 못하는 연고라, 무릇 원만한 공부 법은 동과 정 두 사이에 공부를 여의지 아니하여

---

447) 생물의 몸 안에서 생겨나는 액체. 침, 눈물 등.
448) ①사람의 성질이 매우 온순하고 착한 것. ②몸에 아무런 병이 없는 것.
　　 ③마음속에 아무런 근심·걱정이 없는 것.
449) 대종경, 제3 수행품(修行品), 15장, p.151.

동할 때에는 모든 경계를 보아 취사하는 주의심을 주로 하여 삼대력을 아울러 얻어 나가고,

정할 때에는 수양과 연구를 주로 하여 삼대력을 아울러 얻어 나가는 것이니,

이 길을 알아 행하는 사람은 공부에 별 괴로움을 느끼지 아니하고 바람 없는 큰 바다의 물과 같이 한가롭고 넉넉할 것이요,

수승 화강도 그 마음의 안정을 따라 자연히 될 것이나 이 길을 알지 못하면 공연한 병을 얻어서 평생의 고초를 받기 쉽나니 이에 크게 주의할지니라450).”

좌선은 마음과 몸과 기운을 하나 되게 하는 공부다

‘좌선이라 함은 마음에 있어 망념을 쉬고 진성을 나타내는 공부며, 몸에 있어 화기를 내리게 하고 수기를 오르게 하는 방법이니 망념이 쉰즉 수기가 오르고 수기가 오른즉 망념이 쉬어서 몸과 마음이 한결 같으며 정신과 기운이 상쾌하리라.’고 하신 말씀에서,

좌선에서는 첫째 마음을 가라앉히고, 둘째 그렇게 하면 몸은 그 화기가 내려가고 수기가 오르게 되어 마음과 하나가 되며, 셋째 마음과 몸이 하나로 되면 기운이 상쾌해져 드디어는 마음(精)과 기운(氣)과 몸(身)이 하나로 된다.

여기서 좌선을 마음 다스리는 공부(마음 공부)와 몸 다스리는 방법(몸 공부)으로만 구분한 것처럼 보이나, 결국에는 정신과 기운을 융통하게 하는 공부(기 공부)가 되므로 이들은 서로서로 도움이 되고 바탕이 되는 하나며 동시성임을 알 수 있다.

따라서 우리는 좌선을 통해서도 마음 공부, 몸 공부, 기 공부를 다 하는 것임을 알 수 있다.

마음 공부를 보다 잘 하기 위해서는 몸 공부와 기 공부도 잘 해야 하고, 몸 공부를 보다 잘 하기 위해서는 마음 공부와 기 공부

---

450) 대종경, 제3 수행품(修行品), 40장, p.165.

도 잘 해야 하고, 기 공부를 보다 잘 하기 위해서는 마음 공부와 몸 공부도 잘 해야 된다.

마음 공부와 몸 공부와 기 공부는 어느 하나도 등한히 할 수 없는, 솥의 세 발과 같이, 한결 같은 관계에 있다.

'대범, 좌선이라 함은……정신과 기운이 상쾌하리라'함은?

좌선의 요지를 보면, 정전을 볼 때 각 장(章)과 절(節)에서 그 첫 문장이 가장 중요하다는 스승님의 말씀이 실감 난다.

좌선의 요지의 첫 문장에서 숨어 있는 보물을 찾아보자.

'대범, 좌선이라 함은 마음에 있어 망념을 쉬고 진성을 나타내는 공부이며, 몸에 있어 화기를 내리게 하고 수기를 오르게 하는 방법이니, 망념이 쉰즉 수기가 오르고 수기가 오른 즉 망념이 쉬어서 몸과 마음이 한결 같으며 정신과 기운이 상쾌하리라.'

사실 이 한 문장이 좌선법 전체를 담고 있다. '좌선이라 함은 마음에 있어 망념을 쉬고 진성을 나타내는 공부이며'는 좌선의 요지에 해당되며, '몸에 있어 화기를 내리게 하고 수기를 오르게 하는 방법이니'는 좌선의 방법이며, '망념이 쉰즉 수기가 오르고 수기가 오른 즉 망념이 쉬어서 몸과 마음이 한결 같으며 정신과 기운이 상쾌하리라'는 좌선의 공덕에 해당된다.

나머지 문장들은 이들 세 문장을 상세하게 풀어 써 놓은 것이다. 결국 이들 세 문장은 전체로 나누어지기도 하고, 전체를 이들 세 문장으로 합할 수도 있음을 이르는 동시성의 관계에 있다.

그러나, 만일 망념이 쉬지 아니한즉 불기운[451]이 항상 위로 올라서 온 몸의 수기를 태우고 정신의 광명을 덮을지니[452], 사람의 몸 운전하는 것이 마치 저 기계와 같아서 수화의 기운[453]이 아니고는 도저히[454] 한 손가락도 움직이지 못할 것인바, 사람의 육근 기관[455]이 모두 머리에 있으므로 볼 때나 들을 때나 생각할 때에 그 육근을 운전해 쓰면 온 몸의 화기가 자연히 머리로 집중[456]되어 온 몸의 수기를 조리고[457] 태우는[458] 것이 마치 저 등불을 켜면[459] 기름이 닳는[460] 것과 같나니라.

'만일 망념이 쉬지 아니한즉 불기운이 항상 위로 올라서 온 몸의 수기를 태우고 정신의 광명을 덮을지니'라 함은?

망념은 경계를 따라 분별하는 마음, 시비하는 마음, 사량 계교하는 마음, 시기 질투하는 마음, 삼독 오욕심, 번뇌 망상심 등이다.

이런 마음이 머릿속을 떠나지 않는 한, 불기운을 끌어당기기 때문에 입안이 마르고 초조해지고 가슴이 답답해진다.

이 불기운은 양 기운이고, 이와 균형을 이루는 수기는 음 기운이므로 불기운이 성하면 음 기운인 수기는 줄어들기 마련이다.

이 수기가 무엇인가?

마음이 두렷하고 고요하여 분별성과 주착심이 없는 경지인 정신의 광명을 드러내게 하는 기운이다.

그런데 망념으로 요란해지고 어리석어지고 글러지면 어떻게 되

---

451) 화기. 항상 위로 올라서 온 몸의 수기를 태우고 정신의 광명을 덮음. 쉬지 않는 망념.
452) 덮을지니(덮다+으+ㄹ지니): 겉으로 드러나지 않게 뚜껑 따위를 씌우거나 위에 얹어 놓아 가리다. 가리어 감추다.
453) 수화의 기운: 물기운과 불기운으로서, 화기는 올라가고 수기는 내려가는 성질을 지니고 있다. 화기가 성하면 온 몸의 수기를 조리고 태우며, 수기는 화기를 내리게 한다. 따라서 우리 몸의 수화의 기운은 수승 하강(水昇下降) 하도록 다스려야 한다.
454) '-ㄹ수 없다'나 '못하다'를 뒤따르게 하여 '아무리 하여도', '아무리 애써도'의 뜻을 나타냄.
455) 사람의 육근 기관: 안(眼)·이(耳)·비(鼻)·설(舌)·신(身)·의(意).
456) 한군데로 모이거나 한군데로 모음.
457) (조리다+고): 속을 태우듯 조바심하다.
458) (태우다+는): 불이 타게 하다. 마음이 조리어 가슴속에 불붙는 듯하게 하다.
459) (켜다+면): 성냥·라이터 등으로 불을 일으키다. 또는 촛불·등불 따위에 불을 붙이다.
460) (닳다+는): 액체 등이 졸아 들다.

겠는가?

불 기운이 정신의 광명을 덮어버리기 때문에 정신이 흐려져 꼭 해야 할 일은 안 하고, 할 필요가 없는 일이나 결코 해서는 안 되는 그른 일을 하게 된다.

사람의 육근 기관이 모두 머리에 있으므로 볼 때나 들을 때나 생각할 때에 그 육근을 운전해 쓰면 온 몸의 화기가 자연히 머리로 집중되어 온 몸의 수기를 조리고 태우는 것이 마치 저 등불을 켜면 기름이 닳는 것과 같나니라

육근을 작용할 때 화기가 왜 머리로 집중되어 온 몸의 수기를 조리고 태우는 지 그 이유는 육근 기관이 머리에 있기 때문이다.

사람이 살아있는 한 자연히 육근을 운전하게 되는데, 육근을 운전하는 것 자체가 망념을 불러일으킬 수 있으므로 화기가 오르게 되고, 이에 따라 수기를 태우게 된다.

그러므로 가장 근원이 되는 육근 기관을 어떻게 운전해 가는가가 가장 중요하며, 그 해결 방법 중의 하나가 정신 수양 훈련 과목인 좌선이다.

그러므로, 우리가 노심 초사461)를 하여 무엇을 오래 생각한다든지, 또는 안력462)을 써서 무엇을 세밀히463) 본다든지464), 또는 소리를 높여 무슨 말을 힘써465) 한다든지 하면 반드시 얼굴이 붉어지고 입 속에 침이 마르나니 이것이 곧 화기가 위로 오르는 현상466)이라, 부득이467) 당연한468) 일에 육근의 기관을 운용469)하는 것도 오히려 존절470)히 하려든471), 하물며472) 쓸데없는473) 망념을 끄리어474) 두뇌의 등불475)을 주야로 계속476)하리요.477) 그러므로, 좌선은 이 모든 망념을 제거478)하고 진여(眞如)479)의 본성480)을 나타내며, 일체의 화기481)를 내리게 하고 청정한 수기를 불어내기 위한 공부니라.

'망념을 끄리어 두뇌의 등불을 주야로 계속하리요'라 함은?

육근의 기관이 머리에 있으므로 이를 운전해 쓰면(운용) 온 몸의 화기가 자연히 머리로 집중되어 온 몸의 수기를 조리고 태우게 되어 망념이 쉬지 아니하고 정신의 광명이 덮이게 된다.

---

461) ①애를 쓰고 속을 태움. 몹시 애를 태움. ②망념이 쉬지 아니한즉 불기운이 항상 위로 올라서 온 몸의 수기를 태우고 정신의 광명을 덮게 되는 것.
462) 눈으로 보는 힘. 사물의 참과 거짓, 옳고 그름 등을 분간하는 능력.
463) 자세하고 빈틈없이.
464) -든지: 무엇이나 가리지 않는 뜻을 나타낼 때 용언(동사, 형용사)의 어간에 붙이는 연결 어미.
465) (힘쓰다+어): 힘을 다하다.
466) 화기가 위로 오르는 현상: 우리가 노심 초사를 하여 무엇을 오래 생각한다든지, 또는 안력을 써서 무엇을 세밀히 본다든지, 또는 소리를 높여 무슨 말을 힘써 한다든지 하면 반드시 얼굴이 붉어지고 입 속에 침이 마르는 현상.
467) 하는 수 없이. 마지 못하여.
468) (당연하다+ㄴ): 마땅하다. 이치로 보아 그렇게 되어야 옳다.
469) ①기능을 부리어 씀. ②운전해 씀.
470) 씀씀이를 아껴 알맞게 씀.
471) -려든: '-려마는'처럼, 어떤 사실을 추측으로 인정하면서 대립적인 다음 사실과 이어 주는 어미. 좀 예스런 표현에 쓰인다.
472) '더군다나'의 뜻으로 쓰이는 접속 부사. 흔히, '-거든(또는, -ㄴ·은·는데) 하물며 ……랴'의 꼴로 호응하여 쓰임.
473) (쓸데 없다+는): 쓸 자리가 없다. 소용이 없다. 아무 값어치가 없다.
474) (끄리다+어): 없애 버리지 않고 가지고 있다. 놓지 않고 끌려 있다.
475) 두뇌의 등불: 정신의 기운.
476) 끊이지 아니하고 잇대어 나아감.
477) 두뇌의 등불을 주야로 계속하는 것: 머리에 있는 육근의 기관을 끊이지 않고 운용하는 것. 정신 기운을 소진시키는 것.
478) 덜어서 없애 버림.
479) (진실함이 언제나 같다는 뜻으로) 대승 불교의 이상 개념의 한 가지. 우주 만유의 실체로서, 현실적이며 평등 무차별한 절대의 진리(일원상의 진리). 실성(實性: 진여(眞如)의 딴 이름. 거짓 없는 천성(天性). 진성(眞性).
480) 진여(眞如)의 본성: ①진성(眞性). 본디 그대로의 성질. 타고난 성질. ②자성의 정·혜·계. 분별성과 주착심이 없는 각자의 성품. 일원상과 같이 원만 구족하고 지공 무사한 각자의 마음(성품). 두렷하고 고요하여 분별성과 주착심이 없는 경지의 마음.
481) 일체의 화기: 온 몸의 화기.

그러므로 당연한 일이라 할지라도 육근의 기관을 운용할 때에는 청정한 마음을 유지하기 위해 이 기관을 보호하며 아껴 쓰려는데, 하물며 쓸데없는 망념을 놓지 않고 그 망념에 끌려 있으면 정신 기운이 소진되어 몸과 마음이 어찌 한결 같을 것이며, 정신과 기운이 어찌 상쾌할 것이며, 원만 구족하고 지공 무사한 우리의 본래 마음을 어찌 부려 쓸 수 있겠는가?

'존절히 하려든'과 '하물며……리요'의 기막히게 어우러짐!

'하물며'는 그 문장의 꼴이 '-거든(또는, -ㄴ·은·는데) 하물며……랴'로 이루어진다.

그러므로 '하물며'의 앞뒤를 살펴보자.

'하물며' 앞의 '……존절히 하려든'은 '-ㄴ'으로 끝난다.

그러면 '……계속하리요'의 '-리요'에 '-랴'의 뜻이 있는지 찾아보면, '-리요'는 '-랴'의 뜻으로 혼자 스스로 묻거나 탄원을 나타내는 종결형 어미'이므로 '-리요'가 '-랴'의 뜻을 나타내는 말이다.

이 얼마나 기막히게 잘 어우러진 문장인가!

일체의 화기를 내리게 하고 청정한 수기를 불어내면 그 결과는?

모든 망념이 제거되고 진여(眞如)의 본성이 나타난다.

그대들이 오는 잠을 참고 좌선을 하고 있으니 장차 무엇을 하려 함인가?

대종사 좌선 시간에 선원에 나오시어 대중에게 물으시기를
"그대들이 이와 같이 오는 잠을 참고 좌선을 하고 있으니 장차 무엇을 하려 함인가?"
권동화(權動華)482) 사뢰기를

"사람의 정신은 원래 온전하고 밝은 것이오나, 욕심의 경계를 따라 천지 만엽으로 흩어져서 온전한 정신을 잃어버리는 동시에 지혜의 광명이 또한 매(昧)하게 되므로, 일어나는 번뇌를 가라앉히고 흩어지는 정신을 통일시키어 수양의 힘과 지혜의 광명을 얻기 위함이옵니다."

대종사 말씀하시기를

"그대들이 진실로 수양에 대한 공덕을 안다면 누가 권장하지 아니할지라도 정성이 스스로 계속될 것이나,

한 가지 주의할 일은 그 방법에 대하여 혹 자상히 알지 못하고 그릇 조급한 마음을 내거나 이상한 자취를 구하여 순일한 선법(禪法)을 바로 행하지 못한다면, 공부하는 가운데 혹 병에 걸리기도 하고, 사도(邪道)에 흐르기도 하며, 도리어 번뇌가 더 일어나는 수도 있나니, 우리의 좌선법에 자주 대조하고 또는 선진자에게 매양483) 그 경로를 물어서 공부에 조금도 그릇됨이 없게 하라.

만일 바른 공부를 부지런히 잘 행한다면 쉽게 심신의 자유를 얻게 되나니, 모든 부처 모든 성인과 일체 위인이 다 이 선법으로써 그만한 심력을 얻었나니라484)."

선의 방법으로 단전주(丹田住)법과 화두 연마는 어떻게 하는가?

대종사 선원 대중에게 말씀하시기를

"근래에 선종 각파에서 선의 방법을 가지고 서로 시비를 말하고

---

482) 1904~2005. 소태산 대종사의 초기 제자. 1904년 전북 장수군에서 출생하여 16세에 전음광(全飮光)과 결혼, 1923년(원기 8)에 시어머니 전삼삼(田參參)의 인도로 입교했다. 당시 전주에 있던 사가(私家)에는 소태산 대종사도 몇 차례 내왕하였고, 불법연구회 창립 발기인 모임을 갖기도 했다. 익산총부 건설 직후 총부 구내로 사가를 옮겼고, 1925년 여름, 교단 제1회 하선(夏禪)은 그의 사가를 빌려 갖게 된다. 총부 구내에 살면서 부군 전음광과 자녀들의 전무출신을 후원했고, 스스로도 수행 정진에 적극 노력했다. 언변이 능하고 지혜가 밝았다. 종사위 법훈을 받았다.

483) 번번이. 언제든지. 늘.

484) 대종경, 제3 수행품(修行品), 13장, p.150.

있으나, 나는 그 가운데 단전주(丹田住)법을 취하여 수양하는 시간에는 온전히 수양만 하고 화두 연마는 적당한 기회에 가끔 한 번씩 하라 하노니,

의두 깨치는 방법이 침울한 생각으로 오래 생각하는 데에만 있는 것이 아니요,

명랑한 정신으로 기틀을 따라 연마하는 것이 그 힘이 도리어 더 우월한 까닭이니라485)."

좌선은 정 공부의 큰 길이 되고 기도는 정 공부의 지름길이 되나니

학인이 묻기를
"정(定) 공부의 길로는 염불과 좌선뿐이오니까?"
말씀하시기를
"무슨 일이나 마음이 한 곳에 일정하여 끌리는 바 없으면 정 공부가 되나니, 기도도 정 공부의 길이 되며, 매사를 작용할 때에 온전한 생각으로 그일 그일의 성질을 따라 취할 것은 능히 취하고 놓을 것은 능히 놓으면 큰 정력을 얻나니라."

또 말씀하시기를
"좌선은 정 공부의 큰 길이 되고 기도는 정 공부의 지름길이 되나니, 기도 드리며 일심이 되면 위력과 정력을 아울러 얻나니라486)."

2. 좌선의 방법

좌선의 방법은 극히 간단487)하고 편이488)하여 아무489)라도490) 행할 수 있나니,
1. 좌복491)을 펴고 반좌(盤坐)492)로 편안히493) 앉은 후에 머리와 허리를 곧게494) 하여 앉은 자세를 바르게495) 하라496).

---

485) 대종경, 제3 수행품(修行品), 14장, p.150.
486) 정산 종사 법어, 제2부 법어(法語), 제7 권도편(勸道編), 14장, p.872.

좌선의 방법이 왜 극히 간단하고 편이하다고 하셨나?

아무라도 행할 수 있기 때문이다. 복잡하고 어려우면 아무라도 행하기가 어렵다.

'좌복을 펴고 반좌(盤坐)로 편안히 앉은 후에 머리와 허리를 곧게 하여 앉은 자세를 바르게 하라.' 함은?

1조는 앉는 자세다.

가부좌를 하라든지 어떤 어려운 자세를 주문하는 것이 아니라, 편안한 자세를 하되 바르게 하는 것이라고 하셨다. 익숙해지면 가부좌가 훨씬 효과적인 점은 부인할 수 없다.

그러므로 익숙해지면 자연히 좌선이 잘 되는 자세를 가질 수밖에 없게 된다.

2. 전신의 힘을 단전497)에 툭498) 부리어499) 일념의 주착500)도 없이 다만501) 단전에 기운 주해502) 있는 것만 대중503) 잡되, 방심504)이 되면 그 기운505)이 풀어지나니506) 곧 다시 챙겨서 기운 주하기를 잊지 말라507).

---

487) 번거롭지 않고 손쉬움.
488) 쉬움.
489) 꼭 누구라고 가리키지 아니하고, 들떼놓고(꼭 바로 집어 말하지 않고) 가리킬 때 쓰는 말.
490) -라도: 다른 경우들과 마찬가지임을 나타내는 보조사. 아무라도: 누구든지.
491) 좌복: 좌선할 때 깔고 앉는 방석. 좌선을 할 때 입은 옷이 아님.
492) 반반(바닥이 고르고 반듯하다)하고 편안하게 앉는 것.
493) 몸이나 마음이 편하고 좋게.
494) (곧다+게): 휘지 않고 똑바르다.
495) (바르다+게): 삐뚤어지거나 굽지 않고 곧다
496) -라: 모음으로 끝난 동사 어간 또는 높임의 '-시-'에 붙어, 권하거나 명령하는 뜻을 나타내는 종결 어미.

전신의 힘을 단전에 툭 부린다 함은?

무거운 짐을 지고 있거나 이고 있다가 바닥에 내려놓을 때 나는 소리가 '툭'이며, 그 무거운 짐을 내려놓는 것을 툭 부린다고 한다. 왜 그러는가? 편히 쉬기 위함이다.

그러므로 전신의 힘(짐)을 단전에 툭 부린다는 것도 힘든 몸을 쉬게 하면서 기운을 다시 모으자는 것이다.

즉 온 몸의 긴장을 풀고 의식을 단전에 모으면 마음에 있어 망념이 쉬고 몸에 있어 화기가 내려 수기가 오르고 망념이 쉬어서 몸과 마음이 한결 같아지며 정신과 기운이 상쾌해진다.

'말라'는 일체 대중을 대상으로 하는 대종사님의 명령!

'말다'에 명령형 어미 '-아(라)'가 결합하여 특정 대상에게 명령하는 경우에는 '말아, 말아라'가 아닌 '마, 마라'가 된다. 즉 "가지 말아"는 "가지 마"로, "떠들지 말아라"는 "떠들지 마라"로 써야 옳다.

한편 불특정 다수를 대상으로 하는 간접 명령을 나타내는 경우, '말-'과 같이 받침이 'ㄹ'인 동사 어간에 붙어 간접 명령을 나타내는 '-라'를 직접 결합하여 쓸 수 있으므로, '말라'를 쓸 수 있다(문

---

497) 마음의 딴 이름. 배꼽 아래 5cm 정도에서 다시 안쪽으로 5cm 정도 되는 부위를 이름.
498) 단단하지 않은 물건이 바닥에 떨어질 때 나는 소리, 또는 그 모양.
499) (부리다+어): 마소·수레·자동차·배 등에 실려 있는 짐을 내려놓다. 마음을 놓다.
500) 어느 한 편에 집착하거나 머물러 있는 것.
501) 무엇을 한정하여 '오직 그뿐'의 뜻을 나타냄.
502) (주하다+여): 머물다. 그치다.
503) 어떠한 표준이나 기준. (대중 잡다+되): 무엇을 표준으로 삼다.
504) 마음을 다잡지 않고 놓아 버림. 다른 것에 정신이 팔려 마음을 놓아 버림.
505) 그 기운: 단전에 주해 있는 기운.
506) (풀어지다+나니): 뭉친 것, 단단한 것이 힘없이 풀리다.
507) 동사의 '-지' 아래에 쓰이어 그 동작을 그만둔다는 뜻을 나타냄. 명령형인 경우, '말아라'와 준 꼴 '마라'·'마'로 쓰이며, 문어체의 명령형이나 간접 인용에서의 '말아라'는 '아'가 준 꼴인 '말라'가 쓰임.

어체). 그렇지만 '-(으)라'가 결합하는 경우에는 '말라'가 된다. "늦게 다니지 말라고 말했다"의 '말라고'는 '말+으라고'의 구조이기 때문에 '마라 고'라 쓰지 않는다.

따라서 직접 명령문에서, 구어체 문장에서는 주로 '-지 마라' 형태가 쓰이고, 문어체 문장이나 간접 명령문에서는 '-지 말라'의 형태가 쓰인다.

> 3. 호흡을 고르게[508] 하되 들이쉬는[509] 숨[510]은 조금 길고 강하게 하며, 내쉬는[511] 숨은 조금 짧고 약하게 하라.

3조는 마음이 단전에 모아지면 그 다음에 할 일이 호흡을 바르게 하는 것이다.

한 호흡의 길이를 몇 분 정도로 길게 한다든지, 들이쉬는 시간을 얼마로 하고 얼마 동안 멈추었다가 내쉰다든지 하는 것이 아니라, 고르게 하되 들이쉬는 숨은 조금 길고 강하게 하고 내쉬는 숨은 조금 짧고 약하게 하라는 것이다.

이 호흡을 수지 대조하여 흑자가 되려면 들이쉬는 숨이 조금 길고 강해야 됨은 자연의 이치임을 확연히 알 수 있다.

> 4. 눈은 항상 뜨는 것이 수마(睡魔)[512]를 제거하는데 필요하나 정신 기운이 상쾌하여 눈을 감아도 수마의 침노[513]를 받을 염려[514]가 없는 때에는 혹[515] 감고도[516] 하여 보라.

---

508) (고르다+게): 높고 낮거나 많고 적음이 한결같다.
509) (들이쉬다+는): 숨을 속으로 빨아들이다.
510) 사람이나 동물이 코나 입으로 공기를 들이마시고 내쉬는 일, 또는 그 기운.
511) (내쉬다+는): 숨을 밖으로 내보내다.
512) '심한 졸음'을 마력(魔力)에 비유하여 이르는 말
513) 조금씩 개개서(성가시게 달라붙어 손해가 되다. 손해를 끼치다) 빼앗다.
514) 마음을 놓지 못함. 걱정하는 마음.

4조는 눈을 어떻게 하는 것이 좋은지 명쾌하게 말씀하셨다.

항상 뜨고서 하되, 어쩌다가 감고도 하는 것이다. 그것도 정신 기운이 상쾌하여 수마의 침노를 받을 염려가 없을 때라고 하셨다.

흔히 눈을 감고 하는 것이 아니라, 항상 눈을 뜨고 하라 하셨다.

좌선이 잘 되면 감았던 눈도 저절로 떠진다. 완전히 떠지는 것이 아니라, 반 정도 떠진다.

그래서 좌선할 때에는 반개(半開)한다고 한다.

> 5. 입은 항상 다물지며517) 공부를 오래 하여 수승 화강(水昇火降)518)이 잘 되면 맑고 윤활519)한 침이 혀 줄기와 이 사이로부터 계속하여 나올지니, 그 침520)을 입에 가득히521) 모아522) 가끔 삼켜523) 내리라.

5조는 숨 쉴 때 입은 어떻게 하는 게 좋은지에 대한 방법이다.

혹 입으로 숨을 내쉬는 경우를 경계하게 하셨다. 좌선을 할 때의 호흡도 평소의 호흡 습관대로 하라 하셨다.

수승 화강이 되면서 입에 고이는 침은 뱉아 내는 것이 아니라, 삼켜 내리라 하셨다.

삼켜 내리되, 입에 가득 모아 가끔 삼켜 내리므로 입안에는 항상 침이 고여 있는 것이 정상임을 알 수 있다.

---

515) 어쩌다가. 이따금. 가끔.
516) -고도: 두 가지 이상의 동작·성질·상태 등이 서로 반대되는 경우를 말할 때, 앞 말의 줄기에 붙여 쓰는 연결 어미.
517) 다물지며(다물다+지다+며): 다물고 있을 것이며. 다물 것이며. **-지다**: 어떤 상태나 현상이 이루어지거나 나타나다.
518) 좌선을 할 때 수기는 위로 오르게 하고 화기는 아래로 내리게 하는 것.
519) 젖어 있어 매끄럽다.
520) 그 침: 혀 줄기와 이 사이로부터 계속하여 나오는 맑고 윤활한 침. 감로수(甘露水).
521) (가득하다+이): 어떤 범위에 분량이나 수효가 한껏 차 있다.
522) 한 곳에 오게 하다.
523) (삼키다+어): 입에 넣어 목구멍으로 넘기다.

어떤 책에는 삼분의 일씩 삼키라는 말도 있다. 이런 정도로 삼켜 내리면 될 것 같다.

> 6. 정신은 항상 적적(寂寂)[524]한 가운데 성성(惺惺)[525]함을 가지고 성성한 가운데 적적함을 가질지니, 만일 혼침[526]에 기울어지거든[527] 새로운 정신을 차리고[528] 망상[529]에 흐르거든[530] 정념[531]으로 돌이켜서[532] 무위 자연[533]의 본래 면목 자리[534]에 그쳐[535] 있어라.

6조는 1조부터 5조까지의 기본 자세가 잡히면 정신을 어떻게 유지할 것인지에 대한 내용이다.

항상 적적성성·성성적적하게 하면서 망상에 흐르거든 새로이 정신을 차리고 하라 하셨다.

---

524) 아주 고요함.
525) ①초롱초롱함. ②마음의 용(用)인 신령스러운 앎의 상태를 가리키는 말로, 어둡지 않고 환히 밝아 깨어 있음을 말한다. 이렇게 환히 밝아 깨어 있는 상태는 마음의 본체인 적적한 가운데 밝은 것이다. 즉 고요 속에 있는 밝음이다.
526) 정신이 혼미하여짐. 어둡고 흐리멍텅한 것.
527) 기울어지거든(기울어지다+거든): 한쪽으로 기울게 되다.
 -거든: 용언의 어간에 붙는 종속적 연결 어미로서 가정하여 말하는 내용이 뒤의 말의 조건이 됨을 뜻함.
528) (차리다+고): 기운·정신 따위를 가다듬다.
529) 있지도 않은 사실을 상상하여 마치 사실인 양 굳게 믿는 일, 또는 그러한 생각. 망념.
530) (흐르다+거든): 어느 방향으로 쏠리다.
531) ①사념(邪念)을 떨쳐 버리고 항상 불도(佛道)를 생각하는 일. ②무위 자연의 본래 면목 자리에 그쳐 있는 것.
532) (돌이키다+어서): 본디의 모습으로 돌아가다. 마음을 고쳐 달리 생각하다.
533) 인공(人工)을 보태지 아니한 천연 그대로의 자연. 원래 그대로의 자연.
534) 본래 면목: 미혹해지기 이전의 원래의 모습. 본래의 성품. 요란함·어리석음·그름이 있기 전 마음 상태.
 본래 면목 자리: ①본래 자기의 성품. 진여의 본성. 일념미생전. ②요란함·어리석음·그름이 있기 전 마음. 무위 자연.
535) (그치다+어): ①움직임이 멈추다. 또는 멈추게 하다. ②대중만 잡는 것.

본래 면목 자리가 곧 무위 자연이며, 적적성성·성성적적한 정신임을 알 수 있다.

'정신은 항상 적적(寂寂)한 가운데 성성(惺惺)함을 가지고 성성한 가운데 적적함을 가질지니'라 함은?

좌선을 할 때 그 원적 무별한 진경에 이르는 때의 정신 가짐을 나타낸 말로서, 적적은 고요하고 고요하여 일체의 망념(사량 분별·번뇌 망상)이 쉬어 버린 경지며, 성성은 소소영령한 것이다.

따라서 일체의 망념이 텅 쉬어 버린 가운데에도 정신은 소소영령하게 초롱초롱해야 하고, 그런 중에도 정신은 망념이 비어버린 상태에서 고요하여야 혼침에 기울거나 망상에 기울지 않는다.

따라서 선의 진경은 적적무기(寂寂無記)[536]나 성성분별(星星分別)[537]에 빠지지 않고 적적성성(寂寂惺惺)[538]·성성적적(惺惺寂寂)[539]한 상태를 말한다.

'무위 자연의 본래 면목 자리'란?

천연 그대로 있고 조금도 인위적인 조작이 섞이지 않은 모습이며, 본래 자기의 성품 자리다.

---

536) 좌선을 할 때 마음이 적적성성하고 성성적적한 상태가 아니라 혼몽 혼미한 상태로서 마음을 텅 비운다고 하다가 성성하지 못하면 자칫 무기공에 떨어지기 쉽다.

537) 좌선을 할 때 마음이 적적성성하고 성성적적한 상태가 아니라 혼몽 혼미한 상태로서 마음이 적적하지 못하면 소소영령한다고 하다가 분별성에 떨어지기 쉽다.

538) ①선(禪)의 진경(眞境)을 나타내는 말로서 마음이 고요한 가운데 소소영령한 상태를 이름. 적적은 고요하고 고요하여 일체의 사량 분별·번뇌 망상이 텅 비어버린 경지. 성성은 소소영령한 것. 좌선의 진경은 적적무기(寂寂無記)나 성성산란(惺惺散亂)이 아니고, 적적성성·성성적적한 경지다. ②적적은 진리의 체(體), 성성은 진리의 용(用), 적적은 진공, 성성은 묘유, 적적은 공적, 성성은 영지.

539) 좌선할 때 마음이 소소영령한 가운성과 분별·주착이 쉬어버린 상태를 이름.

7. 처음으로 좌선을 하는 사람은 흔히 다리가 아프고 망상이 침노하는 데에 괴로와하나니[540], 다리가 아프면 잠깐 바꾸어 놓는 것도 좋으며, 망념이 침노하면 다만 망념인 줄만 알아두면 망념이 스스로 없어지나니 절대로[541] 그것을 성가시게[542] 여기지[543] 말며 낙망[544]하지 말라.

처음으로 좌선을 하는 사람은 망상이 침노하는 데에 왜 괴로워 하는가?

좌선은 마음에 있어 망념을 쉬고 진성을 나타내는 공부인데, 이따금 망상이 침노하는 것은, 몸에 생리 현상이 나타나듯이, 마음에 나타나는 자연적인 현상임을 모르거나 인정하고 수용하지 못하기 때문이다.

좌선을 하면 망상이 침노하면 안 된다는 생각, 망상이 침노하면 좌선을 잘못하고 있다는 생각, 나는 좌선할 때에 왜 망상이 없어지지 않고 자꾸 침노하느냐는 등의 생각에 잡혀 이런 마음 상태를 공부 거리로 삼지 않기 때문이다.

심지는 원래 요란함·어리석음·그름이 없건마는 경계를 따라 있어지는 것임을 모르기 때문에 낙망하거나 괴로워하듯, 망상도 또한 마찬가지다.

망상이 침노하면 단지 망상인 줄만 알아차리면, 이 망상은 비치는 자성의 혜광을 따라 없어지는 줄도 모르게 없어지고 만다.

'망념이 침노하면 다만 망념인 줄만 알아두면 망념이 스스로 없어 지나니 절대로 그것을 성가시게 여기지 말며 낙망하지 말라.' 함은?

540) (괴로워하다+나니): 괴로움(몸이나 마음이 편하지 아니함)을 느끼다.
541) 조금도.
542) (성가시다+게): 자꾸 들볶거나 번거롭게 굴어 귀찮거나 괴롭다.
543) (여기다+지): 마음속으로 그렇게 하다.
544) 낙심. 바라던 일을 이루지 못하여 맥이 빠지고 마음이 상함.

'망념이 침노하면'은 일상 수행의 요법 1·2·3조 '심지(心地)는 원래 요란함이 없건마는 경계를 따라 있어지나니,'의 그 있어지는 요란함·어리석음·그름'이며,

　'다만 망념인 줄만 알아 두면'은 '그 요란함을 없게 하는 것으로써'와 무시선법의 '끌리고 안 끌리는 대중만 잡을지니라'의 대중만 잡는 것임을 발견할 수 있다.

　이처럼 좌선 중에 침노하는 망념은 밖으로 산란하게 하는 경계와 안으로 분별성과 주착심에 의해 인연 따라 일어나는 허상이므로 이를 다만 망념인 줄만 아는 것이 가장 중요하다.

　그렇게만 되면 그 망념은 빛에 어둠이 물러가듯 스스로 없어지나, 만약 성가시게 여기면 망념이 더욱 성하게 되어 급기야는 수양력을 얻지 못하는 것은 물론, 낙망하게 된다는 경고를 잊지 않으셨다.

평소에 챙기지 못하였던 일이 좌선할 때 문득 생각나면 어떻게 해야 하는가?

　학인이 묻기를

　"평소에 챙기지 못하였던 좋은 일이 좌선할 때 문득 생각나면 어떻게 하오리까?"

　대답하시기를

　"바로 명념(銘念)545)하고 놓아버렸다가 좌선 후에 다시 챙기어 처리하라546)."

> 8. 처음으로 좌선을 하면 얼굴과 몸이 개미 기어다니는 것과 같이 가려워지는547) 수가 혹 있나니, 이것은 혈맥548)이 관통549)되는 증거550)라 삼가551) 긁고 만지지 말라.

---

545) 잊지 않도록 마음에 깊이 새겨 둠. 명심(銘心).
546) 정산 종사 법어, 제2부 법어(法語), 제8 응기편(應機編), 26장, p.896.
547) (가려워지다+는): 살가죽을 긁고 싶은 느낌이 들게 되다.

처음으로 좌선을 할 때 혈맥이 관통된다고 느끼게 되는 증상은?

좌선을 하면 기맥(氣脈)을 통하여 평소보다 기(氣)의 순환이 잘 일어나기 때문에 얼굴과 몸이 개미가 기어다니는 것과 같이 가려워지는 수가 있다.

여기서 기맥은 우리 몸을 흐르는 기의 길이고, 혈맥은 피가 흐르는 길을 말한다. 사실 기맥과 혈맥은 따로 나눌 수 없이 밀접한 하나다. 왜냐하면 피가 흐르는 것은, 바람이 부면 파도가 생기듯, 기의 흐름이 선행되어 기가 피를 이끌기 때문이다.

그런데 기의 경로는 눈에 보이지 않고 피의 경로인 핏줄만 보이므로 기맥의 존재를 간과하는 경우가 대부분이다.

피의 흐름이 막히는 울혈은 기가 잘 흐르지 않아 일어나는 사실임을 알아야 한다.

그러므로 기혈의 순환이란 기가 피를 이끌어 온 몸 곳곳을 운행하는 것이다. 이렇게 해서 나타나는 현상 중의 하나가 얼굴과 몸이 개미가 기어다니는 것과 같이 가려워지는 것이다.

9. 좌선을 하는 가운데 절대로 이상한[552] 기틀[553]과 신기한[554] 자취[555]를 구하지 말며, 혹 그러한 경계[556]가 나타난다 할지라도 그것을 다 요망[557]한 일로 생각하여 조금도 마음에 걸지[558] 말고 심상히[559] 간과[560]하라.

이상과 같이, 오래오래 계속하면 필경[561] 물아(物我)[562]의 구분[563]을 잊고 시간과 처소를 잊고 오직 원적 무별한 진경[564]에 그쳐서 다시없는[565] 심락[566]을 누리게[567] 되리라[568].

---

548) 혈액이 관통하는 맥관(동물 체내에서 체액을 순환시키는 관). 혈관.
549) 이쪽에서 저쪽 끝까지 꿰뚫음.
550) 어떤 사실을 증명할 수 있는 근거.
551) 삼가는 마음으로. 조심하는 마음으로 정중히.

'이상한 기틀'이란?

신기한 자취며, 하나의 경계며, 요망한 일이다.
이것은 내가 만드는 것이 아니라, 있어지는 것이다.
그러니 내가 마음에 걸지만 않는다면 걸릴 것이 없으며, 심상히 간과할 수 있다.

물아(物我)의 구분을 잊는다 함은?

물(物), 즉 사물(事物)과 나(我)를 구분하는 것을 잊는다는 것은 그 구분하려는 분별성이 없는 상태를 이르므로 사물과 내가 하나로 조화된 경지에 있는 것이다.
이것이 물아일체(物我一體), 물아일여(物我一如)의 경지다.

---

552) (이상하다+ㄴ): 보통과는 다르다. 이제까지와 달리 별나다.
553) 일의 가장 중요한 고동(일의 진행에 있어, 가장 요긴한 점이나 계기).
554) (신기하다+ㄴ): 신묘하고 기이하다.
555) 어떤 원인으로 하여 남아 있는 흔적.
556) 그러한 경계: 이상한 기틀과 신기한 자취.
557) 요사하고 망령됨, 또는 그러한 짓.
558) (걸다+지): 벽이나 못 따위에 어떤 물체를 떨어지지 않도록 매달아 올려 놓다.
559) 대수롭지 않게. 보통으로. 예사로이.
560) 대강 보아 넘김. 깊이 관심을 두지 않고 예사로이 보아 넘김.
561) 마침내. 결국에는.
562) 외물(外物: 바깥 세계의 사물. 마음에 접촉되는 객관적 세계의 모든 대상)과 자아(自我: 자기 자신에 대한 의식이나 관념. 대상의 세계와 구별된 인식·행위의 주체이며, 체험 내용이 변화해도 동일성을 지속하여, 작용·반응·체험·사고·의욕의 작용을 하는 의식의 통일체).
563) 따로따로 갈라서 나눔.
564) 원적 무별한 진경: 마음이 두렷하고 고요하여 분별성과 주착심이 없는 마음의 상태.
565) (다시없다+는): 그보다 더 나을 것이 없다.
566) 마음에서 누리는 즐거움.
567) 누리다+게): 기쁨이나 즐거움 따위를 마음껏 겪으면서 맛보다.
568) -리라: 받침 없는 어간에 붙어 '-ㄹ 것이다'의 뜻으로 추측이나 미래의 의사를 나타내는 종결 어미.

'좌선을 하는 가운데 절대로 이상한 기틀과 신기한 자취를 구하지 말며, 혹 그러한 경계가 나타난다 할지라도 그것을 다 요망한 일로 생각하여 조금도 마음에 걸지 말고 심상히 간과하라.' 함은?

마지막으로 9조는 좌선을 할 때 가장 유념하여 헤쳐나아가야 할 주의 말씀이다.

운기(運氣)가 잘 됨에 따라 자동적으로 나타나게 되는 치병 능력·투시 현상·영안 등과 같은 신통력이라든지, 자신을 시험하기 위해 나타나는 마장(魔障)에 대한 경계 말씀이다.

우리가 좌선을 하는 목적은 마음에 있어지는 모든 망념을 제거하고 진여의 본성을 나타내게 하여 본래 면목 자리를 찾아 정신의 세력을 확장하고, 무위 안락한 생활을 누림은 물론, 파란 고해의 일체 생령을 광대 무량한 낙원으로 인도하는 것이다[성불 제중 제생 의세, 상구보리 하화중생(上求菩提下化衆生)569)].

이와 같은 이상한 기틀과 신기한 자취를 절대로 구하지 말고 혹 나타난다 할지라도 요망한 일이며 나를 시험하기 위한 일이고, 나를 키워주기 위한 진리의 시험임을 절대로 잊지 말고 대수롭지 않게 넘어가라는 말씀이다.

이에 대한 주의와 경계는 대종경 선외록(大宗經選外錄) 초도이적장(初度異蹟章)을 수시로 참고하면 많은 참고가 될 것이다.

또한 이 이상한 기틀과 신기한 자취가 나타날 때에는 남의 도움에 무조건 기대어 해결하는 자세보다는 지도인의 가르침을 참고 삼아 자신이 해결하겠다는 굳건한 공부심이 가장 중요하며, 특히 좌산 종법사님께서 쓰신 '좌선의 방법 해설'과 김태영 선생의 선도(仙道) 수련 체험담이요 정기 일기인 '선도 체험기(도서출판 유림, 글앤북)'는 훌륭한 길잡이가 될 것이다.

---

569) 위로 깨달음을 구하고 아래로 중생을 교화한다는 뜻. 위로는 진리를 깨치고 도를 이루어 부처가 되려고 정진하는 동시에 아래로는 고해에서 헤매는 일체 중생을 교화하려고 노력하는 것을 말한다. 자리이타(自利利他) 성불제중(成佛濟衆)과 같은 의미인데 상구보리는 성불에 해당하고, 하화중생은 제중과 같은 뜻이다. 보살의 마음 또는 행(行).

좌선의 방법에서는 '-리라, -니라, -리요'가 아니고 계문에서처럼 왜 '-라'인가?

'좌선의 방법'에서는 '좌선의 요지'와 '좌선의 공덕'·'단전주의 필요'에서와 같이 문장의 어미가 '-리라, -니라, -리요'로 끝나지 않고, 계문에서처럼 단정적으로 명령하는 투의 '말라, 하라'와 같이 '-라'로 끝나고 있음을 발견할 수 있다.

대종사님께서는 정전에서 이처럼 단정적인 표현인 '-라'로 끝맺는 말은 극히 삼가고 있다.

그런데 왜 '좌선의 방법'에서는 계문에서처럼 그렇게 단정적으로 명령하듯이 말씀하셨을까?

'-리라'는 '-ㄹ 것이다'의 뜻으로 추측이나 미래의 의지를 나타낸다.

'-니라'는 '-해라' 할 자리에 진리나 보통의 사실을 가르쳐 줄 때나 으레 그러한 일이나 경험으로 얻은 사실을 타이르듯 일러줄 때 쓰고,

'-리요'는 혼자 스스로에게 묻거나 또는 반어적으로 되묻거나 또는 탄원의 뜻을 나타낼 때 쓰며,

'-라'는 권하거나 명령하는 뜻을 나타내는데, 이는 보통 명확한 뜻을 전하거나 확신을 주고자 할 때 쓴다.

그러므로 이 '-라'의 어미를 통하여 이 '좌선의 방법'대로만 하면 마음에 있어 망념이 쉬고 진여의 본성이 나타나며, 몸에 있어 일체의 화기가 내리고 청정한 수기가 올라 각자의 순연한 근본 정신이 양성되니, 이리저리 기웃거리지 말고 이 방법대로만 하면 반드시 된다는 대종사님의 확신에 찬 말씀이 아니겠는가!

좌선을 할 때 이상한 기틀이 보이거든?

한 제자 수십 년간 독실한 신을 바치고 특히 좌선 공부에 전력하더니 차차 정신이 맑아져서 손님의 내왕할 것과 비 오고 그칠

것을 미리 아는지라, 대종사 말씀하시기를

"그는 수행하는 도중에 혹 반딧불 같이 나타나는 허령(虛靈)570)에 불과하나니, 그대는 정신을 차려 그 마음을 제거하라.

만일 그것에 낙을 붙이면 큰 진리를 깨닫지 못할 뿐 아니라 사도(邪道)571)에 떨어져서 아수라(阿修羅)572)의 유(類)가 되기 쉽나니 어찌 정법 문하에 그런 것을 용납(容納)573)하리요574)."

3. 좌선의 공덕

좌선을 오래하여 그 힘을 얻고 보면 아래와 같은 열 가지 이익575)이 있나니,

1. 경거 망동576)하는 일이 차차 없어지는 것이요577),
2. 육근 동작에 순서578)를 얻는 것이요,
3. 병고579)가 감소되고 얼굴이 윤활580)하여지는 것이요,
4. 기억력581)이 좋아지는 것이요,
5. 인내력582)이 생겨나는583) 것이요,
6. 착심이 없어지는584) 것이요,
7. 사심585)이 정심586)으로 변하는 것이요,
8. 자성의 혜광587)이 나타나는 것이요,
9. 극락588)을 수용하는 것이요,
10. 생사에 자유를 얻는 것이니라.

---

570) 마음이 허(虛)하거나 좌선을 잘못하여 일어나는 착각. 허깨비.
571) 정도(正道)에 상대되는 말로서, 진리에 바탕하지 않아서 올바르지 못하고 요사스러우며 삿된 도(道), 또는 그런 종교.
572) 마음이 안정되지 못하고, 번뇌 망상·사심 잡념·복잡하고 산란한 마음·부화뇌동하는 마음을 비유하는 말.
573) 너그러운 마음으로 남의 말이나 행동을 받아들임.
574) 대종경, 제3 수행품(修行品), 39장, p.165.
575) 이롭고 도움이 되는 일.
576) 깊이 생각해 보지도 않고 경솔하게 함부로 행동함. 염불과 좌선을 통하여 수양력을 얻으면 비록 태산이 무너져도 마음이 조금도 흔들리지 않아 경

좌선을 오래하여 그 힘을 얻고 보면 왜 경거 망동하는 일이 차
차 없어지는가?

좌선은 마음에 있어 망념을 쉬고 진성을 나타내는 공부며, 몸에
있어 화기를 내리게 하고 수기를 오르게 하는 방법이므로 망념이
쉰즉 수기가 오르고 수기가 오른즉 망념이 쉬어서 몸과 마음이 한
결 같아져 균형이 잡히며 정신과 기운이 상쾌해지므로 정신이 맑
고 밝게 깨어있게 된다.

이러하기에 어떤 경계를 대하더라도 당황하거나 경거망동하지
않게 되고, 설사 당황하는 일이 생기더라도 이 또한 경계임을 쉽
게 알아차리고 몸과 마음이 한결 같아져서 마음이 차분하게 안정
되기 때문이다589).

좌선을 오래하여 그 힘을 얻고 보면 왜 육근 동작에 순서를 얻
게 되는가?

좌선을 오래오래 계속하면 마음에 일어나는 모든 망념이 제거되

거 망동하는 일이 차차 없어지게 된다.
577) -이요: 둘 이상의 사물을 대등적으로 나열하는 뜻을 나타내는 연결형 서
　　　술격 조사.
578) 정하여져 있는 차례.
579) 병으로 인한 괴로움.
580) 기름기나 물기가 있어 뻑뻑하지 아니하고 매끄러움.
581) 기억(지난 일을 잊지 않고 외워 둠, 또는 그 내용)하는 능력.
582) 참고 견디는 힘.
583) (생겨나다+는): 없던 것이 생기어 나다. 생기다.
584) (없어지다+는): 있던 것이 없게 되다.
585) 정심(正心)에 상대되는 말로서, 삿되고 악한 마음. 잘못되고 바르지 못한 마음.
586) 올바른 마음. 정의로운 마음. 정도(正道)·정법(正法)을 생각하는 마음.
587) 자성의 혜(어리석지 않은 마음)가 밝아지는 것.
588) 극락 세계·극락 정토의 준말. 아무런 고통과 걱정이 없이 평화 안락하여
　　　살기 좋은 세상. 극락은 이 세상 어디든지 있고, 사람의 마음속에도 있으
　　　며, 하루의 생활 속에도 있다.
589) 한성심, "정전으로 하는 마음 공부(하)", 원불교출판사, p.117, 2001.

고 진여(眞如)의 본성이 나타나며, 일체의 화기가 내려가고 청정한 수기가 불어내어져서 몸과 마음의 균형이 한결 같아지고 마음이 안정되기 때문에 경거망동하지 않게 되는 정신의 자주력(수양력)이 쌓이게 된다.

더불어 사리를 빠르게 분석하고 바르게 판단하는 연구력도 쌓이게 되므로 그일 그일을 대하는 육근 동작이 순서에 맞게 된다.

이것이 하면 할수록 자연스럽게 서로서로 도움이 되고 바탕이 되어지는 이치인 것이다.

좌선을 오래하여 그 힘을 얻고 보면 왜 병고가 감소되고 얼굴이 윤활하여지는가?

마음을 머리나 외경에 주한즉 생각이 동하고 기운이 올라 안정이 잘 되지 아니하고, 마음을 단전에 주한즉 생각이 잘 동하지 아니하고 기운도 잘 내리게 되어 안정을 쉽게 얻게 되며,

위생상으로도 마음을 단전에 주하고 옥지(玉池)에서 나는 물을 많이 삼켜 내리면 수화가 잘 조화되어 몸에 병고가 감소되고 얼굴이 윤활해지며 원기가 충실해지고 심단(心丹)이 되기 때문이다.

좌선을 오래하여 그 힘을 얻고 보면 왜 기억력이 좋아지는가?

좌선을 오래오래 하게 되면 마음에서는 망념이 쉬어버리고 진성(원래에 분별 주착이 없는 성품)이 나타나며, 몸에서는 화기가 내려가고 수기가 올라가는 수승화강(水昇火降)이 되어 몸과 마음이 한결 같아지고, 정신과 기운이 상쾌해진다.

따라서 정신이 맑아지니 두뇌 작용이 빠르고 활발해지므로 기억력이 좋아질 것이다.

좌선을 오래하여 그 힘을 얻고 보면 왜 인내력이 생겨나는가?

좌선을 오래오래 하게 되면 마음에서는 망념이 쉬어버리고 진성이 나타나며, 몸에서는 수승화강이 되어 몸과 마음이 한결 같아져서 정신과 기운이 상쾌해지고 감정 조절이 가능해지므로 인내력이 생길 것이며,

좌선이 좋은 줄은 알면서도 습관이 되지 않거나 좌선의 공덕이 나타날 때까지 기다리지 못하고 중도에 포기하는 등의 고비를 넘고 넘어 좌선의 힘이 붙기까지의 과정이 곧 나태하려는 마음과 빠르게 이루려는 욕속심을 이겨내고 또 이겨내는 인내력이 생겨나는 과정이다.

좌선을 오래하여 그 힘을 얻고 보면 왜 착심이 없어지고, 사심이 정심으로 변하며, 자성의 혜광이 나타나는가?

좌선을 오래오래 하게 되면 마음에서 망념(妄念)이 쉬어버리고 원래에 분별 주착이 없는 성품, 즉 진성(眞性)이 나타나므로

그 힘으로 주착하는 마음(着心)이 없어지게 되고, 사심(邪心) 또한 정심(正心)으로 변하게 되며, 이렇게 됨에 따라 자연히 자성(自性)의 혜광(慧光)이 나타나기 때문이다.

좌선을 오래하여 그 힘을 얻고 보면 왜 극락을 수용하게 되는가?

좌선을 하면 마음에 있어 망념이 쉬어지고 진성이 나타나서 몸에 있어 화기가 내려가고 수기가 오르게 된다. 즉 망념이 쉰즉 수기가 오르고 수기가 오른즉 망념이 쉬어서 몸과 마음이 한결 같으며 정신과 기운이 상쾌하게 되니, 이것이 무엇인가?

원래 분별·주착이 없는 성품 자리에 합일하게 되어 자신의 마음을 마음대로 사용할 수 있게 되어 고와 낙을 초월한 자성 극락을 수용하게 되기 때문이다.

좌선을 오래하여 그 힘을 얻고 보면 왜 생사에 자유를 얻게 되는가?

우주는 성·주·괴·공으로, 인간과 만물은 생·노·병·사로, 사시는 춘·하·추·동으로 변하듯이 사람의 생사라 하는 것도 이런 자연의 이치와 똑같아서 태어나면 반드시 죽게 되고(生者必滅), 죽게 되면 다시 태어나 인과 보응의 이치에 따라 생사를 거래한다.

이때 멸하는 것은 단지 육신이요 나의 주인인 마음은 영원히 멸하지 않으며(不生不滅), 생사 거래에서 해탈하느냐 못하느냐는 일원상과 같이 원만 구족하고 지공 무사한 마음을 어떻게 사용하느냐에 달려 있다.

따라서 좌선을 오래하여 그 힘을 얻고 보면, 그 공덕으로 이런 이치를 깨닫게 됨과 동시에 생사에 자유를 얻게 된다.

'-지는, -는, -나는, -하는'에서 발견할 수 있는 느낌은?

좌선의 공덕 1조에서부터 10조에 나오는 '없어지는·얻는·윤활하여지는·좋아지는·생겨나는·변하는·나타나는·수용하는'의 '-지는, -는, -나는, -하는'에서 발견할 수 있는 느낌은 억지로 하려고 해서 되는 것이 아니다.

좌선을 하게 되면 그 결과로 나타나는 현상이 이와 같이 자동적으로 또는 자연스레 되어지는 것임을 알 수 있게 한다. 그래서 공덕이라 하지 않는가!

그럼, 대종사님께서 좌선의 공덕으로 나툰 모습은 어떤 모습이었을까?

① 경거 망동하는 일이 차차 없어지게 되고, ② 육근 동작에 순서를 얻게 되고, ③ 병고가 감소되고 얼굴이 윤활하게 되고, ④ 기억력이 좋아지게 되고, ⑤ 인내력이 생겨나게 되고, ⑥ 착심이 없어지게 되고, ⑦ 사심이 정심으로 변하게 되고, ⑧ 자성의 혜광이 나타나게 되고, ⑨ 극락을 수용하게 되고, ⑩ 생사에 자유를 얻게 된다.

그 구체적인 모습은 대종경과 대종경 선외록에서 당시 제자들의 증언으로 짐작해 볼 수 있다.

"전면 상궁(上宮)에는 뚜렷한 원일훈(圓日暈)590)의 백호(白毫) 광명591)이 상조(常照)592)하시어, 범상한 사람이라도 한번 뵈오면 믿음을 발하게 하시었으며, 얼굴은 보름달 같으시어 그 원만하심과 광명하심을 누가 따를 수 없었고, 빛은 자금색(紫金色)이시었으며, 얼굴뿐 아니라 전신에서 항상 광명을 비쳐주시었다593)."

4. 단전주의 필요

대범, 좌선이라 함은 마음을 일경(一境)594)에 주하여 모든 생각을 제거함이 예로부터의 통례595)이니, 그러므로 각각 그 주장596)과 방편597)을 따라 그 주하는 법이 실로598) 많으나, 마음을 머리나 외경에 주한즉 생각이 동하고 기운이 올라 안정이 잘 되지 아니하고, 마음을 단전에 주한즉 생각이 잘 동하지 아니하고 기운도 잘 내리게 되어 안정을 쉽게 얻나니라.

마음을 일경(一境)에 주한다 함은 무엇이며, 마음을 일경(一境)에 주하면 왜 모든 생각이 제거되는가?

---

590) 둥그런 햇무리(햇빛이 대기 속의 수증기에 비치어 해의 둘레에 둥글게 나타나는 빛깔이 있는 테두리).
591) 백호 광명: 서가모니불의 백호(白毫)가 무량국토·무량세계에 끊임없이 비추고 있는 광명. 백호: 서가모니불의 두 눈썹 사이에 있는 희고 빛나는 가는 터럭을 말한다. 깨끗하고 부드러운 털로서, 무량국토에 끊임없이 광명을 비춘다고 한다.
592) 항상 비추는 것.
593) 대종경 선외록, 1. 실시위덕장(實示威德章), 3절, p.19.
594) 한 경계. 천만 경계가 모여서 하나의 경계가 되는 것. 즉 천만 가지로 흩어진 정신을 모아 일념으로 되는 것으로서 이 일념도 하나의 경계다. 일념이라는 생각도 놓아버리면 곧 해탈의 경계가 된다.
595) 일반에게 공통적으로 쓰이는 전례(이전의 사례).
596) 자기의 학설이나 의견 따위를 굳이 내세움, 또는 그 학설이나 의견.
597) 그때 그때의 형편에 따라 일을 쉽게 처리할 수 있는 수단과 방법.
598) 참으로.

천만 가지로 흩어진 정신을 모아 일념이 되는 것이 망념을 쉬고 진성을 나타내는 좌선 공부인데, 이 일념도 하나의 경계다.

그러므로 마음에서 망념을 쉬고 진성을 나타내는 일념으로 되는 것이 마음을 일경에 주하는 것이다.

마음에서 망념이 쉬면 자연히 진성이 나타나고 진성이 나타나면 자연히 망념이 쉬어버리는데, 이 망념이 쉬어버리는 것이 곧 마음에서 일어나는 모든 생각을 제거하는 것이다.

마음을 머리나 외경에 주한즉 생각이 동하고 기운이 올라 안정이 잘 되지 아니하는 이유는?

마음이 머리나 외경에 주하면 머리에서 정신 활동이 일어나는데, 이것이 생각이 동하는 것이다.

마음이 머리나 외경에 주하면 생각이 동하고, 생각이 동하면 기운 또한 같이 동한다. 기운이 머리로 동하는 것은 화기가 머리로 오르므로 당연히 마음이 안정되지 못한다.

그러므로 마음이 머리나 외경에 주하는 것은 망념이 침노한 것이며, 이때가 경계인 줄 알고 망념에 마음을 끄리지 아니하고 다만 망념인 줄만 알면 망념은 자연이 없어지고 진성이 나타난다. 또한 몸에서는 망념을 따라 머리에 오른 화기가 망념이 쉬고 진성이 나타남에 따라 아래로 내려가고 수기가 머리에 올라 정신이 상쾌해지므로 마음의 안정을 얻을 수 있다.

마음을 단전에 주한즉 생각이 잘 동하지 아니하고 기운도 잘 내리게 되어 안정을 쉽게 얻는 이유는?

마음을 머리나 외경에 주하지 아니하고 단전에 주하면 화기가 내려가고 수기가 오르므로 마음에서 망념이 쉬어버리고 진성이 나타나면서 마음은 안정이 된다.

또한, 이 단전주는 좌선에만 긴요599)할 뿐600) 아니라 위생상601)으로도 극히 긴요한 법이라, 마음을 단전에 주하고 옥지(玉池)602)에서 나는 물603)을 많이 삼켜 내리면 수화가 잘 조화되어 몸에 병고가 감소되고 얼굴이 윤활해지며 원기604)가 충실605)해지고 심단(心丹)606)이 되어 능히 수명607)을 안보608)하나니, 이 법609)은 선정(禪定)610)상으로나 위생상으로나 실로 일거양득611)하는 법이니라.

단전주의 필요성은?

단전주(丹田住)는 마음을 단전에 주하고 옥지(玉池)에서 나는 물을 많이 삼켜 내리면 수화가 잘 조화되어 몸에 병고가 감소되고 얼굴이 윤활해지며 원기가 충실해지고 심단(心丹)이 되어 능히 수명을 안전하게 보존하게 된다.

---

599) 매우 중요함
600) 용언 밑에 쓰이어 '다만 어떠하거나 어찌할 따름'이라는 뜻을 나타내는 말.
601) 위생: 건강의 유지·증진을 위하여 질병의 예방이나 치료에 힘쓰는 일.
    −상: 일부 명사 뒤에 붙어, '그것에 관한'·'그것에 있어서'의 뜻을 나타냄.
602) 입안의 침샘. 입을 옥지라 하고, 침을 가리키는 경우도 있다.
603) 옥지(玉池): 혀 줄기와 이 사이로부터 계속하여 나오는 맑고 윤활한 침(감로수)이 나오는 샘. 침샘.
    옥지(玉池)에서 나는 물: 좌선할 때 혀 줄기와 이 사이로부터 계속하여 나오는 맑고 윤활한 침(감로수).
604) 타고난 기운. 심신의 정력.
605) 내용 따위가 잘 갖추어지고 알참.
606) 한결같은 마음이 계속됨에 따라 이루어진 조촐하고 오롯한 마음이 뭉쳐진 상태의 마음 덩치.
607) 타고나서 부지하는 목숨의 연한.
608) 안전하게 보존하는 것.
609) 단전주법.
610) ①결가부좌하여 속정(俗情)을 끊고 마음을 가라 앉혀 삼매경에 이르는 일. ②천만 가지로 흩어진 정신을 모아 일념이 되어지는 상태, 또는 망념이 쉬어 진성이 나타나는 상태.
611) 한 가지 일로써 두 가지의 이익을 얻음.

그러므로 이 단전주법은 선정(禪定)상으로나 위생상으로나 일거
양득이 되기 때문에 더욱 긴요하고 필요하다.

선(禪)의 강령과 표준은?

"선(禪)의 강령은 식망현진(息妄顯眞)612), 수승화강(水昇火降)이
며, 자세는 긴찰곡도(緊紮穀道)613) 요골수립(腰骨竪立)614)이다.
좌선을 할 때는 혀를 밑으로 내리지 말고 치아 사이로 붙이면 감
로수를 내는 데도 도움이 되고 수승 화강하는 데에도 연결이 된다.
불은 위로 오르기를 좋아하고 물은 밑으로 내려가기를 좋아하는
데, 그렇게 되면 몸에 병이 생기고 정신이 탁해지게 된다. 그러나
물이 오르고 불이 내리면 건강도 좋아지고 정신도 맑아진다.
그러므로 항상 물 기운이 위로 오르게 하여야 하는데, 그 방법
이 단전주선법(丹田住禪法)이다.
과거 선사(禪師)들의 선하는 법에 두 종류가 있는데, 하나는 간
화선이고 또 하나는 묵조선이다.
간화선은 화두를 들고 선을 하는 것이고 묵조선은 묵묵히 비춰
보는 것인데 단전주선과 통하는 것이다.

---

612) 망념(妄念)이 쉬면 진성(眞性)이 나타난다는 뜻. 마음에 있어서 망념이 쉬면
수기가 올라 망념이 쉬어서 진성이 나타나며, 몸에 있어서는 화기가 내리면
수기가 올라 몸과 마음이 한결 같으며 정신과 기운이 상쾌하리라 했다.
613) 곡식의 길을 오무려서 꽉 조이는 것이지 긴찰항문(緊紮肛門)이 아니다. 항문
은 문이지 곡도가 아니다. 곡도(소화기 계통)는 우리 인체에서 식도에서 직
장(식도-위-십이지장-소장-대장-S결장-직장)까지를 말한다. 곡도를 조여야
하는데 곡도는 조일 수 없다. 곡도를 조이려면 직장을 조여야 한다. 생식기
와 항문 사이에 회음혈(會陰穴)이 있다. 이 회음을 조이면 직장이 조여지고
항문도 조여진다. 항문을 조이면 직장은 조여지지 않으며 또 오래 조이면
통증이 생긴다. 때문에 보통은 긴찰곡도를 항문을 조이는 것으로 알고 있으
나 회음을 조이는 것이 맞다[원불교신문, 1602호, 2012년 02월 10일(금)].
614) 좌선 할 때의 바른 자세. 허리를 반듯하게 세우고 똑바로 앉는 자세를 말
한다. 머리와 허리를 곧게 하여 몸을 바로 세우는 것. 허리를 똑바로 세
우면 이마·코끝·턱·배꼽이 일직선이 된다. 단전주선의 바른 자세이다. 만
약 허리가 곧게 펴지지 않고 허리가 굽어지면 단전주가 잘 되지 않는다.

선을 할 때의 표준인 적적성성시(寂寂惺惺是) 즉 적적한 가운데 성성함은 옳고, 적적무기비(寂寂無記非) 즉 적적한 가운데 아무 생각 없는 것은 그르다. 또 성성적적시(惺惺寂寂是) 즉 성성한 가운데 적적함은 옳고, 성성산란비(惺惺散亂非) 즉 성성한 가운데 산란함은 그르다 하는 것이 만대에 내려오는 선의 표준이다.

그러니 이 표준에 의해 내가 그대로 하는가 하지 않는가를 써놓고 챙기며 살기 바란다615).”

간화선(看話禪)616)을 주장하는 측617)에서는 혹 이 단전주법을 무기(無記)618)의 사선(死禪)619)에 빠진다620) 하여 비난621)을 하기도 하나 간화선은 사람을 따라 임시622)의 방편은 될지언정623) 일반적으로 시키기는 어려운 일이니, 만일 화두(話頭)624)만 오래 계속하면 기운이 올라 병을 얻기가 쉽고 또한 화두에 근본적으로 의심이 걸리지 않는 사람은 선에 취미를 잘 얻지 못하나니라.

---

615) 대산 종사 법문집, 제3집, 제3편 수행(修行), 82장, p.172.

616) 묵조선(默照禪)과 함께 불교 전래의 2대 선법(禪法)의 하나로서 옛 선사들이 화두(話頭)나 공안을 들고 수행하는 공부법이며, 묵조선은 묵묵히 좌선을 통하여 마음을 깨치려는 공부법이다.

617) 어느 한 쪽.

618) ①정신이 혼미한 상태(혼침). 혼침에 기울거나 망념에 흐르는 것. ②혼침과 같은 지혜가 없는 상태.

619) ①활선(活禪)이 아닌 생명이 없는 죽은 선이란 뜻. 간화선의 입장에서 묵조선을 비판하는 말. 이는 묵조선이 자칫 잘못하면 무기공(無記空)에 떨어질 우려가 있기 때문에 이와 같이 말한 것이다. ②선 수행을 통해 대기대용의 활불이 되지 못하고 무기의 적묵(寂默)에 떨어진 것. ③선을 하되, 그 마음이 성성하지 못하고 적적하기만 하여 아주 무기력한 정신 상태에 빠져 있는 것.

620) (빠지다+ㄴ다): 무슨 일에 마음을 빼앗기어 헤어나지 못하다.

621) 남의 잘못이나 흠 따위를 책잡아 나쁘게 말함.

622) 본래 정하여진 때가 아닌 필요에 따라 일시적인 때.

623) -ㄹ지언정: 어떤 사실을 인정(가정)하되, 뒷말이 앞 말에 매이지 아니함을 나타내는 연결 어미.

624) 선가에서 스승이 제자에게 제시한 문제. 공안(公案)이나 고칙(古則: 재래

'간화선(看話禪)'이란?

"선에는 바로 자성 극락으로 들어가는 두 길의 선법(禪法)이 있다.
하나는 간화선이라, 천칠백 공안 가운데 각자의 마음 드는 대로 하나를
잡아들고 간(看)하는 것인데, 사량(思量)625)으로써 연구하는 것이 아니라
마음을 다른 곳으로 못 가도록 공안의 말뚝에 잡아 매어두는 선법이다.

또 하나는 묵조선이라, 이는 적적성성한 진여체를 묵묵히 관조
하고 있는 선법인 바, 단전에 마음을 주하여 수승화강이 잘 되게
하고 마음의 거래를 대중 잡는 단전주법이 대표적인 선법이다.

이 두 선법이 결국 마음을 하나로 정정(定靜)626)시키는 것만은
동일한 것이다627)."

묵조선은 원적 무별한 상태에서 정진을 계속하는데, 잘못하면 무기
(無記)에 떨어질 수 있고, 현실 도피나 은둔주의로 변할 수도 있다.
묵조선과 간화선은 서로 배척·대립할 것이 아니라, 병행·조화를
이루어야 한다.

	간화선(看話禪)	묵조선(默照禪)
1	화두 참구를 통하여 깨침을 얻으려 하고,	부동의 당처에서 혜광(慧光)을 밝히려 하고,
2	혜(慧)를 먼저 하고 정(定)을 뒤에 하며,	정을 먼저 하고 혜를 뒤에 하며,
3	수단에 중점을 두고,	목적 그 자체에 의거하고,
4	표면은 적극적이지만 내면으로는 침묵한다.	표면은 소극적이지만 내면은 적극적이다.

불교에서 공안과 같은 말로 씀) 중에서 후학들에게 지혜를 연마하거나
성리를 단련시키기 위하여 제시한 문제.
625) 깊이 생각하여 헤아림.
626) 마음이 안정되고 고요한 것. 안정됨은 마음이 확고하여 흔들리지 않음이
고, 고요함은 마음속에 욕심이 가라앉고 청정한 일심을 간직함을 의미한
다. 정(定)은 마음을 하나로 안정시켜 삼매의 경지가 되어 흩어지지 아니
하는 것. 정(靜)은 천만 경계에도 마음이 끌려가지 아니하는 것. 내정정
외정정이 있다.
627) 대산 종사 법문집, 제1집, 진리는 하나, 1. 불교(佛敎): 5. 선(禪), p.219.

원불교에서는 좌선을 할 때는 간화선(의두 연마)을 하지 않고, 좌선 후나 상시로 의두 연마를 하도록 하고 있으며, 우리의 단전주법은 묵조선이라 할 수 있다.

간화선(看話禪)의 문제점은?

과거에 간화선을 주장하는 측에서는 단전주는 무위자연(無爲自然)628)한 본성을 기르는 데 중점을 두어 연구하는 시간을 따로 정한 바 없이 종일토록 묵묵히 앉아 있는 것만을 주장하였으므로 혹 적묵(寂默)629)에 치우쳐 무기(無記)630)의 사선(死禪)631)에 빠진다 하여 비난을 하기도 하나,

간화선은 사람을 따라 임시의 방편은 될지언정 일반적으로 시키기는 어려운 일이니, 만일 화두(話頭)만 오래 계속하면 기운이 올라 병을 얻기가 쉽고, 또한 화두에 근본적으로 의심이 걸리지 않는 사람은 선에 취미를 잘 얻지 못하기 쉽다.

무기(無記)의 사선(死禪)에 빠진다는 것은?

좌선을 할 때 마음을 텅 비운다고 하다가 적적한 가운데 성성하지 못하고 성성한 가운데 적적하지 못하면 혼몽·혼미한 상태에 빠지는데, 이를 무기 사선에 빠진다고 한다.

화두(話頭)만 오래 계속하면 왜 기운이 올라 병을 얻기가 쉬운가?

---

628) 인위나 조작 없이 저절로 그러한 것으로, 도가 철학의 중심 사상. 자연의 제일의(第一義)는 저절로 그러하여, 타자의 힘을 빌리지 않고 그 자신의 내재된 힘에 의해 그렇게 되는 것이다.
629) 고요히 홀로 명상에 잠기는 것.
630) 적적성성하고 성성적적한 상태가 아니라, 혼몽혼미한 상태.
631) 간화선의 입장에서 묵조선을 비판하는 말. 이는 묵조선이 자칫 잘못하면 무기공(無記空)에 떨어질 우려가 있기 때문에 이와 같이 말한 것이다. 선 수행을 통해 대기대용의 활불이 되지 못하고 무기의 적묵(寂默)에 떨어진 것.

그 화두를 깨치고자 하는 욕심이 생겨 자칫하면 기운이 머리에 오르기 때문이다.

간화선에서, 화두에 근본적으로 의심이 걸리지 않아 선에 취미를 잘 얻지 못하는 사람은 어떻게 해야 하는가?

간화선은 화두를 드는데, 화두에 의심이 근본적으로 걸리지 않으면 선을 할 수 없다.

그러므로 화두에 근본적으로 의심이 걸리지 않아 선에 취미를 잘 얻지 못하는 사람은 화두를 드는 간화선보다는 묵조선이나 염불·주문으로 정신 수양 훈련을 하자는 것이다.

만약, 묵조선도 잘 안 되면 정(靜) 공부 중에서 동적(動的)인 공부인 염불로 천지 만엽으로 흩어진 정신을 오직 일념으로 만드는 훈련을 하자는 것이다.

그러므로, 우리는 좌선하는 시간과 의두 연마하는 시간을 각각 정하고, 선을 할 때에는 선을 하고 연구를 할 때에는 연구를 하여 정과 혜를 쌍전632)시키나니, 이와 같이 하면 공적(空寂)633)에 빠지지도 아니하고 분별에 떨어지지도 아니하여 능히 동정 없는 진여성(眞如性)634)을 체득635)할 수 있나니라.

선을 할 때에는 선을 하고 연구를 할 때에는 연구를 하면 왜 정과 혜가 쌍전 되는가?

정신 수양 훈련 과목인 선(禪), 즉 좌선은 마음과 기운을 단전에 주(住)하되 한 생각이라는 주착도 없이 하여 오직 원적 무별한 진

---

632) 두 가지 일이나 두 쪽이 모두 온전함.
633) 텅 비어 아무 것도 없는 것.
634) 진여의 본성. 참된 성품. 본래 면목 자리.
635) 체험하여 진리를 터득함. 몸소 경험하여 알아냄.

경에 그쳐 있도록 함으로써 사람의 순연한 근본 정신을 양성하므로 기운을 바르게 하고 마음을 지킬 수 있어 정(定) 공부가 되며,

사리 연구 훈련 과목인 의두를 연마하면 연구의 깊은 경지를 밟는 공부인에게 사리간 명확한 분석을 얻게 하므로 혜(慧) 공부가 된다.

그러므로 결국 선을 할 때에는 선을 하고 연구를 할 때에는 연구를 하면 정과 혜가 쌍전되는 것은 너무나도 당연하다 하겠다.

동정 없는 진여성(眞如性)이란? 이를 체득하려면?

좌선하는 시간과 의두 연마하는 시간을 각각 정하고, 선을 할 때에는 선을 하고 연구를 할 때에는 연구를 하여 정과 혜를 쌍전시키나니, 이와 같이 하면 공적(空寂)에 빠지지도 아니하고(적적성성) 분별에 떨어지지도 아니하여(성성적적) 능히 동정 없는 진여성(眞如性)을 체득할 수 있다.

선(禪)을 잘 하는 법은?

"선(禪)에는 와선(臥禪)·좌선(坐禪)·입선(立禪)·행선(行禪)의 네 가지가 있으니, 각자 적당한 것을 취하여 득력할지니라.

배부를 때 선(단전주-丹田住)을 하는 것은 위장이 늘어날(위하수병-胃下垂病) 염려가 있으므로636) 반드시 공복(空腹)에 하는 것이 좋을 것이다.

선중(禪中)에 조는 것은 마음이 죽은 것이므로 사심(邪心) 끄리는 것보다 못할 것이니라.

체질에 따라서 와선보다 좌선이 나을 수 있고, 입선보다 행선이 나을 수도 있으니, 무슨 방법으로든지 수승화강(水昇火降)만 잘 시켜서 망념은 쉬게 하고 진성(眞性)만 나타나도록 노력할 것이니라637)."

---

636) 배가 부르면 숨을 들이 마실 때 폐의 부피가 늘어나 아래에 있는 위를 누르므로 위가 아래로 늘어나는 위하수병이 걸릴 수 있다.

제5장 의두 요목 (擬頭要目)

의두638) 요목639)은 정기 훈련 11과목 중 사리 연구 훈련 과목인
의두·성리로 하는 수행법으로서 대종사님께서 공부인이 사리간에
명확한 분석력을 얻도록 하기 위해 의두로 선정한 20조목이다.

교단 초기에는 문목(問目)640)이라 하여 137항목을 선정하였엇
다641). 의두 공부하는 사람은 의두 요목 20조목을 다 연마하는 것
보다는 자기의 근기와 특성에 맞는 조항을 하나씩 선택해서 집중적

---

637) 대산 종사 법문집, 제1집, 수신강요(修身綱要)1, 21. 네 가지 선법(禪法).
638) ①일원상의 진리를 깨치기 위해 갖는 큰 의심. 화두(話頭), 공안(空案)이
    라고도 한다. ②정기 훈련 11과목 중의 하나로서, 대소 유무의 이치와 시
    비 이해의 일이며 과거 불조의 화두(話頭) 중에서 의심나는 제목을 연구
    하여 감정을 얻게 하는 것이니, 이는 연구의 깊은 경지를 밟는 공부인에
    게 사리간 명확한 분석을 얻도록 하는 것이다. ③과거 불조의 공안은 모
    두 1,700개(정확하게는 1,701개)가 전해오는데, 그 모두가 의두가 되는 것
    은 아니다. 화두로 선택되는 것은 별로 많지 않고, 화두 중에서 의심이
    걸려야만 의두가 되는 것이다. 의두는 화두 중에서뿐만 아니라 대소 유무
    의 이치와 시비 이해의 일 속에서 의심되는 것은 의두가 될 수 있다. 그
    러므로 수행인의 근기 따라 의두는 각각 다를 수 있다. '정전'에는 의두
    요목 20개가 선택되어 있다. 그런데 공안, 화두, 의두 요목 등은 조항 그
    자체에 어떤 뜻이 있는 것이 아니라, 진리를 깨치게 하는 계기가 된다.
    그러므로 언어 문자에 집착해서는 마음을 깨칠 수가 없다. 언어 문자는
    함정이기 때문에 속거나 거기에 빠져서는 안 된다.
639) 중요한 항목이나 조목.
640) 교단 초창기 '보경육대요령'에 처음 나타난 정기훈련 11과목의 하나. 사리
    연구 과목에 속하는 것으로, '문목이라 함은 본회 교과서 수양연구요론
    내 대소 유무와 시비 이해를 망라하여 지정된 137개 항의 의두 문목과
    기타 일체 인간에 의심할 만한 제목을 이름이니, 어떠한 문목이든지 각자
    의 연구대로 그 해결안을 제출하여 얻게 하는 것으로서, 이는 본회 초급
    교과서를 마치고 연구의 실질 경지를 밟는 공부인에게 사리간의 명확한
    분석력을 얻도록 하기 위함이다.'라고 하였다. 이 문목 137개 항목은 현재
    에는 20개 조항의 의두 요목으로 바뀌었다.
641) 원불교 신문, 1507호, 2010년 1월 25일(금), 제5면. 수양연구요론[원기 12
    년(1927) 발간]에서는 문목, '보경육대요령[원기 17년(1932) 발간]'에서는
    문목·성리, '불교 정전'에서는 의두·성리, '원불교 교전'에서는 의두·성리
    로 변천되었다. 그러므로 문목은 원불교의 의두·성리의 원형이며, 좁혀
    말하면 의두이다.

으로 연마하여 깨치게 되면 다른 항목은 한 생각을 넘기지 않고 바로 깨치게 된다.

대종사님께서 "성리는 함부로 가르쳐 주는 것이 아니다[642]."라고 말씀하셨다.

그러나 그동안 공부한 내용을 정리해 보는 것도 의미가 있고, 하나의 안내자가 되겠다 싶어 여기에 감히 적어본다.

성리는 각자의 깨친 바에 따라 천차만별로 달라진다. 그러므로 정답이 있을 수 없다. 단지 이치에 맞느냐만 차이가 있을 뿐이다.

성리에 토가 떨어져야 그때부터 성리에 바탕한 진정한 공부가 시작되는 것이니

대산 종사 말씀하시기를

"성리를 오래오래 연마하면 어느 순간 마음이 환히 열리는 것을 견성이라고 하는데, 보통 수도자들은 조금만 열리면 다 된 듯 넘치고 조금만 막히면 퇴굴심을 내서 걱정이니라.

성리에 토가 떨어져야 그때부터 성리에 바탕한 진정한 공부가 시작되는 것이니, 견성이란 우리가 저 산봉우리를 본 것에 불과함을 알아서 정상을 향해 오르되 거기에 머물지 말고 다시 내려와 사람들과 더불어 흔적 없이 살 줄 알아야 하느니라[643]."

성리(性理)의 단련 없이는 참 도를 구할 수 없느니라

말씀하시기를

"도가에 견성하는 공부 길이 없으면 사도(邪道)이다. 성리(性理)의 단련 없이는 참 도를 얻을 수 없고 참 법을 전할 수도 없다. 그러므로 성리는 꾸어서라도 보아야 한다.

공부하는 사람이 법에 구속됨으로써 천진(天眞)을 잃고 허식에 걸려

---

642) 대산 종사 법어, 제4 적공편, 55장, p.118.
643) 대산 종사 법어, 제4 적공편, 48장, p.114.

제도받기 어렵고 큰 공부를 못한다. '고기가 그물을 벗어났으나 물에 또한 걸려 있더라.'함은 다 법신불에 목욕해 보지 못했기 때문이다.

대종사님께서는 '성리를 보고 공부하는 사람은 마치 양잿물에 빨래하는 것 같아서 공부가 하루하루 달라진다.' 하셨다644)."

의두 요목 간 공통점은645)?

의두 요목	내 용
1~4조	세존의 탄생과 전법
5~7조	만법귀일, 통만법 명일심 등의 만법과 깨달음
8~10조	몸을 받기 전과 분별 이전
11~12조	일체 유심조와 심즉불
13~14조	중생과 부처의 윤회와 해탈
15~16조	우주 만유의 심성이기와 시종(始終)
17~19조	만물의 인과, 개령과 대령, 천지의 식
20조	지묵의 경전과 산 경전

1. 세존(世尊)646)이 도솔천647)을 떠나지 아니하시고 이미 왕궁
   가648)에 내리시며, 모태649) 중에서 중생 제도650)하기를 마치
   셨다 하니 그것이 무슨 뜻인가.

---

644) 대산 종사 법어, 제3집, 제2편 교법(敎法), 4.성리(性理)는 꾸어서라도 보아야, p.68.
645) 류성태, "정전 풀이", 하, 제5장 의두 요목, p.188.
646) ①석가 세존(釋迦世尊)의 준말로 부처님의 열 가지 호 중의 하나. '서가모니(釋迦牟尼: 불교의 개조)'를 높이어 일컫는 말(서가모니 여래)로서 부처님은 온갖 공덕을 원만히 갖추어 세간을 이익 되게 하며, 세간에서 존중을 받으므로 세존이라 한다. 서가모니의 준말로는 석존(釋尊)·석가(釋迦)가 있다. ②여기서 세존은 서가모니 부처님을 일컫는다기보다는 제불 제성의 심인, 일체 중생의 본성이다. 즉 원만 구족하고 지공 무사한 각자의 마음이며, 원래 분별 주착이 없는 성품을 이른다.
647) ①욕계 육천(欲界六天: 사왕천(四王天)·도리천(利天)·야마천(夜摩天)·도솔천(兜率天)·화락천(化樂天)·타화자재천(他化自在天)의 육욕천(六欲天)) 가운데 넷째 하늘. 하늘에 사는 사람의 욕망을 이루는 외원(外院)과 미륵 보살

여기서 '세존'은 서가모니 부처님을 일컫는다기보다는 제불 제성의 심인, 일체 중생의 본성이며, 원만 구족하고 지공 무사한 각자의 마음이며, 원래 분별·주착이 없는 나의 성품이다.

　'도솔천'은 성품의 체(體) 자리로서 본래 낳고 멸함도 없고 크고 작음도 없고 더럽고 조촐함도 없는 본연 청정한 것이며, '왕궁가'나 '모태 중'은 성품의 용(用) 자리로서 그대로 있는 것이 아니라 인과 보응의 이치 따라 짓고 받는 인과로 나타나는 것, 즉 경계를 따라 있어지는 분별(우리의 성품이 작용하여 나타나는 한 장소)이며, '떠나지 아니하시고'나 '내리시며'나 '중생 제도하기를 마치셨다'라 함은 성품이 작용함에 따라 있어지는 쓰임이다.

　즉 체성인 근본은 변하지 않되 쓰임은 다양하게 변한다는 용변부동본(用變不動本)을 이른 말이다.

　그러므로 성품은 원래 여여 자연하고, 생멸 거래에 변함이 없고, 시공을 초월하여 원래 분별성과 주착심이 없는데, 어찌 도솔천이니 왕궁가니 모태 중이니 하는 분별이 있을 것이며, 도솔천을 떠

[도솔천에 살며, 56억 7천만 년 후에 미륵불로 나타나 중생을 건진다는 보살(부처에 버금가는 성인)]의 정토인 내원(內院)으로 이루어져 있다 함. ②불보살(부처와 보살)들이 중생을 제도하시다가 잠깐 쉬신다는 곳, 또는 장차 중생을 제도하기 위하여 잠시 머물러 계시는 곳.

648) 임금이 기거하는 궁전을 일컫는 말.

649) ①어미의 태 안. ②여기서 모태는 넓게는 일체 생령과 삼라 만상이 존재하고 바탕이 되는 시방 삼계, 즉 우주를 말하며, 좁게는 현재 내가 처해 있는 지금 여기(현하)다.

650) 중생: 많은 사람들. 부처의 구제의 대상이 되는 이 세상 모든 생물을 통틀어 이르는 말.
제도: ①보살이 중생을 고해(苦海)에서 건지어 극락 세계로 이끌어 주는 일을 이르는 말. ②경계를 따라 있어지는 일체의 마음 작용을 내게 나타난 진리의 조화임을 알고(일원상의 신앙), 이 마음을 원래 마음에 대조하고 또 대조하며 챙기고 또 챙겨서 마침내 챙기지 아니하여도 저절로 되어지는 경지에까지 도달되게 하는 것이 내가 내게 할 수 있는 제도(濟度)이다.
중생 제도: ①부처가 중생을 구제하여 불과(佛果: 불도를 수행함으로써 얻는 좋은 결과)를 얻게 하는 일. ②경계를 따라 있어지는 요란함·어리석음·그름을 있는 그대로 수용하고, 이들 마음 작용이 있기 전 원래 마음에 대조하여 자성의 정·혜·계를 세우는 일체의 심신 작용 처리 건도 내가 내게 할 수 있는 중생 제도이고, 우리 모두가 할 수 있는 중생 제도이다.

나지 아니한다 이미 왕궁가에 내린다 모태 중에서 중생 제도하기를 마쳤다고 하는 거래에 변함이 있을 것이며 구별이 있겠는가?

우리의 성품은 상주불멸(常住不滅)로 여여자연(如如自然)하며, 불생불멸(不生不滅)하며, 불구부정(不垢不淨)하며, 부증불감(不增不滅)하여 무시광겁에 은현 자재할 뿐이다.

따라서 이 말씀은 쓰임이 변하여도 그 근본은 항상 하나로 돌아 간다는 만법귀일(萬法歸一)의 이치와 한 마음 밝히면 만법으로 통한다는 명일심통만법(明一心通萬法)의 이치를 이르며,

성품은 경계를 따라 진공 묘유의 조화로 나타나고 생겨나고 드러나는 것임을 알고 실생활에 활용하여 (경계를 따라) 사용해 본다면 깨침은 보다 새롭고 즐겁고 깊어지고 넓어질 것이다.

여래(如來)는 도솔천(兜率天)을 여의지 아니하시고 몸이 이미 왕궁가에 내리셨으며, 어머니의 태중에서 중생 제도하시기를 다 마치셨다 하였사오니 무슨 뜻이오니까?

대종사 말씀하시기를

"그대가 실상사(實相寺)를 여의지 아니하고 몸이 석두암(石頭庵)에 있으며, 비록 석두암에 있으나 드디어 중생 제도를 다 마쳤나니라.651)"

이 의두 요목은 어떻게 사용할 것인가?

의두는 대소 유무의 이치와 시비 이해의 일이며 과거 불조의 화두(話頭) 중에서 의심나는 제목을 연구하여 감정을 얻게 하는 것이니, 이는 연구의 깊은 경지를 밟는 공부인에게 사리간 명확한 분석을 얻도록 하기 위함이다.

"세존(世尊)이 도솔천을 떠나지 아니하시고 이미 왕궁가에 내리시며, 모태 중에서 중생 제도하기를 마치셨다 하니 그것이 무슨 뜻인가?"

이 의두는 경계를 대할 때마다 또는 실생활에서 어떻게 사용할

---

651) 대종경, 제7 성리품(性理品), 16장, p.261.

것인가?

하나는 만법과 통하므로 이를 다음과 같이 의미가 같은 법문과 비교해 보면 보다 이해하기 쉬울 것이다.

세존(世尊)이	일원은	사람의 성품은	삼자는	
도솔천을 떠나지 아니하시고	대소 유무에 분별이 없는 자리며,	정한즉 무선무악하고,	원래 요란함이 없건마는	잔공으로 체를 삼고
이미 왕궁가에 내리시며, 모태 중에서 중생 제도하기를 마치셨다 하니	공적 영지의 광명을 따라 대소 유무에 분별이 나타나는 자리니라.	동한즉 능선능악 하나라.	경계를 따라 있어지나니 그 요란함을 없게 하는 것으로써 자성의 정을 세우자.	묘유로 용을 삼아 마음을 사용하되, 원래 마음 (잔공)을 여의지 않는 것이다.
그것이 무슨 뜻인가.				

2. 세존이 탄생652)하사653) 천상 천하654)에 유아 독존(唯我獨尊)655) 이라 하셨다 하니 그것이 무슨 뜻인가.

'천상 천하에 유아 독존(唯我獨尊)'이란?

'우주 사이에 나(참나·자성·본성·원래 마음)보다 존귀한 것은 없다'는 뜻으로 내 자신이 존귀하듯 다른 사람도 소중하고 존귀하다는

---

652) 사람이 태어남. 특히 귀한 사람이 '태어남'을 높이어 이르는 말.
653) -사: 어미 '시어'가 줄어서 된 말.
654) 하늘 위, 하늘 아래란 뜻으로 온 세상. 온 우주.
655) 유아(唯我): 깨친 마음. 우주의 본원. 성품. 본래 마음 자리.
　　독존(獨尊): 홀로 존귀(지위나 신분 따위가 높고 귀함)함.
　　유아 독존(唯我獨尊): 천상 천하 유아 독존(天上天下唯我獨尊)의 준말.

뜻이며, 생명 있는 존재든 생명 없는 존재든 우주의 모든 것이 존귀함을 설파(說破)656)한 서가모니 부처님의 말씀이다.

부처님께서 태어났을 때, 일곱 걸음을 걸은 뒤 오른 손은 하늘을, 왼손은 땅을 가리키면서 이 말을 했다 한다.

이 우주에서 내가 가장 높다는 뜻이다. 여기서 나는 원래 분별·주착이 없는 성품이며, 우주 만유의 본원(=제불 제성의 심인, 일체 중생의 본성, 유무 초월의 생사문, 언어도단의 입정처)이다.

따라서 천상 천하 유아 독존이란 경계를 따라 작용되는 마음이 원래 분별·주착이 없는 줄 알고, 원만 구족하고 지공 무사한 줄 알고, 이를 양성하고 사용하는 사람, 즉 부처가 가장 존귀하다는 뜻이며, 누구나 부처의 성품을 지니고 있으므로 그 성품은 어떤 것과도 비교할 수 없다.

그런 성품이 깃들어 있는 사람들은 남녀·노소·선악·귀천을 막론하고 누구나 다 부처님처럼 존귀한 존재임을 어찌 한시인들 잊을 수 있으며, 경계를 따라 그러겠지만, 자신을 어찌 한시인들 하찮은 존재가 되는 요란하고 어리석고 그른 생각과 행동을 하는 존재라할 수 있겠는가?

또한 세존이 탄생하사 천상 천하에 유아 독존(唯我獨尊)이라 하셨다 함은 이 세상에서 세존이 가장 존귀하다는 것이 아니라, 깨친 마음이 가장 존귀하다는 것이다.

마음이 일원상과 같이 원만 구족하고 지공 무사한 줄 아는 것이 깨친 것이며, 경계를 따라 일어나는 분별성과 주착심을 없이 하는 마음이 곧 깨친 마음이다.

이런 마음을 넉넉하게 쓰는 그 마음이 존귀하다는 말이며, 이런 마음을 부려 쓰면 스스로 존귀해진다.

누구나 다 천상 천하 유아 독존이다

"(손을 들으시어 옆으로 그으시고) 이것이 무엇인가?"

---

656) 어떤 내용을 듣는 사람이 납득하도록 분명하게 드러내어 말함.

"긴 땅입니다."

"영지(永地)지!"

"(위에서 아래로 내려 그으시며) 이것이 무엇인가?"

"영천(永天)입니다."

"그것을 합하면 무엇인가?"

"시방(十方)입니다."

"그 사이에 그으면 무엇이 되는가?"

"팔방(八方)입니다."

"그 위에는 무엇인가?"

"하늘입니다."

"그 아래는 무엇인가?"

"땅입니다."

"바로 일원(一圓)이다."

"천상 천하 유아 독존이라 하는데, 어찌하여 그러는가?

하늘 위에 하늘 밑에 오직 우리 부처님만이 독존하신다 하였는데, 부처님만 유아 독존이신가?"

"과거는 어두운 시대라 특정 인물 하나를 내세워 거기에 귀의하게 하셨는데, 기독교에서는 전지 전능한 독생자라고 하듯이 오직 예수님만이 하느님 아들로서 혼자 나신 분이라고 한다.

그러나 앞으로 오는 미래 시대에는 부처님에게 더하지도 않고 중생에게도 덜하지도 않은 진리 하나가 나와야 전 생령과 시방 세계 육도 중생을 다 제도할 수 있는 법이 된다.

과거는 폐쇄적·차별적인 시대였다. 그러나 앞으로는 개방적·평등적 시대가 될 것이기 때문에 차별과 폐쇄는 없어지고 개방과 평등이 되어 가장 평등한 것을 찾게 될 것이다.

그러면 거기는 나도, 너도, 영감도, 부인도, 아들도, 딸도, 김 씨도, 박 씨도, 미국도, 한국도, 다 그 안에 들어있는 것이다.

그것을 해석할 것 같으면 천상 천하 유아 독존한 자리다.

그러므로 부처님께서 천상 천하 유아 독존한 진리를 가르쳐 주셨지만, 후래 중생은 그 이치를 몰라서 우리 부처님만 독존이라 한다.

또 예수님은 전지 전능한 독생자다. 중생을 위해서 몸을 바쳤으니 독생자는 독생자인데 예수님만이 독생자라고 한다면 그것은 외아들이다. 가정에도 외아들보다는 아들을 많이 둔 것이 좋다. 그 자리는 전지 전능에 합덕(合德)[657]한 독생 자리, 바로 독존 자리다.

그런데 대종사님께서는 그것을 훨씬 더 넓혀서 그 자리가 영천 영지 영보 장생한 자리라 하셨다[658]."

> 3. 세존이 영산 회상[659]에서 꽃[660]을 들어 대중[661]에게 보이시
> 니 대중이 다 묵연[662]하되 오직 가섭 존자(迦葉尊者)[663]만이
> 얼굴에 미소[664]를 띠거늘[665], 세존이 이르시되[666] 내게 있는
> 정법 안장(正法眼藏)[667]을 마하 가섭[668]에게 부치노라[669] 하
> 셨다 하니 그것이 무슨 뜻인가.

---

657) 육근 동작이 모두 다 덕과 합치된다는 뜻으로, 모든 행동이 그대로 덕으로 나타난다는 말. 출가위 도인이 되면 일거수 일투족이 다 덕으로 화하기 때문에 합덕이라고도 한다.

658) 대산 종사 법문집, 제4집, 제1부 열반 천도 법문, p.44.

659) 영산(靈山): 중인도(中印度) 마갈타국(摩竭陀國) 왕사성(王舍城)의 동북쪽에 솟아 있는 기사굴산(耆闍崛山)이며, 번역하면 영취산(靈鷲山)인데, 줄여서 영산(靈山)이라 함. 영산은 석존이 설법하던 곳이며, 법화경(法華經)과 무량수경(無量壽經)을 강의하였다 함. 이 산에는 신선들이 살았고, 또 독수리(鷲)가 많이 있으므로 영취산이라 하였음. 지금의 챠타(Chata)산.
회상(會上): ①대중이 모여서 부처님의 설법을 듣는 법회. ②대중이 모여서 공부와 사업을 함께하는 장소. 교단(敎壇)을 이름.
영산회(靈山會): ①서가모니불이 인도의 영취산에서 법화경(法華經)이나 무량수경(無量壽經) 등을 설법했을 때의 모임. ②우리가 스승을 모시고 대종사께서 펴신 법을 공부하는 모임이나 대종사의 법을 바탕으로 하여 활동하는 일체의 모임도 오늘의 영산회(靈山會)임.
영산 회상: ①서가모니불이 인도의 영취산에서 설법하던 곳. ②원불교가 일원상의 진리를 설하고 영산 회상을 오늘에 재현한다는 뜻에서 원불교를 영산 회상이라고 함.

660) 여기서 꽃은 단순히 꽃이 아니라, 우주 만유의 본원이요 불법이요 일원상의 진리를 말한다.

661) 신분의 구별이 없이 한 사회의 대다수를 이르는 사람.

세존이 영산 회상에서 꽃을 들어 대중에게 보이신 뜻은?

여기서 꽃은 단순히 꽃이 아니다. 우주 만유며, 만법(萬法)이 응해 나타난 응화신이며, 시(時)와 공간(空間)을 뛰어넘는 불법이다.

이는 스승과 제자가 진공 묘유의 작용과 조화를 이심전심으로 나누는 마음이며, 법을 나누는(건네고 받는) 광경이다.

오직 가섭 존자(迦葉尊者)만이 얼굴에 미소를 띤 이유는?

세존이 든 꽃이 단순히 꽃이 아니라, 그 꽃에 담기고 그 꽃이

---

662) 입을 다문 채 말없이 잠잠한 모양.

663) 가섭 존자: 서가모니불의 십대 제자 중 두타(頭陀) 제일인 마하 가섭. 두타란 번뇌의 티끌을 없이하고 의식주에 탐착(만족할 줄 모르고 더욱 사물에 집착함)하지 않으며 청정하게 불도를 수행하는 것을 말함. 서가모니불은 열반을 앞두고 제자들에게 '나의 무상 정법을 마하 가섭에게 전하노라'고 하였다. 가섭 존자는 불교의 삼십삼 조사 중 제 1조가 된다.
   존자(尊者): ①학문과 덕행이 뛰어난 부처의 제자'를 높이어 이르는 말. ② 일원상의 진리를 신앙하는 동시에 수행의 표본을 삼아 공부하는 공부인.

664) 소리를 내지 않고 빙긋이(방긋) 웃는 웃음.

665) 띠거늘(띠다+거늘): 표정이나 감정이 겉으로 좀 드러나다.
   -거늘: '사실이 이러이러하기에 그에 응하여'의 뜻을 나타내는 연결 어미.

666) 이르시되(이르다+시+되): (무엇이라고) 말하다.
   -되: 용언의 어간이나 높임의 '-시-'에 붙는 연결 어미로서, 위의 사실을 시인하면서, 아래에서 그것을 더 덧붙여 설명하는 뜻을 나타냄.

667) 정법 안장(正法眼藏): 이심 전심(以心傳心)의 비법(秘法)을 인허(認許: 인정하여 허가함)해 주는 것. 불불조사(佛佛祖師)들이 법을 전할 때 쓰는 말로서 심인(心印: 이심 전심으로 전하여진 깨달음, 또는 그 내용)의 별칭.

668) 마하: '크다·위대하다·훌륭하다'는 뜻을 지닌 범어(梵語). 불교에서 마하라는 말은 독립적으로 사용되기보다 어떤 말의 앞에 붙어 관형어로 사용되는 경우가 많다.
   마하 가섭: 서가모니불의 십대 제자 중 두타(頭陀) 제일인 대가섭을 높이어 부르는 말.

669) 부치노라(부치다+노라): 편지나 물건 따위를 일정한 수단이나 방법을 써서 상대에게로 보내다.
   -노라: 동사 어간이나 시제의 '-았(었)-'·'-겠-' 등에 붙는 문어투(문장에만 쓰이는 말투)의 종결 어미로서, ①자기의 동작을 격식을 차리어 말하는 뜻을 나타냄. ②어떤 사실을 장중하게 알리는 뜻을 나타냄.

말하는 의미를 알기 때문이다.

　스승의 가르침과 스승이 펼치는 경륜의 의미를 아는데, 어찌 미소가 절로 지어지지 않겠는가?!

세존이 이르시되 내게 있는 정법 안장(正法眼藏)을 마하 가섭에게 부치노라 하신 뜻은?

　정법(正法)은 일체 중생을 제도하여 불보살의 길로 이끌어 주는 교법으로서 대종사님이나 부처님 등 제불 조사의 가르침이요, 안장(眼藏)은 우주 만유로, 삼라 만상으로, 유형·무형으로, 시공을 초월해 나투어지는 만법에 대한 지혜의 눈(心眼, 즉 佛眼)을 갈무리하고 있다는 뜻이다.

　깨달은 공부인은 부처님의 가르침[마음 즉 심인(心印)]을 분명하게 밝히는 지혜의 눈을 갖추고 있기 때문에 이를 정법 안장(正法眼藏)이라 하며, 이는 일체의 사물을 비추어 보고 일체의 법을 갖추고 있어 불법의 진수(眞髓)를 나타낸다.

　그러므로 부처님께서 지니신 정법 안장을 마하 가섭에게 부친다 함은 가섭 존자를 자신의 가르침을 전하고 잇는 후계자로 삼는다는 것을 대중에게 장중하게 알린 것이다.

　대종사님의 교법을 잇는 주법(主法)이 정산 종사님으로, 대산 종사님으로, 좌산 종사님으로, 경산 종법사님으로 이어져 오는 것 또한 원불교에서 이루어지는 정법 안장 계승이다.

　정법 안장, 즉 제불 조사의 가르침대로 수행 정진하며 사은에게 보은하고 주위에 그 법을 전하여 맑고 밝고 훈훈한 세상을 이루게 하는 것이야말로 우리 공부인들의 성불 제중 제생 의세며, 이것이 우리의 스승님들께서 정법 안장을 부치며 짓는 미소이리라.

4. 세존이 열반(670)에 드실(671) 때에 내가 녹야원(鹿野苑)(672)으로부터 발제하(跋提河)(673)에 이르기까지(674) 이 중간(675)에 일찍

이 한 법도 설한676) 바가 없노라 하셨다 하니 그것이 무슨 뜻인가.

녹야원은 세존께서 24세부터 6년간 설산 고행 끝에 대각하신 후 30세부터 처음으로 법을 설하신 최초 설법지며, 발제하는 BC 380년 78세로 열반에 드신 최후 설법지다.

녹야원에서부터 발제하에 이르기까지 49년 동안 중생을 제도하기 위해 팔만 사천 무량 법문을 설하셨는데, 한 법도 설한 바가 없노라 하시니 무슨 뜻인가?

이미 한 말은 아무리 고귀한 법문이라도 강물의 뗏목처럼 흘러간 것이므로 오직 내게 있는 것은 과거에 주착함이 없는 항상 왕초보인 현재 마음이다.

팔만 사천 법문을 설했다는 생각도, 법을 잘 안다는 생각도 없는, 즉 법박(法縛)677)에 억매이지도 않고 관념이나 상(相) 없는 응

---

670) ①죽음. 특히 석가나 고승의 입적(入寂)을 이르는 말. ②우리말로는 두렷하고 고요하다는 뜻인 바, 두렷하다 함은 우리의 자성이 원래 원만 구족하고 지공 무사한 자리임을 이름이요, 고요하다 함은 우리의 자성이 본래 요란하지 아니하고 번뇌가 공한 자리임을 이름이니, 사람이 이 자성의 도를 깨쳐서 자성의 원래를 회복함을 이름.

671) (들다+시+ㄹ): 어떤 상태가 이루어지거나 알맞게 되다.

672) 중부 인도에 있던 동산으로, 석가가 깨달음을 얻은 후, 처음으로 교진여(憍眞如) 등 다섯 사람의 비구(比丘: 출가하여 구족계(具足戒: 비구와 비구니가 지켜야 할 계율을 이르는 말)를 받은 남자 중)를 위하여 설법(說法: 불교의 이치를 가르침)한 곳.

673) 중인도(中印度)에 있는 강 이름으로 아시다 발제하의 약칭. 서가모니불이 이 강의 서쪽 연안에 있는 구시나라성의 사라 쌍수에서 열반에 들었다고 함.

674) (이르다+기+까지): 어떤 곳에 닿다. 도착하다.

675) 이 중간: 녹야원(鹿野苑)으로부터 발제하(跋提河)에 이르기까지의 사이. 즉 '부처님이 깨침을 얻은 후부터 열반에 드시기까지'를 말함.

676) (설하다+ㄴ): 상대편을 납득시키거나 이해시키기 위하여 도리를 밝히며 알아듣게 말하다.

677) 법이라는 고정 관념에 집착하여 거기에 속박되어 교법을 듣고도 진실한 뜻을 깨닫지 못하거나 실행하는데 도리어 부자유스럽게 얽매이는 것. 법을 자유 자재로 활용하지 못하고 법이라는 것 때문에 도리어 얽매이어 자승 자박하는 것. 세존께서 열반을 앞두고 "나는 한 법도 설하지 않았

용 무넘한 천지의 도를 체받는 것이다.

경계를 따라 지금 여기서 있어지는 마음 작용을 공부 거리 삼고 공부 찬스 삼는 공부심과, 감각·감상 따라 일어나는 공부심만 있을 뿐이다. 이 마음만 챙기면, 과거에 내가 어떠했고 무슨 일을 했다는 상은 저절로 놓아진다.

구정 선사(九鼎禪師)의 솥 걸기는 오직 한 번뿐이었다는 그 심경이다.

오직 챙길 건 경계를 따라 지금 여기서 있어지는 마음 작용, 즉 요란함 경계를 통하여 요란함이 없는 자성의 정을 쌓고, 어리석음 경계를 통하여 어리석음이 없는 자성의 혜를 밝히고, 그름 경계를 통하여 그름이 없는 자성의 계를 지키는 공부심이다.

이 마음에는 분별성도 주착심도 없고, 설령 있다손치더라도 그 마음조차도 공부 거리, 공부 찬스로 삼아 버린다.

이 상태가 곧 한 법도 설한 바가 없노라고 말할 수밖에 없는, 온통 가득하되 허공 같이 빈 마음이다.

---

5. 만법[678]이 하나로 돌아갔다[679] 하니, 하나 그것은 어디로 돌아갈 것인가.

'만법(萬法)'이란?

만법은 인도 정의의 공정한 법칙인 온갖 법률이나 규칙이며, 우주간에 존재하는 정신적·물질적인 일체의 것을 이르며, 삼라 만상(森羅萬象), 천만 교법(千萬敎法), 모든 사상(思想) 등 모든 것이다.

또한 천차 만별, 형형 색색으로 나누어 있는 현상 세계와 상대

다"고 한 것은 법박에 얽매이지 말라는 뜻이다.

678) ①온갖 법률이나 규칙. ②우주간에 존재하는 정신적·물질적인 일체의 것을 이르는 말.

679) (돌아가다+왔다): 본디 있던 자리로, 또는 오던 길을 되돌아 다시 가다.

세계(인종, 민족, 지역, 유무식, 남녀, 노소, 선악, 귀천, 대소, 다소, 경중, 후박, 미추 등)며,

경계를 따라 요란함·어리석음·그름 등으로 나타나는 일체의 마음 작용이다.

'하나'란?

만법이 상대 개념이라면 하나는 상대적인 것을 넘어선 절대 개념이며, 만법이 차별 세계라면 하나는 차별이 없는 평등 세계다.

또한 만법이 있는 것(色)이라면, 하나는 없는 것(空)이다.

즉 하나는 우리의 부모 미생 전 본래 면목, 천지 미생 전 본래 면목, 무극, 일원상의 진리, 원래 분별 주착이 없는 성품, 원만 구족하고 지공 무사한 각자의 마음이다.

옹달샘 물, 실개천, 강물이라는 만법이 흐르고 흘러 바다라는 하나의 법으로 만나 합해져 하나가 되는 것이다.

만법이 하나로 돌아갔다 하니 하나 그것은 어디로 돌아갈 것인가?

만법귀일(萬法歸一) 일귀하처(一歸何處).

이는 제불 조사 또는 많은 공부인들의 화두다.

우주 만물·삼라만상·형형색색으로 나투어져 있는 모든 이치는 그 근본 자리인 우주 만유의 본원으로 모아지고, 그 근본 자리인 우주 만유의 본원이 그를 대표한다.

우리 주변에서 이루어지고 있는 만법귀일(萬法歸一) 일귀하처(一歸何處)는 어떤 것이 있는가?

우주의 성·주·괴·공과 흥·망·성·쇠며, 만물의 생·노·병·사의 각 과정이요 이렇게 순환 무궁하는 이치다.

옹달샘, 실개천, 강물이 흐르고 흘러 바다로 모여 하나가 되고, 다시 수증기로 구름으로 비로 돌고 돌아 한국의 것으로, 미국의 것으로, 아프리카의 것으로 다시 나뉘고 나뉘어 제 갈 길 따라 흘러가

지만, 그를 이루고 있는 근본이 물이라는 것은 변하지 않는다. 이처럼 만법은 하나로, 하나는 만법으로 끊임없이 돌고 도는 것이다.

또한 우리가 회의를 할 때 참석자 각자는 만법이며, 이들의 시선과 관심이 말하는 사람 각각에게로 모이는 것은 회의라는 상황에서 끊임없이 벌어지는 만법귀일이며, 그 회의의 결과로 정해진 바에 따라 실행되는 것 또한 만법귀일이다.

시끄러운 데 처해도 마음이 요란하지 아니하고 욕심 경계를 대하여도 마음이 동하지 아니하는 것도 만법귀일이요,

천만 경계를 대하되 부동함은 태산과 같이 하고 안으로 마음을 지키되 청정함은 허공과 같이 하여, 동하여도 동하는 바가 없고 정하여도 정하는 바가 없어 모든 분별이 항상 정을 여의지 아니하여 육근을 작용하는 바가 다 공적 영지의 자성에 부합되는 것 또한 만법귀일이다.

이처럼 만법이 하나로 하나가 만법으로 끊임없이 유형·무형으로 은현 자재하며 돌고 도는 것이 우주 만유의 본래 이치며, 우리 마음 작용의 본래 이치며, 우리 삶의 모습이다.

여러 골짜기에서 흐르는 물이 마침내 한 곳으로 모아지리니

대종사 봉래 정사에 계시더니 때마침 큰 비가 와서 층암 절벽 위에서 떨어지는 폭포와 사방 산골에서 흐르는 물이 줄기차게 내리는지라, 한참 동안 그 광경을 보고 계시다가 이윽고 말씀하시기를

"저 여러 골짜기에서 흐르는 물이 지금은 그 갈래가 비록 다르나 마침내 한 곳으로 모아지리니 만법 귀일(萬法歸一)의 소식도 또한 이와 같나니라[680]."

마음 바로잡는 방법은 먼저 마음의 근본을 깨치고 그 쓰는 곳에 편벽됨이 없게 하는 것이니

---

[680] 대종경, 제7 성리품(性理品), 10장, p.259.

대종사 봉래정사에 계시더니 한 사람이 서중안(徐中安)681)의 인도로 와서 뵈옵거늘 대종사 물으시기를

"어떠한 말을 듣고 이러한 험로에 들어왔는가?"

그가 사뢰기를

"선생님의 높으신 도덕을 듣고 일차 뵈오러 왔나이다."

대종사 말씀하시기를

"나를 보았으니 무슨 원하는 것이 없는가?"

그가 사뢰기를

"저는 항상 진세(塵世)에 있어서 번뇌와 망상으로 잠시도 마음이 바로 잡히지 못하오니 그 마음을 바로잡기가 원이옵니다."

대종사 말씀하시기를

"마음 바로잡는 방법은 먼저 마음의 근본을 깨치고 그 쓰는 곳에 편벽됨이 없게 하는 것이니, 그 까닭을 알고자 하거든 이 의두(疑頭)를 연구해 보라." 하시고

"만법귀일(萬法歸一)하니 일귀하처(一歸何處)오."라고 써 주시니라682).

만법이 본래 완연(完然)하여 애당초에 돌아간 바가 없거늘 하나인들 어디로 돌려 보낼 것인가?

대종사 선원 대중에게 말씀하시기를

"성리를 말로는 다 할 수 없다고 하나 또한 말로도 여실히 나타

---

681) 1881~1930. 본명 상인(相仁). 법호 추산(秋山). 전북 김제에서 출생. 어려서는 가난하게 살았으나 자수성가하여 김제에서 큰 한약방을 경영하였다. 1923년(원기 8)에 친형 서동풍을 따라 부안 봉래정사에 가서 소태산 대종사를 만나 뵙고 그 자리에서 제자가 되었다. 얼마 후에 그는 다시 서동풍 및 그의 부인 정세월과 함께 봉래정사로 찾아가 소태산 대종사에게 산을 내려가 회상을 건설하고 제생의세의 큰 포부를 실현하자고 건의하였다. 익산총부를 처음 건설할 때 그는 임야 3천여평과 상당액의 건축 기금을 희사하였다. 익산총부의 첫 건설은 그에게 크게 힘입었고, 그는 불법연구회 초대 회장으로 선출되었다. 서중안 선진은 부처님 당대의 수달장자의 역할을 하였다.

682) 대종경, 제7 성리품(性理品), 17장, p.262.

낼 수 있어야 하나니, 여러 사람 가운데 증득하였다고 생각하는 사람이 있으면 나의 묻는 말에 대답하여 보라.

만법귀일이라 하였으니 그 하나로 돌아가는 내역을 말하여 보고, 일귀하처오 하였으니 그 하나는 어디로 돌아가는가를 말하여 보라."

대중이 차례로 대답을 올리되 인가하지 아니하시는지라, 한 제자 일어나 절하고 여쭙기를

"대종사께서 다시 한 번 저에게 물어 주옵소서."

대종사 다시 그대로 물으시니, 그 제자 말하기를

"만법이 본래 완연(完然)하여 애당초에 돌아간 바가 없거늘 하나인들 어디로 돌려보낼 필요가 있겠나이까?"

대종사 웃으시며 또한 말씀이 없으시니라683).

6. 만법으로 더불어684) 짝하지685) 않은 것이 그 무엇인가.

'만법으로 더불어 짝하는 것과 짝하지 않은 것'이란?

이 의두 요목, 불여만법위려자시심마(不與萬法爲侶者是甚麼)는 불가에서도 많이 연마하는 의두다.

이 의두는 대종사님께서 혈인 기도를 끝내고 처음 변산 월명암을 찾으셨을 때 벽에 걸려 있었다.

대각하신 후 무슨 이치든지 한 생각을 넘기지 않고 훤히 깨쳐졌으나, 이 의두는 즉석에서 밝아지지 않고 차 한 잔을 마시며 궁굴린 후에야 비로소 그 뜻이 떠올랐다고 한다.

만법은 차별 있는 현상 세계요, 짝을 이루고 있는 상대 세계(자

---

683) 대종경, 제7 성리품(性理品), 24장, p.265.
684) 조사 '와·과', 또는 '(으)로' 다음에 쓰여, '함께'·'같이'·'한가지로'의 뜻을 나타낸다.
685) (짝하다+지): ①어떤 사람과 한편이 되다, 또는 어떤 사람을 자기와 짝이 되게 하다. ②둘이 서로 어울려 한 벌이나 한 쌍을 이루다.

리)다. 예쁘고 밉고, 편안하고 불편하고, 사랑하고 미워하고, 더럽고 깨끗하고, 지혜롭고 어리석고……. 경계를 따라 일어나는 온갖 마음이다.

천지, 일월, 유·무식, 남녀, 노소, 선악, 귀천, 대소, 유무, 장단(長短), 경중(輕重), 미추(美醜), 유·무능, 내외(內外), 전후(前後), 빛과 그림자, 명암(明暗) 등등.

모든 것은 짝을 이루고 있다. 양면성과 동시성으로…….

이러한 차별이 없는 평등 세계, 상대 관념에 잡히지 않는 절대 세계, 분별·주착으로 어느 것에도 구속됨이 없는 자유 세계는 무엇인가?

이것이 바로 만법으로 더불어 짝하지 않은 것이다.

천상 천하 유아 독존의 세계요, 만법 귀일의 세계요, 통만법 명일심의 세계요, 부모미생전 본래 면목의 세계다.

원래에 분별·주착이 없는 성품이요, 일체 중생의 본성이요, 제불 제성의 심인이다. 즉 경계를 따라 있어지는 요란함과 어리석음과 그름을 없게 하는 것으로써 자성의 정·혜·계가 세워진 마음이다.

이것이 곧 각자에게 다 있는, 일원상과 같이 원만 구족하고 지공 무사한 마음이다. 끌리는지 안 끌리는지 살피고 또 살피고, 챙기고 또 챙기는 마음이다.

만법으로 더불어 짝하는 것과 짝하지 않는 것을 다 품고 있고, 염정 제법(染淨諸法)을 이미 다 담고 있어 이를 분별할 것도 차별할 것도 없어 어느 것에도 걸림이 없는 유와 무를 초월한 세계(자리), 원만 구족하고 지공 무사한 자리, 즉 일원상의 진리다.

우리 마음도 마찬가지다.

그러니 우리의 마음도 같은 원리에 따라 작용되는 줄 알고, 경계를 대할 때마다 챙기고 또 챙기고 대조하고 또 대조하자는 것이다. 이것이 항상 깨어있는 것이며, 영생토록 하고 또 해야 할 공부 길이다.

만법으로 더불어 짝하는 것도 공부 거리요 짝하지 않는 것도 공부 거리일 뿐이다. 나를 걸리거나 막힘 없이 자유롭게 하는 고맙고 고마운 존재일 뿐이다.

만법으로 더불어 짝하지 못할 자는?

"만법으로 더불어 짝하지 못할 자(不與萬法爲侶者)는 언어·명상·유무·선악으로 규정할 수 없는 자리요, 과학의 천만 가지 방법으로도 분석할 수 없는 자리로서 법상(法相)686)과 비법상(非法相)687)까지 떠났으니 위없는 자리라 할 것이다.

법계에서 수도인의 급수를 볼 때에는 모든 상이 있고 없음을 헤아리는 것이니 여러분은 어느 정도 무상(無相)에 처해 있는가 생각해 보고 절대 무상의 자리에 처하도록 공부하라.

무상(無相)이 무아(無我)요, 무아가 대아(大我)이다.

모래는 그 개체를 완고히 보존하므로 낱낱이 나누어져 있듯이 제가(齊家)만 본위로 하는 사람은 그 가정에 국한되고, 애국만 본위로 하는 사람은 그 나라에 국한되지만 이 국한을 벗어나서 무아의 경지에 이르러야 무상 대도(無上大道)를 얻으리라688)."

---

7. 만법을 통하여다가689) 한 마음을 밝히라690) 하였으니 그것이 무슨 뜻인가.

---

686) 스스로 법을 깨쳤다, 법력을 갖추었다고 집착하는 것으로서 법박과 같은 뜻. 모든 법의 모양. 천지 만물의 자태. 우주 만물은 그 근본 바탕은 다 같은 하나이나 겉모양은 제각기 다르다는 뜻.
687) 법문을 들었다, 또는 법을 안다는 관념을 다 놓아버린 경지. 법 아닌 것, 법이라 할 것도 없는 것을 들었다는 생각까지도 다 놓아버린 경지. 법상·비법상까지도 다 놓아버려야 이들에 구애되지 않는 허공 같은 마음이 된다.
688) 한 울안 한 이치에, 제1편 법문과 일화, 제1장 마음 공부, 11절, p.24.
689) (통하다+여+다가): (어떤 일이나 지식 따위에) 막힘이 없이 환히 알다.
　　-다가: 타동사의 어미 '아'·'어' 아래에 붙어 그 동작·상태의 계속을 나타내는 조사.
690) (밝히다+라): 어두운 것을 환히 밝게 하다.

'한 마음'이란?

각자의 한 마음, 즉 본래 마음이다. 자성이다. 마음이 두렷하고 고요하여 분별성과 주착심이 없는 나의 성품이다. 천만 가지로 흩어진 마음이 일념으로 모아진 상태의 마음이다.

'만법을 통하여다가 한 마음을 밝히라' 함은?

만법을 통한다 함(通萬法)은 마음속에서 일어나는 의문을 밝히기 위하여 제불 제성의 가르침이나 경전 등의 온갖 방편을 연구·분석하여 해결하는 일체의 활동이며, 느끼고 인식하는 온갖 사물과 현상과 이치와 이들 서로의 관계를 아는 것이다.

그리고 한 마음을 밝힌다 함(明一心)은 그 일어나는 의심을 밝혀 진리를 깨닫는 것이며, 경계를 따라 일어나는 마음(요란함, 어리석음, 그름)을 일단 멈추고 이 마음이 왜 일어나고 무엇인지, 왜 그 경계에 끌리는지 알아차리는 것이며, 이들은 본래부터 있던 것이 아니라 다만 경계를 따라 일시적으로 나타나 본래 마음을 가린 것임을 아는 것이다.

그러므로 내 마음은 원래에 분별 주착도 없는 줄 알면, 일시적으로 일어난 마음에 끌렸음을 알게 되어 본래 마음을 회복하게 된다.

이것이 경계를 통하여 자성의 정·혜·계를 세우는 것이며, 경계를 대할 때마다 공부할 때가 돌아온 것을 염두에 잊지 말고 항상 끌리고 안 끌리는 대중만 잡는 결과다.

천만 경계를 따라 일어나는 마음 작용의 모습은 어떠한가?

하나도 같은 바 없이 다양한 모습으로 나투어진다. 이 마음을 있어지는 그대로 수용하고, 원래 마음에 대조하여 그 일어난 마음의 실체를 알게 되면 요란함도 어리석음도 그름도 없는 심지로 돌아가 자성의 정·혜·계가 세워진다. 이것이 곧 천만 경계를 따라 만법

-라: 모음으로 끝난 동사 어간이나 또는 높임의 '-시-'에 붙어 권하거나 명령하는 뜻을 나타내는 해라체의 종결 어미.

을 통하여다가 한 마음을 밝히는 것이다.

천만 경계를 따라 있어지는 마음이나 대해(大海)를 떠나 존재하는 물이나 그 근본은 하나 자리에서 출발한 것이기 때문에 경로를 거칠지언정 결국에는 그 하나 자리로 돌아갈 수밖에 없는 것이다. 한 마음을 밝히는데 왜 만법을 통하라 하시는가?

우리가 알려고 하는 것은 천차 만별로 다양하며, 그 처한 경계·상황에 따라 해결할 수 있는 방편은 가지각색(천만 방편)이다. 이것이 우리가 처한 현실이며 살아가는 모습이다.

그러니 위대한 성현(스승)이 내놓은 법이 좋다고 해서 그 몇 가지 법(방편)만을 어찌 사용할 것인가?

내가 보지 못한다 하여 있는 것을 어찌 없다고 하고, 내가 알지 못한다 하여 이미 존재하는 것을 어찌 이렇다 저렇다 단정할 수 있단 말인가?

이렇게 내게 보이고 내가 아는 것이 전부고 사실인 줄 한정해서는 결코 해결되지 않는다. 이러니 이것도 조심하고 저것도 조심하여 이러지도 못하고 저리지도 못하라가 아니다. 실상을 제대로 보고 제대로 알자는 것이다. 우리의 스승님들은 이런 이치를 알기에 법을 쓰는데 막히거나 걸림이 없으셨다. 스승님들의 공부 방향로는 한 마음 밝히는 것이었다. 그래서 만법을 통하여다가 밝힌 것이다.

한 마음을 밝힘에 있어, 똑같은 상황이더라도 각자의 근기, 인연 등에 따라 언제 어떤 법에 따라 깨칠지 모른다.

그러니 누구든 가져다 쓸 수 있도록 갖가지 법문과 화두가 존재한다. 이것이 곧 제불 제성의 자비 방편이며 대자비심이다.

진공 묘유의 조화가 이처럼 이미 내게 주어져 있음을 알고, 이를 활용하여 한 마음을 밝히는 것이 우리 공부인에게 주어진 의무요 책임이요 권한이다.

이것이 모든 법을 통해다가 한 마음을 밝히는 일이라

하루는 여러 제자들이 신문을 보다가 시사(時事)에 대하여 가부 평론함이 분분하거늘, 대종사 들으시고 말씀하시기를

"그대들이 어찌 남의 일에 대하여 함부로 말을 하는가. 참된 소견을 가진 사람은 남의 시비를 가벼이 말하지 아니하나니라.

신문을 본다 하여도 그 가운데에서 선악의 원인과 그 결과 여하를 자상히 살펴서 나의 앞길에 거울을 삼는 것이 공부인의 떳떳한 행실이요 참된 이익을 얻는 길이니, 이것이 곧 모든 법을 통해다가 한 마음을 밝히는 일이라.

이러한 정신으로 신문을 보는 사람은 신문이 곧 산 경전이 될 것이요, 혜복의 자료가 될 것이나, 그렇지 못한 사람은 도리어 날카로운 소견과 가벼운 입을 놀려 사람의 시비 평론하는 재주만 늘어서 죄의 구렁에 빠지기 쉽나니 그대들은 이에 크게 주의하라[691]."

통만법하여 명일심하기도 하고 명일심하여 통만법하기도 하나니

한 제자가 여쭈었다.

"통만법 명일심(通萬法 明一心)의 뜻을 해석하여 주십시오."

"우주의 대소 유무와 인간의 시비 이해, 이러한 만사 만리를 보아서 나의 마음을 밝히고 또 밝혔으면 이것을 활용하라는 것이다.

그러므로, 통만법하여 명일심하기도 하고 명일심하여 통만법하기도 한다[692]."

누구나 만법을 통하여 한 마음 밝히는 이치를 알아 행하면 가히 대원정각(大圓正覺)을 얻으리라

---

691) 대종경, 제4 인도품(人道品), 35장, p.203.
692) 한 울안 한 이치에, 제1편 법문과 일화, 제3장 일원의 진리, 66절, p.78.

대종사 말씀하시기를

"큰 도는 서로 통하여 간격이 없건마는 사람이 그것을 알지 못하므로 스스로 간격을 짓게 되나니, 누구나 만법을 통하여 한 마음 밝히는 이치를 알아 행하면 가히 대원정각(大圓正覺)693)을 얻으리라694)."

8. 옛 부처님695)이 나시기 전에 응연(凝然)696)히 한 상697)이 둥글었다698) 하였으니 그것이 무슨 뜻인가.

'한 상이 둥글었다'함은?

진리의 모습을 일부러 나타내려고 또는 어떤 원리나 내용을 따져 그린 것이 아니라, 진리의 형상은 항상 둥근 형상, 즉 일원상(一圓相)이라는 말이다.

이는 곧 우주 만유의 본원의 모습이며, 제불 제성의 심인의 모습이며, 일체 중생의 본성의 모습인 일원상이다.

옛 부처님이 나시기 전에 응연(凝然)히 한 상이 둥글었다 하였

---

693) 가장 큰 깨달음의 경지로서, 대종사님의 대각을 말한다. 부처의 경지도 천층 만층이 있고, 진리에 대한 깨달음의 경지도 크고 작고, 넓고 좁고, 깊고 옅고, 영원하고 일시적인 차이가 있다. 진리 전체를 가장 크고 깊고 바르고 원만하게 깨친 것이 대원정각이다. 대원정각을 하면 무등등한 대각도인, 무상행의 대봉공인이 된다.

694) 대종경, 제7 성리품(性理品), 5장, p.258.

695) 석가 세존을 포함한 과거 칠불(七佛)을 비롯하여 그 동안 진리를 깨치신 모든 부처님의 통칭. 과거 칠불은 비바시불(毘婆尸佛)·시기불(尸棄佛)·비사부불(毘舍浮佛)·구류손불(拘留孫佛)·구나함모니불(拘那含牟尼佛)·가섭불(迦葉佛)·서가모니불(釋迦牟尼佛)을 말함.

696) ①하나로 어려 있는 모습. ②하나로 어려 있는 모습이니 만유(萬有)가 한 체성(體性)으로 되어 있는 것을 말하고, 우주의 대기(大機)가 한 덩어리로 어려있음을 나타낸 말.

697) 한 상: ①한 모습이요 두 가지 상이 아님. ②일원상.

698) (둥글+었+다): 모양이 원과 같거나 비슷하다. 모가 없이 원만하다.

으니 그것이 무슨 뜻인가?

이 말은 중국 송(宋)나라 때 자각(慈覺) 국사가 처음 사용하였는데, "고불미생전 응연일원상 석가유미회 가섭기능전(古佛未生前 凝然一相圓 釋迦猶未會 迦葉豈能傳)"이라고 하였다.

이는 "옛 부처님이 나시기 전에도 일원상의 진리가 두렷이 존재하고 있었는데, 서가모니 부처님도 그 뜻을 미처 확실히 알지 못했거늘, 하물며 가섭 존자가 어찌 후세에 전할 수 있었을 것이냐"는 뜻이다.

일원상의 진리는 옛 부처님이 나시기 전에도 나신 후에도 항상 변함없이 여여자연하게 존재하고 있는 것(불생불멸)이므로 이러니저러니 설명하며 깨달고 전하고 할 것이 없다는 말이다.

경계를 따라 일어나는 분별성과 주착심을 다 놓으면 이 마음이 본래 마음이며, 내 마음에 존재하는 응연일원상이다.

이 마음이 항상 두렷하고 고요한 부처님의 마음(제불제성의 심인)이며, 일체 중생의 본성이다.

일어나는 마음에 끌려 요란해지고 어리석어지고 글러지지 않으면 내 마음속에서 작용되는 마음도, 상대방이 나투는 마음도 인정하게 되고 수용하게 된다.

천지 만물의 미생전(未生前)에는 무엇이 체(體)가 되었는가?

김광선699)이 여쭙기를

---

699) 1879~1939. 소태산 대종사의 첫 제자며, 구인제자의 한 사람. 본명 성섭(成燮), 법호 팔산(八山). 전남 영광에서 출생. 10세에 한문 서당에 입학하여 16세까지 한학을 배웠다. 17세 때에는 길룡리 마촌 산중에 들어가 음양복술(陰陽卜術)을 공부하였다. 마름의 직업을 가져 경제적으로 비교적 넉넉한 형편이었다. 31세 때에 나이가 12세나 적은 소태산 대종사와 의형제의 결의를 하고 물심 양면으로 많은 도움을 주었다. 소태산 대종사가 대각하자 첫 제자가 되어 스승으로 받들었다. 새 인생으로 출발하기를 결심하고 이웃 주민들로부터 받을 상당한 양의 채권 증서를 불살라 버렸다. 영산방

"천지 만물의 미생전(未生前)에는 무엇이 체(體)가 되었나이까?"

대종사 말씀하시기를

"그대가 말하기 전 소식을 묵묵히 반조(返照)하여 보라."

또 여쭙기를

"수행하는 데 견성이 무슨 필요가 있나이까?"

대종사 말씀하시기를

"국문(國文)700)에 본문701)을 아는 것과 같나니라702)."

9. 부모에게 몸을 받기703) 전 몸은 그 어떠한 몸인가.

여기서 몸은 어떤 몸인가?

'부모에게 받은 몸으로서 현재의 나[我]'와 '모태(母胎) 중에 들기 직전의 나'로 나누어 생각할 수 있다.

부모에게 몸을 받기 전 몸은 그 어떠한 몸인가?

부모에게 몸을 받는다는 것은 진리가 절대의 세계에서 현상의 세계로 나타나는 것, 부모를 통하여 진리가 깃든 현생의 몸으로

언공사 도중에 둑에 물이 새어 들어오는 것을 보고 자신의 몸으로 물구멍을 막았다. 교단 초기 소태산 대종사가 구술(口述)한 '법의대전(法義大全)'·'백일소(白日嘯)'·'심적편(心迹篇)' 등을 수필(受筆)하였다. 익산총부 건설에 참여하고, 영산·총부·마령·원평 등지에서 교단 창립에 적극 노력하였다. 마령교당에서는 주경야독의 모범을 보여주었다. 1939년(원기 24) 1월 13일(음), 영산에서 열반했다. 소태산 대종사는 그의 열반을 슬퍼하며 '대종경' 천도품 28장의 법문을 설하였다. 그의 공적은 흔히 공자 문중의 자공(子貢)에 비유되고, 원불교 교단 최초로 대봉도의 법훈을 받았다.

700) 나라 고유의 글자. 또는 그 글자로 쓴 글. 여기서 국문(國文)은 그 글(문장)의 전체며, 본문은 핵심이 되는 글이다.

701) 문서에서 주가 되는 글.

702) 대종경, 제7 성리품(性理品), 20장, p.263.

703) (받다+기): 다른 사람이 주는 것을 가지다.

나타나는 것을 말한다.

이는 저 하늘에 떠 있는 달이 본래는 그림자 없는 달의 모습이 건마는 경계(계절·위치·주변 상황 등)를 따라 천차 만별로 나타나듯이, 우리 몸도 인과가 보응되는 이치와 인연 따라 나타난다.

그러므로 부모에게서 몸을 받기 전 몸은 현생의 인(因)이요, 부모로부터 받은 몸은 전생의 과(果)요, 내생의 인(因)이다.

이와 같이 인과 관계는 불생 불멸의 이치 따라 끊임없이 계속되는 것이므로 우리의 몸이 만사 만리의 근본 되는 몸임을 알고 기르고 사용하여야 한다.

10. 사람이 깊이 잠들어 꿈[704]도 없는 때에는 그 아는 영지가 어느 곳에 있는가.

사람이 깊이 잠이 들면 육근의 동작이 쉬므로 육근의 작용이 없는데 어찌 생각이 일어나며 경계에 끌려 다닐 수 있겠는가?

꿈을 꾸는 것은 마음이 평상시 육근 작용의 연장선상에서 끌려 다니고 있는 결과이므로 육근은 쉬어도 마음이 쉬지를 못하게 되니, 쉬어도 쉰 것 같지 않게 된다.

그러나 잠이 들든 들지 아니하든 육근의 작용이 쉬게 되면 그 아는 영지는 바로 언어 도단의 입정처·일념미생전의 경지에 있는 것이며, 원래 요란함·어리석음·그름이 없는 천지와 내가 둘이 아닌 경지에 있는 것이다.

어디로 가나 한 물건이 업을 따라 한 없이 다시 나고 다시 죽나니라

정일성(鄭一成)[705]이 여쭙기를

---

704) ①잠자는 동안에 생시처럼 보고 듣고 느끼고 하는 여러 가지 현상. ②육신의 신경은 쉬고 영식(靈識) 또는 정신(精神)만 작용하는 현상.
705) 본명은 학준(學俊). 1879년 10월 29일 전남 광산군에서 태어났다. 천성이

"일생을 끝마칠 때에 최후의 일념을 어떻게 하오리까?"

대종사 말씀하시기를

"온전한 생각으로 그치라."

또 여쭙기를

"죽었다가 다시 나는 경로가 어떠하나이까?"

대종사 말씀하시기를

"잠자고 깨는 것과 같나니, 분별없이 자 버리매 일성이가 어디로 간 것 같지마는 잠을 깨면 도로 그 일성이니, 어디로 가나 그 일성이인 한 물건이 지은 업을 따라 한 없이 다시 나고 다시 죽나니라[706]."

11. 일체가 다 마음의 짓는 바[707]라[708] 하였으니 그것이 무슨 뜻인가.

일체가 마음의 짓는 바라 했는데 일체와 마음간의 관계는 무엇인가?

일체(一切)는 형상 있는 것(有), 형상 없는 것(無), 있을 수 있는 것 등 모든 것을 뜻하며,

마음이란 경계를 따라 육근 작용을 통해 알아지는 것(六識)이다. 육근을 통해 어떻게 느끼고 아느냐에 따라 말과 행동이 달라진다.

모든 것은 어떤 마음으로 보고 듣고 느끼는가에 따라 달라진다. 똑같은 것을 보고도 보는 사람에 따라 다를 수 있고, 보는 관점에 따라 달리 보이기도 하고, 그 날의 마음 상태에 달라질 수 있다.

쾌활하고 정직했으며, 국학문에 능하여 많은 후진들을 가르쳐 오던 중 1927년(원기12) 조송광의 연원으로 입교했다. 본교의 교리와 취지에 호감을 가지고 전무출신을 결심하여 한 때 농공부(農工部)에 근무했으나 사가 형편으로 환가했다. 이후 영광군 묘량면 신천리 신흥 부락으로 이사하여 신흥교당 창립기에 합력했다. 발표된 글로 '내 마음'('회보' 제7호)이라는 시와 '구속과 자유'('회보' 제61호)라는 논설이 전한다.

706) 대종경, 제9 천도품(薦度品), 12장, p.291.

707) 일체가 마음의 짓는 바: 일체유심조(一切唯心造).

708) -라: 모음으로 끝난 체언이나 '아니다'의 어간에 붙어서 서술하는 종결 어미.

그러므로 이 모든 것(一切)은 마음의 짓는 바(알고 기르고 사용하는 것)에 따라 있어지기도 하고 없어지기도 하고 같기도 하고 다르기도 하므로, 있는 것을 있는 그대로 보고 느끼며 어느 하나에 주착하지 않고 수용하는 것이 경계를 당하여 자유 자재하는 것이며 마음의 자유를 얻는 것이다.

일체가 다 마음의 짓는 바라 하였으니 그것이 무슨 뜻인가?

왜 모든 게 마음먹기에 달렸다는 말인가(一切唯心造)?

마음이 무엇이기에 모든 것이 다 여기에 달렸다는 말인가?

마음은 모든 것을 이루는 원동력이다. 그래서 우주 만유의 본원이라고 한다.

작을 때는 바늘 구멍보다도 작고, 클 때는 하늘보다 넓고도 높으며 바다보다 넓고도 깊다.

이것이 경계를 따라 작용되는 마음이다. 경계를 따라 작용되는 마음에 따라 모든 일이 이루어진다.

진리도 이 마음 작용에 감응하여 나타난다. 이것이 곧 작용되는 마음이 짓는 일체다.

그러므로 일체를 짓고 다스리고 나타내게 하는 마음을 원래 마음대로, 하늘 같은 마음으로, 모든 물의 근원이 되는 바다 같은 마음으로 하나 되게 하는 것이야말로 공부인의 영원한 본연의 직업이다.

귀하의 조물주는 곧 귀하요, 나의 조물주는 곧 나며, 일체 생령이 다 각각 자기가 자기의 조물주니라

전주의 교도 한 사람이 천주교인과 서로 만나 담화하는 중 천주교인이 묻기를

"귀하는 조물주를 아는가?" 하는데,

그가 능히 대답하지 못하였더니,

그 사람이 "우리 천주께서는 전지 전능하시니 이가 곧 조물주라."고 말하는지라,

후일에 대종사께서 그 교도의 보고를 들으시고 웃으시며 말씀하시기를

"그대가 그 사람에게 다시 가서, 귀하가 천주를 조물주라 하니 귀하는 천주를 보았느냐고 물어보라.

그리하여, 보지 못하였다고 하거든 그러면 알지 못하는 것과 같지 않느냐고 말한 후에,

내가 다시 생각하여 보니 조물주가 다른 데 있는 것이 아니라 귀하의 조물주는 곧 귀하요, 나의 조물주는 곧 나며, 일체 생령이 다 각각 자기가 자기의 조물주인 것을 알았노라 하라.

이것이 가장 적절한 말이니, 그 사람이 만일 이 뜻에 깨달음이 있다면 바로 큰 복음709)이 되리라710)."

12. 마음이 곧 부처711)라 하였으니 그것이 무슨 뜻인가.

마음은 무엇이고, 부처는 무엇인가?

마음은 육근 작용의 통솔자요 주재자며 성품의 작용이다.

부처는 진리를 각득(覺得)하여 마음을 마음대로 부려 쓰는 공부인이요 일원상과 같이 원만 구족하고 지공 무사한 각자의 마음을 알고 양성하고 사용하는 공부인이다.

마음이 왜 부처인가?

마음이 곧 부처(心卽是佛)라 함은 일체유심조(一切唯心造)와 같

---

709) 기쁜 소식.
710) 대종경, 제6 변의품(辨疑品), 9장, p.240.
711) 마음이 곧 부처: 심즉시불(心卽是佛).

은 의미를 담고 있다. 즉 부처 같은 마음을 내고, 중생 같은 마음을 내는 것도 다 마음 작용의 차이에 따라 달라진다.

천만 경계에 따라 있어지는 마음을 원래 마음으로 돌리는 그 순간이 부처가 되는 순간이요, 그 사람이 부처다.

부처와 중생의 차이는 무엇인가?

부처는 마음(자성의 원리)을 깨치고 사리(事理)를 깨쳐 자신의 마음을 마음대로 사용하나, 중생은 자신의 작용되는 마음을 알지 못하고 사리를 알지 못하여 자신의 마음을 마음대로 사용하지 못하고 경계에 끌려 다닌다.

그러므로 부처와 중생의 차이는 학식이나 외모나 권력이나 성별이나 연령의 차이에 달려 있는 것이 아니라, 오직 마음을 어떻게 작용하고 사용하느냐에 달려 있다.

경계를 대할 때마다 공부할 때가 돌아온 것을 염두에 잊지 말고 항상 끌리고 안 끌리는 대중만 잡는 그 순간, 그 사람이 부처며,

요란함·어리석음·그름 경계를 따라 있어지는 마음 작용을 그대로 수용하고 그 마음이 있기 전 원래 마음에 대조하여 자성의 정을 쌓고, 자성의 혜를 밝히고, 자성의 계를 지키는 그 순간 그 사람이 부처다.

(정산 종사) 말씀하시기를

"본래 선악 염정(善惡染淨)[712]이 없는 우리 본성에서 범성(凡聖)[713]과 선악의 분별이 나타나는 것은 우리 본성에 소소영령(昭昭靈靈)[714]한 영지가 있기 때문이니, 중생은 그 영지가 경계를 대

---

712) 착함과 악함. 더러움과 깨끗함.
713) 범인(凡人)과 성인(聖人).
714) 소소(昭昭)는 매우 밝고 분명한 모양, 영령(靈靈)은 마음의 작용이 영묘 불가사의하다는 뜻. 우리의 본래성품의 작용을 형용하는 말로서, 사리(事理)가 훤히 밝게 드러나서 매우 신령스러운 조화를 나타낸다는 말. 우리의 본래 성품은 원래 소소영령한 것이기 때문에, 성품을 깨치면 소소영령한 지혜가 나타나, 우주의 모든 이치가 소소역력(歷歷)하게 밝아진다.

하매 습관과 업력(業力)715)에 끌리어 종종 망상이 나고,

부처는 영지로 경계를 비추되 항상 자성을 회광반조(廻光返照)716)하는 지라 그 영지가 외경에 쏠리지 아니하고 오직 청정한 혜광이 앞에 나타나나니, 이것이 부처와 중생의 다른 점이니라717)."

어디가 정하고 어디가 추한가?

한 제자 여쭙기를

"어떠한 주문을 외고 무슨 방법으로 하여야 심령이 열리어 도를 속히 통할 수 있사오리까?"

대종사 말씀하시기를

"큰 공부는 주문 여하에 있는 것이 아니요, 오직 사람의 정성 여하에 있나니,

그러므로 옛날에 무식한 짚신 장수 한 사람이 수도에 발심하여 한 도인에게 도를 물었더니 '즉심시불(卽心是佛)'이라 하는지라, 무식한 정신에 '짚신 세 벌'이라 하는 줄로 알아 듣고 여러 해 동안 '짚신 세 벌'을 외고 생각하였는데 하루는 문득 정신이 열리어 마음이 곧 부처인 줄을 깨달았다 하며,

또 어떤 수도인은 고기를 사는데 '정한 데로 떼어 달라' 하니, 그 고기 장수가 칼을 고기에 꽂아 놓고 '어디가 정하고 어디가 추하냐?'는 물음에 도를 깨쳤다 하니,

이는 도를 얻는 것이 어느 곳 어느 때 어느 주문에만 있는 것이

---

715) 과보를 이끄는 업의 큰 힘. 업력은 마치 자기력(磁氣力)과 같아서, 자기가 좋아하는 대로 또는 지은 대로 끌려간다. 현생에서 싸우기를 좋아하는 사람은 죽어서 다시 새 몸을 받을 때에도 싸우기를 좋아하는 몸으로 태어나게 된다는 것이다.

716) 바깥 경계로 끌려가는 정신을 안으로 돌려 자성 본원을 비추어 보는 것. 자성을 깨치는 것이 우주의 진리를 깨치는 길이 되므로 모든 것을 자기의 본래 마음에서 찾는 것. 차별심·분별심·망상심·집착심·증애심·번뇌심 등을 끊고 항상 자성 본래를 살펴보는 것.

717) 정산 종사 법어, 제2부 법어(法語), 제5 원리편(原理篇), 11장, p.822.

아님을 여실히 보이는 말이라,

그러나 우리는 이미 정한바 주문이 있으니 그로써 정성을 들임이 공이 더욱 크리라[718]."

본래 추(醜)하고 정(淨)한 곳이 없는 자리, 밉고 곱고 가고 오는 것이 없는 자리인 것을

이어서 장항대각상(獐項大覺相)에 대하여 말씀하시기를

"대종사님께서는 일원대도를 대각하사 불일(佛日)을 중휘(重輝)시키고 법륜(法輪)을 부전(復轉)하시어 천하 인류가 다 다닐 수 있는 큰 길을 닦아 주셨고, 은(恩)의 핵(核)을 터트리어 뜨거운 정의(情誼)가 건네게 하셨다.

대각을 하셨다. 무엇을 대각하셨느냐?

간단히 말하면 우리의 마음 자리 심즉시불(心卽是佛), 마음이 곧 부처인 이 자리를 깨치셨다.

대종사님께서 다음과 같은 예화를 말씀해 주셨다.

옛날 무명거사(無名居士) 한 분이 끊임없는 적공을 들이다가 아들이 와서

'내일이 할아버지 제사입니다.' 하니,

'그러냐? 그러면 제물을 가서 준비해야지.'

하고 돈 몇 냥 가지고 고기점으로 가서

'고기를 좀 파시오. 중요한 데 쓸 것이니 기왕이면 정(淨)한 데를 주시오.'

하였더니, 고기 파는 사람이 칼을 고기에 꽂으며

'어느 곳이 정하고 어느 곳이 추합니까?' 하였다.

그 말에 말문이 딱 막혔다. 한참을 생각하다가

'그렇지. 어디가 정한 곳이며 어디가 추한 곳인가? 본래 추(醜)하고 정(淨)한 곳이 없는 자리, 밉고 곱고 가고 오는 것이 없는 자

---

718) 대종경, 제6 변의품(辨疑品), 13장, p.242.

리인 것을.'

하고 한 생각이 열리어 거기서 깨쳤다.

대종사님께서

'큰 법문만 듣고 도를 깨는 것이 아니다.

자기가 적공을 들이다 보면 어느 땐가는 깰 때가 있다.'

고 하셨다.

우리가 생각해 볼 때 가는 것도 아니고 오는 것도 아니고 정한 것도 추한 것도 없는 자리, 천지와 내가 같은 자리, 그 자리가 무시무종(無始無終)한 자리고 유시유종(有始有終)한 자리다. 즉 생멸 없는 자리와 인과 있는 자리를 깬 것이 대각이다[719]."

본원에 반조하는 한 마음이 곧 부처와 가까워지는 마음이니

말씀하시기를

"한 마음이 일어날 때 공사(公私)와 정사(正邪)를 대조하여 그 마음의 시작부터 공변(公遍)[720]되고 바르게 하라.

'바늘 구멍으로 소 바람 들어 온다'는 말이 있나니, 한 구석에 삿된 마음이 들어오기만 하면 바로 본원에 반조하여 바른 마음으로 돌려야 후일에 후회가 없으리라.

도량에서도 알뜰한 공부가 없이 억지로 체면에 끌리어 시일만 보내면 이생은 혹 그대로 지낼지 모르나 다음 생에는 자연히 회상을 등지고 타락하게 되며, 공가에서 짓는 죄는 사가에서 짓는 죄보다 훨씬 더 중한 보응을 받게 되나니, 크게 각성하여 영원한 길에 유감이 없도록 하라.

본원에 반조하는 한 마음이 곧 부처와 가까워지는 마음이니, 수도인은 오직 도만을 생각하고 부처만을 부러워해야 하나니라[721]."

---

719) 대산 종사 법문집, 제3집, 제1편 신성(信誠), 71장, p.47.
720) 행동이나 일 처리가 사사롭거나 치우침이 없이 공평함.
721) 정산 종사 법어, 제2부 법어(法語), 제9 무본편(務本編), 22장, p.912.

13. 중생의 윤회722)되는 것과 모든 부처님의 해탈723)하는 것은 그 원인724)이 어디 있는가.

'중생의 윤회'와 '모든 부처님의 해탈'은 어떻게 하는가?

중생은 임의대로 또는 마음대로 윤회되는 것이 아니라, 경계를 따라 짓고 짓는 바에 따라(즉 인과 보응의 이치에 따라) 무시광겁에 은현 자재하면서 윤회된다.

그러나 부처님의 능력은 무궁 무진하여 주하지 않은 바도 없고 주한 바도 없듯이 윤회와 해탈을 자유 자재로 한다.

윤회되는 것은 각자의 권한 밖이지만, 해탈하는 것은 각자의 마음 먹기와 수행·공부하기에 달려 있다.

그러므로 이 해탈은 공부인의 수행 정도에 따라 마음 먹은 대로 할 수 있다.

경계를 따라 있어지는 마음 작용을 원래 마음과 하나 되게 하여 해결하는 것, 즉 해탈을 마음 먹은 대로 한다는 것은 결과를 낳게 하는 원인을 마음대로 하는 것이므로 인과 보응의 이치에 따라 윤회되는 것도 마음대로 할 수 있는 것이다.

중생의 윤회되는 것과 모든 부처님의 해탈하는 것은 그 원인이 어디 있는가?

마음대로 되지 않고 어떤 결과에 따라 자동적으로 되어진다는 (수동적인) 의미를 담고 있는 '되는'의 대상은 왜 중생이라 하고,

---

722) ①차례로 돌아감. '윤회 생사'의 준말. ②수레 바퀴가 끝없이 돌듯이 중생의 영혼은 해탈을 얻을 때까지는 육체와 같이 멸하지 않고 전전(轉轉: 여기저기로 떠돌아 다님)하여 무시 무종(無始無終)으로 돎을 이르는 말.
723) 속세의 번뇌와 속박을 벗어나 편안한 경지에 이르는 일.
724) 사물의 말미암은 까닭, 곧 어떤 일이나 상태보다 먼저 일어나 그것을 일으키는 근본 현상

마음 먹은 대로 조절하며 해결한다는(능동적인) 의미를 담고 있는 '하는'의 대상은 왜 부처님이라 하는가?

그 원인은 어디 있는가?

중생은 때때로 경계를 따라 있어지는 마음 작용(요란함·어리석음·그름)을 수용하지 못하거나 또는 원래 마음으로 돌려 자성의 정·혜·계를 세우지 못해 경계에 끌려 다니므로 이것이 인(因)이 되어 죄와 업을 지을 수 있다.

이 윤회는 원인에 따라 나타나는 결과이므로 내가 결정할 수 있는 것이 아니다. 내가 행함에 따라 선인(善因)은 선과(善果)로, 악인(惡因)은 악과(惡果)로 자동적으로 나타난다.

그러나 부처님, 즉 공부인은 생활 속에서 대하는 경계를 지나치거나 놓치지 않고 일일이 공부 거리 삼아 이때 작용되는 마음도 진리의 작용에 따라 나타나는 내 마음임을 알고(일원상의 신앙), 원래 마음에 대조하여 자성의 정·혜·계를 세우므로 오히려 요란함 경계를 통하여 그 요란함을 해탈하는 공부를 하고, 어리석음 경계를 통하여 그 어리석음을 해탈하는 공부를 하고, 그름 경계를 통하여 그 그름을 해결하는 공부를 한다. 즉 번뇌조차 보리(菩提)[725]로 삼는다.

왜 이렇게 되는가?

누구는 윤회되는 중생이 되고, 누구는 해탈하는 부처님이 되는가?

이는 경계를 대할 때마다 경계가 내게 왔음을 알고, 경계를 따라 나타나는 마음 작용이 진리의 작용에 따라 내게 나타나는 진공 묘유의 조화임을 알고, 이 마음 작용이 있기 전 원래 마음에 대조하는 마음을 살피고 또 살피고 챙기고 또 챙기는 차이에서 비롯되며,

이렇게 세워진 요란함이 없는 마음(자성의 정)과, 어리석음이 없는 마음(자성의 혜)과, 그름이 없는 마음(자성의 계)을 사용하여 급기야는 내가 대하는 인연과 주위를 항상 공정한 자리에서 자리이타로, 훈훈하게 불공(보은)하는 데에서 비롯되기 때문이다.

---

725) 부처님이 깨친 큰 지혜를 얻기 위해 닦는 도(道). 곧 부처의 경지에 이르는 길.

우리 공부인이 항상 염두에 잊지 말아야 할 것이 있다.

경계를 따라 중생도 공부하여 그 경계에서 해탈하면 부처요, 부처도 공부하지 않고 그 경계에 끌리면 중생이라는 사실을…….

부처와 조사며 범부와 중생이며 귀천과 화복이며 명지장단(命之長短)을 다 네가 짓고 짓나니라

"부처와 조사는 자성의 본래를 각득(覺得)[726]하여 마음의 자유를 얻었으므로 이 천업(天業)[727]을 돌파하고 육도와 사생을 자기 마음대로 수용하나,

범부와 중생은 자성의 본래와 마음의 자유를 얻지 못한 관계로 이 천업에 끌려 무량 고(苦)를 받게 되므로,

부처와 조사며 범부와 중생이며 귀천과 화복이며 명지장단(命之長短)을 다 네가 짓고 짓나니라[728]."

윤회를 자유하는 방법은 오직 착심을 여의고 업을 초월하는 데에 있나니라

대종사 말씀하시기를

"사람의 영식이 이 육신을 떠날 때에 처음에는 그 착심을 좇아가게 되고, 후에는 그 업을 따라 받게 되어 한없는 세상에 길이 윤회하나니,

윤회를 자유하는 방법은 오직 착심을 여의고 업을 초월하는 데에 있나니라[729]."

---

726) 진리를 깨달아 알아서 마음을 자유 자재로 활용하는 것.
727) 우주 대자연이 천지 조화로 자동적으로 운행하는 것. 우주의 성주괴공, 만물과 인생의 생로병사, 또는 춘하추동 사시의 순환이나 주야의 변화 등을 천업이라고 한다. 정업(定業)은 부처님도 면할 수 없으나, 자성불을 깨쳐 마음의 자유를 얻으면 천업은 돌파할 수 있다고 한다.
728) 대종경, 제9 천도품(薦度品), 5장, p.288.
729) 대종경, 제9 천도품(薦度品), 11장, p.291.

이 세상 일체 중생들은 그 짓는바 업력을 따라 윤회하나니

이와 같음을 내가 듣사오니 한 때에 부처님께서 사위국 기수급 고독원에 계시더니, 도제야의 아들 수가 장자(首迦長者)에게 말씀 하시되

"내 오늘은 너를 위하여 일체 중생의 선악 업보가 각각 다른 이유를 말하리니 잘 들어 보라." 하신대,

장자 즐거이 법설 듣기를 원하거늘 부처님께서 말씀하시되

"이 세상 일체 중생들은 항상 그 짓는바 업에 얽매이고 그 업에 의지하며 또한 그 업력을 따라 이리저리 윤회하여 상·중·하의 천만 차별이 생기게 되나니, 내 이제 일체 중생들의 업력을 따라 천만 차별로 과보 받는 내역을 말하리라730)."

중생은 12인연으로 수생하여 윤회하는데 부처님은 어떻게 합니까?

한 제자가 여쭈었다.

"중생은 12인연731)으로 수생(受生)하여 윤회하는데 부처님은 어

---

730) 불조요경, 업보차별경(業報差別經), 1장, p.471.
731) 과거에 지은 업에 따라서 현재의 과보를 받고, 현재의 업을 따라서 미래의 고(苦)를 받게 되는 열두 가지 인연을 말한다. 십이연기(十二緣起)라고도 한다. ①무명(無明): 미(迷)의 근본이 되는 무지(無知). ②행(行): 무지로부터 다음의 의식 작용을 일으키게 되는 동작. ③식(識): 의식 작용. ④명색(名色): 이름만 있고 형상이 없는 마음과, 형상이 있는 물질. 곧 사람의 몸과 마음. ⑤육입(六入): 안·이·비·설·신·의의 육근(六根). ⑥촉(觸): 육근이 사물에 접촉하는 것. ⑦수(受): 경계로부터 받아들이는 고통, 또는 즐거움의 감각. ⑧애(愛): 고통을 버리고 즐거움을 구하려는 마음. ⑨취(取): 자기가 욕구하는 것을 취하는 것. ⑩유(有): 업(業)의 다른 이름. 다음 세상의 과보를 불러 올 업. ⑪생(生): 몸을 받아 세상에 태어나는 것. ⑫노사(老死): 늙어서 죽게 되는 괴로움. 이 십이인연의 전개 순서를 무명이 있기 때문에 행이 있고, 행이 있기 때문에 식이 있고, …생이 있으면 노사가 있다고 긍정적으로 보는 입장을 순관(順觀)이라 한다. 이와 반대로 무명이 없으면 행도 없고, 행이 없으면 식도 없고, …생이 없으면 노사도 없다는 것과 같이 부정적으로 보는 입장을 역관(逆觀)이라 한다.

떻게 합니까?

　부처님은 업식(業識)732)이 없으므로 중생과는 달리 한 가지 단계를 밟지 않고 수생하게 되는 것입니까?"

　"중생은 12인연의 수레바퀴에 끌려서 생을 받게 되는데 무명(無明)733)으로 행(行)을 지어 습관성인 식(識)으로써 수생을 하는 의미에서 업감연기(業感緣起)734)에 해당하고,

　부처는 무명의 행이 아니요 명735)의 행이며, 습관적 식이 아니요 지혜로써 익힌 청정식으로 입태(入胎)하게 되니 진여연기(眞如緣起)736)에 해당된다.

　그러므로, 12연기가 바로 진여연기가 되는 것이 부처의 수생이다737)."

14. 잘 수행하는 사람은 자성을 떠나지 않는다 하니 어떠한 것이 자성을 떠나지 않는 공부인가.

---

732) ①진여(眞如: 있는 그대로의 참 모습)의 본성(本性)이 무명(無明)에 의해 일어나는 미혹한 마음 작용. ②과거에 저지른 미혹한 행위와 말과 생각의 과보로 현재에 일으키는 미혹한 마음 작용.
733) 진리를 깨치지 못해 지혜가 어두운 것. 경계를 대할 때마다 마음이 요란해지고, 어리석어지고, 글러져서 무명이 생기고 온갖 악업을 짓게 되며, 무명에 의하여 십이인연이 일어나고 육도 윤회를 하게 된다.
734) 우주와 일체 만물은 다 우리들의 업력을 근본 원인으로 하고 일체 만물이 서로 연(緣)이 되어서 생겨나는 도리. 우리는 각기 뜻을 결정하고 그 결정을 말과 동작으로 나타내어 업력이 되고, 업력에 따라 잠재 세력도 된다. 이들 세력은 없어지지 아니하고 반드시 그 결과를 불러오는데, 인생이나 세계가 모두 이 업의 결과다. 이 업에는 미(迷)의 세계와 오(悟)의 세계가 있는데, 업감연기는 미의 세계를 설명하는 것이다.
735) 지혜의 다른 이름. 번뇌의 어둠을 물리치고 지혜를 밝힌다는 뜻.
736) 일체 만유는 인연에 따라 진여로부터 나타난다고 하는 주장. 진여는 우리의 본래 면목·자성청정심을 다르게 표현하는 말이며, 진(眞)은 진실하여 허망하지 않다는 뜻이고, 여(如)는 여상(如常)하여 변하지 않는다는 뜻이다. 우주 만유의 실제, 우주의 근원적인 진리, 불생불멸의 진리, 우리의 주인공을 진여라 한다. 변화 무상한 현상 세계에 대하여 불생 불멸·영원 불멸한 절대적 진리, 우리의 본성을 진여라 한다.
737) 한 울안 한 이치에, 제1편 법문과 일화, 제5장 지혜 단련, 17절, p.101.

잘 수행하는 사람은 어떤 사람이며, 왜 자성을 떠나지 않는가?

잘 수행하는 사람은 경계를 따라 있어지는 그 요란함·그 어리석음·그 그름을 수용하고, 그 원래 없는 자리[자성(自性)]에 대조하기를 즐겨하여 자성의 정·혜·계를 세우는 공부인이며, 경계를 대할 때마다 공부할 때가 돌아온 것을 염두에 잊지 말고 대중만 잡는 공부인이다.

왜 자성을 떠나지 아니하는가?

자성이 우리의 본래 마음 자리기 때문이다.

'자성을 떠나지 않는다' 함은?

경계를 따라 마음이 요란해지고 어리석어지고 글러지면,

'내 마음이 대소 유무에 분별이 나타나서 선악 업보에 차별이 생겼구나!'

하고 재빨리 알아차리고,

'그 요란함이 일어나기 전 마음에는 요란하다 요란하지 않다는 생각조차 있었는가 없었는가?'

또는 '내 본래 성품 자리는 대소 유무에 분별이 없는 자리며, 선악 업보가 끊어진 자리구나!'

하고 원래 요란함·어리석음·그름이 없는 심지에 대조하여 자성의 정·혜·계를 세우는 것이다.

자성을 떠나지 않는 공부는 어떤 공부인가?

경계를 대할 때마다 마음의 상태를 재빨리 알아차리고, '심지는 원래 요란함(·어리석음·그름)이 없건마는 경계를 따라 있어지나니, 그 요란함(·그 어리석음·그 그름)을 없게 하는 것으로써 자성의 정(·혜·계)를 세우자.'라고 공식대로 일어난 마음을 대조하여 일어나기 전 마음, 즉 자성을 밝히는 것이다.

가장 중요한 것은 마음이 일어난 것에 끌려가지 않고, 그 상태를 빨리 알고 인정하는 것이다. 이래야 멈춰지고, 자성의 정(·혜·계)를 세울 수 있다.

잘 수행하는 사람은 자성을 떠나지 않는다 하니 어떠한 것이 자성을 떠나지 않는 공부인가?

잘 수행하는 사람이란 일원상의 진리를 신앙하는 동시에 수행의 표본을 삼아 생활하는 공부인이다.

이 공부인은 경계를 대할 때마다 공부할 때가 돌아온 것을 염두에 잊지 말고 항상 끌리고 안 끌리는 대중만 잡아가고, 또한 경계를 따라 있어지는 요란함과 어리석음과 그름을 있는 그대로 수용하고(일원상의 신앙), 이 마음 작용을 원래 마음에 대조함으로써 자성의 정·혜·계를 세우기를 게을리 하지 않는다.

이러기 위해서는 경계를 따라 작용되는 마음을 일일이 살피고 또 살피고, 대조하고 또 대조하는 마음을 일분 일각도 놓을 수 없다.

사람의 마음은 지극히 미묘하여 잡으면 있어지고 놓으면 없어지므로 필경은 이 챙기는 마음을 챙기지 아니하여도 저절로 되어지는 경지에 이르게 해야 한다.

이렇게 하려면 경계를 따라 있어지는 마음 작용을 세밀히 경계를 대할 때마다 살피고, 대체로는 하루에 한번 대조하기를 끝까지 놓지 않아야 한다. 이렇게 하여 자성의 정·혜·계를 세우는 것이 곧 자성을 떠나지 않는 것이며, 자성을 떠나지 않는 공부다.

사람의 마음은 지극히 미묘하여 잡으면 있어지고 놓으면 없어지므로, 챙기지 아니하고 어찌 그 마음을 닦을 수 있겠는가?

대종사님께서는 이 챙기는 마음을 실현시키기 위하여 상시 응용 주의 사항과 교당 내왕시 주의 사항을 정하였으며, 그 실현 정도는 상시 일기와 정기 일기로 조사하며, 그 결과로 연구와 취사의 능력을 얻게 된다.

이와 같이, 이 법대로 부지런히 공부하면 범부를 벗어나 성인이 되는(超凡入聖)의 큰일을 성취하게 된다[738].

수양은 동정 간에 자성을 떠나지 아니하는 일심 공부라

삼학에 대하여 말씀하시기를

"과거에도 삼학이 있었으나 계·정·혜와 우리의 삼학은 그 범위가 다르나니,

계는 계문을 주로 하여 개인의 지계에 치중하셨지마는 취사는 수신·제가·치국·평천하의 모든 작업에 빠짐없이 취사케 하는 요긴한 공부며,

혜도 자성에서 발하는 혜에 치중하여 말씀하셨지마는 연구는 모든 일 모든 이치에 두루 알음알이를 얻는 공부며,

정도 선정에 치중하여 말씀하셨지마는 수양은 동정 간에 자성을 떠나지 아니하는 일심 공부라,

만사의 성공에 이 삼학을 벗어나지 못하는 것이니 이 위에 더 원만한 공부 길은 없나니라[739]."

그러므로 수양, 즉 안으로 분별성과 주착심을 없이하며 밖으로 산란하게 하는 경계에 끌리지 아니하여 두렷하고 고요한 정신을 양성하는 것이 곧 동정 간에 자성을 떠나지 아니하는 공부임을 알 수 있다.

자성을 떠나지 않는 것이 가장 큰 공부요 간단없는 큰 공부니라

말씀하시기를

"대종사께서 고경 한 귀를 인용하사 혜복 이루는 요도를 간명히

---

738) 대종경, 제3 수행품(修行品), 1장, p.140.
739) 정산 종사 법어, 제2부 법어(法語), 제6 경의편(經義編), 13장, p.842.

밝혀 주셨나니, 곧 '자성을 떠나지 않는 것이 가장 큰 공부요, 응용에 무념하는 것이 가장 큰 덕'이라 하심이니라."

또 말씀하시기를

"상(相)에 주착한 공덕은 오히려 죄해의 근원이 되기 쉽나니, 사람이 다 자식을 기르되 부모에게는 상이 없으므로 큰 은혜가 되듯 복을 짓되 상이 없어야 큰 공덕이 되나니라740)."

대종사 육조 대사의 법문을 인거하여 말씀하시었다.

"자성을 떠나지 아니하는 공부가 간단없는 큰 공부요, 응하여 써도 상을 내지 않는 덕이 무루의 큰 공덕이 되는 것이다741)."

15. 마음과 성품과 이치와 기운의 동일한 점은 어떠하며, 구분된 내역742)은 또한 어떠한가.

마음과 성품과 이치와 기운 각각의 의미는?

마음(心)은 성품(性品)의 작용이다. 즉 성품이 동(動)하면 마음이 되고 마음이 정(靜)하면 성품이 되며, 성품에서 분별이 일어나면 마음이 되고 분별을 여의면 성품이 된다.

그러므로 마음에는 착한 마음, 악한 마음, 삼독 오욕심, 시기 질투심, 사량 계교심, 중상 모략심 등이 있으며, 성품이 경계를 따라 동하면 이런 마음이 나는 것이다.

그러면 성품(性品)은 무엇인가?

자성(自性)·본성(本性)·불성(佛性)·진성(眞性), 즉 마음의 체성이다.

그러므로 성품과 마음은 체와 용의 관계에 있으며, 원래 하나임을 알 수 있다. 즉 성품을 떠나 마음이 따로 존재할 수 없고, 마음을 떠나 성품이 따로 없는 것이다.

---

740) 정산 종사 법어, 제2부 법어(法語), 제9 무본편(務本編), 34장, p.918.
741) 대종경 선외록, 8.일심적공장(一心積功章), 12절, p.63.
742) 분명하고 자세한 내용.

이치(理)와 기운(氣)은 어떠한가?

이치(理致)는 우주 만유의 본래 이치를 체(體)의 입장에서 말하는 것이고, 기운(氣運)은 활동의 근원이 되는 보이지 않는 힘(에너지)으로서 체성인 이치에서 나타난 용(用)이다.

그러므로 이치와 기운 역시 우주 만유의 본래 이치의 체와 용의 관계에 있다. 즉 기운이 정(靜)하면 이치가 되고 이치가 동하면 기운이 되므로 우주의 이치를 떠나 기운이 따로 없고, 기운을 떠나 이치가 따로 없으므로 이치와 기운은 본래 하나의 세계를 이루고 있다.

마음과 성품과 이치와 기운, 이들의 관계는?

마음과 성품(心性)은 우리의 자성이요, 이치와 기운(理氣)은 우주 만유의 본래 이치다.

우리 인간과 우주 만유와의 관계는 무엇인가?

인간은 우주 만유 중의 한 존재이고, 우주 만유는 영(靈)과 기(氣)와 질(質)로서 구성되어 있다.

영은 만유의 본체(本體)로서 영원불멸한 성품(性品)이며, 기는 만유의 생기(生氣)로서 그 개체를 생동케 하는 힘이며, 질(質)은 만유의 바탕으로서 그 형체를 이루고 있다.

이를 우리 인간의 몸에 적용해 보면, 영(靈)은 사람의 마음에 해당되고, 기(氣)는 우리 몸에 흐르고 있는 기운에 해당되며, 질(質)은 신체에 해당되므로 사람의 몸을 일러 소우주라고 한다.

또한 우주가 객관적인 존재(진공)라면 인간은 주관적인 존재(묘유)로 구분되나, 이는 원래 하나의 세계를 이루고 있으며, 현실에서는 각각으로 나타나기도 한다.

그러므로 인간은 우주 만유 중의 하나며, 우주의 진리인 근본 이치로 이루어진 존재이므로 나타남이 다를 뿐 그 근본은 하나의 진리에서 비롯되었다.

이렇다는 얘기는 마음과 성품과 이치와 기운은 그 근본(體)은

하나며, 쓰임(用)에 따라 달리 이르고 있음을 알 수 있다.

즉 성품(性)과 이치(理)는 체(體)가 되고 마음(心)과 기운(氣)은 용(用)이 되어, 성품과 이치는 정(靜)이 되고 마음과 기운은 동(動)이 된다.

이처럼 동과 정이 따로 있는 것이 아니라, 본래 하나임을 깨치신 대종사님께서는 이를 일러 동정일여(動靜一如)라고 하셨고, 이런 이치를 일상생활에 요긴하게 쓸 수 있도록 하신 말씀이 일상 수행의 요법 1·2·3조인 '심지는 원래 요란함(·어리석음·그름)이 없건마는(體, 眞空, 大, 靜) 경계를 따라 있어지나니(用, 妙有, 小, 動), 그 요란함(·어리석음·그름)을 없게 하는 것으로써 자성의 정(·혜·계)을 세우자(진공 묘유의 조화, 대소 유무, 동정일여)'이다.

사람 하나를 놓고 심·성·이·기(心性理氣)로 낱낱이 나누어도 보고

대종사 선원 대중에게 말씀하시기를

"사람 하나를 놓고 심·성·이·기(心性理氣)743)로 낱낱이 나누어도 보고, 또한 사람 하나를 놓고 전체를 심 하나로 합하여 보기도 하고, 성 하나로 합하여 보기도 하고, 이 하나로 합하여 보기도 하고, 기 하나로 합하여 보기도 하여, 그것을 이 자리에서 말하여 보라."

대중이 말씀에 따라 여러 가지 답변을 올리었으나 인가하지 아니하시고 말씀하시기를

"예를 들면 한 사람이 염소를 먹이는데 무엇을 일시에 많이 먹여

---

743) 성리학에서 인간과 우주 자연의 생성 변화를 포괄적으로 함축하는 개념. 심성론(心性論)은 인간 존재의 본질·구조·존재 근거에 대한 물음에 답하고자 하는 이론이며, 이기론(理氣論)은 이(理)와 기(氣)로서 우주 자연과 인간 만물의 생성 변화를 설명한 이론을 말한다. 성리학은 이기의 본체론을 세워 우주 자연과 만물의 생성 변화를 설명하고 심성론을 통해 인간의 내면적 마음의 구조와 도덕실천의 근거를 제시하고 이상적 인격론과 실천론인 수행론을 갖추게 되었다. 유교 경전에 대한 형이상학적 해석을 통하여 불교와 도가를 극복할 수 있는 철학적 이론 체계를 정립한 것이라 할 수 있다. 이기론을 마음에 적용하는 경우, 마음은 이기의 통합체로 파악된다. 마음 가운데 있는 성(性)이 이에 해당하며 사유·감정에 해당하는 정(情)이 기에 해당한다.

서 한꺼번에 키우는 것이 아니라, 키우는 절차와 먹이는 정도만 고르게 하면 자연히 큰 염소가 되어서 새끼도 낳고 젖도 나와 사람에게 이익을 주나니, 도가에서 도를 깨치게 하는 것도 이와 같나니라744)."

한 제자가 여쭈었다.

"대종경 성리품 28장에 '사람 하나를 놓고 심(心)·성(性)·이(理)·기(氣)로 나누어도 보고 합하여 보기도 하라.' 하셨는데 이를 가르쳐 주십시오."

"성(性)은 체 심(心)은 용, 이(理)는 체 기(氣)는 용이다. 그러므로, 성과 이는 정(靜)한 것이며, 심과 기는 동(動)한 것이다.

성(性)이란 심과 성으로 대립할 때에는 체만 말한 것이요, 그대로 자성(自性)이면 체·상·용을 겸한 것이다.

그러므로, 자성 자리에 돌려 온 몸을 성에 붙일 수 있다. 또한 심에 붙이려면 심이 좌선할 때 본연심·불심·도심·진심(眞心)이 되면 전신을 심에 붙일 수 있다.

이(理)라 하면 모든 것이 이를 바탕했으므로 여기에 붙일 수 있다.

기(氣)는 우리 온 몸이 또한 기 덩이다. 호흡도 기이다. 기를 더듬어 올라가면 이에 도달한다.

우리가 눈을 감고 보면 모든 것이 나 하나뿐이다. 그러나, 눈을 뜨고 보면 안·이·비·설·신·의가 역연(亦然)745)하듯이 나누면 심·성·이·기로 나누어 볼 수 있고, 합하면 만법귀일로 하나에 돌아간다746)."

"진공성(眞空性)은 상대가 끊어진 절대 자리로서 일원의 진리 가운데 제일 공한 것이요,

묘유심(妙有心)은 적적한 가운데 영령함이 있는 것이며,

실체기(實體氣)는 사은이요,

인과리(因果理)는 순환하는 이치다.

이 네 가지를 사람 하나에 나누어 보면

성(性)은 일념미생전으로 꿈도 없는 때요,

744) 대종경, 제7 성리품(性理品), 28장, p.267.
745) 또한 그러함.
746) 한 울안 한 이치에, 제1편 법문과 일화, 제3장 일원의 진리, 65절, p.78.

심(心)은 희·로·애·락의 분별심은 없어도 분별낼 만한 요소가 있는 것으로 대중심이 있고 영령함이 있는 것이며,

기(氣)는 성과 심을 담아 있는 육체요,

이(理)는 행하는 것과 보는 것과 숨 쉬는 것과 희·로·애·락이 발하는 이치이다[747]."

16. 우주 만물[748]이 비롯[749]이 있고 끝이 있는가[750] 비롯이 없고 끝이 없는가.

우주 만물은 무상(無常), 즉 변하는 자리(現象界)에서 보면 비롯이 있고 끝이 있다(有始有終).

만물은 태어나고(生) 자라서 늙어가고(老) 병도 들고(病) 죽는다(死). 하루는 아침으로 시작되어 낮·저녁을 거쳐 밤으로 끝난다. 우리의 마음도 마찬가지다. 경계를 따라 묘하게 작용되었다가 변화하는 대소 유무의 과정을 거친다.

그러나 유상(有常), 즉 변하지 않는 자리에서 보면 비롯도 없고 끝도 없다(無始無終).

우주의 성·주·괴·공과 만물의 생·노·병·사가 변한 적이 있는가?

우리의 마음 작용이 변한 적이 있는가?

불생 불멸이다. 끝은 끝인 동시에 새로운 시작이다. 오직 돌고 돌 뿐이다.

그러므로 세상의 이치도, 사람의 마음도 이러하거늘 어찌 단정하고, 막말하고, 끝이라고 생각할 수 있겠는가?

악한 사람이 악한 일을 해도 금방 벌을 받고 화를 입는 일이 없더라도 결국 언젠가는 자기가 저지른 죄값을 치르게 된다는 말이

---

747) 한 울안 한 이치에, 제1편 법문과 일화, 제3장 일원의 진리, 65절, p.42.
748) 우주 만유. 우주에 존재하는 모든 것.
749) 시작.
750) -ㄴ가: 모음으로 끝난 형용사·존재사의 어간이나 체언에 붙어 의문의 뜻을 나타내는 종결 어미.

다. 즉 '하늘의 그물은 성긴 것 같아도 촘촘하여 결코 빠트리지 않는다(天網恢恢 疏而不漏)[751]'는 말씀처럼 인과 보응의 이치 따라 불생 불멸할 뿐이다. 삼가고 또 삼갈 뿐이다.

세상의 유정(有情)·무정(無情)이 다 생의 요소가 있으며 다만 그 형상을 변해 갈 따름이니

대종사 말씀하시기를

"세상의 유정(有情)·무정(無情)이 다 생의 요소가 있으며 하나도 아주 없어지는 것은 없고 다만 그 형상을 변해 갈 따름이니,

예를 들면 사람의 시체가 땅에서 썩은즉 그 땅이 비옥하여 그 근방의 풀이 무성하여질 것이요, 그 풀을 베어다가 거름을 한즉 곡식이 잘 될 것이며, 그 곡식을 사람이 먹은즉 피도 되고 살도 되어 생명을 유지하며 활동을 하게 될 것이니,

이와 같이 본다면 우주 만물이 모두 다 영원히 죽어 없어지지 아니하고 저 지푸라기 하나까지도 백억 화신을 내어 갖은 조화와 능력을 발휘하나니라.

그러므로, 그대들은 이러한 이치를 깊이 연구하여 우주 만유가 다 같이 생멸 없는 진리 가운데 한량없는 생을 누리는 것을 깨쳐 얻으라[752]."

17. 만물의 인과 보복[753]되는 것이 현생[754] 일은 서로 알고 실행 되려니와[755] 후생[756] 일은 숙명(宿命)[757]이 이미 매하여서[758] 피차[759]가 서로 알지 못하거니[760] 어떻게 보복이 되는가.

---

751) 천망회회 소이 불루: 노자의 도덕경, 73장.
752) 대종경, 제9 천도품(薦度品), 15장, p.292.
753) 보복: 앙갚음. 인과 보복: 인과 응보.
754) 삼생(三生)의 하나로서, 이 세상의 생애.
755) -려니와: '그러하겠거니와'의 뜻으로, 앞 말을 인정하면서 뒷말이 그보다 더하거나 대등(양쪽이 비슷함)함을 나타냄.

만물의 인과 보복되는 것이 현생 일로 어떻게 실행되고, 후생 일은 어떻게 보복되는가?

"전생 일을 알고자 할진대 금생에 받은 바가 그것이요, 내생 일을 알고자 할진대 금생에 지은 바가 그것이라761)."

"사람사람이 전생 일과 내생 일이 궁금할 것이나 그것은 어렵고도 쉬운 일이니,

부처님께서 '전생 일을 알려거든 금생에 받는 바요 내생 일을 알려거든 금생에 짓는 바라762).' 하신 말씀이 큰 명언이시니라.

자기가 잘 지었으면 금생에 잘 받을 것이요, 잘못 받으면 전생에 잘못 지은 것이라, 아는 이는 더 잘 짓기에 노력하고 모르는 이는 한탄만 할 따름이니라763)."

'숙명(宿命)이 이미 매하여서 피차가 서로 알지 못하거니'라 함은?

숙명, 즉 타고난 운명은 전생의 일이라 태어나는 순간 기억하지 못한다. 이는 숙명이 이미 매(昧: 어둡다)하기 때문이다.

그러나 전생의 일은 머리로 기억하지 못할 뿐이지, 무의식 세계에 저장되어 습관·소질·성격으로 나타나게 된다.

---

756) 내세(來世: 죽은 뒤에 영혼이 다시 태어나 산다는 미래의 세상)에 다시 태어날 일생을 이르는 말.
757) 날 때부터 타고난 운명. 전생(前生)의 생활.
758) (매하다+여서): 어둡다.
　　-여서: 동사 '하다' 또는 접미사 '-하다'가 붙는 용언 어간에 붙어 '-아서(까닭이나 시간의 선후 관계를 나타내는 종속적 연결 어미)'의 뜻을 나타내는 연결 어미.
759) 서로.
760) (못하다+거니): 동사의 연결 어미 '지' 다음에 쓰이어 할 수가 없다.
　　-거니: 용언의 어간에 붙는 종속적 연결 어미로서, '이미 이러이러한데'의 조건을 나타내며 아래는 의문이 딸림.
761) 대종경, 제9 천도품(薦度品), 35장, p.302.
762) 법화경(法華經).
763) 정산 종사 법어, 제2부 법어(法語), 제5 원리편(原理篇), 46장, p.833.

숙명은 전생 일의 결과라 이미 정해진 것(사주팔자)이므로 이때까지는 내가 어찌할 수 없는 것이었으나, 이 숙명을 바꿀 수 있는 방법이 있다. 즉 지금부터 내가 어떤 마음으로 어떻게 사느냐에 따라 앞으로의 삶이 달라질 수 있다.

타고난 운명(숙명)은 죄가 아니지만, 그를 탓하고 포기하는 것이야 말로 큰 죄가 되는 것이다.

우리의 운명을 바꿀 수는 없는가? 용심법으로 사주 팔자를 뜯어 고칠 수 있나니

"각자의 마음을 잘 쓰게 하는 용심법(用心法)이라야 사주팔자(四柱八字)764)를 뜯어 고쳐서 인간을 다시 개조(改造)하게 된다.

대종사님 말씀하시기를

'과거에는 천생(千生)765)에 할 공부를 이 회상 이 법으로는 단생(單生)766)에 할 수 있고, 평생에 할 공부를 정성만 들이면 쉽게 이룬다.'고 하셨으니, 이 공부 길767)이라야 천여래 만보살(千如來 萬菩薩)이 배출(輩出)768)하게 될 것이다.

그러므로 우리는 이 회상에서 이 법으로 기필코 성불해야 하겠다.

이 법은 대종사님께서 평생을 통해서 하신 공부 길이요, 영생의 공부 표준이시며, 누구나 스스로 성불하여 영겁에 불퇴전(不退轉)769)이 되도록 하신 법이다770)."

"대종사님께서 '내 법대로만 공부하면 천생(千生)에 할 것을 단

---

764) 사주(년월일시)의 간지(干支)가 되는 여덟 글자. 예를 들어, '갑자년, 무진월, 임신일, 갑인시'에 태어난 경우, '갑자, 무진, 임신, 갑인'의 여덟 글자를 말한다.
765) 수없이 긴 세월.
766) 사람의 한 평생.
767) 이 공부 길: 용심법.
768) 인재를 길러 사회에 내보냄.
769) 어떠한 역경·난경 앞에서도 부처되는 공부를 조금도 쉬지 않고 계속 정진하여 물러가지 아니하는 것.
770) 대산 종사 법문집, 1집, 정전 대의(正典大義), 12. 상시 응용 6조 공부, p.49.

생(單生)에 끝내고, 단생에 할 것을 일 년이면 끝낸다.'고 하셨다. 다 짜놓으신 법이니, 이 법으로 천여래 만보살이 나오도록 하자[771]."

18. 천지는 앎[772]이 없으되 안다 하니 그것이 무슨 뜻인가.

천지의 앎(識)은 무엇이며, 천지는 앎이 없으되 어떻게 아는가?

대종사, 선원(禪院) 경강(經講) 시간에 출석하사 천지의 밝음이라는 문제로 여러 제자들이 변론함을 들으시다가, 말씀하시기를

"그대들은 천지에 식(識)이 있다고 하는가 없다고 하는가?"

이공주 사뢰기를

"천지에 분명한 식이 있다고 하나이다."

대종사 말씀하시기를

"무엇으로 식이 있는 것을 아는가?"

공주 사뢰기를

"사람이 선을 지으면 우연한 가운데 복이 돌아오고 악을 지으면 우연한 가운데 죄가 돌아와서 그 감응이 조금도 틀리지 않사오니, 만일 식이 없다 하오면 어찌 그와 같이 죄복을 구분함이 있사오리까?"

대종사 말씀하시기를

"그러면 그 구분하는 증거 하나를 들어서 아무라도 이해할 수 있도록 말하여 보라."

공주 사뢰기를

"이것은 평소에 법설을 많이 들은 가운데 꼭 그렇겠다는 신념만 있을 뿐이요, 그 이치를 해부하여 증거로 변론하기는 어렵나이다."

대종사 말씀하시기를

"현묘한 지경은 알기도 어렵고 가령 안다 할지라도 충분히 증명하여 보이기도 어려우나, 이제 쉬운 말로 증거의 일단을 들어 주리니 그대

---

771) 대산 종사 법문집, 3집, 제5편 법위(法位), 13. 천생에 할 것을 단생에, p.265.
772) 천지의 식(識).

들은 이것을 미루어 가히 증거하기 어려운 지경까지 통하여 볼지어다.

무릇, 땅으로 말하면 오직 침묵하여 언어와 동작이 없으므로 세상 사람들이 다 무정지물(無情之物)[773]로 인증하나, 사실에 있어서는 참으로 소소영령한 증거가 있나니, 농사를 지을 때에 종자를 뿌려 보면 땅은 반드시 그 종자의 생장을 도와주며, 또한 팥을 심은 자리에는 반드시 팥이 나게 하고, 콩을 심은 자리에는 반드시 콩이 나게 하며, 또는 인공을 많이 들인 자리에는 수확도 많이 나게 하고, 인공을 적게 들인 자리에는 수확도 적게 나게 하며, 인공을 잘못 들인 자리에는 손실도 나게 하여, 조금도 서로 혼란됨이 없이 종자의 성질과 짓는 바를 따라 밝게 구분하여 주지 아니하는가.

이 말을 듣고 혹 말하기를 '그것은 종자가 스스로 생의 요소를 가지고 있고 사람이 공력을 들이므로 나는 것이요, 땅은 오직 바탕에 지나지 못하는 것이라.'고 하리라.

그러나, 종자가 땅의 감응을 받지 아니하고도 제 스스로 나서 자랄 수가 어디 있으며, 땅의 감응을 받지 아니하는 곳에 심고 거름하는 공력을 들인들 무슨 효과가 있겠는가? 뿐만 아니라, 땅에 의지한 일체 만물이 하나도 땅의 감응을 받지 아니하고 나타나는 것이 없나니,

그러므로 땅은 일체 만물을 통하여 간섭하지 않는 바가 없고, 생·멸·성·쇠의 권능을 사용하지 않는 바가 없으며, 땅뿐 아니라 하늘과 땅이 둘이 아니요, 일·월·성·신과 풍·운·우·로·상·설이 모두 한 기운 한 이치어서 하나도 영험하지 않은 바가 없나니라.

그러므로, 사람이 짓는바 일체 선악은 아무리 은밀한 일이라도 다 속이지 못하며, 또는 그 보응을 항거하지 못하나니 이것이 모두 천지의 식이며 천지의 밝은 위력이니라.

그러나, 천지의 식은 사람의 희·로·애·락과는 같지 않은 식이니 곧 무념 가운데 행하는 식이며 상 없는 가운데 나타나는 식이며

---

773) 목석(木石)처럼 감각성이 없는 물건. 소태산 대종사는 천지의 식(識)에 대해 말하기를 땅이 침묵하여 언어와 동작이 없으므로 사람들이 무정지물로 인증하나, 사실에 있어서는 참으로 소소영령하다고 했고, 무정물인 금수초목까지도 동포의 범위에 넣고 있다.

공정하고 원만하여 사사가 없는 식이라,

　이 이치를 아는 사람은 천지의 밝음을 두려워하여 어떠한 경계를 당할지라도 감히 양심을 속여 죄를 범하지 못하며, 한 걸음 나아가 천지의 식을 체받은 사람은 무량 청정한 식을 얻어 천지의 위력을 능히 임의로 시행하는 수도 있나니라[774].”

19. 열반[775]을 얻은 사람[776]은 그 영지[777]가 이미 법신[778]에 합하였는데[779], 어찌하여[780] 다시 개령(個靈)[781]으로 나누어지며, 전신(前身)[782] 후신(後身)[783]의 표준이 있게 되는가.

열반을 얻은 사람은 어떤 사람이며, 왜 그 영지가 이미 법신에 합하였다 하는가?

　열반이란 우리말로는 두렷하고 고요하다는 뜻인 바,

　두렷하다 함은 우리의 자성이 원래 원만 구족하고 지공 무사한 자리임을 이름이요, 고요하다 함은 우리의 자성이 본래 요란하지 아니하고 번뇌가 공한 자리임을 이름이니,

---

774) 대종경, 제6 변의품(辨疑品) 1장, p.235.
775) ①죽음. 일체의 번뇌에서 해탈하여 불생 불멸(不生不滅)의 높은 경지. ②우리 말로는 두렷하고 고요하다는 뜻인 바, 두렷하다 함은 우리의 자성이 원래 원만 구족하고 지공 무사한 자리임을 이름이요, 고요하다 함은 우리의 자성이 본래 요란하지 아니하고 번뇌가 공한 자리임을 이름이니, 사람이 이 자성의 도를 깨쳐서 자성의 원래를 회복함을 이름.
776) 열반을 얻은 사람: 그 영지가 법신에 합한 경지에 이른 사람.
777) 그 영지: 열반을 얻은 사람의 영지.
778) 부처와 같이 원래에 분별 주착이 없는 성품, 즉 본성에 합일된 영원한 몸이다. 대종사의 법신이나 서가모니불의 법신이나 우리들의 법신은 다 같은 것이요, 곧 일원상의 진리 그 자체이다.
779) (합하다+였+는데): (둘 이상이) 하나가 되다. (둘 이상을) 모아 하나로 만들다.
780) (어찌하다+여): 어떠한 까닭으로. 무엇 때문에.
781) 중생의 자의식(自意識). 중생의 영식(靈識).
782) 전세(前世: 현세에 태어나기 이전에 살던 세상)의 몸. 경계를 대하기 전 마음.
783) 후세(後世: 내세)의 몸. 경계를 따라 일어난 마음.

제5장 의두 요목(疑頭要目)　251

사람이 이 자성의 도를 깨쳐서 자성의 원래를 회복함을 열반이
라 한다[784].

그 자리를 단련하여 언제나 자성을 떠나지 아니하고 극락을 수
용하는 사람을 일러 천만 경계에도 자유 자재하는 대자유인, 또는
그 영지가 이미 본성에 합일된 영원한 몸인 법신[大靈]에 합하였
다 하고, 또는 우주 만유와 합일된 사람이라 한다.

경계를 따라 일어나는 마음이 원래는 없건마는 경계를 따라 어떻게
작용되고, 왜 그러한지 깨달으면 개령의 상태에서 대령에 합해진다.

대령(大靈)과 개령(個靈)은 무엇인가?

우주 만물은 대령(大靈), 즉 일원상의 진리를 근본으로 해서 발
생되는 것이며, 우주 전체에 합일하여 하나가 된 상태(대 자리)를
말한다.

개령(個靈)은 대령에 대해 하나하나의 영적(靈的)인 것이며, 개
체의 영의 상태(소 자리)를 말한다.

그러므로 개령이든 대령이든 그 근본은 같은 하나며, 우주 만유
(일체 우주 만물)는 대소 유무의 분별에 따라 나타난 개령(個靈)
으로 나눠지기도 하고 대소 유무에 분별이 없는 자리인 대령(大
靈)으로 그 근본을 찾아 합해지기도 한다.

"천지 만물이나 사람이나 영(靈)과 기(氣)와 질(質)의 세 가지로
구성된 바, 영이라 함은 안 보이는 것이나 형상 있고 없는 것을
지배하는 것으로서 천지는 대령(大靈)이요, 사람은 개령(個靈)인데
합치면 하나가 되는 것이다[785]."

"우주에도 영(靈)이 있고 사람에게도 영이 있다. 우주의 영은 대
령(大靈)이요, 사람의 영은 소령(小靈) 즉 개령(個靈)이다[786]."

---

784) 정산 종사 법어, 제1부 세전(世典), 제9장 열반(涅槃), p.750.
785) 한 울안 한 이치에, 제1편 법문과 일화, 제3장 일원의 진리, 84절, p.82.
786) 한 울안 한 이치에, 제1편 법문과 일화, 제3장 일원의 진리, 87절, p.83.

대령과 개령의 관계는?

"대령과 개령과의 관계는 어떠합니까?"

"마음이 정한즉 대령에 합하고 동한즉 개령이 나타나, 정즉합덕(靜則合德)이요 동즉분업(動則分業)[787]이라, 사람이 죽어서만 대령에 합치는 것이 아니라 생사일여(生死一如)[788]이다[789]."

"개령(個靈)이 우주의 본체에 합한다는 것은 무슨 뜻입니까?"

"마음에 분별이 없으면 자성에 합하는 것과 같은 것이다. 부처는 사념이 없으므로 우주의 본체와 합해서 그 기운을 쓸 수 있으나, 중생은 사념이 있어서 합할 수 없다[790]."

대령은 바다요 개령은 파도와 같으나, 언제든지 합해져 있다

바다와 파도의 예를 보면, 합한 면에서 보면 바다(大靈)요 나누어진 면에서 보면 파도(個靈)이나, 이 둘은 언제든지 합해져 있다.

파도의 입장에서 보면 나누어져 있고 떨어져 있다고 하겠지만, 파도는 바다를 떠나서는 존재할 수 없다.

이처럼 개령은 대령의 품안에서 존재하며, 대령을 떠나서는 존재하지 않는다[791].

전신(前身)과 후신(後身)은 무엇이며, 전신의 표준과 후신의 표

---

787) 정즉합덕 동즉분업(靜則合德 動則分業): 사람의 마음이 정(靜)하면 천지의 덕에 합하고, 마음이 경계에 따라 움직이게 되면 육근 동작을 통하여 갖가지 작용이 나타나게 된다는 말. 마음이 정(靜)하는 경지는 곧 진리의 체(體)가 되고, 동(動)하는 경지는 곧 진리의 용(用)이 된다.

788) 삶과 죽음은 둘이 아니라는 뜻으로, 삶과 죽음이 별개가 아님을 나타내는 불교의 생사관(生死觀). 생사불이(生死不異)와 같은 뜻으로 사용된다. 삶과 죽음은 다른 것이 아니라 연기의 이치에 따른 변화 현상이라는 불교의 생사관을 나타내는 말이다.

789) 정산 종사 법어, 제2부 법어(法語), 제5 원리편(原理篇), 15장, p.823.

790) 한 울안 한 이치에, 제1편 법문과 일화, 제5장 지혜 단련, 16절, p.101.

791) 한정석, "최초 정전의 해석", 도서출판 한맘, p.272, 2010.

준은 무엇인가?

전신은 경계를 대하기 전 마음(원래 마음)이며, 후신은 경계를 따라 일어난 마음이다.

그러므로 전신의 표준은 경계를 대하기 전 원래에 분별 주착이 없는 성품이며, 두렷하고 고요하여 분별성과 주착심이 없는 마음이며, 원래에 요란함·어리석음·그름이 없는 마음이며, 자성의 정(·혜·계)이 세워져 대령인 법신에 합해진 것이다.

후신의 표준 또한 마찬가지다. 즉 전신의 표준과 후신의 표준은 같다.

열반을 얻은 사람은 그 영지가 이미 법신에 합하였는데, 어찌하여 다시 개령(個靈)으로 나누어지며, 전신(前身) 후신(後身)의 표준이 있게 되는가?

열반을 얻은 사람은 어떤 사람인가?

경계를 따라 요란함(·어리석음·그름)이 일어나는 순간 이를 멈추고, 이는 원래는 없건마는 경계를 따라 있어지는 것임을 깨닫고, 또한 이 요란함(·어리석음·그름)은 누구의 마음이 아니라 경계를 통해 비춰진 내 마음임을 수용하고, 일어난 마음의 원인이 무엇인지 곰곰이 생각하여 알아내고, 그 요란함(·어리석음·그름)이 원래는 없는 것임을 알고, 그 요란함(·어리석음·그름)이 있기 전 원래 마음에 대조하여 자성의 정(·혜·계)을 세우는 사람이다.

이 사람은 마음이 두렷하고 고요하여 분별성과 주착심이 없고, 진리 그 자체인 법신에 이미 합해졌고, 우주 만유와 하나가 되므로 원래 원만 구족하고 지공 무사하며, 고요하다 함은 우리의 자성이 본래 요란하지 아니하고 번뇌가 공한 자리임을 이름이니 일생이라는 긴 경계에서 경계를 대할 때마다 없게 하는 것으로써 자성의 정을 세우는 사람이다.

모든 경계마다 마음이 즉시 보이니 자성의 정 또한 즉시 세워진다. 그러니 그런 사람은 모든 몸의 작용이 원래 마음과 함께하므로 몸 자체가 법을 담는 법신의 그릇이 되고 영지가 이미 법신에 합해진 것이다.

영지가 이미 법신에 합해졌다는 것은 경계를 따라 있어지는 마음을 없게 하는 것으로써 자성의 정(·혜·계)을 세워 원래 요란함(·어리석음·그름)이 없는 자리로 돌아오는 것이다.

그러니 몸 자체가, 몸으로 작용하는 자체가 이미 법이며, 그 마음이 원래 마음이다. 그래서 몸이라는 색신이 법신으로 나투어진 것으로 색신 즉 법신인 것이다.

그런데 어찌 다시 개령으로 나누어지는가?

심지는 원래 요란함(·어리석음·그름)이 없는 대령에서 경계를 따라 한 마음이 있어지는 것이 개령이다.

그런데 그 있어진 마음을 없게 하는 것으로써 자성의 정(·혜·계)을 세우면 다시 대령인 법신에 합해진다[792].

> 20. 나에게 한 권의 경전[793]이 있으니 지묵[794]으로 된 것이 아니라, 한 글자도 없으나 항상 광명을 나툰다 하였으니 그 것이 무슨 뜻인가.

'나에게 한 권의 경전이 있으니 지묵으로 된 것이 아니라, 한 글자도 없으나 항상 광명을 나툰다 하였으니' 그것이 무슨 뜻인가?

여기서 지묵으로 된 것도 아니고 한 글자도 없으나 항상 광명을 나투는 경전이라 함은 우주 만유의 본원이요 제불 제성의 심인이요 일체 중생의 본성인 일원상의 진리를 말한다.

---

792) http://cafe.daum.net/songam011.
793) 우리의 지정 교서와 참고 경전 등을 이름이니, 이는 공부인으로 하여금 그 공부하는 방향로를 알게 하기 위함임.
794) 종이와 먹.

이 진리는 경전으로 기록했건 하지 않았건 항상 존재하는 것이며, 어떤 글자로 나타내든 나타내지 않든 항상 여여자연하게 그 광명을 나투고 있다.

단지 이를 체받아 활용하느냐 못하느냐에 따라 내가 진리가 되고 진리가 내가 되는 차이가 있을 뿐이다.

일체의 분별성과 주착심에서 벗어나 주하여도 주한 바 없고, 동하여도 동한 바 없고, 정하여도 정한 바 없이 마음을 작용하면 이미 일원상의 진리와 내가 하나가 되는 것이다.

지묵 경전보다 현실의 경전이 더욱 큰 경전이요, 현실의 경전보다 무형의 경전이 더욱 근본되는 경전이니라

"부처님께서는 근기 따라 읽게 하는 세 가지 경전을 설하시었나니, 첫째는 지묵으로 기록된 경전이요, 둘째는 삼라만상으로 나열되어 있는 현실의 경전이요, 셋째는 우리 자성에 본래 구족한 무형의 경전이라, 지묵의 경전보다 현실의 경전이 더욱 큰 경전이요 현실의 경전보다 무형의 경전이 더욱 근본되는 경전이니라."

또 말씀하시기를

"'성인이 나시기 전에는 도가 천지에 있고, 성인이 나신 후에는 도가 성인에게 있고, 성인이 가신 후에는 도가 경전에 있다.' 하시었나니, 우연 자연한 천지의 도가 가장 큰 경전이니라795)."

세상은 일과 이치를 그대로 펴 놓은 경전이라, 이 현실로 나타나 있는 큰 경전을 잘 읽도록 부탁하노라

대종사 말씀하시기를

"그대들 가운데 누가 능히 끊임없이 읽을 수 있는 경전을 발견하였는가?

---

795) 정산 종사 법어, 제2부 법어(法語), 제9 무본편(務本編), 52장, p.925.

세상 사람들은 사서 삼경(四書三經)이나 팔만 장경이나 기타 교회의 서적들만이 경전인 줄로 알고 현실로 나타나 있는 큰 경전은 알지 못하나니 어찌 답답한 일이 아니리요.

사람이 만일 참된 정신을 가지고 본다면 이 세상 모든 것이 하나도 경전 아님이 없나니, 눈을 뜨면 곧 경전을 볼 것이요, 귀를 기울이면 곧 경전을 들을 것이요, 말을 하면 곧 경전을 읽을 것이요, 동하면 곧 경전을 활용하여 언제 어디서나 조금도 끊임없이 경전이 전개되나니라.

무릇, 경전이라 하는 것은 일과 이치의 두 가지를 밝혀 놓은 것이니, 일에는 시비 이해를 분석하고 이치에는 대소 유무를 밝히어, 우리 인생으로 하여금 방향을 정하고 인도를 밟도록 인도하는 것이라, 유교·불교의 모든 경전과 다른 교회의 모든 글들을 통하여 본다 하여도 다 여기에 벗어남이 없으리라[796].

그러나, 일과 이치가 글에 있는 것이 아니라 세상 전체가 곧 일과 이치 그것이니 우리 인생은 일과 이치 가운데에 나서 일과 이치 가운데에 살다가 일과 이치 가운데에 죽고 다시 일과 이치 가운데에 나는 것이므로 일과 이치는 인생이 여의지 못할 깊은 관계가 있는 것이며 세상은 일과 이치를 그대로 펴 놓은 경전이라[797],

우리는 이 경전 가운데 시비 선악의 많은 일들을 잘 보아서 옳고 이로운 일을 취하여 행하고 그르고 해 될 일은 놓으며, 또는 대소 유무의 모든 이치를 잘 보아서 그 근본에 깨침이 있어야 할 것이니, 그런다면 이것이 산 경전이 아니고 무엇이리요?

그러므로, 나는 그대들에게 많고 번거한 모든 경전을 읽기 전에 먼저 이 현실로 나타나 있는 큰 경전을 잘 읽도록 부탁하노라[798]."

---

796) 해라 할 자리에 쓰여, 상황에 대한 화자(話者)의 추측을 나타내는 종결 어미.
797) -이라: (예스러운 표현으로) 해라할 자리에 쓰여, 현재 사건이나 사실을 서술하는 뜻을 나타내는 종결 어미.
　　-노라: (동사 어간이나 어미 '-으시-', '-었-', '-겠-' 뒤에 붙어) (예스러운 표현으로) 해라할 자리나 간접 인용절에 쓰여, 자기의 동작을 장중하게 선언하거나 감동의 느낌을 나타내는 종결 어미.
798) 대종경, 제3 수행품(修行品), 23장, p.140.

의두와 성리의 차이점은?

첫째, 의두는 대소 유무의 이치와 시비 이해의 일, 과거 불조의 화두를 연마한다면, 성리는 우주 만유의 본래 이치와 우리의 자성 원리를 연마한다.

둘째, 의두는 사리간 의심나는 문제나 화두를 연마한다면, 성리는 우주와 인생의 근본 원리를 연마한다.

셋째, 의두는 연마 범위가 광범위하지만, 성리는 본체에 치중하여 깊은 깨달음을 추구한다.

넷째, 의두는 분석적으로 다가서지만 성리는 직관적으로 다가선다.

다섯째, 의두와 성리는 별도의 과목이나 본질은 다르지 않다[799].

---

799) 류성태, "정전 풀이", 하, 제5장 의두 요목, p.209.

제6장 일 기 법 (日記法)

일기법은 정기 훈련 11과목 중 사리 연구 훈련 과목인 정기 일기와 작업 취사 훈련 과목인 상시 일기·주의·조행을 한데 아우르는 수행법으로서 상시 일기법과 정기 일기법으로 구성된다.

일기는 수행을 하면서 그날그날 겪은 일이나 감상 등을 적는 개인의 기록이요 공부인들의 상시·정기 공부 자료다.

1. 일기법의 대요[800]

재가·출가[801]와 유무식[802]을 막론하고[803] 당일[804]의 유무념 처리와 학습[805] 상황[806]과 계문[807]에 범과[808] 유무를 반성[809]하기 위하여 상시 일기법을 제정[810]하였으며, 학원[811]이나 선원[812]에서 훈련을 받는 공부인에게 당일내 작업한 시간 수와 당일의 수입 지출과 심신 작용의 처리건과 감각 감상을 기재[813]시키기 위하여 정기 일기법을 제정하였나니라.

---

800) 대략의 줄거리.
801) 재가 교도와 출가 교도.
802) 아는 것이 많은 사람(유식한 사람)과 아는 것이 적은 사람(무식한 사람).
803) 이것저것 따지고 가려 말하지 아니하다.
804) 바로 그날.
805) 배워서 익힘.
806) 일이 되어 가는 형편이나 모양.
807) 계율의 조문. 원불교에는 보통급 십계문, 특신급 십계문, 법마 상전급 십계문이 있어, 이를 일러 30계문이라 한다.
808) 허물을 저지름. 계문을 지키지 않음.
809) 자기의 언행·생각 따위의 잘잘못이나 옳고 그름을 깨닫기 위해 스스로를 돌이켜 살핌.
810) 제도나 규정 따위를 만들어서 정함.
811) 모든 교육 기관.
812) 정기 훈련을 실시하는 훈련 기관(훈련원 외 교당, 공부방 포함). 일정한 기간 동안 각종 교리와 염불·좌선·경전·강연·회화·의두·성리·정기 일기·주의·조행 등의 과목을 통해 훈련한다. 교단 초기에는 '선원'을 많이 사용했

'상시 일기법'과 '정기 일기법'의 대상은 누구인가?

대종사님께서 제시한 상시 일기법의 대상은 '재가·출가와 유무식'이며, 정기 일기법의 대상은 '학원이나 선원에서 훈련을 받는 공부인'이다.

'재가·출가와 유무식'은 누구인가?

'재가·출가와 유무식'은 대종사님께서 펴신 상기 일기법에 따라 상시 일기를 기재하며 훈련 받는 재가·출가 교도와 유무식을 막론하는 대중이다.

현재 교당에는 다니고 있지 않지만, 각 지역의 마음 공부 모임에서 정전을 모시고 상시 일기법에 따라 공부하는 분들이면 유무식에 해당되는 공부인이다.

'학원이나 선원에서 훈련하는 공부인'은 누구며, 이들만 정기 일기를 기재하는가?

'학원(學院)'은 모든 교육 기관이며, '선원(禪院)'은 정기 훈련 기관이다.

'학원이나 선원에서 훈련하는 공부인'의 범위는 '재가·출가와 유무식'보다 그 대상자가 많이 좁혀진다.

출가를 제외하고 학원이나 선원에서 훈련하는 공부인들은 전체 재가와 유무식 중에서 얼마나 될까?

여기서 학원이나 선원은 학교·훈련원·교당·마음공부방·평생교육원 등으로 확대하여 포괄적으로 보아야 한다. 대종사님의 법으로 공부(훈련)하며 정기 일기를 기재하여 문답하고 감정·해오를 얻는 곳이면 그곳이 학원이요 선원이며, 이렇게 훈련하는 공부인이면

으나, 현재는 '훈련원'을 더 많이 사용한다.
813) 문서 따위에 기록하여 올림.

'학원이나 선원에서 훈련하는 공부인'이다.

정기 일기는 누구나 기재할 수 있지만, 누구나 쉽게 기재할 수 있는 것은 아니다. 학원이나 선원에서 전문 훈련하는 공부인이 아니고는 법을 실생활에서 활용하며 법에 맞게 공부하는 바를 정기 일기로 기재하기는 쉽지 않다.

'학습 상황'이란?

동정간에 정기·상시로 공부하는 중이란 말이다.

'상시 일기법'이란?

상시 일기는 당일의 유무념 처리와 학습 상황과 계문에 범과 유무를 기재시키는 것이며,

상시 일기법(常時日記法)은 재가 출가와 유무식을 막론하고 당일의 유무념 처리와 학습 상황과 계문에 범과 유무를 반성하기 위해 제정한 일기법이다.

왜 당일내 작업한 시간 수를 기재해야 하는가?

당일의 작업 시간 수를 기재시키는 뜻은 주야 24시간 동안 가치 있게 보낸 시간과 허망하게 보낸 시간을 대조하여, 허송한 시간이 있고 보면 뒷날에는 그렇지 않도록 주의하여 잠시라도 쓸데없는 시간을 보내지 말자는 것이다.

왜 당일의 수입·지출을 기재해야 하는가?

당일의 수입 지출을 기재시키는 뜻은 수입이 없으면 수입의 방도를 준비하여 부지런히 수입을 장만하도록 하며 지출이 많을 때에는 될 수 있는 대로 지출을 줄여서 빈곤을 방지하고 안락을 얻게 함이

며, 설사 유족한 사람이라도 놀고 먹는 폐풍을 없게 하기 위함이다.

'감각(感覺)'과 '감상(感想)'의 차이는?

감각은 눈·코·귀·혀·살갗을 통하여 사물에서 받는 인상이나 느낌이며, 어떤 사물을 통하여 사리간에 의심 없이 알았거나 실천하는 중에 확신하게 되는 것이며, 일상생활 속에서 끊임없이 수행 정진하는 가운데 어떤 사물이나 경계에 부딪쳐 문득 자기의 마음 속에 스스로 일어나는 깨달음이다.

이 감각이 쌓이고 쌓이면 마침내 큰 깨침을 얻게 된다.

감상은 느낀 생각이며, 자연 현상이나 대인 접물간에 우연히 느껴진 생각으로서 진리성이 있다고 여겨지는 것 또는 어떤 사물을 통하여 미루어 생각되는 것이다.

왜 당일의 심신 작용의 처리건을 기재해야 하는가?

심신 작용의 처리건을 기재시키는 뜻은 당일의 시비를 감정하여 죄복의 결산을 알게 하며 시비 이해를 밝혀 모든 일을 작용할 때 취사의 능력을 얻게 하기 위함이다.

왜 당일의 감각·감상을 기재해야 하는가?

감각이나 감상을 기재시키는 뜻은 그 대소 유무의 이치가 밝아지는 정도를 대조하게 하기 위함이다.

'정기 일기법'이란?

정기 일기는 당일의 작업 시간 수와 수입 지출과 심신 작용의 처리건과 감각(感覺)·감상(感想)을 기재시키는 것이며,

정기 일기법(定期日記法)은 학원이나 선원에서 훈련을 받는 공

부인에게 당일내 작업한 시간 수와 당일의 수입 지출과 심신 작용의 처리건과 감각·감상을 기재시키기 위해 제정한 일기법이다.

2. 상시 일기법

1. 유념814) 무념815)은 모든 일816)을 당하여817) 유념으로 처리818)한 것과 무념으로 처리한 건수를 조사819) 기재하되, 하자는 조목과 말자는 조목820)에 취사하는 주의심821)을 가지고822) 한 것은 유념이라 하고, 취사하는 주의심이 없이 한 것은 무념이라 하나니, 처음에는 일이 잘 되었든지823) 못 되었든지 취사하는 주의심을 놓고824) 안 놓은 것으로 번수를 계산하나, 공부가 깊어가면825) 일이 잘되고 못된 것으로 번수를 계산하는 것이요,

---

814) ①기억해 두고 생각함. ②모든 일을 당하여 유념으로 처리한 것. 또는 모든 일을 당하여 하자는 조목과 말자는 조목에 취사하는 주의심을 가지고 한 것으로서 처음에는 일이 잘 되었든지 못 되었든지 취사하는 주의심을 안 놓은 것으로 번수를 계산하나, 공부가 깊어가면 일이 잘된 것으로 번수를 계산하는 것임.

815) ①잊어버리고 생각하지 못함. ②모든 일을 당하여 무념으로 처리한 것. 또는 모든 일을 당하여 하자는 조목과 말자는 조목에 취사하는 주의심이 없이 한 것으로서 처음에는 일이 잘 되었든지 못 되었든지 취사하는 주의심을 놓은 것으로 번수를 계산하나, 공부가 깊어가면 일이 못된 것으로 번수를 계산하는 것임.

816) 모든 일: 천만 경계. 우리가 대하는 모든 경계. 육근이 동작되는 모든 것. 모든 일을 당하여: 경계를 대할 때마다. 경계를 따라. 육근을 동작할 때에.

817) (당하다+여): 일을 만나다. 겪다.

818) (사무나 사건을) 정리하여 치우거나 마무리를 지음.

819) (어떤 사실의 내용을) 뚜렷하게 알기 위하여 자세히 살펴보거나 찾아 봄.

820) 하자는 조목: 정의(正義). 하기로 한 일. 옳음(是). 이로움(利).
말자는 조목: 불의. 안 하기로 한 일. 그름(非). 해로움(害).

821) 주의심: 사람의 육근을 동작할 때에 하기로 한 일과 안 하기로 한 일을 경우에 따라 잊어버리지 아니하고 실행하는 마음.
취사하는 주의심: 천만 경계를 응용함에 있어 취사(정의는 취하고 불의는 버리는) 하기에 주의하는 마음.

유무념 처리는 어떻게 하며, 어떻게 기재하는가?

유념·무념은 모든 일을 당하여 유념으로 처리한 것과 무념으로 처리한 건수를 조사 기재하되, 하자는 조목과 말자는 조목에 취사하는 주의심을 가지고 한 것은 유념이라 하고, 취사하는 주의심이 없이 한 것은 무념이라 한다.

처음에는 일이 잘 되었든지 못 되었든지 취사하는 주의심을 놓고 안 놓은 것으로 번수를 계산하나, 공부가 깊어가면 일이 잘되고 못된 것으로 번수를 계산한다.

경계를 대할 때나 경계를 따라서가 아니고 왜 모든 일을 당하여 유념·무념으로 처리하라고 하셨나?

육근은 경계를 대할 때나 경계를 따라서만 작용되는 것이 아니다.

육근은 모든 일을 당하여 작용되건만, 마음을 챙기고 있느냐 있지 않느냐에 따라 경계로 느낄 수도 있고 지나칠 수도 있다.

그러므로 마음을 항상 챙겨 처리한 경우는 유념이고, 챙기지 못한 경우는 무념이므로 유념으로 처리한 것과 무념으로 처리한 것의 합은 모든 일일 수밖에 없다.

'하자는 조목과 말자는 조목에 취사하는 주의심'이란?

하자는 조목과 말자는 조목이 취사와 주의심과 서로 관계를 맺

---

822) (가지다+고): 마음속에 두다.
823) -든지: 용언의 어간이나 높임의 '-시-'에 붙는 연결 어미로서, 주로, '-든지~-든지'의 꼴로 쓰이어, 무엇이나 가리지 아니하는 뜻을 나타냄.
824) 놓고(놓다+고), 놓은(놓다+은): 긴장이나 걱정 따위를 풀어 없애다.
825) 깊어가면(깊다+어+가다+면): 어떤 수준이나 정도가 높다.
　　-어: 일반적인 서술의 뜻을 나타내는 보조적 연결 어미.
　　가다: 보조적 연결 어미인 '-아'·'-어'·'-여' 아래에 쓰이어, 동작이나 상태가 앞으로 진행됨을 나타내는 말.

고 있다.

즉 이들 조목과 같은 뜻이 취사와 주의심에도 분명히 있을 것 같다는 생각이 든다.

왜냐하면 취사할 때에는 하자는 조목과 말자는 조목에 따라 해야 하고, 주의할 때에도 하자는 조목과 말자는 조목을 가려야 하기 때문이다.

따라서 취사와 주의의 뜻을 찾아보면, 취사는 '정의는 취하고 불의는 버림'을 이름이며, 주의는 '사람의 육근을 동작할 때에 하기로 한 일과 안 하기로 한 일을 경우에 따라 잊어버리지 아니하고 실행하는 마음'이므로 하자는 조목은 정의인 동시에 하기로 한 일이며, 말자는 조목은 불의인 동시에 안 하기로 한 일임을 알 수 있다.

취사하는 주의심을 놓고 안 놓은 것은?

경계를 대할 때마다 공부할 때가 돌아 온 것을 염두에 잊지 말고 끌리고 안 끌리는 대중만 잡은 경우와 그렇지 않은 경우, 또는 경계를 대할 때마다 마음 작용을 잘 살핀 경우와 그렇지 않은 경우다.

'공부가 깊어가면'이라 함은?

경계를 대할 때마다 대조하고 또 대조하며 챙기고 또 챙겨서 필경은 챙기지 아니하여도 저절로 되어지는 경지에까지 도달하게 되는 것이다.

'착심 없는 곳에 신령하게 알고 바르게 행함이 유념이니'라 함은?

일기법 가운데 유념과 무념을 해설하시기를
"착심 없는 곳에 신령하게 알고 바르게 행함이 유념이니 이는 생각 없는 가운데 대중 있는 마음이요,
착심 있는 곳에 미혹되어 망녕되이 행함이 무념이니 이는 생각

있는 가운데 대중이 없는 마음이니라826)."

유념의 공부는 그일 그일에 마음 대중을 놓지 않는 것이니

유념 공부에 대하여 말씀하시기를

"유념의 공부는 곧 일용 행사827)에 그 마음 대중을 놓지 않는 것이니, 이른 바 보는 데에도 대중 있게 보고 듣는 데에도 대중 있게 듣고 말하는 데에도 대중 있게 말하고 동할 때에도 대중 있게 동하고 정할 때에도 대중 있게 정하여 비록 찰나간이라도 방심을 경계하고 정념(正念)828)을 가지자는 공부니라.

그러므로, 대종사께서 상시 훈련법으로 공부인의 정도를 따라 혹은 태조사를 하게 하시고 혹은 유무념을 대조케 하시고 혹은 일기를 대조케 하시니, 이것이 비록 명목은 다르나 모두 이 유념 하나를 공부케 하신 데 지나지 않나니라829)."

'세상 만사 어느 일이 유념이 아니고 되는 일이 있으리요'라 함은?

말씀하시기를

"이제 몇 가지 조항으로 유념 공부의 실례를 들어본다면

① 사람이 어떠한 사업을 성공하자면 먼저 그 마음이 오로지 그 일에 집주830)되고 그 생각이 그 일을 연마하는 데 있어야 할 것이요,

② 어떠한 사업을 성공한 후에 그 사업을 영원히 유지하기로 하면 모든 것을 무심히 하지 말고 마음을 오로지 그 일에 집주하여 연마하는 생각이 있어야 할 것이요,

---

826) 정산 종사 법어, 제2부 법어(法語), 제6 경의편(經義篇), 22장, p.845.
827) 날마다 하는 그 일. 곧 모든 육근 동작이 곧 일용 행사다.
828) 사량 분별과 삿된 생각을 버리고 항상 대도 정법을 생각하여 수행 정진하기에 정신을 집중하는 것.
829) 정산 종사 법어, 제2부 법어(法語), 제6 경의편(經義篇), 23장, p.845.
830) 한 곳에 힘을 쏟음.

③ 마음이 경계를 당하여 넉넉하고 급함이 골라 맞아서 군색831) 과 실패가 없기로 하면 미리 연마하는 생각이 있어야 할 것 이요,

④ 모든 일을 응용함에 시비를 잘 분석하여 매사에 중도를 행하 기로 하면 항상 취사하는 생각이 있어야 할 것이요,

⑤ 모든 일을 지낸 뒤에 장래의 보감832)을 얻기로 하면 항상 반 성하는 생각이 있어야 할 것이요,

⑥ 공간시에 처하여 망상833)이나 혼침834)에 빠지지 않기로 하면 그 망상을 제거하는 한 생각이 있어야 할 것이요,

⑦ 무슨 직무를 담당하여 그것을 잘 이행하기로 하면 항상 책임 에 대한 관념835)이 깊어야 할 것이요,

⑧ 모든 은혜를 입은 후에 반드시 그 은혜를 갚기로 하면 먼저 피은에 대한 생각이 깊어야 할 것이요,

⑨ 무슨 서약836)을 이룬 후에 반드시 그 서약을 실행하기로 하면 항상 신의를 존중히 하는 생각이 있어야 할 것이니,

만일 이상에 말한 바 모든 생각이 없이 당하는 대로 행동한다면 일체 행사에 실패와 배은과 불신을 초래837)하여 필경은 세상에 배 척자가 되고 말 것이니라.

세상 만사 어느 일이 유념이 아니고 되는 일이 있으리요.

과연 크도다 유념의 공덕이여838)."

'무념의 공부는 곧 일용 행사에 오직 염착하는 생각을 없게 하

---

831) 필요한 것이 없거나 모자라서 딱하고 옹색하다. 자연스럽거나 떳떳하지 못하고 거북하다.

832) 다른 사람이나 후세에 본보기가 될 만한 귀중한 일이나 사물. 또는 그런 것을 적은 책(寶鑑).

833) 이치에 어그러진 생각. 망념(妄念).

834) 정신이 아주 혼미(昏迷)함.

835) 어떤 일에 대하여 가지는 생각이나 견해.

836) 맹세(굳게 약속하거나 다짐함. 또는 그 약속이나 다짐)하고 약속함.

837) 어떤 결과를 가져오게 함(招來).

838) 정산 종사 법어, 제2부 법어(法語), 제6 경의편(經義篇), 24장, p.845.

는 것이니'라 함은?

무념 공부에 대하여 말씀하시기를

"무념의 공부는 곧 일용 행사에 오직 염착839)하는 생각을 없게 하는 것이니,

이른바 보는 데에도 착이 없이 보고, 듣는 데에도 착이 없이 듣고, 말하는 데에도 착이 없이 말하고, 동할 때에도 착이 없이 동하고, 정할 때에도 착이 없이 정하여, 항상 그 망상을 멸도840)케 하고 진여841)를 자득842)케 하는 공부라 할 것이니라.

그러므로, 대종사께서 공부의 진실처를 말씀하실 때 필경 이 무념으로써 최상 법문을 삼으시고, 부처님께서도 도덕의 본지843)를 해석하실 때에 다 이 무념으로써 표준하셨나니라844)."

우주 만유의 대도 대덕이 모두 이 무념으로써 구성되었나니

말씀하시기를

"다시 몇 가지 조항으로 무념 공부의 실례를 들어 본다면

① 사람이 도덕을 공부하여 능히 불성(佛聖)의 지위를 얻는 것은 그 마음에 내가 불성의 위를 얻었거니 하는 생각이 없는 까닭이요,

② 공도에 헌신하여 영원한 공익자가 되는 것도 그 마음에 내가 공익을 하였거니 하는 생각이 없는 까닭이요,

③ 세상에 처하여 영원한 안락을 누리는 것도 그 마음에 이것이

---

839) 망령된 생각으로 인하여 나타난 대상을 실재로 알고 집착하는 일(念着).
840) 생로병사의 큰 괴로움을 없애고 번뇌의 바다를 건넜다는 뜻(滅度).
841) 사물의 있는 그대로의 모습이라는 뜻으로, 우주 만유의 본체인 평등하고 차별이 없는 절대의 진리를 이르는 말. 사물의 있는 그대로의 모습이라는 뜻이다(眞如).
842) 스스로 깨달아 얻음.
843) 근본이 되는 취지(本旨). 본의(本義).
844) 정산 종사 법어, 제2부 법어(法語), 제6 경의편(經義篇), 25장, p.846.

낙이거니 하여 집착하는 생각이 없는 까닭이요,

④ 누구에게 은혜를 베푼 후 그 은혜를 영원히 보전하는 것도 그 마음에 내가 은혜를 베풀었거니 하는 생각이 없는 까닭이요,

⑤ 어떠한 권위를 얻어서 영원히 그 권위를 유지하는 것도 그 마음에 내가 권위를 가졌거니 하는 생각이 없는 까닭이요,

⑥ 어떠한 처사에 당하여 항상 공정을 잘 지키는 것도 그 마음에 오직 편착의 생각이 없는 까닭이요,

⑦ 동정간에 항상 정신의 안정을 얻는 것도 그 마음에 오직 애욕의 생각이 없는 까닭이요,

⑧ 사람이 대도를 증득하여 법진(法塵)845)에 끌리지 않는 것도 그 마음에 또한 무념을 하였거니 하는 생각이 없는 까닭이니 만일 어떠한 생각에 집착되어 행동한다면 천만가지 계교 망상이 따라서 일어나 이른 바 일파자동만파수(一波自動萬波隨)846)의 격이 되고 말 것이니라.

우주 만유의 대도 대덕이 모두 이 무념으로써 구성되었나니, 과연 크도다 무념의 공덕이여847)."

'유념할 곳에는 반드시 유념을 잊지 말고 무념할 곳에는 반드시 무념을 잊지 말아야'라 함은?

---

845) ①온갖 법(法)으로써 의근(意根: 육근의 하나로 온갖 마음의 작용을 이끌어 내는 근거를 이름)의 대경(對境: 경계에 당하는 것. 경계를 대하는 것)이 되어 정식(情識: 감정과 지식을 아울러 이르는 말)을 물들게 하는 것. 안·이·비·설·신·의의 육근이 경계를 대할 때 색경(色境)·성경(聲境)·향경(香境)·미경(味境)·촉경(觸境)·법경(法境)으로 나타난다. 이때의 법경(法境)이 곧 의근(意根)을 물들게 하므로 법진이라 한다. ②집착의 대상으로서의 법. 지나치게 수행에 집착하여 마음에 미혹(迷惑)을 일으키는 것.

846) 파도가 하나 일어나면 일만 파도가 뒤따라서 일어나게 된다는 뜻으로, 사람의 마음속에 번뇌 망상이 한 번 일어나면 계속해서 천만 번뇌가 뒤따라 일어나게 된다는 말. 조그마한 욕심이 하나 일어나면 천만가지 큰 욕심이 일어나게 되고, 한 가지 생각에 집착되어 행동하면 천만 가지 계교 사량이 뒤따라 일어나게 된다.

847) 정산 종사 법어, 제2부 법어(法語), 제6 경의편(經義篇), 26장, p.847.

이어 말씀하시기를

"수도하는 동지들이여!

유념 가운데 무념의 공부가 있고 무념 가운데 유념의 공부가 있음을 잘 해득하여, 유념할 곳에는 반드시 유념을 잊지 말고 무념할 곳에는 반드시 무념을 잊지 말아서 유무념의 참된 공덕을 일일이 다 수용하도록 하라.

만일 이 유념과 무념의 길을 알지 못하면 유념할 곳에는 무념을 주장하고 무념할 곳에는 유념을 주장하여 유념과 무념이 한 가지 죄업을 지으며 무궁한 저 고해에 길이 침몰하게 될지니 어찌 한심치 아니하리요.

공부하는 사람은 모름지기 여기에 잘 주의하여야 할 것이니라[848].ˮ

유무념(有無念) 대조(對照)하는 공부는 어떻게 하는가?

유무념 공부는 모든 경계를 처리한 후 온전한 생각으로 취사하는 주의심을 가지고 했는가 놓고 했는가를 대조 반성하는 마음 공부인데,

첫째, 처음 공부할 때는 이를 잘하고 못한 것을 가리지 않고 온전한 생각으로 취사했으면 '유념'의 번수에 넣고, 설사 일은 잘 되었다 할지라도 온전한 생각으로 취사하는 마음을 놓고 했으면 '무념'의 번수에 넣어서 챙기는 마음을 주로 할 것이며,

둘째, 조금 공부가 되어 가면 일의 잘되고 못된 것으로써 유념·무념의 번수를 계산하되 본교에서 하라는 삼학 팔조, 사은 사요, 솔성 요론 등과 말라는 계문을 표준으로 하되 특히 잘된 것으로 표준할 것이며,

셋째, 더 능숙해지면 경계 수를 크게 잡아서 하루 네 때나 또는 하루를 한 경계로 잡고 마음이 끌리고 안 끌림을 표준으로 삼되, 특히 잘된 것을 대중 잡을 것이며,

---

848) 정산 종사 법어, 제2부 법어(法語), 제6 경의편(經義篇), 27장, p.847.

넷째, 아주 능숙해지면 하루와 한 달과 일 년 간에 간단없이 일념이 계속이 되는 것을 표준으로 삼되 정(靜)한즉 도심(道心)이 나타나고, 동(動)한즉 덕행이 나타나서 불지(佛地)에 계합 자재(契合自在)849)하자는 공부이다850).

유무념 공부의 내역은?

유념 공부는 마음을 챙기는 공부인데,

① 구방심 정심(求放心851) 正心)852)의 공부며,

② 계문을 잘 지키는 공부며,

③ 은혜를 알아서 은혜를 갚자는 공부며,

④ 육식(六識)이 육진(六塵) 중에 출입하되 섞이고 물들지 말자는 공부며,

⑤ 마음 쓰는 바가 중용(中庸)853)이 되고, 또는 평상심(平常心)을 갖자는 공부며,

⑥ 구경(究境)854)에 들어가서는 여의 자재(如意自在)855)하고 만

---

849) 여기서 계합 자재는 나투는 덕행이 자유 자재하여 부처의 경지와 조금도 틀림없이 꼭 들어맞는다는 뜻이며, 덕행이 부처님의 덕행과 하나가 된 경지를 이른다.

850) 대산 종사 법문집, 제2집, 제1부 교리(敎理), p.33.

851) 흐트러진(산란한) 마음을 되찾는다는 말이다. 이는 맹자에 나오는 글이다.
孟子曰(맹자왈):「仁, 人心也; 義, 人路也. 舍其路而弗由, 放其心而不知求, 哀哉!(인, 인심야; 의, 인로야. 사기로이불유, 방기심이부지구, 애재!). 人有雞犬放, 則知求之; 有放心, 而不知求. 學問之道無他, 求其放心而已矣(인유계견방, 즉지구지; 유방심, 이부지구. 학문지도무타, 구기방심이이의).」
맹자가 말하였다. "인은 사람의 마음이요, 의는 사람의 길이다. 그 길을 버리고 따르지 않으며, 그 마음을 잃어버리고 찾을 줄을 모르니 슬프도다! 사람이 닭과 개가 도망가면 찾을 줄을 알되, 마음을 잃고서는 찾을 줄을 알지 못하니, 학문하는 방법은 다른 것이 없다. 그 방심(잃어버린 마음)을 찾는 것일 뿐이다."

852) 산란하게 흐트러진 마음을 되찾아 마음을 바르게 한다는 말이다. 이는 곧 일상 수행의 요법 1조와 같은 의미다.

853) 어느 쪽으로나 치우침이 없이 올바르며 변함이 없는 상태나 정도.

854) ①궁극. ②사리(事理)를 끝까지 추구하는 일.

행(萬行)이 원만하자는 것이요,

무념 공부는

① 마음 가운데 사심 잡념을 없이 하자는 공부며,

② 염착심(染着心)856)과 망상(妄想)857)을 없이 하자는 공부며,

③ 모든 상(相)을 없애자는 공부며,

④ 구경에는 주(住)함이 없는 열반(涅槃)에 들자는 것이니,

요약하면 유념 공부는 동정간 일심을 모으자는 공부며, 무념 공부는 망상을 버리자는 공부로서 유념 공부를 잘하면 무념 공부가 될 것이며, 무념 공부를 잘하면 따라서 유념 공부도 잘 될 것이다858).

2. 학습 상황 중 수양과 연구의 각 과목은 그 시간 수859)를 계산하여 기재하며, 예회860)와 입선861)은 참석862) 여부863)를 대조 기재하는 것이요,

학습 상황 중이란 무엇이고, 어떻게 기재하는가?

학습 상황이란 동정간에 정기·상시로 공부하는 중이란 말이며, 학습 상황 중 수양과 연구의 각 과목은 그 시간 수를 계산하여 기재하며, 예회와 입선은 참석 여부를 대조하여 기재한다.

---

855) 세상의 모든 일에 통달한 큰 능력을 얻어서 모든 일을 자기의 뜻대로 자유 자재하는 것. 부처님의 활살 자재하고 신통 자재한 능력을 표현하는 말. 여기에 근거해서 자기 마음을 자기 마음대로 사용하는 것을 여의자재라 한다.

856) 망녕으로 인하여 나타난 대상을 실재로 존재하는 것인 줄로 알고 거기에 집착하는 마음.

857) 이치에 어그러진 생각. 망념(妄念).

858) 대산 종사 법문집, 제2집, 제1부 교리(校理), p.34.

859) 그 시간 수: 수양과 연구의 각 과목으로 학습한 시간 수.

860) 일정한 날짜를 정해 놓고 모이는 모임. 매 일요일 또는 적당한 날로 한 달에 네 번씩 거행함.

861) 훈련을 받기(전문 공부하기) 위해 학원이나 선원에 들어가는 것.

862) 어떤 자리나 모임에 참여함.

863) 그러함과 그러하지 아니함.

'수양과 연구의 각 과목'이란?

정기 훈련법에서 수양과 연구의 각 과목은 정신 수양 훈련 과목인 '염불·좌선'이요, 사리 연구 훈련 과목인 '경전·강연·회화·의두·성리·정기 일기'이다.

'상시 응용 주의 사항' 6조와 '교당 내왕시 주의 사항' 6조에서 수양과 연구의 각 과목과 예회와 입선에 관한 조항은 다음과 같다.

학습 상황 중 수양과 연구의 각 과목 관련 조항은

2. 응용하기 전에 응용의 형세를 보아 미리 연마하기를 주의할 것이요,
3. 노는 시간이 있고 보면 경전·법규 연습하기를 주의할 것이요,
4. 경전·법규 연습하기를 대강 마친 사람은 의두 연마하기를 주의할 것이요,
5. 석반 후 살림에 대한 일이 있으면 다 마치고 잠자기 전 남은 시간이나 또는 새벽에 정신을 수양하기 위하여 염불과 좌선하기를 주의할 것이요,

와 같고,

예회와 입선 관련 조항은

4. 매년 선기(禪期)에는 선비(禪費)를 미리 준비하여 가지고 선원에 입선하여 전문 공부하기를 주의할 것이요,
5. 매 예회(例會)날에는 모든 일을 미리 처결하여 놓고 그 날은 교당에 와서 공부에만 전심하기를 주의할 것이요,

와 같다.

3. 계문은 범과 유무를 대조 기재[864]하되 범과가 있을 때에는 해당[865] 조목[866]에 범한[867] 번수[868]를 기재하는 것이요,

---

864) 범과 유무 대조 기재: 범과가 있을 때에는 해당 조목에 범한 번수를 기재하는 것.
865) 어떤 일에 관계되는 바로 그것. 바로 들어 맞음.

범과가 있을 때에는 해당 조목에 범한 번수를 기재시키는 뜻은?

당일의 계문에 범과 유무를 기재시키는 뜻은 단순히 번수만 기재하는 것이 목적이 아니라, 범과 유무를 반성하기 위함이다.

즉 계문에 범과 경계를 따라 작용된 자신의 육근 동작 하나하나가 옳은지(是) 그른지(非) 감정하여 옳은 것은 복(福)이 되고 그른 것은 죄(罪)가 되는 것임을 결산하여 알게 되고,

옳은 것(是)은 이롭고(利) 그른 것(非)은 해로운 것(害)인 줄 밝히면 시(是)가 곧 이(利)요 비(非)가 곧 해(害)인 줄 명확하게 알게 되므로 모든 일을 작용할 때 흔들림 없이 정의는 용맹 있게 취하고 불의는 용맹 있게 버리는 취사의 능력을 얻게 된다.

상시 일기를 기재할 때에는 어떤 것을 기재하는가?

모든 일을 당하여 유념으로 처리한 것과 무념으로 처리한 번수를 조사 기재하며,

학습 상황 중 수양과 연구의 각 과목은 그 시간 수를 계산하여 기재하며,

예회와 입선은 참석 여부를 대조 기재하며,

계문은 범과 유무를 대조 기재하되 범과가 있을 때에는 해당 조목에 범한 번수를 기재한다.

상시 일기 기재에는 어떤 것이 있으며, 어떻게 하는가?

첫째, 모든 일을 당하여 유무념 처리한 것을 자세히 조사하여 기재하는 조사 기재가 있다.

둘째, 학습 상황 중 수양과 연구의 각 과목을 공부한 시간 수를

---

866) (정해 놓은 법률이나 규정 따위의) 낱낱의 조항이나 항목.
867) (범하다+ㄴ): (법률·규칙 따위를) 어기다.
868) 차례의 수효(사물의 낱낱의 수).

정확하게 정량적으로 계산하여 기재하는 계산 기재가 있다.

셋째, 예회와 입선 참석 여부를 대조해 기재하는 대조 기재가 있다.

넷째, 계문의 범과 유무를 대조하여 기재하는 대조 기재가 있다.

그러므로 경계를 따라 있어지는 심신 작용을 자세히 조사해 기재하고, 몇 번이나 또는 어떻게 작용되었는지 계산해 기재하고, 그 요란함(·어리석음·그름)이 있기 전 마음에 대조하여 기재한다.

> 4. 문자869)와 서식870)에 능하지 못한 사람을 위하여는871) 따로 이872) 태조사(太調査) 법873)을 두어874) 유념·무념만을 대조하게 하나니, 취사하는 주의심을 가지고 한 것은 흰 콩으로 하고 취사하는 주의심이 없이 한 것은 검은 콩으로 하여, 유념 무념의 번수875)를 계산876)하게 하는 것이니라.

태조사법은 일체 중생에게 베푼 대종사님의 대자비심이구나!

대종사님께서 일체의 법을 내놓고도 교법을 한 눈에 볼 수 있도록 교리도로 뭉쳐 놓으신 것처럼,

교의편을 수행하는데 간단하고 편리하게 사용할 있도록 일상 수행의 요법으로 내놓으신 것처럼

---

869) 글자.

870) 서류의 양식. 서류를 작성하는 방식.

871) (위하다+여+는): 어떤 사람이나 사물을 사랑하거나 소중히 여기다. 이롭게 하다. '위하여는'→'위하여, 위해, 위해서'로 수정하는 것이 바람직하다.

872) 따로. 별도(딴 방도나 방면)로. 보통과는 다르게.

873) 문자와 서식에 능하지 못한 사람을 위하여는 유념·무념만을 대조하게 하는 법으로서 취사하는 주의심을 가지고 한 것은 흰 콩으로 하고 취사하는 주의심이 없이 한 것은 검은 콩으로 하여, 유념·무념의 번수를 계산하게 하는 것이다. 이 태조사법을 마음 공부에 보다 잘 활용할 수 있도록 하기 위하여 원기 78년(1993) 6월에 유무념 대조 시계를 개발하였다.

874) (두다+어): 마련하거나 갖추어 놓다.

875) 차례의 수효(番數).

876) 수를 헤아림.

문자와 서식에 능하지 못한 사람들까지도 어떻게 하면 마음을 챙기며 유무념 대조를 할 수 있게 할 것인가 하는 염원이 담긴 것이 태조사법이니 이 어찌 대종사님의 대자비심이 아닌가!

교단 최초의 상시 일기, 성계명시독(誠誠名時讀)!

소태산 대종사님께서 1917년(원기 2)을 전후하여 제자들을 가르치기 위하여 만든 책으로 현재의 상시 일기의 최초 형식이다.

이 무렵 매월 삼순일(三旬日)(1일·11일·21일)로 예회를 보는데 예회에 빠진 사람에게는 상당한 벌을 내렸다고 한다.

또한 "성계명시독"이란 책을 두어 10일 동안 지낸 마음과 신성의 진퇴와 행실의 선악을 조사 대조케 하였다.

그 조사 방법을 보면, 푸른 색·붉은 색·검은 색의 세 가지 색깔로 구분하여 신성이 깊은 사람은 그 이름 밑에 푸른색으로 표시하고, 보통인 사람은 붉은색으로 표시하고, 신성이 옅은 사람은 검은색으로 표시하여 제자들의 신성의 정도가 나타나게 한 것이다.

상시 일기장이 저승의 재판 문서다

대종사 상시 일기를 오래 계속하는 제자를 칭찬하시며 말씀하시었다.

"상시 일기장이 저승의 재판 문서다. 일생 동안 꾸준히 사실로만 적어 놓는다면 염라국 최판관의 문초는 틀릴지 몰라도 이 기록에는 틀림이 없을 것이다.

제 스스로 복이 얼마 쌓였는지 죄가 얼마 쌓였는지 미리미리 분명히 알게 될 것이다.

한평생 일기 공부에만 불식지공(不息之功)[877]을 쌓아도 큰 공부의 실력을 얻게 될 것이다[878].

---

877) 일원상의 진리를 깨쳐서 일원의 체성에 합하고 일원의 위력을 얻도록까지 잠시도 쉬지 않고 삼학 수행에 정진하는 것. 부처의 인격을 얻도록까지 수행 정진을 계속하는 것. 일심적공(一心積功)하는 것.

상시 일기(1)

원기   년   월   일 (   )

1. 유념·무념은 모든 일을 당하여 유념으로 처리한 것과 무념으로 처리한 번수를 조사 기재하되, 하자는 조목과 말자는 조목에 취사하는 주의심을 가지고 한 것은 유념이라 하고, 취사하는 주의심이 없이 한 것은 무념이라 하나니, 처음에는 일이 잘 되었든지 못 되었든지 취사하는 주의심을 놓고 안 놓은 것으로 번수를 계산하나, 공부가 깊어가면 일이 잘되고 못된 것으로 번수를 계산하는 것이요.

유무념 대조 항목	유념	무념	심신 작용 처리 건, 감각, 감상
(1)			
(2)			
(3)			
(4)			
(5)			
조석 심고			

※ 유념 번수와 무념 번수를 바를 정(正)자로 기재한다.

2. 학습 상황 중 수양과 연구의 각 과목은 그 시간 수를 계산하여 기재하며, 예회와 입선은 참석 여부를 대조할 것이요.

상시 훈련법		심신 작용 처리 건, 감각, 감상
상시 응용 주의 사항	(1) 응용(應用)하는 데 온전한 생각으로 취사하기를 주의할 것이요.	
	(2) 응용하기 전에 응용의 형세를 보아 미리 연마하기를 주의할 것이요.	
	(3) 노는 시간이 있고 보면 경전·법규 연습하기를 주의할 것이요.	
	(4) 경전·법규 연습하기를 대강 마친 사람은 의두 연마 하기를 주의할 것이요.	
	(5) 석반 후 살림에 대한 일이 있으면 다 마치고 잠자기 전 남은 시간이나 또는 새벽에 정신을 수양하기 위하여 염불과 좌선하기를 주의할 것이요.	
	(6) 모든 일을 처리한 뒤에 그 처리건을 생각하여 보되, 하자는 조목과 말자는 조목에 실행이 되었는가 못 되었는가 대조하기를 주의할 것이니라.	

※ 1, 2, 6조는 유념·무념 번수를 바를 정(正)자로 기재하고, 3, 4, 5조는 시간 수(예: 20분, 60분)를 기재한다.

교당 내왕시 주의 사항	(1) 상시 응용 주의 사항으로 공부하는 중 어느 때든지 교당에 오고 보면 그 지낸 일을 일일이 문답하는 데 주의할 것이요.	
	(2) 어떠한 사항에 감각된 일이 있고 보면 그 감각된 바를 보고하여 지도인의 감정 얻기를 주의할 것이요.	
	(3) 어떠한 사항에 특별히 의심나는 일이 있고 보면 그 의심된 바를 제출하여 지도인에게 해오(解悟) 얻기를 주의할 것이요.	
	(4) 매년 선기(禪期)에는 선비(禪費)를 미리 준비하여 가지고 선원에 입선하여 전문 공부하기를 주의할 것이요.	
	(5) 매 예회(例會)날에는 모든 일을 미리 처결하여 놓고 그 날은 교당에 와서 공부에만 전심하기를 주의할 것이요.	
	(6) 교당에 다녀갈 때에는 어떠한 감각이 되었는지 어떠한 의심이 밝아졌는지 소득 유무를 반조(返照)하여 본 후에 반드시 실생활에 활용하기를 주의할 것이니라.	

※ 1, 2, 3, 5, 6조는 O, X로 기재하고, 4조는 실행했을 때만 O로 기재한다.

---

878) 대종경 선외록, 8. 일심적공장(一心積功章), 4절, p.60.

3. 계문은 범과 유무를 대조 기재하되 범과가 있을 때에는 해당 조목에 <u>범한 번수를 기재하는</u> 것이요.

	계문 내용	범한 번수	심신 작용 처리 건, 감각, 감상
보통급 십계문	(1) 연고 없이 살생을 말며,		
	(2) 도둑질을 말며,		
	(3) 간음(姦淫)을 말며,		
	(4) 연고 없이 술을 마시지 말며,		
	(5) 잡기(雜技)를 말며,		
	(6) 악한 말을 말며,		
	(7) 연고 없이 쟁투(爭鬪)를 말며,		
	(8) 공금(公金)을 범하여 쓰지 말며,		
	(9) 연고 없이 심교간(心交間) 금전을 여수(與受)하지 말며,		
	(10) 연고 없이 담배를 파우지 말라.		
	계		
특신급 십계문	(1) 공중사(公衆事)를 단독히 처리하지 말며,		
	(2) 다른 사람의 과실(過失)을 말하지 말며,		
	(3) 금은 보패 구하는 데 정신을 뺏기지 말며,		
	(4) 의복을 빛나게 꾸미지 말며,		
	(5) 정당하지 못한 벗을 좇아 놀지 말며,		
	(6) 두 사람이 아울러 말하지 말며,		
	(7) 신용 없지 말며,		
	(8) 비단 같이 꾸미는 말을 하지 말며,		
	(9) 연고 없이때 아닌 때 잠자지 말며,		
	(10) 예 아닌 노래 부르고 춤추는 자리에 좇아 놀지 말라.		
	계		
법마상전급 십계문	(1) 아만심(我慢心)을 내지 말며,		
	(2) 두 아내를 거느리지 말며,		
	(3) 연고 없이 사육(四肉)을 먹지 말며,		
	(4) 나태(懶怠)하지 말며,		
	(5) 한 입으로 두 말 하지 말며,		
	(6) 망녕된 말을 하지 말며,		
	(7) 시기심(猜忌心)을 내지 말며,		
	(8) 탐심(貪心)을 내지 말며,		
	(9) 진심(瞋心)을 내지 말며,		
	(10) 치심(痴心)을 내지 말라.		
	계		

※ 계문을 범한 일이 없으면 점(·)을 찍고, 범했으면 범한 번수를 바를 정(正)자로 기재한다.

상시 일기(2)

원기   년   월

1. 유념·무념은 모든 일을 당하여 유념으로 처리한 것과 무념으로 처리한 번수를 조사 기재하되, 하자는 조목과 말자는 조목에 취사하는 주의심을 가지고 한 것은 유념이라 하고, 취사하는 주의심이 없이 한 것은 무념이라 하나니, 처음에는 일이 잘 되었든지 못 되었든지 취사하는 주의심을 놓고 안 놓은 것으로 번수를 계산하나, 공부가 깊어가면 일이 잘되고 못된 것으로 번수를 계산하는 것이요.

유무념 항목		1	2	3	…	…	9	10	…	…	20	…	28	29	30	31	계
(1)	유념																
	무념																
(2)	유념																
	무념																
(3)	유념																
	무념																
조석 심고	유념																
	무념																

※ 유념 번수와 무념 번수를 바를 정(正)자로 기재한다.

2. 학습 상황 중 수양과 연구의 각 과목은 그 시간 수를 계산하여 기재하며, 예회와 입선은 참석 여부를 대조할 것이요.

상시 훈련법			1	2	…	10	11	…	21	22	…	31	계
상시 응용 주의 사항	(1) 응용(應用)하는 데 온전한 생각으로 취사하기를 주의할 것이요,	유념											
		무념											
	(2) 응용하기 전에 응용의 형세를 보아 미리 연마하기를 주의할 것이요,	유념											
		무념											
	(3) 노는 시간이 있고 보면 경전·법규 연습하기를 주의할 것이요,												
	(4) 경전·법규 연습하기를 대강 마친 사람은 의두 연마 하기를 주의할 것이요,												
	(5) 석반 후 살림에 대한 일이 있으면 다 마치고 잠자기 전 남은 시간이나 또는 새벽에 정신을 수양하기 위하여 염불과 좌선하기를 주의할 것이요,												
	(6) 모든 일을 처리한 뒤에 그 처리건을 생각하여 보되, 하자는 조목과 말자는 조목에 실행이 되었는가 못 되었는가 대조하기를 주의할 것이니라.	유념											
		무념											

※ 1, 2, 6조는 유념·무념 번수를 바를 정(正)자로 기재하고, 3, 4, 5조는 시간 수(예: 20분, 60분)를 기재한다.

		1	2	…	10	11	…	21	22	…	31	계
교당 내왕시 주의 사항	(1) 상시 응용 주의 사항으로 공부하는 중 어느 때든지 교당에 오고 보면 그 지낸 일을 일일이 문답하는 데 주의할 것이요,											
	(2) 어떠한 사항에 감각된 일이 있고 보면 그 감각된 바를 보고하여 지도인의 감정 얻기를 주의할 것이요,											
	(3) 어떠한 사항에 특별히 의심나는 일이 있고 보면 그 의심된 바를 제출하여 지도인에게 해오(解悟) 얻기를 주의할 것이요,											
	(4) 매년 선기(禪期)에는 선비(禪費)를 미리 준비하여 가지고 선원에 입선하여 전문 공부하기를 주의할 것이요,											
	(5) 매 예회(例會)날에는 모든 일을 미리 처결하여 놓고 그 날은 교당에 와서 공부에만 전심하기를 주의할 것이요,											
	(6) 교당에 다녀갈 때에는 어떠한 감각이 되었는지 어떠한 의심이 밝아졌는지 소득 유무를 반조(返照)하여 본 후에 반드시 실생활에 활용하기를 주의할 것이니라.											

※ 1, 2, 3, 5, 6조는 O, X로 기재하고, 4조는 실행했을 때만 O로 기재한다.

3. 계문은 범과 유무를 대조 기재하되 범과가 있을 때에는 해당 조목에 범한 번수를 기재하는 것이요.

계문 내용		1	2	⋯	10	11	⋯	21	22	⋯	31	계
보통급 십계문	(1) 연고 없이 살생을 말며,											
	(2) 도둑질을 말며,											
	(3) 간음(姦淫)을 말며,											
	(4) 연고 없이 술을 마시지 말며,											
	(5) 잡기(雜技)를 말며,											
	(6) 악한 말을 말며,											
	(7) 연고 없이 쟁투(爭鬪)를 말며,											
	(8) 공금(公金)을 범하여 쓰지 말며,											
	(9) 연고 없이 심교간(心交間) 금전을 여수(與受)하지 말며,											
	(10) 연고 없이 담배를 피우지 말라.											
	계											
특신급 십계문	(1) 공중사(公衆事)를 단독히 처리하지 말며,											
	(2) 다른 사람의 과실(過失)을 말하지 말며,											
	(3) 금은 보패 구하는 데 정신을 뺏기지 말며,											
	(4) 의복을 빛나게 꾸미지 말며,											
	(5) 정당하지 못한 벗을 좇아 놀지 말며,											
	(6) 두 사람이 아울러 말하지 말며,											
	(7) 신용 없지 말며,											
	(8) 비단 같이 꾸미는 말을 하지 말며,											
	(9) 연고 없이때 아닌 때 잠자지 말며,											
	(10) 예 아닌 노래 부르고 춤추는 자리에 좇아 놀지 말라.											
	계											
법마상전급 십계문	(1) 아만심(我慢心)을 내지 말며,											
	(2) 두 아내를 거느리지 말며,											
	(3) 연고 없이 사육(四肉)을 먹지 말며,											
	(4) 나태(懶怠)하지 말며,											
	(5) 한 입으로 두 말 하지 말며,											
	(6) 망녕된 말을 하지 말며,											
	(7) 시기심(猜忌心)을 내지 말며,											
	(8) 탐심(貪心)을 내지 말며,											
	(9) 진심(瞋心)을 내지 말며,											
	(10) 치심(痴心)을 내지 말라.											
	계											

※ 계문을 범한 일이 없으면 점(·)을 찍고, 범했으면 범한 번수를 바를 정(正)자로 기재한다.

3. 정기 일기법

1. 당일의 작업 시간 수를 기재시키는 뜻은 주야[879] 24시간 동안 가치[880] 있게 보낸[881] 시간[882]과 허망[883]하게 보낸 시간[884]을 대조하여, 허송[885]한 시간이 있고 보면 뒷날에는 그렇지[886] 않도록[887] 주의하여 잠시[888]라도 쓸데없는[889] 시간[890]을 보내지 말자는 것이요,

'당일'이 주는 의미는?

'일기법의 대요'와 '정기 일기법'에 기재되어 있는 '유무념 처리, 학습 상황, 범과 유무, 작업한 시간 수, 수입, 지출, 심신 작용 처리건, 감각, 감상' 등은 기억하는 데 한계가 있으므로 당일이 아니면 정확하게 사실적으로 기재할 수 없고, 설령 다음 날 기재한다 해도 정확하게 기억할 수 없으므로 그 상황과 달라지게 된다.

또한 경계를 따라 작용된 육근 동작을 감정하고 결산을 알게 하여 시비 이해를 밝혀 취사의 능력을 얻고 자성의 혜광을 밝히는

---

879) 밤낮. ('주야로' 꼴로 쓰여) 쉬지 아니하고 계속함.
880) 값어치.
881) (보내다+ㄴ): 시간이나 세월을 지나가게 하다.
882) 가치 있게 보낸 시간: 허망하게 보낸 시간, 허송한 시간, 쓸데없이 보낸 시간에 대조되는 말.
883) 거짓이 많고 망념(있지도 않은 사실을 상상하여 마치 사실인 양 굳게 믿는 일, 또는 그러한 생각)됨.
884) 허망하게 보낸 시간: 허송한 시간. 쓸데없이 보낸 시간.
885) 세월 따위를 헛되이 보냄.
886) (그러하다+지): (모양이나 모습이) 그러하다.
887) -도록: 용언의 어간이나 높임의 '-시-'에 붙어, 거기까지 이르러 미침을 뜻하는 종속적 연결 어미로서, 이르러 미치는 한계나 정도를 나타냄.
888) '잠시간'의 준말. 잠깐 동안.
889) (쓸데없다+ㄴ): 아무 값어치가 없다. 쓸 자리가 없다.
890) 쓸데없는 시간: 허망하게 보낸 시간. 허송한 시간.

것은 하루인들 미룰 수 있는 성질의 문제가 아니다.

미루면 미룬 만큼 밝아지는 정도가 더디기 때문에 당일에 기재하여야 한다.

'가치 있게 보낸 시간'과 '허망하게 보낸 시간'이란?

시간에는 원래 가치 있는 시간이 있고 허망한 시간이 있는 것은 아니다. 내가 어떻게 보내느냐에 따라 달라질 뿐이다.

우리는 하루 24시간을 일하는 시간, 쉬는 시간, 잠자는 시간으로 보낸다.

내가 이들 시간을 어떻게 보내느냐에 따라 일하는 시간도 가치 있게 보내는 시간이 되고 허망하게 보내는 시간이 되며, 쉬는 시간과 잠자는 시간도 마찬가지다.

시간을 가치 있게 보내면 나도 주위 인연도 진급의 길로 인도하지만, 허망하게 보내면 뒷날에는 반드시 후회하게 된다.

이처럼 하루를 가치 있게 보내고 잠시라도 허망하게 보내지 않으려면 어떻게 해야 하는가?

일하는 시간, 쉬는 시간, 잠자는 시간 각각을 어떻게 보내는 것이 가장 효율적이고 가치 있게 보내는지 미리 연구하여 계획해야 하고, 실제로 실행할 때는 온전한 생각으로 해야 할 일은 하고 하지 말아야 할 일은 하지 말아야 한다.

그리고 일을 다 처리한 뒤에는 그 처리건을 생각하여 보되, 하자는 조목과 말자는 조목에 실행이 되었는가 못 되었는가 대조하기를 주의해야 한다.

이와 같이 미리 연구하여 계획하고, 이를 실행하고, 그 처리건의 실행 정도를 대조하고 또 대조하며 잠시라도 허송하는 시간을 보내지 말자는 것이다.

'잠시라도 쓸데없는 시간을 보내지 말자는 것'이라 함은?

당일의 작업 시간 수를 기재하여 잠시라도 가치 있게 보낼지언정 허송하는 시간이 없도록 일분 일각도 하기로 한 일과 안 하기로 한 일을 경우에 따라 잊어버리지 아니하고, 하기로 한 일은 반드시 실행하고 안 하기로 한 일도 반드시 하지 말자는 것이다.

이리하여 육근(六根)이 무사(無事)하면 잡념을 제거하고 일심을 양성하며, 육근이 유사하면 불의를 제거하고 정의를 양성하자는 것이며, 노는 시간이 있고 보면 주색낭유하지 말고 경전·법규 연습하기를 주의하자는 것이다.

2. 당일의 수입891)·지출892)을 기재시키는 뜻은 수입이 없으면 수입의 방도893)를 준비894)하여 부지런히895) 수입을 장만896)하도록 하며 지출이 많을 때에는 될 수 있는 대로897) 지출을 줄여서898) 빈곤899)을 방지900)하고 안락901)을 얻게 함이며, 설사 유족902)한 사람이라도 놀고 먹는903) 폐풍904)을 없게 함이요,

날로 달로 참다운 수지 대조로 한량없는 복전을 개척하라

---

891) (개인이나 기업·국가 등의) 돈이나 물건 따위를 벌어들이거나 거두어들이는 일, 또는 그 돈이나 물건.
892) (어떤 목적을 위하여) 돈이나 물건을 치러 줌.
893) 어떤 일을 치러 나갈 길이나 방법.
894) 필요한 것을 미리 마련하여 갖춤.
895) (부지런하다+이): 수고를 아끼지 아니하고 일에 꾸준하다.
896) (필요한 것을) 갖추어 놓음. (자기의 것으로) 마련하여 갖춤.
897) ('-을 수 있는 대로'의 구성으로 쓰여) 할 수 있는 만큼 최대한.
898) (줄이다+어서): 줄어들게 하다.
899) 가난. 모자람.
900) 어떤 일이 일어나지 않도록 막음.
901) 근심 걱정이 없이 편안하고 즐거움.
902) 살림살이가 넉넉함. 쓰고 남음이 있음.
903) (놀고 먹다+는): 하는 일없이 편안하게 놀면서 지내다.
904) ①나쁜 풍습. ②설사 유족한 사람이라도 놀고먹는 것.

"현실 생활의 예산·결산과 수도 생활의 예산·결산은 그 수입·지출을 대조하는 기준에 다른 일면이 있나니, 현실 생활에서는 현실적 수입이 많아야 그 생활이 윤택하고 편안할 것이요,

진리면에 있어서는 현실적 손실을 볼지라도 진리적 저축이 많아야 영원한 세상에 복록이 유족하나니라.

그러나, 어리석은 사람은 수지의 참 뜻을 알지 못하고, 어떠한 술책으로든지 다른 사람을 속여서라도 우선 당면한 수입만 취하므로 이는 마치 빚진 사람이 더욱 채무의 구렁으로 들어가는 격이라 어느 세월에 그의 앞에 복록이 돌아오리요.

그러므로, 여러분은 수지의 바른 길을 알아서 자리 이타의 정신 아래 현실적 수지도 잘 맞추려니와 마음과 말과 행동으로써 늘 남을 더욱 이익 주며, 날로 달로 참다운 수지 대조로 한량없는 복전을 개척하라905)."

수도인이 혜수만 좋아하고 공부를 잘못하면 악도에 떨어지나니

"수도인이 혜수906)만 좋아하고 공부를 잘못하면 악도에 떨어지나니, 될 수 있는 대로 남의 덕을 적게 입고 공부하여야 빚이 적나니라907)."

3. 심신 작용의 처리건을 기재시키는 뜻은 당일의 시비908)를 감정909)하여 죄복의 결산910)을 알게 하며 시비 이해를 밝혀911) 모든 일을 작용할 때 취사의 능력912)을 얻게 함이요,

---

905) 정산 종사 법어, 제2부 법어(法語), 제9 무본편(務本編), 49장, p.924.
906) ①다른 사람으로부터 은혜를 받는 것. 다른 사람의 도움을 받는 것. ②출가교역자가 재가 교도나 또는 다른 사람으로부터 도움을 받은 현금이나 물품. ③부모로부터 받은 양육이나 교육비를 포함하여 다른 사람으로부터 도움 받은 것도 혜수이므로 일생을 통하여 혜수가 많은 것은 그만큼 갚아야 할 빚이 많다는 것이다.
907) 정산 종사 법어, 제2부 법어(法語), 제11 법훈편(法訓編), 42장, p.946.

'심신 작용의 처리건'이란?

심신이 작용됨에 따라 경계를 대하게 되기도 하고 또는 상대방에게 경계를 주기도 한다.

이때 경계를 따라 있어지는 그 요란함과 그 어리석음과 그 그름을 수용하고, 그 요란함과 그 어리석음과 그 그름이 있기 전 마음에 대조하여 그 요란함으로 자성의 정을 쌓고, 그 어리석음으로 자성의 혜를 밝히고, 그 그름으로 자성의 계를 지키면서 공부한 성공·실패담이 곧 심신 작용 처리건이다.

'당일의 시비를 감정하여 죄복의 결산을 알게 하며 시비 이해를 밝혀 모든 일을 작용할 때에 취사의 능력을 얻게 함이요'라 함은?

경계를 따라 작용되는 육근 동작을 하나하나 분석해 보면 어떤 경우는 옳고(是) 어떤 경우는 그른지(非) 알게 되므로 이를 일러 시비를 감정한다고 한다.

옳은 것과 그른 것 중에서 어느 것이 복(福)이 되고 어느 것이 죄(罪)가 되는 지 헤아려 보면, 그른 것이 복이 되고 옳은 것이 죄가 된다고 생각하는 사람은 한 사람도 없을 것이다.

당연히 옳은 것은 복이 되고 그른 것은 죄가 되는 것임을 알게 될 것이니, 이것이 곧 '시비를 감정하여 죄복의 결산을 알게 하며'의 뜻이다.

이렇게 시비를 감정하여 죄복의 결산을 알게 되면, 옳은 것은 이롭고 그른 것은 해로운 줄 확실히 밝혀지게 되며, 이렇게 되면 시가 곧 이요 비가 곧 해인 줄 분명하게 알게 된다.

---

908) 옳고 그름. 잘잘못.
909) 사물의 값어치, 좋고 나쁨, 진짜와 가짜 등을 살펴서 판정함.
910) 계산을 마감함. 일정한 기간내의 수입과 지출을 마감한 계산.
911) (밝히다+어): 일의 옳고 그름을 가려 분명하게 하다.
912) 취사의 능력: 취사력. 모든 일을 응용할 때에 정의는 용맹 있게 취하고, 불의는 용맹 있게 버리는 실행의 힘.

그렇지만 시일지라도 시를 통하여 해와 죄가 오지 않도록 하고, 해일지라도 해를 통하여 시와 복을 발견하고 시와 복으로 돌리면 해도 해가 아니요 시도 시가 아닌 것이 진리의 조화이므로(어느 경우든 영원한 시도 영원한 해도 없으므로) 경계는 하나도 버릴 것이 없듯 시도 해도 나를 진급하게 하는 공부 거리일 뿐이다.

이것이 시비 이해를 밝히는 것이며, 이 시비 이해의 다양성을 밝히게 되면 자연히 모든 일을 작용할 때 정의는 용맹 있게 취하고 불의는 용맹 있게 버리는 취사의 능력을 얻게 된다.

심신 작용 처리건은 작업 취사 훈련 과목 같은데 왜 사리 연구 훈련 과목인 정기 일기법에 포함되며, 왜 사리 연구가 될까?

경계를 따라 작용되는 심신을 대소 유무의 이치대로 대조하여 처리하는 경우는 육근이 작용되는 것이므로 작업 취사인 것 같으나, 어째서 사리 연구일까?

그 과정을 자세히 살펴보자.

경계를 따라 심신(육근)이 작용되면 분별성과 주착심에 의해 시와 비가 생기고, 이 작용된 심신을 시와 비로 감정해 보면 어느 것이 시가 되고 어느 것이 비가 되는 줄 알게 되므로 시가 곧 복이 되고 비가 곧 죄가 되는 줄 알게 되며, 이를 다시 이와 해로 낱낱이 밝혀 보면 시는 복이 되므로 이가 되고, 비는 죄가 되므로 해가 되는 줄 분명하게 알게 된다.

이런 일련의 과정이 곧 사리 연구의 과정이요 결과이므로 심신 작용 처리건을 작업 취사 훈련 과목에 넣지 않고 사리 연구 훈련 과목인 정기 일기법에 포함시킨 것 같다.

'심신 작용 처리건'은 어떻게 기재하는가?

기재는 당일에 하되, 경계를 따라 작용된 심신을 원만하게 처리했든 미흡하게 처리했든 그 처리 결과를 우선 시(是)와 비(非)로 감정해 본다.

주관적인 관점에서가 아니라 객관적인 관점에서 나[我]라는 상(相)을 놓고 시와 비를 살펴보면, 나에게 유리한 것은 시고 나에게 거슬리는 것은 비라는 생각에서 벗어나 시는 시대로 비(非)는 비대로 판정하게 될 것이다.

다음에는 시와 비 중 어느 것이 죄를 불러오고 복을 불러오는지 헤아려 보면, 시는 복이 되고 비는 죄가 되는 줄 알게 될 것이므로 복을 불러오도록 심신을 작용하고 처리는 할지언정 죄를 불러오도록 심신을 작용하거나 처리하는 경우는 점점 줄어들 것이다.

이렇게 시비를 감정해 보면, 죄복이 자동적으로 결산되는 것을 알게 된다.

다음에는 시비와 이해의 관계를 낱낱이 밝혀 본다. 즉 시가 이(利)가 되고 비가 해(害)가 되는지, 또는 상황에 따라 시가 해가 되고 비가 이가 되는 경우도 있는지 대조해 본다.

일시적으로는 비가 이가 될 수도 있겠지만, 인과 보응되는 이치에 따라 비는 반드시 해가 되고 시는 반드시 이가 되는 것이 영원히 변치 않는 진리의 작용임을 알아야 내게 해가 되는 비는 저지르지 않을 것이며, 내게 이가 되는 시는 즐겨 행할 것이다.

이렇게 되면 자동적으로 심신에 대한 시비는 감정이 되고 시는 복으로 비는 죄로 화한다는 이치를 알게 되므로 죄복의 결산을 알게 되며, 시가 이가 되고 비가 해가 되는 줄 밝혀지므로 불의인 비는 용맹 있게 버리고 정의인 시는 용맹 있게 취하는 실행의 힘을 얻게 된다.

4. 감각[913]이나 감상[914]을 기재시키는 뜻은 그 대소 유무의 이치가 밝아지는 정도를 대조하게 함이니라.

---

913) 공부하는 중에 불조들의 화두나 기타 의심 건에 깨침이 있는 것과 또는 어떤 사물을 대소 유무의 이치에 스스로 의심이 없이 알아져서 확신하게 된 것이 있으면 그 깨친 내용과 확신하게 된 내용을 기록하는 것.

감각이나 감상을 기재하면 왜 대소 유무의 이치가 밝아지는가?

감각은 상시에 공부하는 중 불조의 화두나 기타 의심 건에 대한 깨침, 또는 어떤 사물의 대소 유무의 이치에 대하여 궁금하고 의심나는 것들을 스스로 알게 되면 그 깨친 내용과 확신하게 된 내용을 기록하는 것이고,

감상은 자연 현상이나 대인 접물 간에 우연히 느끼게 된 생각으로서 진리성이 있다고 여기는 것과 어떤 사물을 통하여 미루어 생각되는 것이 있으면 그것을 기록하는 것이다.

이와 같이 감각과 감상의 대상은 인간의 시·비·이·해와 천지의 작용과 조화며, 우주 만유며, 천지의 춘·하·추·동 사시 순환과 풍·운·우·로·상·설(風雲雨露霜雪)이며, 만물의 생·로·병·사와 흥·망·성·쇠의 변태다.

그러므로 이들을 궁구하면 할수록 사리 연구가 순숙(純熟)되어 대소 유무의 이치가 밝아지므로 감각·감상을 기재하자는 것이다.

'그 대소 유무의 이치가 밝아지는 정도'란?

감각이나 감상을 통하여 깨침에 따라 사리 간에 대소 유무의 이치가 밝아지는 정도를 말하며, 이는 공부인의 수행 정도(근기)와 그때의 상황에 따라 밝아지는 정도는 달라진다.

같은 사람일지라도 처한 상황에 따라 다르고, 똑같은 상황일지라도 사람에 따라 깨침의 정도 또한 다르다.

이 소중한 깨침을 온전히 내 것으로 만들려면 정기 일기로 기재해야 한다.

이리하면 그 깨침이 확인되고 정리되기 때문이다.

---

914) 자연 현상이나 대인 접물 간에 우연히 느껴진 생각으로서 진리성이 있다고 여겨지는 것과 또는 어떤 사물을 통하여 미루어 생각되는 것이 있으면 그것을 기록하는 것.

정기 일기

원기　　년　월　　일(　　)

당일의 작업 시간 수, 당일의 수입/지출, 심신 작용 처리건, 감각, 감상

　　　제목 : _____

<감정>

내 마음을 기재하는 일기

원기   년   월   일 / 이름 :

경계 찾기, 분별성과 주착심 찾기
1.
2.
3.

경계를 따라 묘(妙)하게 일어나는 마음을 기재하기

☺ 원래 마음 (眞空=大)	☻ 경계를 따라 묘하게 일 어난 마음(妙有=小)	☺ 마음공부하여 변화된 마음(造化=有無)

※ 심신 작용 처리건을 기재시키는 뜻은 당일의 시비를 감정하여 죄복의 결산을 알게
　하며, 시비 이해를 밝혀 모든 일을 작용할 때 취사의 능력을 얻게 함이요,
※ 감각 감상을 기재시키는 뜻은 그 대소 유무가 밝아지는 정도를 대조하게 함이니라.

제7장 무시선법 (無時禪法)

무시선 (無時禪)이란?

무시선은 어느 때 어느 곳에서나 끊임없이 성품을 단련하는 법인 바, 우리의 생활은 동정(動靜)으로 이루어져 있기 때문에 일원상의 진리를 체(體)와 용(用)으로 나누어 일이(경계가) 없을 때[정즉체(靜卽體), 육근이 무사하면]는 주로 일원의 진공한 체성(불생 불멸한 자리)에 표준하고, 일이 있을 때[동즉용(動卽用), 육근이 유사하면]는 주로 일원의 영명한 조화(불생 불멸의 이치와 인과 보응의 이치)에 표준하여 마음을 길들이는 공부로서, 동정간에 끊임없이 일원상의 진리를 활용하여 일원상과 같이 원만 구족하고 지공 무사한 각자의 성품을 단련하는 법이요,

삼학은 누구나 일원상의 진리에 바탕한 원만한 수행으로서 원만한 성품을 회복하고 단련할 수 있도록 일원상의 진리에 근거하여 수양·연구·취사의 길을 밝힌 것이니, 즉 원만 구족하고 진공 무사한 각자의 마음을 그대로 기르고(수양), 원만 구족하고 지공 무사한 각자의 마음을 밝히고(연구), 원만 구족하고 지공 무사한 각자의 마음을 그대로 사용하는(취사) 공부로 필경 해탈·대각·중정의 크고 원만한 삼대력을 얻어 일원의 위력을 얻고 일원의 체성에 합해질 수 있는 길이요 원리다.

그러므로 무시선은 삼학 공부를 끊임없이 계속하는 것이요, 끊임없는 삼학 공부는 삼학을 병진함으로써 가능한 것이니 무시선은 곧 삼학 병진의 수행으로 끊임없이 공부하는 것이다.

'무시선법대로 닦기만 하면 사반 공배(事半功倍)가 되고 병들지 않고 성공하리니'라 함은?

"무시선 무처선의 공부는 다 대승 수행의 빠른 길이라 사람이 이대로 닦는다면 사반 공배(事半功倍)[915]가 될 것이요, 병들지 아

니하고 성공하리니 그대들은 삼가 나의 길 얻지 못할 때의 헛된 고행을 증거하여 몸을 상하는 폐단에 들지 않기를 간절히 부탁하노라916)."

대범, 선(禪)이라 함은 원래에 분별 주착917)이 없는 각자의 성품918)을 오득919)하여 마음의 자유를 얻게 하는 공부인바, 예로부터920) 큰 도에 뜻을 둔 사람921)으로서 선을 닦지922) 아니한 일이 없나니라.

'선(禪)'이라 함은?

원래에 분별 주착이 없는 각자의 성품을 오득하여 마음의 자유를 얻게 하는 공부며,

대승선923)이요, 언제 어디서나 삼학을 병진하는 공부법이며,

마음 공부며,

청정 무애924)한 본성과 같이 천만 경계를 응용할 때에 끌리지

---

915) 들인 노력은 적고 얻은 성과는 큼.
916) 대종경, 제3 수행품(修行品), 47장, p.170.
917) 분별 주착: 마음으로 이것저것 가려내는 작용과 한 편에 집착하여 머물러 있는 것.
918) ①심성(心性). 본디부터 타고난 사람의 성질. 참된 본성(本性). ②원래에 분별 주착이 없는 각자의 마음. ③원래 청정하여 선과 악이 없건마는 경계를 따라 선하기도 하고 악하기도 하므로(정한즉 무선 무악하고, 동한즉 능선 능악함), 선한 환경에 처하면 자연히 그 선에 화하기 쉽고, 악한 환경에 처하면 자연히 그 악에 물들기 쉬움.
919) 깨달아 얻음.
920) -로부터: 거쳐온 출발 지점이나 대상을 나타내는, 즉 '에서부터'의 뜻을 나타내는 유래격 조사.
921) 큰 도에 뜻을 둔 사람: 원래에 분별 주착이 없는 각자의 성품을 오득하여 마음의 자유를 얻으려는 사람.
922) (닦다+지): 힘써 배워 익히다.
923) 무시선 무처선, 삼학 병진 수행, 동정일여 영육쌍전, 둥중정 정중동 등.
924) 맑고 고요하고 걸리는 바가 없다는 말.

아니하고 부동행(不動行)을 하는 것이 선(禪) 공부며925),

모든 사람의 복잡한 마음을 쉬는 휴식처요 오욕에 때묻은 마음을 씻는 세탁소다926).

선(禪)의 강령은?

대종사 말씀하시기를

"선종(禪宗)의 많은 조사가 선(禪)에 대한 천만 방편과 천만 문로(門路)927)를 열어 놓았으나, 한 말로 통합하여 말하자면 망념을 쉬고 진성을 길러서 오직 공적 영지(空寂靈知)가 앞에 나타나게 하자는 것이 선이니,

그러므로 '적적(寂寂)한 가운데 성성(惺惺)함은 옳고 적적한 가운데 무기(無記)928)는 그르며, 또는 성성한 가운데 적적함은 옳고 성성한 가운데 망상은 그르다.' 하는 말씀이 선의 강령이 되나니라929)."

선(禪)의 방법은?

"선(禪)에는 와선(臥禪)과 좌선(坐禪)과 입선(立禪)과 행선(行禪)의 네 가지가 있으니 각자 적당한 것을 취하여 득력할지니라.

배부를 때 선(단전주-丹田住)을 하는 것은 위장이 늘어날(위하수병-胃下垂病) 염려가 있으므로 반드시 공복(空腹)930)에 하는 것이 좋을 것이다.

선중(禪中)에 조는 것은 마음이 죽은 것이므로 사심(邪心) 끄리

---

925) 대종경 선외록, 8. 일심적공장(一心積功章), 14절. p.64.
926) 대종경 선외록, 19. 요언법훈장(要言法訓章), 2절, p.118.
927) 학문의 지름길.
928) 진공 묘유 또는 공적 영지가 진리임을 모르고 묘유가 없는 진공에만 집착하는 것. 적적성성하고 성성적적하지 않고 혼몽혼미한 것. 좌선할 때 마음을 텅 비운다고 하다가 성성적적하지 못하면 자칫 무기공에 떨어지기 쉽다.
929) 대종경, 제3 수행품(修行品), 12장, p.149.
930) ①아침에 아무것도 먹지 않은 배. ②음식을 먹은 지 오랜 시간이 지난 빈속.

는 것보다 못할 것이니라.

체질에 따라서 와선보다 좌선이 나을 수 있고 입선보다 행선이 나을 수도 있으니 무슨 방법으로든지 수승화강(水昇火降)만 잘 시켜서 망념은 쉬게 하고 진성(眞性)만 나타나도록 노력할 것이니라931)."

좌선(坐禪)·와선(臥禪)·입선(立禪)·행선(行禪)이 왜 무시선인가?

일반적으로 선(禪)이라 하면 앉아서 선을 닦는 좌선(坐禪)을 말한다. 이 외에 누워서 선을 닦는 와선(臥禪), 서서 선을 닦는 입선(立禪), 걸어다닐 때나 일을 할 때 마음속으로 선을 닦는 행선(行禪)이 있다.

입선은 서서 닦는 선으로 복잡한 시내버스 속에서 서 있을 때나 걷다가도 멈춰 선을 하는 것이다. 와선은 병을 앓는 경우에는 좌선을 할 수 없으므로 누워서 선을 닦는 것이다.

행선·입선·와선은 좌선으로 상당한 힘을 얻은 다음에 하는 것이 효과적이다. 즉 좌선으로 선을 하는 자세와 마음가짐이 잡히지 않았거나 선에 대한 습관이 들지 않으면 행선·입선·와선에서 그 진경을 맛보기가 어렵기 때문이다.

그러나 우리는 일을 할 때, 즉 행선을 할 때 자신도 모르는 상태에서 일심이 되어 일을 하는 자신을 발견하곤 한다. 어느 때든지 자세를 바르게 한 상태에서 마음을 단전에 주하고 호흡을 고르게 하는 마음만 놓지 않으면 선을 닦는 자세가 된 것이다.

선을 어떤 자세로 하든 선의 목적은 원래에 분별 주착이 없는 각자의 성품을 오득하여 마음의 자유를 얻는 것이므로 이를 잊어서는 안 된다.

우리가 직장이나 가정에서 움직여 일을 할 때에는 좌선이나 와선이나 입선을 하기는 어렵다. 이때에는 행선을 해야 한다. 즉 일

931) 대산 종사 법문집, 1집, 수신강요(修身綱要)1. 21. 네 가지 선법(禪法), p.70.

을 일심으로 하는 것이다.

그러다가 잠시 서 있을 때에는 입선을 하고, 잠시 앉아 있을 때에는 좌선을 하면 된다. 또한 앉아서 일을 하는 경우에는 일심으로 선을 하는 행선을 하다가, 잠시 짬을 내어 좌선을 할 수도 있다. 새벽이나 저녁에 잠들기 전에는 시간을 내어 좌선을 하고, 누워서 잠들기 전에는 와선을 하면 하루 전체가 장소에 구애받지 않고 어디서나 선을 떠나지 않는 생활이 된다.

이것이 언제 어디서나 선을 떠나지 않는 무시선 무처선이며, 언제 어디서나 정신 수양·사리 연구·작업 취사의 삼학을 병진하는 수행법이며, 정신 수양·사리 연구·작업 취사를 어느 한쪽에 치우치지 않고 상황에 따라 정신 수양이 주가 될 때는 사리 연구와 작업 취사가 그 바탕이 되고, 사리 연구가 주가 될 때에는 정신 수양과 작업 취사가 그 바탕이 되고, 작업 취사가 주가 될 때에는 정신 수양과 사리 연구가 그 바탕이 되어 항상 삼학을 함께 병진하며, 항상 공정한 자리에서 자리 이타로 수행을 하는 대승선이다.

'원래에'라 함은?

'원래에'는 '원래'를 더욱 강조하는 말이다.
'원래에'라는 말은 언제 사용하는가?
현실은 이러이러하지만 원래는 그렇지 않다는 의미다. 즉 원래는 분별 주착이 없건마는 현실적으로는(경계를 따라서는) 분별 주착이 있을 수 있다는 말이다.

'성품'이라 함은?

대종사 말씀하시기를
"사람의 성품이 정(靜)한즉 선(善)도 없고 악(惡)도 없으며, 동(動)한즉 능히 선하고 능히 악하나니라[932]."

"성품이라 하는 것은 허공의 달과 같이 참 달은 허공에 홀로 있건마는 그 그림자 달은 일천 강에 비치는 것과 같이…….933)"

"우리의 성품은 원래 청정하나, 경계를 따라 그 성품에서 순하게 발하면 선이 되고 거슬려 발하면 악이 되나니 이것이 선악의 분기점이요, 바르게 발하면 정(正)이 되고 굽게 발하면 사(邪)가 되나니 이것이 정사의 분기점이요, 가리움을 받으면 어둠이 되고 참이 나타나면 밝아지나니 이것이 지우(智愚)의 분기점이니라934)."

이와 같이 성품은 원래에 분별 주착이 없건마는 경계를 따라 분별 주착이 나타난다. 즉 원래 성품 자리는 고요하므로 분별 주착도, 선도 악도 없건마는 경계에 끌려 순하게 발하면 선이 되고 거슬려 발하면 악이 되며, 바르게 발하면 정(正)이 되고 굽게 발하면 사(邪)가 되며, 가리움을 받으면 어둠이 되고 참이 나타나면 밝아진다.

그러므로 성품은 원래 요란함(·어리석음·그름)이 없건마는 경계를 따라 있어지는 심지와 같으므로 본래 맑고 고요한(본연 청정한) 성품 자리를 잘 지키는 것이 우리가 해야 할 일이요, 우리의 공부 거리다.

성품을 오득한다 함은?

성품을 오득한다고 하니까, 머릿속으로 성품은 이러이러하니 이제 성품을 다 알았다고 생각할 수 있다.

이 오득, 즉 깨달음을 얻는 것은 경계를 따라 작용되는 성품과 그 조화의 이치를 생각으로 아는 것뿐만 아니라, 마음으로나 실행으로 걸리거나 막힘이 없어 동하여도 분별에 착이 없고 정하여도 분별이 절도에 맞는 것이며, 동하여도 동한 바가 없고 정하여도 정한 바 없이 그 마음을 작용하는 것이다.

즉 경계를 따라 일어나는 마음 작용이 정신 수양, 사리 연구, 작

---

932) 대종경, 제7 성리품(性理品), 2장, p.258.
933) 대종경, 제9 천도품(薦度品), 5장, p.288.
934) 정산 종사 법어, 제2부 법어(法語), 제5 원리편(原理篇), 10장, p.821.

업 취사로 병진되면서 실행으로까지 원만하게 나투어져 걸음걸음이 일원의 체성을 여의지 아니하고(진공으로 체를 삼고) 일원의 위력을 얻는 것(묘유로 용을 삼는 것)이다.

따라서 진정한 오득이란 삼학 병진 수행을 통해서 얻어지는 생각과 마음과 행동의 육근 작용이 깨달음으로 나투어지고 또 돌고 돌아 모든 것이 하나의 이치요 하나의 세계인 줄 알고 하나의 세계를 개척하는 것이다.

'마음의 자유'란?

자기 마음을 마음먹은 대로 하는 것이니 한 생각 내고(生) 한 생각 들이는(死) 것을 마음대로 하며, 천만 경계를 대하되 마음에 걸림이 없고 막힘이 없으며, 구경(究竟)935)에는 일체 고락(苦樂)과 생사(生死)에도 걸림이 없는 것을 말한다936).

원래 마음은 요란하다 요란하지 않다, 어리석다 어리석지 않다, 그르다 그르지 않다는 생각(분별)조차 없는 것이며, 있는 그대로 여여자연한 것으로 어디에도 걸림(분별성, 주착심)이 없는 것이다.

이런 상태가 곧 마음이 자유로운 것이며, 마음의 자유를 얻었다 할 것이다.

마음의 자유를 얻는다 함은?

마음의 자유를 얻으려면 실천이 따라야 한다.

해야 할 일이 있는 데도 하지 않았거나, 해결해야 할 일이 있는 데도 아직 해결되지 않았다면 과연 마음이 편하겠는가?

또한 마음에 걸림이 없으려면 마음만 편해서는 안 된다. 행동에도 걸림이 없고, 말과 행동이 일치해야 한다.

교법으로는 계문을 어기는 일이 없어야 하며, 솔성요론을 지켜

---

935) 사물이나 진리를 궁구해 가다가 마침내 도달하는 경지.
936) 신도형, "교전공부", 제1부 정전, 제3 수행편, 제7장 무시선법, p.358, 1992.

야 한다. 계문을 어기지 않고 솔성요론을 지키려면 처음에는 여러 가지로 구속됨을 느낄 것이다.

그러나 안 해야 할 일은 기어이 안 하고, 해야 할 일은 기필코 하여 계문과 솔성요론 준수에도 구애됨이 없어지면 진실로 마음의 자유를 얻었다 할 것이다.

이처럼 말과 행동에도 구속됨이 없고 걸리거나 막힘이 없다면 어찌 마음이 자유롭지 않겠는가?

성품을 오득하여 마음의 자유를 얻는다 함은?

마음의 자유를 얻는 전제 조건이 성품을 오득하는 것이며, 성품을 오득하는 목적과 결과가 마음의 자유를 얻는 것이다.

예로부터 제불 조사가 성품을 그토록 깨치려고 했던 목적이 마음의 자유를 얻는 것이듯, 우리 공부인의 진정한 목적 또한 마음의 자유를 얻는 것이다.

그 방법은 성품을 오득하는 것이다. 이렇게 하는 지름길이 무시선법(언제 어디서나 수행하는 대승선이요 삼학을 병진하는 공부법)이며, 이는 곧 대종사님께서 내놓으신 마음을 잘 사용하는 방법인 용심법(用心法)이다.

'예로부터 큰 도에 뜻을 둔 사람으로서 선을 닦지 아니한 사람이 없나니라' 함은?

도를 닦는 것은 우주 만유의 본래 이치와 아울러 소우주인 우리 각자의 성품(즉 원래에 부별 주착이 없는 내 성품)을 오득하여 마음의 자유를 얻는 공부를 수행으로 하는 것이다.

이 원래에 분별 주착이 없는 각자의 성품을 오득하여 마음의 자유를 얻는 공부가 곧 선(禪)이므로, 큰 도에 뜻을 둔 사람(대자유인)의 일상은 자연히 선을 닦는 생활을 떠날 수 없는 것이다.

그러면 예로부터 큰 도에 뜻을 둔 많은 사람들이 닦은 선은 어떤 선인가?

무시선이요 대승선이요 삼학을 병진하는 공부법이다.

사람이 만일 참다운[937] 선을 닦고자 할진대[938] 먼저 마땅히 진공(眞空)[939]으로 체[940]를 삼고[941] 묘유(妙有)[942]로 용[943]을 삼아[944] 밖으로 천만 경계를 대하되[945] 부동함[946]은 태산[947]과 같이 하고, 안[948]으로 마음을 지키되[949] 청정함[950]은 허공[951]과 같이 하여 동하여도[952] 동하는 바[953]가 없고 정하여도 정하는 바가 없이 그 마음을 작용하라.

이같이 한즉, 모든 분별[954]이 항상 정을 여의지 아니하여 육근을 작용하는 바가 다 공적 영지의 자성에 부합[955]이 될 것이니, 이것이 이른바[956] 대승선(大乘禪)이요 삼학을 병진하는 공부법이니라[957].

---

937) (참다우+ㄴ): 거짓이 없고 바르다

938) -ㄹ진대: '-ㄹ 것 같으면'의 뜻을 나타내는 연결 어미.

939) 일원상의 진리 그 자체. 진리의 체(體)를 나타내는 말. 일(경계)이 없을 때(육근이 무사하면)의 자기 모습이며, 불변의 자리요, 자타(自他)가 없는 자리임.

940) ①진공. 진리의 본래의 모습. 진리 그 자체. ②만물의 일정 불변하는 본 모양. 곧 절대 평등한 본체(本體).

941) (체를 삼다+고): 본체(진공, 대 자리)를 표준으로 하다

942) 일원상의 진리의 작용. 진리의 용(用)을 나타내는 말. 일(경계)이 있을 때(육근이 유사하면)의 자기 모습이며, 변화의 자리요, 자타(自他)가 분명하며 소소영령하고 지공 무사한 인과의 보응이 역력하여 원·근·친·소와 희·로·애·락이 없는지라 평안하고 요란함이 없다.

943) ①묘유. 진리의 작용. ②절대 평등한 진리의 본체가 차별 세계에 나타나는 작용.

944) (용을 삼다+아): 작용(묘유, 소 자리)의 표준을 두다.

945) (대하다+되): 상대하다.

946) 부동: 마음이 안정되어 움직이지 않음. 태산과 같이 하는 것.
부동(不動)함: 진공(眞空)으로 체를 삼고 묘유(妙有)로 용을 삼아 밖으로 천만 경계를 대하되 태산과 같이 하는 것.

947) 썩 높고 큰 산. 부동함을 이름.

948) 마음속.

'참다운 선'이란?

선(禪)이 원래에 분별 주착이 없는 각자의 성품을 오득하여 마음의 자유를 얻게 하는 공부인 줄 알고, 먼저 마땅히 진공(眞空)으로 체를 삼고 묘유(妙有)로 용을 삼아 밖으로 천만 경계를 대하되 부동함은 태산과 같이 하고, 안으로 마음을 지키되 청정함은 허공과 같이 하여 동하여도 동하는 바가 없고 정하여도 정하는 바가 없이 그 마음을 작용하는 것이다.

이렇게 하여 모든 분별이 항상 정을 여의지 아니하여 육근을 작용하는 바가 다 공적 영지의 자성에 부합이 되는 대승선(大乘禪)이요 삼학을 병진하는 공부법이다.

진공(眞空)으로 체를 삼는다 함은?

일원상의 진리(일원)의 진공한 체성을 표본으로 삼아 무엇이나 다 갖출 수 있는 원만 구족한 마음을 기르는 것으로서 허공 같은

---

949) (지키다+되): (물건 따위를) 잃지 않도록 살피다. (어떤 상태를) 그대로 유지하다
950) 청정: 맑고 깨끗함, 또는 맑고 깨끗하여 속됨이 없음. 허공과 같음.
   청정(淸淨)함: 진공(眞空)으로 체를 삼고 묘유(妙有)로 용을 삼아 안으로 마음을 지키되 허공과 같이 하는 것.
951) ①다른 것을 막지도 않고, 다른 것에 막히지도 않으며, 물질과 정신의 모든 법을 받아들이는 텅 빈 공간. ②일체의 사량 분별이 끊어진 마음. 곧 청정 자성심을 비유하는 말. 텅 빈 허공에 구름 한 점 없이 맑고 깨끗하듯이, 우리의 청정자성심에도 번뇌 망상 사량 계교가 없으므로 허공이라 한다.
952) (동하다+여도): 움직이다, 특히 마음이 흔들리다. 어떤 욕구나 감정이 일어나다.
953) (관형사형 뒤에 쓰이어) '방법' 또는 '일'의 뜻을 나타냄.
954) 모든 분별: 천만 사량(思量).
955) 서로 조금도 틀림이 없이 꼭 들어맞음.
956) 흔히 말하는. 소위(所謂).
957) -이니라: ①당연한 일, 또는 경험으로 얻은 사실을 단정적으로 베풀어 말하는, 해라체의 종결형 서술격 조사. 〔모음 뒤에서는 '이'가 생략되기도 함.〕 ②이 단어에서 대종사님께서 나에게 자신의 경험과 당연한 진리의 말씀을 단정적으로 또는 타이르듯 자상히 일러주는 목소리임을 알 수 있다.

마음을 단련시키는 것이니, 주로 일이 없을 때 일념미생전의 본래 마음과 생멸 없는 진경(眞景)에 안주하는 것이다.

진공으로 체를 삼아 심성(心性)을 오래오래 단련하면 경계를 대할 때 흔적이 없이 취사가 되며, 지극히 크고 지극히 깊고 지극히 넓어서 가히 헤아릴 수 없는 심량(心量)을 갖게 된다.

그러면 진공으로 체를 삼는 것을 양궁의 예에서 살펴보자.

누구나 10점 과녁을 겨냥하여 화살을 쏜다. 10점을 맞추려면 10점을 쏜다는 생각도, 잘 쏘아야 한다는 생각도, 못 맞추면 어쩌나 하는 생각도 다 놓고, 오직 빈 마음으로 분별하는 마음이 없어야 비로소 10점이라는 결과가 나타난다.

무언가를 한다는 마음도, 못 하면 어쩌나 하는 분별하는 마음도 없이 오직 그 일을 하고 또 하는 것, 오직 일념으로 하고 또 하는 것이 진공으로 체를 삼는 것이다.

묘유(妙有)로 용을 삼는다 함은?

일원상의 진리(일원)의 소소영령한 묘유의 조화를 표본으로 삼아 무엇이나 다 응할 수 있는 지공 무사한 마음을 기르고 단련시키는 것이니, 주로 일이 있을 때 순리 자연하고 주착한 바 없이 마음을 쓰는 것이다.

묘유로 용을 삼아 오래오래 심성(心性)을 단련하면 경계를 대하여도 인과 보응의 내역이 분명해지며, 지극히 밝고 지극히 묘하고 지극히 발라서 가히 전지 전능한 심력(心力)을 갖게 된다[958].

묘유로 용을 삼는 것을 양궁의 예에서 살펴보자.

10점 과녁을 겨냥하여 화살을 쏠 때 부는 바람의 방향과 세기, 쏟아지는 빗방울의 세기, 즉 처한 상황에 따라 오조준(誤照準)하여 쏘아야 한다.

이 부는 바람의 방향과 세기, 쏟아지는 빗방울의 세기가 묘유며,

---

958) 신도형, "교전공부", 제1부 정전, 제3 수행편, 제7장 무시선법, p.359, 1992.

내가 대하는 경계다. 이에 따라 오조준하는 것이 묘유로 용을 삼는 것이다.

오조준해도 10점 과녁을 맞추지 못했다면 어떻게 해야 하는가?

오조준하는 정도를 수정해야 하고, 10점을 맞추지 못했다는 생각도 놓아야 한다. 수정한 오조준대로 쏘되, 다시 빈 마음이 되어야 한다.

즉 묘유로 용을 삼되 진공으로 체를 삼아야 하고, 진공으로 체를 삼되 묘유로 용을 삼아야 한다. 이것이 진리의 순리자연한 도를 체받는 것이기에 끊임없이 이렇게 하고 또 해야 하는 것이다.

진공(眞空)으로 체를 삼고 묘유(妙有)로 용을 삼으면 그 결과는?

동정간에, 정기·상시로 일원상의 진리를 여의지 아니하고 활용하게 된다.

이는 진공으로 체를 삼기 때문에 자타와 염정(染淨)과 참·거짓과 일체 경계가 있을 수 없고, 묘유로 용을 삼기 때문에 원·근·친·소와 희·로·애·락에 끌리지 아니하고 모든 욕심과 감정이 절도에 맞아서 중도를 잡게 된다.

그러므로 마음이 항상 평안하고 동요되지 않으며 넉넉하고 걸림이 없다.

체용(體用), 체용과(體用果), 체용 합일이란?

체와 용은 (일원상의) 진리의 본체(本體)959)와 그 작용이다.

'우주 만유의 본원, 제불 제성의 심인, 일체 중생의 본성, 대소 유무에 분별이 없는 자리, 선악 업보가 끊어진 자리, 언어 명상이

---

959) 우주의 궁극적인 실체. 유나 무를 총섭하고, 진공과 묘유를 포괄하는 일원의 본원, 진리 그 자체를 말한다. 일원상의 진리를 유와 무, 진공과 묘유로 나눌 때, 진공과 무가 그 본체에 해당되고, 묘유와 유가 그 작용에 해당된다.

돈공한 자리'가 일원의 체며, '공적 영지의 광명을 따라 대소 유무에 분별이 나타나고, 선악 업보에 차별이 생겨나며, 언어 명상이 완연하여 시방 삼계가 장중의 한 구슬같이 드러나는 것'이 일원의 용이다.

또한 체와 용은 사람의 본래 성품과 그 마음 작용이며, 사물의 본체와 그 작용이다.

체용과(體用果)는 체와 용, 즉 본체와 그 작용이 있으면 결과가 나타나는 것을 이른다. 즉 체는 사물(·진리)의 근본, 용은 그 작용, 과는 그 결과이다.

가령 서원을 체라고 하면, 수행 정진은 용이 되고, 성불제중 제생의세는 과가 된다.

체용합일(體用合一)은 체와 용은 하나라는 말이다. 용은 체에 바탕하여 작용하며, 체는 용의 본 바탕이므로 체와 용은 서로를 떠나 존재하지 않는다.

예를 들면, 법신 떠난 색신 없고 색신 떠난 법신이 없는 것이며, 손바닥을 떠난 손등 없고 손등 떠난 손바닥이 없는 것이다.

그러므로 체와 용은 본래부터 따로 존재한 바가 없고, 본래부터 하나라는 말이다.

육근이 육진(六塵)에 출입하되 물들지 않는 것이 바로 진공에 바탕한 묘유니라

대산 종사, 대종사 탄생가에서 예비 교무들에게 말씀하시기를 "진공 묘유(眞空妙有)가 바로 원상(圓相) 자리니, 진공이란 공이나 공이라는 것도 없는 자리라, 우주 만유의 체(體)도 공이요 원상도 공이나 그 공도 공이 아닌 진공이므로 천지의 작용이 수억만 년을 지나더라도 묘유로 나타나는바, 육근이 육진(六塵)에 출입하되 물들지 않는 것이 바로 진공에 바탕한 묘유니라.

보통 사람들은 육근으로 들어오는 번뇌 망상이 진공이 되지 못하고 가득 차서 참다운 묘유가 되지 못하므로 자기가 원상에 표준을 잡고 진공이 되었는가를 살펴보아야 하나니라.

항마위는 모든 탐진치와 오욕을 항복 받았으나 진공 묘유는 되지 못한 위(位)요, 출가위는 조금 벗어나 초연한 자리에서 진공 묘유가 되나 진공 묘유의 자유 자재하는 힘은 완전히 얻지 못한 위이요, 여래위는 진공 묘유가 되고 묘유 진공이 되어 동정 간에 자유 자재하는 심법이 나타나는 위니라960)."

진공 묘유와 공적 영지는 어떻게 다른가?

한 제자가 여쭈었다.
"진공 묘유와 공적 영지는 어떻게 다릅니까?"
"서로 같은 말이다.
그러나, 진공 묘유는 진리를 두고 말하며, 공적 영지는 사람을 두고 말하는 것이 좋은 표현이다961)."

밖으로 천만 경계를 대하되 부동함은 태산과 같이 한다 함은?

밖에서 오는 천만 경계다. 정해져 있지 않다. 원하지 않는 형태일 수도 있고, 미처 예상치 못한 것일 수도 있고, 오해에서 비롯된 것일 수도 있다.

이들은 직접적이든 간접적이든 나와 어떤 형태로든지 인연하지 않은 것은 없으며, 감당하지 못할 정도일 수도 있겠지만 대부분은 내가 감당할 만한, 또는 감당할 수밖에 없는 것이다.

이때 이들 천만 경계를 대할 때, 어떻게 할 것인가?

태산은 어떠한 비바람과 눈보라에도 흔들리지 않는 것처럼 우리 공부인도 어떠한 경계(순경, 역경, 탐진치, 희로애락, 생로병사 등)를 대하더라도 마음이 흔들리지 않아야 함을 비유한 말이다.

---

960) 대산 종사 법어(자문판 회람용, 2013. 2), 제2 교리편, 24장, p.84.
961) 한 울안 한 이치에, 제1편 법문과 일화, 제3장 일원의 진리, 69절, p.79.

그러므로 밖에서 오는 천만 경계를 대할 때 태산처럼 부동하려면 군건한 자성의 정력(定力), 즉 수양력이 쌓여야 한다.

설사 모욕과 비난을 당하더라도 곧바로 반응하고 해명하고 맞받아치는 것이 시급한 것이 아니다.

제일 먼저 할 일은 마음속에서 일어나는 요란함을 살피는 일이다. 그런 연후에 흔들리지 않는 마음 상태에서 그런 일이 왜 일어났는지, 그런 말을 왜 하는지 그 진상을 차분하게 알아보아야 한다.

화를 내거나 맞받아치더라도 이렇게 한 후에 하자는 것이다. 화를 내더라도 감정에 휩쓸리지 않은 상태에서 시비 이해를 가려야 상대방도 수긍할 것이며, 오해한 것이 있으면 풀릴 것이다.

그러나 국가의 환난(患難)이나 직장의 구조 조정같이 내가 직접 어찌할 수 없는 경우에도 흔들림 없는 마음으로 현재의 상태에서 자신이 취할 수 있는 범위에서 최선을 다하여 대처해야 한다. 우선 당장 피하거나 도망간다고 해서 해결될 수 있는 것이 아니기 때문이다.

언제든지 무슨 일이든지 부동함은 태산과 같이 당당히 대처하면서 해결하자는 것이다.

안으로 마음을 지킨다 함은?

마음의 상태를 청정하게 유지하는 것이다. 이는 안으로 분별성과 주착심을 없이 하는 것이다.

즉 경계를 따라 있어지는 그 요란함·그 어리석음·그 그름(묘유)을 있는 그대로 수용하고(이때 절대로 성가시게 여기지 말 것), 요란함·어리석음·그름이 없는 원래 자리(진공)에 대조하여 자성의 정·혜·계를 세우는 것이 곧 마음속에 생긴 분별성과 주착심을 없이 하는 것이며, 이는 곧 안으로 마음을 지키는 것이다.

안으로 마음을 지키게 되면 그 결과는?

청정함은 허공과 같이 하여 동하여도 동하는 바가 없고 정하여
도 정하는 바가 없이 그 마음을 작용하게 된다.

이같이 한즉, 모든 분별이 항상 정을 여의지 아니하여 육근을
작용하는 바가 다 공적 영지의 자성에 부합이 될 것이다.

'안으로 마음을 지키되 청정함은 허공과 같이 하여'라 함은?

허공은 삼라만상을 포함하되 걸리고 막힘이 없고 더럽히려 하나
더럽힐 수 없고 맑히고자 하나 맑힐 수 없으므로 이것이 곧 청정
함이다.

대종사님께서는 마음을 지키는 표본을 청정함으로 일러 주셨고,
그 청정함의 정도는 허공과 같이 하라고 하셨다.

이 허공이 곧 진리의 진체(眞體)·진공(眞空)으로서 대소 유무(大小
有無)에 분별이 없는 자리며, 생멸 거래에 변함이 없는 자리며, 선악
업보가 끊어진 자리며, 언어 명상(言語名相)이 돈공(頓空)한 자리다.

이와 같이 너무나 청정하고 텅 비어 있기 때문에 그 가운데에서
묘유(妙有)가 있으므로, 즉 공적 영지(空寂靈知)의 광명을 따라 대
소 유무에 분별이 나타나서 선악 업보에 차별이 생겨나며, 언어
명상이 완연하여 시방 삼계(十方三界)가 장중(掌中)에 한 구슬같
이 드러나게 된다.

그러므로 우리 공부인은 원래 분별·주착이 없고 선악(善惡)·염
정(染淨)이 없는 원래 성품에 바탕을 두면(진공으로 체를 삼으면),
경계를 따라 요란함·어리석음·그름이 있어져도 그 요란함·그 어리
석음·그 그름이 본래 없는 마음이 항상 나타나는데, 이를 허공에
비유하여 말씀하셨다.

'동하여도 동하는 바가 없고 정하여도 정하는 바가 없이 그 마음을 작용하라' 함은?

동(動)하여도 동한다는 생각이 없거나 그 동에 끌리지 않으며, 정

(靜)하여도 정한다는 생각이 없거나 그 정에 주한 바 없는 것이다.

이처럼 우리의 본래 마음은 동정에 대한 분별·주착이 없건마는 경계를 따라 동정에 끌리기도 하므로, 동정에 구애없이 오직 공부 일념의 대중으로 어디서나 마음을 길들이고 일 가운데서도 마음을 길들여서 동하여도 동하는 바가 없고 정하여도 정하는 바가 없이 그 마음을 사용하자는 것이다.

항시 동하여도 항시 정하고, 항시 정하여도 항시 동하여 동정이 한결같은 것이다

대종사 말씀하시었다.

"수양이 깊은 큰 도인들이 경계를 당하는 것은 마치 큰 바다가 바람을 만나되 겉은 동하나 속은 여여한 것 같은 것이다.

설혹 큰 경계를 당하여도 그 마음이 움직이지 아니하고 설혹 마음이 움직이더라도 본성에 가서는 조금치도 흔들리는 바가 없어서, 항시 동하여도 항시 정하고 항시 정하여도 항시 동하여 동정이 한결같은 것이다962)."

마음이 정하면 청정하여 명랑하고, 마음이 동하면 요란하여 무명이 발생하나니라

학인이 묻기를

"우리의 본성에 무명이 생하는 기원을 알고자 하나이다."

답하시기를

"비하건대 허공은 본래 청정한 것이나 한 기운이 동함에 따라 바람이 일어나고 바람이 일어나면 구름이 일어나 천지가 어둡게 되는 것 같이

우리의 성품은 본래 청정한 것이나 마음의 동정으로 인하여 무명이 발생하게 되나니, 마음이 정하면 청정하여 명랑하고 마음이

---

962) 대종경 선외록, 8. 일심적공장(一心積功章), 7절, p.62.

동하면 요란하여 무명이 발생하나니라.

그러나 마음이 동하되 정한 가운데 동하면 동하여도 부동이라 그대로 밝고, 동하는 가운데 요란하게 동하면 무명이 생하여 어둡나니라963)."

'모든 분별이 항상 정을 여의지 아니하여'라 함은?

분별(分別)이란 마음으로 이것저것 가려내는 작용을 말하고, 정(定)이란 마음의 안정을 얻는 것이다. 즉 마음이 안정을 얻으면 두렷하고 고요하여 평안해진다.

그러므로 모든 분별이 항상 정을 여의지 아니한다는 말은 천만 경계를 대하여 마음을 쓰되 본래 두렷하고 고요한 정신을 잃지 않고 스스로 세운 뜻이 흔들림 없이 온전하게 취사되고 또한 평안하며, 동정(動靜)에 구애 받지 않는 것이다.

이는 마치 망망대해(茫茫大海)964)의 파도가 아무리 요란해도 그 해저에서는 아무런 요동도 없이 고요한 상태와 같음을 의미하며, 육근을 작용하는 바가 다 공적 영지의 자성에 부합되는 것이다.

공적 영지와 자성의 관계는?

자성이란 각자의 본성(본래 성품)을 이름이요, 공적 영지는 그 성품의 내용·속성을 말하므로 이는 원만 구족하고 지공 무사한 각자의 마음임을 알 수 있다.

'육근을 작용하는 바가 다 공적 영지의 자성에 부합이 될 것이니'라 함은?

육근 작용이 원만 구족하고 지공 무사한 일원상의 진리(공적 영

---

963) 정산 종사 법어, 제2부 법어(法語), 제5 원리편(原理篇), 16장, p.823.
964) 한없이 크고 넓은 바다.

지의 자성, 각자의 본성)에 부합된다는 말로서,

육근이 유사할 때는 원만 구족하고 지공 무사한 영지의 광명과 묘유의 조화가 나타나고,

육근이 무사할 때는 원만 구족하고 지공 무사한 진공의 체성이 나타나서 동정간에 심신 작용이 일원상의 진리에 조금도 틀림이 없다는 뜻이다.

공적이란 정(靜)한 성품에 마음이 있는 것이요, 영지란 동(動)한 마음에 성품이 있는 것이니

"공적(空寂)이란 정(靜)한 성품에 마음이 그 가운데 있는 것이요, 영지(靈知)란 동(動)한 마음에 성품이 그 가운데 있는 것으로서 이 공적 영지 속에 모든 공부 길이 다 들어 있는 것이다.

천지도 바람이 불고 구름이 끼면 어두우나, 고요하고 명랑하면 하늘에서 이슬이 내리듯, 사람도 막히고 요동하면 어둡지만 수양을 많이 하여 기운이 가라앉으면 침이 맑고 달며 마음이 영령하고 밝은 것이다.

우리가 일을 처리하는 데에도 끌리는 바가 없어야 바르게 보고 옳게 처리할 수 있는 것이다. 남의 시비에는 밝으면서 자기의 시비에 어두운 것은 가리고 편벽되기 때문이다.

옛날 어느 장수가 출정하려는 조카를 데리고 바둑을 두는데 조카가 자꾸 지는지라 숙부가 말하기를 '이번 싸움에 이기고 싶은 마음에 끌려서 그러한 것이니 앞으로 전쟁을 하는 데에나 모든 일을 할 때에 승리에 국집하지 말고 오직 정의로써 나라 일에 전력을 다하라.'고 훈계하였다 한다965)."

'대승선(大乘禪)이요 삼학을 병진하는 공부법'이란?

참다운 선을 닦고자 할진대 먼저 마땅히 진공(眞空)으로 체를

---

965) 한 울안 한 이치에, 제1편 법문과 일화, 제3장 일원의 진리, 31절, p.68.

삼고 묘유(妙有)로 용을 삼아 밖으로 천만 경계를 대하되 부동함은 태산과 같이 하고, 안으로 마음을 지키되 청정함은 허공과 같이 하여 동하여도 동하는 바가 없고 정하여도 정하는 바가 없이 그 마음을 작용함에 따라 모든 분별이 항상 정을 여의지 아니하여 육근을 작용하는 바가 다 공적 영지의 자성에 부합이 될 것이니,

이것이 천만 경계 중에서 동하지 않는 행을 닦는 대법인 대승선이요 삼학을 병진하는 공부법이다966).

그러므로, 경(經)967)에 이르시되968) "응하여도969) 주한 바 없이 그 마음을 내라." 하시었나니, 이는 곧 천만 경계 중에서 동하지 않는 행을 닦는 대법이라, 이 법이 심히970) 어려운 것 같으나 닦는971) 법만 자상히972) 알고 보면 괭이를 든 농부도 선을 할 수 있고, 마치973)를 든974) 공장(工匠)975)도 선을 할 수 있으며, 주판976)을 든 점원977)도 선을 할 수 있고, 정사978)를 잡은979) 관리980)도 선을 할 수 있으며, 내왕981)하면서도 선을 할 수 있고, 집에서도 선을 할 수 있나니 어찌 구차히982) 처소983)를 택하며984) 동정985)을 말하리요986).

---

966) 정전, 제3 수행편, 제7장 무시선법, p.72.
967) 금강경(金剛經), 제10분 장엄정토분(莊嚴淨土分).
968) (이르다+시+되): (무엇이라고) 말하다.
969) (응하다+여도): (정세나 변화 등에) 알맞게 맞추어 따르다. 경계를 대하다.
　　－여도: 모음으로 끝난 체언에 쓰이어, 가정이나 양보의 뜻을 나타내는 연결형 서술격 조사.
970) 정도가 지나치게. 과도하게.
971) (닦다+는): (기초나 토대 따위를) 새로 개척하여 다지다. 힘써 배워 익히다.
972) 성질이 찬찬하고 꼼꼼하게. 말이나 글이 매우 자세히.
973) 무엇을 두드리거나 못 따위를 박는 데 쓰는 작은 연장.
974) (들다+ㄴ): 손에 가지다.
975) 공방(工房)에서 연장을 가지고 물품을 만드는 일을 전문하는 사람.
976) 셈을 할 때 쓰이는 간편한 기구. 〔우리 나라·일본·중국 등에서 씀.〕 수판. 오늘날은 주판이 대부분 전자계산기로 대체되었음.
977) 상점에 고용되어 물건을 팔거나 그 밖의 일을 맡아서 하는 사람.
978) 정치에 관한 일. 행정에 관한 일.

'응하여도 주한 바 없이 그 마음을 내라' 함은?

금강경의 '응무소주이생기심(應無所住而生起心)'으로서, 분별성과 주착심에 끌림이 없이, 또한 경계를 대하되 오욕(재물욕, 명예욕, 식욕, 수면욕, 색욕) 칠정[희(喜), 로(怒), 애(哀), 락(樂), 애(愛), 오(惡), 욕(欲)]에 주착한 바 없이 그 마음을 내어 쓰는 것이니,

즉 경계를 대할 때마다 선입관·고정 관념·감정·욕심·습관·상식·지식·취미·상(相) 등에 주착하지 않고, 텅 빈 마음으로 가림 없이 그 마음을 내는 것이다.

응무소주 이생기심(應無所住而生其心)과 진공 묘유(眞空妙有)는 같은 뜻입니까?

한 제자가 여쭈었다.

"응무소주 이생기심(應無所住而生其心)과 진공 묘유(眞空妙有)는 같은 뜻입니까?"

"응무소주 이생기심은 공부인에게 이와 같이 공부하라는 교훈이요, 진공 묘유는 진리를 그대로 나타낸 말이다[987]."

'주함이 없는 공부를 하여 색·성·향·미·촉·법에 끌리지 않는 원만한 심법을 가질 것이며'라 함은?

---

979) (잡다+은): (권리·세력 따위를) 차지하다.
980) 관직에 있는 사람. 공무원.
981) 오고 감. 왕래(往來).
982) (구차하다): 말이나 행동이 떳떳하거나 버젓하지 못하다.
983) 곳 또는 자리. 장소.
984) (택하다+며): 고르다. 선택하다.
985) (어떤 행동이나 상황 등이) 전개되거나 변화되어 가는 낌새나 상태.
986) -리요: 모음으로 끝난 체언이나 어간이나 높임의 '-시-'에 붙어, '-랴'의 뜻으로 혼자 스스로에게 묻거나 또는 반어적으로 되묻거나 또는 탄원의 뜻을 나타내는 종결 어미.
987) "한 울안 한 이치에", 제1편 법문과 일화, 제3장 일원의 진리, 68절, p.79, 1987.

금강경 해설을 마치고 말씀하시기를

"우주가 공에 바탕하여 원래 낱이 없기 때문에 불생 불멸하여 인과 보응의 진리가 소소(昭昭)[988]하나니, 우리가 무상대도를 닦기로 하면

첫째 상 없는 공부, 즉 사상(四相)[989]·법상(法相)[990]·비법상(非法相)[991]까지도 다 공하여 허공 같은 심경을 가질 것이며,

둘째는 주함이 없는 공부를 하여 색·성·향·미·촉·법[992]에 끌리지 않는 원만한 심법을 가질 것이며,

셋째는 묘유의 공부로써 희·로·애·락, 원·근·친·소에 편착함이 없이 지공 무사한 마음을 써야 할 것이니, 능히 이러하면 곧 대도를 성취할 것이며 금강경을 완전히 신해수지(信解受持)[993]한 것이니라[994]."

---

988) 사리가 밝고 또렷하다.

989) ①아상(我相): 모든 것을 자기 본위·자기 중심으로 생각하여 자기가 가장 잘났다고 하거나, 자기의 것만 좋다고 고집하거나, 오온(五蘊)의 일시적 화합으로 이루어진 자기 자신을 실재한다고 집착하는 소견. ②인상(人相): 우주 만물 중에서 사람이 가장 중요하며, 일체 만물은 사람을 위해서 생긴 것이라, 사람이 마음대로 해도 된다는 인간 본위에 국한된 소견. ③중생상(衆生相): 부처와 중생을 따로 나누어 나 같은 중생이 어떻게 부처가 되고 무엇을 할 수 있으랴 하고 스스로 타락하고 포기하여 향상과 노력이 없는 소견. ④수자상(壽者相): 자기의 나이나 지위나 학벌이나 문벌이 높다는 것에 집착된 소견.

990) ①스스로 법을 깨쳤다, 법력을 갖추었다고 집착하는 것. 법박과 같은 뜻. ②모든 법의 모양. 천지 만물의 자태. 우주 만물은 그 근본 바탕은 다 같은 하나이나 겉모양은 제각기 다르다는 뜻.

991) ①법문을 들었다, 또는 법을 안다는 관념을 다 놓아버린 경지. ②법 아닌 것, 법이라 할 것도 없는 것을 들었다는 생각까지도 다 놓아버린 경지. 법상·비법상까지도 다 놓아버려야 허공같은 마음이 된다.

992) 객관적인 대상을 색(色)·성(聲)·향(香)·미(味)·촉(觸)·법(法)의 육경(六境)이라 하고, 이 육경에 대하여 보고·듣고·냄새 맡고·맛보고·부딪치고·알고 하는 여섯 가지의 인식 작용을 말한다.

993) 불법의 진리를 듣고 믿고 깨쳐서, 불법의 진리를 일상생활에 활용하는 것. 진정한 의미에서의 불법 활용이다. 신해행증과 수지독송을 합한 말로서, 모든 일에 불법의 진리를 활용하는 것이다. 신해행증은 불법의 진리를 철저히 믿어서 그 진리를 깨치고, 그 법에 의하여 행을 닦아 마침내 불과(佛果)를 얻게 되는 것이다. 수지독송은 잠시도 경전을 떠나지 않고 소중

'이는 곧 천만 경계 중에서 동하지 않는 행을 닦는 대법이라'에서 '이'는 무엇인가?

금강경에서 이르는 '응하여도 주한 바 없이 그 마음을 내라(應無所住而生其心)'는 구절이다.

이 짤막한 법문이 곧 천만 경계 중에서 동하지 않는 행을 닦는 대법이라는 말이다.

'천만 경계 중에서 동하지 않는 행을 닦는 대법이라' 함은?

무시선법으로서, 경(經)에 이르시되
'응하여도 주한 바 없이 그 마음을 내라' 하시었나니,
이 법이 심히 어려운 것 같으나 닦는 법만 자상히 알고 보면
괭이를 든 농부도 선을 할 수 있고,
마치를 든 공장(工匠)도 선을 할 수 있으며,
주판을 든 점원도 선을 할 수 있고,
정사를 잡은 관리도 선을 할 수 있으며,
내왕하면서도 선을 할 수 있고,
집에서도 선을 할 수 있는 법995)이므로
구차히 처소를 택하여 가리지 아니하고 언제든지 선을 할 수 있기 때문에 천만 경계 중에서 동하지 않는 행을 닦는 대법이라 하셨다.

괭이를 든 농부도 어떻게 선을 할 수 있는가?

선이라 함은 원래에 분별·주착이 없이 일심을 만드는 공부다.
그러므로 괭이를 들었을 때는 어떻게 해야 일심이 될 수 있나?

히 간직하여 늘 외우고 실천하기에 힘쓰는 것이다.
994) 정산 종사 법어. 제2부 법어(法語), 제6 경의편(經義編), 42장, p.852.
995) 정전, 제7장 무시선법(無時禪法), p.73.

온 마음을 땅을 파는 데 쏟아야 한다.

흙 속에 있는 돌과 나무 뿌리도 가려야 하고, 또 다치지 않도록 주의심으로 괭이질을 하면 그 상태가 곧 일심의 상태이니 괭이를 든 농부가 선을 하는 모습이며, 일하기에 온통 주의하고 있는 모습이다.

이 상태가 되면 능률도 오르고, 힘든 줄도 모르고 일을 하게 된다.

마치를 든 공장(工匠)도 어떻게 선을 할 수 있는가?

물건을 만들거나 고치고자 마치질을 할 때 일심이 되지 않으면 두드리려는 부위를 두드리지 못하게 되거나 그 물건을 쥐고 있는 연장이나 손을 때리는 경우도 발생하게 된다.

이처럼 그 일 그 일에 일심이 되는 것은 그 물건을 온전하게 만드는 것은 물론, 다른 경계에 끌리지 않는 원래 마음을 유지하는 것이다.

이렇게 되면 더운 줄도 추운 줄도 힘든 줄도 모른 채 무아지경에 이르게 된다.

또한 이것은 천만 경계 중에서도 동하지 않는 행(行)이다.

주판을 든 점원도 어떻게 선을 할 수 있는가?

셈을 할 때 일심을 모아서 주판을 놓아야 계산이 정확하게 된다.

만약 일심이 되지 않으면 그 계산이 틀려져 자신이 손해를 입거나 다른 사람에게 손해를 끼치게 된다.

이처럼 분별성과 주착심 없이 그 일 그 일을 하는 것이 곧 동하여도 동한 바가 없고 정하여도 정한 바가 없이 그 마음을 작용하는 것이니, 이 어찌 선을 하지 않는다 하겠는가!?

정사를 잡은 관리도 어떻게 선을 할 수 있는가?

정치인이나 관공서에서 일하는 공무원이나 기업체에서 일하는 회사원이나 간에 자신이 맡아 행하고 있는 일을 국민과 민원인과 고객을 먼저 생각하는 마음으로 사심 없이 하는 것이 곧 자신도 위하고 대중도 위하는 일이다(自利利他).

정사의 집행 권한이 내게 있다 하여 자신과 그 집단의 이해에 따라 욕심을 채운다면 우선 당장은 이익이 될지라도 더 큰 손해를 반드시 보게 된다.

이는 비리를 저지른 부도덕한 정치인과 공무원, 악덕 기업인의 말로를 통해서 확인되고 있는 사실이다.

그러므로 사심 없이 공익을 먼저 앞세우는 것, 즉 무아 봉공(無我奉公)하는 마음으로 정사를 하는 것이 곧 동하여도 동한 바 없고 정하여도 정한 바 없이 그 마음을 작용하는 것이니, 참다운 선을 한다 할 것이다.

괭이를 든 농부, 마치를 든 공장(工匠), 주판을 든 점원, 정사를 잡은 관리란?

유무식·남녀·노소·선악·귀천을 막론하고 사·농·공·상에 종사하는 사람은 물론, 모든 직업에 종사하는 사람들이다.

언제 어디서나 공부인이 동(動)하고 정(靜)하는 두 사이에 수양력·연구력·취사력 얻는 빠른 방법은?

대종사 말씀하시기를
"공부인이 동(動)하고 정(靜)하는 두 사이에 수양력(修養力) 얻는 빠른 방법은,

첫째는 모든 일을 작용할 때에 나의 정신을 시끄럽게 하고 정신을 빼앗아 갈 일을 짓지 말며 또는 그와 같은 경계를 멀리 할 것이요,

둘째는 모든 사물을 접응할 때에 애착·탐착을 두지 말며 항상 담담한 맛을 길들일 것이요,

셋째는 이 일을 할 때에 저 일에 끌리지 말고 저 일을 할 때에 이 일에 끌리지 말아서 오직 그 일 그 일에 일심만 얻도록 할 것이요,

넷째는 여가 있는 대로 염불과 좌선하기를 주의할 것이니라.

또는, 동하고 정하는 두 사이에 연구력 얻는 빠른 방법은,

첫째는 인간 만사를 작용할 때에 그 일 그 일에 알음알이를 얻도록 힘쓸 것이요,

둘째는 스승이나 동지로 더불어 의견 교환하기를 힘쓸 것이요,

셋째는 보고 듣고 생각하는 중에 의심나는 곳이 생기면 연구하는 순서를 따라 그 의심을 해결하도록 힘쓸 것이요,

넷째는 우리의 경전 연습하기를 힘쓸 것이요,

다섯째는 우리의 경전 연습을 다 마친 뒤에는 과거 모든 도학가(道學家)의 경전을 참고하여 지견을 넓힐 것이니라.

또는, 동하고 정하는 두 사이에 취사력 얻는 빠른 방법은,

첫째는 정의인 줄 알거든 크고 작은 일을 막론하고 죽기로써 실행할 것이요,

둘째는 불의인줄 알거든 크고 작은 일을 막론하고 죽기로써 하지 않을 것이요,

셋째는 모든 일을 작용할 때에 즉시 실행이 되지 않는다고 낙망하지 말고 정성을 계속하여 끊임없는 공을 쌓을 것이니라996)."

그러나997), 처음으로 선을 닦는 사람998)은 마음이 마음대로999) 잘 되지 아니하여 마치1000) 저1001) 소 길들이기1002)와 흡사1003)하나니 잠깐1004)이라도1005) 마음의 고삐1006)를 놓고1007) 보면 곧 도심1008)을 상하게1009) 되나니라.

---

996) 대종경, 제3 수행품(修行品), 2장, p.141.
997) '그러하나' 또는 '그러하지만'이 줄어서 된 말. 그렇지마는. 그와 같지마는.
998) 처음으로 선을 닦는 사람: 마음이 마음대로 잘 되지 아니하여 마치 저 소

왜 '소 길들이기'에 비유하셨나?

길들지 않은 소는 그 성질이 거칠며 제 마음대로 행동하기 때문에 다스리기가 쉽지 않다.

이는 사람들이 경계를 따라 요란해지고 어리석어지고 글러져 그 경계에 끌려 다니며 자행 자지하는 모습과 같다하여 비유하였는데, 일단 코뚜레를 채우고 고삐를 잡아 길을 들이고 나면 그 성질이 온순해져서 농사를 짓거나 짐을 운반하는 등의 일에도 유용하게 부릴 수 있고, 또한 정해진 길을 찾아가는 영특함도 발견할 수 있다.

이처럼 경계를 따라 작용되는 마음도 그 순간순간 챙기고 또 챙기고 대조하고 또 대조하면 필경은 챙기지 아니하여도 저절로 되

길들이기와 흡사하나니 잠깐이라도 마음의 고삐를 놓고 보면 곧 도심을 상하게 된다.
999) -대로: 어떤 모양이나 상태와 같이.
1000) ('같다'·'처럼'·'듯' 따위와 함께 쓰이어) 다른 것에 비기어 거의 비슷하게. 흡사.
1001) ①대화하는 양쪽 사람에게 보일 만큼 비교적 가까운 거리에 있는(자기로부터 보일만한 곳에 있는) 사람이나 사물을 가리키는 말. ②여기서 대화하는 양쪽 사람이란 누구인가? 대종사님과 나 자신이다. 대종사님께서 내게 자신의 경험이나 진리적인 사실을 자상히 일러 주시는 것이다.
1002) (길들이다+기): 짐승을 잘 가르쳐서 부리기 좋게 되어 있다.
1003) 거의 같이. 비슷하게. 마치.
1004) (얼마 되지 아니하는) 매우 짧은 동안. 오래지 않은 사이.
1005) -이라도: '이라고 하여도'가 줄어서 된 말. 어떤 사실을 인정하거나 가정하되, 뒷말이 거기에 매이지 아니하고 맞서거나 그보다 더한 사실이 이어짐을 나타내는 서술격 조사.
1006) 소의 코뚜레나 말의 재갈에 매어, 몰거나 부릴 때 손에 잡고 끄는 줄.
1007) (놓다+고): 잡은 것을 잡지 않은 상태로 두다. 긴장이나 걱정 따위를 풀어 없애다.
고삐를 놓고(고삐를 놓다+고): 감독이나 감시하던 것을 그만 두다.
보면(보다+면): 동사의 어미 '-아(-어)' 아래 쓰여, 시험삼아 함을 나타냄.
마음의 고삐를 놓고 보면: 마음의 작용을 살피거나 챙기지 아니하면.
1008) 도의(사람이 마땅히 행해야 할 도리와 의로운 일)로부터 일어나는 마음. 불도(佛道: 부처의 깨달음에 이르기까지의 가르침이나 수행)를 닦아 불과(佛果: 불도를 수행함으로써 얻는 좋은 결과)를 얻고자 하는 마음.
1009) (상하다+게): 〔근심이나 슬픔 등으로〕 마음이 언짢게 되다.

어지는 경지에까지 이르러 마음을 마음대로 사용할 수 있게 된다.

이 마음 길들이기를 소 길들이기에 비유한 것이 곧 심우도(尋牛圖)이다.

그대들의 입선 공부는 비하건대 소 길들이는 것과 같나니

대종사 선원 대중에게 말씀하시기를

"그대들의 입선 공부는 비하건대 소 길들이는 것과 같나니 사람이 세상에서 도덕의 훈련이 없이 보는 대로 듣는 대로 생각나는 대로 자행 자지하여 인도 정의에 탈선되는 행동을 하는 것은 어미 젖 떨어지기 전의 방종한 송아지가 자행 자지로 뛰어다닐 때와 같은 것이요,

사가를 떠나 선원에 입선하여 모든 규칙과 계율을 지켜 나갈 때에 과거의 습관이 떨어지지 아니하여 지도인의 머리를 뜨겁게 하며, 각자의 마음에도 사심 잡념이 치성하여 이 공부 이 사업에 안심이 되지 못하는 것은 젖 뗀 송아지가 말뚝에 매달리어 어미 소를 부르고 몸살을 치며 야단을 할 때와 같은 것이며,

매일 모든 과정을 지켜 나갈 때에 말귀도 차차 알아듣고 사심과 잡념도 조금씩 가라앉으며 사리간에 모르던 것이 한 가지 두 가지 알아지는 데에 재미가 붙는 것은 그 소가 완전한 길은 들지 못하였으나 모든 일에 차차 안심을 얻어가는 때와 같은 것이요,

교의의 해석과 수행에 탈선되는 일이 없으며 수양력과 연구력과 취사력이 익어가는 동시에 정신·육신·물질을 희사하여, 가는 곳마다 공중을 이익 주게 되는 것은 길 잘든 소가 무슨 일이나 시키면 잘하여 가는 곳마다 그 주인에게 이익을 주는 것과 같나니라.

이와 같이, 농가에서 농부가 소를 길들이는 뜻은 전답을 갈 때에 잘 부리자는 것이요, 선원에서 그대들에게 전문 훈련을 시키는 뜻은 인류 사회에 활동할 때에 유용하게 활용하라는 것이니,

그대들은 이런 기회에 세월을 허송하지 말고 부지런히 공부하여 길 잘든 마음 소로 너른 세상에 봉사하여 제생 의세(濟生醫世)의

거룩한 사도가 되어주기 바라노라[1010)."

'잠깐이라도 마음의 고삐를 놓고 보면 곧 도심을 상하게 되나니라' 함은?

도심은 지극히 밝고, 지극히 정성스럽고, 지극히 공정하고, 순리 자연하고, 광대 무량하고, 영원 불멸하고, 길흉이 없고, 응용 무념한 천지의 이치 따라 일어나는 마음이요, 이러한 천지의 도를 구하는 마음이요, 자기 마음속에 일어나는 사리 사욕심을 물리치려는 마음이요, 이에 물들지도 더럽혀지지도 않는 마음이다.

그러나 경계를 따라 일어나는 마음에 끌려가 요란해지고, 어리석어지고, 글러지면 본래 마음(도심)을 챙기지 못하여 자신이나 상대방을 원망하거나 미워하거나 괴로워하게 된다.

이것이 곧 마음의 고삐를 놓음에 따라 도심을 상하는 것이다.

그러나 경계를 따라 끌려 있음을 알아차리면 곧 도심을 회복하여 그 마음을 사용하는 공부인이 될 것이다.

마음의 고삐를 놓은 것이란?

경계를 대하였을 때 경계인 줄 미처 알지 못하고 경계에 끌려 다니는 것이며, 하자는 조목과 말자는 조목에 취사하는 주의심을 가지지 못하고 취사하는 주의심 없이 무념으로 일을 처리하는 것이다.

이것이 무엇인가?

방심(放心)이다. 마음의 고삐를 놓는 것이 곧 방심이다.

그러므로 경계를 따라 작용되는 마음이 곧 경계인 줄 알고 이를 인정하고 수용하여(일원상의 신앙), 원래 마음에 대조함으로써 요란하고 어리석고 그름이 없는 마음을 사용하여 자신의 마음을 마음대로 사용하는 것이다(일원상의 수행).

1010) 대종경, 제3 수행품(修行品), 55장, p.176.

이것이 항상 마음의 고삐를 놓지 않는 것이며, 곧 불방심(不放心)이다.

그러므로, 아무리1011) 욕심나는1012) 경계를 대할지라도1013) 끝까지 싸우는 정신1014)을 놓지 아니하고 힘써1015) 행한즉1016) 마음이 차차1017) 조숙(調熟)1018)되어 마음을 마음대로 하는 지경1019)에 이르나니1020), 경계를 대할 때1021)마다 공부할 때가 돌아온 곳을 염두1022)에 잊지1023) 말고 항상 끌리고1024) 안 끌리는 대중1025)만1026) 잡아갈지니라1027).

'경계를 대하다'와 '경계를 당하다'의 차이는?

1011) 비록 그렇다 하더라도.
1012) 욕심나다: 분수에 넘치게 무엇을 탐내거나 누리고자 하는 마음이 생기다.
1013) (대하다+ㄹ지라도): 어떤 태도로 상대하다. 마주하다.
   -ㄹ지라도: '비록 그러하더라도'의 뜻으로, 뒷말이 앞 말에 매이지 아니함을 나타내며, 미래의 일을 양보적으로 가정하는 종속적 연결 어미.
1014) 끝까지 싸우는 정신: 욕심(요란함·어리석음·그름)나는 경계를 대할 때마다 그 욕심에 끌리지 아니하고, 원래 그 욕심이 있기 전 마음에 대조하여 그 욕심을 제거하여 자성의 정·혜·계를 세우는 것.
1015) (힘쓰다+어): 고난을 무릅쓰고 꾸준히 행하다. 힘을 들여 일을 하다.
1016) (행하다+ㄴ즉): (작정한 대로) 하여 나가다.
1017) 서두르지 않고 천천히. (어떤 상태가 정도가) 계속 조금씩 진행하는 모양. 차츰. 점점.
1018) 고루 익숙해짐. 잘 숙련됨.
1019) 마음을 마음대로 하는 지경: 마음에 자유를 얻는 것.
1020) (이르다+나니): 어느 정도나 범위에 미치다.
1021) 경계를 대할 때: 공부할 때. 공부할 때가 돌아온 때.
1022) 마음. 생각.
1023) (잊다+지): 마음에 새겨두지 않고 저버리다.
1024) (끌리다+고): 끎을 당하다.
1025) 어떠한 표준이나 기준.
1026) -만: 앞의 사실 또는 동작을 강조하는 보조사.
1027) 잡아갈지니라(잡다+아+가다+ㄹ지니라): 기준으로 삼다.
   -ㄹ지니라: 문어투의 연결 어미로, '응당 그리(그러)할 것'임을 단정하여 장중(장엄하고 정중함)하게 말하는 뜻을 나타냄.

'대하다'는 '어떤 태도로 상대하다, 마주하다'이고, '당하다'는 '좋지 않은 일 따위를 직접 겪거나 입다'이다.

'경계를 대하다'는 '마음을 챙긴 상태에서 경계를 능동적·적극적으로 상대하다'는 의미이고, '경계를 당하다'는 '나는 잘못이 없는데 경계 때문에 억울하게 피해를 입었다'는 수동적·부정적인 마음을 갖게 되므로 경계를 쉽게 수용하지 못하고 부정하고 원망하게 된다.

그러므로 어떠한 경계를 만나더라도 경계인 줄 알아차리고, 마음 작용을 살피고 또 살피고 대조하고 또 대조하여야 한다.

'아무리 욕심나는 경계'라 함은?

아무리는 '비록 그렇다 하더라도'이고, 욕심나는을 꾸미는 부사이므로 '아무리 욕심나는'은 '비록 욕심이 난다 하더라도'이며, '욕심나다'는 '분수에 넘치게 무엇을 탐내거나 누리고자 하는 마음이 생기다'이다.

'욕심나는 경계'는 분수(자기 신분·능력에 맞는 한도)에 넘치게 탐하거나 누리고자 하는 마음을 일으키는 일체의 것이며, 물건·옷·보석·사람·지위·명예 등등을 말한다.

왜 욕심내는 경계가 아니라, 욕심나는 경계일까?

욕심나는 것이 곧 경계라는 말이다. 욕심을 내고 있으면 이미 경계에 끌려 있는 것이다.

욕심나는 것을 알아차리더라도 멈추지 못하거나, 미처 알아차리지 못하면 그 경계에 끌려 욕심을 내게 된다.

경계를 따라 욕심이 나는 것은 사람의 자성의 원리요 진리의 작용이므로 누구나 다 그럴 수 있다.

중요하고 꼭 해야 하는 것은 이 욕심나는 경계를 곧바로 공부거리로 삼는 것이며, 이때를 공부 찬스로 활용하는 것이다. 이것이 우리가 하고 또 해야 할 본업인 것이다.

'(아무리 욕심나는 경계를 대할지라도) 끝까지 싸우는 정신을 놓지 아니하고 힘써 행한즉'이라 함은?

끝까지 싸우는 정신을 놓지 않는 것을 어떠한 일이 있더라도 꾸준히 행하는 것이다. 한두 번 하고 마는 것이 아니라, 경계를 때할 때마다 언제나 오래 오래 계속하는 것이다. 한두 번 싸워 이겼다 하여 안심할 수 없다. 경계는 비슷한 형태로, 또 다른 모습으로 끊임없이 다가오기 때문이다.

백화점에 갔을 때나 TV 홈쇼핑을 보다가 그만 충동 구매를 하고픈 마음이 일어날 때, 지금 꼭 필요한지 필요하지 않은지, 지금 꼭 사야 하는지 안 사도 되는지, 꼭 필요하고 사고 싶어도 내 분수에 맞는지 맞지 않는지 대조해 보고, 계획하지 않은 것이거나 꼭 필요하지 않거나 분수에 넘친다면 아무리 갖고 싶어도 끝까지 사지 않는 것이 끝까지 싸우는 정신을 힘써 행하는 것이며, 자신의 분수를 끝까지 지키는 것이다.

이러기 위해서는 욕심나는 경계를 대할 때마다 일어나는 마음을 살피고 또 살피고, 대조하고 또 대조하기를 무위이화 자동적으로 될 때까지, 잘 된다 하더라도 항상 잘 되는지 경계를 대할 때마다 챙기고 또 챙겨야 한다.

아무리 욕심나는 경계를 대할지라도 끝까지 싸우는 정신을 놓지 아니하고 힘써 행했을 때 나타나는 결과는?

말씀하시기를
"공부는 경계를 지내고 나야 자신의 실력을 알 수 있으며, 없던 힘이 생겨나기도 하고 있던 힘이 더욱 강해지기도 하나니라[1028]."

1028) 정산 종사 법어, 제2부 법어(法語), 제8 응기편(應機編), 25장, p.895.

나쁜 마음의 싹이 보이거든 그 즉시로 제거하고 또 제거하면

학인이 묻기를

"오욕과 삼독과 착(着)과 상(相) 등을 떼는 공부를 할 때에 따로 따로 한 조목씩 유념하여 떼어 나가는 것이 어떠하오리까?

말씀하시기를

"그것도 좋으나 경계를 당하여 마음 일어나는 것을 보아 나쁜 마음의 싹이 보이거든 그 즉시로 제거하고 또 제거하면 여러가지 사심이 저절로 일어나지 않게 되나니라[1029]."

학인이 묻기를

"오욕이 인간에 나쁜 것이오니까?"

답하시기를

"오욕 자체는 좋고 나쁠 것이 없으나 분수 이상의 욕심을 내면 죄고로 화하고, 분수에 맞게 구하고 수용하면 그것이 세간의 복락이니라[1030]."

'끝까지 싸우는 정신을 놓지 아니하고'라 함은?

경계를 대할 때마다 공부할 때가 돌아온 것을 염두에 잊지 말고 끌리고 안 끌리는 대중만 잡는 것이 곧 끝까지 싸우는 정신을 놓지 않는 것이며,

일일 시시로 자기가 자기 가르치기를 쉬지 않는 것이며,

경계를 따라 일어나는 마음을 수용하여 원래 마음에 대조하기를 끝까지 놓지 아니하고 자성의 정·혜·계를 세우는 것이며,

육근을 동작할 때에 하기로 한 일과 안 하기로 한 일을 경우에 따라 잊어버리지 아니하고 실행하는 것이다.

'마음이 차차 조숙(調熟)되어'라 함은?

1029) 정산 종사 법어, 제2부 법어(法語), 제8 응기편(應機編), 21장, p.895.
1030) 정산 종사 법어, 제2부 법어(法語), 제8 응기편(應機編), 22장, p.895.

경계를 대할 때마다 공부할 때가 돌아온 것을 염두에 잊지 말고 끌리고 안 끌리는 대중만 잡는 것이 차츰 마음대로 되는 것이며,

경계를 대하는 즉시 '경계구나!', '공부할 때구나!' 하고 마음을 곧바로 챙겨 끌리고 안 끌리는 대중만 잡는 것이다.

'경계를 대할 때마다 공부할 때가 돌아온 곳을 염두에 잊지 말고 항상 끌리고 안 끌리는 대중만 잡아갈지니라.' 함은?

이 '만'자(字)에는 일원상의 신앙, 즉 전체 신앙이 들어 있다.

또한 경계를 대하면 쓸데없이 엉뚱한 짓 하지 말고 그 경계에 끌리고 안 끌리는 마음만 잘 살피라는 당부의 말씀이 깃들어 있다.

하고 싶은 데에도 끌리지 말고, 하기 싫은 데에도 끌리지 말고

송도성이 신문을 애독하여 신문을 받으면 보던 사무라도 그치고 읽으며, 급한 일이 있을 때에는 기사의 제목이라도 본 후에야 안심하고 사무에 착수하더니, 대종사 하루는 경계하시기를

"네가 소소한 신문 하나 보는 데에 그와 같이 정신을 빼앗기니 다른 일에도 혹 그러할까 근심되노라.

사람마다 각각 하고 싶은 일과 하기 싫은 일이 있는데 범부는 그 하고 싶은 일을 당하면 거기에 끌리어 온전하고 참된 정신을 잃어버리고, 그 하기 싫은 일을 당하면 거기에 끌리어 인생의 본분을 잃어버려서 정당한 공도(公道)를 밟지 못하고 번민과 고통을 스스로 취하나니, 이러한 사람은 결코 정신의 안정과 혜광(慧光)을 얻지 못하나니라.

내가 이러한 작은 일에 너를 경계하는 것은 너에게 정신이 끌리는 실상을 잡아 보이는 것이니, 너는 마땅히 그 하고 싶은 데에도 끌리지 말고, 하기 싫은 데에도 끌리지 말고, 항상 정당한 도리만 밟아 행하여 능히 천만 경계를 응용하는 사람은 될지언정 천만 경

계에 끌려 다니는 사람은 되지 말라.

그리하면, 영원히 너의 참되고 떳떳한 본성을 여의지 아니하리라[1031]."

경계를 당할 때에 무엇으로 취사하는 대중을 삼을 것인가?

문정규(文正奎)[1032] 여쭙기를

"경계를 당할 때에 무엇으로 취사하는 대중을 삼으오리까?"

대종사 말씀하시기를

"세 가지 생각으로 취사하는 대중을 삼나니,

첫째는 자기의 본래 서원(誓願)을 생각하는 것이요,

둘째는 스승이 가르치는 본의를 생각하는 것이요,

셋째는 당시의 형편을 살펴서 한 편에 치우침이 없는가를 생각하는 것이라,

이 세 가지로 대중을 삼은즉 공부가 항상 매(昧)하지[1033] 아니하고 모든 처사가 자연 골라지나니라[1034]."

오직 천만 경계 가운데에 마음을 길들여야 할 것이니

대종사 말씀하시기를

"수도인이 경계를 피하여 조용한 곳에서만 마음을 길들이려 하는 것은 마치 물고기를 잡으려는 사람이 물을 피함과 같나니 무슨 효과를 얻으리요,

그러므로, 참다운 도를 닦고자 할진대 오직 천만 경계 가운데에

1031) 대종경, 제3 수행품(修行品), 20장, p.154.
1032) 1863-1936. 법호 동산(冬山). 전남 곡성에서 출생. 전주에서 한약방을 경영하다가 친구 송적벽의 인도로 1920년(원기 5) 봉래정사를 찾아가 소태산 대종사에게 귀의하였다. 이후로 독실한 신앙심과 수행심으로 봉래정사와 익산총부 등지에서 소태산 대종사를 시봉하며 수행 정진하였다.
1033) 지혜가 어둡다. 사리(事理)를 분별하지 못하다.
1034) 대종경, 제3 수행품(修行品), 33장, p.163.

마음을 길들여야 할 것이니 그래야만 천만 경계에 마음이 흔들리지 않는 큰 힘을 얻으리라.

만일, 경계 없는 곳에서만 마음을 단련한 사람은 경계 중에 나오면 그 마음이 바로 흔들리나니 이는 마치 그늘에서 자란 버섯이 태양을 만나면 바로 시드는 것과 같나니라.

그러므로, 유마경(維摩經)1035)에 이르시기를 '보살은 시끄러운 데 있으나 마음은 온전하고, 외도(外道)1036)는 조용한 곳에 있으나 마음은 번잡하다.' 하였나니,

이는 오직 공부가 마음 대중에 달린 것이요, 바깥 경계에 있지 아니함을 이르심이니라1037)."

그리하여1038), 마음을 마음대로 하는 건수가 차차 늘어가는 거동1039)이 있은즉1040) 시시로1041) 평소1042)에 심히 좋아하고1043) 싫어하는1044) 경계에 놓아 맡겨1045) 보되1046) 만일 마음이 여전히1047) 동하면1048) 이는 도심1049)이 미숙1050)한 것이요, 동하지 아니하면 이는 도심이 익어 가는 증거1051)인 줄로 알라1052).

그러나, 마음이 동하지 아니한다 하여 즉시에1053) 방심1054)은 하지 말라. 이는 심력1055)을 써서 동하지 아니한 것이요, 자연히 동하지 않은 것이 아니니, 놓아도1056) 동하지 아니하여야 길1057)이 잘 든1058) 것이니라.

1035) 반야경에서 말하는 공(空)의 사상에 기초한 윤회와 열반, 번뇌와 보리, 예토(穢土: 더러운 땅이라는 뜻으로, '이승'을 달리 이르는 말)와 정토(淨土: 부처나 보살이 사는, 번뇌의 굴레를 벗어난 아주 깨끗한 세상) 따위의 구별을 떠나, 일상생활 속에서 해탈의 경지를 체득하여야 함을, 유마라는 주인공을 내세워 설화식으로 설한 경전으로서, '유마힐소설경(維摩詰所說經)'의 약칭이다.

1036) 대도정법·인의대도가 아닌 사도(邪道). 정도(正道)를 놓고 사도(邪道)를 닦는 것. 바른 길을 어기는 것.

1037) 대종경, 제3 수행품(修行品), 50장, p.172.

1038) (그리하다+여): (행동을) 그렇게 하여.

마음을 마음대로 하는 건수가 차차 늘어가는 거동이 있다 함은?

마음이 지극히 미묘한 줄 알고 경계를 대할 때마다 그 일어나는 마음을 대조하고 또 대조하고 챙기고 또 챙기며 법과 마를 일일이 분석하고, 천만 경계 중에서 사심을 제거하는 데 재미를 붙이고 무관사(無關事)에 동하지 않는 것이며,

법마상전의 뜻을 알아 법마상전을 하되 인생의 요도와 공부의 요도에 대기사(大忌事)는 아니하고, 세밀한 일이라도 반수 이상 법

1039) 몸을 움직이는 짓이나 태도.
1040) 마음을 마음대로 하는 건수가 차차 늘어가는 거동이 있은즉: 마음의 자유를 얻는 징조.
1041) 때대로. 가끔.
1042) 평상시. 보통 때.
1043) (좋아하다+고): 좋은 느낌을 가지다. 즐겨하거나 즐겨 먹다.
1044) (싫어하다+는): 싫다고 여기거나 하고 싶어 하지 않다.
1045) (맡기다+어): 어떤 일을 부탁하거나 책임지게 하다. 헤아려 처리하도록 남에게 떠넘기다.
1046) (보다+되): 동사의 어미 '-아(-어)' 아래 쓰이어, 시험 삼아 함을 나타냄.
1047) 전과 다름없이.
1048) (동하다+면): 움직이다. 특히, 마음이 흔들리다. 경계를 따라 마음이 요란해지고 어리석어지고 글러지다.
1049) ①대도 정법을 믿고 수행하여 진리를 깨치려 하는 마음. 도를 구하는 마음. ②자기 마음속에 일어나는 사리 사욕심을 물리치려는 마음.
1050) (일에) 익숙하지 아니하여 서투름.
1051) 어떤 사실을 증명할 수 있는 근거.
1052) (말다+라): 동사의 어미 '-지' 아래에 쓰이어 그 동작을 그만둔다는 뜻을 나타냄.
1053) 어떤 일이 행하여지는 바로 그때. -에: 체언에 붙어 쓰이는 부사격 조사로, 공간적·시간적 위치를 나타냄.
1054) 마음의 고삐를 놓는 것.
1055) 마음과 힘을 아울러 이르는 말. 마음이 미치는 힘.
1056) -도: 관형사를 제외한 각 품사의 여러 형태에 두루 붙어, 여러 격(주격·호격·목적격·여격)으로 쓰이는 보조사로서 양보의 뜻을 나타냄.
1057) (짐승을 잘 가르쳐서) 부리기 좋게 된 버릇. 익숙해진 솜씨.
1058) 든(들다+ㄴ): 어떤 상태가 이루어지거나 알맞게 되다. 어떤 상태에서 본 디대로 돌아오다.
길이 잘 든(길이 잘 들다+ㄴ): (서투르던 것이) 익숙하게 되다.

의 승(勝)을 얻는 것이다.

'시시로 평소에 심히 좋아하고 싫어하는 경계에 놓아 맡겨 보되, 만일 마음이 여전히 동하면 이는 도심이 미숙한 것이요'라 함은?

마음이 살아있기 때문에 마냥 붙잡고 있을 수만은 없다.
경계를 따라 작용되는 마음을 마음대로 하는 건수가 차차 늘어가면 실제로 마음의 힘이 어느 정도나 되는지 확인해 보자는 것이다.
이러기 위해, 작은 경계가 아니라 때때로 평소에 심히 좋아하는 경계와 싫어하는 경계에 마음을 맡겨 마음이 어떻게 작용되는지 그 상태를 살펴보되, 마음이 여전히 동하면 아직은 도심이 미숙한 것이다.
미숙하다 하여 포기하거나 좌절하지 말고, 경계와 당당히 맞서며 마음이 고요한지 끌려 움직이는지 확인하고 또 확인하기를 주저하지 말아야 한다.

'동하지 아니하면 이는 도심이 익어가는 증거인 줄로 알라' 함은?

경계를 대할 때마다 공부할 때가 돌아온 것을 염두에 잊지 말고 항상 끌리고 안 끌리는 대중만 잡아가는 것이다.
그리하여 마음을 마음대로 하는 건수가 차차 늘어가는 거동이 있은즉 시시로 평소에 심히 좋아하고 싫어하는 경계에 놓아 맡겨 보아도 마음이 여전히 동하지 않는 것이다.
심력을 써서 동하지 않는 것이 아니라 자연히 동하지 않은 것이며, 때때로 평소에 매우 좋아하는 경계나 매우 싫어하는 경계에 놓아도 동하지(끌리지) 아니하면 도심이 익어가는 증거다.

왜 '마음이 동하지 아니한다 하여 즉시에 방심은 하지 말라' 하셨나?

이는 심력을 써서 동하지 않은 것이며, 자연히 동하지 않은 것이 아니므로 마음이 동하지 않는다고 방심하지 말라는 것이다.

평소에 매우 좋아하는 경계나 매우 싫어하는 경계에 마음의 고삐를 놓아도 동하지 아니하여야 길이 잘 든 것이기 때문에 즉시에 방심은 하지 말라는 것이다.

'마음이 길이 잘 든 것'이란?

평소에 매우 좋아하는 경계나 매우 싫어하는 경계에 마음의 고삐를 놓아도 동하지 아니하는 상태를 말한다.

유념 공부는 비록 찰나간이라도 방심을 경계하고 정념(正念)을 가지자는 공부니라

유념 공부에 대하여 말씀하시기를
"유념의 공부는 곧 일용 행사에 그 마음 대중을 놓지 않는 것이니, 이른 바 보는 데에도 대중 있게 보고 듣는 데에도 대중 있게 듣고 말하는 데에도 대중 있게 말하고 동할 때에도 대중 있게 동하고 정할 때에도 대중 있게 정하여 비록 찰나간이라도 방심을 경계하고 정념(正念)을 가지자는 공부니라.

그러므로, 대종사께서 상시 훈련법으로 공부인의 정도를 따라 혹은 태조사를 하게 하시고 혹은 유무념을 대조케 하시고 혹은 일기를 대조케 하시니, 이것이 비록 명목은 다르나 모두 이 유념 하나를 공부케 하신 데 지나지 않나니라[1059]."

안으로 자기 마음을 닦는 내수양(內修養)의 네 단계 공부는?

수심정경에 밝혀져 있는 내수양 공부 네 단계, 즉 집심(執心)공부, 관심(觀心) 공부, 능심(能心) 공부, 무심(無心) 공부를 무시선

1059) 정산 종사 법어, 제2부 법어(法語), 제6 경의편(經義編), 23장, p.845.

법에서 찾아보면 다음과 같다.

"첫째는 '아무리 욕심나는 경계를 대할지라도 끝까지 싸우는 정신을 놓지 아니하고 힘써 행하는' 집심(執心) 공부며, 이대로 하면 초등학생도 이 공부를 할 수 있다.

둘째는 '경계를 대할 때마다 공부할 때가 돌아온 것을 염두에 잊지 말고 끌리고 안 끌리는 대중만 잡아가는' 관심(觀心) 공부로서 그 핵심은 대중 잡는 공부다. 이 대중 잡는 공부를 하여야 놓아도 동하지 않는 불방심(不放心) 공부, 즉 무심(無心) 공부의 기초가 된다.

셋째는 '평소에 심히 좋아하고 싫어하는 경계에 놓아 맡겨 보는' 공부로서 이는 놓아도 동하지 않는 무심(無心) 공부다. 그러나 '만일 마음이 여전히 동하면 이는 도심이 여전히 미숙한 것이요, 동하지 아니하면 이는 도심이 익어가는 증거인 줄로 알라. 이는 심력을 써서 동하지 아니한 것이요, 자연히 동하지 않은 것이 아니니'라며, 무심 공부의 정도를 점검할 수 있다.

넷째는 '놓아도 동하지 아니하는' 능심(能心) 공부로서 이는 어떻게 하는가? 동하여도 동하는 바가 없고 정하여도 정하는 바가 없이 그 마음을 작용하면 분별이 항상 정(定)을 여의지 아니하여 육근을 작용하는 바가 다 공적 영지의 자성에 부합될 것이다[1060]."

이 네 가지 공부의 상관 관계를 살펴보면 다음과 같다.

"첫째는 집심(執心) 공부니, 염불 좌선을 할 때와 일체 때에 마음을 잘 붙잡아 외경에 흘러가지 않게 하기를 소 길들이는 이가 고삐를 잡고 놓지 않듯 하는 것이요,

둘째는 관심(觀心) 공부니, 집심 공부가 잘 되면 마음을 놓아 자적(自適)[1061]하면서 다만 마음 가는 것을 보아 그 망념만 제재하기를 소 길들이는 이가 고삐는 놓고 소가 가는 것만 제재하듯 하는 것이요,

---

1060) 최영돈, "인류 활생의 선의 공부길", 232회 새삶회 강연, 2007.
1061) 아무런 속박을 받지 않고 마음껏 즐김.

셋째는 무심(無心) 공부니, 관심 공부가 순숙하면 본다는 상도 놓아서 관하되 관하는 바가 없기를 소 길들이는 이가 사람과 소가 둘 아닌 지경에 들어가 동과 정이 한결 같이 하는 것이라, 한 마음이 청정하면 백천 외경이 다 청정하여 경계와 내가 사이가 없이 한 가지 정토를 이루리라[1062]."

"마음을 지나치게 급히 묶으려 하지 말고 간단 없는 공부로써 서서히 공부하며, 집심(執心)과 관심(觀心)과 무심(無心)을 번갈아 하되, 처음 공부는 집심을 주로 하고 조금 익숙하면 관심을 주로 하고 좀 더 익숙하면 무심을 주로 하며, 궁극에 가서는 능심(能心)에 이르러야 하나니라[1063]."

'당장에는 이겼다 할지라도 교만하고 방심하면 다음에는 질 것이요'라 함은?

"당장에는 이겼다 할지라도 교만하고 방심하면 다음에는 질 것이요, 당장에는 졌다 할지라도 겸손하며 분발하면 다음에는 이기리라[1064]."

"무슨 일이나 방심하면 이루지 못하나니라[1065]."

"방심하지 않는 데에 성공이 있나니, 끝까지 중단 말고 결과를 내라[1066]."

사람이 만일 오래오래 선을 계속[1067]하여 모든 번뇌[1068]를 끊고 마음의 자유를 얻은즉, 철주[1069]의 중심[1070]이 되고 석벽[1071]의 외면[1072]이 되어 부귀 영화[1073]도 능히 그 마음을 달래어[1074] 가지[1075] 못하고 무기[1076]와 권세[1077]로도 능히 그 마

1062) 정산 종사 법어, 제2부 법어(法語), 제6 경의편(經義編), 65장, p.865.
1063) 정산 종사 법어, 제2부 법어(法語), 제7 권도편(勸道編), 48장, p.886.
1064) 정산 종사 법어, 제2부 법어(法語), 제11 법훈편(法訓編), 55장, p.948.
1065) 정산 종사 법어, 제2부 법어(法語), 제11 법훈편(法訓編), 61장, p.949.
1066) 정산 종사 법어, 제2부 법어(法語), 제11 법훈편(法訓編), 62장, p.949.

음1078)을 굽히지 못하며, 일체1079) 법을 행하되 걸리고 막히는 바가 없고, 진세(塵世)1080)에 처하되1081) 항상 백천 삼매1082)를 얻을지라1083),

'마음의 자유'를 얻은 것이란?

마음을 마음대로 하는 것이며, 모든 분별성과 주착심을 놓으면 곧 마음의 자유를 얻게 된다.
이 상태가 곧 철주의 중심이 되고 석벽의 외면이 된 경지다.

'철주의 중심'이라 함은?

어떠한 경계를 대하더라도 흔들리거나 끌려가지 않는 마음을 비

1067) 끊이지 아니하고 잇대어 나아감.
1068) 마음이 시달려 괴로움. 마음이나 몸을 괴롭히는 모든 망념.
1069) 쇠로 만든 기둥이나 말뚝. 쇠말뚝.
1070) 한가운데.
1071) 돌로 쌓아 올린 벽. 암석으로 이루어진 절벽.
1072) 겉. 겉모양. 겉으로 나타난 모양.
1073) 재산이 많고 지위가 높으며 영화(권력과 부귀를 마음껏 누리는 일)로움.
1074) (달래다+어): 그럴 듯하거나 좋은 말로 잘 이끌어 꾀다.
1075) (가다+지): 동작이나 상태가 앞으로 진행됨을 나타내는 말.
1076) 적을 치거나 막는 데 쓰이는 도구.
1077) 권력과 세력
1078) 그 마음: 자유를 얻은 마음. 마음에 자유를 얻어 철주의 중심이 되고 석벽의 외면이 된 상태의 한가롭고 여유롭고 군건한 마음.
1079) 모든. 온갖.
1080) 티끌 세상.
1081) (처하다+되): 어떤 처지에 놓이다.
1082) ①백천 가지 행하는 일(모든 취사)이 항상 정(定)을 여의지 않는 것을 표현한 말, 즉 분리 자성(分離自性)의 생활을 말함. ②백천 가지 삼매(三昧). 일행삼매가 모든 것을 평등하게 보는 평등지(平等智)라면, 이것은 차별상을 차별상대로 보면서 나타내는 후득지(後得智)이다. 삼매는 산란한 마음을 하나로 모아 통일시키며, 마음을 바르게 하여 망념에서 벗어나는 것을 말함.
1083) -을지라: '마땅히 그러할 것이니라'의 뜻을 나타내는 문어투의 종결 어미.

유한 말이다.

철주는 눕혀져 있지 않고 세워져서 기둥으로 사용될 때 비로소 당당히 철주로서의 가치를 발휘하게 된다.

이 철주는 비바람에도 아랑곳하지 않고 꿋꿋이 제 자리를 지키고 있으며, 그 길이·굵기·강도(근기·공부심)에 따라 비바람(外境)에 흔들리는 정도에 차이가 있으나 땅속에 박혀 있는 철주의 아래 부분에 있는 중심(원래 마음)은 어떠한 비바람에도 흔들림이 없다.

이 철주는 사람이 일부러 세운 것이나, 세워지게 되면 이미 자연과 하나 되어(일원의 체성에 합해지기 때문에) 여여 자연하게 된다.

이 철주의 중심처럼 동하여도 동한 바 없고 주하여도 주한 바 없이 마음을 내면 그것이 곧 마음의 자유를 얻은 것이며, 여유로움과 한가로움일 것이다.

'석벽의 외면'이라 함은?

철주의 중심과 마찬가지로 어떠한 경계를 대하더라도 흔들리거나 끌려가지 않는 마음을 비유한 말이다.

석벽은 어떠한 비바람에도 흔들림이 없고, 그 중에서도 직접적으로 비바람 등 온갖 환경에 노출되어 부대끼는 부분은 그 외면이다. 그래서 그냥 석벽이라 하지 않고 석벽의 외면이라 했다.

이는 일원의 체성(석벽, 대 자리, 진공)에 바탕을 둔 묘유(외면, 소 자리)란 의미다.

그러므로 이 외면이 어떠한 비바람에도 흔들리겠는가?

흔들리지 않는다.

일원의 체성에 바탕을 두었기 때문에 온갖 풍상에도 흔들리거나 끌려가지 않고 그저 담담할 뿐이다.

이처럼 동하여도 동한 바 없고 주하여도 주한 바 없이 마음을 내면 그것이 곧 마음의 자유를 얻은 것이며, 여유로움과 한가로움일 것이다.

그런데 마음의 자유를 얻게 되면 왜 철주의 중심이 되고 석벽의 외면이 된다고 했을까?'

　철주의 중심과 석벽의 외면은, 쇠기둥이나 석벽이 아무리 거센 바람에도 굳건한 것처럼, 어떠한 경계를 대하여도 마음이 흔들리거나 끌려가지 않는 것을 비유하여 이른 말이다.
　철주의 중심과 석벽의 외면이 된 마음의 상태를 여유로움과 한가로움이라 하였다. 마음의 자유를 얻게 되면 참으로 여유로워지고 한가로워진다는 뜻이다.
　그러면 철주의 중심과 석벽의 외면이 어떤 상태이기에 마음의 자유를 얻게 된 경지를 여기에 비유하였을까?
　보다 근원적인 문제에 궁금증이 더해진다.
　대종사님께서 사용하신 말씀을 따르되 그 이유를 캐보는 것이 곧 의두요 성리임을 알기에 생기는 궁금증이다.
　철주의 중심과 석벽의 외면의 속성은 무엇인가?
　철주는 쇠기둥이다. 즉 기둥처럼 기다랗게 생겼다하더라도 눕혀져 있을 때는 철주라 하지 않는다. 어쩌면 고철일 수도 있다.
　그러나 이것이 세워져 있을 때 비로소 당당히 철주가 된다.
　그럼, 이 세워진 철주의 중심은 어디에 있는가?
　전체 길이의 한 가운데에? 아니면 무게 중심에?
　철주가 땅에 세워지기 전에는 그럴 수 있으나, 일단 세워지면 그 중심은 천지와 하나 되는 위치로 옮겨진다.
　결국 철주의 중심은 천지의 체성과 합해지기 때문에 가장 흔들림이 없어지는구나!
　다음에는 석벽의 외면을 보자.
　왜 굳이 석벽의 외면이라 하였을까?
　흔들림이 없는 것은 오히려 그 내면이 아닐까!
　비바람이라는 경계를 대하게 되는 부분이 바로 외면이구나!
　이 외면에서 가장 많은 작용이 일어나는구나!

석벽의 외면에 비바람이 아무리 몰아쳐도 어떤 변화가 있는가?

넘어지기도 하고 세워지기도 하는가?

어떠한 경계를 대하게 되더라도 흔들림이 없는 철주의 중심과 석벽의 외면.

대연구력(大研究力)을 키우게 하고, 대취사력(大取捨力)을 나투게 하는 원동력이 되는 대수양력(大修養力).

이를 일러 철주의 중심이 되고 석벽의 외면이 된다 하셨구나!

한가로움과 여유로움이라 하셨구나!

'일체 법을 행하되 걸리고 막히는 바가 없고'라 함은?

일체 법은 우주간에 존재하는 유형·무형의 모든 사물과 우주 만유·우주 만법·삼라 만상·천지 만물이다.

일체 법을 행한다 함은 이들 모든 사물과 우주 만유와 삼라 만상과 천지 만물을 대하고 소유하고 사용하고, 또는 이렇게 하고 싶어도 할 수 없는 경계를 따라 육근 작용이 일어나는 것을 말하며,

일체 법을 행하되 걸리고 막히는 바가 없다 함은 일체 법을 행하여 심신 작용이 동할 때나 정할 때나, 순경을 당할 때나 역경을 당할 때에 진리에 어긋남이 없고, 동하여도 동한 바가 없고 정하여도 정한 바가 없어 모든 마음씀씀이와 말과 행동이 서로 어긋남이 없고 절도에 맞아 물이 흐르듯, 바람이 스쳐가듯 자연스럽게 자유 자재한다는 말이다.

이렇게 되기 위해서는 분별성과 주착심을 놓아야 한다. 이 마음이 경계를 따라 나오다가도 얼른 원래 마음에 대조하여 원래 마음대로 사용해야 한다.

'백천 삼매'란?

백천(百千)이란 셀 수 없을 정도로 무수히 많은 수로서 천만(千

萬)도 같은 말이다.

백천 가지의 경계는 천만 경계며, 이를 대할 때마다 행하는 모든 취사가 항상 정(定)을 여의지 아니하므로 산란한 마음이 하나로 모아져 일심이 되고, 원래 마음으로 취사를 하므로 마음이 항상 바르고 훈훈해져서 망념에서 벗어나게 되는데, 이를 일러 백천 삼매(百千三昧)라 하였다.

또한 이는 정한 상태의 일상 삼매(一相三昧)와 동한 상태의 일행 삼매(一行三昧)를 이른다.

그러므로 항상 나의 성품이 원래에 분별 주착이 없는 줄 알고 마음의 자유를 얻게 되면 백천 경계를 따라 일어나는 일체의 마음이 원래 마음이 되므로 이 상태가 무엇인가?

삼매에 들었다고 한다.

대하는 경계 마다 일어나는 마음을 경계를 대하기 전 원래 마음으로 돌리는 삼매에, 분별성과 주착심 없는 마음을 사용하는 삼매에 들었다 할 것이다.

'진세(塵世)에 처하되 항상 백천 삼매를 얻을지라' 함은?

진세는 티끌 세상이며, 우리의 삶 자체다.

마음이 살아 있으므로 경계를 따라 요란해질 수 있고, 어리석어질 수 있고, 글러질 수 있으며, 원망하고, 미워하고, 사랑하고, 기뻐하고, 괴로워하기도 한다.

이러한 마음 작용은 수행의 정도에 따라 차이가 있을 뿐 끊임없이 일어나므로 우리의 삶이 곧 티끌 세상이며 진세(塵世)에 처해 있는 것이다.

그러나 이 티끌 세상에 처해 있기에 공부할 수 있고, 진급할 수 있는 기회가 있으며, 연꽃이 진흙 속에서 피어나는 것과 같이 그 경계로 공부하면 그 경계에서 벗어나 여여자연하게 마음을 마음대로 사용하여 분별 주착 없는 마음을 나투는 걸음걸음이 나와 가족과 이웃을 행복하게 한다.

이것이 곧 진세(塵世)에 처하되 항상 백천 삼매를 얻는 것이다.

'생각 생각을 닦아 익히면 자연히 점점 백천 삼매를 얻으리니'라 함은?

"비록 뒤에 닦음이 있다 하나 이미 먼저 망념이 본래에 공하고 심성이 본래에 청정함을 깨쳤을새[1084] 악을 끊되 끊음이 끊는 바가 없고 선을 닦되 닦음이 닦는 바가 없나니, 이것이 이에 참으로 닦고 참으로 끊는 것이라.

그런고로 이르시되

'비록 만행을 갖추어 닦으나 오직 무념으로써 종(宗)[1085]을 삼는다.' 하시고,

규봉 선사[1086]께서 먼저 깨치고 뒤에 닦는 뜻을 총괄적으로 판단해 가로되

'이 성품이 원래 번뇌가 없고 샘이 없는 지혜 성품이 본래 스스로 구족함이 부처님으로 더불어 다름이 없음을 문득 깨쳐서 이에 의지하여 닦는 이는 이 최상승선이라 이름하며 또한 여래의 청정선이라 이름하나니라.

만일 능히 생각 생각을 닦아 익히면 자연히 점점 백천 삼매를 얻으리니 달마 문하에 전전(傳傳)히[1087] 서로 전하여 온 것이 곧 이 선이라.' 하나니,

---

1084) -ㄹ새: (예스러운 표현으로) 이미 사실로 된 일이나 진행 중인 일을 들어 뒤 절에 나타난 일의 원인이나 이유, 근거, 전제 따위로 쓰임을 나타내는 연결 어미.
1085) 경(經)이나 논(論) 따위의 교설 가운데 중심이 되는 교의(가르침).
1086) 780~841 중국 당나라 때 스님으로 화엄종의 제5조. 이름은 종밀, 호는 규봉, 속성은 하(河). 젊어서 유교를 배웠고 뒤에 출가하여 징관(澄觀)이 지은 '화엄경소석'을 보고 징관의 제자가 되어 '화엄경'을 연구하였다. 종밀은 선교 일치(禪敎一致)·선교 융통을 주장하였다.
그의 선교 일치 사상을 담은 '선원제전집도서(禪源諸詮集都序)〉'는 우리나라 선종에서 교과서로 사용하기도 한다.
1087) 끊임없이 전하여지다.

곧 돈오와 점수의 두 뜻이 수레의 두 바퀴와 같아서 하나만 빠져도 옳지 못하나니라1088)."

생각이 일어나는 것을 두려워하지 말고 오직 깨침이 더딤을 두려워하라!

어떤 이는 선악의 성품이 공함을 알지 못하고 굳이 앉아 움직이지 아니하여 몸과 마음을 억지로 눌러 항복 받기를 마치 돌로써 풀을 누르는 것1089)과 같이 하면서 써1090) 마음을 닦는다 하니 이것이 크게 미혹함이로다.

그런 고로 이르시되

"성문(聲聞)1091)은 마음 마음이 미혹을 끊되 능히 끊는 마음이 이 도둑이라." 하시니,

다만 살생과 도적과 간음과 망어가 성품으로 좇아 일어남을 자세히 관하면, 일어나되 곧 일어남이 없는지라 당처가 문득 고요하나니 어찌 반드시 다시 끊으리오.

그런 고로 이르시되

"생각이 일어나는 것을 두려워하지 말고 오직 깨침이 더딤을 두려워하라." 하며,

또 이르시되

"생각이 일어나면 곧 깨치라. 깨치면 곧 없어진다." 하시니,

그런고로 깨친 사람의 분상(大悟分上)1092)에는 비록 객진 번뇌(客

1088) 불조요경, 수심결, 23장, p.511
1089) 여석압초(如石壓草).
1090) '그것을 가지고, 그것으로 인하여'의 뜻을 나타내는 접속 부사.
1091) 연각(緣覺: 부처님의 가르침을 받지 않고 스승도 없이 스스로 깨달아, 혼자서 고독을 즐기며 설법이나 교화도 하지 않는 성자.)·보살(법력과 덕행이 높은 수행자)과 함께 삼승(三乘)의 하나. 부처님의 음성을 직접 들은 불제자라는 뜻. 서가모니불의 설법을 듣고 고·집·멸·도 사제의 이치를 깨달아서 스스로 아라한이 되기를 이상으로 하는 수행자.
1092) 진리를 크게 깨친 사람의 입장이라는 말. 똑 같은 세상이지만 중생의 입

塵煩惱)1093)가 있으나 한 가지로 제호를 이루나니 다만 미혹된 마음
이 근본이 없는 자리를 비추어 보면 허공 꽃과 같은 삼계가 바람에
연기 같이 걷어지고 육진 번뇌가 끓는 물에 얼음 녹듯 하리라1094).

**선이 무엇이기에 오래오래 계속하면 '부귀 영화도 능히 그 마음
을 달래어 가지 못하고 무기와 권세로도 능히 그 마음을 굽히지
못하게 하고, 일체 법을 행하되 걸리고 막히는 바가 없고, 진세
(塵世)에 처하되 항상 백천 삼매를 얻을지라'고 하는가?**

선(禪)이라 함은 원래에 분별 주착이 없는 각자의 성품을 오득
하여 마음의 자유를 얻게 하는 공부이므로

먼저 마땅히 진공(眞空)으로 체를 삼고 묘유(妙有)로 용을 삼아
밖으로 천만 경계를 대하되 부동함은 태산과 같이 하고, 안으로
마음을 지키되 청정함은 허공과 같이 하여 동하여도 동하는 바가
없고 정하여도 정하는 바가 없이 그 마음을 작용하면 모든 분별이
항상 정을 여의지 아니하여 육근을 작용하는 바가 다 공적 영지의
자성에 부합될 것이다.

그러므로 사람이 만일 오래오래 선을 계속하여 모든 번뇌를 끊
고 마음의 자유를 얻게 되면 본래 성품 자리에서 자연스럽게 마음
이 나오므로 부귀 영화도 능히 그 마음을 달래어 가지 못하고, 무
기와 권세로도 능히 그 마음을 굽히지 못하고, 일체 법을 행하되
걸리고 막히는 바가 없고, 진세(塵世)에 처하되 항상 백천 삼매를
얻게 될 것이다.

장에서 바라보는 세상과, 진리를 크게 깨친 사람의 입장에서 바라보는
세상은 크게 다르다.
1093) 우연히 밖으로부터 들어온 번뇌. 본래 자기 마음속에 있던 것이 아니라
경계를 당해서 밖으로부터 들어온 번뇌. 번뇌는 실체가 있는 것이 아니
라 진실한 지혜가 나타나면 바로 없어지는 것이기 때문에 객(客)이라
하고, 번뇌의 수효가 미세(微細)하고 티끌처럼 많기 때문에 진(塵)이라
고 한다.
1094) 불조요경, 수심결, 24장, p.511

이 지경1095)에 이른즉 진대지(盡大地)1096)가 일진 법계(一眞法界)1097)로 화하여1098) 시비 선악과 염정 제법(染淨諸法)1099)이 다 제호(醍醐)1100)의 일미(一味)1101)를 이루리니1102) 이것이 이른바 불이문(不二門)1103)이라1104) 생사 자유1105)와 윤회 해탈1106)과 정토 극락1107)이 다 이 문으로부터 나오나니라1108).

1095) 어떤 처지나 형편 또는 경우의 뜻을 나타내는 말.
1096) 온 천지. 온 세상.
1097) 한결같이 참된 공부심으로 살면서 스스로 느끼고 발견할 수 있는 세계 (경지)를 이름. 청정 법계(淸淨法界).
1098) 다른 상태가 되다.
1099) 시비 선악과 염정 제법(染淨諸法): 옳고 그르고, 착하고 악하고, 더럽고 깨끗한 모든 법. 상대 세계로 나타나는 모든 현상.
1100) ①우유에 갈분(葛粉)을 타서 미음 같이 쑨 죽으로서 가장 맛있는 것을 표현한 말. 세상에서 가장 맛이 좋은 일종의 선미(仙味). ②불성을 비유하여 제호라 한다.
1101) 아주 뛰어난 맛. 독특한 맛. 부처님의 가르침은 여러 가지인 듯하나 그 본래의 뜻은 하나라는 뜻.
1102) 어떤 상태나 결과가 되게 하다. 뜻한 바를 얻다.
　　 -리니: '-ㄹ것이니'의 뜻으로, 뒷말의 조건(원인)이 되는, 추측이나 의지를 나타냄.
1103) 불이법문(不二法門)의 준 말. 상대와 차별이 끊어진 절대적인 하나의 진리라는 뜻. 제법불이(諸法不二)의 이치는 불도의 표준이 되므로 법이라 하고, 모든 불보살이 이 법에 의하여 진리의 세계에 들어갔으므로 문이라 한다. 또한 생사 자유·윤회 해탈·정토 극락·염정 제법·시비 선악이 다 이 문으로부터 나온다. 불이(不二)란 둘이 아닌 하나의 경지라는 뜻으로, 미오(迷悟)불이·지관(止觀)불이·유공(有空)불이·선악불이를 말한다. 미오불이란 미와 오의 실재 성품이 하나라는 것. 지관불이란 적적(寂寂)을 지(止)라 하고 성성(惺惺)을 관(觀)이라 하는데, 적적과 성성이 하나라는 것. 유공불이란 유상(有相) 그대로가 공성(空性)이요 공성 그대로가 유상이라는 것. 선악불이란 선악·염정·미추가 따로 실재 성품이 없고 함께 평등 무차별하다는 것이다. 대종경 성리품 4장에 '큰 도는 원융하여 유와 무가 둘이 아니요, 이(理)와 사(事)가 둘이 아니며, 생과 사가 둘이 아니요, 동과 정이 둘이 아니니, 둘 아닌 이 문에는 포함하지 아니한 바가 없나니라.'한 것은 불이문에 대한 현실 세계의 활용적인 측면을 설명한 것이다.
1104) -이라: 받침으로 끝난 체언에 붙어, 이러이러하다고 베풀어 말하는 뜻을 나타내는 종결형 서술격 조사.
1105) ①생사에 걸림이 없는 것. 한 생각 내고(生) 한 생각 들이는(死) 것을 마음대로 하는 것. ②세상 만물의 생·노·병·사와 성·주·괴·공의 이치는

'이 지경'이라 함은?

선을 오래오래 계속하여 모든 번뇌를 끊고 마음의 자유를 얻은 즉, 철주의 중심이 되고 석벽의 외면이 되어 부귀 영화도 능히 그 마음을 달래어 가지 못하고 무기와 권세로도 능히 그 마음을 굽히지 못하며, 일체 법을 행하되 걸리고 막히는 바가 없고, 진세(塵世)에 처하되 항상 백천 삼매를 얻는 것을 이른다.

'진대지(盡大地)가 일진 법계(一眞法界)로 화하여 시비 선악과 염정 제법(染淨諸法)이 다 제호(醍醐)의 일미(一味)를 이루리니'라 함은?

온 천지, 온 세상(盡大地)이 한결 같이 참된 공부심으로 살면서 스스로 느끼고 발견하면 맑고 밝고 훈훈한 세계(一眞法界, 淸淨法界)로 화하여 경계를 따라 일어나는 옳고 그르고(시비), 착하고 악하고(선악), 더럽고 깨끗한 모든 것(染淨諸法)이 실제로는 나를 공부하게 하고 진급하게 하는 대법이다.

이런 이치를 알게 되면 묘~하고도 묘~하다는 웃음이 절로 터져 나오고 입가에는 미소가 지어지니 그 맛과 재미(醍醐一味)를 무엇에 비유할 것인가?!

이것이 세상에서 가장 맛이 좋은 것이니(醍醐), 이렇게 되는 원

진공 묘유의 조화요 대소 유무의 이치에 따라 상대계에 나타난 현상이며, 그 근본 자리인 절대계는 불생 불멸·무시 무종·불구 부정·부증 불감하여 여여 자연한 줄 깊이 느끼고 알아 생사에 걸리고 막힘이 없으며, 생사에 분별 주착하지 않는 경지를 말함.

1106) 십이 인연으로 돌고 도는 데 걸림이 없고, 육도로 승강 윤회하는 데 걸림이 없는 것.

1107) ①'더없이 안락하고 아무 걱정이 없는 지경이나 그런 곳'을 비유하여 이르는 말. ②아미타불이 살고 있다는 정토. 살아서 염불한 사람이 죽어서 불과(佛果: 불도를 수행하여 얻는 깨달음의 결과)를 얻는 곳으로, 더없이 안락하여 즐거움만 있다고 함. 극락 세계. 안락 세계. 서방 정토. ③ 우리의 마음이 두렷하고 고요하여 분별성과 주착심이 없는 그때가 곧 극락이다. 마음이 죄복과 고락을 초월한 자리에 그쳐 있는 자리.

1108) (나오다+나니라): 나타나다. 생겨나다.

동력은 누구나 다 가지고 있는 부처의 마음이 있기 때문이라, 오직 공부심으로 일관될 때 스스로 느낄 수 있는 법열의 진경(眞境)[1109]이 제호의 일미(醍醐一味)다.

이렇게 되는 바탕이요 전제 조건은 무엇인가?

오래오래 선을 계속하여 모든 번뇌를 끊고 마음의 자유를 얻은 즉, 철주의 중심이 되고 석벽의 외면이 되어 부귀 영화도 능히 그 마음을 달래어 가지 못하고 무기와 권세로도 능히 그 마음을 굽히지 못하며, 일체 법을 행하되 걸리고 막히는 바가 없고, 진세(塵世)에 처하되 항상 백천 삼매를 얻는 지경에 이르는 것이다.

'시비 선악과 염정 제법(染淨諸法)'이란?

시비 선악과 염정 제법은 상대 세계로 나타나는 모든 현상이다.

시비 선악이 형상 없는 세계라면 염정 제법은 형상으로 나타나는 일체 세계다.

이는 곧 천지 만물 허공 법계로 나투어지는 우주 만유 전체를 이르는 말이다.

'이것이 이른바 불이문(不二門)이라 생사 자유와 윤회 해탈과 정토 극락이 다 이 문으로부터 나오나니라' 함은?

큰 도(일원대도), 즉 일원상의 진리는 진공 묘유의 조화, 대소 유무의 이치로 돌고 있다.

양면성으로, 동시성으로, 현재 진행형으로, 끊임없이 걸림도 막힘도 없이 음양 상승의 이치대로 돌고 있다.

해에서 은이 나오고, 은에서 해가 나오듯 이 모두 한 마음에서, 한 이치에서 음양 상승의 도를 따라 나오는 것이다.

생사 자유와 윤회 해탈과 정토 극락도 다 마찬가지다.

생에서 사로 사에서 생으로, 윤회에서 해탈로 해탈에서 윤회로

1109) 본바탕을 가장 잘 나타낸 참다운 경지(境地).

돌고 돌며, 예토(穢土)[1110])에서 정토 극락으로 정토 극락에서 예토로 음양 상승의 이치에 따라 나타나는 것이다.

이분법이 아닌, 인연 따라 오고 가는데 정도의 차이가 있을 뿐이다. 이를 불이문이라 하며, 불이문에서 나온다고 하는 것이다.

'둘 아닌 이 문(不二門)에는 포함하지 아니한 바가 없나니라' 함은?

대종사 말씀하시기를

"큰 도는 원융(圓融)[1111])하여 유와 무가 둘이 아니요, 이(理)[1112])와 사(事)[1113])가 둘이 아니며, 생과 사가 둘이 아니요, 동과 정이 둘이 아니니, 둘 아닌 이 문에는 포함하지 아니한 바가 없나니라[1114])."

물질도 마찬가지다. 침, 오줌, 시냇물, 안개, 빗물의 본질이 H_2O인 것은 변하지 않는다. 단지 쓰임에 따라 나타난 형상이 다를 뿐이다.

모든 이치는 하나에서 시작되고, 그 하나에서 나왔다가 그 하나로 통한다.

둘이 아닌, 하나이므로 불이문이라고 한다.

'사회의 부정이 곧 도량의 부정이요, 도량의 부정이 곧 사회의 부정이라' 함은?

한 제자 성행(性行)[1115])이 거칠어서 출가한 지 여러 해가 되도록

1110) 더러운 땅. 곧, '이승'을 이르는 말.
1111) 천차 만별로 나타난 모든 법의 사리(事理)가 구별 없이 널리 융통하여 하나가 된다는 말.
1112) 우주 만유의 본체와 현상, 곧 천조의 대소 유무의 이치를 말한다. 대(大)는 우주 만유의 본체, 소(小)는 우주 만유의 천차 만별의 차별 현상, 유무(有無)는 우주 만유의 변화를 의미한다.
1113) 인간의 육근 동작에 있어서의 시·비·이·해. 시비이해란 인간의 정신적·육체적 활동의 총칭. 인간은 육근 동작을 통해서 시비이해 속에서 살아간다. 현상 세계의 일체 차별의 모양.
1114) 대종경, 제7 성리품(性理品), 4장, p.258.

전일의 악습을 도무지 고치지 못하므로, 제자들이 대종사께 사뢰기를

"그는 비록 백년을 법하에 두신다 하더라도 별 이익이 없을 듯하오니, 일찍 돌려보내시어 도량(道場)의 풍기를 깨끗이 함이 좋을까 하나이다."

대종사 말씀하시기를

"그대들이 어찌 그런 말을 하는가? 그가 지금 도량 안에 있어서도 그와 같으니 사회에 내보내면 그 장래가 더욱 어찌 되겠는가?

또는 사회와 도량을 따로 보는 것은 소승의 생각이요 독선의 소견이니, 큰 견지로 본다면 사회의 부정이 곧 도량의 부정이요, 도량의 부정이 곧 사회의 부정이라, 도량의 부정만을 제거하여 사회에 옮기고자 하는 것이 어찌 원만한 일이라 하리요.

무릇 불법의 대의는 모든 방편을 다하여 끝까지 사람을 가르쳐서 선으로 인도하자는 것이어늘, 만일 선한 사람만 상대하기로 한다면 그 본분이 어디 있겠는가?

그러므로, 그대들은 가르쳐서 곧 화하지 않는 사람이라고 미리 미워하여 버리지 말고 끝까지 최선을 다하되, 제가 능히 감당하지 못하여 나간다면이어니와 그렇지 아니하면 다 같은 불제자로 함께 성불할 인연을 길이 놓지 말게 할지어다[1116]."

'사람이 만일 오래오래 선을 계속하여……이 문으로부터 나오나니라'는 삼학의 결과!

'사람이 만일 오래오래 선을 계속하여……이 문으로부터 나오나니라.'는 무시선법을 실행하여 얻는 결과다.

이를 정신 수양·사리 연구·작업 취사의 결과와 비교하면 다음과 같이 서로 같은 결과를 얻는 것임을 알 수 있다.

즉 무시선법은 언제 어디서나 삼학을 실행하여 수양력을 얻고, 연구력을 얻고, 취사력을 얻는 것임을 발견할 수 있다.

1115) 사람의 성질과 행실. 마음 쓰는 것과 행동하는 것.
1116) 대종경, 제12 실시품(實示品), 5장, p.327.

무시선법(無時禪法)	정신 수양·사리 연구·작업 취사의 결과	
사람이	정신 수양	우리가
	사리 연구	
	작업 취사	
선을	정신 수양	정신 수양 공부를
	사리 연구	사리 연구 공부를
	작업 취사	작업 취사 공부를
만일 오래오래 계속하여 모든 번뇌를 끊고 마음의 자유를 얻은즉,	정신 수양	오래오래 계속하면 정신이 철석같이 견고하여,
	사리 연구	오래오래 계속하면,
	작업 취사	오래오래 계속하면,
철주의 중심이 되고 석벽의 외면이 되어 부귀영화도 능히 그 마음을 달래어 가지 못하고 무기와 권세로도 능히 그 마음을 굽히지 못하며, 일체 법을 행하되 걸리고 막히는 바가 없고, 진세(塵世)에 처하되 항상 백천 삼매를 얻을지라,	정신 수양	천만 경계를 응용할 때에 마음에 자주(自主)의 힘이 생겨
	사리 연구	천만 사리를 분석하고 판단하는데 걸림 없이 아는 지혜의 힘이 생겨
	작업 취사	모든 일을 응용할 때 정의는 용맹 있게 취하고, 불의는 용맹 있게 버리는 실행의 힘을 얻어
이 지경에 이른즉	정신 수양	결국
	사리 연구	
	작업 취사	
진대지(盡大地)가 일진 법계(一眞法界)로 화하여 시비 선악과 염정 제법(染淨諸法)이 다 제호(醍醐)의 일미(一味)를 이루리니, 이 것이 이른바 불이문(不二門)이라 생사 자유와 윤회 해탈과 정토 극락이 다 이 문으로부터 나오나니라.	정신 수양	수양력(修養力)을 얻을 것이니라.
	사리 연구	연구력(研究力)을 얻을 것이니라.
	작업 취사	취사력(取捨力)을 얻을 것이니라.

불이문에서 나오는 생사 자유는 어떻게 얻어지는가?

말씀하시기를

"수양의 결과는 생사 자유와 극락 수용과 만사 성공이요, 연구의 결과는 사리 통달과 중생 제도와 만사 성공이요, 취사의 결과는 만행 구족과 만복 원만과 만사 성공이니라1117)."

그러므로 생사의 자유는 수양의 결과로 얻어짐을 알 수 있는데, 이는 연구의 결과와 취사의 결과가 바탕을 이루어 나타난 결과임을 잊지 말아야 한다. 왜냐 하면 삼학 병진 수행이기 때문이다.

윤회 해탈하는(윤회를 자유하는) 방법은?

대종사 말씀하시기를

"사람의 영식이 이 육신을 떠날 때에 처음에는 그 착심을 좇아가게 되고, 후에는 그 업을 따라 받게 되어 한없는 세상에 길이 윤회하나니, 윤회를 자유하는 방법은 오직 착심을 여의고 업을 초월하는 데에 있나니라1118)."

탐·진·치를 조복 받아야 오직 생사에 자유하고 육도 윤회에 끌리는 바가 없나니라

"탐·진·치를 조복 받은 영은 죽어갈 때에 이 착심에 묶인 바가 없으므로 그 거래가 자유로우며, 바르게 보고 바르게 생각하여 정당한 곳과 부정당한 곳을 구분해서 업에 끌리지 않으며,

몸을 받을 때에도 태연 자약하여 정당하게 몸을 받고,

태중에 들어갈 때에도 그 부모를 은의(恩義)1119)로 상대하여 탁태(托胎)1120)되며,

1117) 정산 종사 법어, 제2부 법어(法語), 제6 경의편(經義編), 16장, p.843.
1118) 대종경, 제9 천도품(薦度品), 11장, p.291.
1119) 갚아야 할 의리와 은혜.

원을 세운 대로 대소사간에 결정보(決定報)[1121]를 받게 되어, 오직 생사에 자유하고 육도 윤회에 끌리는 바가 없이 십이 인연을 임의로 궁글리고 다니나니라[1122]."

"삼독심(三毒心)의 짐 때문에 자유를 얻지 못하고 고통 받는 줄을 아는 것이 해탈이다[1123]."

극락과 지옥이 어느 곳에 있는가?

대종사 말씀하시기를

"네 마음이 죄복과 고락을 초월한 자리에 그쳐 있으면 그 자리가 곧 극락이요, 죄복과 고락에 사로잡혀 있으면 그 자리가 곧 지옥이니라."

또 여쭙기를

"어찌하여야 길이 극락 생활만 하고 지옥에 떨어지지 아니하오리까?"

대종사 말씀하시기를

"성품의 본래 이치를 오득하여 마음이 항상 자성을 떠나지 아니하면 길이 극락 생활을 하게 되고 지옥에 떨어지지 아니하리라[1124]."

1120) 전세(前世)의 인연으로 중생이 모태에 몸을 붙임.
1121) 과보를 받는 것과 과보를 받는 과정이 결정되고, 그 시기까지도 완전히 결정된 행업(行業). 과거에 지은 업은 무겁고, 먼저 지은 것부터 차례로 받게 된다. 가벼운 업은 먼저 지었다 할지라도 뒤에 지은 중한 업에 밀려나서 훨씬 뒤에 받는 경우도 있다. 결정보에는 두 가지 방향이 있다. 하나는 전생에 지은 것을 그대로 받게 되는 것으로서 부처나 중생이나 다 같이 피하지 못하고 그대로 받아야 한다. 이를 정업난면(定業難免) 또는 정업불면(定業不免)이라 한다. 다른 하나는 스스로의 선택에 의하여 다음 생의 업을 받게 된다. 이를 인과자유(因果自由)라 한다. 이 경우 부처는 원을 세운 대로 이루게 되나 중생은 그렇지 못한다. 따라서 불보살은 이 세상을 안주처로 삼기도 하고, 사업장으로 삼기도 하며, 유희장으로 삼기도 한다. 법강항마위 이상의 법력을 갖거나, 불·법·승 삼보에 대하여 신앙심과 향상심을 가지고 보시를 많이 한 사람은 다음 생에 결정보를 받게 된다.
1122) 대종경, 제9 천도품(薦度品), 36장, p.303.
1123) 한 울안 한 이치에, 제1편 법문과 일화, 제2장 심은 대로 거둠, 29절, p.52.

유교의 명륜학원1125) 강사이던 사람이 물었다.

"불가에서는 극락과 지옥을 말한다 하오니 일러 주소서."

대종사 답하시었다.

"극락은 감촉1126)하고 분별하는 이목지소호(耳目之所好)와 심지지소락(心志之所樂)1127)의 경지를 말함도 아니요, 또는 서방에 가서 정토 극락 세계가 따로 건설되어 있는 것도 아니요, 다만 언어도가 끊어지고 심행처가 멸하여 세간 고락을 초월한 입정 삼매처를 이름이니 유가에서 말하는 희로애락지미발처(喜怒哀樂之未發處)1128)가 곧 극락인 것이다.

지옥은 명랑한 하늘을 보지 못하고 지하에서 살고 있는 무골충1129)이나 혹은 동물의 뱃속에서 살고 있는 기생충이나 또는 마음으로 지옥을 만들어 무량고를 받고 있는 범부 중생들의 생활이 곧 지옥인 것이다1130)."

근래1131)에 선을 닦는 무리가 선을 대단히 어렵게 생각하여 처자1132)가 있어도 못할 것이요, 직업을 가져도 못할 것이라 하여, 산중에 들어가 조용히1133) 앉아야만 선을 할 수 있다는 주

1124) 대종경, 제6 변의품(辨疑品), 10장, p.241.

1125) 갑오경장 이듬해인 1895년에, 고종 황제의 칙령으로 조선 시대 최고의 교육 기관이던 성균관(成均館)에 3년제 경학과(經學科)를 창설하고 신교육(新敎育)의 과정과 교수 임명제와 학생들의 입학 시험제 졸업 시험제 등 획기적인 조치를 취하여 우리나라 고등 교육 학제 사상 신기원을 이룩했다. 그런데 이 성균관은 1911년 6월에 일제에 의해 경학원(經學院)으로 개편되어 문묘(文廟)의 제향(祭亨) 및 일반 유생(儒生)의 교육 기관으로 명목만을 유지하여 오다가 1920년에 명륜학원(明倫學院)으로 개칭되고, 1937년에 명륜전문학원, 1942년에 명륜전문학교, 그러다가 1946년에 성균관대학으로 부활되었고, 1953년 종합대학으로 승격하였다.

1126) 외부 자극을 피부 감각을 통하여 느끼다(感觸).

1127) 듣기 좋고 보기 좋은 곳(것)과 마음이 즐거운 곳(것).

1128) 희로애락이 아직 일어나기 이전을 이름. 일념미생전(한 마음 일어나기 전).

1129) 뼈가 없는 벌레를 통틀어 이르는 말. 줏대나 기개가 없이 무른 사람을 놀림조로 이르는 말.

1130) 대종경 선외록, 16. 변별대체장(辨別大體章), p.102.

견1134)을 가진 사람이 많나니, 이것은 제법1135)이 둘 아닌 대법1136)을 모르는 연고1137)라, 만일 앉아야만 선을 하는 것일진대 서는 때는 선을 못하게 될 것이니, 앉아서만 하고 서서 못하는 선은 병든 선1138)이라 어찌 중생을 건지는 대법1139)이 되리요.

뿐만 아니라, 성품의 자체가 한갓1140) 공적1141)에만 그친1142) 것이 아니니, 만일 무정물1143)과 같은 선을 닦을진대 이것은 성품을 단련하는 선 공부1144)가 아니요 무용한1145) 병신1146)을 만드는 일이니라.

'근래에 선을 닦는 무리가 선을 대단히 어렵게 생각하여 처자가 있어도 못할 것이요, 직업을 가져도 못할 것이라 하여, 산중에 들어가 조용히 앉아야만 선을 할 수 있다는 주견을 가진 사람이 많나니'라 함은?

1131) 요즈음.
1132) 아내와 자식.
1133) 아무 소리도 나지 아니하고 잠잠하게. 〔주위 환경이〕 들끓거나 소란스럽지 아니하고 잠잠하고 평온하다.
1134) 주된 의견.
1135) ①일체 법. 만법(萬法). 모든 법. ②묘유. 소(小) 자리. ③우주 사이에 있는 유형·무형의 온갖 사물을 이르는 말.
1136) 진공. 대(大) 자리. 뛰어난 부처의 교법(敎法).
1137) 까닭.
1138) 병든 선: 만일 앉아야만 선을 하는 것일진대 서는 때는 선을 못하게 될 것이니, 앉아서만 하고 서서 못하는 선.
1139) 중생을 건지는 대법: 제법이 둘 아닌 대법을 알고, 앉아서도 선을 하고 서서도 선을 하여 일체 법을 행하되 걸리고 막히는 바가 없고, 진세(塵世)에 처하되 항상 백천 삼매를 얻는 지경에 이르는 법.
1140) 그것만으로. 다만. 단지.
1141) ①우주 만물이 모두 실체가 없고, 상주(常住)하는 것이 없다는 말. ②마음이 텅 비어 고요한 것.
1142) (그치다+ㄴ): (움직임이) 멈추다 또는 멈추게 하다.
1143) 감각성이 없는 물건. 〔광물이나 식물의 일부.〕
1144) 성품을 단련하는 것.
1145) 쓸모가 없는.
1146) 몸의 어느 부분이 온전하지 못한 몸, 또는 그런 사람. 불구자.

이는 '영육 쌍전 법'의 '과거에는 세간 생활을 하고 보면 수도인이 아니라 하므로 수도인 가운데 직업 없이 놀고먹는 폐풍이 치성하여 개인·가정·사회·국가에 해독이 많이 미쳐 왔으나'와 같은 의미다.

또한 이는 마음 공부가 무엇인지, 어떻게 하는지 정확히 알지 못한 채, 마음 공부가 마치 학교 공부하듯이 특별하게 시간을 내어야 공부할 수 있는 것인 줄 지레짐작하여 공부 소리만 들어도 머리에 쥐가 난다며 시작조차 하지 않으려는 것과 다르지 않으며,

경계를 따라 일어나는 마음 작용이 공부 거리요 그때가 공부 찬스인 줄 알지 못하고 지식적으로 알려하거나, 법대로 대조하여 세워진 맑고 밝고 훈훈한 원래 마음을 그 경계에서 사용하는 것인 줄 모르거나, 법회에 출석 잘하는 것이 마치 대종사님의 용심법으로 마음 공부를 다하는 것인 줄 아는 것이다.

이는 마치 10, 20, 30년 동안 교당을 다니며 마음 공부한다고 하는 분들이 요란한 경계를 대했을 때 일상 수행의 요법 1조 "심지는 원래 요란함이 없건마는 경계를 따라 있어지나니, 그 요란함을 없게 하는 것으로써 자성의 정을 세우자."를 한 번도 적용해 본 적이 없거나, 대조한다고 하여도 생각으로만 하고 실제로는 대조하여 자성의 정을 세워 본 적이 없는 것과 같은 말이다.

공부를 잘하면 일도 잘 되고 일을 잘하면 공부도 잘 되는 원만한 공부법이어야

대종사 말씀하시기를

"과거 도가(道家)에서 공부하는 것을 보면, 정할 때 공부에만 편중하여 일을 하자면 공부를 못 하고 공부를 하자면 일을 못 한다 하여, 혹은 부모·처자를 이별하고 산중에 가서 일생을 지내며 혹은 비가 와서 마당의 곡식이 떠내려가도 모르고 독서만 하였나니 이 어찌 원만한 공부법이라 하리요.

그러므로, 우리는 공부와 일을 둘로 보지 아니하고 공부를 잘하면 일이 잘 되고 일을 잘하면 공부가 잘 되어 동과 정 두 사이에

계속적으로 삼대력 얻는 법을 말하였나니, 그대들은 이 동과 정에 간단이 없는 큰 공부에 힘쓸지어다1147)."

참다운 도를 닦고자 할진대 오직 천만 경계 가운데에 마음을 길들여야 할 것이니

대종사 말씀하시기를

"수도인이 경계를 피하여 조용한 곳에서만 마음을 길들이려 하는 것은 마치 물고기를 잡으려는 사람이 물을 피함과 같나니 무슨 효과를 얻으리요?

그러므로, 참다운 도를 닦고자 할진대 오직 천만 경계 가운데에 마음을 길들여야 할 것이니, 그래야만 천만 경계에 마음이 흔들리지 않는 큰 힘을 얻으리라.

만일, 경계 없는 곳에서만 마음을 단련한 사람은 경계 중에 나오면 그 마음이 바로 흔들리나니 이는 마치 그늘에서 자란 버섯이 태양을 만나면 바로 시드는 것과 같나니라.

그러므로, 유마경(維摩經)에1148) 이르시기를 '보살은 시끄러운 데 있으나 마음은 온전하고, 외도(外道)1149)는 조용한 곳에 있으나 마음은 번잡하다.' 하였나니,

이는 오직 공부가 마음 대중에 달린 것이요, 바깥 경계에 있지 아니함을 이르심이니라1150)."

'성품의 자체가 한갓 공적에만 그친 것이 아니니, 만일 무정물과 같은 선을 닦을진대 이것은 성품을 단련하는 선 공부가 아니요 무용한 병신을 만드는 일이니라' 함은?

1147) 대종경, 제3 수행품(修行品), 3장, p.142.
1148) 반야경에서 말하는 공(空)의 사상에 기초한 윤회와 열반, 번뇌와 보리, 예토(穢土)와 정토(淨土) 따위의 구별을 떠나, 일상 생활 속에서 해탈의 경지를 체득하여야 함을, 유마라는 주인공을 내세워 설화식으로 설한 경전.
1149) 경계가 경계인 줄 모르고 끌려 요란해지고 어리석어지고 글러지는 비공부인.
1150) 대종경, 제3 수행품(修行品), 50장, p.172.

성품의 자체가 한갓 공적에만 그친 것이 아닌 것은 '심지는 원래 요란함(·어리석음·그름)이 없건마는 경계를 따라 요란함(·어리석음·그름)이 있어지는 것'과 같은 의미다.

사람의 성품은 정한즉 선(善)도 없고 악(惡)도 없으나, 동한즉 능히 선하기도 하고 능히 악하기도 하며, 본래 분별성과 주착심이 없으나 경계를 따라 분별성과 주착심이 나타나 원망하고 미워하고 사랑하고 싫어하는 것이다.

그런데, 성품은 한갓 공적(마음이 텅 비어 고요한 것)에만 그친 것인 줄 알고, 심지는 원래 요란함(·어리석음·그름)이 없는 것인 줄 아는 경우가 없지 않다.

이는 진리의 진공(대)과 묘유(소)가 빛과 그림자, 손등과 손바닥처럼 항상 양면성이 있고, 항상 동시에 존재하는데, 음양 상승의 도를 따라 나타나는 정도에 차이가 있음을 놓치기 때문이다.

이와 같이 성품 자체가 공적에만 그친 줄 알거나, 심지는 원래 요란함(·어리석음·그름)이 없다고 하는 것은 진리의 진공만 인정하는 격이니 이것이 무엇인가?

감각이 없는 무정물과 같은 선을 닦는 것이며, 성품을 단련하는 선 공부가 아니요 무용한 병신을 만드는 것이다.

이 얼마나 어리석은 일인가!

성품이 공적한 줄만 알고, 경계를 따라 묘하게 나타나는 영지가 있음은 알지 못하는 것이니…….

그러면 원래에 분별 주착이 없는 성품을 단련하고자 참다운 선을 닦는 선 공부는 어떻게 하는가?

먼저 마땅히 진공(眞空)으로 체를 삼고 묘유(妙有)로 용을 삼아 밖으로 천만 경계를 대하되 부동함은 태산과 같이 하고, 안으로 마음을 지키되 청정함은 허공과 같이 하여 동하여도 동하는 바가 없고 정하여도 정하는 바가 없이 그 마음을 작용하자는 것이다.

이렇게 하면 경계를 따라 일어나는 모든 분별이 항상 정을 여의지 아니하여 육근을 작용하는 바가 다 공적 영지의 자성에 부합이 되어 자신의 마음을 마음대로 사용할 수 있으므로 상황 상황에 맞는 취사를 하게 된다.

따라서 이렇게 하여도 중도에 맞고, 저렇게 하여도 중도에 맞게 될 것이니, 이것이 이른바 대승선(大乘禪)이요 삼학을 병진하는 공부법인 것이다.

마음 놓는 공부와 잡는 공부를 아울러 단련하여야 원만한 공부를 성취하나니라

학인에게 말씀하시기를

"큰 지혜를 얻으려 하면 큰 정(定)에 들어야 한다고 하나, 내가 월명암에서 무심을 주장하는 정(定)만 익혔더니 사물에 어둡다고 대종사께서 크게 주의를 내리시더라.

마음 놓는 공부와 잡는 공부를 아울러 단련하여 숨 들이 쉬고 내 쉬는 것 같이 놓기도 자유로 하고 잡기도 자유로 할 수 있어야 원만한 공부를 성취하나니라[1151]."

> 그러므로, 시끄러운 데[1152] 처해도 마음이 요란하지 아니하고 욕심 경계를 대하여도 마음이 동하지 아니하여야 이것이 참 선이요 참[1153] 정[1154]이니, 다시 이 무시선의 강령을 들어 말하면[1155] 아래와 같나니라.
>
> "육근(六根)이 무사(無事)[1156]하면 잡념을 제거하고 일심을 양성하며, 육근이 유사[1157]하면 불의를 제거하고 정의를 양성하라."

1151) 정산 종사 법어, 제2부 법어(法語), 제7 권도편(勸道編), 33장, p.878.
1152) 시끄러운 데: ①진세(塵世). ②경계에 끌려 있으면 조용해도 시끄럽고, 끌려 있지 않으면 시끄러워도 조용하고 여유롭다.
1153) 사실이나 이치에 조금도 어긋남이 없는 것.
1154) 참 선, 참 정: 시끄러운 데 처해도 마음이 요란하지 아니하고 욕심 경계를 대하여도 마음이 동하지 아니하는 것.
1155) 들어 말하면: 예를 들어 말하면.

제7장 무시선법(無時禪法) 353

'시끄러운 데 처해도 마음이 요란하지 아니하고 욕심 경계를 대하여도 마음이 동하지 아니하여야 이것이 참 선이요 참 정이니'라 함은?

시끄러운 데는 밖으로 산란하게 하는 경계가 많은, 시비 이해가 끊임없이 일어나는 환경이다.

직장의 성격에 따라, 만나는 인연에 따라, 자신의 성격에 따라 시끄러움은 피할 수 없다. 우리가 살아있는 한, 마음이 살아있는 한 이는 피할 수 없다.

이처럼 시끄러운 데가 별도로 존재하는 것이 아니다. 우리의 삶 자체가 시끄러운 데며, 이것이 티끌 세상인 진세(塵世)다.

그러므로 시끄러운 티끌 세상을 탓할 것이 아니다. 이는 우리의 삶이므로 내가 할 일은 이를 공부 거리, 공부 찬스로 삼는 것이다.

경계에 끌려 있으면 조용해도 시끄럽고, 끌려 있지 않으면 시끄러워도 조용하고 여유로운 것이다.

이처럼 마음이 요란하지 아니하고 욕심 경계를 대하여도 마음이 동하지 아니하는 것이 참 선(禪)이며 자성의 정이 세워진 참 정(定)이다.

큰 공부는 먼저 원래 착(着)이 없는 자성(自性) 자리를 알고 실생활에 나아가서는 착이 없는 행(行)을 하는 것이니라

대종사 말씀하시기를

"보통 사람들은 항상 조용히 앉아서 좌선하고 염불하고 경전이나 읽는 것만 공부로 알고 실지 생활에 단련(鍛鍊)1158)하는 공부가 있는 것은 알지 못하나니, 어찌 내정정(內定靜)1159) 외정정(外

1156) 아무 일이 없음. 아무 탈이 없음.
1157) 큰일이 있음.
1158) 몸과 마음을 굳세게 닦음.
1159) 안으로 마음이 어지럽지 아니하고, 마음이 평화롭고 맑으며, 천만 번뇌를 잠재우는 정신 수양 공부로, 일이 없을 때에는 염불이나 좌선으로 어

定靜)1160)의 큰 공부법을 알았다 하리요.

무릇, 큰 공부는 먼저 자성(自性)의 원리를 연구하여 원래 착(着)이 없는 그 자리를 알고 실생활에 나아가서는 착이 없는 행(行)을 하는 것이니, 이 길을 잡은 사람은 가히 날을 기약하고 큰 실력을 얻으리라.

공부하는 사람이 처지 처지를 따라 이 일을 할 때 저 일에 끌리지 아니하고, 저 일을 할 때 이 일에 끌리지 아니하면 곧 이것이 일심 공부요,

이 일을 할 때 알음알이를 구하여 순서 있게 하고, 저 일을 할 때 알음알이를 구하여 순서 있게 하면 곧 이것이 연구 공부요,

이 일을 할 때 불의에 끌리는 바가 없고, 저 일을 할 때 불의에 끌리는 바가 없게 되면 곧 이것이 취사 공부며,

한가한 때에는 염불과 좌선으로 일심에 전공도 하고 경전 연습으로 연구에 전공도 하여, 일이 있는 때나 일이 없는 때를 오직 간단 없이 공부로 계속한다면 저절로 정신에는 수양력이 쌓이고 사리에는 연구력이 얻어지고 작업에는 취사력이 생겨나리니,

보라! 송규는 입문(入門)한 이래로 지금까지 혹은 총부 혹은 지방에서 임무에 노력하는 중 정식으로는 단 삼개월 입선(入禪)도 못하였으나, 현재 그의 실력을 조사하여 본다면

정신의 수양력으로도 애착·탐착이 거의 떨어져서 희·로·애·락과 원·근·친·소에 끌리는 바가 드물고, 사리의 연구력으로도 일에 대한 시비 이해와 이치에 대한 대소 유무를 대체적으로 다 분석하고, 작업의 취사력으로도 불의와 정의를 능히 분석하여 정의에 대한 실행이 십중팔구는 될 것이며,

사무에 바쁜 중에도 써 보낸 글들을 보면 진리도 깊으려니와 일

___

지럽게 일어나는 천만 번뇌를 고요하게 잠재워 무념의 경지에 들어가 온전한 근본 정신을 양성한다.
1160) 바깥 경계에 마음이 끌려가지 않고 마음의 안정을 얻는 정신 수양 공부로, 밖으로는 동(動)하는 경계를 당하여 대의로 취사하여 망녕되고 번거한 일을 짓지 아니하는 것으로써 정신을 요란하게 하는 근원을 없이 한다.

반이 알기 쉬운 문체며 조리 강령이 분명하여 수정할 곳이 별로 없게 되었으니,

그는 오래지 아니하여 충분한 삼대력을 얻어 어디로 가든지 중인(衆人)1161)을 이익 주는 귀중한 인물이 될 것인 바, 이는 곧 동정간에 끊임없는 공부를 잘한 공덕이라,

그대들도 그와 같이 동정 일여(動靜一如)의 무시선(無時禪) 공부에 더욱 정진하여 원하는 삼대력을 충분히 얻을지어다1162)."

일심과 정의, 잡념과 불의의 관계는?

양원국(梁元局)1163)이 묻기를
"무시선의 강령 중 일심과 정의의 관계는 어떠하오며, 잡념과 불의의 관계는 어떠하나이까?"

답하시기를
"일심이 동하면 정의가 되고, 잡념이 동하면 불의가 되나니라1164)."

일을 일단 착수한 뒤에는 대중을 잡는 마음도 놓아버려야 일심이 되나니라

이광정(李廣淨)1165)이 사뢰기를
"그 일 그 일에 일심을 모아 보려고 노력하오매 그 노력하는 마음이 일심을 방해하나이다."

말씀하시기를
"일을 시작할 때에만 공부심으로 보리라는 대중을 가지고, 일단 착수한 뒤에는 그 마음도 놓아버려야 일심이 되나니라1166)."

1161) 뭇사람.
1162) 대종경, 제3 수행품(修行品), 9장, p.146.
1163) 훈타원 양도신 종사의 부친. 교단 초기 부산 당리교당 교도.
1164) 정산 종사 법어, 제2부 법어(法語), 제6 경의편(經義篇), 30장, p.849.
1165) 법호 좌산(佐山). 대산 종사에 이어 종법사 역임(1994~2006).

**네가 그때 약을 달이고 바느질을 하게 되었으면 그 두 가지 일
에 성심성의를 다하는 것이 완전한 일심이요 참다운 공부니라**

양도신(梁道信)이 여쭙기를

"대종사께옵서 평시에 말씀하시기를, 이 일을 할 때 저 일에 끌
리지 아니하며, 저 일을 할 때 이 일에 끌리지 아니하고 언제든지
하는 그 일에 마음이 편안하고 온전해야 된다 하시므로 저희들도
그와 같이 하기로 노력하옵던 바,

제가 이즈음에 바느질을 하면서 약을 달이게 되었사온데 온 정
신을 바느질하는 데 두었삽다가[1167] 약을 태워버린 일이 있사오
니, 바느질을 하면서 약을 살피기로 하오면 이 일을 하면서 저 일
에 끌리는 바가 될 것이옵고, 바느질만 하고 약을 불고(不顧)[1168]
하오면 약을 또 버리게 될 것이오니, 이런 경우에 어떻게 하는 것
이 공부의 옳은 길이 되나이까?"

대종사 말씀하시기를

"네가 그때 약을 달이고 바느질을 하게 되었으면 그 두 가지 일
이 그 때의 네 책임이니, 성심성의(誠心誠意)[1169]를 다하여 그 책
임을 잘 지키는 것이 완전한 일심이요 참다운 공부다. 한 가지에
만 정신이 뽑혀서 실수가 있었다면 그것은 두렷한 일심이 아니라
조각의 마음이며 부주의한 일이라,

그러므로 열 가지 일을 살피나 스무 가지 일을 살피나 자기의
책임 범위에서만 할 것 같으면 그것은 방심이 아니고 온전한 마음
이며, 동할 때 공부의 요긴한 방법이니라.

다만, 내가 아니 생각하여도 될 일을 공연히 생각하고, 내가 안
들어도 좋을 일을 공연히 들으려 하고, 내가 안 보아도 좋을 일을
공연히 보려 하고, 내가 간섭하지 않아도 좋을 일을 공연히 간섭

1166) 정산 종사 법어, 제2부 법어(法語), 제8 응기편(應機編), 23장, p.895.
1167) -삽다가: -다가.
1168) 돌보지 않음.
1169) 참되고 성실한 마음과 뜻.

하여 이 일을 할 때에는 정신이 저 일로 가고 저 일을 할 때에는 정신이 이 일로 와서 부질없는 망상이 조금도 쉴 사이 없는 것이 비로소 공부인의 크게 꺼릴 바이라,

자기의 책임만 가지고 이 일을 살피고 저 일을 살피는 것은 비록 하루에 백천만 건(件)을 아울러 나간다 할지라도 일심 공부하는 데에는 하등의 방해가 없나니라1170)."

일심 공부를 하는데 그 마음이 번거하기도 하고 편안하기도 하는 원인을 아는가?

대종사 말씀하시기를

"그대들이 일심 공부를 하는데 그 마음이 번거하기도 하고 편안하기도 하는 원인을 아는가?

그것은 곧 일 있을 때에 모든 일을 정당하게 행하고 못하는 데에 원인이 있나니,

정당한 일을 행하는 사람은 처음에는 혹 복잡하고 어려운 일이 많은 것 같으나 행할수록 심신이 점점 너그럽고 편안하여져서 그 앞길이 크게 열리는 동시에 일심이 잘 될 것이요,

부정당한 일을 행하는 사람은 처음에는 혹 재미있고 쉬운 것 같으나 행할수록 심신이 차차 복잡하고 괴로워져서 그 앞길이 막히게 되는 동시에 일심이 잘 되지 않나니,

그러므로 오롯한 일심 공부를 하고자 하면 먼저 부당한 원을 제거하고 부당한 행을 그쳐야 하나니라1171)."

육근이 일 없을 때에는 그 잡념만 제거하고, 일 있을 때에는 그 불의만 제거할 따름이라

대종사 말씀하시기를

1170) 대종경, 제3 수행품(修行品), 17장, p.152.
1171) 대종경, 제3 수행품(修行品), 17장, p.153.

"공부하는 사람이 밖으로는 능히 모든 인연에 대한 착심을 끊고 안으로는 또한 일심의 집착까지도 놓아야 할 것이니, 일심에 집착하는 것을 법박(法縛)[1172]이라고 하나니라.

사람이 만일 법박에 걸리고 보면 눈 한 번 궁글리고 몸 한 번 동작하는 사이에도 법에 항상 구애되어 자재(自在)함을 얻지 못하나니, 어찌 큰 해탈(解脫)의 문에 들 수 있으리요.

그르므로, 공부하는 사람이 성품을 기르되 모름지기 자연스럽게 기르고 활발하게 운전하여 다만 육근이 일 없을 때에는 그 잡념만 제거하고 일 있을 때에는 그 불의만 제거할 따름이라, 어찌 일심 가운데 다시 일심에 집착하리요.

비하건대, 아기를 보는 사람이 아기의 가고 옴과 노는 것을 자유에 맡겨서 그 심신을 활발하게 하되, 다만 위태한 곳에 당하거든 붙잡아서 가지 못하게 하고 위태한 물건을 가지거든 빼앗아서 가지지 못하게만 하면 가히 아기를 잘 본다고 할 것이어늘,

아기를 본다 하여 아기를 붙잡고 굳게 앉아서 종일토록 조금도 움직이지 아니하면 아기는 자연히 구속에 괴로워할 것이니 일심에 집착하는 폐단도 또한 이에 다름이 없나니라[1173]."

무시선 무처선 공부법은?

"무시선 무처선의 공부법에는 정시(定時)[1174]의 선과 정처(定處)[1175]의 선 공부도 잘 하라는 뜻이 들어 있고,

처처불상 사사불공의 불공법에는 정처(定處)의 불상에 대한 정

1172) 법이라는 고정 관념에 집착하여 거기에 속박되어 교법을 듣고도 진실한 뜻을 깨닫지 못하거나 실행하는 데 도리어 부자유스럽게 얽매이는 것. 법을 자유 자재로 활용하지 못하고 법이라는 것 때문에 도리어 얽매이어 자승 자박하는 것. 서가모니불이 열반을 앞두고 "나는 한 법도 설하지 않았다."고 한 것은 법박에 얽매이지 말라는 뜻이다.
1173) 대종경, 제3 수행품(修行品), 53장, p.173.
1174) 일정한 시간 또는 시기.
1175) 정한 곳. 또는 일정한 장소.

사(定事)1176)의 불공도 착실히 하라는 뜻이 들어 있나니라1177)."

"무시선 무처선은 어느 때 어느 곳에서나 동정간 정신이 성성적적(惺惺寂寂) 적적성성(寂寂惺惺)하여 여의자재(如意自在)하게 하는 살아있는 선법(禪法)이니,

정력을 얻을 때까지 마음을 멈추고, 혜력을 얻을 때까지 생각을 궁굴리고, 계력을 얻을 때까지 취사를 하는 공부를 일분 일각도 쉬지 않고 할 수 있는 바르고 빠른 공부길이니라1178)."

"무시선 무처선은 때와 곳을 가리지 않고 선(禪)을 하는 것이요, 처처불상 사사불공은 모두가 부처임을 알아서 불공을 하자는 것이니, 이를 알아야 견성에 토가 떨어진 것이고 진리의 본체를 아는 것이니라.

그러므로 우리는 언제 어디서나 선을 하고 모두를 부처로 알아 불공을 해야 하느니라1179)."

항상 청정한 마음을 지키고자 하오나 사심 잡념이 끊이지 않습니다

한 제자가

"항상 청정한 마음을 지키고자 하오나 사심 잡념이 끊이지 않아 걱정입니다."

하고 사뢰니, 대산 종사 말씀하시기를

"땅이 살아 있으므로 풀이 나고, 물이 살아 있으므로 물결이 치며, 마음이 살아 있으므로 사심 잡념이 생기는 것이니라.

풀이 나면 뽑고 또 뽑으며, 일을 할 때나 쉴 때 항상 마음을 챙기고, 곤하면 잠자고, 배고프면 밥 먹는 일을 일심으로만 하면 그것이 곧 활선이라, 그러므로 특별히 없애거나 구하려 하지 말고 무시선 무처선을 표준 잡아 수행하면 되느니라1180)."

1176) 일정한 일.
1177) 정산 종사 법어, 제2부 법어(法語), 제6 경의편(經義編), 29장, p.848.
1178) 대산 종사 법어, 제2 교리편, 17장, p.42.
1179) 대산 종사 법어, 제3 훈련편, 7장, p.73.

공부하다가 사심 잡념(邪心雜念) 난다고 걱정하지 마라. 산 사람이라야 산 마음이 나는 것이니, 그것 걱정할 것 없다

한 학생이

"저는 공부를 하려고 해도 잘 안 되어 답답하기만 하니 어떻게 해야 좋을지 모르겠습니다."

하고 사뢰니, 말씀하시기를

"줄만 잘 잡고 나가라. 그것은 할 수 있지 않느냐. 개인으로는 항마(降魔)하기 힘들고, 했다 하더라도 곧 떨어지고 항마를 못하는 것이다.

너희들은 법줄을 잘 잡아야 끝까지 올라갈 것이니 법선(法線)만 잡고 나가자. 잘 봐서 법기(法器)인 것 같으면 끝까지 잡고 죽기 살기로 따라가라. 그러면 되는 것이다. 혼자 이리저리 하려고 마라. 혼자 할 수 있는 법이 아니다.

너희들 공부하다가 사심 잡념(邪心雜念) 난다고 걱정하지 마라. 산 사람이라야 산 마음이 나는 것이니, 그것 걱정할 것 없다. 그 마음도 안 나면 부처거나 목석(木石)이다.

번뇌(煩惱)가 보리(菩提)니, 둘 아닌 줄 알고 챙겨서 그 마음을 돌리고 또 돌릴 때에 부처가 된다.

가다가 마음이 가라앉으면 쉬었다가 하라. 잠을 자기도 하고, 마음대로 하다가 또 마음을 챙기어 나가라. 그러면 그때부터 새 사람이고 새 출발이 된다. 백번 천번 만번 째 쉬었다가 마지막에 한 번 챙겨 나가면 된다. 걱정할 것 없다[1181]."

1180) 대산 종사 법어, 제4 적공편, 40장, p.111.
1181) 대산 종사 법문집, 제3집, 제1편 신성(信誠), 65장, p.43.

제8장 참회문(懺悔文)

참회라 함은?

과거의 허물을 진심으로 뉘우치며 고쳐 가는 동시에 후과(後果)를 범하지 않고 날마다 선업을 짓는 것이며,

옛 생활을 버리고 새 생활을 개척하는 초보이며, 악도를 놓고 선도에 들어오는 초문이라, 사람이 과거의 잘못을 참회하여 날로 선도를 행한즉 구업(舊業)은 점점 사라진다.

음양 상승(陰陽相勝)[1182)의 도를 따라 선행자[1183)는 후일에 상생(相生)[1184)의 과보[1185)를 받고[1186) 악행자[1187)는 후일에 상극(相克)[1188)의 과보를 받는 것이 호리[1189)도[1190) 틀림이 없으되[1191), 영원히[1192) 참회 개과[1193)하는 사람은 능히[1194) 상생 상극의 업력[1195)을 벗어나서[1196) 죄복[1197)을 자유로 할 수 있나니, 그러므로 제불 조사가 이구 동음[1198)으로 참회문[1199)을 열어 놓으셨나니라.

1182) ①우주가 변화하는 기본적인 법칙으로서 음(陰) 중에 있는 양(陽)이, 양(陽) 중에 있는 음(陰)이 서로서로 도움이 되고 바탕이 되어 끊임없이 돌고 도는(循環無窮) 원리다. ②천지 만물이 생성 변화하는 가장 기본적인 원리로서 오면 가고, 가면 반드시 오는 순환 무궁하는 이치다. ③음양 상승이 곧 도(道)이다. 왜냐하면 우주 만유, 천지 만물이 생성 변화하는 이치가 음양 승승이요 도(道)이기 때문이다.

1183) 선(善)을 행(行)하는 사람(者). 영원히 참회 개과하는 사람. 전과(前過)를 뉘우치고 후과를 범하지 않는 사람.

1184) ①서로 살리고 돕는 변화. ②오행설(五行說)에서, 금(金)은 수(水)를, 수(水)는 목(木)을, 목(木)은 화(火)를, 토(土)는 금(金)을 나게 함, 또는 그 관계를 이르는 말.

1185) '인과 응보'의 준말. 과거 또는 전생의 선악(善惡)의 인연에 따라서 뒷날 길흉 화복의 갚음을 받게 됨을 이름.

1186) (받다+고): (자기에게 베풀어지는 어려운 과정을) 겪다. 치르다. 작용이나 영향 등을 입다.

1187) 악(惡)을 행(行)하는 사람(者). 아무리 참회를 한다 할지라도 후일에 또

'음양 상승(陰陽相勝)의 도'란?

선행자는 후일에 상생(相生)의 과보를 받고, 악행자는 후일에 상극(相剋)의 과보를 받는 것과 같은 이치를 이르며,

또는 음(陰) 중에 있는 양(陽)이, 양(陽) 중에 있는 음(陰)이 서로서로 도움이 되고 바탕이 되어 끊임없이 돌고 도는(循環無窮) 이치가 있음을 말한다.

'인과 보응의 이치가 음양 상승과 같이 되는 줄을 알며1200)', '음양 상승의 도를 따라 선행자는 후일에 상생의 과보를 받고 악행자는 후일에 상극의 과보를 받으며1201)', '우주에 음양 상승하는 도

다시 악을 범하는 사람. 악도에 떨어질 중죄를 지은 사람. 일시적 참회심으로써 한두 가지의 복을 짓는다 하여도 심중의 탐·진·치는 그대로 두고 다시 죄업을 저지르는 사람.
1188) ①서로 죽이고 해하는 변화. 두 사람 또는 사물이 서로 맞지 않거나 마주치면 서로 충돌하는 상태임을 이르는 말. ②오행설(五行說)에서, 목(木)은 토(土)를, 수(水)는 금(金)을, 토(土)는 수(水)를, 금(金)은 목(木)을 이기는 일을 이르는 말.
1189) '매우 적은 분량'을 비유하여 이르는 말. 자와 저울의 단위인 호(毫)와 리(釐).
1190) -도: 어떤 기준을 예상하고 '그보다 더하거나 덜함'의 뜻을 나타냄.
1191) -되: 용언의 어간이나 높임의 '-시-'에 붙는 연결 어미. ['ㅆ'·'ㅄ' 받침 아래서는 매개 모음 '으'가 들어감.] 위의 사실을 인정하면서, 아래에서 그것을 덧붙여 설명하는 뜻을 나타냄.
1192) 언제까지고 계속하여 끝없이.
1193) 잘못을 뉘우치며 고침.
1194) 서투른 데가 없이 익숙하게 잘.
1195) ①과보를 가져다 주는 업인(業因)의 힘을 이르는 말. ②업력에는 인연에 따라 끌리는 인연력, 습관에 따라 끌리는 습관력, 욕심에 따라 자동적으로 끌리는 욕심력, 변화 작용을 오래오래 반복함에 따라 스스로 끌려가는 힘이 생기는 것. 가까운 인연이 되는 힘 등이 있다.
1196) (벗어나다+서): 부자유, 짐 되는 일, 어려운 환경 등에서 헤어나다.
1197) 죄(도덕이나 종교·법률 등에 어긋나는 행위. 벌을 받을 수 있는 빌미)와 복(편안하고 만족한 상태와 그에 따른 기쁨).
1198) 여러 사람의 말이 한결같이 똑같음. 이구 동성(異口同聲).
1199) 이 참회문의 문은 문(文)이 아니라, 문(門)이다.
1200) 정전, 제2 교의편(敎義編), 제1장 일원상(一圓相), 제5절 일원상 법어(一圓相法語), p.26.

를 따라 인간에 선악 인과의 보응이 있게 되나니1202)'라 하였다.

이처럼 음양 상승은 인과 보응의 이치와 같이 음양의 두 기운이 두레박처럼 돌고 도는 것을 말한다. 두레박 하나가 위로 올라가면 하나는 내려오고, 다시 내려온 것이 올라가면 올라간 것은 내려오게 된다.

이와 같이 음양의 두 기운이 서로 순환 무궁하는 것이 음양 상승이다.

음양 상승(陰陽相勝)과 인과 보응(因果報應)은 어떻게 다른가?

음양 상승과 인과 보응은 일원상의 진리가 변화하는 가장 기본적인 법칙인데, 음양 상승은 주로 우주의 변화를 말할 때 쓰이고, 인과 보응은 주로 만물의 변화를 말할 때 쓰인다.

음양 상승의 도가 곧 인과 보응의 원리니라

(정산 종사) 말씀하시기를

"음양 상승의 도가 곧 인과의 원리인 바, 그 도를 순행(順行)1203)하면 상생의 인과가 되고 역행(逆行)1204)하면 상극의 인과가 되나니, 성인들은 이 인과의 원리를 알아서 상생의 도로써 살아가시나 중생들은 이 원리를 알지 못하고 욕심과 명예와 권리에 끌려서 상극의 도로써 죄업을 짓게 되므로 그 죄고가 끊일 사이가 없나니라1205)."

대종사 말씀하시기를

"천지의 사시 순환하는 이치를 따라 만물의 생·로·병·사의 변화

1201) 정전, 제3 수행편(修行編), 제8장 참회문(懺悔文), p.75.
1202) 대종경, 제5 인과품(因果品), 2장, p.219.
1203) 거스르지 않고 행함.
1204) 거슬러서 나아감.
1205) 정산 종사 법어, 제2부 법어(法語), 제5 원리편(原理篇), 40장, p.832.

가 있고, 우주의 음양 상승(陰陽相勝)하는 도를 따라 인간에 선악 인과의 보응이 있게 되나니,

겨울은 음(陰)이 성할 때이나 음 가운데 양(陽)이 포함되어 있으므로 양이 차차 힘을 얻어 마침내 봄이 되고 여름이 되며, 여름은 양이 성할 때이나 양 가운데 음이 포함되어 있으므로 음이 차차 힘을 얻어 마침내 가을이 되고 겨울이 되는 것과 같이,

인간의 일도 또한 강과 약이 서로 관계하고 선과 악의 짓는 바에 따라 진급 강급과 상생 상극의 과보가 있게 되나니, 이것이 곧 인과 보응의 원리니라[1206]."

'선행자는 후일에 상생(相生)의 과보를 받고 악행자는 후일에 상극(相克)의 과보를 받는 것이 호리도 틀림이 없으되,'라 함은?

"이 세상에서 네가 선악간 받은 바 그것이 지나간 세상에 지은 바 그것이요, 이 세상에서 지은 바 그것이 미래 세상에 또 다시 받게 될 바 그것이니, 이것이 곧 대자연의 천업(天業)[1207]이니라[1208]."

"사람이 눈으로 보지 아니하여도 진리의 눈은 사람의 선악을 허공에 도장 찍나니 이 세상에 제일 무서운 것은 곧 진리니라.

인간 세상에서 지은 죄는 법망을 면할 수도 혹 있으나, 진리의 보응은 무념 가운데 자연히 되는지라 속일 수도 피할 수도 없나니라[1209]."

1206) 대종경, 제5 인과품(因果品), 2장, p.219.
1207) 우주 대자연이 천지 조화로 자동적으로 운행하는 것. 우주의 성주괴공, 만물과 인생의 생로병사, 또는 춘하추동 사시의 순환이나 주야의 변화 등을 천업이라고 한다. 정업(定業)은 부처님도 면할 수 없으나, 자성불을 깨쳐 마음의 자유를 얻으면 천업은 임의로 하게 될 수 있다고 본다. 범부 중생은 육도의 윤회와 십이 인연에 끌려다니지마는 부처님은 천업(天業)을 돌파하고 거래와 승강을 자유자재하신다고 말하고 있다.
1208) 대종경, 제9 천도품(薦度品), 5장, p.287.
1209) 정산 종사 법어, 제2부 법어(法語), 제5 원리편(原理篇), 42장, p.832.

"세간의 재판에도 삼심(三審)이 있듯이 법계의 재판에도 삼심이 있나니, 초심은 양심의 판정이요, 이심은 대중의 판정이요, 삼심은 진리의 판정이라,

이 세 가지 판정을 통하여 저 지은대로 호리도 틀림없이 받게 되나니, 이것이 세간의 재판만으로는 다 하기 어려운 절대 공정한 인과 재판이니라[1210]."

"세상에 혹 선한 사람이 잘못 사는 수가 있고 악한 사람이 잘 사는 수도 있으나,

이생에는 비록 선하여도 전생의 악업이 남아 있으면 그 과는 받아야 하고, 현재에는 비록 악하여도 전생의 선업이 남아 있으면 그 과는 받게 되는 까닭이니 세상 일을 목전의 일만으로 단언 말라[1211]."

'영원히 참회 개과하는 사람'이란?

능히 상생 상극의 업력을 벗어나서 죄복을 자유로 하는 사람이며, 전과(前過)를 뉘우치고 후과를 범하지 않는 사람이다.

또한 일일 시시로 참회·개과하는 공부심을 놓지 않고 진정으로 참회·개과를 실행하는 공부인이며, 일어나는 요란함·어리석음·그름을 원래 마음으로 돌리고 또 돌리기를 잊지 않고 실행하고 또 실행하는 공부인이다.

'상생 상극의 업력'이란?

상생의 업력은 서로를 돕고 살리는 것이며(相生), 상극의 업력은 서로를 죽이고 해가 되게 하는 것이다(相克).

그런데 상생은 복을 낳게 하는 업력이 되고 상극은 죄를 저지르게 하는 업력이 되니, 같은 값이면 다홍치마라고 상생의 업력을

1210) 정산 종사 법어, 제2부 법어(法語), 제5 원리편(原理篇), 43장, p.833.
1211) 정산 종사 법어, 제2부 법어(法語), 제5 원리편(原理篇), 44장, p.833.

맺고 쌓는 것이다.

어떻게 죄복을 자유로 할 수 있는가?

영원히 참회 개과하여 상생 상극의 업력에서 벗어나는 것이다.

어떻게 하면 영원히 참회·개과할 수 있고, 어떻게 하면 상생 상극의 업력에서 벗어날 수 있는가?

왜 그렇게 하면 죄복을 자유로 할 수 있는가?

먼저, 죄는 상극의 관계에서 비롯되고 복은 상생의 관계에서 비롯되고, 참회·개과가 인(因)이라면 상생 상극의 업력을 벗어나고 죄복을 자유로 하는 것은 과(果)이기 때문이다.

그러므로 상생 상극의 업력을 벗어나고 죄복을 자유로 하는 것은 참회·개과를 어떻게 하느냐에 달려 있다.

그것도 일시적 참회 개과가 아니라, 영원히 참회·개과하는 것에 달려 있다.

참회·개과는 천만 경계를 따라 있어지는 그 요란함과 그 어리석음과 그 그름을 있어지는 그대로 신앙하고, 원래 자리에 대조하여 자성의 정·혜·계를 세우는 것이다.

즉 요란함 경계를 통해서 자성의 정력(定力)을 쌓고, 어리석음 경계를 통해서 혜력(慧力)을 밝히고, 그름 경계를 통해서 자성의 계력(戒力)을 지키는 것이 곧 그 경계를 대할 때마다 해탈하는 것이며, 영원히 참회·개과하는 것이다.

그리고 경계마다 마음을 챙기고 또 챙기고 대조하고 또 대조한다 하여도, 알고도 짓고 모르고도 짓는 죄업과 전생에 지은 죄업까지도 참회·개과하기를 하고 하고 또 하여야 한다.

상생 상극의 업력을 벗어나고 죄복을 자유로 하는 것은 이렇게 하고 또 하는 과정에서 자동적으로 이어져 나타나는 결과다.

'제불 조사가 이구 동음으로 참회문을 열어 놓으셨나니라' 함은?
제불 조사들은 누구나 옛 생활을 버리고 새 생활을 개척할 수 있고, 악도를 놓고 선도에 들어오게 하는 길을 밝혀 놓으셨다.

이것이 곧 제불 조사가 깨치신 것이다.

그 밝히신 가르침(법)을 그대로 밟아가는 것이 곧 제불 조사가 한결같이 열어 놓은 그 참회문으로 들어오는 것이다.

왜 제불 조사가 그것도 이구 동음으로 참회문을 열어 놓으셨는가?

음양 상승(陰陽相勝)의 도를 따라 선행자는 후일에 상생(相生)의 과보를 받고 악행자는 후일에 상극(相克)의 과보를 받는 것이 호리도 틀림이 없으되,

영원히 참회 개과하는 사람은 능히 상생 상극의 업력을 벗어나서 죄복을 자유로 할 수 있음을 밝게 아시기 때문이다.

> 대범, 참회라 하는 것은 옛 생활을 버리고[1212] 새 생활을 개척[1213]하는 초보[1214]이며, 악도[1215]를 놓고[1216] 선도[1217]에 들어오는[1218] 초문[1219]이라, 사람이 과거의 잘못[1220]을 참회하여 날로[1221] 선도를 행한즉[1222] 구업(舊業)[1223]은 점점 사라지고[1224] 신업[1225]은 다시 짓지[1226] 아니하여 선도는 날로 가까워지고[1227] 악도는 스스로 멀어지나니라[1228].

1212) (버리다+고): 어떤 생각이나 소망 따위를 떨쳐 없애다.
1213) (어려움을 이기고)나아갈 길을 헤쳐 엶.
1214) 보행의 첫걸음. (학문이나 기술 따위의) 가장 낮고 쉬운 정도의 단계.
1215) ①악업(惡業)을 짓는 길. ②상극의 과보를 받게 행해지는 일. 옛 생활을 안 버리고 그 생활에 끌려 있는 것.
1216) (놓다+고): 하던 일을 그만 두다.
1217) ①선업(善業)을 짓는 길. ②상생의 과보를 받게 행해지는 일. 옛 생활을 버리고 새 생활을 개척하는 초보.
1218) (들어오다+는): 밖에서 안으로 오다.
1219) 처음으로 대하게 되는 문.
1220) 옳게 하지 못한 일. 제대로 되지 못한 일.
1221) 날이 갈수록 더욱. 나날이.
1222) -ㄴ즉: ('이다'의 어간, 받침 없는 용언의 어간, 'ㄹ' 받침인 용언의 어간

'옛 생활'은 무엇이며, '새 생활'은 무엇인가?

옛 생활은 과거의 그릇된 생활이며,

새 생활은 과거의 잘못을 진정으로 뉘우치고 다시는 그러한 잘못을 범하지 않기로 결심하는 동시에 그 잘못을 고치면서 날로 선업(善業)을 지음으로써 행하는 올바른 생활이다.

참회라 하는 것은 왜 초보·초문이라 하셨는가?

무슨 일이든 초발심(初發心)·초심(初心)이 부족한 듯하나, 가장 순수하고 소중하다.

그 다음에는 이 마음을 잘 유지하고 길러 가기만 하면 목적지에 무난히 당도할 수 있다.

흔히, 가다가 장애를 만나게 되면 처음의 그 마음으로 돌아가서 어떤 문제점이 있는지 반성해 보고 점검한 뒤에 다시 출발한다.

시작이 반이다.

이것은 처음 시작이 그만큼 중요하다는 말이다.

이런 의미에서 가장 내딛기 어려운 그 처음을 첫걸음인 초보, 가장 들어가기 힘들어 하는 그 첫 문을 초문으로 표현하셨다.

왜 선도에 '들어가는'이 아니고 '들어오는'인가?

교당 내왕시 주의 사항 1조의 '어느 때든지 교당에 오고 보면'의

또는 어미 '-으시-' 뒤에 붙어)(예스러운 표현으로) 앞 절의 일이 뒤 절의 근거나 이유임을 나타내는 연결 어미.

1223) 전에 지은 업, 또는 일.

1224) (사라지다+고): 모양이나 자취가 없어지다. 어떤 생각이나 감정 따위가 없어지다.

1225) 새로 지은 업, 또는 일.

1226) (짓다+지): 나쁜 짓을 저지르다.

1227) (가까워지다+고): (시간적으로나 공간적으로) 가깝게 되다.

1228) (멀어지다+나니라): (공간적으로) 거리가 많이 떨어지게 되다.

그 '오고 보면'의 의미가 연상된다.

선도(善道)는 이미 우리가 지니고 있는 원만 구족하고 지공 무사한 마음이며, 원래 분별성과 주착심이 없는 성품이며, 원래 요람함도 어리석음도 그름도 없는 심지이다.

이 마음(성품)을 찾기만 하면 이미 성태 장양(聖胎長養)하고 있는 줄 아는 것이다.

그러니 선도에 이미 들어와 있는 줄 모르고 밖에서 찾아 헤매다가, 또는 악도에 머물다가 원래 마음을 찾기만 하면(참회·개과하기만 하면) 집 나간 아이가 자기 집에 다시 돌아오듯 원래의 그 선도에 들어오는 것이다.

사람이 과거의 잘못을 참회하여 날로 선도를 행한즉 구업(舊業)은 점점 사라지고 신업은 다시 짓지 아니하여 선도는 날로 가까워지고 악도는 스스로 멀어지나니라

대종사 말씀하시기를

"선을 행하고도 남이 몰라주는 것을 원망하면 선 가운데 악의 움[1229]이 자라나고, 악을 범하고도 참회를 하면 악 가운데 선의 움이 자라나나니,

그러므로 한 때의 선으로 자만자족하여 향상을 막지도 말며, 한 때의 악으로 자포자기하여 타락하지도 말 것이니라[1230]."

그러므로, 경[1231]에 이르시되 "전심 작악(前心作惡)[1232]은 구름이 해를 가린[1233] 것과 같고 후심 기선(後心起善)[1234]은 밝은 불이 어둠을 파함[1235]과 같나니라." 하시었나니, 죄[1236]는 본래 마음으로부터 일어난 것이라 마음이 멸함[1237]을 따라 반드시 없어질 것이며, 업[1238]은 본래 무명(無明)[1239]인지라 자성의 혜

1229) 초목의 어린 싹.
1230) 대종경, 제11 요훈품(要訓品), 26장, p.319.

광1240)을 따라 반드시 없어지나니, 죄고1241)에 신음1242)하는 사람들이여1243)! 어찌 이 문1244)에 들지 아니하리요1245).

'전심 작악(前心作惡)'이란?

과거의 마음(과거의 잘못을 참회하기 전 마음)으로 잘못을 저지

1231) 아함경(阿含經)에 속한 미증유경(未曾有經)을 이름. 아함은 스승으로부터 제자에게 전해지고 계승된 것이며, 아함경은 부처님의 가르침을 전하는 성전(聖典)으로서, 부처남과 그 제자들의 언행록이다. 후일 대승 불교가 일어나자 아함(阿含)은 소승(小乘)이라고 천칭(賤稱)되어 중국 등의 전통적인 불교에서는 그리 중시되지 않았으나 근래에 이르러 원전 연구가 활발해짐에 따라 팔리어 대장경의 '4부(四部)'와 한역 대장경의 '4아함(四阿含)'의 비교 연구에 의하여 원시 불교의 진의(眞意)를 구명하려는 경향이 생겨 뛰어난 성과를 가져왔다.

1232) ①과거의 마음(과거의 잘못을 참회하기 전 마음)으로 잘못을 저지르는 것. 경계를 따라 일어나는 요란함·어리석음·그름을 수용(신앙)하지 못하고 그 요란함·그 어리석음·그 그름에 끌려 있는 것. ②구름이 해를 가린 것과 같다.

1233) (기리다+ㄴ): (바로 보이거나 통하지 않게) 막다.

1234) ①과거의 잘못을 참회하여 선을 행하는 것. ②밝은 불이 어둠을 파함과 같다.

1235) (파하다+ㅁ): 적(어둠)을 쳐부수다.

1236) 본래 마음으로부터 일어난 것.

1237) (멸하다+ㅁ): 쳐부수어 없애다.

1238) ①짓는 일 지은 일. 전세(前世)에 지은 악행이나 선행으로 말미암아 현세(現世)에 받는 응보를 이르는 말. 무명(無明)에 의한 행위(업에는 성업과 악업이 있다). ②본래 무명(無明)인지라 자성의 혜광을 따라 반드시 없어짐.

1239) ①번뇌로 말미암아 진리에 어둡고 불법을 이해하지 못하는 마음의 상태. ②성품이 바로 발현(드러나는 것)되지 못하고 자체의 상(감정·습관·욕심·선입견·친소·상식·지식·아집 등)에 가려서 나오는 마음. ③진여, 진리에 대하여 깨지 못한 것. 진여(眞如)가 한결같이 평등한 것임을 모르고 현상의 차별적인 여러 모양에 집착하여 현실 세계의 온갖 번뇌와 망상의 근본이 되는 것.

1240) 지혜를 빛에 비유하는 말. 자성(自性)을 말함.

1241) 죄가 될 만한 허물.

1242) 고통에 허덕임.

1243) -이여: 자음으로 끝난 체언에 붙어, 호칭의 대상을 감탄조로 높여 부를 때 쓰이는 호격 조사.

1244) 참회문(懺悔門).

1245) -리요: 모음으로 끝난 체언이나 어간에 붙어 '-랴'의 뜻으로 혼자 스스로 묻거나 탄원을 나타내는 종결 어미.

르는 것이며, 경계를 따라 일어나는 요란함(·어리석음·그름)을 수용(신앙)하지 못하고 그 요란함(·어리석음·그름)에 끌려 있는 것이며, 구름이 해를 가린 것과 같다.

구름은 경계를 따라 일시적으로 일어나는 현상일 뿐이다. 소소영령하게 빛나는 성품은 항상 떠 있는 해와 같다. 단지 경계를 따라 일어나는 마음에 가려질 뿐이다.

그러나 이 가려지는 시간과 정도는 공부인의 수행 정도, 공부하는 방향로와 방법에 따라 천차만별로 달라진다.

'죄는 본래 마음으로부터 일어난 것이라 마음이 멸함을 따라 반드시 없어질 것이며'라 함은?

심지는 원래 요란함(·어리석음·그름)이 없건마는 경계를 따라 있어지나니(죄는 본래 마음으로부터 일어난 것이라), 그 요란함(·어리석음·그름)을 없게 하는 것으로써(마음이 멸함으로 따라) 자성의 정(·혜·계)를 세우자(반드시 없어진다).

"사람들은 몸과 입과 마음으로 모든 죄복을 짓는바, 도인들은 형상 없는 마음에 중점을 두시나 범부들은 직접 현실에 나타나는 것만을 두렵게 아나니라.

그러나 영명[1246]한 허공 법계는 무형한 마음 가운데 나타나는 모든 것까지도 밝히 보응하는지라, 우리는 몸과 입을 삼갈 것은 물론이요 마음으로 짓는 죄업을 더 무섭게 생각하여 언제나 그 나타나기 전을 먼저 조심하여야 하나니라[1247]."

"사람들의 마음 가운데 원한을 맺어주고 불평을 갖게 해 주면 그것이 곧 자기 자신에게 무형한 감옥이 되나니라.

모든 죄의 근본은 오직 마음에 있나니 소소한 일이라도 남에게 척을 걸지 말라. 그것이 모든 악연의 종자가 되나니라[1248]."

1246) 뛰어나게 지혜롭고 총명함. 신령스럽고 명백함.
1247) 정산 종사 법어, 제2부 법어(法語), 제5 원리편(原理篇), 47장, p.834.
1248) 정산 종사 법어, 제2부 법어(法語), 제5 원리편(原理篇), 48장, p.834.

'죄는 본래 마음으로부터 일어난 것이라 마음이 멸함을 따라 반드시 없어질 것이며, 업은 본래 무명인지라 자성의 혜광을 따라 반드시 없어지나니 죄고에 신음하는 사람들이여! 어찌 이문에 들지 아니하리요.'에서 죄와 업과, 마음과 무명은 같은 것인가, 다른 것인가?

"문면(文面)1249)으로는 나누어 놓았으나 실은 같은 말이다.
마음이 어두우니 죄업이 생한다1250)."

그러나, 죄업1251)의 근본1252)은 탐·진·치(貪瞋痴)1253)라 아무리1254) 참회를 한다 할지라도 후일에 또다시 악을 범하고1255) 보면1256) 죄도 또한 멸할 날이 없으며, 또는 악도에 떨어질1257) 중죄1258)를 지은 사람이 일시적1259) 참회로써 약간의 복을 짓는다 할지라도 원래의 탐·진·치를 그대로1260) 두고1261) 보면 복은 복대로1262) 받고 죄는 죄대로 남아 있게 되나니, 비하건대1263) 큰 솥 가운데 끓는 물을 냉(冷)하게 만들고자 하는 사람이 위에다가1264) 약간의 냉수만 갖다1265) 붓고 밑에서 타는 불을 그대로 둔즉1266), 불의 힘은 강하고 냉수의 힘은 약하여 어느 때든지1267) 그 물이 냉해지지 아니함과 같나니라.

1249) 문장이나 편지에 나타난 대강의 내용.
1250) 한 울안 한 이치에, 제1편 법문과 일화, 제3장 일원의 진리, 52절, p.75.
1251) ①'말·동작·생각의 삼업(三業)으로 지은 죄'를 이르는 말. ②'죄의 과보(果報)'를 이르는 말.
1252) 사물의 가장 중요한 밑바탕. 사물이 생겨나는 데 바탕이 되는 것.
1253) 욕심(그름)·성냄(요란함)·어리석음. 삼독심(三毒心).
1254) 어떻게 하여도.
1255) (그릇된 일을) 저지르다.
1256) (보다+면): 동사의 어미 '-아(-어)' 아래에 쓰이어, 시험삼아 함을 나타냄.
1257) (떨어지다+ㄹ): 좋지 못한 상태에 빠지다.
1258) 무거운 죄. 큰 죄.

죄를 멸하게 하려면 어떻게 해야 되는가?

과거에 지은 잘못을 참회 개과하여 후일에 또다시 악을 범하지 않아야 한다.

'일시적 참회'란?

큰 솥 가운데 끓는 물을 냉(冷)하게 만들고자 하는 사람이 위에다가 약간의 냉수만 갖다 붓고, 밑에서 타는 불을 그대로 둔즉 불의 힘은 강하고 냉수의 힘은 약하여 어느 때든지 그 물이 냉해지지 아니함과 같듯이

원래의 탐·진·치는 그대로 두고 약간의 복을 짓는 것이며, 일시적으로 전과(前過)를 뉘우치기는 하나 후과를 다시 범하는 것이며, 일시적으로 한두 가지의 복을 지으나 심중의 탐·진·치는 그대로 두는 것이다.

일시적 참회를 하게 되면 어떻게 되는가?

1259) 한때만의 (것). 오래 가지 않는 (것).
1260) 〔더하거나 고치거나 변하지 않고〕 전에 있던 것과 같이.
1261) (두다+고): 일정한 상태에 있게 하다.
1262) -대로: 각각. 따로따로.
1263) (비하다+건대): 견주다. 비교하다.
　　-건대: 동사(주로, '보다'·'듣다'·'바라다')의 어간에 붙어, 뒤에 하려는 말의 확실성을 다져 놓기 위해, 자기의 견문한(또는 바라던) 바를 미리 내세워 보이는 뜻을 나타내는 연결 어미.
1264) -에다가: 체언에 붙는 부사격 조사로 장소나 위치 따위를 나타냄.
1265) '가지어다가'의 준말.
1266) '위에다가 약간의 냉수만 갖다 붓고, 밑에서 타는 불은 그대로 둔즉 불의 힘은 강하고' → '위에다가 약간의 냉수만 갖다 붓고 밑에서 타는 불은 그대로 둔즉, 불의 힘은 강하고'로 고침.
1267) -든지: 모음으로 끝난 체언에 붙어, '무엇이나 가리지 않음'을 나타내는 보조사.

일시적으로 약간의 복을 짓는다고 해도 원래의 탐·진·치를 그대로 두고 보면 복은 복대로 받고 죄는 죄대로 남아 있게 된다.

'큰 솥 가운데 끓는 물을 냉(冷)하게 만들고자 하는 사람이 위에다가 약간의 냉수만 갖다 붓고 밑에서 타는 불을 그대로 둔즉, 불의 힘은 강하고 냉수의 힘은 약하여 어느 때든지 그 물이 냉해지지 아니함과 같나니라.' 함은?

'큰 솥'은 내가 사는 세상, 내가 누리고 있는 삶, 나 자신이며, '끓는 물'은 경계를 따라 일어나는 내 마음이며,

'큰 솥 가운데 끓는 물을 냉하게 만들고자 하는 사람'은 삶 속에서 대하게 되는 경계를 따라 일어나는 요란함·어리석음·그름을 공부 거리 삼아 원래 마음에 대조함으로써 그 경계에 걸리거나 막히지 않고 마음의 자유를 얻고자 하는 공부인이며,

'약간의 냉수만 갖다 붓고 밑에서 타는 불을 그대로 두는 것'은 경계를 따라 일어나는 마음을 원래 마음에 확실하게 대조하지 않아 그 일어난 마음의 여진이 남아 있거나 대조한다 하여도 대조하는 힘이 약하여 그 일어난 마음이 원래 마음으로 되어지지 않는 것과 같다.

'불의 힘은 강하고 냉수의 힘은 약하여'에서

'강한 불의 힘'은 내가 수용하지 못하는 경계를 따라 안으로 일어나는 분별성과 주착심이나 밖에서 오는 산란한 경계(외경)며,

'약한 냉수의 힘'은 경계를 따라 일어나는 마음을 완전하게 수용하지 못하거나, 그 마음을 원래 마음에 완전하게 대조하지 못하여 그 경계를 해결하지 못하는 것이다.

'어느 때든지 그 물이 냉해지지 아니 함과 같나니라' 함은 경계를 따라 끌려다니며 요란해지고 어리석어지고 글러져 죄는 죄대로 짓고 업은 업대로 지으며 사는 것이다.

우리 공부인들이 염원하는 것은 결코 이런 삶이 아니다. 어느

때든지 오직 그 물을 냉하게 하고 또 냉하게 하는 삶이다.

이제 이러한 이치를 알았으니, 오직 실행하고 또 실행할 뿐이다. 하고 또 하여 무위이화 자동적으로 되어질 때까지 오직 할 뿐이다.

세상에 전과(前過)[1268]를 뉘우치는[1269] 사람은 많으나 후과[1270]를 범하지 않는 사람은 적으며, 일시적 참회심으로써 한두 가지의 복을 짓는 사람은 있으나 심중[1271]의 탐·진·치는 그대로 두나니 어찌 죄업이 청정[1272]하기를 바라리요[1273].

세상에 전과(前過)를 뉘우치고 후과를 범하지 않는 사람은 누구이며, 어떻게 하면 이럴 수 있는가?

선을 행하는 선행자(善行者)다. 누구나 성인의 태를 기르고 있듯(聖胎長養), 누구나 선행자가 될 수 있다.

어떻게 하면 전과를 뉘우치고 후과를 범하지 않을 수 있는가?

이는, 철석 같이 굳은 습관이 남아 있기 때문에 일시적 참회심으로 전과를 뉘우쳤다가도 후과를 다시 범하기 쉬우므로 결코 쉬운 일이 아니다.

전과를 뉘우치기는 쉬우나 후과를 범하지 않으려면 확실한 계기가 있어야 하며, 일일 시시로 자기가 자기 가르치기를 실행하고 또 실행해야 한다.

전과도 없고 후과도 없는 원래 마음과 범한 전과를 뉘우치고 후과를 범하지 않는 원래 마음에 대조하고 또 대조하여 챙기지 아니하여

1268) 전에 저지른 허물(잘못).
1269) (뉘우치다+는): (-을, -음을) 스스로 제 잘못을 깨닫고 마음속으로 가책을 느끼다.
1270) 뒤에 저지르는 잘못.
1271) 마음속(心中).
1272) 맑고 깨끗함, 또는 깨끗하여 속됨이 없음. 죄가 없이 깨끗함을 이름.
1273) (바라다+리요): 생각한 대로 이뤄지기를 원하다. 기대(어떤 일이 이루어지기를 바라고 기다리다)하다.

도 저절로 되어져야 비로소 후과를 범하지 않게 된다.

또한 지도인과 문답하고 감정·해오 얻기를 주저하지 않으며, 하고 또 하기를 오래오래 계속하여야 그 목적을 달성할 수 있다.

'일시적 참회심으로써 한두 가지의 복을 짓는 사람은 있으나 심중의 탐·진·치는 그대로 두나니'라 하였으니, 이를 해결하는 길은?

말씀하시기를

"불보살들은 전심(前心)과 후심(後心)이 한결 같아서 불보살이 되었으나, 범부들은 처음 발심과는 달리 경계를 따라 그 마음이 흔들려 퇴보하므로 성공을 보지 못하나니,

그대들은 언제나 도(道) 즐기는 마음과 공(公) 위하는 마음으로 전심과 후심이 한결 같게 하라[1274]."

"과거 부처님 말씀에 생멸 거래가 없는 큰 도를 얻어 수행하면 다생의 업보가 멸도된다 하셨나니, 그 업보를 멸도(滅度)[1275]시키는 방법은 이러하나니라.

누가 나에게 고통과 손해를 끼쳐 주는 일이 있거든 그 사람을 속 깊이 원망하거나 미워하지 말고 과거의 빚을 갚은 것으로 알아 안심하며 또한 그에 대항하지 말라. 이편에서 갚을 차례에 져 버리면 그 업보는 쉬어버리나니라.

또는 생사 거래와 고락이 구공(俱空)[1276]한 자리를 알아서 마음이 그 자리에 그치게 하라.

거기에는 생사도 없고 업보도 없나니, 이 지경에 이르면 생사

1274) 정산 종사 법어, 제2부 법어(法語), 제7 권도편(勸道編), 20장, p.874.
1275) ①모든 번뇌의 얽매임에서 벗어나고, 진리를 깨달아 불생불멸의 법을 체득한 경지. ②모든 번뇌를 남김없이 소멸한 열반, 또는 그 경지.
1276) 유(有)와 무(無)가 모두 텅 비었다는 뜻. 유와 무는 끊임없이 돌고 돌며 변화하기 때문에 유도 아니요 무도 아니며, 유라고도 할 수 없고 무라고도 할 수 없는 무시무종·불생불멸의 경지가 된 것을 말한다. 곧 진리의 궁극처, 궁극의 진리, 아집(我執)·법집(法執)·무집착까지 놓아버린 궁극의 공(空)을 말한다.

업보가 완전히 멸도되었다 하리라[1277]."

죄업이 청정해지려면?

전과(前過)를 뉘우치고 후과를 범하지 않으며, 심중의 탐·진·치를 날로 없게 하여야 한다.

참회의 방법은 두 가지가 있나니, 하나는 사참(事懺)[1278]이요 하나는 이참(理懺)[1279]이라, 사참이라 함은 성심[1280]으로 삼보(三寶)[1281] 전에 죄과[1282]를 뉘우치며 날로 모든 선을 행함을 이름이요, 이참이라 함은 원래에 죄성(罪性)[1283]이 공한 자리를 깨쳐 안으로 모든 번뇌[1284] 망상[1285]을 제거해 감을 이름이니 사람이 영원히 죄악[1286]을 벗어나고자 할진대 마땅히 이를 쌍수[1287]하여 밖으로 모든 선업[1288]을 수행하는 동시에 안으로 자신의 탐·진·치를 제거할지니라. 이같이 한즉, 저 솥 가운데 끓는 물을 냉하게 만들고자 하는 사람이 위에다가 냉수도 많이 붓고 밑에서 타는 불도 꺼버림과 같아서 아무리 백천 겁[1289]에 쌓이고 쌓인 죄업일지라도 곧 청정해[1290]지나니라[1291].

1277) 대종경, 제9 천도품(薦度品), 28장, p.298.
1278) 성심으로 삼보(三寶)전에 죄과를 뉘우치며 날로 모든 선을 행함을 이름.
1279) 원래에 죄성(罪性)이 공한 자리를 깨쳐 안으로 모든 번뇌 망상을 제거해 감을 이름.
1280) 정성스런 마음. 거짓 없는 참된 마음.
1281) ①부처(교조)(佛)와, 그 가르침을 적은 경전(교법)(法)과, 그 가르침을 펴는 중(스승·대중)(僧). 곧 불·법·승. ②우주 만유(佛), 질서 정연한 법칙(法), 삼라 만상(僧).
1282) 죄가 될 만한 허물.
1283) 죄를 짓는 마음. 죄의 성품.
1284) (삼독 오욕으로) 마음이 시달려 괴로움. '마음이나 몸을 괴롭히는 모든 망념'을 이르는 말.(욕망·노여움·어리석음 따위)
1285) 있지도 않은 사실을 상상하여 마치 사실인 양 굳게 믿는 일. 또는 그러한 생각. 망념.

사참(事懺)의 방법은?

　성심으로 삼보(三寶) 전에 죄과를 뉘우치며 날로 모든 선을 행하는 것이다.
　정산 종사 사참의 방법에 대하여 말씀하시기를
　"첫째는 대원(大願)을 발하여 작은 욕심을 끊는 것이요,
　둘째는 사실을 대조하여 선악의 이해를 판단해 보는 것이요,
　셋째는 진정한 마음으로 항상 법신불 전에 참회의 기도를 올리는 것이요,
　넷째는 일일신 우일신(日日新又日新)[1292]으로 매양[1293] 악업을 고치기에 노력하는 것이다[1294]."

이참(理懺)의 방법은?

　원래에 죄성(罪性)[1295]이 공한 자리를 깨쳐 안으로 모든 번뇌

1286) 죄가 될 만한 나쁜 짓. 도덕이나 종교의 가르침을 어기거나 계율 따위를 거스르는 일.
1287) 사람이 영원히 죄악을 벗어나고자 할진대 마땅히 사참(事懺)과 이참(理懺)을 겸하는 것.
1288) 착한 일을 이른다.
1289) 겁(劫)은 무한하고 영원한 시간이라는 말. 한 겁만도 영원한 시간인데 그 겁을 백이나 천을 지나는 시간이므로 무한한 세월, 영원한 시간을 더욱 강조하는 말. 무시광겁·무량겁과 같은 뜻.
1290) '해'는 '하여'의 준말로서 이 '여'는 흔히 '-하다'와 결합하여 줄어진 '해'로 씀. 여기서 '-여'는 어미 '-아/-어'와 같은 뜻과 기능을 가졌음.
1291) (지다+나니라): ①용언 어미 '-어(-어)' 아래 쓰이어 사물의 상태나 동작이 그렇게 되어 가거나, 그러한 가능성이 있음을 나타냄. 〔본 용언과 어울리어 관용어로서 붙여 씀.〕②그러므로 '청정해'와 '지나니라'는 붙여 '청정해지나니라'로 써야 한다.
1292) 날마다 자꾸 진보함. 출전 대학(大學). 날마다 새롭고 또 날마다 새로움. 매일 새로운 마음가짐과 새로운 각오로 새 출발을 한다는 뜻.
1293) 번번히. 매 때마다. '항상'의 전라도 사투리.
1294) 정산 종사 법어, 제2부 법어(法語), 제6 경의편(經義篇), 31장.
1295) 업력과 습관에 끌려 죄를 지을 수 있는 근본 성질.

망상을 제거해 가는 것이다.

정산 종사 이참의 방법에 대하여 말씀하시기를

"첫째는 일체를 다 자기 마음이 짓는 것임을 요달(了達)[1296]하는 것이요,

둘째는 인과가 우주의 원리인 것을 요달하는 것이요,

셋째는 자성의 원래가 죄업이 돈공한 것을 요달하는 것이요,

넷째는 자성의 공한 것을 관하여 동정간에 삼매의 힘을 얻는 것이다[1297]."

참회의 방법에는 사참(事懺)과 이참(理懺)이 있나니

대산 종사 말씀하시기를

"참회의 방법에는 사참(事懺)과 이참(理懺)이 있나니,

사참은 외적인 현실 참회를 이름인바 매일 마음을 대중 잡고 반성하며 고쳐 나가는 방법이요,

이참은 내적인 진리 참회를 이름인바 성품에 반조해서 삼세의 모든 업장을 녹여버리는 방법이니라[1298]."

대산 종사, 이어 말씀하시기를

"사참의 방법에는

첫째 삼세에 신·구·의(身口意) 삼업으로 알고도 짓고 모르고도 지은 일체 죄업을 진심으로 참회하고 그 과보의 두려움을 절실히 깨닫는 길이 있고,

둘째 마음을 챙기고 스스로 경계하여 신·구·의 삼업으로 짓는 모든 악을 처음부터 짓지 않도록 계문을 잘 지키는 길이 있나니, 항상 도력으로써 업력을 대치하되 정업(定業)은 면하기 어려우니

1296) 해료통달(解了通達)의 준 말. 깊은 선정(禪定)을 통해서 사리를 통달하는 것. 사리 연구 공부를 통해서 진리를 깨치고 이무애 사무애 이사무애의 경지를 얻는 것.
1297) 정산 종사 법어, 제2부 법어(法語), 제6 경의편(經義篇), 32장.
1298) 대산 종사 법어, 제2 교리편, 71장, p.65.

오면 달게 받고 고쳐나가야 하느니라.

또 이참의 방법에는

걸림 없는 선정(禪定)[1299])에 드는 길이 있고 염불 삼매[1300])에 드는 길이 있고 송주 삼매[1301])에 드는 길이 있나니, 청정한 지혜는 다 선정으로부터 나오는 것인바 밝은 지혜가 솟아올라야 일체 음기가 녹고 사기가 제거되어서 업장이 물러나게 되느니라[1302])."

"사참(事懺)은 탐·진·치를 확대시켜 큰 욕망을 발하고 작은 욕심을 없애가는 것이며, 이참(理懺)은 탐·진·치의 원래가 빈 이치를 알아서 근본을 치료하는 것이다[1303])."

'사참이라 함은 성심으로 삼보(三寶) 전에 죄과를 뉘우치며 날로 모든 선을 행함을 이름이요'라 함은?

"참회하는 공부는 형식에 있는 것이 아니요, 불·법·승 삼보 전에 지성으로 해야 할 것인 바,

불(佛)은 곧 법신불 일원상이니 매사를 당할 때마다 일원상 같이 원만하게 알았는가 원만하게 닦았는가 원만하게 행하였는가를 대조하여 법신불과 같이 원만 구족한 힘을 양성하는 것이요,

법(法)은 깨친 분이 그 깨달은 진리와 체험한 바를 기술한 것으로 우리 회상에서는 '정전'이니, 항상 '정전'을 법 삼아 '정전'대로 실행하였는가 못하였는가를 반조하여 결함됨이 없게 하는 것이요,

승(僧)은 진리를 터득하기 위하여 법을 행하는 선지식이니 초입자는 항상 이 선지식의 가르침에 잘 따르고 일체를 사실대로 고백

1299) 참선하여 산란한 마음을 고요하게 통일하는 것. 입정삼매·좌선삼매의 경지에 들어가는 것. 일체의 사량 분별심을 놓고 본래의 마음을 찾는 것. 좌선할 때 일체의 번뇌망상·사량계교가 끊어진 상태를 말한다. 선(禪)이란 범어(梵語) 선나(禪那)의 준말이요, 정(定)이란 한문으로 번역한 말로서, 선정이란 범어와 한문을 함께 사용한 것이다.
1300) "나무아미타불" 염불에 온통 마음을 집중하는 것.
1301) 영주·성주·청정주 등 주문 외우기에 온통 마음을 집중하는 것.
1302) 대산 종사 법어, 제2 교리편, 72장, p.66.
1303) 한 울안 한 이치에, 제1편 법문과 일화, 제3장 일원의 진리, 51절, p.75.

하여 선악 시비의 감정을 얻어 행하는 것이다.

이와 같이 하고 보면 불·법·승 삼보에 귀의한 대보살이 될 것이다[1304]."

'원래에 죄성이 공한 자리를 깨쳐'라 함은?

사람의 성품은 동(動)하면 능히 선하기도 하고 능히 악하기도 하지만, 정(靜)하면 선도 악도 없는 줄 아는 것이다.

또는 심지는 원래 요란함·어리석음·그름이 없건마는 경계를 따라 요란함·어리석음·그름이 있어지기도 하지만, 그 경계를 대하기 전에는 그 요란함도 그 어리석음도 그 그름도 없는 줄 아는 것이다.

'아무리 백천 겁에 쌓이고 쌓인 죄업일지라도 곧 청정해지나니라' 함은?

대종사 말씀하시기를

"아무리 한 때에 악을 범한 사람이라도 참 마음으로 참회하고 공덕을 쌓으면 몸에 악한 기운이 풀어져서 그 앞길이 광명하게 열릴 것이요,

아무리 한 때에 선을 지은 사람이라도 마음에 원망이나 남을 해칠 마음이 있으면 그 몸에 악한 기운이 싸고 돌아서 그 앞길이 암담(暗澹)하게[1305] 막히나니라[1306]."

'공부인이 성심으로 참회 수도하여 적적 성성한 자성불을 깨쳐 마음의 자유를 얻고 보면'이라 함은?

"수도인이 구하는 바는, 마음을 알아서 마음의 자유를 얻자는

1304) 한 울안 한 이치에, 제1편 법문과 일화, 제3장 일원의 진리, 50절, p.74.
1305) ①어두컴컴하고 쓸쓸하다. ②희망이 없고 막연하다.
1306) 대종경, 제11 요훈품(要訓品), 13장, p.317.

것이며, 생사의 원리를 알아서 생사를 초월하자는 것이며, 죄복의 이치를 알아서 죄복을 임의로 하자는 것이니라1307)."

"여의보주(如意寶珠)가 따로 없나니, 마음에 욕심을 떼고 하고 싶은 것과 하기 싫은 것에 자유자재하고 보면 그것이 곧 여의보주니라1308)."

"참다운 자유는 완전한 해탈에서 오나니, 자유의 구경 원리는 곧 우주와 자성의 진리에 근원되어 있나니라1309)."

또는, 공부인이 성심1310)으로 참회 수도하여 적적 성성한 자성불1311)을 깨쳐 마음의 자유를 얻고 보면, 천업(天業)1312)을 임의1313)로 하고 생사를 자유로 하여 취할 것도 없고 버릴 것도 없고 미워할 것도 없고 사랑할 것도 없어서, 삼계 육도(三界六途)가 평등 일미1314)요, 동정 역순1315)이 무비삼매(無非三昧)1316)라, 이러한 사람1317)은 천만 죄고가 더운 물에 얼음 녹듯하여 고도 고가 아니요, 죄도 죄가 아니며, 항상 자성의 혜광이 발하여1318) 진대지1319)가 이 도량1320)이요, 진대지가 이 정토라 내 외 중간1321)에 털끝만한 죄상(罪相)1322)도 찾아볼 수 없나니, 이것이 이른바 불조의 참회요, 대승의 참회라 이 지경1323)에 이르러야1324) 가히1325) 죄업을 마쳤다 하리라.

1307) 대종경, 제11 요훈품(要訓品), 2장, p.315.
1308) 대종경, 제11 요훈품(要訓品), 2장, p.315.
1309) 정산 종사 법어, 제2부 법어(法語), 제7 권도편(勸道編), 50장, p.886.
1310) 정성스런 마음.
1311) 우리의 자성이 곧 부처라는 뜻이니, 이는 모든 사람은 본래부터 부처가 될 수 있는 성품을 지니고 있고, 그 상태는 적적 성성한 것이다.
1312) 하늘이 하는 일, 진리의 작용으로서 음양 상승, 인과 보응, 성주 괴공, 생로 병사, 십이 인연, 육도 윤회 등. 자연의 공도(公道).
1313) 일정한 기준이나 원칙 없이 하고 싶은 대로 함.
1314) 평등: 치우침이 없이 모두가 한결같음.
　　　일미: 아주 뛰어난 맛. 부처님의 가르침은 여러 가지인 듯하나 그 본래의 뜻은 하나라는 뜻.

공부인이 성심으로 참회 수도하여 적적 성성한 자성불을 깨쳐 마음의 자유를 얻으려면?

공부인이 적적 성성한 자성불을 깨쳐 마음의 자유를 얻는 전제 조건은 성심으로 참회 수도하는 것이다.

이는 경계를 대할 때마다 정성스런 마음으로 옛 생활을 버리고 새 생활을 개척하는 초보를 항상 내딛는 것이며, 악도를 놓고 선도의 초문에 들어오는 참회를 항상 하고 또 하는 것이다.

경계 경계마다 내 마음이 그 경계에 걸리는지 안걸리는지, 끌리는지 안끌리는지 확인하고 또 확인하여야 한다.

이것이 경계를 대할 때마다 자신이 적적 성성한 자성불임을 깨치는 것이며, 경계를 대할 때마다 자신의 마음을 마음먹은 대로 사용하는, 즉 마음의 자유를 얻는 것이다.

평등 일미: 치우침이 없이 모두가 한결같이 아주 뛰어나다는 뜻.
1315) 동정: 동(動)할 때와 정(靜)할 때.
역순: 역경(逆境)과 순경(順境).
1316) 삼매 아닌 것이 없다. 즉 삼매 그 자체라는 뜻.
삼매(三昧): 산란한 마음을 한 곳에 모아 움직이지 않게 하며, 마음을 바르게 하여 망념에서 벗어나는 것. 잡념을 버리고 한 가지 일에만 정신을 집중하는 일.
1317) 이러한 사람: 성심으로 참회 수도하여 적적 성성한 자성불을 깨쳐 마음의 자유를 얻은 공부인.
1318) (발하다+여): 빛이나 소리 따위를 내다.
1319) 온 천지. 온 세상.
1320) 불도(佛道)를 닦는 곳.
1321) 내(內): 육근(六根), 외(外): 육경(六境), 중간(中間): 육식(六識).
1322) 죄의 모습.
1323) 어떤 처지나 형편.
1324) (이르다+어(이르러)+야): '이르다'의 어간 '이르'의 끝 음절 '르' 아래에서 어미 '-어'가 '-러'로 바뀜(러 불규칙 활용). '이르다'의 뜻은 '어느 정도나 범위에 미치다'임.
-야: 모음으로 끝난 체언이나 조사·어미 등에 붙어, 그 말을 특히 강조하는 뜻을 지닌 보조사.
1325) (흔히, '-ㄹ만 하다', '-ㄹ 수 있다'·'-ㅁ 직하다' 따위와 호응하여) '능히', '넉넉히', '크게 틀림없이'의 뜻을 나타냄.

공부인이 성심으로 참회 수도하여 적적 성성한 자성불을 깨쳐 마음의 자유를 얻은 결과는?

천업(天業)을 임의로 하고 생사를 자유로 하여 취할 것도 없고 버릴 것도 없고 미워할 것도 없고 사랑할 것도 없어서, 삼계 육도(三界六途)가 평등 일미요, 동정 역순이 무비 삼매(無非三昧)라,

이러한 사람은 천만 죄고가 더운 물에 얼음 녹듯하여 고도 고가 아니요, 죄도 죄가 아니며, 항상 자성의 혜광이 발하여 진대지가 이 도량이요, 진대지가 이 정토라 내 외 중간에 털끝만한 죄상(罪相)도 찾아볼 수가 없다.

수도인이 구하는 바는 마음의 자유를 얻고, 생사를 초월하고, 죄복을 임의로 하자는 것이니라

대종사 말씀하시기를
"수도인이 구하는 바는, 마음을 알아서 마음의 자유를 얻자는 것이며, 생사의 원리를 알아서 생사를 초월하자는 것이며, 죄복의 이치를 알아서 죄복을 임의로 하자는 것이니라[1326]."

천업(天業)을 임의로 한다 함은?

"천업(天業)을 돌파(임의로)한다." 하신 말씀에 대하여 일러 주소서.

말씀하시기를
"천업을 돌파(임의로)한다 함은, 그렇게 주어지는 업이라도 받는 이는 곧 자신이기 때문에 마음의 자유를 얻은 이는 그 죄복에 마음이 구애되지 아니하고 항상 그 마음이 편안하므로 곧 그 업을 자유로 함이니 이것이 천업을 돌파(임의로)함이니라[1327]."

1326) 대종경, 제11 요훈품(要訓品), 2장, p.315.

생사를 자유로 한다 함은?

공부인이 성심으로 참회 수도하여 적적 성성한 자성불을 깨쳐 마음의 자유를 얻은 결과가 생사를 자유로 하는 것이다.

그러면 생사를 자유로 한다 함은 무슨 말인가?

생과 사를 자기 마음대로 결정하여 살 때에 살고 죽을 때에 죽는 것이 육도 윤회를 벗어나는 것인가?

나는 깨친 바에 따라 이렇게 한다손치더라도 생계를 책임지고 있는 나를 바라보고 있는 가족이 있고, 이를 해결할 의무가 있는 경우에는 생사 자유를 어떻게 한단 말인가?

그러므로 생사를 자유로 한다 함은 어떠한 경우에도 걸리거나 막히는 바가 없도록 삼대력을 길러 자신과 주변을 해결하고, 성심으로 참회 수도하여 적적 성성한 자성불을 깨쳐 마음의 자유를 얻자는 것이다.

마음의 능력으로써 생사를 자유로 하나니

말씀하시기를

"생사 거래에 세 가지 근기의 차가 있나니,

하나는 애착 탐착에 끌려서 거래하는 근기라, 가고 오는 길에 정견을 하지 못하고 항상 전도가 되어 닥치는 대로 수생하여 취생몽사(醉生夢死)[1328]하며 또는 원한이나 증오에 끌려 악도에 타락함이요,

둘은 굳은 원력을 세우고 거래하는 근기니, 정법 회상에 철저한 신념과 발원을 가지고 평소에 수행을 하며 최후의 일념을 청정히 하면 오나 가나 부처님 회상에 찾아 드는 것이 마치 자석에 쇠가

1327) 정산 종사 법어, 제2부 법어(法語), 제14 생사편(生死篇), 3장, p.993.
1328) 한 평생 술독에 빠져 아무 의미 없이 일생을 산다는 뜻으로, 술에 취한 사람처럼 인생의 목적을 바로 찾지 못하고 흐리멍텅하게 일생을 살아가는 것을 비유하는 말.

따르는 것 같이 됨이요,

셋은 마음의 능력으로써 생사를 자유하는 근기니, 이는 철저한 수행의 결과 삼대력을 원만히 얻은 불보살 성현들이 육도 거래를 임의로 하심이니라[1329]."

'취할 것도 없고 버릴 것도 없고 미워할 것도 없고 사랑할 것도 없어서'라 함은?

이는 공부인이 성심으로 참회 수도하여 적적 성성한 자성불을 깨쳐 마음의 자유를 얻고 보면, 천업(天業)을 임의로 하고 생사를 자유로 할 때에 이루어지는 경지다.

누구나 다 부처가 될 수 있는 적적 성성한 마음(自性佛)을 지니고 있듯이, 자신의 마음이 본래 이런 줄 알게 되면 모든 분별성과 주착심에 걸리거나 막히는 일이 없게 된다.

원래는 착함도 악함(善惡)도 없고 또한 이러한 분별도 없고, 원래는 사랑도 미움도 없고 또한 이러한 분별도 없고, 원래는 더러움도 깨끗함도 없고 또한 이러한 분별도 없고, 원래는 싫음도 좋음도 없고 또한 이러한 분별도 없는 줄 알게 되므로 취할 것도 없고 버릴 것도 없고 미워할 것도 없고 사랑할 것도 없어지는 것이다.

일체의 분별 주착에서 해탈하여 취할 자리에서는 취할 줄 알고 버릴 자리에서는 버릴 줄 알고, 죄는 미워하되 사람은 미워하지 아니하듯 미워하더라도 미움에 잡히지 않으며, 사랑하더라도 사랑에 잡히지 않으므로 지켜야 할 것은 지킬 줄 아는 중도행을 하게 된다.

'삼계'란?

학인의 삼계(三界)에 대한 질문에 답하시기를

1329) 정산 종사 법어, 제2부 법어(法語), 제14 생사편(生死編), 2장, p.992.

"삼계로 벌여 있는 중생의 세계는 중생의 끌리는 마음 세계에 벌여 있나니,

욕계(欲界)는 식(食)·색(色)·재(財) 등 물욕에 끌려서 오직 자기 구복(自己求福)[1330] 하나를 위하여 예의 염치도 모르고 종종 악업을 지으며 정신 없이 허덕이는 중생의 마음 세계요,

색계(色界)는 명상에 끌려서 모든 선행을 하고 사업을 하되, 자신의 명예욕에 끌려 하므로 자칫하면 승기자(勝己者)[1331]를 시기하고, 저만 못한 자를 무시하며, 그에 따라 사량(思量)[1332]과 계교(計巧)[1333]가 많은 중생의 마음 세계요,

무색계(無色界)는 명상(名相)에 끌리는 바도 없고 사량과 계교도 없다는 생각, 즉 법상(法相)[1334]에 끌려서 명리(名利)[1335]에 끌리는 사람이나 사량과 계교에 끌리는 사람을 싫어하는 중생의 마음 세계니, 이 마음마저 멸도(滅度)[1336] 되어야 삼계를 초월하나니라[1337]."

'육도 사생'이란?

학인의 육도 사생에 대한 질문에 답하시기를

"육도 사생으로 건설되는 이 세계는 우리의 마음의 차별심으로부터 생겨서 나열된 세계니라.

천도(天道)란 모든 경계와 고락을 초월하여 그에 끌리지 아니하며 고 가운데서도 낙을 발견하여 수용하는 세계요,

인도(人道)란 능히 선(善)도 할 만하고 악(惡)도 할 만하여 고

1330) 자기의 복을 구하는 것.
1331) 자기보다 능력이 출중하여 자기를 항상 이기는 사람.
1332) 깊이 생각하여 헤아림.
1333) 요리조리 생각해 낸 교묘한 꾀.
1334) 스스로 법을 깨쳤다, 법력을 갖추었다고 집착하는 것.
1335) 명예와 이익.
1336) 모든 번뇌의 얽매임에서 벗어나고, 진리를 깨달아 불생 불멸의 법을 체득한 경지.
1337) 정산 종사 법어, 제2부 법어(法語), 제6 경의편(經義編), 51장, p.856.

(苦)도 있고 낙(樂)도 있으며, 향상과 타락의 기로(岐路)[1338]에 있어 잘하면 얼마든지 좋게 되고 자칫 잘못하면 악도에 떨어지게 되는 세계요,

축생계(畜生界)란 예의 염치를 잃어버린 세계요,

수라(修羅)란 일생 살다 죽어버리면 그만이라고 하여 아무것도 하지 않고 허망히 살기 때문에 무기공에 떨어진 세계요,

아귀(餓鬼)란 복은 짓지 아니하고 복을 바라며, 명예나 재물이나 무엇이나 저만 소유하고자 허덕이는 세계요,

지옥(地獄)이란 항상 진심을 내어 속이 끓어올라 그 마음이 어두우며 제 주견(主見)[1339]만 고집하여 의논 상대가 없는 세계니라.

이와 같이 육도 세계가 우리의 마음으로 건설되는 이치를 알아서 능히 천도를 수용하며 더 나아가서는 천도도 초월하여야 육도 세계를 자유 자재하나니라[1340]."

'삼계 육도(三界六途)가 평등 일미요, 동정 역순이 무비삼매(無非三昧)'란?

삼계와 육도로 나뉘는 것 자체가 평등하지 않은 것 같은데 어떻게 평등 일미라 하는가?

중생이 볼 때는 삼계와 육도가 차별 세계로 보이나, 적적 성성한 자성불을 깨친 입장에서는 삼계(三界)[1341]와 육도(六道)[1342]의 차별이 없으므로 어느 세계에 처하든 처한 그대로가 평등 세계요 부처님 세계다.

마음이 정(靜)하고 순경을 대할 때가 삼매인 것 같은데, 동(動)할 때와 역경을 대할 때도 왜 삼매 아님이 없다 하는가?

1338) 갈림길.
1339) 자기의 주장이 있는 의견.
1340) 정산 종사 법어, 제2부 법어(法語), 제6 경의편(經義編), 52장, p.857.
1341) 욕계(欲界), 색계(色界), 무색계(無色界).
1342) 천도(天道), 인도(人道), 축생(畜生), 수라(修羅), 아귀(餓鬼), 지옥(地獄).

마음이 고요하든(靜) 요란하든(動) 동정에 구애(거리끼거나 억매임) 되지 않으며, 경계의 역순에도 구애 되지 않으므로 어떠한 경우에도 - 본래 성품을 지니고 있는 줄 알고 있으므로 - 자성을 떠나지 않고 그 경계로 끊임없이 공부하므로 어떠한 경계에도 물들지도 않고, 끌려가지도 않고, 넘치지도 모자라지도 않아 행하는 일체의 행동이 진리에 어긋남이 없게 된다.

'이러한 사람은 천만 죄고(罪苦)가 더운 물에 얼음 녹듯하여 고도 고가 아니요, 죄도 죄가 아니며'라 함은?

이러한 사람이란 '공부인이 성심으로 참회 수도하여 적적 성성한 자성불을 깨쳐 마음의 자유를 얻은 사람'이다.

이처럼 마음의 자유를 얻기까지 얼마나 많은 곡절과 신앙과 수행이 깔아 있는지 짐작할 수 있는가?

천업(天業)을 임의로 하고 생사를 자유로 하여 취할 것도 없고 버릴 것도 없고 미워할 것도 없고 사랑할 것도 없어서, 삼계 육도(三界六途)가 평등 일미요, 동정 역순이 무비삼매(無非三昧)이므로 어찌 천만 죄고가 더운 물에 얼음 녹듯하지 않을 수 있을 것이며, 어찌 고가 고이며, 어찌 죄가 죄이겠는가?

모든 것이 오직 공부 거리요, 모든 순간이 오직 공부 찬스며, 오직 활불의 도량인 것을…….

항상 자성의 혜광(慧光)이 발(發)하여 진대지(盡大地)가 이 도량(道場)이요, 진대지가 이 정토(淨土)란 무슨 뜻인가?

삼라 만상, 이 모든 만물이 그 생명을 지속하며 그 형각을 유지하는 바탕인 천지는 그저 그 이상도 그 이하도 아니건마는 분별심으로 보면 좋은 땅 나쁜 땅, 비옥한 땅 척박한 땅, 문명한 땅 야만의 땅, 깨끗한 땅 더러운 땅이 있을 수 있다.

그러나 번뇌 망상을 끊고 마음의 자유를 얻고 보면 어떤 경우든 진대지(盡大地) 그 자체가 청정 도량이요 서방 정토 극락이다.

'내 외'란?

내(內)는 육근(六根)으로서, 육식(六識)이 그 대상이 되는 육경(六境)에 대하여 인식 작용을 일으키는 여섯 가지 인식 기관, 즉 안근(眼根)·이근(耳根)·비근(鼻根)·설근(舌根)·신근(身根)·의근(意根)을 이르며,

외(外)는 육경(六境)으로서, 육식(六識)으로 인식하는 여섯 가지 대상인 색경(色境)·성경(聲境)·향경(香境)·미경(味境)·촉경(觸境)·법경(法境)을 이른다.

'중간'이란?

육식(六識)으로서, 육경(六境)의 대상을 육근(六根)에 의해 인식하는 여섯 가지 마음의 작용인 안식(眼識)·이식(耳識)·비식(鼻識)·설식(舌識)·신식(身識)·의식(意識)을 이른다.

내 외 중간에 털끝만한 죄상(罪相)도 찾아 볼 수 없다는 뜻은?

내(內)는 육근(六根)이요, 외(外)는 육경(六境)이며, 중간(中間)은 육식(六識)이라 할 수 있는바, 마음에도 죄성(罪性)이 없고 육신(肉身)에도 습성(習性)도 죄성(罪性)도 없으며 모든 인연에도 죄지을 악연이 없음을 이른다.

'불조의 참회, 대승의 참회'란?

공부인이 성심으로 참회 수도하여 적적 성성한 자성불을 깨쳐

마음의 자유를 얻고 보면, 천업(天業)을 임의로 하고 생사를 자유로 하여 취할 것도 없고 버릴 것도 없고 미워할 것도 없고 사랑할 것도 없어서, 삼계 육도(三界六途)가 평등 일미요, 동정 역순이 무비 삼매(無非三昧)라,

이러한 사람은 천만 죄고가 더운 물에 얼음 녹듯 하여 고도 고가 아니요, 죄도 죄가 아니며, 항상 자성의 혜광이 발하여 진대지가 이 도량이요, 진대지가 이 정토라 내·외·중간에 털끝만한 죄상(罪相)도 찾아볼 수 없는 지경에 이름을 말한다.

근래1343)에 자칭1344) 도인1345)의 무리1346)가 왕왕이1347) 출현1348)하여 계율1349)과 인과를 중히1350) 알지 아니하고 날로 자행 자지를 행하면서 스스로 이르기를 무애행(無碍行)1351)이라 하여 불문(佛門)1352)을 더럽히는1353) 일이 없지 아니하나니, 이것은 자성의 분별 없는 줄만 알고 분별 있는 줄은 모르는 연고라, 어찌 유무 초월의 참 도1354)를 알았다 하리요.

1343) 가까운 요즈음.
1344) (남에게) 스스로 자기를 일컬음.
1345) ①진리를 깨쳐 득도(得道)한 사람. ②부처·보살을 통틀어 일컫는 말. 불도(佛道)에 들어간 사람, 곧 출가한 수행자. 속계(俗界)를 버리고 선도(仙道) 등을 배우는 사람.
1346) 어떤 관계로 한데 모인 여러 사람. 도중(徒衆: 사람의 무리).
1347) 때때로. 이따금.
1348) (없던 것이나 숨겨져 있던 것이) 나타남.
1349) 지켜야 할 규율. 율법. 각 종파 내의 질서를 유지하기 위하여, 교단 당국이 설정한 규칙과 처벌 조항.
1350) 소중하게.
1351) 자성의 분별 없는 줄만 알고 분별 있는 줄은 몰라 계율과 인과를 중히 알지 아니하고 날로 자행 자지를 행하면서 불문(佛門)을 더럽히는 일. 또는 견성만으로써 공부를 다 한 줄로 알고, 견성 후에는 참회도 소용이 없고 수행도 소용이 없다고 생각하는 것.
1352) 부처의 가르침을 믿는 사람, 또는 그 사회.
1353) (더럽히다+는): 더럽게 하다. (행실이나 마음씨 따위를) 천하게 하고 추잡하게 하다. 도덕에 벗어난 데가 있게 하다.

'자칭 도인의 무리'란?

계율과 인과를 중히 알지 아니하고 날로 자행 자지를 행하면서 스스로 이르기를 무애행(無碍行)이라 하여 불문(佛門)을 더럽히는 일이 없지 않은 사람들이며,

또는 견성만으로써 공부를 다 한 줄로 알고 견성 후에는 참회도 소용이 없고 수행도 소용이 없다고 생각하는 사람들이다.

이것은 자성의 분별 없는 줄만 알고 분별 있는 줄은 모르기 때문이다.

'근래의 인심을 보면 공부 없이 도통(道通)을 꿈꾸는 무리가 곧 낮도깨비니라' 함은?

대종사 말씀하시기를

"근래의 인심을 보면 공부 없이 도통을 꿈꾸는 무리와, 노력 없이 성공을 바라는 무리와, 준비 없이 때만 기다리는 무리와, 사술(邪術)로 대도를 조롱하는 무리와, 모략으로 정의를 비방하는 무리들이 세상에 가득하여 각기 제가 무슨 큰 능력이나 있는 듯이 야단을 치고 다니나니, 이것이 이른 바 낮도깨비니라.

그러나, 시대가 더욱 밝아짐을 따라 이러한 무리는 발붙일 곳을 얻지 못하고 오직 인도 정의의 요긴한 법만이 세상에 서게 될 것이니, 이러한 세상을 일러 대명 천지(大明天地)라 하나니라[1355]."

'왕왕이'는 '왕왕'으로 바로 잡아야

'왕왕(往往)'에 붙어 있는 '이'는 '자음으로 끝난 일부 용언의 어근 뒤에 붙어, 그 형용사를 부사로 바꾸는 구실을 하는 접미사'다.

1354) 유무 초월의 참 도: 자성의 분별 없는 줄도 알고 분별 있는 줄도 아는 것.
1355) 대종경, 제14 전망품(展望品), 9장, p.381.

그러나 '왕왕' 자체가 '때때로·이따금'의 뜻을 나타내는 부사이므로 '이'를 붙일 필요가 없다.

만약 '이'를 붙여 '왕왕이'로 쓰면 부사를 부사로 만드는 격이 되고, 더구나 '왕왕'은 형용사가 아니라 부사이므로 어법에 맞지 않다.

'무애행(無碍行)'이란?

자성의 분별 없는 줄만 알고 분별 있는 줄은 몰라 계율과 인과를 중히 알지 아니하고 날로 자행 자지를 행하면서 불문(佛門)을 더럽히는 일이거나,

또는 견성만으로써 공부를 다 한 줄로 알고, 견성 후에는 참회도 소용이 없고 수행도 소용이 없다고 생각하는 것이다.

자칭 도인이라고 하면서 계율과 인과를 중히 알지 아니하고 자행 자지하면서 불문을 더럽히는 일이 있게 되는 원인은 무엇인가?

자성의 분별 없는 줄만 알고 분별 있는 줄은 모르기 때문이다.

또는, 견성만으로써 공부를 다 한 줄로 알고, 견성 후에는 참회도 소용이 없고 수행도 소용이 없다고 생각하기 때문이다.

그러나 비록 견성은 하였다 할지라도 천만 번뇌와 모든 착심이 동시에 소멸되는 것이 아니요 또는 삼대력(三大力)을 얻어 성불을 하였다 할지라도 정업(定業)은 능히 면하지 못하는 것이니, 마땅히 이 점에 주의하여 사견(邪見)에 빠지지 말며 불조의 말씀을 오해하여 죄업을 경하게 알지 말아야 한다.

자성의 분별없는 줄만 알고 분별 있는 줄은 모른다는 말은?

사람의 성품은 정한즉 무선 무악하고 동한즉 능선 능악한 줄 모르는 것과 같으며, 심지는 원래 요란함·어리석음·그름이 없는 줄

(대 자리, 진공, 불변 자리)만 알고, 경계를 따라 요란한·어리석음·그름이 있어지는 줄(소 자리와 유무 자리, 묘유, 변하는 자리)은 모르는(수용하지 못하는, 있어진 그대로 신앙하지 못하는) 것을 이른다.

'유무 초월의 참 도'란?

자성의 분별 없는 줄도 알고 분별 있는 줄도 아는 것이다.

또는, 견성[1356]만으로써 공부를 다 한 줄로 알고, 견성 후에는 참회도 소용[1357]이 없고 수행도 소용이 없다고 생각하는 사람이 많으나, 비록 견성은 하였다 할지라도 천만 번뇌와 모든 착심[1358]이 동시에 소멸[1359]되는 것이 아니요 또는 삼대력(三大力)을 얻어 성불[1360]을 하였다 할지라도 정업(定業)[1361]은 능히 면하지 못하는 것이니, 마땅히 이 점에 주의하여 사견(邪見)[1362]에 빠지지[1363] 말며 불조[1364]의 말씀을 오해[1365]하여 죄업을 경하게[1366] 알지 말지니라[1367].

1356) ①모든 망념과 미혹을 버리고 자기 본디의 타고난 불성(佛性)을 깨달음을 이르는 말. ②각자의 마음이 일원상과 같이 원만 구족(圓滿具足)하고 지공 무사(至公無私)한 줄 깨닫는 것. 자기의 성품이 원래 분별성과 주착심이 없는 줄 깨닫는 것. 자기의 성품이 정한즉 무선 무악(無善無惡)하고, 동한즉 능선 능악(能善能惡)한 줄 아는 것. 자성의 분별 없는 줄도 알고 분별 있는 줄도 아는 것.
1357) 쓸 곳. 또는 쓰이는 바.
1358) 주착(집착)하는 마음.
1359) 사라져 없어짐.
1360) 모든 번뇌에서 해탈하여 불과(佛果: 불도를 수행함으로써 얻은 좋은 결과)를 이룸. 곧, 부처가 됨.
1361) 육도 사생이 몸과 마음으로 지어 놓은 업. 이미 행동하여 업보(業報)가 결정된 것.
1362) 요사(요망스럽고 간사함)스런 생각이나 바르지 못한 의견.
1363) (빠지다+지): 무슨 일에 마음을 빼앗기어 헤어나지 못하다.

'견성'이란?

모든 망념과 미혹을 버리고 자기 본디의 타고난 불성(佛性)을 깨닫는 것이며,

각자의 마음이 일원상과 같이 원만 구족(圓滿具足)하고 지공 무사(至公無私)한 줄 아는 것이며,

자기의 성품이 원래 분별성과 주착심이 없는 줄 깨닫는 것이며,

자기의 성품이 정한즉 무선 무악(無善無惡)하고 동한즉 능선 능악(能善能惡)한 줄 아는 것이며,

자성의 분별 없는 줄도 알고 분별 있는 줄도 아는 것이다.

'견성만으로써 공부를 다 한 줄로 알고, 견성 후에는 참회도 소용이 없고 수행도 소용이 없다고 생각하는 사람이 많으나'라 함은?

한 제자 여쭙기를

"견성 성불(見性成佛)이라 하였사오니 견성만 하면 곧 성불이 되나이까?"

대종사 말씀하시기를

"근기에 따라 견성하는 즉시로 성불하는 사람도 있으나 그는 드문 일이요, 대개는 견성하는 공보다 성불에 이르는 공이 더 드나

1364) ①불교의 개조(開祖)인 서가모니불. ②부처와 조사, 부처는 삼세 제불을 말하고, 조사는 역대 조사를 말한다. ③선종에서는 부처도 조사라 하고, 조사를 옛 부처라 하기도 하여, 부처와 조사를 구별하지 아니하고 동격으로 보는 경우가 많다. 불교의 모든 성현들.

1365) ①(어떤 표현을 다른 뜻으로) 잘못 이해함. ②(어떤 사실에 대하여) 그릇된 판단을 내림.

1366) (경하다+게): 가볍다. 대수롭지 아니하다.

1367) (말다+ㄹ지니라): 동사의 어미 '-지' 아래에 쓰이어 그 동작을 그만둔다는 뜻을 나타냄.

-ㄹ지니라: 모음으로 끝난 어간이나 높임의 '-시-'에 붙는, 문어투의 연결 어미로, '응당 그리(그러)할 것'임을 단정하여 장중(장엄하고 정중함)하게 말하는 뜻을 나타냄.

니라.

그러나, 과거에는 인지가 어두운 고로 견성만 하면 곧 도인이라 하였지마는 돌아오는 세상에는 견성만으로는 도인이라 할 수 없을 것이며, 거개(擧皆)[1368]의 수도인들이 견성만은 일찍이 가정에서 쉽게 마치고 성불을 하기 위하여 큰 스승을 찾아다니며 공을 들이리라[1369]."

대종사 말씀하시기를

"수도(修道)하는 사람이 견성을 하려는 것은 성품의 본래 자리를 알아, 그와 같이 결함 없게 심신을 사용하여 원만한 부처를 이루는 데에 그 목적이 있나니,

만일 견성만 하고 성불하는 데에 공을 들이지 아니한다면 이는 보기 좋은 납 도끼와 같아서 별 소용이 없나니라[1370]."

대종사 말씀하시기를

"견성(見性)이라 하는 것은 비하건대 거부 장자가 자기의 재산을 자기의 재산으로 알지 못하고 지내다가 비로소 알게 된 것과 같고,

솔성(率性)이라 하는 것은 이미 자기의 소유인 것을 알았으나 전일에 잃어버리고 지내는 동안 모두 다른 사람에게 빼앗긴 바 되었는지라 여러모로[1371] 주선(周旋)[1372]하여 그 잃었던 권리를 회복함과 같나니라[1373]."

왜 성불을 하였다 할지라도 정업(定業)은 능히 면하지 못하는가?

"정업(定業)을 면치 못한다." 함은, "이미 정해진 업에 대하여는

1368) 거의 모두. 대부분.
1369) 대종경, 제7 성리품(性理品), 23장, p.264.
1370) 대종경, 제7 성리품(性理品), 7장, p.259.
1371) 여러 방면으로.
1372) 일이 잘되도록 두루 힘씀.
1373) 대종경, 제7 성리품(性理品), 8장, p.259.

죄복을 주는 권능이 상대방에게 있기 때문에 한 번 결정된 업은 면할 도리가 없이 받게 된다는 말씀이다1374)."라고 하셨다.

대종사님께서는

"정당한 법을 가지고 자비 제도하시는 부처님의 능력으로도 정업(定業)을 상쇄(相殺)1375)하지는 못하고, 아무리 미천(微賤)1376)한 중생이라도 죄로 복이 상쇄되지는 아니하나니라.

그러나, 능력 있는 불보살들은 여러 생에 받을 과보라도 단생에 줄여서 받을 수는 있으나 아주 없애는 수는 없나니라1377)."고 하셨다.

이미 지은 것을 면하지 못하고, 상쇄시키지 못한다면 정업(경계)을 대하게 되었을 때 그 정업을 어떻게 하면 줄일 수 있는 데까지 줄이고 받아들일 수 있는 만큼 잘 받아들이느냐가 중요하다.

그것이 내가 가장 쉽고도 직접적으로 할 수 있는 몫이다.

그 경계를 받아들이는 것은 그 받는 심경과 공부의 정도에 따라 천차 만별로 달라진다.

그렇게 하기 위해서 우리는 '경계를 대할 때마다 공부할 때가 온 것을 염두에 있지 말고 끌리고 안 끌리는 대중만 잡을 것(심지는 원래 요란함이 없건마는 경계를 따라 있어지나니, 그 요란함을 없게 하는 것으로써)이니라.'는 대종사님의 그 마음이 나와 하나 되도록 끝까지 놓지 않는 것이고,

또는 '성심으로 삼보(三寶) 전(前)에 죄과를 뉘우치며 날로 모든 선(善)을 행하고, 한편으로는 원래에 죄성(罪性)이 공한 자리를 깨쳐 안으로 모든 번뇌 망상을 제거'해 가는 사참(事懺)과 이참(理懺)을 쌍수(雙修)하여 밖으로 모든 선업을 계속 수행하는 동시에 안으로 자신의 탐·진·치를 제거하는 것이다.

사람이 만일 지극한 마음으로 수도하오면 정업이라도 가히 면할

1374) 정산 종사 법어, 제2부 법어(法語), 제14 생사편(生死篇), 3장, p.993.
1375) ①셈을 서로 비김. ②상반되는 것이 서로 영향을 주어 효과가 없어지는 일.
1376) 신분·지위 따위가 하찮고 천하다.
1377) 대종경, 제5 인과품(因果品), 8장, p.221.

수 있겠나이까?

대종사 말씀하시기를

"이미 정한 업은 졸연(猝然·卒然)[1378] 면하기가 어려우나 점진적으로 면해 가는 길이 없지 아니하나니,

공부하는 사람이 능히 육도 사생의 변화되는 이치를 알아서 악한 업은 짓지 아니하고 날로 선업을 지은즉 악도는 스스로 멀어지고 선도는 점점 가까워질 것이며,

혹 악한 인연이 있어서 나에게 향하여 옛 빚을 갚는다 하여도 나는 도심으로 상대하여 다시 보복할 생각을 아니한즉 그 업이 자연 쉬어질 것이며,

악과를 받을 때에도 마음 가운데 항상 죄업이 돈공한 자성을 반조하면서 옛 빚을 청산하는 생각으로 모든 업연을 풀어간다면 그러한 심경에는 천만 죄고가 화로에 눈 녹듯 할 것이니,

이것은 다 마음으로 그 정업을 소멸시키는 길이요, 또는 수도를 잘한즉 육도 세계에 항상 향상의 길을 밟게 되나니,

어떠한 악연을 만날지라도 나는 높고 그는 낮으므로 그 받는 것이 적을 것이며, 덕을 공중에 쌓은즉 어느 곳에 당하든지 항상 공중의 옹호를 받는지라,

그 악연이 감히 틈을 타서 무난히 침범하지 못할지니, 이는 위력으로써 그 정업을 경하게 하는 것이니라[1379]."

참회의 결과는?

"사참의 결과는 첫째는 악업이 날로 소멸(消滅)[1380]됨이요, 둘째는 선업이 날로 증장(增長)[1381]됨이요, 셋째는 세간(世間)[1382] 복이

1378) 어떤 일의 상태가 갑작스럽게.
1379) 대종경, 제5 인과품(因果品), 9장, p.222.
1380) 사라져 없어짐.
1381) 늘고 더함.

계속됨이며,

　이참의 결과는 육도 일미1383)의 극락을 수용하게 됨이니라1384)."

1382) ①세상. ②중생이 서로 의지하며 살아가는 세상. 속세(俗世).
1383) '삼계 육도가 평등일미'라는 뜻(六道一味). 수행인이 성심으로 참회 수도
　　　하여 적적성성한 자성불을 깨쳐 마음의 자유를 얻고 보면 천업(天業)을
　　　임의로 하고 생사를 자유로 하여, 취할 것도 없고, 버릴 것도 없고, 미워
　　　할 것도 없고, 사랑할 것도 없는 경지를 얻게 된다. 깨치지 못한 중생의
　　　입장에서는 육도 세계가 차별 세계이나, 적적성성하게 깨친 자성불의 입
　　　장에서는 육도 세계의 차별이 없으므로 어느 세계에 처하든, 처한 그대
　　　로가 평등의 세계 즉 평등일미라는 말이다.
1384) 정산 종사 법어, 제2부 법어(法語), 제6 경의편(經義篇), 33장, p.849.

제9장 심고와 기도 (心告-祈禱)

심고와 기도란?

심고(心告)란 진리 앞에 마음속으로 품은 생각을 고백(마음속에 숨기고 있던 것을 털어놓음)하는 것, 사은 전에 고백한 마음 그대로 이루어지도록 원을 세우는 것이며,

기도(祈禱)는 바라는 바가 이루어지기를 법신불 전에 비는 것이다.

그러므로 심고 없는 기도가 있을 수 없고, 기도 없는 심고 또한 이루어질 수 없다.

심고, 기도, 또는 기도와 심고라고 하지 않고 왜 심고와 기도인가?

심고와 기도를 들이는 목적은 원하는 바를 이루고 낙있는 생활을 하기 위함이다.

이를 위해서는 (일원상의) 진리 앞에 마음속에 품은 생각(소회)을 숨김없이 털어놓는 심고만 해서도 안 될 것이며,

또는 바라는 바가 이루어지도록 빌기만 하는 기도만 해서도 안 될 것이며,

또는 심고와 기도의 순서를 바꾸어, 즉 마음속에 품고 있는 것을 털어놓는 심고는 뒷전으로 미루고, 원하는 것이 이루어지기를 비는 기도를 먼저 해서도 안 될 것이다.

반드시 심고를 먼저 하고, 이어 기도를 해야 한다.

그러므로 심고와 기도를 할 때에는 미처 털어놓지 못하고 마음속에 품고 있는 것을 진리 앞에 다 드러내 놓아야 한다.

그런 다음에 원하는 바가 이루어지도록 지성이면 감천으로 정성으로써 계속하여 비는 것이다.

그래야 진리의 혜광이 그 드러낸 마음을 비출 것이며 그 비는 (자성의 혜광이 비추기를 열망하는) 마음과 만나 진리의 조화가

일어나고, 결국에는 원하는 바를 이루고 사은의 위력을 얻어 낙있는 생활을 하게 될 것이다.

따라서 심고와 기도는 신앙과 수행이 동시이듯 절대로 떨어질 수 없는, 즉 서로서로 도움이 되고 바탕이 되는 '자력과 타력'과 같은 관계임을 알 수 있다.

일반적으로 '심고와 기도'라고 하지 않고 그냥 심고라든지 또는 기도라고 하면, 그 의미 속에는 이와 같은 '심고와 기도'의 뜻이 각각 포함되어 있다고 보는 편이 타당하다.

'심고와 기도'가 왜 '참회문' 다음에 왔는가?

농부가 밭에 씨를 뿌리려면 묵은 땅을 갈아엎고 평평하게 고른 뒤에 새 씨앗을 뿌리듯, 우리의 심전(心田)도 사심 없는 새 원을 세우고자 할 때 마음에 남아 있는 사심(요란함·어리석음·그름)을 다 털어내야 한다.

이와 같이 묵은 것을 청산하는 것이 참회문이라면, 새롭게 원을 세우는 것이 '심고와 기도'다.

그러므로 '심고와 기도'가 '참회문' 다음에 오는 것은 지극히 당연하고 자연스런 이치다.

사람이 출세1385)하여 세상을 살아가기로1386) 하면 자력(自力)1387)과 타력1388)이 같이 필요1389)하나니 자력은 타력의 근본1390)이 되고 타력은 자력의 근본이 되나니라1391).

1385) (숨어 있던 사람이) 세상에 나옴. 부처나 보살이 중생을 제도하기 위하여 사바 세계에 나타남.
1386) -기로: [용언의 어간 또는 시제의 '-았(었)-'·'-겠-'이나 높임의 '-시-' 등에 붙어] 까닭이나 조건의 뜻을 나타내는 연결 어미.
1387) 자기 자신이 가지고 있는 힘. 다른 사람에게 의지하지 않고 자기 스스로 세상을 살아갈 수 있는 힘. 타력의 근본이 됨.
1388) 자기 자신의 힘이 아닌 다른 사람의 힘이나 어떤 대상의 힘. 자기 스스

'사람이 출세하여 세상을 살아가기로 하면'이란?

우리는 보통 사람이 출세한다고 하면 세상에 태어나는 것, 열심히 노력하여 성공하는 것을 말하기 쉽다.

그러나 이와 같이 국한된 뜻이라기보다는 경계를 따라 육근 동작이 이루어지는 모든 상황이다. 즉 우리의 일상 상황 자체가 사람이 출세하여 세상을 살아가는 것이다.

아침에 일어나 식구를 대하는 것, 친구를 만나는 것, 은행에 가는 것, 운전하는 것, 직장 동료와 일하는 것, 사람이 태어나 생·로·병·사의 이치를 따라 살아가는 것 등 모든 일들이 사람이 출세하여 세상을 살아가는 부분이며 전체다. 즉 삶(세상을 살아가는 것) 자체가 출세(出世)하는 것이다.

자력(自力)과 타력의 관계는?

자력(自力)과 타력이 같이 필요하며, 자력은 타력의 근본이 되고 타력은 자력의 근본이 된다.

"자력과 타락은 서로 떠날 수 없는 관계를 가지고 있는바, 혹은 타력에만 편중하여 신앙만 하면 되는 것으로 고집하는 사람도 있고, 혹은 자력에만 편중하여 마음이 곧 부처니 계율과 인과가 필요 없다는 사람도 있나니, 이 두 가지가 다 과불급을 면치 못한 것이니라.

부처님(佛)을 믿는 것도 깨닫고 행하신 인격 부처님을 믿는 것은 타력이요, 자기의 마음이 곧 부처인 진리임을 알아서 부처와

로가 발휘할 수 있는 힘이 아니라 다른 어떤 대상이 갖고 있거나 나타내는 힘. 자력의 근본이 됨.
1389) 꼭 소용(쓸 데)이 있음.
1390) 사물의 본질(본디부터 가지고 있는 사물 자체의 성질이나 모습, 사물이나 현상을 성립시키는 근본적인 성질)이나 본바탕.
1391) '-느니라'의 예스러운 표현으로 해라할 자리에 쓰여, 진리나 으레 있는 사실을 가르쳐 줌을 나타내는 종결 어미.

합일된 자심불을 닦아 나가는 것은 자력이며,

법(法)을 믿는 것도 부처님이 깨달은 경지에서 밝혀 놓은 법을 믿는 것은 타력이요, 자기의 마음의 심법을 알아 일거수 일투족이 법에 맞게 행하는 것은 자력이며,

승(僧)을 믿는 것도 도문의 스승들을 믿는 것은 타력이요, 자기의 참된 양심을 발견하여 그대로 행함은 자력이니,

이와 같이 자력과 타력을 겸하여 신앙하고 수행하여야 자타가 서로 힘을 합하여 원만한 성공을 보게 되리라[1392]."

자력(自力)과 타력은 왜 다 같이 필요한가?

자력과 타력은 따로따로 떨어져서는 힘을 제대로 쓸 수 없다. 일시적으로 괜찮을지는 모르나, 혼자서는 존재할 수 없다.

자력은 타력의 근본이 되고 타력은 자력의 근본이 되어 서로서로 도움이 되고 바탕이 되는 상부 상조, 상생 상화의 관계를 이루고 있기 때문에 바늘 가는 데 실 가듯이 항상 다 같이 필요한 것이다.

자력은 어디서 오고 타력은 어디서 오는가?

사은의 은혜로부터 온다. 우리는 사은의 도움 없이는 한시도 살아갈 수 없다.

사은의 은혜가 자력이 되고 타력이 되어 서로서로에게 없어서는 안 될 관계를 맺고 있다.

1392) 정산 종사 법어, 제2부 법어(法語), 제7 권도편(勸道篇), 12장, p.871.

1393) (자신하다+ㄹ): 어떤 일을 해낼 수 있다거나 어떤 일이 꼭 그렇게 되리라는 데 대하여 스스로 굳게 믿다. -ㄹ: 모음으로 끝난 어간이나 높임의 '-시-'에 붙는, 관형사형 전성 어미로 추측·의지·가능성 등의 속뜻을 지니면서 미래 시제를 나타냄.

1394) (만하다+ㄴ): [어미 '-ㄹ·-을' 아래에 쓰이어] 동작이나 상태 등이 '거의 그 정도에 미치어 있음'을 뜻함.

1395) (만나다+ㅁ): 어떤 인연으로 관계를 맺게 되다.

1396) ('이다'의 어간, 받침 없는 형용사 어간, 'ㄹ' 받침인 형용사 어간 또는 어미 '-으시-' 뒤에 붙어) (예스러운 표현으로) 앞 절의 상황이나 상태가 뒤 절의 행위나 상황에 대하여 이유나 원인이 됨을 나타내는 연결 어미.

그러므로, 자신할1393) 만한1394) 타력을 얻은 사람은 나무 뿌리가 땅을 만남1395)과 같은지라1396), 우리는 자신할 만한 법신불(法身佛) 사은의 은혜1397)와 위력1398)을 알았으니1399), 이 원만한 사은1400)으로써1401) 신앙의 근원1402)을 삼고1403)

즐거운1404) 일을 당할1405) 때에는1406) 감사1407)를 올리며1408), 괴로운1409) 일을 당할 때에는 사죄1410)를 올리고, 결정1411)하기 어려운1412) 일을 당할 때에는 결정될 심고와 혹은 설명 기도를 올리며, 난경1413)을 당할 때에는 순경1414)될 심고와 혹은 설명 기도를 올리고, 순경을 당할 때에는 간사1415)하고 망녕1416)된 곳으로 가지 않도록 심고와 혹은 설명 기도를 하자는 것이니, 이 심고와 기도의 뜻을 잘 알아서 정성1417)으로써 계속1418) 하면 지성1419)이면 감천1420)으로 자연히1421) 사은의 위력을 얻어 원하는 바를 이룰 것이며 낙있는 생활을 하게 될 것이니라.

1397) 자연이나 남에게서 받은 고마운 혜택(은혜와 덕택).

1398) 위대한 힘. 뛰어난 힘.

1399) 앞말이 뒷말의 원인이나 근거, 전제 따위가 됨을 나타내는 연결 어미.

1400) 이 원만한 사은: 법신불 사은.(그러므로 법신불이 가장 원만하다.)

1401) 받침이 없거나 ㄹ 받침으로 끝나는 체언에 쓰이어, '……을 가지고'의 뜻을 나타내는 부사격 조사. '으로'와 같으나, 이유·수단·조건이 더 확실함을 뜻함. [받침 밑에서는 매개 모음 '으'가 들어감.]

1402) 어떤 일이 생겨나는 본바탕.

1403) (삼다+고): 무엇(법신불 사은)을 무엇(신앙의 근원)으로 하거나 무엇(신앙의 근원)으로 여기다.

1404) (즐거우+ㄴ): '즐겁다(사뭇 기쁘거나 마음에 흐뭇하다)'의 변칙 어간.

1405) (당하다+ㄹ): 처하다(어떤 처지에 놓이다). 일을 만나다. 겪다.

1406) -에는: 부사격 조사 '-에'에 보조사 '는'이 붙어, 강조 또는 보조의 뜻을 나타내는 말. 여기서 '-에'는 체언에 붙는 부사격 조사로 공간적·시간적 위치를 나타냄.

1407) 고마움. 고맙게 여김.

1408) (올리다+며): 윗사람에게 드리거나 바치다.

1409) (괴로우+ㄴ): 몸이나 마음이 편하지 않고 고통스럽다. 힘들고 어렵다. -로운(-로우+ㄴ): '-롭-'의 변칙 어간. 여기서 '-롭'은 모음으로 끝난 일부 명사나 관형사에 붙어, '그러하다', 또는 '그럴 만하다'의 뜻을 나타내는 형용사를 만듦.

'자신할 만한 타력'이란?

법신불(法身佛) 사은, 곧 법신불 일원상(일원상의 진리)이다[1422]. 지금 여기서(현하) 만나는 모든 인연들(사람, 사물, 일, 환경 등)이 다 자신할 만한 타력이다.

따라서 자신할 만한 타력을 얻은 사람은 나무 뿌리가 땅을 만남과 같다.

'나무 뿌리가 땅을 만남과 같은지라' 함은?

자력과 타력의 관계를 말한다.

즉 자력은 타력의 근본이 되고 타력은 자력의 근본이 되듯 나무 뿌리와 땅은 서로서로 도움이 되고 바탕이 되어 은혜의 관계를 이루고 사는 공동 운명체다.

'우리는 자신할 만한 법신불(法身佛) 사은의 은혜와 위력을 알

1410) 자신이 지은 죄에 대하여 용서를 빎.
1411) 결단(딱 잘라 결정하거나 단안을 내림)을 내려 확정(확실하게 정함)함, 또는 그 확정한 것이나 내용.
1412) (괴로우+ㄴ): 몸이나 마음이 편하지 않고 고통스럽다. 힘들고 어렵다.
1413) ①어려운 처지. 뚫고 나가기 어려운 상황. ②괴로운 일을 당할 때 또는 결정하기 어려운 일을 당할 때.
1414) ①환경이 좋거나 하여, 마음 먹은 일이 뜻대로 잘 되어 나가는 경우. ② 즐거운 일을 당할 때.
1415) 성질이 능갈치고(능청스럽게 잘 둘러대는 재주가 있다.) 행실이 바르지 못함. 간교(간사하고 교활함)하고 바르지 못함.
1416) 허망하고 부질없는 말과 행동(言行). 평범하지 못하고 어긋나는 행위. 망령(妄靈: 늙거나 정신이 흐리어 말이나 행동이 정상적인 상태가 아님, 또는 그러한 말이나 행동)이라고도 함.
1417) 온갖 성의(정성스러운 마음. 참된 마음)를 다하려는 참되고 거짓이 없는 마음.
1418) 끊이지 아니하고 잇대어 나감.
1419) 정성이 지극함, 또는 그러한 정성. 정성으로써 계속함.
1420) 지극한 정성에] 하늘이 느끼어 감동함.
1421) 저절로. 자연적으로.
1422) 일원상의 내역이 사은이므로 '법신불 사은'이 곧 '법신불 일원상'이다.

았으니'라 함은?

법신불(法身佛) 사은의 은혜와 위력은 지성이면 감천으로 자신할 만한 타력인 법신불 사은으로부터 자연히 얻게 되는 결과다. 이제라도 은혜의 소종래를 알았다는 것이 더없이 소중하다.

마음으로 잠깐 고하는 것이 무슨 위력이 있을까 싶지마는

"그대들은 조석 심고를 올릴 때에 우주의 진리와 자신이 부합이 되어 크게 위력을 얻을 수 있다는 확고한 신념이 서 있는가?

얼른 생각에는 마음으로 잠깐 고하는 것이 무슨 위력이 있을까 싶지마는 우리가 마음으로 생각하는 것이 다 허공 법계에 스며드나니, 그대들은 심고할 때 뿐 아니라 언제나 마음의 움직임에 주의하며, 조석 심고를 일심으로 드리는 것이 큰 공부가 되고 큰 위력이 있음을 잊지 말라.

동란을 우리가 무사히 넘긴 것은 우리 대중이 일심으로 심고 올린 위력에도 크게 힘입었나니, 우리가 낯 없는 마음으로 남을 위하고 상 없는 마음으로 공부하면 그 기운으로 교단이나 나라나 세계가 큰 위력을 얻을 수 있나니라[1423]."

사은의 위력에 두 가지가 있으니

"사은의 위력에 두 가지가 있으니,

하나는 현실로 나타나는 위력인바, 사은의 보은 조목을 일일이 실행하면 얻어지는 복락으로서 농부가 농사에 불공을 잘하여 많은 수확을 얻는 것 등이요,

둘은 무형한 진리를 통하여 나타나는 위력인바, 일심으로 드린 심고와 기도의 결과로 나타나는 것으로서 백지 혈인의 이적과 같

1423) 정산 종사 법어, 제2부 법어(法語), 제5 원리편(原理篇), 31장, p.828.

은 것 등이다[1424]."

'이 원만한 사은'이란?

법신불 사은이다. 그러므로 법신불이 가장 원만하다.

근원은 '어떤 일이 생겨나는 본바탕'이다.

'어떤 일이 생겨나는 본바탕'이라 일컬을 수 있는 것은 '우주 만유의 본원'이요, '일원상의 진리'인 법신불 일원상(사은)이다.

신앙의 근원이란 무엇인가?

신앙의 대상으로 삼고 있는 그 무엇이다.

그 무엇은 곧 '일원상의 진리'인 '법신불 일원상'이다(일원상의 수행, 교법의 총설 참조).

일원상의 내역이 곧 사은이므로 신앙의 근원은 이 원만한 법신불 사은(일원상의 진리)이 될 수밖에 없다.

삼는다는 것은 무엇인가?

'삼다'의 뜻은 '무엇(법신불 사은)을 무엇(신앙의 근원)으로 하거나 무엇(신앙의 근원)으로 여기다'이다.

자신할 만한 법신불(法身佛) 사은으로써 신앙의 근원을 삼으면 경계를 대할 때마다 어떻게 달라지는가?

법신불(法身佛) 사은으로써 신앙의 근원을 삼으면 든든한 후원자가 항상 나와 함께 있는 것이므로 즐거운 일을 당할 때에는 감사를 올리게 되고,

괴로운 일을 당할 때에는 사죄를 올리게 되며,

결정하기 어려운 일을 당할 때에는 결정될 심고와 혹은 설명 기도를 올리게 되고,

난경을 당할 때에는 순경될 심고와 혹은 설명 기도를 올리게 되며,

1424) 한 울안 한 이치에, 제1편 법문과 일화, 제3장 일원의 진리, 8절, p.64.

순경을 당할 때에는 간사하고 망녕된 곳으로 가지 않도록 심고와 혹은 설명 기도를 하게 된다.

즐거운 일을 당할 때에는 왜 감사를 올리라고 하시는가?

즐겁다고 좋아만 할 것이 아니라, 내가 즐거운 줄 참으로 아는 것이 즐거운 일이다.

이때 즐거움의 근원이 무엇인가를 발견하여 그 근원에 감사를 올림으로써 사은의 은혜에 보은하게 되고, 또한 나의 좋은 점을 보다 발전시킬 수 있는 계기가 된다.

내가 노력하여 즐거운 일이 생겼다 할지라도 사은의 감응이 없었다면 즐거운 일은 있을 수 없는 일이므로 피은된 바를 깊이 알아 보은하자는 것이며,

또는 간사하고 망녕된 마음(사심)이 생기지 않도록 겸허한 마음을 길러 천하(가족·이웃·직장·사회·국가·세계)가 다 같이 즐거움을 누리는 동시에 끊임없이 즐거움이 올 수 있도록 자신할 만한 법신불 사은의 은혜와 위력이 나투어지기를 기원하자는 것이다.

괴로운 일을 당할 때에는 왜 사죄를 올리라고 하시는가?

그 경계에 따라 일어나는 일이 왜 괴로운 일이 되었고, 어떻게 처리해야 할 줄 모르기 때문에 괴로운 것이다.

이때는 '내게 왜 이런 일이 생겼나. 내가 뭘 잘못했고, 무슨 죄를 지었느냐'고 원망하고 괴로워만 할 것이 아니라, '앗, 경계구나! 공부할 때구나! 진리의 작용이구나!' 하고 괴로운 상태를 있어진 그대로 수용하는 것이 내가 할 일이다.

이것이 참으로 괴로운 일인 줄 아는 것이며, 괴로운 줄 알게 되면 자연히 법신불 전에 사죄를 올리지 않을 수 없게 된다.

이처럼 괴로운 일은 어느 누구의 탓도 아닌 나의 허물과 부족함

으로 인해 나타나는 것임을 인정하고, 그 근원이 무엇인가를 찾아보면 반드시 드러나게 된다.

내가 괴롭지만 그 괴로움은 내게만 그치고 마는 것이 아니라, 나와 맺어진 인연들에게도 그 여파가 미치게 되므로 법신불 사은 전에 먼저 사죄와 참회를 올리는 것은 지극히 당연한 도리인 동시에, 사죄를 올림으로써 괴로움을 헤쳐 나갈 결심과 각오가 더욱 굳어지고 세워지게 되어 다시는 그런 일이 생기지 않도록 근원적으로 연구 분석하여 합리적인 해결 방법을 강구하게 된다.

그러므로 괴로운 일을 당할 때에는 심고와 기도로써 사죄를 올리고, 사은의 은혜와 위력을 비는 것이다.

이렇게 함이 자성의 정·혜·계를 세우는 것이며, 일원의 체성에 합하도록까지 서원하고 일원의 위력을 얻도록까지 서원하는 것이다.

결정하기 어려운 일을 당할 때에는 왜 결정될 심고와 혹은 설명 기도를 올리라고 하시는가?

결정하기 어려운 일을 당할 때에는 결정하려고 또는 결정되지 않는다고 애를 태운다 해도 속시원하게 해결되지 않는다.

이때에는

'경계구나!'

'공부할 때구나!

'내게 결정하기 어려운 일이 생겼구나!'

하고 느끼면 결정될 심고와 혹은 설명 기도를 자연히 올리게 된다.

그리고 법신불 사은님께 온통 맡기고 한 발 물러난 심정에서 자신과 처한 상황을 관찰할 필요가 있다.

이는 진리에 어긋남이 없는 결정을 얻기 위함이다.

또한 이런 경계를 당하게 되면 처음부터 법신불 사은 전에 매달리기만 할 것이 아니라, 자신의 심경과 가졌던 마음을 분별성과 주착심 없이, 온통 숨김없이 털어놓고 응용 무념한 원래 마음으로 돌아가 여러 가지 문제들을 합리적으로 분석·검토하고 공정하게 판단해 보되, 그래도 해결되지 않으면 동지나 스승님께 문답하고 감정 얻기를 주저하지 말아야 한다.

이렇게 하면서 심고와 기도를 올릴 때마다 모든 것을 진리에게 맡기고 개인·가정·사회·국가·교단·세계를 위해 지극히 공정하고, 지극히 순리 자연하고, 광대 무량하고, 응용 무념한 길로 나아갈 수 있기를 기원하고 기도를 올린 후, 청정한 마음에서 떠 오른 첫 생각으로 결정하되, 두세 차례 그렇게 해 본 뒤에도 같은 결과가 나오면 그렇게 결정하여 추진하고, 이 결정은 오직 진리와 상통한 심경에서 스스로 결정한 것이므로 성패 여부는 진리에게 맡기고 오직 성심 성의껏 노력하고 또 노력해야 한다.

난경을 당할 때에는 왜 순경될 심고와 혹은 설명 기도를 올리라고 하시는가?

난경을 난경인 줄 알고 신앙하면, 자연히 순경될 심고와 혹은 설명 기도를 올리게 된다.

이 마음은 자신을 온통 드러내는 참회며, 자연히 난경을 헤쳐나갈 수 있게 되기를 염원하는 공을 들이게 된다.

이것이 순경될 심고와 혹은 설명 기도를 올리는 것이다.

당장에는 아무리 난경에 처해 있다 할지라도 자포자기하지 않고 희망을 잃지 않는 이는 진보가 있으리라

6.25동란 중 처음 맞는 원조(元朝)[1425]에 말씀하시기를
"새해를 맞아 믿음을 더욱 굳게 하라.

복과 죄는 다 나 자신이 짓고 받나니 먼저 나 자신을 옳게 믿으며, 허공은 소리 없고 냄새도 없으나 속일 수 없고 어길 수도 없

[1425] 새해 아침(元朝). 6.25동란 중 처음 맞는 새해 아침이므로 1951년이다.

는 위력이 있나니 이 진리를 철저히 믿고 받들라.

또는 희망을 잃지 말라.

영원한 세상을 통해 볼 때에 당장에는 아무리 난경에 처해 있다 할지라도 자포자기하지 않고 희망을 잃지 않는 이는 여진1426)이 있고 진보가 있으리라.

또는 평화한 마음을 놓지 말라.

평화를 먼 데서 구할 것이 아니라, 가까운 내 마음 가운데서 먼저 구하라. 어떠한 난경에 들었다 하여도 평화한 심경을 놓지 아니하여야 앞으로 세상에 평화를 불러오는 주인이 되리라1427)."

'순경을 당할 때에는 왜 간사하고 망녕된 곳으로 가지 않도록' 이라 함은?

순경을 당할 때에는 지금 이때가 '순경이구나!' 알아야 한다.

순경인 줄 모르면 그 늪에 빠져 간사하고 망녕1428)된 언행을 할 수 있다. 즉 일이 잘 되면 사은의 은혜는 잊어버리고 내가 잘하고 잘나서 잘된 줄 아는 경우가 있다.

그러므로 이 순간이 순경인 줄 참으로 알게 되면 자연히 난경을 대비하게 될 것이니, 간사하고 망녕된 곳으로 가지 않도록 자연히 심고와 혹은 설명 기도를 올리게 된다.

순경을 당할 때에는 왜 간사하고 망녕된 곳으로 갈 수 있는가?

간사한 것은 행실이 간교하고 바르지 못한 것이며, 망녕(妄佞)된 것은 평범하지 못하고 어긋나는 행위를 말한다.

순경을 당할 때까지의 마음가짐은 어떤가?

(정신·물질·육신에 대하여) 원하는 것이 있고, 그 원을 이루기

1426) 어떤 사건이나 사실이 끝난 뒤에 미치는 영향을 비유적으로 이르는 말.
1427) 정산 종사 법어, 제2부 법어(法語), 제3 국운편(國運編), 29장, p.796.
1428) 허망하고 부질없는 말과 행동.

위해 온갖 노력을 다하므로 마음이 간절하고 일심이 되어 다른 곳으로 흐를 겨를이 없다.

그러나 난경을 극복하고 정신·물질적으로 여유가 생기고 나면, 모든 게 제가 잘나서 된 줄 알고, 개구리가 올챙이 시절 잊어버린다고 그만 마음이 교만해지고 어리석어져서 사은에 배은하는 언행을 하는 수가 있다.

이러한 것을 일러 순경을 당하여 간사하고 망녕된 곳으로 간다고 하는 것이며, 난경을 돌파하고 나서 순경이 되었을 때 마음을 더욱더 챙겨야 하는 이유는 바로 이렇게 마음이 변화되는 이치가 있기 때문이다.

순경은 내 마음을 유혹하는 경계요, 역경은 내 마음에 거슬리는 경계요, 공경은 내 마음이 게을러진 경계니라

"공부인에게도 삼방면의 항마가 필요하나니, 그는 곧 순경과 역경과 공경(空境)의 세 경계라,

순경은 내 마음을 유혹하는 경계요, 역경은 내 마음에 거슬리는 경계요, 공경은 내 마음이 게을러진 경계니,

법강항마할 때까지는 방어에 주로 주력하고 항마 후에는 이 모든 경계를 노복처럼 부려 쓰나니라[1429]."

순경이면 간사하고 넘치는 데에 흐르지 않게 꿋꿋한 대중이 계속되어야 가히 큰 공부를 성취하리라

"보통 사람들은 어떠한 경계에 발심을 한 때에는 혹 하늘을 뚫는 신심이 나는 듯하다가도 시일이 좀 오래되면 그 신심이 까라지는[1430] 수가 있으며, 또는 없던 권리가 있어진다든지, 있던 권리가

[1429] 정산 종사 법어, 제2부 법어(法語), 제7 권도편(勸道編), 41장, p.881.
[1430] (까라지다+는): 기운이 빠져 축 늘어지다. 지치거나 힘이 빠져서 기운이 하나도 없는 상태를 일컫는 말.

없어진다든지, 불화하던 가정이 화락(和樂)1431)하게 되었다든지, 화락하던 가정이 불화하게 되었다든지 하는 등의 변동이 생길 때에 그 신심이 또한 변동되는 수가 있나니,

이러한 경계를 당할수록 더욱 그 신심을 살펴서 역경을 돌리어 능히 순경을 만들며, 순경이면 또한 간사하고 넘치는 데에 흐르지 않게 하는 꿋꿋한 대중1432)이 계속되어야 가히 큰 공부를 성취하리라1433)."

대도를 성취하려 하는데 순경이 역경만 못하나니

"대도를 성취하려 하는데 순경이 역경만 못한 것이다.

그러므로, 수도인은 순경이 올 때마다 무서운 독사를 만난 것같이 조심하는 것이다1434)."

"설산(雪山)이 역경이라면 화산(火山)은 순경이다.

설산에서 죽으면 시체라도 남으나, 순경인 화산에서 죽으면 다 타서 녹아버리므로 가루도 안 남는다.

그러므로 도인들은 부귀가나 왕궁가에 태어나기를 원하지 않는다1435)."

순경이 올 때에는 빚을 지는 때이니 마음에 항상 미안한 생각을 가지면 해탈의 도인이니라

"역경이 올 때에는 빚을 갚을 때이니 항상 반갑고 기쁜 마음으로 맞고, 순경이 올 때에는 빚을 지는 때이니 마음에 항상 미안한 생각을 가지면 이것이 인과(因果)에 토가 떨어진 사람이며 해탈 도인이다.

불보살들은 환난(患難)1436)을 당할 때 몇 생을 뛰어 오른다. 그

1431) 화평하고 즐거움.
1432) 어떠한 표준이나 기준.
1433) 대종경, 제10 신성품(信誠品), 4장, p.307.
1434) 대종경 선외록, 9. 영보도국장(靈寶道局章), 15장, p.70.
1435) 대산 종사 법문집, 제3집, 제3편 수행, 10. 설산과 화산, p.127.
1436) 근심과 재앙. 병란(兵亂).

리고 큰 힘을 쌓는다.

대종사님께서도 그리하셨고 정산 종사께서는 9년간이나 병중에 계셨으나 그 기간에 삼동윤리(三同倫理)를 내놓으셨다[1437]."

심고와 기도에서 알 수 있는 경계는?

즐거운 일을 당할 때 일어나는 즐거운 마음, 괴로운 일을 당할 때 일어나는 괴로운 마음, 결정하기 어려운 일을 당할 때 일어나는 곤혹스럽고 망설여지고 불안한 마음, 난경을 당할 때 일어나는 마음, 순경을 당할 때 일어나는 간사하고 망녕된 마음이다.

이들은 원래 없는 것이나 경계를 따라 요란함·어리석음·그름으로 나타난다.

'심고와 혹은 설명 기도를 하자는 것이니'라 함은?

심고와 기도의 종류와 이들을 하자는 뜻은 무엇인가?

그 종류는 즐거운 일을 당할 때에 올리는 감사, 괴로운 일을 당할 때에 올리는 사죄, 결정하기 어려운 일을 당할 때에 올리는 결정될 심고와 혹은 설명 기도, 난경을 당할 때에 올리는 순경될 심고와 혹은 설명 기도, 순경을 당할 때에 간사하고 망녕된 곳으로 가지 않도록 올리는 심고와 혹은 설명 기도를 말하며,

심고와 기도를 하자는 뜻은 심고와 기도의 뜻을 잘 알아서 정성으로써 계속하면 지성이면 감천으로 자연히 사은의 위력을 얻어 원하는 바를 이루며 낙있는 생활을 하게 되기 때문이다.

이 심고와 기도의 뜻을 잘 아는 것이란?

즐거운 일을 당할 때에 감사를 올리면 항상 즐거운 사은의 은혜

1437) 대산 종사 법문집, 제3집, 제7편 법훈(法訓), 147. 빚 갚을 때와 빚 질 때, p.369.

와 위력을 얻게 되는 줄 아는 것이며,

괴로운 일을 당할 때에 사죄를 올리면 괴로운 일을 해결하게 하는 사은의 은혜와 위력을 얻게 되는 줄 아는 것이며,

결정하기 어려운 일을 당할 때에 결정될 심고와 혹은 설명 기도를 올리면 결정되게 하는 사은의 은혜와 위력을 얻게 되는 줄 아는 것이며,

난경을 당할 때에 순경될 심고와 혹은 설명 기도를 올리면 순경되게 하는 사은의 은혜와 위력을 얻게 되는 줄 아는 것이며,

순경을 당할 때에 간사하고 망녕된 곳으로 가지 않도록 심고와 혹은 설명 기도를 올리면 간사하고 망녕된 곳으로 가지 않게 하는 사은의 은혜와 위력을 얻는 줄 아는 것이다.

경계를 대할 때마다 마음이 더욱 묶어지고 신앙이 더욱 깊어져 지면 낙 생활을 하게 되나니라

대종사 금강산을 유람하고 돌아오시어 대중에게 말씀하시기를 "내가 이번에 산에서 유숙한 여관의 주인이 마침 예수교인으로서 그 신앙이 철저하여 대단한 낙 생활을 하고 있기에 그의 경력을 물어보았더니, 그는 신앙 생활 삼십 여년에 자기의 생활상에 많은 풍파도 있었으나 그러한 굴곡을 당할 때마다 좋은 일이 돌아오면 하나님께서 사랑하여 주시니 감사하고 낮은 일이 돌아오면 저의 잘못을 경계하여 주시니 또한 감사하다 하여, 좋으나 낮으나 경계를 대할 때마다 마음이 더욱 묶어지고 신앙이 더욱 깊어져서 이렇듯 낙 생활을 하게 되었다고 하더라.

그런즉, 그대들도 각각 신앙 정도를 마음 깊이 대조하여 보라.

그 사람은 아직 타력 신앙에 그치어 진리의 근본을 다 더위잡지[1438] 못하였으나 그러한 생활을 하게 되었거든 하물며 자력신과 타력신을 병진하는 그대들로서 만일 파란곡절(波瀾曲折)[1439]에 조

1438) 더위잡다: 의지가 될 수 있는 든든하고 굳은 지반(地盤: 일을 이루는 기초나 근거가 될 만한 바탕)을 잡다.

금이라도 마음이 흘러간다면 그 어찌 바른 신앙이며 참다운 정성이라 하겠는가.

그대들은 같은 신앙 가운데에도 이 원만하고 사실다운 신앙처를 만났으니 마음을 항상 챙기고 또 챙겨서 신앙으로 모든 환경을 지배하는 할지언정 환경으로 신앙이 흔들리는 용렬(庸劣)1440)한 사람은 되지 말라1441)."

'지성이면 감천'이란?

지극한 정성에는 진리가 감응한다는 말로서, 자신할 만한 법신불 사은의 은혜와 위력을 얻는 것이다.

그러므로 심고와 기도의 뜻을 잘 알아서 정성으로써 계속하면 지성이면 감천으로 자연히 얻게 되는 사은의 위력은 원하는 바를 이루는 것이며 낙 있는 생활을 하는 것이다.

심고와 기도를 정성으로써 계속하면 어떤 결과가 오는가?

지성이면 감천으로 자연히 사은의 위력을 얻어 원하는 바를 이룰 것이며, 낙 있는 생활을 할 것이며, 이 심고와 기도의 뜻을 잘 알게 된다.

이렇게 되면 심고와 기도를 더욱 정성스럽게 드리게 되고, 심고와 기도의 생활화가 될 것이다.

심고하는 사람의 정성에 따라 무위 자연한 가운데 상상하지 못할 위력을 얻게 되는 것이라

1439) 사람의 생활이나 일의 진행에서 일어나는 여러 가지 어려움이나 시련. 또는 그런 변화.
1440) 사람이 변변하지 못하고 졸렬함. 변변하다: 됨됨이나 생김새가 흠이 없고 어지간하다. 졸렬: 옹졸(성질이 너그럽지 못하고 소견이 좁음)하고 천하여 서투름.
1441) 대종경, 제10 신성품(信誠品), 12장, p.310.

한 제자 심고의 감응(感應)1442)되는 이치를 여쭙거늘 대종사 말씀하시기를

"심고의 감응은 심고하는 사람의 정성에 따라 무위 자연한 가운데 상상하지 못할 위력을 얻게 되는 것이라,

말로써 이를 다 증거하기가 어려우나, 가령 악한 마음이 자주 일어나 없애기가 힘이 드는 때에 정성스럽게 심고를 올리면 자연 중 그 마음이 나지 않고 선심으로 돌아가게 되며,

악을 범하지 아니하려 하나 전일의 습관으로 그 악이 자주 범하여지는 경우에 그 죄과(罪過)1443)를 실심(實心)1444)으로 고백하고 후일의 선행을 지성으로 발원하면 자연히 개과천선(改過遷善)1445)의 힘이 생기기도 하나니,

이것이 곧 감응을 받는 가까운 증거의 하나이며, 과거 전설에 효자의 죽순(竹筍)1446)이나 충신의 혈죽(血竹)1447)이나 우리 구인의 혈인(血印)이 다 이 감응의 실적으로 나타난 바이니라.

그러나, 지성스러운 마음으로 꾸준히 그 서원을 계속하며, 한 번 고백한 서원에 결코 위반되는 일이 없어야만 결국 큰 감응과 위력이 나타나는 것이니, 이 점에 특히 명심하여야 할 것이며, 만일 이와 같이하여 확호(確乎)1448)한 심력(心力)을 얻으면 무궁한 천권(天權)1449)을 잡아 천지 같은 위력을 발휘할 수도 있나니라1450)."

1442) ①어떤 느낌을 받아 마음이 따라 움직임. ②신심(信心)이 부처나 신령에 통함.
1443) ①죄와 과실. ②죄의 과보·죄벌·악과를 받는 것. ③그릇된 허물. 법률이나 윤리 도덕에 위반되는 행위.
1444) 거짓이 없는 참된 마음. 진심(眞心).
1445) 지나간 허물을 고치고 착하게 됨.
1446) 중국 삼국 시대 오(吳)나라 사람 맹종(孟宗)이 이 집 저 집 품을 팔며 몸져누운 어머니의 병시중을 들던 중 엄동설한에 죽순을 먹고 싶다는 소원에 흰 눈에 묻힌 대나무밭에서 죽순을 구해 드려 병을 낮게 했다는 지극한 효자의 얘기로, 지성이면 감천이라는 교훈을 주고 있다.
1447) 고려 충신 정몽주가 피살된 선죽교(善竹橋)와 조선말 을사늑약 때 충정공 민영환이 자결한 곳에 혈죽(血竹)이 돋았다는 얘기는 올곧은 선비의 지조를 상징한다.
1448) 아주 단단하고 굳셈(確乎).
1449) 하늘·조물주·신·절대자의 권리. 진리의 작용. 진공 묘유의 조화.

그러나, 심고와 기도하는 서원에 위반[1451]이 되고 보면[1452] 도리어[1453] 사은의 위력으로써 죄벌[1454]이 있나니, 여기[1455]에 명심[1456]하여 거짓된 심고와 기도를 아니 하는 것이 그 본의를 아는 사람이라고 할 것이니라.

왜 '심고와 기도하는 서원'이라 하셨는가?

심고(心告)는 진리 앞에 마음속에 품은 생각을 숨기지 않고 털어놓는 것이고, 기도(祈禱)는 바라는 바가 이루어지기를 법신불에게 비는 것이므로 심고와 기도는 서원에 포함되어 있다.

따라서 서원이라 함은 이 심고와 기도의 뜻을 꼭 이루거나 지키겠다는 굳은 다짐이 더하여진 것이다.

그러므로 서원은 자기가 원하는 바를 이루기 위해서 진리 앞에 마음속에 품은 생각을 대강 털어놓는 것이 아니라, 숨김없이 털어놓고 이루어지기를 빌고, 꼭 이루고 또 지키겠다는 다짐을 굳게 하며, 정성으로써 계속하면 지성이면 감천으로 자연히 자신할 만한 법신불 사은의 위력을 얻어 원하는 바를 이룰 것이며 낙있는 생활을 하게 될 것이다.

따라서 심고와 기도하는 서원에 위반이 되는 것은 거짓된 심고와 기도를 하는 것이다.

1450) 대종경, 제2 교의품(敎義品), 17장, p.121.
1451) 약속이나 명령 따위를] 어기거나 지키지 아니함.
1452) (되고 보다+면): '되다'와 '보다'가 합하여 된 복합 동사. '되다'는 〔조사 '가(이)'·'로(으로)'에 붙어〕 그것으로 변하거나 이루어지다'이며, '보다'는 '어떤 행사나 격식 따위를 맞이하거나 겪다'이다.
1453) (오히려·반대로·차라리 등의 뜻을 가진 접속 부사) 일이, 정상적인 것과는 반대로 되어 있음을 나타냄.
1454) 죄에 지우는 형벌(국가가 죄를 범한 자에게 제재(制裁)를 가함, 또는 그 제재(어떤 태도나 행위에 대한 대응으로서 불이익이나 벌을 받음, 또는 그 일).
1455) 심고와 기도하는 서원에 위반이 되고 보면 도리어 사은의 위력으로써 죄벌이 있어지는 것.
1456) 마음에 새기어 둠(銘心).

'사은의 위력으로써 나타나는 죄벌'은?

사은의 위력은 보은의 결과와 배은의 결과로 나타난다.

즉 '원하는 바를 이룰 것이며 낙있는 생활을 하게 되는 것'은 보은의 결과며, '심고와 기도하는 서원에 위반이 되고 보면 도리어 있어지는 죄벌'은 배은의 결과다.

사은의 위력을 얻으려면 어떻게 해야 하는가?

이 심고와 기도의 뜻을 잘 알아서 심고와 기도를 정성으로써 계속해야 하고, 피은된 도를 보아서 사은님과 당처에 보은의 실행이 반드시 있어야 한다.

기도는 정 공부의 지름길이 되나니, 기도 드리며 일심이 되면 위력과 정력을 아울러 얻나니라

학인이 묻기를
"정(定) 공부의 길로는 염불과 좌선뿐이오니까?"
말씀하시기를
"무슨 일이나 마음이 한 곳에 일정하여 끌리는 바 없으면 정 공부가 되나니, 기도도 정 공부의 길이 되며, 매사를 작용할 때에 온전한 생각으로 그일 그일의 성질을 따라 취할 것은 능히 취하고 놓을 것은 능히 놓으면 큰 정력을 얻나니라."
또 말씀하시기를
"좌선은 정 공부의 큰 길이 되고 기도는 정 공부의 지름길이 되나니, 기도 드리며 일심이 되면 위력과 정력을 아울러 얻나니라[1457]."

죄벌을 없게 하려면 어떻게 해야 하는가?

1457) 정산 종사 법어, 제2부 법어(法語), 제7 권도편(勸道編), 14장, p.872.

심고와 기도하는 서원에 위반이 되지 아니함은 물론, 거짓된 심고와 기도를 아니 하여야 한다.

따라서 심고와 기도의 뜻을 깊이 느끼고 잘 알아서 심고와 기도를 정성으로써 오래오래 계속하고, 피은된 도를 보아서 사은님과 이해 관계가 얽혀 있는 주위 인연에 반드시 보은의 실행을 하고 또 하면 죄벌을 없게 할 수 있다.

허공 법계를 빈말로 속인 말이 무서운 죄고의 원인이 되나니라

대종사 말씀하시기를

"빈 말로 남에게 무엇을 준다든지 또는 많이 주었다고 과장하여 말하지 말라.

그 말이 도리어 빚이 되고 덕을 상하나니라.

또는 허공 법계에 빈 말로 맹세하지 말라.

허공 법계를 속인 말이 무서운 죄고의 원인이 되나니라[1458]."

'여기에 명심하여 거짓된 심고와 기도를 아니 하는 것이 그 본의를 아는 사람이라고 할 것이니라' 함은?

여기라 함은 '심고와 기도하는 서원에 위반이 되고 보면 도리어 사은의 위력으로써 죄벌이 있음'을 이르므로 이를 마음에 새기고 새겨 거짓된 심고와 기도는 죽기로써 아니 하며,

그 심고와 기도의 목적과 까닭을 알아 정성으로써 오래오래 계속하며 반드시 보은의 실행을 하는 사람이 되자는 것이다.

만일 중도에 어기고 보면 중한 죄벌을 면치 못하리니

학림[1459] 기도인들에게 말씀하시기를

1458) 대종경, 제11 요훈품(要訓品), 29장, p.320.
1459) 유일학림. 원광대학교의 모체.

"한 개인과 약속한 일을 어길지라도 그 마음을 속인 죄벌이 없지 못하려거든1460) 천지 신명(天地神明)1461) 전에 제생 의세의 큰 서원을 올렸으니 그 서약이 중(重)하고 큰지라1462), 만일 중도에 어기고 보면 중한 죄벌을 면치 못하리니 깊이 명심하여 하라1463)."

이미 돌아가신 영가와의 원진은 어떻게 해야 풀 수 있나이까?

한 제자 여쭙기를

"살아있는 사람과의 원진(怨嗔)1464)은 이제 다 풀었사오나, 이미 돌아가신 영가와의 원진은 어떻게 해야 풀 수 있나이까?"

대산 종사 말씀하시기를

"산 사람과 똑같이 하되 진리적으로는 늘 심고와 참회 반성으로 풀며, 현실적으로는 영가의 몫으로 사회에 유익 주는 일을 많이 하라.

남에게 물 한 모금을 떠 주어도 그 공덕을 영가에게 돌리면 자연히 풀리는 법이 있느니라1465)."

1460) -려거든: '가상된 어떤 일이 실현될 경우에는'의 뜻을 나타내는 연결 어미. 뒤에는 그 실현되는 방식에 대한 규정이 온다.
"한 개인과 약속한 일을 어길지라도 그 마음을 속인 죄벌이 없지 못하려거든……"은 문장의 의미가 명쾌하지 못하다. 이를 "한 개인과 약속한 일을 어길지라도 그 마음을 속인 죄벌은 없어지지 아니하거늘, 하물며 천지 신명(天地神明) 전에 제생 의세의 큰 서원을……"로 고치면 어떤가?
1461) 천지(天地)의 조화(造化)를 맡은 신령(神靈). 천지 조화를 주재하는 온갖 신령. 범재신적(汎在神的) 만유신관(萬有神觀)으로 우주에 편만 되어 있는 신적(神的) 요소를 의인화한 개념이다. 원시 종교에서는 이것을 인격화하여 신앙의 대상으로 삼기도 했다. 원불교에서의 천지 신명의 개념은 진리 당체와 거의 같은 개념으로 사용, 우주에 꽉 차 있는 기운 그리고 우리 인간의 본래 성품을 의미하는 뜻으로 '일원상의 진리'의 초기 표현으로 사용하기도 했다. 방언공사(防堰工事)와 혈인기도(血印祈禱) 과정에서 천지 신명에 대한 언급이 많았다.
1462) -ㄴ지라: (예스러운 표현으로) 앞 절의 상황이나 상태가 뒤 절의 행위나 상황에 대하여 이유나 원인이 됨을 나타내는 연결 어미.
1463) 정산 종사 법어, 제2부 법어(法語), 제7 권도편(勸道編), 19장, p.874.
1464) 남을 미워하고 원망하고 화를 잘 내는 마음.

심고와 기도를 올릴 때에는 "천지 하감지위(下鑑之位)[1466], 부모 하감지위, 동포 응감지위(應鑑之位), 법률 응감지위, 피은자 아무는 법신불 사은 전에 고백하옵나이다." 하고 앞에 말한 범위 안에서 각자의 소회[1467]를 따라 심고와 기도를 하되 상대처가 있는 경우에는 묵상 심고[1468]와 실지 기도[1469]와 설명 기도[1470]를 다 할 수 있고, 상대처가 없는 경우에는 묵상 심고와 설명 기도만 하는 것이니, 묵상 심고는 자기 심중[1471]으로만 하는 것이요, 실지 기도는 상대처를 따라 직접 당처[1472]에 하는 것이요, 설명 기도는 여러 사람이 잘 듣고 감동[1473]이 되어 각성[1474]이 생기도록[1475] 하는 것이니라.

1465) 대산 종사 법어, 제12 거래편, 19장, p.288.
1466) 하감(下鑑): 윗사람이 아랫사람을 잘 살펴준다는 뜻. 높은 존재가 낮은 존재를 굽어 살핌. 불보살이 중생을, 천지나 부모가 중생을 굽어 살피고 잘 보호함.
하감지위(下鑑之位): 위에서 아래를 굽어 살피는 준엄(매우 엄함)한 자리라는 뜻. 심고와 기도 때에 천지은이나 부모은이 우리를 위해서 굽어 살펴 보호한다는 뜻에서 하감지위라 함. 동포은과 법률은은 형제 항렬(行列)이 된다 하여 응감지위라 한다.
1467) 마음에 품고 있는 생각이나 정(情).
1468) 상대처가 있는 경우와 없는 경우에 소리를 내지 않고 심중으로만 자기 소회를 고백하는 심고.
1469) 상대처를 따라 직접 당처에 하는 기도. 즉 기원해 주어야 할 대상이 있을 때 법신불 사은의 위력을 빌려 상대처에 기도하는 것.
1470) 상대처가 있는 경우와 없는 경우에 여러 사람이 잘 듣고 감동이 되어 각성이 생기도록 하는 것으로서, 기원하고자 하는 내용을 글로 적어 낭독하거나 또는 말로 그 내용을 밝혀 법신불 사은 전에 고백하고 기원하며, 대중이 모인 합동 기도에서 많이 한다.
1471) 마음속(心中).
1472) (어떤 일이 일어난) 그 자리. (자기가) 있는 이 곳.
1473) 깊이 느끼어 마음이 움직임.
1474) (깨어나 정신을 차린다는 뜻에서) 정신적 방황에서 자기의 갈 바를 깨달음. 잘못을 찾아 정신을 차림.
1475) (생기다+도록): 없던 것이 있게 되다.
–도록: 용언의 어간이나 높임의 '–시–'에 붙어, 거기까지 이르러 미침을 뜻하는 종속적 연결 어미. 이르러 미치는 한계나 정도를 나타냄.

'심고와 기도를 올린다' 함은?

경계를 대할 때마다 법신불 사은 전에, 부모에게, 형제에게, 친지에게, 이웃에게, 동료에게 나의 모습(마음에서 일어나는 모든 것)을 있는 그대로 고백하는 것이다.

즐거운 일을 당할 때에는 '제가 즐겁습니다. 함께 기뻐해 주십시오. 감사합니다.'라고 고백하고,

괴로운 일을 당할 때에는 '지금 제가 괴롭습니다. 이 모든 일의 원인은 제게 있습니다. 죄송합니다. 저로 인해 괴로움을 당하는 모든 분들에게 사죄 드리며, 이 분들의 괴로움이 없어지도록까지 최선을 다하겠습니다. 도와주십시오.'라고 사죄를 올리고,

결정하기 어려운 일을 당할 때에는 '결정하기 어렵습니다. 어떻게 하면 원·근·친·소에 끌리지 아니하고, 편착심 없이, 응용 무념으로 지극히 공정하게 결정할 수 있겠습니까? 이 모두를 법신불 사은님의 뜻에 온통 맡기겠사옵니다.'라고 고백하며, 심고와 기도를 정성으로 계속하는 것이다.

진리 불공은 어떻게 올리나이까?

대종사 말씀하시기를

"몸과 마음을 재계(齋戒)1476)하고 법신불을 향하여 각기 소원을 세운 후 일체 사념을 제거하고, 선정(禪定)에 들든지 또는 염불과 송경을 하든지 혹은 주문 등을 외어 일심으로 정성을 올리면 결국 소원을 이루는 동시에 큰 위력이 나타나 악도 중생을 제도할 능력과 백천 사마라도 귀순시킬 능력까지 있을 것이니,

이렇게 하기로 하면 일백 골절이 다 힘이 쓰이고 일천 정성이 다 사무쳐야 되나니라1477)."

1476) 종교 의식 따위를 치르기 위해 마음과 몸을 깨끗이 하고 부정(不淨)한 일을 멀리함.
1477) 대종경, 제2 교의품(敎義品), 16장, p.121.

모든 예식에서 예문에 의하여 심고하는 방법은 어떠하나이까?

답하시기를

"심고하는 법이 단독으로 하는 경우에는 대개 묵상으로 심고를 올리는 것이요, 대중적 의식에는 대중의 심고 내용을 통일하기 위하여 설명 기도를 올리게 되는 것인바,

의식에서 예문에 의하여 심고하는 방법은 주례자나 대중의 대표한 사람이 예문을 설명 기도로 하면 대중은 일제히 그 기도에 정신을 집중하고 있다가 끝나면 마음으로 '일심으로 비옵나이다.' 하고 마치는 것이며,

각 예문은 표준으로 한 예를 보인 것인, 즉 혹 예외로 심고할 일이 있을 때에는 경우에 따라 가감하여 쓸 것이니라1478)."

심고는 어떤 마음으로 하면 좋은가?

말씀하시기를

"내가 항상 하는 말 같이 조석 심고를 올릴 때에도 제 몸을 위해서만 빌지 말고 세상과 회상을 위하여 빌기를 잊지 말라. 그 공덕이 훨씬 크리라1479)."

말씀하시기를

"항상 심고할 때에 세상을 좋게 하며, 동지들을 좋게 하며, 천하의 모든 사람들을 다 좋게 하기로 심고하라. 천하와 동지의 고락을 자신의 고락으로 알고 나아가야 윤기(潤氣)1480)가 바로 닿고 맥맥이 상통하여 큰 성공을 보나니라1481)."

"매일 취침(就寢)1482) 전과 기침(起寢)1483) 후에 일정한 정성으로

1478) 정산 종사 법어, 제2부 법어(法語), 제2 예도편(禮道編), 15장, p.779.
1479) 정산 종사 법어, 제2부 법어(法語), 제7 권도편(勸道編), 16장, p.872.
1480) 부드러운 기운.
1481) 정산 종사 법어, 제2부 법어(法語), 제12 공도편(公道編), 40장, p.968.
1482) 잠을 잠. 잠자리에 듦.
1483) 잠에서 일어남. 잠자리에서 일어남.

신혼 경례1484)를 올리되, 일정한 신호나 각자의 대중에 의하여, 일어나 마음을 바루고 1분간 심고한 후 삼세의 제불 제성과 삼세의 부모 조상에게 각각 한 번씩 경례하며, 봉불이 된 실내에서는 불단을 향하여 서서 하고, 그 밖의 경우에는 각각 본래의 방향대로 서서 할 것이니라1485)."

천지 하감지위(下鑑之位), 부모 하감지위, 동포 응감지위(應鑑之位), 법률 응감지위

하감(下鑑)은 윗사람이 아랫사람을 잘 살펴준다는 뜻으로 불보살이 중생을, 천지나 부모가 중생을 굽어 살피고 잘 보호함이며, 응감(應感)은 마음 기운에 응하여 비춰주고 도와준다는 뜻이다.

하감지위(下鑑之位)는 천지은이나 부모은이 우리를 위해서 굽어 살펴 보호한다는 뜻이며, 응감지위(應感之位)는 동포은이나 법률은이 좌우에서 기운을 응하고(대답하다. 알맞게 맞추어 따르다) 도와주며 보호해 달라는 뜻이며, 사은에 경중을 논할 것은 없으나 항렬(行列)1486)로써 말하자면 천지·부모는 부모 항렬이라 하여 하감이라 하고, 동포·법률은 형제 항렬이 된다 하여 응감이라 한다1487).

심고와 기도를 올릴 때에는 어떤 심경으로 올려야 하는가?

'천지 하감지위'라고 할 때는 천지에 다북 차 있는 진리가 바로

1484) 새벽과 저녁에 심고를 올리고 경례하는 수행 일과를 말한다. 매일 새벽과 저녁 잠들기 전에 정성스런 마음을 다 해 법신불 사은 전에 경건하게 심고를 올리는 동시에, 삼세 제불 제성과 부모 선조에게 공경심을 다 하여 경례를 올린다. 새벽에는 서원을 다짐하고 그 날 하루의 계획을 다 짐하며, 저녁에는 그 날 하루의 생활을 감사하고 참회 반성한다. 경례의 마음은 항상 감사 보은의 생활을 다짐하는 것이다
1485) 예전, 제3 교례편(敎禮編), 제2장 봉불(奉佛), 제4절 불전 배례 및 신혼 경례, p.631.
1486) 혈족의 방계(傍系)에 대한 대수(代數) 관계를 표시하는 말(형제 관계는 같은 항렬임).
1487) 대종경, 제6 변의품(辨疑品), 23장, p.249.

내 몸과 마음에 하감하도록 일심으로 염원하고,

'부모 하감지위'라고 할 때에는 정신·육신의 삼세 부모가 진정으로 내 몸과 마음에 하감하도록 일심으로 염원하고,

'동포 응감지위'라고 할 때에는 사·농·공·상과 유정·무정의 우주 만유 동포가 빠짐없이 응감하도록 일심으로 염원하고,

'법률응감지위'라고 할 때에는 도덕·정치·과학의 일체 법률과 역대 유명·무명의 일체 성현 및 입법·치법하는 분들이 다 응감하도록 일심으로 염원하되, 정성스럽게 올려야 하며, 평소부터 내가 먼저 척을 푸는 동시에 보은행에 힘쓰며 배은을 하지 아니하여야 사은 전체가 내게 하감하고 응감하여 큰 위력을 얻을 수 있다.

심고(心告)에 대하여 대산 종사 말씀하시기를

"천지하감지위(天地下鑑之位)할 때 내 자신이 진리에 위반이 있으면 천지가 하감하려고 해도 하감을 못한다. 그러므로 천지 하감지위만 할 것이 아니라 내가 진리에 잘못이 있는가를 생각해서 참회하고 바른 길로 나아 갈 때 천지가 기운을 밀어주게 된다.

부모 하감지위(父母下鑑之位)할 때 내가 정신의 부모와 육신의 부모에게 하감되도록 했는가, 못했는가를 살펴야 한다. 만약 부모 배은이 되었다면 하감은 안 된다. 그렇기 때문에 삼세 일체 부모가 하감하시도록 사은에 보은하게 되면 하감이 되는 것이다. 그러므로 심고 올릴 때 천지 부모 전체가 다 하감하도록 사심 없는 지극한 마음으로 올려야 한다.

또 동포 응감지위(同胞應鑑之位)할 때도 동포를 속였다든지 해를 입혔으면 응감이 안 된다. 항시 자리이타(自利利他)로 살 때 자연 중 응감이 되는 것이다.

법률 응감지위(法律應鑑之位)할 때에도 법률이 다 응감하도록 하기 위해서는 도덕적으로 배은하지 않아야 되고 현실 생활 속에서 법률을 어기지 않고 인도 정의의 공정한 법칙을 잘 지켜 나갈 때 응감이 되는 것이다1488)."

1488) 대산 종사 법문집, 제3집, 제2편 교법(敎法), 75장, p.107.

동포 중 혹 응감해 주지 않는 동포는 반드시 무슨 해(害)가 있어서 그러할 것이니

대산 종사 말씀하시기를
"동포 중 혹 응감해 주지 않는 동포는 반드시 무슨 해(害)가 있어서 그러할 것이니 그 해를 내가 차지하고, 자리이타로 하다가 양보해야 하겠거든 내가 먼저 양보해야 일체 동포가 다 응감하게 되느니라1489)."

"피은자 아무는 법신불 사은 전에 고백하옵나이다."라 함은?

피은자 ○○○라고 할 때는 사은에 대하여 스스로가 피은된 존재임을 절실히 느끼고, 사은을 대하여 경건한 마음으로 고백하고 (마음속에 숨기고 있던 것을 다 털어놓고), 간절한 마음으로 심고와 기도를 올려야 한다.

'앞에 말한 범위 안에서 각자의 소회를 따라 심고와 기도를 하되'라 함은?

각자의 소회는 마음에 품은 생각이다.
그렇다고 하여 자신의 이익만을 챙기는 마음이어서는 곤란하지 않을까!?
공정한 자리에서 자리 이타로 하여야 한다. 남을 위하는 마음이 곧 나를 돕는 것이다.
이것이 호리도 틀림이 없는 법신불 사은의 자신할 만한 위력이다.

'상대처가 있는 경우에는 묵상 심고와 실지 기도와 설명 기도를 다 할 수 있고'라 함은?

1489) 대산 종사 법어, 제2 교리편, 75장, p.67.

상대처가 있으므로 실지 기도다.

이때 마음속으로 하는 묵상 심고든, 여러 사람이 잘 듣고 감동이 되어 각성이 생기도록 적은 기도문을 낭독하거나 소리내어 말로 하는 설명 기도든 다 가능하나, 사람이 많을 때는 설명 기도가 보다 효과적이다. 설명 기도는 훈련이 필요하다.

그러므로 혼자 있더라도 소리내어 해 보면 기도의 내용이 간결하고 분명해지며, 여러 사람이 하는 경우를 미리 준비하는 공부가 된다.

법회 등의 모임에서 여러 사람들과 심고와 기도를 올릴 때 심고는 묵상 심고, 기도는 설명 기도다. 묵상 기도나 설명 심고가 아니다. 사회 볼 때 종종 헷갈리는 경우가 있다.

'상대처가 없는 경우에는 묵상 심고와 설명 기도만 하는 것이니'라 함은?

상대처가 없으므로 실지 기도는 할 수 없다. 그러므로 묵상 심고와 설명 기도다.

'묵상 심고는 자기 심중으로만 하는 것이요'라 함은?

자기 심중으로 묵상 심고를 들이는 주인공은 누구인가?
나의 주인공인 참나다.

경계를 따라 요란함·어리석음·그름이 원래 없는 내 마음이며, 원래 분별 주착이 없는 나의 성품이며, 법신불 사은과 은혜를 맺고 있는 사은의 공물인 나 자신이다.

'실지 기도는 상대처를 따라 직접 당처에 하는 것이요'라 함은?

상대처는 누구인가?
서로 마주 대하고 있는 대상이다.

법신불 사은과, 즐거운 일, 괴로운 일, 결정하기 어려운 일, 난경, 순경을 당할 때 이들 경계에 처해 있는 사람과 사물이다.

여기서 보면, 사물도 사물 자체라기보다는 나와 직·간접으로 은혜의 관계를 맺고 있는 동포인 줄 알고 행해야 서로 기운이 통하고, 서로 감응이 일어나지 않겠는가?!

"설명 기도는 여러 사람이 잘 듣고 감동이 되어 각성이 생기도록 하는 것이니라" 함은?

감동이 되어야 깊이 느끼어 마음이 움직이는 각성이 생기고, 각성이 생기려면 감동이 되어야 한다.

자기의 생활하는 태도나 행위에서 잘못을 찾아 정신을 차리거나 또는 갈 바를 몰라 방황하다가 길을 찾으려면 마음으로 깊이, 깊이 느끼어야 한다.

이때까지 없던(발견하지 못했던) 마음(원래부터 있는 참된 성품)이 깨어나야 한다. 그래야 분별 주착하는 나는 차츰차츰 물러가고 원래 마음이 움직인다.

마음 거울에 낀 때가 벗겨지고 마음을 가린 구름이 걷혀 본래부터 있는 자성의 혜광이 빛나게 된다.

그러고 보니, 크게 감동이 되어 각성이 생기는 것을 일러, 대오각성(大悟覺醒)이라 하는 구나!

심고와 기도는 경계를 대할 때 왜 바로바로 하는 것이 가장 좋은가?

대종사님께서는 '즐거운 일을 당할 때에는 감사를 올리며, 괴로운 일을 당할 때에는 사죄를 올리며, 결정하기 어려운 일을 당할 때에는 결정될 심고와 혹은 설명 기도를 올리며, 난경을 당할 때에는 순경될 심고와 혹은 설명 기도를 올리며, 순경을 당할 때에는 간사하고 망녕된 곳으로 가지 않도록 심고와 혹은 설명 기도를 하자.'고 하신다.

그런데 왜 경계를 대할 때 바로바로 하는 것이 가장 좋은가?

즐거운 일을 당하는 그 순간 우러나오는 감사심이 가장 강하고, 괴로운 일과 결정하기 어려운 일을 당할 때 올리는 마음이 가장 간절하고, 난경을 당할 때와 순경을 당할 때 올리는 심고와 기도가 가장 지극하기 때문이다.

경계를 당하는 그 순간에 느끼는 마음은 그 무엇과도 견주기 어렵다.

그래서 경계를 대하는 순간, 심고와 기도를 바로바로 올리라 하시는 것 같다.

심고와 기도를 하는 데에도 자력과 타력이 겸해야 할 것이니

"심고와 기도를 하는 데에도 자력과 타력이 겸해야 할 것이니, 심고의 내용이나 기도문에 법신불께 호소하고 간청만 하는 것은 타력에 치우친 것이다.

그러므로, 반드시 자신의 각오와 실천할 것을 먼저 고백하고 거기에 대하여 위력을 내려 주시도록 기원해야 자타력을 겸하고 사실적으로 소원을 성취할 수 있는 심고와 기도가 되리라[1490]."

심고와 기도의 효과는?

"심고와 기도의 효과에 주관과 객관이 있으니,

첫째, 주관적 효과는 자신 수양으로 정신이 통일됨으로써 과거에 쌓인 악습이 고쳐지고 당하는 일마다 전일하므로 그 일이 잘 될 것이요,

둘째, 객관적 효과는 정성스럽게 함으로써 사람을 감동시키고 천의를 움직이어 만사를 이룰 수 있는 것이다.

어른을 모시고 사는 생활이라야 마음이 헤이해지지 않는 법인데

1490) 한 울안 한 이치에, 제1편 법문과 일화, 제3장 일원의 진리, 19절, p.67.

참으로 어른은 진리다.

마음을 속이면 제일 먼저 진리가 알고 다음은 진리의 눈이 열린 부처님이 알며 그 다음은 중생들이 알게 된다. 마음을 속이는 것을 진리나 부처님이나 중생이 아는 것은 다름이 없으나 다만 그 알아가는 시간에 조만이 있을 뿐이다[1491]."

나는 매일 이렇게 심고하노라

"법신불 사은이시여!

우리 모든 중생에게 대자대비하옵신 광명과 힘을 내리시와,

저희들로 하여금 바로 도덕에 회향(回向)[1492]하고 정법에 귀의하여 우치한 마음을 돌려 지혜의 마음을 얻게 하옵시고,

사납고 악한 마음을 돌려 자비의 마음을 얻게 하옵시며,

삿되고 거짓된 마음을 돌려 바르고 참된 마음을 얻게 하옵시고

시기하고 원망하는 마음을 돌려 사랑하고 감사하는 마음을 얻게 하옵시며,

탐내고 욕심내는 마음을 돌려 청렴하고 공정한 마음을 얻게 하옵시고

서로 싸우고 해하는 마음을 돌려 서로 화하고 두호(斗護)[1493]하는 마음을 얻게 하옵시와,

죄업의 근성(根性)[1494]이 청정하여지옵고 혜복의 문로가 열리게 되오며,

세계 정세가 날로 호전(好轉)[1495]되어 이 나라의 복조(福祚)[1496]가 한이 없게 하옵시고

1491) 한 울안 한 이치에, 제1편 법문과 일화, 제3장 일원의 진리, 20절, p.67.
1492) 회전취향(廻轉趣向)의 준말. 자기가 닦은 공덕을 남에게 돌리어 자타가 함께 성불 제중하기를 기약하는 것.
1493) 남을 두둔하여 보호함.
1494) 태어날 때부터 지니고 있는 근본 성질.
1495) 어떤 일이 잘되어 가기 시작함.
1496) 복(福)(삶에서 누리는 좋고 만족할 만한 행운).

이 세상의 평화가 영원하게 하옵시와,

일체 대중의 앞 길에 오직 광명과 평탄(平坦)[1497]과 행복 뿐으로써 길이 부처님의 성지에 살게 하여 주시옵소서.

일심으로 비옵나이다[1498]."

모든 법회에서 이러한 예로 심고하라

"법신불 사은이시여!

이 예회에 모인 저희들에게 특별한 광명과 힘을 내리시와,

저희들로 하여금 신성의 근원이 더욱 깊어지옵고 혜복의 문로가 길이 열리게 하옵시며,

수양·연구·취사의 삼대력이 날로 전진하여 중생계를 벗어나 보살도에 오르게 되옵고 보살도를 닦아 부처의 경지에 들게 하옵시며,

공부와 사업을 하는 데에 모든 마장을 다 소멸하여 주옵시고

동서 남북이 다 통달하여 어느 곳에 가든지 매양 대중을 이익주는 동시에 또한 대중의 환영과 보호를 받게 하옵시며,

언어 동작이 다 진실하여 어느 시간을 당하든지 항상 진리를 어기지 않는 동시에 또한 진리의 음조와 은덕을 입게 하옵시며,

동지 교우가 화합 단결하여 이 회상의 위신이 두루 시방 세계에 드러나고, 이 교법의 공덕이 널리 일체 중생을 제도하게 하여 주시옵소서.

일심으로 비옵나이다[1499]."

'심고와 기도'는 진리 불공을 하는 구체적인 불공법이다

일원상의 내역은 사은이고, 사은의 내역은 우주 만유며, 우주 만유는 천지 만물과 허공 법계이므로 천지 만물 허공 법계가 처처불

1497) ①마음이 편하고 고요함. ②일이 순조로움.
1498) 정산 종사 법어, 제2부 법어(法語), 제7 권도편(勸道編), 17장, p.873.
1499) 정산 종사 법어, 제2부 법어(法語), 제7 권도편(勸道編), 18장, p.873.

상이다.

따라서 천지 만물 산 부처님께 올리는 불공이 실지 불공이고, 허공 법계 진리 부처님께 올리는 불공이 진리 불공이다.

그러면 실지 불공은 어떻게 하고, 진리 불공은 어떻게 하는가?

실지 불공은 일상 경계 속에서 경계를 대할 때마다 불공(보은)으로 생활하는 것으로써 곧 처처(處處)를 불상으로 모시고 사사(事事)에 불공하는 것이다.

진리 불공은 법신불 앞에 기도나·묵상 심고, 또는 선정(禪定)[1500]하는 것이다.

그러므로 이 '심고와 기도'는 진리 불공을 올리는 구체적인 불공 법임을 알 수 있다.

조석 심고는 이렇게 해 보자

대산 종사 말씀하시기를

"아침저녁으로 부모와 스승을 위해 지성으로 심고를 올려 보라.

이 몸을 낳고 길러 주신 부모의 은혜와 이 마음을 낳고 키워 주신 스승의 은혜를 생각하며 계속해 심고를 올리면 혹 악도에 떨어질 경우가 있을지라도 무사히 넘기는 길이 열릴 수도 있느니라[1501]."

정산 종사 말씀하시기를

"그대들은 조석 심고를 올릴 때에 우주의 진리와 자신이 부합이 되어 크게 위력을 얻을 수 있다는 확고한 신념이 서 있는가?

얼른 생각에는 마음으로 잠간 고하는 것이 무슨 위력이 있을까 싶지마는 우리가 마음으로 생각하는 것이 다 허공 법계에 스며드나니, 그대들은 심고할 때 뿐 아니라 언제나 마음의 움직임에 주의 하며,

조석 심고를 일심으로 드리는 것이 큰 공부가 되고 큰 위력이 있음을 잊지 말라.

1500) 선(禪)으로 산란한 마음을 고요하게 통일하는 것.
1501) 대산 종사 법어, 제2 교리편, 81장, p.69.

동란을 우리가 무사히 넘긴 것은 우리 대중이 일심으로 심고 올린 위력에도 크게 힘입었나니, 우리가 낯 없는 마음으로 남을 위하고 상 없는 마음으로 공부하면 그 기운으로 교단이나 나라나 세계가 큰 위력을 얻을 수 있나니라[1502]."

대산 종사 계룡산 천양원에서 대중에게 말씀하시기를

"인간의 힘으로 해결하지 못할 것은 진리 전에 서원을 올리고 매달리면 진리는 박대하지 아니하고 해결해 주신다.

조석(朝夕)으로 부모를 위해서 지성스러운 심고를 올려야 한다. 지금까지 성장하도록 키워 주신 부모님과 이 마음을 낳아 주신 스승님의 큰 은혜를 항상 생각하며 일생 동안 심고 올릴 때 그 어른이 악도에 떨어질 경우도 구제가 된다.

부모님과 스승님을 위해 심고 올리면 그 분들에게도 힘이 크지만 나에게도 태산과 같은 힘이 돌아온다[1503]."

기도를 올릴 때에는 어떻게 해야 하는가?

대산 종사 말씀하시기를

"기도를 올릴 때 시간을 길게 하는 것보다, 짧은 시간이라도 긴 기간을 계속하는 것이 좋으니라[1504]."

"기도를 올릴 때에는 일심이 계속되지 않는다고 낙망하거나 중단하지 말고 끝까지 계속하되, 특별 기도 중 혹 병이 날 때에는 잠깐 쉬었다가 다시 계속할 것이니라[1505]."

"심고를 올릴 때에는 주위가 툭 터진 곳에서 하는 것이 좋고 방에서 할 때에는 문을 활짝 열어놓고 하는 것이 좋다.

'천지님도 부모님도 동포님도 법률님도 오십시오.' 하면서 사방 기운을 받아야 한다.

1502) 정산 종사 법어, 제2부 법어(法語), 제5 원리편(原理篇), 31장, p.828.
1503) 대산 종사 법문집, 제3편 수행, 56장, p.154.
1504) 대산 종사 법어, 제2 교리편, 76장, p.68.
1505) 대산 종사 법어, 제2 교리편, 79장, p.69.

심고 올릴 때가 가장 좋은 때이니 마음 문을 활짝 열고 막힘없이 툭 터진 마음으로 심고하라.

은혜로운 부모님은 꿈에 뵈어도 좋으나 좋지 않은 사람은 꿈에만 만나도 좋지 않다.

심고 시간에는 은혜로운 분들을 만날 때이니 좋은 때이다.

그러니 정성스럽게 십년만 올려 보아라.

교당 일도 집안 일도 다 잘 될 것이다1506)."

대산 종사 말씀하시기를

"좌선·와선(臥禪)·입선(立禪)·행선(行禪)·활선(活禪) 가운데 본인의 체질에 맞도록 택하여 하라.

그리고 기도는 힘을 얻는 데 더 빠르다.

기도를 드릴 때는 사방이 트인 곳에서 짧고 오랜 세월을 통해 지원지성(至願至誠)1507)으로 하면 더 큰 힘을 얻을 것이다.

대종사님이나 정산 종사님께서는 기도로써 큰 힘을 얻으셨다.

앞으로는 양 시대이니 기도에서 힘 얻는 것이 빠를 것이다.

옷이나 음식에는 구애 말고 양치만은 꼭하고 하라1508)."

"심고와 기도를 하는 데에도 자력과 타력이 겸해야 할 것이니, 심고의 내용이나 기도문에 법신불께 호소하고 간청만 하는 것은 타력에 치우친 것이다.

그러므로, 반드시 자신의 각오와 실천할 것을 먼저 고백하고 거기에 대하여 위력을 내려 주시도록 기원해야 자타력을 겸하고 사실적으로 소원을 성취할 수 있는 심고와 기도가 되리라1509)."

"첫째, 근원을 알아서 해야 한다.

기도를 할 때에 괴목이나 바위나 신 등 어떤 특정한 대상에 대하여 할 것이 아니라, 우주 만유의 본원인 법신불 일원상 진리를 향하여 드려야 한다.

1506) 대산 종사 법문집, 제3집, 제3편 수행(修行), 30장, p.135.
1507) 지극한 염원으로 지극하게 정성을 들임.
1508) 대산 종사 법문집, 제3집, 제3편 수행(修行), 8장, p.126.
1509) 한 울안 한 이치에, 제1편 법문과 일화, 3. 일원의 진리, 19절, p.67.

둘째, 정성을 들여야 한다.

정성을 들이는 데에는 ①청정히 할 것이니 기도의 도량을 청정하게 청소하고, 몸을 재계하고 의복을 깨끗하게 입을 것이며, 계문을 잘 지키어 정신을 청정하게 해야 할 것이다. ②해원(解冤)을 할 것이니 원망하고 미워하며 해하고자 하는 마음을 일소(一掃)[1510]해야 할 것이다. 원진(怨瞋)[1511]이 있어 기운이 막혀 있으면 감응하기 어렵기 때문이다. ③사욕을 품지 말아야 할 것이니 우주의 기운은 지공 무사하므로 사욕이 들어 있으면 감응할 수 없으니, 오직 공변[1512]된 마음으로 해야 할 것이다. ④속이지 말아야 할 것이니 기도할 때에 법신불 전에 고백한 조항은 반드시 실천에 옮겨야 하며, 만일 그렇지 못할 때에는 무서운 벌이 있을 것을 각오해야 할 것이다.

셋째, 위력을 얻는 것이다.

철저한 신념으로 오래오래 계속하여 정성을 들이면 자연히 법신불의 위력을 얻게 되어 시일의 장단은 있을지언정 원하는 바를 모두 이루게 될 것이다[1513)."

그 사람이 없다 하여 소홀히 하거나 정성을 다하지 않으면 기운이 막히게 되어 뜻하는 일을 원만히 이룰 수 없느니라

대산 종사, 열반에 든 동지나 병환 중이거나 어려움에 처한 동지, 큰 사업가나 중요 인사들의 사진을 늘 가까이 걸게 하시고 매일 심고와 기도로 그들의 앞날을 기원하며 말씀하시기를

"그 사람이 멀리 있어도 더욱 더 존경하는 마음을 가져야 하나니 그 사람이 없다 하여 소홀히 하거나 정성을 다하지 않으면 기운이 막히게 되어 뜻하는 일을 원만히 이룰 수 없느니라[1514)."

1510) 모조리 쓸어버림.
1511) 남을 미워하고 원망하고 화를 잘 내는 마음.
1512) 행동이나 일 처리가 사사롭거나 치우침이 없이 공평함.
1513) 한 울안 한 이치에, 제1편 법문과 일화, 3. 일원의 진리, 18절, p.66.

기르던 양이 죽었다는 보고를 들으시고

대산 종사, 기르던 양이 죽었다는 보고를 듣고 말씀하시기를
"다 같이 심고로 천도를 기원하자.
그간 우리가 은혜를 많이 입어서 서운하기는 하나 그동안 많은
보은을 하였으므로 반드시 진급이 될 것이니 되도록 사람 몸을 받
도록 기원하자[1515]."

대종사 무심히 던진 돌에 맞아 죽은 다람쥐를 위해 무수히 심고를 들여 천도하시다

대종사 금강산 유점사를 가시는 도중 쉬어 있는데, 어디서 다람
쥐 한 마리가 앞에 나와서 재롱을 부렸다.
대종사 귀여운 마음이 나서 무심히 손에 쥐셨던 돌을 던진 것이
다람쥐에 명중되어 그 자리에서 죽었다.
대종사 무수히 애석하게 여기시고 말씀하시었다.
"네가 이곳에서 나 오기를 기다렸더냐?
내가 이번 길에 소창(消暢)[1516]하고 모은 정신 기운을 네게 쏟
아 너의 영로(靈路)[1517]를 밝혀 주리라."
하시고 총부에 오셔서까지 무수히 심고를 드려 천도하여 주시었
다[1518].

총부 과수원에 제충을 하려 하는데 무수한 살생으로 대중이 서로 주저하자, 대도 사업을 위하는 일이니 과보는 염려 말라

1514) 대산 종사 법어, 제8 운심편, 25장, p.210.
1515) 대산 종사 법어, 제8 운심편, 23장, p.210.
1516) 답답한 마음을 풀어 후련하게 함. 소풍과 같은 의미. 원불교에서는 심신
　　　간의 피로 회복과 동료 간의 화기로움을 위해 일과 사업 간에 때로는
　　　소창을 권장하고 있다.
1517) 영가(靈駕)가 가는 길.
1518) 대종경 선외록, 11. 제생의세장(濟生醫世章), 13절, p.83.

총부 과수원에 제충을 하려 하는데, 무수한 살생을 하게 되므로 대중이 서로 주저하였다.

대종사 말씀하시었다.

"이는 연고가 있는 일이며, 또는 대도 사업을 위하는 일이니 과보는 염려 말라. 과보는 교중(敎中)[1519]과 내가 담당하리라."

대중이 그 말씀을 듣고 안심하고 제충 작업을 하였다.

그 후 어느 날 총부 근처 수리 방죽이 가뭄으로 거의 말랐는데, 이웃 마을 사람들이 많이 물고기들을 잡고 있었다.

총부 대중 몇 사람이 지나가다가 그것을 구경하고 있던 중, 한 사람이 전일 대종사의 말씀을 본 따서 말하였다.

"동지들 중에 누구든지 돈을 내서 이 싼 물고기를 많이 사 가지고 대중 공양을 한번 하라. 살생한 과보는 내가 전부 담당하리라."

대종사 그 사실을 전해 들으시고 크게 놀라며 말씀하시었다.

"그 사람이 어찌 그렇게 무서운 말을 함부로 하리요. 사람이 말 한 마디로 수천 생 지옥고에 떨어지기도 하고 수백 생 축생보를 받기도 하는 것이다. 그 말이 어떤 말이라고 그렇게 함부로 하리요."

대종사 그 제자를 불러 바로 참회의 심고를 올리게 하시고, "그 말을 고치라" 하시었다[1520].

해충 구제를 하려면 2~3일 전부터 진리 전에 심고를 올리고 하라

말씀하시기를

"해충구제(害蟲驅除)를 하려면 2~3일 전부터 진리 전에 심고(心告)를 올리고 하라[1521]."

기도를 모실 때 개인이나 가족만을 위하여 기도를 하면 개인이나 가족에게 국한이 되나

1519) 여러 교우(敎友)를 통틀어 이르는 말.
1520) 대종경 선외록, 6. 인연과보장(因緣果報章), 2절, p.52.
1521) 대산 종사 법문집, 제3집, 제7편 법훈, 117장, p.365.

말씀하시기를

"기도를 모실 때 개인이나 가족만을 위하여 기도를 하면 그 사상파(思想波)가 개인이나 가족에게 국한이 되나, 세계 전체를 위하여 기도를 모시면 세계 속의 나이므로 그 기운이 나에게도 미쳐지는 것이다.

부처님이나 예수님이나 공자님 등의 삼세 모든 부처님들은 세계를 위하여 일하시고 염원하시고 기도하셨으므로 그 기운이 당신뿐 아니라 세계에 미쳐졌다.

그러므로 그 당시 그 분들의 뒤만 따라 다녔어도 그 공덕이 컸을 것이다.

우리도 대종사님 제자 되어 따라다니면 그와 같이 좋을 것이다. 이때 과(果)는 불보살과(佛菩薩果)인 것이다[1522]."

1522) 대산 종사 법문집, 제3 수행(修行), 44장, p.147.

제10장 불공하는 법(佛供-法)

불공(佛供)이란?

사전적(辭典的) 의미는 부처님께 공양하는 일, 부처님께 정성을 바치는 것이다.

여기서 부처는 누구며, 공양하는 일과 정성을 바치는 것은 무엇인가?

부처는 천지 만물·허공 법계요 우주 만유다.

이는 곧 법신불의 응화신(應化身)이니, 천지 만물이 어느 것 하나 진리 아님이 없고 죄복의 권능을 갖지 않은 것이 없기 때문에 천지 만물·허공 법계를 다 산 부처님으로 모시고(處處佛像) 천만 사물의 당처에 직접 불공(事事佛供)을 잘 하여서 당처 당처의 감응을 얻어 그 일 그 일을 성공시키는 요긴한 공부가 곧 불공이다.

부처님께 공양하는 일과 정성을 바치는 것은 같은 의미다.

공양을 하고 정성을 바치는 일은 단순히 음식을 드리고 잘 모시는 것만은 아니다. 무슨 일에나 응용 무념의 도를 체받아 온전한 마음으로, 일심으로 정성을 다하는 것이다.

요란한 마음이 일어나고 어리석은 마음이 일어나고 그른 마음이 일어날 때마다 '공부할 때구나! 앗, 경계구나!'하고 염불하듯 외치며 대조하여 세운 원래 마음으로 대하는 것이다.

이것이 처처에 계신 부처님께 공양하는 일이며, 정성을 바치는 일이다.

따라서 우리가 불공을 들이는 목적은 법신불 사은의 위력을 얻기 위함이며, 공양물은 정신·육신·물질로 정성을 바치는 일이다.

불공에는 자기 불공과 상대 불공이 있는데, 이 두 가지가 쌍전하여야 하지만, 근본은 자기 불공이므로 각자의 마음 공부를 먼저 하는 것은 곧 불공하는 공식을 배우는 것이다.

또한 죄복을 직접 사은 당처에 비는 실지 불공과 형상 없는 허공 법계를 통하여 법신불께 올리는 진리 불공이 있다.

각자의 마음 공부를 먼저 하는 것은 곧 불공하는 공식을 배우는 것이니라

선(禪) 결제식에 설법하시기를

"내 절 부처를 내가 잘 위하여야 남이 위한다는 말이 있나니, 자신에게 값이 있는 부처를 발견하여 정성 들여 불공하라.

불공에는 자기 불공과 상대 불공이 있는바, 이 두 가지가 쌍전하여야 하지마는 주종을 말하자면 자기 불공이 근본이 되나니, 각자의 마음 공부를 먼저 하는 것은 곧 불공하는 공식을 배우는 것이니라1523)."

과거의 불공법1524)과 같이 천지에게 당한1525) 죄복도 불상(佛像)에게 빌고1526), 부모에게 당한 죄복도 불상에게 빌고, 동포에게 당한 죄복도 불상에게 빌고, 법률에게 당한 죄복도 불상에게만 빌 것이 아니라, 우주 만유는 곧 법신불의 응화신(應化身)1527)이니, 당하는 곳1528)마다1529) 부처님(處處佛像)이요, 일일이1530) 불공법(事事佛供)이라1531), 천지에게 당한 죄복은 천지에게, 부모에게 당한 죄복은 부모에게, 동포에게 당한 죄복은 동포에게, 법률에게 당한 죄복은 법률에게 비는 것이 사실적인 동시에 반드시 성공하는 불공법이 될 것이니라.

1523) 정산 종사 법어, 제2부 법어(法語), 제7 권도편(勸道編), 13장, p.871.
1524) 과거의 불공법: 천지에게 당한 죄복도 불상(佛像)에게 빌고, 부모에게 당한 죄복도 불상에게 빌고, 동포에게 당한 죄복도 불상에게 빌고, 법률에게 당한 죄복도 불상에게만 빔.
1525) (당하다+ㄴ): 어떤 때나 형편에 이르거나 처하다.
1526) (빌다+고): ①(신이나 부처에게) 소원이 이루어지도록 바라며 청하다. 잘못을 용서해 달라고 간곡히 청하다. ②여기서 '빌다'는 '신이나 부처에게 소원이 이루어지도록 바라며 청하거나, 당처에 자신의 잘못을 용서해 달라고 간곡히 청하다'는 의미와 더불어, 사은에 당한 죄에 대해서는 이를

'과거의 불공법'은 어떠하였는가?

천지에게 당한 죄복도 불상(佛像)에게 빌고, 부모에게 당한 죄복도 불상에게 빌고, 동포에게 당한 죄복도 불상에게 빌고, 법률에게 당한 죄복도 불상에게만 빌었다.

다급하고 여유가 없을수록 죄복을 주는 대상을 제대로 파악하지 못하고 과거의 불공법으로 나타나게 된다.

그러나 이러한 과거의 불공법도 나의 소중한 모습이며, 경계를 따라 나타나는 나의 모습이다.

이런 모습이 내게도 있기에, 이런 모습을 나도 나툴 수 있기에 이를 공부 거리로 삼기만 하면 된다.

천지에게 당한 죄복도 불상에게 비는 것은?

천지·부모·동포·법률에게 당한 죄복도 불상에게만 비는 것은 사

참회 반성하고 사은에 배은한 마음을 돌려 앞으로는 보은 생활을 하겠다는 서원을 사은 전에 올리고 이를 천지·부모·동포·법률에게 실행하는 것이며, 사은에 입은 은혜에 대해서는 이를 감사드리고 앞으로도 더욱 천지·부모·동포·법률에게 보은 생활을 하겠다는 서원을 올림과 동시에 이를 처처에서, 일일이 실행하는 일체의 행위로 보는 것이 타당할 것이다.

1527) 응화(應化): 불보살(佛菩薩)이 미혹에 빠진 자를 구출하려고 여러 형태로 변신하여 나타남.
응화신(應化身): ①불보살(佛菩薩)이 미혹에 빠진 자를 구출하려고 여러 형태로 변신하여 나타난 법신불의 모습으로서 우주 만유를 이름. ②처처(處處)와 사사(事事)로 만나게 되는 모든 인연뿐만 아니라, 진리의 작용에 따라 나타나 있는 일체 유정(有情)·무정(無情)을 이름. ③인연 따라 진리 그대로 나타난 실체 또는 모습.

1528) 당하는 곳: 당처(當處). 내가 대하고 있는 일체 생령과 일체 사물, 즉 우주 만유를 이름.

1529) 낱낱이 다 그러함을 나타내는 말.

1530) ①일마다. 모두. 사사(私事)이. ②밖으로(크게)는 이루어지고 나투어지는 일체 생령과 사물의 작용이고, 안으로(적게)는 이들을 대함에 따라 내가 나투는 모든 육근 작용과 동작.

1531) (받침 있는 말 뒤에 붙어) 앞말이 직접 인용되는 말임을 나타내는 격 조사. 원래 말해진 그대로 인용됨을 나타낸다.

은에 대한 배은이며, 모든 은혜의 소종래를 참으로 발견하지 못함에 따라 있을 수 있는 불공법이다.

이는 실지 불공과 참다운 진리 불공과는 거리가 먼 기복 신앙으로, 편협한 신앙으로, 미신적 신앙으로 흐르기 쉽다. 내 자성 원리와 우주 만유의 본래 이치를 모르면 이렇게 어두워지기 쉽다.

여기서 불상에게 비는 대상을 잘 보아야 한다. 죄와 복이다.

그런데 우리는 어떻게 빌고 있는가?

주로 괴로운 일을 당할 때와 결정하기 어려운 일을 당할 때에는 이들이 해결되기를(죄는 가고 복이 오기를) 간절히 바라는 불공을 드리지만, 즐거운 일을 당할 때에는 모두 자신이 잘 하여 그렇게 된 줄 알고 불공을 하지 않는 경우가 허다하다.

오는 죄와 복도 모두 공부 거리 삼고 사은의 은혜로 안다면 어느 경우인들 불공의 대상으로 삼지 않을 수 없다.

'당한'의 의미는?

'당하다'는 '어떤 때나 형편에 이르거나 처하다'이다.

나는 가만히 있는데, 나는 잘못이 없는데 느닷없이 주어졌다는 의미로 받아들일 수 있다.

다분히 수동적이며, 비관적이며, 주관적이다.

당한 죄복이 비록 우연히 돌아오는 고락일지라도 우리가 육근을 운용하여 일을 짓는 결과이므로 이를 공부 거리로 삼을 수 있는 절호의 찬스다.

일을 당한 대상은 같더라도 그를 보는 관점이 어떠냐에 따라 처리하는 마음가짐이 달라진다.

'나는 잘못한 것이 없는데 느닷없이 당했다, 억울하다.'는 생각에 잡히면 천지·부모·동포·법률이 준, 이들이 주는 은혜의 소종래를 발견하지 못하므로 원망 생활을 하게 된다.

같은 일이라도 공부 거리로 삼느냐 삼지 않느냐, 또는 삼아도 어떻게 삶느냐에 따라 마음가짐과 접근 자세, 해결하는 방법과 그 결과는 180도로 달라지게 된다.

끌려가면 내내 괴롭고 수동적이나, 수용하여 공부 거리, 공부 찬 스로 삼으면 비록 괴로운 일이더라도 적극적인 마음으로 즐기면서 대처할 수 있다.

'천지에게 당한 죄복'이란?

천지를 통하여 나타나는 죄와 복으로서 복은 천지 보은의 결과 며, 죄는 천지 배은의 결과다.

이들은 현실적으로 주의와 관리를 잘못하여 당하는 천재 지변과 자연적 손실, 잘 하여서 얻어지는 무궁한 복덕을 들 수 있고, 또한 도덕적인 생활을 하지 못함에 따라 천지 배은의 결과로 받게 되는 악업력과 도덕적 생활을 함에 따라 천지 보은의 결과로 받게 되는 심성의 선업력을 들 수 있는데, 죄복의 결과는 물질 생활의 빈곤 과 향상, 정신 생활의 빈곤과 여유로움의 차이로 나타난다.

비는 것이란?

'신이나 부처에게 소원이 이루어지도록 바라며 청하거나, 당처에 자신의 잘못을 용서해 달라고 간곡히 청하다.'라는 의미와 더불어,

사은에 당한 죄에 대해서는 이를 참회·반성하고 사은에 배은한 마음을 돌려 앞으로는 보은 생활을 하겠다는 서원을 사은 전에 올 리고 이를 천지·부모·동포·법률에게 실행하는 것이며,

사은에 입은 은혜에 감사드리고, 앞으로도 더욱 천지·부모·동포 ·법률에게 보은 생활을 하겠다는 서원을 올림과 동시에 이를 처처 에서 일일이 실행하는 일체의 행위다.

'부모에게 당한 죄복'이란?

부모를 통해서 나타나는 죄와 복으로서 복은 부모 보은의 결과요, 죄는 부모 배은의 결과다.

부모에게 당한 죄벌(罪罰)이란 부모의 사랑과 지도를 다 받지 못하고 세상의 미움과 배척을 받게 되며, 제 자손도 부모에게 배은하는 것을 본받아 직접 앙화를 끼칠 것은 물론이며, 또는 세세 생생 거래간에 혹 나의 무자력한 때가 있다 할지라도 항상 중인의 버림을 받게 되는 것이며,

부모에게 당한 복덕(福德)이란 부모의 사랑과 지도를 다 받게 되고, 세상은 자연히 나를 위하고 귀히 알 것이며, 나의 자손도 마땅히 나의 보은하는 도를 본받아 나에게 효성할 것은 물론이요, 또는 무자력한 사람들을 보호한 결과 세세 생생 거래 간에 혹 나의 무자력한 때가 있다 할지라도 항상 중인의 도움을 받게 될 것이다.

'동포에게 당한 죄복'이란?

동포를 통하여 받고 얻어지는 죄와 복으로서 복은 동포 보은의 결과요, 죄는 동포 배은의 결과다.

동포에게 당한 죄벌은 현실적으로는 개인에게 있어서 서로 미워하고 싫어하고 원망하는 인연이 많을 것이며, 대인 접물의 모든 일이 상극으로 화하여 막히는 일이 많을 것이며, 가정과 가정끼리 혐극(嫌隙)이요, 사회와 사회끼리 반목(反目)이요, 국가와 국가끼리 평화를 보지 못하고 전쟁의 세계가 되고 말 것이며, 인과적으로는 세세 생생에 악연이 많을 것이요 매사가 순조롭지 못할 것이며,

반면에 동포에게 당한 복덕은 현실적으로는 자리 이타에서 감화를 받은 모든 동포가 서로 사랑하고 즐거워하여 나 자신도 옹호와 우대를 받을 것이요, 개인과 개인끼리 사랑할 것이요, 가정과 가정끼리 친목할 것이요, 사회와 사회끼리 상통할 것이요, 국가와 국가끼리 평화하여 결국 상상하지 못할 이상의 세계가 될 것이며, 인과적으로는 세세 생생 선연이 많을 것이며 매사에 성공을 하게 될 것이다.

'법률에게 당한 죄복'이란?

법률을 통해서 받고 얻어지는 죄와 복으로서 복은 법률 보은의 결과요, 죄는 법률 배은의 결과다.

법률에게 당한 죄벌은 법률 배은을 함에 따라 현실적으로는 법률이 용서하지 아니하여 부자유(不自由)와 구속을 받게 될 것이요, 각자의 인격도 타락되며 세상도 질서가 문란하여 소란한 수라장(修羅場)이 될 것이며, 인과적으로는 세세 생생 부자유스러운 생활과 저열한 인격을 면하기 어려울 것이며 강급 생활을 하게 될 것이며,

반면에 법률에게 당한 복덕은 현실적으로는 법률 보은을 함에 따라 우리 자신도 법률의 보호를 받아 갈수록 구속은 없어지고 자유를 얻게 될 것이요, 각자의 인격도 향상되며, 세상도 질서가 정연하고 사·농·공·상이 더욱 발달하여 다시없는 안락 세계(安樂世界)가 될 것이며, 또는 입법(立法)·치법(治法)의 은혜도 갚음이 될 것이며, 인과적으로는 세세 생생 자유스럽고 고상한 인격의 소유자가 될 것이며, 진급된 생활을 누리게 될 것이다.

'과거의 불공법과 같이 천지에게 당한 죄복도 불상(佛像)에게 빌고,……법률에게 당한 죄복도 불상에게만 빌 것이 아니라.'에서 '만'의 의미는?

여기서 가장 의미 깊은 단어는 '불상에게만'의 '만'이다.

자칫 잘못하면 정전의 '불공하는 법'은 '과거의 불공법'이 문제가 있어 배척해야 하는 불공법처럼 이해할 수 있는데,

이 '만'자에 의해 '과거의 불공법'도 '불공하는 법'에 포함됨을 알수 있다.

즉 불공을 할 때, 진리불인 불상(또는 법신불 일원상, 허공 법계)에게 빌기도 한다는 뜻이다.

대종사님께서 펴신 '불공하는 법'은 막힘이 없고 걸림이 없음을

다시금 절감하게 된다.

'우주 만유는 곧 법신불의 응화신(應化身)이니'라 함은?

처처(處處)와 사사(事事)로 만나게 되는 모든 인연뿐만 아니라, 진리의 작용에 따라 나타나는 일체 유정(有情)·무정(無情)이 곧 우주 만유요 법신불의 응화신(應化身)이다. 즉 인연 따라 진리 그대로 나타나는 실체 또는 모습이다.

목마를 때 마시는 한 잔의 물도 우주 만유요 법신불의 응화신이며, 동주민센터나 은행에서 절차를 몰라 두리번거릴 때 친절하게 안내하는 직원이 곧 그 경계를 따라 나타나는 법신불의 응화신이다.

그러므로 경계를 따라 만나는 모든 인연들이 처처에 나타나는 법신불의 응화신이요 우주 만유다.

이러하기에 당하는 곳마다 만나는 모든 대상을 부처님으로 모시는 것은 너무나 당연한 일이며(處處佛像), 이들 부처님과 대하는 모든 일들은 곧 불공이므로 이들을 불공하듯 대하는 것 또한 지극히 당연한 일이다(事事佛供).

우주 만유가 왜 법신불의 응화신(應化身)인가?

우주 만유는 진리의 작용에 따라 나투어진(지는) 것이므로 우주 만유 그대로가 곧 진리의 화현(化現)이요 실체며, 만유가 다 불생 불멸, 인과 보응의 진리요 원만 구족하고 지공 무사한 권능이 있으므로 천지 만물 허공 법계가 곧 진리의 실체임을 이른 말이다.

일원상은 곧 청정 법신불을 나타낸 바로서 천지·부모·동포가 다 법신불의 화신(化身)이요 법률도 또한 법신불의 주신 바이라

"일원상은 곧 청정 법신불을 나타낸 바로서 천지·부모·동포가

다 법신불의 화신(化身)이요, 법률도 또한 법신불의 주신 바이라

이 천지·부모·동포·법률이 우리에게 죄 주고 복 주는 증거는 얼마든지 해석하여 가르칠 수가 있으므로 일원상을 신앙의 대상으로 모신 것이니라[1532)]."

당하는 곳이란?

당처(當處)다.

내가 지금 여기서 대하고 있는 일체 생령과 일체 사물, 즉 우주만유다.

이들이 무엇이며, 또 어떤 존재인가?

법신불의 응화신인 부처님이며, 불공의 대상이다.

'당하는 곳마다 부처님(處處佛像)이요'라 함은?

그러니 곳곳이 부처님이다.

그도, 나도, 모두가 다 부처님 아님이 없다.

겸허해지지 않을 수 없다.

금수 초목일지라도 그 생명의 귀중하고 소중함을 다시금 깨닫게 된다.

사은의 은혜가 한량없이 살아난다.

'일일이'란?

'일마다. 모두'란 의미다.

그러면 이들은 무엇인가?

밖으로(크게)는 이루어지고 나투어지는 일체 생령과 사물의 작용이고, 안으로(작게)는 이들을 대함에 따라 내가 나투는 모든 육

1532) 대종경, 제2 교의품(教義品), 9장, p.116.

근 작용과 동작이다.

이 일체 생령과 사물, 나 자신은 무엇인가?

우주 만유며, 법신불의 화신불이다.

법신불의 화신불이 무엇인가?

우리는 통칭하여 이를 부처님이라고 한다.

이 부처님들이 하는 일, 이 부처님과 하는 일이 무엇인가?

불공이다. 모두가 불공이다.

'일일이 불공법(事事佛供)이라' 함은?

그러니 오직 일원상의 신앙이 되어질 뿐이다.

오직 진리의 작용임을 수용하고, 그 마음을 사용함에 정성을 다 할 뿐이다.

'당하는 곳마다 부처님(處處佛像)이요, 일일이 불공법(事事佛供)이라' 함은?

실지 불공, 즉 당처 불공과 진리 불공을 해야 하는 이유와 그 타당성을 나타낸다.

우주 만유는 곧 법신불의 응화신(應化身)이니, 천지에게 당한 죄복은 천지에게, 부모에게 당한 죄복은 부모에게, 동포에게 당한 죄복은 동포에게, 법률에게 당한 죄복은 법률에게 비는 것(실지 불공, 당처 불공)이 사실적인 동시에 반드시 성공하는 불공법이다.

당하는 곳마다 부처님(處處佛像)이 계신다는데, 언제 어디서 어떤 부처님을 뵐 수 있는가?

전체적으로는 일원상 법신불이요, 언제 어디서나 나투어 있는 부처님은 사은 부처님이요, 내게 있어서는 원만 구족하고 지공 무사한 나의 주인공인 마음 부처님이 항상 나와 함께 있다.

약국에 가면 약사 부처님, 식당에 가면 요리사 부처님, 수영장에 가면 코치 부처님, 약수터에 가면 약수 부처님, 사무실에서는 컴퓨터 부처님, 집에 가면 남편 부처님 아내 부처님.

내가 대하고 있는 처처가 모두 부처 아님이 없다.

우주 만유 전체를 다 부처님으로 모시고 신앙하는 동시에 직접 수행의 표본으로 하나니

"불상 숭배는 부처님의 인격에 국한하여 후래 제자로서 그 부처님을 추모 존숭1533)하는 데에 뜻이 있을 뿐이나,

일원상 숭배는 그 뜻이 실로 넓고 크나니, 부처님의 인격만 신앙의 대상으로 모시는 것보다 우주 만유 전체를 다 부처님으로 모시고 신앙하여 모든 죄복과 고락의 근본을 우주 만유 전체 가운데에 구하게 되며, 또는 이를 직접 수행의 표본으로 하여 일원상과 같이 원만한 인격을 양성하자는 것이니, 그 다른 점이 대개 이러하나니라1534)."

'천지에게 당한 죄복은 천지에게, 부모에게 당한 죄복은 부모에게, 동포에게 당한 죄복은 동포에게, 법률에게 당한 죄복은 법률에게 비는 것'이라 함은?

드디어 본래 자리를 발견하고, 모든 은혜의 소종래를 발견하여 사은에 보은하는 참다운 당처 불공, 진리 불공, 원만한 신앙, 사실적 신앙으로 돌아올 수 있어 기쁘구나!

고향집을 찾아 헤매다 돌아온 기분이다.

천만 가지로 흩어진 정신이 일념으로 동한 모습이요, 순역 경계에 흔들리던 마음이 안정된 모습이구나!

1533) 사모하고 그리워하고 존경하고 숭배함(追慕尊崇).
1534) 대종경, 제2 교의품(敎義品), 12장, p.118.

천지에게 당한 죄복은 천지에게, 부모에게 당한 죄복은 부모에게, 동포에게 당한 죄복은 동포에게, 법률에게 당한 죄복은 법률에게 비는 것이란?

'천지에게 당한 죄복은 천지에게 비는 것'은 먼저 마땅히 천지의 도를 체받아서 실행하는 것이며,

'부모에게 당한 죄복은 부모에게 비는 것'은 무자력할 때에 피은된 도를 보아서 힘 미치는 대로 무자력한 사람에게 보호를 주는 것이며,

'동포에게 당한 죄복은 동포에게 비는 것'은 동포에게 자리 이타로 피은이 되었으니 그 은혜를 갚고자 할진대, 사·농·공·상이 천만 학술과 천만 물질을 서로 교환할 때에 그 도를 체받아서 항상 자리 이타로써 하는 것이며,

'법률에게 당한 죄복은 법률에게 비는 것'은 법률에서 금지하는 조건으로 피은이 되었으면 그 도에 순응하고, 권장하는 조건으로 피은이 되었으면 그 도에 순응하는 것이다.

불공의 효력이 빠르고 더디기는 각자의 정성과 적공 여하에 있나니

"불공을 하는 데에는 천지 만물 산 부처님에게 실지 불공을 하는 법도 있고, 또는 허공 법계 진리 부처님에게 진리 불공을 하는 법도 있는 것이다.

이 두 가지 불공의 효력이 빠르고 더디기는 각자의 정성과 적공 여하에 있는 것이다[1535)."

진리 불공과 실지 불공이 왜 똑같이 필요한가?

천지 만물의 본성은 하나도 다른 바가 없고, 천지 만물의 특성은

1535) 대종경 선외록, 8. 일심적공장(一心積功章), 15절, p.64.

하나도 같은 것이 없기 때문에 천지 만물의 본성, 즉 일원상의 진리(법신불 일원상, 법신불 사은, 우주 만유의 본원)에 올리는 진리 불공과, 일원상의 진리가 나투어져 있는 천지 만물의 특성(우주 만유의 당처 당처)에 공을 들이는 실지 불공은 똑같이 필요하다.

왜냐하면, 일원상의 내역은 사은이요, 사은의 내역은 우주 만유로서, 이 우주 만유인 천만 만물과 허공 법계가 합하여 하나의 세계, 즉 일원을 이룬다.

그러므로 천지 만물의 양계에 들이는 실지 불공과 허공 법계의 음계에 들이는 진리 불공1536)이 아우러져야 비로소 하나의 세계인 일원상의 진리 전에 올리는 온전한 불공이 되기 때문이다.

'사실적인 동시에 반드시 성공하는 불공법이 될 것이니라'함은?

우주 만유는 곧 법신불의 응화신(應化身)이니, 당하는 곳마다 부처님(處處佛像)이요 일일이 불공법(事事佛供)이라,

천지에게 당한 죄복은 천지에게, 부모에게 당한 죄복은 부모에게, 동포에게 당한 죄복은 동포에게, 법률에게 당한 죄복은 법률에게 비는 것이다.

이것이 진리 불공과 실지 불공을 동시에 하는 것이다.

또는, 그 기한에 있어서도 과거와 같이 막연히 한정 없이 할 것이 아니라 수만 세상 또는 수천 세상을 하여야 성공될 일도 있고, 수백 세상 또는 수십 세상을 하여야 성공될 일도 있고, 한 두 세상 또는 수십 년을 하여야 성공될 일도 있고, 수월 수일 또는 한 때만 하여도 성공될 일이 있을 것이니, 그 일의 성질을 따라 적당한 기한으로 불공하여야 한다.

'불공하는 법'은 그 대상과 기간을 명확히 정하여 공을 들이면 반드시 성공할 수 있다는 확신을 생기게 하며, 그 계획을 당하는 곳곳마다 대하는 일마다 실행할 수 있게 하는 구나!

1536) 한 울안 한 이치에, 제1편 법문과 일화, 제3장 일원의 진리, 15절, p.65.

이렇게 하는 것이 곧 반드시 성공하는 '불공하는 법'이구나!

대종사님께서 얼마나 자신이 있으셨으면 이렇게까지 단정적으로 말씀하실 수 있을까!

아무리 부정하고, 꼬투리를 잡으려 해도 온통 다 수용할 뿐이다. 그 타당함에, 그 논리 정연함에 묵묵히 밟아갈 뿐이다.

진리적 종교의 신앙과 사실적 도덕의 훈련으로써 정신의 세력을 확장해 갈 뿐이다.

산 부처에게 먼저 공을 들이는 것이 죄복을 직접 당처에 비는 실지불공(實地佛供)이니라

대종사 봉래정사(蓬萊精舍)에 계실 때에 하루는 어떤 노인 부부가 지나가다 말하기를, 자기들의 자부(子婦)가 성질이 불순하여 불효가 막심하므로 실상사(實相寺) 부처님께 불공이나 올려 볼까 하고 가는 중이라고 하는지라,

대종사 들으시고 말씀하시기를

"그대들이 어찌 등상불에게는 불공할 줄을 알면서 산 부처에게는 불공할 줄을 모르는가?"

그 부부 여쭙기를

"산 부처가 어디 계시나이까?"

대종사 말씀하시기를

"그대들의 집에 있는 자부가 곧 산 부처이니, 그대들에게 효도하고 불효할 직접 권능이 그 사람에게 있는 연고라, 거기에 먼저 공을 들여 봄이 어떠하겠는가?"

그들이 다시 여쭙기를

"어떻게 공을 들이오리까?"

대종사 말씀하시기를

"그대들이 불공할 비용으로 자부의 뜻에 맞을 물건도 사다 주며 자부를 오직 부처님 공경하듯 위해 주어 보라. 그리하면, 그대들의

정성을 따라 불공한 효과가 나타나리라."

그들이 집에 돌아가 그대로 하였더니, 과연 몇 달 안에 효부가 되는지라 그들이 다시 와서 무수히 감사를 올리거늘, 대종사 옆에 있는 제자들에게 말씀하시기를

"이것이 곧 죄복을 직접 당처에 비는 실지 불공(實地佛供)이니라1537)."

마음병 치료는 나에게, 육신병 치료는 의사에게 문의하는 것이 치료하는 길을 옳게 아는 것이니라

이운외(李雲外)1538)의 병이 위중하매1539) 그의 집안 사람이 급히 달려와 대종사께 방책을 문의하는지라,

말씀하시기를

"곧 의사를 청하여 치료하라."

하시고, 얼마 후에 병이 평복(平復)1540)되니, 대종사 말씀하시기를

"일전에 운외가 병이 중하매 나에게 먼저 방침을 물은 것은 그 길이 약간 어긋난 일이니라.

나는 원래 도덕을 알아서 그대들의 마음병을 치료해 주는 선생이요, 육신병의 치료는 각각 거기에 전문하는 의사가 있나니, 이 앞으로는 마음병 치료는 나에게 문의할지라도, 육신병 치료는 의사에게 문의하라.

그것이 그 길을 옳게 아는 것이니라1541)."

1537) 대종경, 제2 교의품(敎義品), 15장, p.120.
1538) 1872-1967, 법호 준타원(準陀圓). 구산(久山) 송벽조 선진과 결혼하여 정산 송규 종사와 주산 송도성 종사를 낳았다. 부군을 따라 영광으로 총부로 이사하여 가난하고 어렵게 살면서도, 부군과 두 아들 그리고 손녀들의 전무출신을 적극 후원했고, 항상 낙도 생활을 하였다. 교단과 고락을 함께하면서 항상 후진들을 간곡히 격려하며 공부와 사업을 잘 하도록 빌어주었다. 종사위 법훈을 받았다.
1539) -매: 어떤 일에 대한 원인이나 근거를 나타내는 연결 어미.
1540) 병이 나아 건강이 회복됨.
1541) 대종경, 제12 실시품(實示品), 31장, p.339.

또는, 그 기한1542)에 있어서도 과거와 같이 막연히1543) 한
정1544) 없이 할 것이 아니라 수만 세상 또는 수천 세상을 하여
야 성공될 일도 있고, 수백 세상 또는 수십 세상을 하여야 성공
될 일도 있고, 한 두 세상 또는 수십 년을 하여야 성공될 일도
있고, 수월 수일 또는 한 때만 하여도 성공될 일이 있을 것이
니, 그 일의 성질을 따라 적당한1545) 기한으로 불공을 하는 것
이 또한 사실적인 동시에 반드시 성공하는 법이 될 것이니라.

**'그 기한에 있어서도 과거와 같이 막연히 한정 없이 할 것이 아
니라' 함은?**

불공을 하는 데에는 그 기한이 있을 수밖에 없겠구나!
막연히(똑똑하지 못하고 어렴풋이) 하는 것이 아니라, 구체적으
로 그것도 진리적이면서 사실적으로 할 수밖에 없겠구나!

'그 기한'이란?

불공 들이는 데 정한 기간이다.
사은 당처에 직접 올리는 실지 불공에서 그 사물의 성질과, 각
자의 근기와 역량에 따라 그 기한은 천차 만별이다.
즉 수만 세상 또는 수천 세상을 하여야 성공될 일도 있고, 수백
세상 또는 수십 세상을 하여야 성공될 일도 있고, 한 두 세상 또

1542) 미리 한정한 시기. 어느 때까지를 기약(때를 정하여 약속함)함.
　　　그 기한: ①불공 들이는 데 정하는 기간. ②사은 당처에 직접 올리는 실
　　　지 불공에서 그 사물의 성질과 각자의 근기와 역량에 따라서는 그 기한
　　　은 천차 만별이다. 즉 수만 세상 또는 수천 세상을 하여야 성공될 일도
　　　있고, 수백 세상 또는 수십 세상을 하여야 성공될 일도 있고, 한 두 세
　　　상 또는 수십 년을 하여야 성공될 일도 있고, 과일 나무처럼 수월 수일
　　　또는 한 때만 하여도 수확을 얻게 되는 일도 있을 것임.
1543) 아득히. 똑똑하지 못하고 어렴풋이.
1544) 제한(한계(사물의 정해 놓은 범위)를 정함)하여 정함.
1545) (적당하다+ㄴ): 알맞다. 정도에 맞다.

는 수십 년을 하여야 성공될 일도 있고, 과일 나무처럼 수월 수일 또는 한 때만 하여도 수확을 얻게 되는 일도 있을 것이다.

'수만 세상 또는 수천 세상을 하여야 성공될 일도 있고, 수백 세상 또는 수십 세상을 하여야 성공될 일도 있고, 한 두 세상 또는 수십 년을 하여야 성공될 일도 있고, 수월 수일 또는 한 때만 하여도 성공될 일이 있을 것이니'라 함은?

불공도 계획을 세워서 실행해야겠다는 마음이 일어난다.
그 일의 성질에 따라, 불공 들이는 나의 역량에 따라 그 기한이 왜 달라야 하는지 이제 알게 된다.
그러니 내 영생의 '불공 마스터 플랜'을 짜야겠다는 마음이 드디어 자리잡는다.
그것도 그 일의 성질을 알고 나면, 지금 여기서 경계를 따라 일어나는 마음 작용에서부터 영생을 통해서 서원하고 또 서원하며 정성을 다하여야 이루어지는 한량없는 불공에 이르기까지 그것도 반드시 성공을 거두면서 할 수 있겠구나!

'그 일의 성질을 따라 적당한 기한으로 불공을 하는 것이 또한 사실적인 동시에 반드시 성공하는 법이 될 것이니라' 함은?

'불공하는 법'은 그 대상과 기간을 명확히 정하여 공을 들이면 반드시 성공할 수 있다는 확신을 생기게 하며, 그 계획을 당하는 곳곳마다, 대하는 일마다 실행할 수 있게 한다.
이렇게 하는 것이 곧 반드시 성공하는 '불공하는 법'이라는 믿음이 생긴다.

'그 일의 성질'이란?

일의 성질에 따라서는 수만 세상 또는 수천 세상을 하여야 성공

되는 일도 있고, 수백 세상 또는 수십 세상을 하여야 성공되는 일
도 있고, 한 두 세상 또는 수십 년을 하여야 성공되는 일도 있고,
수월 수일 또는 한 때만 하여도 성공되는 일이 있다는 의미다.

'그 일의 성질을 따라 적당한 기한'이란?

사실적인 동시에 반드시 성공하는 불공법의 기한으로서, 일의
성질에 따라 필요한 기한은 수만 세상 또는 수천 세상일 수도 있
고, 수백 세상 또는 수십 세상일 수도 있고, 한 두 세상 또는 수십
년일 수도 있고, 수월 수일 또는 한 때일 수도 있다.

**일의 성질에 따라 불공을 함에 있어, 수만 세상 또는 수천 세상
을 하여야 성공될 일도 있고, 수백 세상 또는 수십 세상을 하여야
성공될 일도 있고, 한 두 세상 또는 수십 년을 하여야 성공될 일
도 있고, 수월 수일 또는 한 때만 성공될 일이 있다 하셨는데, 그
구체적인 실례를 들면?**

실지 불공은 주로 주위 인연과 사물의 당처에 들이는 불공이므
로 그 기한을 정하기는 쉬우나, 그에 따른 일의 성질과 각자의 근
기와 역량에 따라 그 기한도 천차 만별로 다를 것이다.
즉 천지·부모·동포·법률 전체에 불공하여 보은함과 동시에 그
위력이 나투어지고 체성에 합해지도록까지 실행하는 일은 사람에
따라서는 수만 세상 또는 수천 세상 필요할 수도 있고, 수백 세상
또는 수십 세상 필요할 수도 있고, 한 두 세상 또는 수십 년일 수
도 있고, 또는 수년일 수도 있을 것이다.
또한 성불 제중·제생 의세의 큰 서원을 세우고 실행하는 경우에
는 수만 세상 또는 수천 세상이 걸릴 것이므로 너무 조급한 마음
을 갖지 말아야 됨은 물론이거니와 '불공하는 법'을 실행하기를 한
시라도 놓지 않고 오래오래 계속하여야 반드시 성공할 것이다.

또 감나무에 불공하여 수확을 얻으려면 적어도 수년의 기간 동안 공을 들여야 할 것이며, 목마른 사람에게 불공하는 것은 한 때의 물 한 그릇이면 갈증을 해소할 수 있을 것이다.

이처럼 그 기한은 일의 성질에 따라 천차 만별일 것이다.

사은 당처에 실지 불공하는 외에 다른 불공법은 없나이까?

대종사 말씀하시기를

"불공하는 법이 두 가지가 있으니,

하나는 사은 당처에 직접 올리는 실지 불공이요,

둘은 형상 없는 허공 법계를 통하여 법신불께 올리는 진리 불공이라,

그대들은 이 두 가지 불공을 때와 곳과 일을 따라 적당히 활용하되 그 원하는 일이 성공되도록까지 정성을 계속하면 시일의 차이는 있을지언정 이루지 못할 일은 없으리라[1546]."

진리 불공은 어떻게 올리는가?

"몸과 마음을 재계(齋戒)하고 법신불을 향하여 각기 서원을 세운 후 일체 사념을 제거하고, 선정(禪定)에 들든지 또는 염불과 송경을 하든지 혹은 주문 등을 외어 일심으로 정성을 올리면 결국 소원을 이루는 동시에 큰 위력이 나타나 악도 중생을 제도할 능력과 백천 사마[1547]라도 귀순시킬 능력까지 있을 것이니, 이렇게 하기로 하면 일백 골절이 다 힘이 쓰이고 일천 정성이 다 사무쳐야 되나니라[1548]."

1546) 대종경, 제2 교의품(敎義品), 16장, p.121.
1547) 사마(邪魔)는 사특하고 나쁜 마군, 한량없이 많은 삿된 마군으로 정법 수행을 방해하는 모든 것들이라는 뜻이다. 즉 마음속에 일어나는 번뇌 망상·사심잡념·삼독 오욕·시기 질투·사량 분별 등이 모두 백천 사마다.
1548) 대종경, 제2 교의품(敎義品), 16장, p.121.

중생들은 불공을 좀 올리다가 그도 싫증이 나서 계속하지 못하나, 부처님들은 한없는 정성을 들여서 불공을 올리나니

대종사 말씀하시었다.

"중생들은 몸으로 화현하신 개체 부처님 몇몇 분에게만 불공을 좀 올리다가 그도 싫증이 나서 계속하지 못하나,

부처님들은 천지 만물 허공 법계, 한없이 많은 부처님들에게 한없는 정성을 들여서 불공을 올리는 것이다.

그러므로 부처님께서 말씀하시기를

'수보리야, 내가 과거 무량아승지겁[1549] 일을 생각하니 연등불[1550] 전에 팔백사천만억 나유타[1551] 모든 부처를 만나 가지고 다 공양하고 받들어 섬기어서 한 분도 빼놓는 일이 없다.'

고 하셨으니, 이것이 곧 지극하신 불공을 말씀하신 것이다[1552]."

1549) 무한히 긴 시간. 인간의 두뇌로는 셀 수도 상상할 수도 없는 무한한 시간(無量阿僧祇劫).

1550) 불교에서 과거불로, 서가모니의 전생에 수기(水氣)를 준 부처다(燃燈佛).

1551) 수의 단위 중 하나로 10^{60}을 가리키며, 10^{72}로 쓰는 경우도 있다. 산스크리트어로 '헤아릴 수 없을 만큼 많은 수'라는 뜻이다(那由他).
팔백사천만억 나유타: 헤아릴 수 없을 만큼 많은 수.

1552) 대종경 선외록, 13. 불조동사장(佛祖同事章), 5절, p.93.

제11장 계 문 (戒文)

법신불 사은 전에 '심고와 기도'를 하기 전에 '참회문'을 올리고 참회하며, 몸과 마음을 정갈[1553]히 한 후 원하는 바를 고하고 이루어지도록 간절히 비는 '심고와 기도'를 올리고, 그 정성스런 마음으로 '불공하는 법'에 따라 불공하며 적공하되, 하지 말아야 할 일은 하지 말아야 하는 조목이 바로 '계문'이다.

계문은 왜 정하여 지키라고 하는가?

우리가 실생활에서(경계를 따라) 우발적으로나 습관적으로나 고의적으로 저지르는 잘못을 경계하여 누구나 성불 제중 제생 의세하도록 내놓으신 수행의 표준으로서, 포괄적인 원리보다는 상황 상황에 맞게 쓸 수 있는 아주 구체적인 수행의 표준이요 계율이다.

그것도 마음 내키는 대로 정한 것이 아니라, 법에 맞게 또는 법으로 내놓으신 표준이다.

이를 통해 경계를 따라 걸림이 없는, 즉 정하여도 정한 바 없고 동하여도 동한 바 없는, 원래 요란함도 어리석음도 그름도 없는 그 마음을 사용하여 법신불 사은님과 하나 되게 하기 위함이다.

보통급·특신급·법마 상전급 30계문은 크게 나누어, 몸과 입과 마음으로 죄를 짓지 않도록 경계하는 계문이다.

입교하면 왜 계문을 주어 지키게 하는가?

목사 한 사람이 말하기를

"예로부터 어느 교단을 막론하고 대개 계율(戒律)을 말하였으나, 저의 생각으로는 그것이 도리어 사람의 순진한 천성을 억압하고 자유의 정신을 속박하여 사람을 교화하는 데 적지 않은 지장이 되

1553) 모양이나 옷 등이 깔끔하고 깨끗함.

는가 하나이다."

대종사 말씀하시기를

"어떠한 점에서 그러한 생각을 하게 되었는가?"

목사 말하기를

"세상 사람들이 종교의 진리를 이해하지 못하여 공연히 배척하는 수도 없지 않지마는, 대개는 교리의 신성함은 느끼면서도 사실로 믿음에 들지 않는 것은 그 이면에 계율을 꺼리어 주저하는 수도 적지 않사오니 이러한 사람들은 계율이 없었으면 구제의 범위에 들었을 것이 아니오니까?"

대종사 말씀하시기를

"귀하는 다만 그러한 사람들이 제도의 범위에 들지 못하는 것만 애석히 알고 다른 곳에 큰 영향이 미칠 것은 생각지 아니하는가?

우리에게도 서른 가지 계문이 있으나 한 가지도 삭제할 만한 것이 없으므로 그대로 지키게 하노라.

다만 계율을 주는 방법에 있어서는 사람의 정도를 따라 계단적으로 주나니, 누구나 처음 입교하면 저 세상에서 젖은 습관이 쉽게 떨어지지 않을 것이므로 그들에게 능히 지킬 만한 정도로 먼저 십계를 주고 또 계단을 밟는 대로 십계씩을 주며, 삼십계를 다 마친 후에는 계율을 더 주지 아니하고 자유에 맡기나니, 그 정도에 이른 사람은 부당한 일과 당연한 일을 미리 알아 행하는 까닭이니라.

그러나, 그렇지 못한 사람은 도저히 그대로 방임할 수 없나니 자각 있는 공부인과 초학자 다스리는 방식이 어찌 서로 같을 수 있으리요1554).

세상에는 어리석은 사람이 더 많거늘 방금 귀하의 주장은 천만인 가운데 한 두 사람에게나 적당할 법이라, 어찌 한 두 사람에게 적당할 법으로 천만인을 등한시하리요.

또는, 사람이 혼자만 생활한다면 자행 자지하여도 별 관계가 없

1554) -리요: 자음으로 끝난 어간에 붙여 '-랴(이치로 미루어 어찌 그러할 것이냐 하는 뜻을 나타내는 종결형 어미)'의 뜻으로 혼자 스스로 묻거나 탄원(사정을 자세히 말하여 도와주기를 몹시 바람) 또는 한탄을 나타내는 말.

을지 모르나 세상은 모든 법망(法網)1555)이 정연히 벌여 있고 일반 사회가 고루 보고 있나니, 불의의 행동을 자행한다면 어느 곳을 향하여 설 수 있겠는가.

그러므로, 나는 생각하기를 사람이 세상에 나서면 일동 일정을 조심하여 엷은 얼음 밟는 것 같이 하여야 인도에 탈선됨이 없을 것이며, 그러므로 공부인에게 계율을 주지 않을 수 없다 하노라1556)."

1. 보통급(普通級) 십계문

'보통급'이란?

유무식·남녀·노소·선악·귀천을 막론하고 처음으로 불문에 귀의(입교)하여 보통급 십계를 받은 사람의 급이다.

보통급 십계문은?

유무식·남녀·노소·선악·귀천을 막론하고 처음으로 입교하게 되면 법명과 동시에 십계를 주어 지키게 함으로써 경계를 따라 있어지는 요란함·어리석음·그름(삼독심)을 없게 하여 자성의 정·혜·계를 세우게 하고, 과거의 잘못을 참회하여 날로 선도를 행함으로써 악습을 고치도록 하신 법문이요,

옛 생활을 버리고 새 생활을 개척하는 초보며, 악도를 놓고 선도에 들어오는 초문이다.

1. 연고 없이 살생을 말며,

'연고'란 무엇이며, 이를 적용하는 경우는?

1555) 법이라는 것에 구속된 것. 곧 법박(法縛).
1556) 대종경, 제2 교의품(敎義品), 25장, p.126.

없어서는 안 될 까닭이다.

이 '연고 없이'란 단서를 붙이는 경우는 다음과 같다.

보통급이 '연고 없이'를 가장 많이 적용(10개 조목 중 6개)하고 있다.

그러므로 '연고 없이'가 붙는 계문들은 실생활에서 보통급뿐만 아니라, 대각여래위까지도 지켜야 하는 계문이므로 연고 없이 지킨다는 게 그만큼 어려우며, 또한 반드시 해결해야 할 만큼 중요한 것이다.

보통급	특신급	법마상전급
·연고 없이 살생을 말며, ·연고 없이 술을 마시지 말며, ·연고 없이 쟁투(爭鬪)를 말며, ·연고 없이 살생을 말며, ·연고 없이 심교간(心交間) 금전을 여수(與受)하지 말며, ·연고 없이 담배를 피우지 말라.	·연고 없이 때 아닌 때 잠자지 말며,	·연고 없이 사육(四肉)을 먹지 말며,

비록 일상생활 속에서 '연고 없이'란 단서를 두어 이들 계문을 지키는 데 융통성을 주었지만, 이를 구실로 범하라는 의미는 아니다.

이는 진리에 어긋나지 않으면서 남도 살리고 나도 살리는 부득이한 경우를 제외하고는 반드시 지켜야 하고, 반드시 돌파해야 할 좋은 공부 거리다.

'살생'의 종류는?

직접 살생과 간접 살생이 있다.

직접 살생은 생계나 오락이나 인과의 이치를 모르거나 또는 알고도 생명을 직접 죽이는 것을 말하며,

간접 살생은 직접은 아니더라도 다른 사람으로 하여금 죽이게 하거나 또는 육식을 함으로써 다른 사람으로 하여금 필요에 따라 간접적으로 살생하게 하는 것을 말한다.

왜 '말이며'가 아니고, '말며'인가?

'말며'는 '말다+며'다.
'말'은 자음으로 끝난 어간이므로 당연히 모음으로 끝난 어간에 붙는 '-며'보다는 자음으로 끝난 어간에 붙는 '-이며'가 맞는 것 같으나, 어간의 받침이 'ㄹ'로 끝날 때에는 '-며'가 붙으므로 '말며'다.

살생을 말되, 왜 '연고 없이'라고 하셨는가?

성불 제중하고 제생 의세하는 데 필요하지 않은 경우라면, 절대로 생명을 죽이지 말라는 말씀이다.
필연적인 연고가 있는 경우에는 살생을 할 수도 있다는 대승적인 입장을 나타낸 말이 곧 '연고 없이'의 의미다.
아무리 연고가 있어 살생을 하는 경우라도 사심(욕심)으로 취사한 경우는 '연고'를 이용한 것이며, 진공의 체성에 바탕을 두지 않는 비공부인의 수행이다. 정당하고도 떳떳하게 취사한 경우라면 진공의 체성을 여의지 않는 공부인이다.
허나 아무리 연고가 있어 불가피하게 살생을 한 경우라도 인과의 그물은 성긴 것 같지만, 그 그물은 한 치의 오차도 없기 때문에 결코 벗어날 수 없다. 단지 그 정도가 가벼워질 뿐이다.

'연고 없이 살생을 말며'를 왜 30계문 중 맨 첫 계문으로 하셨는가?

살생은 사은에 가장 크게 배은하는 것이므로 누구도 범해서는 안 되는 것이나 실제로는 알게 모르게 많이 범하고 있다.

이 계문은 지키기가 그만큼 어렵지만, 누구나 다 지켜야 되는 것이다.

우리가 접하게 되는 인연 중에는 살생으로 인해 만나게 되는 인연들의 수가 비록 적다하여도 그에 따라 받게 되는 인과 보응의 결과는 가장 클 것이다.

따라서 살생은 직접 살생뿐만 아니라 비록 간접 살생일지라도 궁극적으로는 누구나 다 가장 우선적으로 해결해야 할 과제임을 밝히신 말씀이다.

공부의 정도가 보다 익은 법마상전급에서도 '연고 없이 사육(四肉)을 먹지 말라'며 살생하지 말 것을 다시 강조하고 있다.

'연고 없이 살생을 말라'는 이유는?

법신불의 응화신인 생명체는 우주 만유로서 사은 아닌 바가 없으므로 그들이 비록 금수 초목일지라도 그 생명을 죽이는 것은 그들의 피은·보은의 도를 실행치 못하게 막는 것이며, 모든 생명을 내 몸같이 사랑하고 내 몸같이 존중하는 자비심과 공경심을 잃게 한다.

따라서 어떤 이유에서건 살생은 사은에 배은하는 것이므로 개인적으로는 잔인성이 길러져 자성의 혜광이 어두워짐에 따라 성불의 길이 멀어지고 자비심을 잃게 될 것이며,

사회적으로는 생명의 존엄성과 생명 존중 사상이 희박해져서 공생 공영의 평화를 보지 못할 것이며,

진리(인과)적으로는 상극의 인연이 많이 맺어져서 내생의 악도를 스스로 불러오게 될 것이며, 단명보(短命報)·다병보(多病報)를 받게 될 것이다.

'연고 있는 살생'이란?

성불 제중하고 제생 의세하는 데 있어서 어쩔 수 없이 범하게

되는 살생으로, 그 예는 다음과 같다.

첫째, 생명의 위협으로부터 자신을 지키기 위한 정당 방위로 살생하는 경우, 즉 적군·강도·도둑·맹독성 동물 등으로부터 공격을 받을 때, 육친 관계자의 위독(危毒)을 방지할 때, 법률상으로나 도의상으로 의무와 책임을 졌을 때이다.

둘째, 중병을 치료하기 위해 약으로 사용할 때.

셋째, 도축업이나 어업 등의 생업에 종사하여 직업상 불가피한 경우.

넷째, 농사를 지을 때 밭갈이·논갈이·병충해 방제 등으로 인한 경우[1557].

다섯째, 위생상 병균이 전염될 우려가 있는 경우, 의학 연구 실험으로 필요한 경우 등 불가피한 경우(一殺多生).

여섯째, 길을 오갈 때 무의식중에 범하게 되는 경우.

연고 없이 살생한 경우와 연고가 있어 살생한 경우에 받게 되는 인과 보응에는 차이가 있는가?

'콩 심은 데 콩 나고 팥 심은 데 팥 난다'는 말과 같이 누구에게나 인과 보응의 결과가 나타나는 것은 어김이 없다.

다만 콩과 팥을 잘 기르기 위해 잡초도 뽑아주고 거름도 주듯이 살생을 하더라도 그 목적과 방법과 심경(心境)에 따라 차이가 있으며, 인과 보응을 받게 되는 사람의 심경과 수용 자세에 따라 차이가 있다.

연고가 있어 살생을 하게 되는 경우, 마음가짐을 어떻게 해야 하는가?

첫째, 천도되기를 발원하는 심고와 기도를 한다.

1557) 대종경, 제13 교단품(敎團品), 13장, p.355.

둘째, 측은한 마음을 가지되 공포심를 갖지 말며, 그에 대한 관념을 없애고 무심이 되어야 한다.

셋째, 일원상의 진리에 바탕을 둔 수행에 더욱 정진하고 선업을 쌓는 데 노력해야 한다.

연고 없이 살생을 하지 않으려면 어떻게 해야 하는가?

첫째, 만유가 한 체성이요 동기(同氣)며, 천지의 포태(胞胎) 안에 있는 동포인 줄 알아야 한다(四生一身).

둘째, 일원상의 진리(생멸 없는 진리와 인과 보응되는 진리)를 신앙하는 동시에 수행의 표본을 삼아야 한다.

셋째, 일체 생령을 남김 없이 제도(성불 제중)하겠다는 원력(願力, 또는 誓願一念)이 투철해야 한다.

넷째, 취미나 오락으로 살생(낚시·사냥 등)하는 일이 없게 하고[1558], 직업적으로 살생을 하는 경우에는 점차 다른 직업으로 전환하도록 한다[1559].

살생을 하는 직업에 종사하는 경우 어떻게 해야 하는가?

대종사 부산 지방에 가시었더니, 교도 몇 사람이 와서 뵈옵고 말하기를

"저희들이 대종사의 법을 흠앙(欽仰)[1560]하오나, 다만 어업으로써 생계를 삼으므로 항상 첫 계문을 범하게 되오니, 이것이 부끄러워 스스로 퇴굴심(退屈心)[1561]이 나나이다."

대종사 말씀하시기를

"근심하지 말라. 사람의 생업(生業)은 졸지(猝地)[1562]에 바꾸기

1558) 대종경, 제5 인과품(因果品), 12장, p.223.
1559) 대종경, 제2 교의품(敎義品), 26장, p.127.
1560) 공경하여 우러러 사모함.
1561) 공부인이 순역 경계에 부딪쳐서 정진하지 못하고 물러서거나 타락하는 마음.
1562) (주로 '졸지에'의 꼴로 쓰여) 느닷없고 갑작스러운 판국.

어렵나니, 그대들이 받은 삼십 계문 가운데에 그 한 계문은 비록 범한다 할지라도 그 밖의 스물아홉 계를 성심으로 지킨다면 능히 스물아홉 선을 행하여 사회에 무량한 공덕이 나타나리니, 어찌 한 조목을 수행하지 못한다 하여 가히 지킬 만한 남은 계문까지 범하게 되어 더욱 죄고의 구렁에 들어가리요.

또는 남은 계문을 다 능히 지키면 그 한 계문도 자연히 지킬 것이 생기게 되리니, 이와 같은 신념으로 공부에 조금도 주저하지 말라1563)."

연고 없이 살생을 하지 않게 되면 어떻게 되는가?

우주 만물을 내 몸같이 여기는(四生一身) 마음이 길러져 모든 생명을 사랑하고 존중하게 되므로 개인적으로는 어질고 온유한 성격과 자비심이 증진될 것이며,

사회적으로 생명 존중의 사상이 높아져서 공생 공영·상생 상화의 길이 열리고 세상은 길이 평화로울 것이며,

진리적으로 세세 생생 선도(善導)에 수생(受生)함은 물론이고, 상생의 인연으로 무병 장수의 복을 누릴 것이다.

연고 있는 살생이라도 측은한 마음으로 하라

"연고 있는 살생이라도 측은한 마음으로 하라.

측은한 마음이 없이 살생을 하면 대중에게 살벌한 분위기를 만든 것과 피살된 상대방의 보복 등 두 가지 인과가 있으나, 어찌할 수 없는 마음으로 하면 한 가지 인과뿐이다.

공부인이 살생을 금하고 계문을 널리 권장하여 상생으로 살도록 하면 공덕이 큰 것이다1564)."

'살생하지 말라'는 모든 종교의 공통 계문이다

1563) 대종경, 제2 교의품(敎義品), 26장, p.127.
1564) 한 울안 한 이치에, 제1편 법문과 일화, 제3장 일원의 진리, 101절, p.86.

이 계문은 힌두교, 불교는 물론이고 민족 종교의 경전에서 공통적으로 규정하고 있는 계문이다.

그러나 기독교의 해당 계문은 '살인하지 말라'인데, 살인만 하지 않으면 다른 동물들은 함부로 죽여도 좋다는 말인가?

왜 이런 문제가 생긴 것인지 다음 내용을 살펴보자[1565].

"기독교에서는 출애굽기[1566]의 십계명에 나오는 'You shall not kill'을 '살인(殺人)하지 말라.'로 엉뚱하게 자의적으로 해석하고는 목사와 신부들도 육식을 아무렇지도 않게 합니다.

'살생하지 말라'는 하나님의 계명을 그들은 크게 오해하고 있는 것입니다.

여기에 사용된 kill이란 동사는 flow(물이 흐르다)나 rise(천체 같은 것이 떠오르다)와 같이 자동사로 쓰고 있습니다.

따라서 kill은 '살생(殺生)하다', '목숨 있는 것을 죽이다'는 뜻으로 사용되고 있는 것이지, 결코 '살인하다'나 '사람을 죽이다'와 같은 타동사로 사용된 것이 아닙니다.

그런데도 불구하고 한국어로 번역된 성경들은 하나같이 kill을 '살인하다', '사람을 죽이다'로 잘못 번역해 놓고 있습니다. '살인하다'는 영어로 commit murder, commit homicide, kill someone 처럼 반드시 목적어가 있는 타동사로 쓰여져야 합니다.

물론 처음에 이 구절을 번역할 때 외국 선교사가 그렇게 옮겨 놓았을 것입니다. 한국인 기독교인들은 그것을 무비판적으로 그대로 되풀이한 것입니다."

"왜 그런 실수를 범했을까요?"

"기독교 성직자나 성경학자들의 잘못된 인본주의(人本主義) 사상 때문입니다. 마치 지구상의 모든 동물들은 사람이 마음대로 잡아먹어도 된다는 식의 인간 본위의 발상이 가져온 오해 때문

1565) 김태영, "선도체험기", 37권, 도서출판 유림, p.71-72, 1997.
1566) 출애굽기(出埃及記, 탈출기, 脫出記)는 구약 성경의 두 번째 부분이다. 신이 모세를 통해 이집트에서 이스라엘 민족들을 가나안 땅으로 인도하는 내용이 담겨있다. 출애굽이라는 명칭은 '이집트에서 나옴'을 뜻한다.

입니다.

그러나 사실은 그렇지 않습니다. 땅위의 모든 생물들은 상부 상조하면서 조화를 이루면서 살라는 것이 성경의 취지이지 결코 다른 생물은 아무렇게 잡아먹어도 좋고 사람만 잘 살면 된다는 것이 아니라는 것을 몰랐기 때문입니다."

"왜 그런 것도 몰랐을까요?"

"인간의 이기심과 욕심이 진리를 보는 눈, 하나님의 뜻을 읽는 능력을 흐려놓거나 앗아가 버렸기 때문입니다.

신구약 성경에도 육식보다는 곡·채식을 권장하는 내용이 있습니다."

과수원에 제충을 할 때 무수한 살생을 하게 되는지라

한 제자 교중의 과원(果園)을 맡음에 매양1567) 소독과 제충(除虫) 등으로 수많은 살생을 하게 되는지라, 마음이 불안하여 그 사유를 대종사께 사뢰니, 대종사 말씀하시기를

"과보는 조금도 두려워 말고 사심 없이 공사에만 전력하라. 그리하면, 과보가 네게 돌아오지 아니하리라.

그러나, 만일 이 일을 하는 가운데 조금이라도 사리(私利)를 취함이 있다면 그 과보를 또한 면하지 못할 것이니 각별히1568) 조심하라1569)."

총부 과수원에 제충을 하려 하는데 무수한 살생을 하게 되므로 대중이 서로 주저하였다. 대종사 말씀하시었다.

"이는 연고가 있는 일이며, 또는 대도 사업을 위하는 일이니 과보는 염려 말라. 과보는 교중(敎中)1570)과 내가 담당하리라."

대중이 그 말씀을 듣고 안심하고 제충 작업을 하였다. 그 후 어느 날 총부 근처 수리(水利)1571) 방죽1572)이 가뭄으로 거의 말랐는

1567) 번번히. 항상.
1568) 어떤 일에 대한 마음가짐이나 자세 따위가 유달리 특별하게.
1569) 대종경, 제13 교단품(敎團品), 13장, p.355.
1570) 여러 교우(敎友)를 통틀어 이르는 말.

데, 이웃 마을 사람들이 많이 물고기들을 잡고 있었다. 총부 대중 몇 사람이 지나가다가 그것을 구경하고 있던 중, 한 사람이 전일 대종사의 말씀을 본 따서 말하였다.

"동지들 중에 누구든지 돈을 내서 이 싼 물고기를 많이 사 가지고 대중 공양을 한 번 하라. 살생한 과보는 내가 전부 담당하리라."

대종사 그 사실을 전해 들으시고 크게 놀라며 말씀하시었다.

"그 사람이 어찌 그렇게 무서운 말을 함부로 하리요. 사람이 말 한 마디로 수천생 지옥고에 떨어지기도 하고 수백생 축생보를 받기도 하는 것이다. 그 말이 어떤 말이라고 그렇게 함부로 하리요."

대종사 그 제자를 불러 바로 참회의 심고를 올리게 하시고

"그 말을 고치라."

하시었다[1573].

단명보(短命報)를 받게 되는 열 가지 죄업이란?

부처님께서 수가[1574]에게 말씀하시되

"열 가지 죄업이 있어서 중생이 단명보를 받게 되나니, 무엇이 열 가지냐 하면

첫째는 스스로 살생을 많이 함이요,

둘째는 다른 사람을 권하여 살생을 시킴이요,

셋째는 살생하는 법을 찬성함이요,

넷째는 살생하는 것을 보고 따라서 좋아함이요,

다섯째는 자기의 원수나 미운 사람을 죽이려는 마음을 가짐이요,

여섯째는 자기의 원수가 죽는 것을 보고 환희심을 냄이요,

일곱째는 생명이 깔아 있는 태장(胎藏)[1575]을 파괴함이요,

1571) 식용, 관개용, 공업용 따위로 물을 이용하는 일.

1572) ①물이 밀려들어 오는 것을 막기 위하여 쌓은 둑. ②파거나, 둑으로 둘러막은 못. ③웅덩이.

1573) 대종경 선외록, 6. 인연과보장(因緣果報章), 2절, p.52.

1574) '불조요경' 중 '업보차별경'에 나오는 도제야의 아들인 수가 장자를 말함.

여덟째는 모든 사람에게 남의 것을 함부로 훼손하고 파괴시키는 법을 가르침이요,

아홉째는 천사(天寺)1576)를 세워 놓고 중생을 많이 살해함이요,

열째는 스스로 싸움질을 잘 하고 다른 사람에게도 서로 잔해(殘害)1577)하는 법을 가르침이니라1578)."

계문 한 조목만 말할 때는 '…말며'가 아니라, '…말라'로 해야

'-며'는 '두 가지 이상의 동작이나 상태 따위를 나열할 때 쓰는 연결 어미'이므로 계문을 한 조목만 말할 때, 즉 '연고없이 살생을 하지 말며,'는 '연고없이 살생을 말라'처럼 '…말라.'라고 해야 맞는 어법이다.

2. 도둑질을 말며,

'도둑질'의 종류는?

도둑질은 남의 물건을 빼앗거나 훔치는 짓이다.

그러므로 폭력을 쓰거나 협박하여 남의 물건·금품·재산 등을 빼앗는 강도(強盜), 남의 물건을 주인의 승낙 없이 몰래 가져가는 절도(竊盜), 남을 속여 재물을 받거나 불법적으로 이득을 얻는 사기(詐欺), 남에게 위탁받은 금품을 불법적으로 가로채어 가지는 횡령(橫領) 등이 다 도둑질이다.

'도둑질을 말라'는 이유는?

1575) ①모태, 자궁. ② 태아.
1576) 하늘에 제사 지내는 절.
1577) 사람에게 인정이 없이 아주 모질게 굴고 물건을 해침.
1578) 불조요경: 업보차별경, 2장, p.471.

도둑질을 하게 되면, 마음속에 탐욕심이 싹이 터서(바늘 도둑이 소 도둑 되듯) 자성의 혜광이 어두워져서 성불의 길이 멀어질 것이며,

이 또한 법률에 배은하므로 사회·국가의 법률에 의해 부자유와 구속을 받게 될 것이며, 각자의 인격도 타락되며, 세상도 질서가 문란하여 수라장이 될 것이다.

길에 흘린 물건이라도 왜 줍지 말라 하시는가?

"부처님 사업하는 데에서 도둑질을 하는 사람과 소소한 물건이라도 남의 것을 불의하게 취하는 사람은 어찌될꼬?"

김정용(金正勇)[1579]이 답하기를

"대종사의 법설에 '길에 흘린 물건이라도 줍지 말라' 하시고, '흘려서 마음 아플 그 액과 물건을 같이 가져온다'고 하셨사오니, 마땅히 우마보(牛馬報)[1580]로 갚거나 인도에 나되 빈천하며, 속을 많이 상하고 실물(失物)[1581]을 많이 하게 되겠나이다[1582]."

[1579] 1925-2014. 법호 문산(文山). 전북 정읍에서 출생. 1938년(원기 23)에 그의 할머니 김해운(金海運)과 정산 종사와의 인연으로 입교하고, 1939년(원기 24)에 그의 형 김인용(金仁龍)보다 1년 먼저 출가하였다. 유일학림 1기생으로 수학하였고, 1953년(원기 38)부터는 원광대학에 봉직하기 시작하여 그의 형 김인용과 함께 일생을 원광대학의 창립 발전에 헌신하였다. 처음 원불교학과 교수로 출발하여 교무 행정에 관여하게 되었다. 박광전 초대 총장을 그의 형 김인용과 함께 보필하였고, 2대 총장으로 헌신하였다. 그는 원광대학교 뿐만 아니라 개교반백년기념사업회 사무장으로 총부와 교단의 각종 중요 사업에도 관여하였다. 학교 운영에는 행정가의 역할뿐만 아니라 교수의 역할도 수행하면서 마한백제문화연구소를 설립하여 익산미륵사지연구, 한국미륵사상 연구에도 일가견을 이루었다. 그는 또한 원불교 교단 내의 중요한 일뿐만 아니라, 전라북도 지역의 각종 중요한 사업에도 적극 관여하여 많은 공헌을 하였다.

[1580] 소나 말과 같이 가축으로 태어나는 과보. 축생보와 같은 말. 부처님 사업하는 곳에서 도둑질을 하거나 작은 물건이라도 부당하게 취하는 사람은 우마보를 받을 수 있다고 한다.

[1581] 물건을 잃어버림. 또는 그런 물건.

[1582] 정산 종사 법어, 제2부 법어(法語), 제5 원리편(原理篇), 52장, p.836.

도둑질을 하게 되는 이유는?

우주의 이치가 생멸 없는 도와 인과 보응되는 진리에 따라 운행되는 줄 모르거나,

습관이나 탐욕을 이기지 못하거나,

직업이 없거나 일할 능력이 없어서 춥고 배고플 때,

게으르고 땀 흘려 일하기보다는 불로 소득이나 일확천금(一攫千金)[1583]을 얻고 싶을 때,

주의심이 없어서 무의식중에 남의 물품을 훔치는 경우 등이다.

도둑질을 하지 않으려면 어떻게 해야 하는가?

불생 불멸의 이치와 인과 보응의 진리를 철저히 믿고 깨쳐야 하며,

참으로 자유스럽고 넉넉하고 평안한 생활은 정당한 노력으로 정당한 생활을 하는 것임을 아는 동시에 분수에 맞는 생활임을 확실하게 아는 것이며,

정신·육신·물질로 은혜를 베풀되, 응용 무념한 도를 체받아서 그 관념과 상 없이 행하는 것이 참으로 은혜로운 것임을 느껴야 한다.

도둑질을 당하는 일이 왜 남에게 죄를 짓게 하는 일이며, 그때의 마음가짐은 어떻게 해야 하는가?

원기 구 년에 익산 총부를 처음 건설한 후 가난한 교단 생활의 첫 생계로 한 동안 엿 만드는 업을 경영한 바 있었더니, 대종사 항상 여러 제자에게 이르시기를

"지금 세상은 인심이 고르지 못하니 대문 단속과 물품 간수를 철저히 하여 도난을 당하는 일이 없도록 하라. 만일 도난을 당하게 된다면 우리의 물품을 손실할 뿐만 아니라 또한 남에게 죄를

1583) 단번에 천금을 움켜쥔다는 뜻으로, 힘들이지 않고 단번에 많은 재물을 얻음을 이르는 말.

짓게 해 줌이 되나니 주의할 바이니라."

하시고, 친히 자물쇠까지 챙겨 주시었으나 제자들은 아직 경험
이 부족한 관계로 미처 모든 단속을 철저히 하지 못하다가, 어느
날 밤에 엿과 엿 목판을 다 잃어버린지라, 제자들이 황공(惶
恐)1584)하고 근심됨을 이기지 못하매, 대종사 말씀하시기를

"근심하지 말라. 어젯밤에 다녀간 사람이 그대들에게는 큰 선생
이니, 그대들이 나를 제일 존중한 스승으로 믿고 있으나, 일전에
내가 말한 것만으로는 정신을 차리지 못하다가 이제부터는 내가
말하지 아니하여도 크게 주의를 할 것이니, 어제 밤 약간의 물품
손실은 그 선생을 대접한 학비로 알라1585)."

길에 흘린 물건을 줍는 것도 도둑질인가?

"도둑질을 하는 사람과 소소한 물건이라도 불의하게 취하는 사
람은 어찌될꼬?"
라고 묻고는 대종사님께서
"길에 흘린 물건이라도 줍지 말라. 흘려서 마음 아플 그 액과
물건을 같이 가져온다."
고 하신 대종사님의 법설이 나온다1586).

즉 소소한 물건이라도 주워 가지는 것은 노력 없이 취하는 것이
므로 이것조차도 도둑질이 되지 않도록 경계하시었으며, 실제로 떨
어진 물건을 주워 가지지 않는 선진국의 예도 있잖은가?

도둑질을 하지 않으면 어떻게 되는가?

안으로 탐욕의 경계를 해결하게 되어 욕심에 끌리지 않는 생활
을 하므로 자성의 계력(취사력)이 길러질 것이며, 부지런히 자력

1584) 위엄이나 지위에 눌려 두려움.
1585) 대종경, 제12 실시품(實示品), 4장, p.326.
1586) 정산 종사 법어, 제2부 법어(法語), 제5 원리편(原理篇), 52장, p.836.

세우는 생활을 세세 생생 선도에 수생하여 정당한 노력으로 정당한 생활을 하게 되고 사회의 지탄을 받지 않게 될 것이며,

사회·국가·세계에는 정당한 노력으로 정당한 대가를 받는 의식이 당연시되어 공정 정대한 제도가 확립될 것이며, 도둑이 없으므로 평화 안락한 세계가 될 것이다.

생활이 곤란한 보(小資生報)를 받는 것은 열 가지 죄업이 있어서이니?

"또한 중생이 생활이 곤란한 보(小資生報)를 받는 것은 열 가지 죄업이 있어서 그리 되나니,

첫째는 스스로 도둑질을 잘 함이요,

둘째는 다른 사람을 권하여 도둑질을 하게 함이요,

셋째는 도둑질하는 법을 찬성함이요,

넷째는 도둑질하는 것을 보고 마음에 좋아함이요,

다섯째는 부모의 재산을 많이 없앰이요,

여섯째는 선량한 사람들의 재물을 빼앗음이요,

일곱째는 다른 사람의 득리(得利)[1587]하는 것을 보고 마음에 좋아하지 아니함이요,

여덟째는 다른 사람의 이익될 일을 일부러 방해하여 애를 많이 태워 줌이요,

아홉째는 다른 사람의 보시하는 것을 보고 마음에 즐거워하는 마음이 없음이요,

열째는 세상 사람이 흉년을 당하여 굶는 것을 보고 조금도 불쌍하고 민망한 마음이 없이 도리어 좋아함이니라[1588]."

도둑질을 도둑질인 줄 모르고 저지른 내 모습이 보이다

1587) 이익을 얻음.
1588) 불조요경: 업보차별경, 12장, p.476.

퇴근 시간이 다 되었는데 오늘은 집 창문에 비닐을 꼭 쳐야겠다는 생각이 들었다.

겨울에 접어든지 한참이 지났건만 오늘도 비닐을 치지 않는다면 아내의 잔소리를 또 들을 것 같다는 생각이 든 것이다.

그러다가 문득 ○○○에 있는 비닐을 조금 갖다 치면 되겠다는 생각이 들었다.

그런데 이때부터 걸리는 것이 보통급 십계문 중 '도둑질을 하지 말라'였다.

어떻게 하나 망설이다가 오늘은 이 계문에 철저하게 끌려보고 또 걸려보자는 마음으로 끝내 5m 남짓 잘라왔다.

그리고 테이프는 부족할 것을 뻔히 알면서도 한 개만 가지고 왔다.

앞으로 큰 도둑이 되지 않기 위해, 또 지난날의 도둑질의 뿌리를 근원적으로 없게 하는 계기를 장만해 보기 위해 오늘 어디 작은 도둑이 한번 되어 보자는 마음도 났다.

비닐을 가위로 자르는 순간부터 창문에 치기까지, 또 그 후에도 이 계문에 대한 생각은 뇌리를 떠나지 않았다. 그러면서 도둑질에 대한 개념이 새로워지기 시작했다.

그 동안 상시 일기를 기재할 때 '도둑질을 말라'의 계문은 나와는 무관한 것으로 생각하며 항상 범과가 없다고 기재하던 모습도 떠올랐다.

이때까지는 계획적으로 남의 물건을 훔치거나 빼앗는 행동만 도둑질인 줄 알았는데, 공(公)과 사(私)를 구별할 줄 모르거나 또는 알면서도 구별하지 않는 것이 곧 도둑질임을 깨닫게 되었다.

이렇게 도둑질에 대한 눈이 떠지자, 그 동안 도둑질을 도둑질인 줄 모르고 도둑질을 저지른 나의 모습이 되돌아보였다. 사은의 공물(公物)인 내가 회사의 공물을 공적으로 사용하지 않고 사적으로 더러 사용한 것도.

어떻게 하면 오늘의 이 도둑질을 없이 할 것인가 하는 데에 생각이 미치기 시작했다. 이미 저지른 것은 어찌할 수 없으므로 어떤 형태로든 인과가 맺어질 것이다. 이것은 내가 간섭할 문제가 아니다.

그렇지만 이 인과를 최소로 줄일 수 있는 방법을 생각하다가 우선 쉽게 할 수 있는 것은 가져온 만큼 사서 제자리에 갖다 놓는 것이며,

앞으로 영생을 통하여 공사를 구별하는 것이 이 '도둑질을 말라'는 계문을 참으로 잘 지키는 것(자성의 계를 세우는 것)이라는 생각이 들며, 마음이 한결 편안해지는 조화가 일어났다.

3. 간음(姦淫)을 말며,

'간음'이란?

아내 있는 남자가, 또는 남편 있는 여자가 이성(異性) 또는 동성(同姓)과 육체적으로 성관계를 맺는 일이다.

약혼한 사이라 할지라도 정식 결혼을 하기 전에 성관계를 갖는 것은 계문을 범하는 것이며, 비록 부부간일지라도 난잡하거나 지나친 성행위는 범계로 간주한다.

그러나 요즘처럼 범람(氾濫)1589)하는 음란 서적(잡지·만화·소설 등)이나 음란 영상물(비디오, 영화, 야동)에 빠지는 것도 타인과 행위가 없을 뿐 경계해야 할 대상이며, 습관적으로나 지위를 이용한 성희롱도 경계의 대상이다.

'간음을 말라'는 이유는?

간음하게 되면 심성이 방탕해지고, 도심이 흐려지고, 인격의 추락으로 다른 여러 가지 죄업을 짓게 되고, 이성(異姓)간의 정당한 사랑의 윤리가 파괴되고, 가정 불화의 원인이 되며, 금전을 탕진하

1589) 바람직하지 못한 것들이 크게 나돎.

게 되는 원인이 되고, 사회의 풍기가 문란해진다.

또한 난치 성병을 얻게 되어 자신의 건강뿐만 아니라, 배우자는 물론이고 자손의 건강까지 상하게 하며, 내생에는 부정한 부부 관계를 맺게 될 수 있고 악도를 면하기 어렵게 된다.

간음하게 되는 원인은?

인과 보응의 진리를 모르거나 설사 안다 할지라도 정욕의 충동을 이기지 못할 때,
마음이 약하거나 지조(志操)[1590]가 약할 때,
상대방을 존귀(尊貴)[1591]한 존재로 삼는 마음이 약할 때,
서원과 신심과 공부심이 약할 때 등이다.

간음하지 않으려면 어떻게 해야 하는가?

서원과 신심과 공부심이 날로 살아나게 해야 하며,
스스로의 심력을 과신하지 말고 그러한 경계를 멀리하며,
사은의 공물인 상대방을 존중하는 마음을 항상 잃지 말아야 하며, 부부간의 신의를 존중하며 지조를 굳게 세워야 한다.

간음을 하지 않게 되면 어떻게 되는가?

모든 사람을 존귀한 인격체로 인정하고 사랑하고 존중하므로 개인적으로는 고상한 인품이 길러져 세상의 존경과 사랑을 받게 되고, 세세생생(世世生生)[1592] 색(色)으로 인하여 악도에 떨어지는 고해를 벗어날 것이다.

1590) 옳은 원칙과 신념을 지켜 끝까지 굽히지 않는 꿋꿋한 의지. 또는 그러한 기개.
1591) 지위나 신분이 높고 귀함.
1592) 몇 번이든지 다시 환생하는 일. 또는 그런 때. 중생이 나서 죽고 죽어서 다시 태어나는 윤회의 형태이다.

살·도·음 지계의 표준은?

"살생계를 지키는 동시에 연고 없이 생명을 상해하지도 말며, 도적계를 지키는 동시에 의 아닌 재물을 취하지도 말며, 간음계를 지키는 동시에 부부라도 남색(濫色)1593)을 하지 말 것이니라1594)."

"진묵(震默) 대사1595)도 주색에 끌린 바가 있는 듯하오니 그러하오니까?"

대종사 말씀하시기를

"내 들으니 진묵 대사가 술을 좋아하시되 하루는 술을 마신다는 것이 간수1596)를 한 그릇 마시고도 아무 일이 없었다 하며,

또 한 번은 감나무 아래에 계시는데 한 여자가 사심을 품고 와서 놀기를 청하는지라 그 원을 들어 주려 하시다가 홍시가 떨어지매 무심히 그것을 주우러 가시므로 여자가 무색1597)하여 스스로 물러갔다는 말이 있나니,

어찌 그 마음에 술이 있었으며 여색이 있었겠는가? 그런 어른은 술 경계에 술이 없었고 색 경계에 색이 없으신 여래(如來)시니라1598)."

1593) 남녀 관계가 지나친 것을 이름. 색을 지나치게 탐하는 것.
1594) 정산 종사 법어, 제2부 법어(法語), 제6 경의편(經義篇), 34장, p.850.
1595) 본명은 일옥(一玉). 진묵은 그의 법호(法號). 조선시대의 이름난 승려. 술 잘 마시고 무애행 잘 하기로 유명하다. 청허 휴정(淸虛休靜)의 법사(法嗣)이다. 세상 사람들이 말하기를 석가모니불의 소화신(小化身)이라고 했다. 신통 묘술과 기행 이적을 많이 행하여 그에게는 많은 일화가 전해 오고 있다. 그의 성(姓)과 부모에 대해서는 잘 알려져 있지 않다. 전북 김제시 만경면 화포리(火浦里)에서 조의씨(調意氏)의 아들로 태어났다. 오늘의 화포리는 옛날 불거촌(佛居村)이었으니 불개(火浦)에서 유래된 말로서 부처님이 살고 있는 곳이란 뜻이다. 불거촌에서 출생하여 일찍이 부모를 잃고 7세에 출가하여 전주 서방산 봉서사(鳳棲寺: 완주군 용진면 간궁리)에서 승려가 되었다. 불경을 공부하는 데 스승의 가르침을 받지 않고서도 한 번만 보면 그 깊은 뜻을 깨닫고 다 외웠다고 한다.
1596) 습기가 찬 소금에서 저절로 녹아 흐르는 물. 두부를 만들 때 쓴다.
1597) '무색'은 '색(色)이 없다(無)'는 말이다. 아무것도 드러내는 게 없다. 그래서 '무색하다'는 '본래의 특색을 드러내지 못하고 보잘 것 없다'는 뜻을 지녔다. 훨씬 더 두드러진 대상 때문에 부끄러움을 느끼거나 특색을 나타내지 못하는 상태를 가리킬 때 쓴다.

4. 연고 없이 술을 마시지 말며,

'술'은 단순히 술만 이르는가?

여기서 말하는 술은 현대적으로 해석하면, 술을 포함하여 정신을 취하게 하는 갖가지 마약을 이른다.

술·아편·헤로인·대마초 등 사람을 중독시키는 온갖 것들이 다여기에 포함되며, 이 중 많은 사람들이 가장 손쉽게 구할 수 있는 것이 술이다.

연고가 있는 음주는 어떤 경우인가?

병을 치료하기 위해 약으로 마시거나 사회 교제상 부득이한 경우를 말하나, 어느 경우든 과음은 계문을 범하는 것이다.

왜 '연고 없이 마시지 말라'고 하셨는가?

우리가 실생활에서 술을 마시지 않을 수 없는 경우도 허다하다.

특히 연회나 축하 모임을 주관하는 위치에 있다든지, 친목을 요하는 경우에도 무조건 마시지 말라는 것이 아니다.

단지 어떠한 경우든 과음은 계문을 범하는 것일 뿐만 아니라, 여러 가지 악영향을 낳게 하므로 이 과음을 경계토록 하신 계문이다.

'연고 없이 술을 마시지 말라'는 이유는?

술은 과음하면 정신이 흐려져서 심성이 혼탁해지고 행동이 방탕해진다.

또한 금전과 시간을 낭비하게 되고, 건강을 해치게 되고, 가정

1598) 대종경, 제8 불지품(佛地品), 7장, p.272.

불화의 원인이 되어 진리적으로는 악도에 떨어질 가능성이 높고, 사회적으로는 정신이 마취되어 혼란해지므로 질서와 풍기가 문란해지고 소비 문화가 만연(蔓延)1599)하여 도덕성이 퇴보하게 된다.

술을 과음하게 되는 원인은?

일시적인 쾌락을 위해서, 객기나 기분으로, 울화가 치밀었을 때, 친구의 권유에 못 이겨, 호기심 등이다.

술을 과음하지 않으려면 어떻게 해야 하는가?

과음의 폐해를 정확히 알아 술을 마시되 중도를 잡아 지나치지 않아야 한다.

술자리와 술친구는 가능한 한 멀리해 술 경계에 끌리는 기회를 갖지 않는 것이 좋다.

또한 아무리 연고 있는 경우라도 자신의 주량을 감안하여 두 잔 이상은 안 먹는다든지 또는 세 잔 이상은 안 먹겠다든지 하는 분명한 뜻을 세워야 하며,

그 시간에 진리를 연마하고, 경전·법규 연습하기를 주의해야 한다.

연고 없이 술을 마시지 않게 되면 어떻게 되는가?

정신·물질·육신 간에 술로 인한 해독을 입지 않을 것이며,

정신을 잃지 않으므로 심성이 청정하게 되어 항상 건전한 정신을 갖게 될 것이며,

사회적으로 음주로 유발되는 범죄가 없어져 윤리 도덕의 타락이 적을 것이며,

사회의 질서와 가정의 파괴가 적을 것이며,

1599) 전염병이나 나쁜 현상 따위가 널리 퍼짐.

음주업에 종사하는 인력이 생산·제조업으로 이동하여 국가 경제의 소비가 절약되고 국가 발전이 촉진될 것이다.

술을 마심으로써 심신이 온전하게 작용되지 못하는구나!

오늘 가을철 행사로 공주 갑사에서 동학사로 넘는 산행(山行)을 했다. 우리 실에서는 다른 때와 달리 도시락을 마련한 탓인지 산을 넘는 사람들이 많았다. 평소 등산을 자주 하는 사람들 위주로 코스를 정했다. 상당히 험난하였지만, 다들 즐거워했다. 안개가 산자락을 덮고 있어 가을 경치와 단풍 구경을 충분히 만끽하지는 못했지만, 하루쯤 일상의 업무에서 벗어나 산을 벗삼는 것만으로도 즐겁기만 했다.

오후 2시경 산을 내려왔을 때는 갈증이 나 막걸리를 서너 잔씩 비웠다. 노곤한 터에 술기운이 올라 집에 들어서자마자 곧바로 잠이 들었다.

그런데 문제는 7시경 깨어난 이후부터였다. 집안 정리며 상덕이와 놀아 주기도 해야 되는데 도무지 꼼짝하기도 싫었다. 등산을 하여 피곤한 점도 있었으나, 오늘보다 더 피곤한 경우에도 이렇지는 않았다. 이를 아는 희진 님은 누워 있는 나를 보고도 딴 때와는 달리 자기 일만 묵묵히 하고 있었다.

"이상하네. 평소처럼 하던 일을 하고픈 의욕이 나지 않아. 몸이 마음을 못쫓아 가는 것은 물론이고, 마음조차 온전하게 작용되지 않는 것 같아."

"그래요? 그게 다 술 탓이에요. 오늘은 그냥 있어요."

이렇게 하기 싫어하는 마음이 나타나는 것을 보며, 술을 마신 다른 때와 비교하여 나 자신을 관찰하기 시작했다.

다른 때는 대부분 퇴근 후에 마셨기 때문에 집에 오면 시간이 늦어 곧장 자느라 이런 현상을 경험할 수 없었다. 또 예전에는 이런 현상을 술 탓으로만 돌렸었다. 더구나 아침에는 출근하느라 이런 마음 작용을 느끼고 자시고 할 겨를도 없었다.

이렇게 생각을 더듬어 가던 중에 떠오른 것이 보통급 십계문 중 '연고 없이 술을 마시지 말며,'였다.

'아, 이래서 대종사님께서는 연고 없이 술을 마시지 말라고 하셨구나!'

'개인과 상황에 따라 차이가 있겠으나, 술을 마심으로써 심신이 온전하게 작용되지 못하는구나!'

'이런 현상이 필연적으로 나타날 수 있기 때문에 대종사님께서는 연고 없이 술을 마시지 말라 하셨고, 몸으로 지키도록 이 계문을 수행편에 넣으셨고, 그것도 누구나 해당되는 보통급 십계문에 넣으셨구나!'

술을 마심으로써 내 마음을 내 마음대로 쓸 수 없게 되고, 내 몸을 내 마음같이 부릴 수 없기 때문에 술을 경계하도록 술에 대한 계문이 있음을 새삼 느끼고 나니, 잘 먹지 못하더라도 그 양을 줄이고 그 횟수를 줄이는 것이 곧 참나를 잃는 시간을 줄일 수 있다는 값진 교훈을 체득하였다.

5. 잡기(雜技)를 말며,

'잡기'란?

윷, 투전, 골패, 화투, 트럼프, 마작, 빠찡코, 골프, 장기, 바둑, 컴퓨터 게임, 전자 오락 따위를 이용하여 재물을 탐하는 도박 잡기나 습관적인 오락 잡기로서, 이에 빠지면 허송 세월하게 되고 불로 소득과 일확천금을 꿈꾸게 된다.

건전한 운동으로 하는 골프나 두뇌 건강을 위한 장기나 바둑, 명절에 가족이 함께 모여 한바탕 즐기는 윷놀이나 화투까지 계문으로 금하자는 것은 아니다.

그러나 아무리 건전한 운동과 여가 선용(善用)이더라도 지나치면 문제가 생기게 마련이다.

아무리 건전한 것일지라도 거기에 빠져 본연의 일을 등한시하거나 시급한 일을 미루고 거기에 끌려 있다면 이 역시 잡기를 즐기는 것이나 다름없는 것이다.

가령, 난(蘭)이나 분재(盆栽)에 취미가 있는 경우, 화원에 좋은 난(蘭)이나 분재(盆栽)를 보면 눈에 아른거려 구하지 않고는 못 배기는 마음에 끌려 기어이 구하거나 낚시·등산·사진 촬영 등의 취미에 빠져 휴일이면 가족은 나 몰라라 하고 친구나 동호인들과 어울려 다닌다면 이 또한 중도에서 벗어나므로 잡기를 하는 것이다.

'잡기를 하지 말라'는 이유는?

잡기를 하면 할 일 없이 무료하게 세월을 보내게 되고, 심성이 나태해지고, 사행심(射倖心)1600)이 길러져서 인격이 타락하게 된다.

또한 시간과 금전 낭비로 가산을 탕진하게 되고, 주색·절도·횡령·강도 등의 여죄를 유발하게 되며, 승부욕과 삼독심이 깊어져서 상극의 악연이 맺혀 세세 생생 악도를 면하기 어렵게 된다.

잡기를 하게 되는 원인은?

삶의 목적과 목표가 뚜렷하지 못하거나 여가를 선용하지 못할 때, 불로 소득이나 일확천금을 꿈꾸는 사행심이 치성하거나 욕심이 지나친 경우, 잡기 경계를 공부 거리와 공부 찬스로 삼지 못할 때, 부정당한 벗을 쫓아 놀게 되는 경우이다.

또한 삶의 목표인 서원 일념이 분명하지 않거나 당일의 작업 시간 수를 대조하지 않아 시간을 가치 있게 보내지 않거나 허망하게 보내기 때문이다.

잡기를 하지 않으려면 어떻게 해야 하는가?

1600) 요행(僥倖: 뜻밖에 얻는 행복. 또는 뜻밖으로 운수가 좋음)을 바라는 마음.

잡기를 함으로써 발생되는 문제점을 정확하게 알아야 하며, 잡기에 관련된 말씀으로 생활에 대조하여 수양·연구에 힘써야 한다. 즉 '노는 시간이 있고 보면 경전·법규 연마하기를 주의할 것이요.'(상시 응용 주의 사항 3조)와 '주색 낭유(酒色浪遊)하지 말고 그 시간에 진리를 연구할 것이요.'(솔성 요론 5조)를 실행한다.

또한 부정당한 일은 공부심으로 죽기로써 제거해야 하며, 부정당한 벗을 쫓아 놀지 말아야 한다.

잡기를 하지 않게 되면 어떻게 되는가?

노는 시간이 있더라도 진리와 전문 지식을 연마하게 되므로 공부와 생활이 날로 향상될 것이며,

세세 생생 정당한 노력으로 정당한 생활을 하는 습관이 길러질 것이며,

세상은 건전한 여가 선용의 문화가 발전·정착되고, 근면 성실한 풍토가 조성되어 평화 안락한 세계가 될 것이다.

6. 악한 말을 말며,

'악한 말'이란?

악한 마음으로 하는 말이다.

즉 악의가 있는 말, 독기 서린 말, 비열한 욕설이나 유언비어 유포, 중상 모략 등 다른 사람의 마음을 상하게 하는 말이다.

'악한 말을 하지 말라'는 이유는?

악한 말을 하게 되면 이것이 습관이 되어 상대방의 마음을 상하게 하며, 대중으로부터 대우를 받지 못하고, 자신의 마음도 악해지

게 된다.

또한 불화와 쟁투의 원인이 되며, 자녀 교육에도 악영향을 미치게 되고, 진리적으로 상극의 악연이 맺어진다.

악한 말을 하게 되는 원인은?

첫째, 마음이 요란할 때.
둘째, 마음이 다급한데 일이 뜻대로 안 될 때.
셋째, 허물 없는 사이에 농담이 심할 때.
넷째, 환경의 영향으로.
다섯째, 악의는 없으나 습관적으로 나오는 경우.
여섯째, 잘 주어야 잘 받게 되는 인과 보응되는 이치를 모를 때 등이다.

악한 말을 하지 않으려면 어떻게 해야 하는가?

말하기도 공부 삼아야 한다. 고운 말씨, 상대방을 살리는 말, 진실되고 긍정적인 말, 명랑한 말, 책임질 수 있는 말을 한다.
경계를 대할 때마다 작용되는 마음을 보며, 일단 멈추어 자신의 마음도 상대방의 마음도 신앙하고 존중해야 한다.
또한 악의 없는 말이라도 좋은 뜻으로 돌려 말하고, 지도하는 입장일지라도 상대방의 체면과 위신을 생각하여 말을 조심하여야 하며 야단을 치더라도 대중의 앞이나 다른 사람이 있을 때는 삼가야 한다.

악한 말을 하지 않게 되면 어떻게 되는가?

마음이 요란하지 않고 안정되므로 상대방을 한 사람의 인격체로 존중하게 되어 길이 상생 상화하는 선연이 맺어지고, 인격이 품위가 있어진다.

말 한 마디에 천냥 빚을 갚는다고 말에 덕이 묻어나므로(德化滿發) 대중 서로 간에 화목할 것이며, 가정·사회·직장의 분위기를 평화롭고 명랑하게 할 것이며,

구업(口業)으로 짓는 습관에서 벗어나 선업의 공덕을 나투게 되므로 세세 생생 악도에서 벗어날 것이다.

선(善)한 사람과 악(惡)한 사람의 공(功)의 차이는?

대종사 말씀하시기를

"선한 사람은 선으로 세상을 가르치고, 악한 사람은 악으로 세상을 깨우쳐서 세상을 가르치고 깨우치는 데에는 그 공이 서로 같으나,

선한 사람은 자신이 복을 얻으면서 세상 일을 하게 되고, 악한 사람은 자신이 죄를 지으면서 세상 일을 하게 되므로, 악한 사람을 미워하지 말고 불쌍히 여겨야 하나니라[1601]."

고함 한 번 지르고 공부할 수 있다니

퇴근 후 상덕이와 노는데 자꾸 떼를 썼다. 이제는 제 고집대로 하려고 한다.

장난감 소쿠리를 뒤엎어 놓고 놀기 일쑤고, 동화책을 내려 달라 뭐를 달라 등등 그 요구를 따르기가 벅찰 정도다.

"야, 이놈아 그만 좀 해라! 그만 좀 해!"

그만 고함을 지르고 말았다.

상덕이는 잠시 찔끔했다가, 언제 그랬냐는 둥 또 여전하다.

조금 있다, 이 말을 생각해 보니 상덕이가 나투고 있는 진리의 작용을 내가 간섭하고, '악한 말을 말라'는 계문에도 걸림을 알게 되었다.

1601) 대종경, 제11 요훈품(要訓品), 34장, p.321.

'고함 한 번 지르고, 이를 통해서 공부할 수 있다니……. 참, 기막힌 공부법이구나!'

어린 애한테 고함 지른 일은 이미 지난 일이다.

그러나 이를 통해 취사하는 주의심을 챙기느냐 챙기지 않느냐는 엄청난 차이다. 왜냐 하면 고함을 지를 수 있는 일은 또 다시 되풀이 될 수 있다.

이렇게 미리 단련해 볼 수 있는 기회를 헛되이 보낸다면 얼마나 아까운 일인가!

실패한 것일수록 더더욱 그렇다.

기회를 놓치기는 쉬워도, 공부 기회로 삼기는 쉽지 않기 때문이다.

실패는 성공하기 위한 전초전이며, 성공의 어머니기 때문이다.

7. 연고 없이 쟁투(爭鬪)1602)를 말며,

연고 있는 쟁투란?

불의는 제거하고 정의를 취하는 일, 국토 방위를 위한 전쟁, 정당한 주의 주장으로 정책을 수립하기 위해 언쟁하는 경우, 불의의 침해나 위협으로부터 피할 수 없는 정당 방위 행위, 불의를 타파하고 정당한 권익을 옹호하기 위한 소송 등의 정당한 쟁투까지 하지 말라는 것이 아니다.

자신의 이기심이나 이익을 위한 쟁투가 아니라, 대중을 위하는 정당한 쟁투까지 계문으로 금하는 것이 아니다.

어떠한 경우에도 끌리는 마음은 놓아버리고, 상대심이나 적대감 없이 중도를 잡아야 한다.

'연고 없이 쟁투를 말라'는 이유는?

1602) 서로 다투며 싸우는 것이다. 성불 제중하고 제생 의세하는 데 하등의 필요가 없는 언쟁·쟁투·소송·전쟁 등이다.

심성이 폭력적으로 변하고 잔인해져서 자신의 마음도 괴로워지고, 인격이 손상되고, 상극의 업력이 쌓여 중병과 생명의 위험까지 따르게 된다.

쟁투는 가정 불화의 원인이 되고, 자녀 교육에 악영향이 있을 뿐만 아니라, 세상은 불안과 공포의 사회로 변한다.

또한 심하면 법률의 제재를 받아 스스로의 자유를 구속하게 되고, 동지간의 정의가 멀어지며, 상극의 업연이 많아지고 악도를 면하기 어렵게 된다.

쟁투를 하게 되는 원인은?

감정과 이해가 상충됨에 따라 일어나는 화를 참지 못하는 습관 때문에 승부욕·경쟁심·시기심이 지나친 경우, 공부심과 자비심이 부족한 경우, 인과 보응되는 이치를 모르는 경우 등이다.

연고 없이 쟁투를 아니하려면?

가는 말이 고와야 오는 말이 곱고, 가는 방망이 오는 홍두깨라는 속담처럼 인과 보응의 진리를 믿고 깨쳐야 한다.

경계를 대했을 때 객기에 끌리지 않고 응용의 형세를 정확하게 파악해야 하며, 승부심·경쟁심·시기심·상대심을 제거해야 한다.

자신의 감정과 이해를 초월하여 자리 이타하는 마음으로 자비행을 나투어야 한다.

아무리 연고 있는 쟁투라도 중도를 벗어나서는 안 되며, 맞은 사람은 다리를 뻗고 자지만 때린 사람은 다리를 뻗고 자지 못하는 것과 같이 작게 이김을 동지와 남에게서 구하지 말고 크게 이김을 자기와 세계에서 구해야 한다.

연고 없이 쟁투를 하지 않게 되면 그 결과는?

마음이 편안하고 안락한 생활을 하게 되며, 세세 생생 건강할 것이며, 세상은 자연 평화롭고 안락한 사회가 될 것이다.

8. 공금을 범하여 쓰지 말며,

공금(公金)을 범하는 것이란?

국가나 공공 단체의 소유로 되어 있는 공금·재산·물품 등을 허가 없이 사용하거나, 공중을 위해 납부해야 하는 공과금이나 세금 등을 그 기간 내에 납부하지 않는 것이다.

'공금을 범하여 쓰지 말라'는 이유는?

공금을 범하여 쓰게 되면, 사욕이 생겨 공익심이 말살되며, 신용이 타락되며, 대중의 원망과 천대와 멸시를 부르며, 사회적으로 법률의 제재를 받아 지위를 상실하고 부자유한 구속을 받게 되며, 공중의 손해는 곧 자신의 손해가 될 뿐만 아니라, 진리적으로 공중에 해를 끼침으로 말미암아 악과를 받게 된다.

또한 공중의 복지가 파괴되고 세상이 크게 어지러워진다.

그러므로 공금은 여러 사람을 위한 대중의 돈이므로 개인의 돈을 범용(犯用)한 것보다 그 죄가 훨씬 중하므로 공금 쓰기를 무서워해야 한다.

공금을 범하여 쓰게 되면 거의 대부분 '도둑질을 말며, 연고 없이 술을 마시지 말며, 잡기를 말며, 공중사를 단독히 처리하지 말며, 신용 없지 말며, 탐심을 내지 말며' 등의 계문을 잇달아 범할 수 있다.

공금을 범하여 쓰게 되는 원인은?

공사(公私)의 관계와 그 한계가 분명하지 않거나 그 구분을 명확하게 하지 못할 때, 공익심이 부족할 때, 사욕이 치성하거나 잔 인정이 많을 때, 인과의 진리가 무서운 줄 모를 때 등이다.

공금을 범하여 쓰면 왜 죄가 더 무거운가?

"공금은 곧 여러 사람을 위한 대중의 돈이므로 개인의 돈을 범용한 것보다 그 죄가 훨씬 중하나니 공금 쓰기를 무서워하라.……그 죄에는 천지 허공 법계의 노여움이 따르기 때문이니라1603)."

공금을 범하여 쓰지 않으려면 어떻게 해야 하는가?

공사(公私)의 관계와 그 한계를 제도적으로 분명하게 해야 하고, 그 관계와 한계를 분명하게 알아야 하며, 안으로 사욕을 버리고 공익심을 불러 일으켜야 한다.

또한 공적인 일을 빙자하여 개인의 이익을 꾀하지 말고[빙공영사(憑公營私)], 공적인 일을 내 일보다 먼저하고[[선공후사(先公後私)], 무아 봉공(無我奉公)을 생활의 신조로 삼아야 한다.

공금 사용을 정기 또는 수시로 점검할 수 있는 장치를 제도적으로 마련해야 하며, 집행자와 관리자를 따로 두어 관리해야 한다.

공금을 범하여 쓰지 않게 되면 어떻게 되는가?

첫째, 자신의 신용을 잃지 않게 되므로 대중의 우대와 존경을 받을 것이며,

둘째, 세상은 서로 믿고 안심하고 살 수 있는 복지 사회가 될 것이며,

셋째, 공중의 복지가 향상됨에 따라 개인의 복지도 더불어 향상될 것이며,

1603) 정산 종사 법어, 제2부 법어(法語), 제12 공도편(公道篇), 11장.

넷째, 진리적으로 세세 생생 무서운 죄고가 없을 것이다.

9. 연고 없이 심교간(心交間) 금전을 여수(與受)하지 말며,

'심교간'이란?

사전적(辭典的)인 의미는 마음을 터놓고 사귀는 친구 사이지만, 이는 포괄적으로 보아 부모·형제·친척·동료·선배·후배 등 친분 관계가 있는 사람을 말한다.

심교간에 여수하는 금전이란?

꾸거나 빌렸을 때 반드시 갚아야 하는 금품이나 또는 그러한 일에 서는 보증 등이다.

연고 있는 금전 여수란?

심교간 생명이나 생활의 위급한 상황이 발생한 경우, 즉 천재 지변, 화재, 도난, 중병 등이며, 이자로 돈을 불릴 목적이 없으며, 꿔주고 받지 못하더라도 내 마음에 조금도 섭섭함이 없을 경우이다.

'연고 없이 심교간 금전을 여수하지 말라'는 이유는?

심교간의 의리와 정의는 금품으로 바꿀 수 없으므로 돈 때문에 의리와 정의를 상하지 않게 하기 위함이며,
진리는 모든 가능성이 있고 인심은 사소한 일에도 변할 수 있어서 최초의 의도와는 달리 돈 잃고 사람 잃고 정의를 상하며, 이로 인해 마음에 불안과 초조의 원인이 될 수 있기 때문이며,
여수한 돈을 갚지 못함에 따라 불신 풍토가 싹트기 쉽고, 싸움

의 원인이 되기 쉽고, 본의와는 달리 의리와 정의가 없어져 버리기 때문에 멀어지기 쉽다. 즉 주변에 금전 여수로 인한 사고가 발생되는 경우, 너도나도 조심하고 경계하여 신뢰·의리·정의가 자꾸 메마르게 된다.

심교간 금전을 여수하지 않고 살 수 있는가?

과연 이 세상에는 남에게 빌리지 않아도 될 만큼 돈을 많이 가진 사람이 몇이나 있을까?

돈이 돌고 도는 것은 경제의 자연스런 흐름이므로 이를 잘 활용하는 것과 서로서로 도움을 주고받는 것은 우리의 당연한 삶의 모습이며, 독불장군처럼 살 수 있는 사람은 거의 없다 해도 과언이 아니다.

그러나 실생활은 누구나 반기는 좋은 경우만 있는 것이 아니라, 아무리 원하지 않더라도 어찌할 수 없는 경우도 존재하므로 이때를 대비하고, 이때 발생할 수 있는 문제를 미연에 방지하기 위해 특히 심교간에 금전을 여수하지 말라는 것이다.

심교간 금전을 여수하게 되는 원인과 경우는?

진리의 양면성과 동시성을 알지 못하기 때문에 장래의 변화를 모르거나 눈앞의 일에 집착하는 경우, 큰 의리보다 작은 인정에 끌리는 경우, 이자로 돈을 불리거나 계(契)도 아는 사람이라야 믿고 할 수 있기 때문이며, 의리보다 이해가 앞서는 경우 등이다.

연고 없이 심교간 금전을 여수하지 않으려면 어떻게 해야 하는가?

재산 증식을 요하는 금품은 국가가 보증하는 공공 기관에 위탁해야 할 것이며, 부득이하게 개인에게 줄 경우에는 법적 효력이 있는 공증 서류를 갖출 것이며, 위급한 경우 외에는 절대로 심교 간에 금전을 여수하지 않는 것을 신조로 삼아야 할 것이며,

사소한 인정에 끌려 여수하는 것보다 한 때 인정이 박하다는 말을 듣더라도 끊을 자리에는 분명히 끊는 것이 좋다.

부득이하게 여수한 경우에는 돈은 잃을지언정 사람은 잃지 않는다는 확고한 신념을 가져야 하며, 돈을 빌린 사람은 어떠한 경우에도 정해진 기한에 갚아야 하며, 그렇지 못한 사정이 발생한 경우에는 그 상황과 방도를 잘 설명하여 의리와 정의가 깨어지지 않도록 해야 할 것이다.

연고 없이 심교간 금전을 여수하지 않게 되면 어떻게 되는가?

금전 여수로 인해 심교간에 의리와 정의가 깨어질 염려가 없으므로 참다운 정의와 의리가 길이 지속될 것이며,

세세 생생 상생의 인연과 대의로 결합되는 인연이 많을 것이다.

개인간에 금전 여수가 적고 국가 기관에 위탁하므로 국고가 불어날 것이며 공공의 복리가 증진될 것이다.

그러나 심교간 금전을 여수하지 않게 되면 좋은 경우만 있는 것이 아니라, 반대 급부로 진리적으로 상생의 인연이 적을 수도 있고 자신을 잘 알아주는 참다운 친구가 적을 수도 있다.

10. 연고 없이 담배를 피우지 말라.

'담배'는 단순히 담배만을 이르는가?

담배를 포함한 온갖 기호품으로 보아야 한다.

즉 영양을 취하려는 것이 아니라, 향기나 맛이나 자극을 즐기기 위한 담배·커피·차 등으로서 중독성이 있거나 습관성이 있어 건강에 해로운 모든 것들이 여기에 포함된다.

그러므로 이들 기호품들 중 굳이 담배를 대표적으로 지칭한 것은 담배의 폐해가 가장 큼에도 불구하고 이용하는 인구가 가장 많아 이를 경계하여 정신과 육신을 건강하게 하고 물질의 낭비를 방지하자는 것이다.

연고가 있는 흡연이란?

사교상 부득이한 경우, 병적으로 먹어야 하는 경우, 즉 가슴앓이 병을 가진 분이 피우는 경우, 사색을 돕는 경우 등이다.

그러나 요즘과 같이 직장과 공공 장소에서 금연은 권장하고 흡연은 규제하는 사회 분위기와 흡연으로 인한 건강상 폐해에 대한 홍보로 인해 금연 인구가 오히려 증가되고 있으며, 이로 인해 흡연을 하지 않는 경우가 사교상 유리할 수도 있다.

또한 과거와 같이 담배로 일시적인 고통을 잊기도 했지만, 요즘은 의학의 발달로 인해 질병을 근원적으로 치료하므로 약으로의 용도도 크지 않게 되었다.

이제 담배는 가정·직장·공공 장소에서 눈치를 보면서 구석진 자리에 마련된 흡연실에서 피워야 하는 추방의 대상이 되었다.

그러므로 흡연은 규제를 받고 있는 반면에 다른 기호품들은 다양하게 개발되고 있으므로 '이 담배'의 의미를 온갖 기호품으로 확장해야 할 것이다.

'담배를 피우지 말라'가 아니라, 왜 '연고 없이'라고 하셨는가?

담배는 기호품의 총칭이다. 그러므로 모든 기호품들을 금한다고 하여 또는 금하고 싶다 하여 금해질 수 있는 것이 아니다.

커피를 마시면 잠이 오지 않는 사람의 경우 시험 공부나 운전 중에 도움이 되는 것이며, 사업상 교제시 상대방과 기호품을 같이 하면 마음의 교류가 일어나 더 큰 이익을 낳을 수 있다면 일시적으로 기호를 공유할 수 있을 것이다.

그러므로 이 계문의 본의는 이런 것까지 막자는 것이 아니다. 단지 기호품이라 하여 즐기는 습관에 젖어 건강을 해치는 일은 없게 하자는 것이다.

그러나 아무리 끊을 수 없는 기호품이라 하더라도 담배를 하루에 몇 갑씩이나 피운다든지, 하루에 여러 잔의 커피를 마시는 것은 분명 지나치거나 치우치는 것이므로 그 회수와 양을 줄여 중도를 잡아야 할 것이다.

왜 '담배를 피우지 말라'고 하셨는가?

이는 담배를 포함한 기호품에 끌려 건강을 해치거나 금전의 낭비를 막자는 것이다.

담배의 경우, 연기 속에는 타르, 니코틴, 일산화탄소 등 4,000여 종이 넘는 화학 물질과 69종의 발암 물질이 포함되어 있고, 니코틴에는 약 3000 종의 독소가 함유되어 있어 담배를 피우는 자신에게 해독(기관지염, 폐암의 원인)을 끼치는 것을 물론, 간접 흡연을 하게 되는 주변 사람에게도 괴로움과 피해를 주게 된다.

담배 피우기는 나 자신의 기호인데 무슨 상관이냐고 할 수도 있으나, 나 자신의 이익보다는 더불어 살아가는 남을 먼저 생각하는 자리 이타(自利利他)·역지사지(易地思之) 정신에도 어긋나는 일이다.

담배 니코틴은 기 공부(氣工夫)를 하는 공부인의 단전(丹田)에 축적된 기(蓄氣)를 손상시키며, 그 중독으로 인해 정신력이 약화된다.

또한 담배 등의 기호품을 즐기게 되면 경제적 낭비가 되며, 담배는 화재의 원인이 되므로 이를 금하자는 것이다.

연고 없이 담배를 피우는 원인은?

호기심과 무료한 시간을 메우기 위해서, 공부심은 없고 화가 날 때, 중독이 되어 습관적으로 흡연을 한다.

또한 흡연한다 하여도 그 폐해가 당장 나타나지 않고 서서히 진행되어 몇 년 후나 몇 십 년 후에 나타나기 때문에 그 유해성을 심각하게 받아들이지 않지만, 그 폐해가 몸에 나타났을 때는 이미 늦어 생명을 잃는 경우가 많다.

담배를 피우지 않으려면 어떻게 해야 하는가?

흡연의 폐해를 정확히 알아 아예 담배를 배우지 말 것이며, 흡연자인 경우는 금연 학교나 금연 프로그램에 참여하여 그 해독을 정확히 알아 금연하고자 하는 마음의 원동력으로 삼을 것이며, 금연도 공부 거리, 공부 찬스로 삼아 실행할 것이며, 절약하는 돈의 용처를 의미 있는 공금 등으로 미리 정하여 금연을 할 수밖에 없도록 해 보자.

연고 없이 담배를 피우지 않으면 좋은 점은?

자신과 가족의 심신이 건전해지며, 결단력과 좋은 습관이 길러지며, 사회적으로는 화재의 원인이 줄어들고 담배 구입으로 인한 소비가 절감될 것이다.

또한 진리적으로는 세세 생생 건전한 심신의 소유자가 될 계기가 많고, 불의의 화재로 인한 죄과가 예방될 것이다.

계문에서는 끝 어미가 왜 명령형의 '-라'인가?

정전에서는 명령형의 '-라'보다는 권하거나 청하는 뜻의 '-자'를 많이 사용했다. 즉 단정적인 '-라'는 극히 삼가하고 있는데, 계문에서는 왜 '-라'를 쓰셨는가?

이는 '좌선의 방법'에서의 그 '-라'와 같은 뜻이다.

진리의 이치에 따라 정해진 계문은 꼭 지켜야 하는 것이지, 홍

정하듯 청하거나 권하는 형이 되어서는 곤란하다.

그러므로 '-자'를 쓰지 않고, 꼭 지켜야 하는 뜻을 명확하게 전하거나 확신을 주기 위해 '-라'를 쓴 것이다.

'말라'는 '말아라'의 준 꼴이다!

'말라'는 '말다+라'의 합성어인데, '-라'는 모음으로 끝난 동사 어간에 붙는 명령형 종결 어미이므로 어법에 맞지 않다. '-라'가 붙으면 '마라'로 되어야 한다. 이는 구어체에서 사용한다.

'말다'의 명령형을 나타낼 때에는 '말'은 자음으로 끝나는 동사 어간인 동시에 양성 모음(ㅏ·ㅗ)을 가지고 있으므로 양성 모음(ㅏ·ㅗ)을 가진 동사 어간에 붙어 손아랫사람에게 권하거나 명령하는 뜻을 나타내는 종결 어미인 '-아' 또는 '-아라'가 붙는다.

즉 '말다'의 명령형은 '말아' 또는 '말아라'가 되며, '말아라'는 '아'가 줄어 '말라'로 되며, 문어체에서 사용한다.

보통급 십계문을 어기면 연이어 어기게 되는 계문은?

경계를 대할 때마다 시비 이해가 달라 일어나는 마음의 정도와 세우고 돌리는 수행의 정도도 다르다.

이에 따라 어기게 되는 계문의 종류도 다르기 마련이다. 어느 한 계문을 어기게 되면 몇 가지 계문을 동시에 범하게 되지만, 한 마음 챙기면 몇 가지가 동시에 적공이 되는 이치가 있으니 그 마음을 공부하자는 것이다.

다음 표는 한 계문을 범하면 대체로 연이어 범하기 쉬운 계문들의 예이다. 분류하는 사람에 따라 의견이 다소 다를 수 있으나, 계문을 서로 연계하여 공부할 수 있는 재미있는 기회가 된다.

이 중 "연고없이 술을 마시지 말며"를 어기면 다른 계문을 가장 많이 범하는 경향이 있으므로 술 경계를 가장 삼가해야 한다.

구분	계 문	보통급 십계문									
		1	2	3	4	5	6	7	8	9	10
		연고 없이 살생을 말며,	도둑질을 말며,	간음을 말며,	연고없이 술을 마시지 말며,	잡기를 말며,	악한말을 말며,	연고 없이 쟁투를 말며,	공금을 범하여 쓰지 말며,	연고 없이 심교간 금전을 여수하지 말며,	연고 없이 담배를 피우지 말라.
보통급	1. 연고 없이 살생을 말며,	○			○						
	2. 도둑질을 말며,		○			○			○		
	3. 간음(姦淫)을 말며,			○	○						
	4. 연고 없이 술을 마시지 말며,	○			○	○	○	○	○		○
	5. 잡기(雜技)를 말며,					○	○	○	○		
	6. 악한 말을 말며,						○	○	○		
	7. 연고 없이 쟁투(爭鬪)를 말며,						○	○	○		
	8. 공금을 범하여 쓰지 말며,				○	○			○		
	9. 연고 없이 심교간(心交間) 금전을 여수(與受)하지 말며,								○	○	
	10. 연고 없이 담배를 피우지 말라.				○			○			○
특신급	1. 공중사(公衆事)를 단독히 처리하지 말며,								○		
	2. 다른 사람의 과실(過失)을 말하지 말며,				○		○				
	3. 금은 보패 구하는 데 정신을 뺏기지 말며,		○			○			○	○	
	4. 의복을 빛나게 꾸미지 말며,		○						○		
	5. 정당하지 못한 벗을 좇아 놀지 말며,		○	○	○	○					○
	6. 두 사람이 아울러 말하지 말며,				○		○	○			
	7. 신용 없지 말며,		○	○		○			○	○	
	8. 비단 같이 꾸미는 말을 하지 말며,		○	○						○	
	9. 연고 없이때 아닌 때 잠자지 말며,				○						
	10. 예 아닌 노래 부르고 춤추는 자리에 좇아 놀지 말라.				○	○	○		○		
법마상전급	1. 아만심(我慢心)을 내지 말며,				○		○	○			
	2. 두 아내를 거느리지 말며,			○					○		
	3. 연고 없이 사육(四肉)을 먹지 말며,	○			○						
	4. 나태(懶怠)하지 말며,				○						
	5. 한 입으로 두 말 하지 말며,		○	○			○	○	○	○	
	6. 망녕된 말을 하지 말며,		○	○			○	○	○		
	7. 시기심(猜忌心)을 내지 말며,				○						
	8. 탐심(貪心)을 내지 말며,	○			○		○	○	○		
	9. 진심(瞋心)을 내지 말며,				○		○	○	○		
	10. 치심(痴心)을 내지 말라.	○	○	○	○	○	○	○	○	○	○
	계	5	11	11	24	11	12	14	14	10	5

2. 특신급(特信級) 십계문

'특신급'이란?

보통급 십계를 일일이 실행하고, 예비 특신급에 승급하여 특신급 십계를 받아 지키며, 우리의 교리와 법규를 대강 이해하며, 모든 사업이나 생각이나 신앙이나 정성이 다른 세상에 흐르지 않는 사람의 급이다.

1. 공중사(公衆事)를 단독히 처리하지 말며,

'공중사(公衆事)'란?

공중(公衆: 사회의 여러 사람. 일반 사람들)을 위한 일, 공중에 관련된 일이다.
공중의 일이기 때문에 공중사를 처리하고자 할 때는 공중에게 내놓고 공중의 뜻에 따라 처리하여야 한다.

'공중사(公衆事)를 단독히 처리하지 말라'가 왜 특신급 십계문의 첫 계문인가?

특신급은 보통급 십계문을 받아 지키고 일체의 육근 동작(모든 사업이나 생각이나 신앙이나 정성)이 다른 세상에 흐르지 않는 사람의 급으로서, 특별한 신심이 있는 사람의 급이다.
초보자일 때는 실무를 잘 모르기 때문에 하기 어려운 일은 좀처럼 맡기지도 않지만, 주로 주어진 일만 하기 때문에 문제가 생길 염려가 적다. 그러나 어느 정도 경력이 붙으면 일의 처리 능력도 생기고 자신감도 생기게 된다. 이것이 곧 특별한 신심의 한 결과다.
이때부터 참으로 조심해야 한다. 즉 일의 전후 사정과 순서를 충분히 알지 못함에도 불구하고 자신의 능력을 과신하여 공중사를 단독히 처리하는 경향이 있을 수 있기 때문이다. 이렇게 하여 문제가 생기면 자신은 물론 대중에게 미치는 영향이 크기 때문에 공중사를 처리할 때 특히 이 계문을 수행의 표준으로 삼으라는 뜻이다.

다른 9개 계문들은 대체로 볼 때 개인의 문제거나 범위가 한정되어 있으며, 설령 문제가 생겨도 그 여파의 정도가 1조보다는 적은 편이기 때문이다.

'공중사(公衆事)를 단독히 처리하지 말라'는 뜻과 이유는?

어떠한 경우에도 공중사(여러 사람이 의논하여 정하고 공동 책임이 있는 일)를 혼자서 처리하지 말라는 것이다.

아무리 신심이 굳고 사심이 없다 하여도 단독히 처리하게 되면 원근 친소, 시비 이해에 끌려 원만한 취사가 되기 어려우며, 개인적으로는 신용을 잃게 될 뿐만 아니라 심지어는 지위를 상실하는 경우도 생기게 된다. 또한 대중의 인심이 떠나고 원망을 초래하여 화합이 조성되지 않는다.

이는 자신의 생각이 아무리 훌륭하고 옳다하더라도 대중에게 공개하면 검증도 되고 보완할 수 있는 기회가 되며, 또한 널리 홍보하는 효과도 있어 서로 배우고 가르치는 계기가 될 수 있다.

단독 처리는 직권 남용, 월권 행위, 혼자 결정하여 처리하는 행위, 결재를 하지 않는 행위, 수의 계약 등이 이에 해당된다.

가정사(家庭事)라도 내가 가장이고 어른이라 하여 혼자 결정하지 않고 가족 회의를 거쳐 이해를 구할 것은 구하고 정할 것은 정하는 것이 좋고, 국가나 단체에서는 의결 기관의 의결을 거쳐야 할 사항은 반드시 의결을 거쳐서 처리하는 정신을 갖자는 것이다.

공중사를 단독히 처리하면 어떻게 되는가?

"혼자서 다 해 버리는데 내가 할 게 뭐 있어?" 하고 비아냥거리고, 포기해 버리는 등 전체의 참여 의식이 낮아지고, 사회적으로는 통제가 문란해지고, 신의 없는 세상이 된다.

진리적으로는 중죄의 원인이 되기 쉽고, 악도에 떨어지기 쉽다.

공중사를 단독히 처리하는 원인과 경우는?

인심(人心)이 곧 천심(天心)인 줄 모르고 자기 능력을 과신할 때, 공명심이 앞설 때, 성질이 급하거나 마음이 원만하지 못하여 일도 급하고 성질도 급할 때, 고집이 세고 아만심이 많아서 공중의 의견을 무시할 때 등이다.

처음에는 공중사를 단독히 처리하지 않는 사람도 주위의 호응이 없거나 대중의 생각이 미처 따라주지 않을 때는 단독히라도 처리하지 않을 수 없는 경우도 있다.

그러나 이것이 오래오래 계속 되면 습관으로 굳어져서 남의 말에 귀를 기울이지 않게 되고, 자신의 생각대로 처리하는 경우가 많아지며, 설령 회의를 거쳐도 자신의 생각을 고집하게 되어 실제로는 단독히 처리하는 것과 다를 바 없이 독선으로 흐르게 되어 급기야는 일을 그르치고 걸림이 되어 심각한 휴유증을 낳게 한다.

공중사를 단독히 처리하지 않으려면 어떻게 해야 하는가?

첫째, 아는 것도 물어서 가야 헛걸음을 하지 않는 것과 같이 아는 일도 물어서 하는 습관을 길들이자. 이는 다른 사람의 참여 의식을 높이는 계기가 되고, 미처 생각하지 못한 것을 보완할 수 있는 기회가 된다.

둘째, 자신의 인격을 존중하는 것과 같이 남의 인격도 존중하면 서로 화하게 되나, 독선이 되면 자신은 물론이고 다른 사람의 마음도 다치게 된다.

셋째, 같이 생각하고, 같이 의논하고, 같이 책임지고, 같이 복락을 누리는 공화주의(여러 사람이 함께 어울려 일하고 다수의 의견에 따라 결정하는 주의) 사상을 확립하자. 이렇게 되면 공(功)은 서로 돌리고, 과(過)는 서로 나누는 풍토가 조성된다.

넷째, 대중의 마음이 곧 하늘 마음임을 알고, 설사 자신의 뜻과 다르더라도 수용하자.

다섯째, 처리 사항은 미리 알려 서로 생각할 수 있게 하고, 공명정대하고 원만한 처사에 표준을 두자.

공중사를 단독히 처리하지 않게 되면 어떻게 되는가?

첫째, 개인적으로는 마음이 원만해지고 대중의 합력과 옹호를 받아 모든 일에 의혹이 없을 것이며, 매사가 순조로울 것이다.

둘째, 사회적으로는 서로서로 주인이 되는 민주주의 의식이 확립되고, 여러 사람이 함께 어울려 일하고 다수의 의견에 따라 결정하는 공화 제도가 널리 실현될 것이며, 매사가 순조로울 것이다.

2. 다른 사람의 과실(過失)을 말하지 말며,

'다른 사람의 과실(過失)을 말하지 말라'는 뜻과 이유는?

남의 허물을 말하거나 흉을 보거나 험담을 말라는 것이며, 동시에 다른 사람의 과실을 통하여 이를 공부 거리, 공부 찬스 삼아 자신의 허물을 고치자는 것이다.

다른 사람의 과실을 말하는 순간, 말하고 싶어 입이 근질거리는 순간 '앗, 경계다!'를 염불하듯 외치며 공부하자는 것이다.

경계를 따라 남의 과실을 말하면서 어떤 마음이 작용되었는지, 왜 그런 마음에 끌렸는지 조사하고 조사하여 결국에는 자동적으로 남의 과실을 말하지 않게 될 때까지 공부하자는 것이다.

왜 자신의 과실은 제대로 알지 못하는가?

송규 사뢰기를

"사람이 남의 일을 볼 때에는 아무것도 거리낌이 없으므로 그 장단과 고저를 바로 비춰 볼 수 있사오나, 제가 저를 볼 때에는 항상 나(我)라는 상(相)이 가운데 있어서 그 그림자가 지혜 광명을 덮으므로 그 시비를 제대로 알지 못하나이다."

대종사 말씀하시기를

"그렇게 원만하지 못한 사람이 자타(自他)없이 밝히기로 하면 어찌하여야 할꼬?"

송규 사뢰기를

"희·로·애·락에 편착하지 아니하며, 마음 가운데에 모든 상을 끊어 없애면 그 아는 것이 자타가 없겠나이다1604)."

남의 과실을 말해서는 안 되는 이유는?

첫째, 남의 과실을 말하는 것도 습관이 되므로 이를 고치자는 것이다. 남의 과실을 말하면 자신의 인격이 손상될 뿐만 아니라, 쟁투의 원인이 되어 원수를 맺게 되고 남의 미움을 사게 되어 우리 모두가 바라마지 않는 성불 제중의 본원에서 벗어나게 된다. 즉 본의는 아닐지라도 나로 인하여 맺어진 미움과 원망까지도 살펴서 푸는 것 또한 성불 제중하는 길이다.

둘째, 듣는 사람이 다른 사람의 과실을 알게 됨에 따라 그 사람에 대한 인상이 나쁘게 심어지므로 본의는 아닐지라도 서로 업이 생기게 된다. 이러면 불신의 사회가 되고 허물을 말한 사실이 전해져 그 사람의 귀에 들어가게 되면 이 또한 쟁투의 원인이 된다.

셋째, 진리적으로 상극의 인연이 많아지고 불신하는 마음이 길러져 평화의 세상에서 멀어지게 된다.

1604) 대종경, 제3 수행품(修行品), 26장, p.159.

남의 과실을 말하게 되는 원인은?

습관적으로 나오게 되거나 자신의 허물을 찾아 고치는 노력이 부족한 경우, 상대심과 시기심이 많은 경우, 그때가 경계인 줄 모르고 호기심에 끌리거나 지나친 염려와 걱정하는 마음을 놓지 못함에 따라 일어날 수 있으며, 천여래 만보살의 큰 원을 세운다면 이런 관문은 능히 좋은 공부 거리로 삼아 돌파할 수 있을 것이다.

사람의 일 가운데 무슨 일이 제일 급선무인가?

"각자의 허물을 찾아 고치는 일이니라1605)."

지도인의 허물이 눈에 뜨일 때에는 어떻게 해야 하는가?

"꼭 의지해야 할 사람의 허물이 눈에 뜨이거든 스스로 박복함을 한할 것이요, 의혹이 풀리지 아니하거든 직접 고하여 해혹(解惑: 의심쩍은 일을 풀어버림)할지니라1606)."

소인의 선과 군자의 허물을 보는 차이는?

"소인의 선은 잘 묻히고 악은 잘 드러나나니, 그것은 부정한 것을 아무리 비단으로 싸도 그 냄새가 밖으로 풍김을 막을 수 없는 것 같고, 군자의 허물은 잘 묻히고 선은 더욱 드러나나니 그것은 누더기 속에 금옥을 싸도 금옥의 가치는 한 가지인 것 같나니라. 그러므로 군자는 외식에 힘쓰지 아니하고 내수(內修)1607)를 철저히 하며, 항상 그 실력을 충실히 기르기에 힘쓰나니라1608)."

1605) 정산 종사 법어, 제2부 법어(法語), 제8 응기편(應機編), 19장, p.894.
1606) 정산 종사 법어, 제2부 법어(法語), 제8 응기편(應機編), 31장, p.897.
1607) 안으로 마음을 닦음. 경계를 따라 일어나는 마음을 알아차리고, 수용하며, 원래 마음에 대조하여 자성의 정·혜·계를 세우는 것.
1608) 정산 종사 법어, 제2부 법어(法語), 제10 근실편(勤實篇), 7장, p.933.

남의 과실을 말하지 않게 되면 어떻게 되는가?

남의 과실을 말하는 것을 공부 삼으면 자연히 말하지 않게 되고, 주면 곧 받게 되는 이치를 앎으로 자연히 남의 과실에 대해 말할 것이 없어지고, 설사 말을 하지 않을 수 없는 경우에 처하더라도 상대심과 시기심 없이 상생 상화하게 하므로 대중의 존경과 신뢰를 받게 된다.

따라서 세상은 허물은 덮어주고 공덕은 드러내어 상생 상화하므로 즐겁고 화목한 사회가 될 것이다.

지도인으로서 부득이하게 남의 과실을 말하는 경우도 계문을 범하는 것인가?

지도하기 위해서 남의 과실을 말하는 경우는 계문을 범하는 것은 아니다.

그러나 상대방의 근기에 따라 마음을 다치지 않게 유념해야 한다.

이때 시비는 가려주되, 지도한다는 생각에 끌리지 말고 가능한 한 느껴서 스스로 알도록 인도하는 것이 더 중요하다.

비록 지도하기 위해서라 할지라도 가능한 한 여러 사람 있는 데에서 그 사람을 지적(충고)하거나 과실을 말하는 것은 삼가는 것이 좋다. 여러 사람이 있을 때 창피를 당했다는 생각에 걸려 수용하지 않으려는 경우도 있기 때문이다. 이런 경우 따로 조용히 일러주면 대중의 자리에서 일어날 수 있는 시비도 없어지고 지도인의 본의도 살아난다.

그러나 서로 법맥·신맥·법선이 통해져 있는 스승과 제자, 법동지 관계라면, 능히 자신의 과실을 들어냄도 수용할 수 있는 근기라면 대중으로 하여금 자신의 과실을 공부 거리 삼게 할 수 있을 것이다.

중생은 왜 자신의 허물을 보지 못하나 공부인은 왜 바르게 아는가?

"눈이 제 눈을 보지 못하고 거울이 제 자체를 비추지 못하듯이 중생은 아상에 가려 제 허물을 보지 못하고 남의 시비만 보나, 공부인은 자타를 초월하여 자기를 살피므로 자타의 시비를 바르게 아나니라[1609)."

3. 금은 보패 구하는 데 정신을 뺏기지 말며,

'금은 보패를 구하는 데'란?

자신의 책임과 의무에 따라 생계 유지, 재산 증식, 사업 확장 등을 위한 돈벌이와 금은 보석, 희귀 물품 등을 모으는 일체의 행위를 말한다.

금은 보패 구하는 데 정신을 뺏기는 것이란?

금은 보패를 구하려는 지나친 욕심에 끌려 사회의 정의와 사람의 도의를 저버리는 행위나 대중의 지탄을 받거나 상대방의 원한을 사는 일체의 행위를 말한다.

또한 사회의 물의를 일으키는 경우는 아닐지라도, 돈벌이와 고급 패물 구하는 데 지나치게 끌려 자신의 정신과 시간을 낭비함으로써 성불 제중 제생 의세하는 생활을 하지 못하는 행위도 마찬가지다.

이처럼 욕심이 지나쳐 중도를 벗어나게 되면 자성의 혜광이 가려지므로 정신이 어두워져서 자신은 물론 주위 사회도 살피지 못하게 된다.

'금은 보패 구하는 데 정신을 뺏기지 말라'는 이 계문의 뜻은?

사람은 최령하여 금은 보패가 귀한 줄 알고, 누구나 이 귀한 금

1609) 정산 종사 법어, 제2부 법어(法語), 제11 법훈편(法訓篇), 21장, p.943.

은 보패로 장식하고 싶고 소유하고 싶은 욕구가 있기 때문에 사람
의 의무와 책임과 도의를 망각하고 돈을 벌거나 금은 보패를 모으
는 데 정신이 빠져 예의 염치를 잃지 말자는 것이며, 이에 정신이
팔려 정신과 시간을 낭비하지 말자는 것이다.

또한 금은 보패 구하는 경계를 통하여 이를 공부 거리 삼음으로
써 정신의 세력을 확장하여 물질의 노예 생활을 면하자는 것이다.

금은 보패 구하는 데 정신을 뺏기는 원인은?

첫째, 우리의 삶이 육신의 생활로 이루어지는 줄만 알고 형상
없는 진리의 운행 이치에 따라 이루어지는 줄은 모르거나, 인생의
참다운 행복이 원만 자족하는 생활에 있음을 모르기 때문이다.

둘째, 재물에 대한 욕심이 많거나 경제적으로 큰 타격을 받았거
나, 돈 때문에 심한 모욕을 당한 경우이다.

셋째, 돈만 있으면 무슨 일이나 다 할 수 있고 다 된다고 생각
하기 때문이다.

넷째, 사람의 일생이 공수래 공수거(空手來空手去)의 이치를 따
라 운전되어 감을 알지 못하거나, 재물의 속성과 참으로 의미 있
는 쓰임새가 무엇인지 알지 못하기 때문이다.

금은 보패 구하는 데 정신을 뺏기지 아니하려면 어떻게 해야 하
는가?

첫째, 형상 있는 것은 만물의 생·로·병·사하는 이치를 따라 결
국 공(空)으로 돌아가는 이치를 깨쳐 착심(着心)을 놓아야 한다.

둘째, 인생의 참다운 행복은 금은 보패의 많고 적음에 있는 것
이 아니라 원만 구족하고 지공 무사한 마음에 있으며, 인류 평화
의 근본은 도덕임을 알아야 한다.

셋째, 일체의 금은 보패 구하는 것을 공부 거리로 삼아 금은 보패
뿐만 아니라 마음까지도 구하는 공부를 함으로써 금은 보패 구하는

데서 해탈해야 한다. 이것이 진정한 금은 보패 구하는 것이리라.

금은 보패 구하는 데 정신을 뺏기지 아니하면 어떻게 되는가?

첫째, 금은 보패를 부려쓰는 마음의 자유를 얻음으로써 참다운 인격을 갖추게 된다.

둘째, 형상 있는 물질의 가치와 변화되는 이치를 알기 때문에 착심(着心)이 적을 것이므로 금은 보패 구하는 일로 인하여 악도에 떨어지지 않을 것이다.

셋째, 물질의 세력을 항복 받아 저 물질의 노예 생활을 면함으로써 정신의 세력이 확장되고 참다운 행복을 누릴 수 있다.

인생의 참다운 보물은 무엇인가?

"세상 사람들이 금은 보패를 가장 보물이라 하나 모든 상(相) 있는 것이 다 허망한 것이요, 인생의 참다운 보물은 두 가지가 있나니

하나는 영원히 불멸하여 세세생생 참나의 주인공이 되는 우리의 참 마음이요,

둘은 우리의 그 참 마음을 찾아 참다운 혜복(慧福)을 얻게 하는 바른 법이니,

안으로 참 마음과 밖으로 바른 법이 우리의 영원한 보물이 되나니라1610).

4. 의복을 빛나게 꾸미지 말며,

빛나게 꾸미는 의복이란?

1610) 정산 종사 법어, 제2부 법어(法語), 제9 무본편(務本篇), 31장.

옷이 날개라 하여 지나치게 화려하거나 값비싼 의복, 고급 장신구(시계, 반지, 목걸이, 귀걸이, 팔찌, 머리핀, 브로치 등), 지나친 화장 등이다.

또한 지나친 호화 주택이나 값비싼 외제 가구, 지나친 고급 차, 호화 묘지 등도 이에 해당된다.

의복을 꾸미되, 왜 빛나게 꾸미지 말라 하셨는가?

'꾸미다'의 뜻을 찾아보면 '모양이 나게 잘 만들거나 쓸모 있게 차려 갖추다'이다. 이 의미에는 평소 자기 생활에 맞는 분수와 처한 상황에 어울리는 분수가 있음을 알 수 있다.

그러므로 빛나게 꾸미는 것이란 자신의 분수에 맞지 않게 값 비싸게 화려한 옷을 입는다든지, 평소 사회 생활하는데 어울리지 않게 화려한 옷을 입는 등 지나치게 겉치레를 하는 것이다.

지나친 겉치레는 허영심과 사치 풍조를 조성하고 가진 자와 못 가진 자의 간격을 더욱 넓혀 위화감을 조성할 뿐만 아니라, 마음이 호화 사치하는 데 흘러 어려운 사람의 세정을 살피는 마음(대자 대비심)을 잃어버릴 수 있기 때문이다.

또한 빛나게 꾸밈으로 인해 생기는 마음은 길고 짧음이 있지만 일시적이며, 만약 경제 사정이 변하여 꾸밀 수 없게 되었을 때에도 그 마음이 있겠는가?

그러므로 빛나게 꾸밈으로 인하여 생기는 마음은 경계를 따라 일어나는 마음임을 알고 항상 변치 않는 자신의 원래 마음을 챙기는 마음을 놓지 말아야 한다.

대종사님께서 매양 의식이나 거처에 분수 밖의 사치를 경계하시며 하신 말씀을 들어보자.

"사람이 분수 밖의 의·식·주를 취하다가 스스로 패가 망신을 하는 수도 있으며, 설사 재산이 넉넉하더라도 사치를 일삼으면 결국은 삿된 마음이 치성하여 수도하는 정신을 방해하나니,

그러므로 공부인들은 의식 거처 등에 항상 담박(淡泊)1611)과 질소(質素)1612)를 위주하여야 하나니라1613)."

의복을 빛나게 꾸미는 원인은?

허영심이 많거나 실력과 신념이 부족한 경우, 이를 겉으로나마 메우려 하는 것, 즉 못난 사람이 잘난 체, 없는 사람이 있는 체, 모르는 사람이 아는 체, 가난한 사람이 있는 체하기 때문이며, 인과의 이치를 모르고 은현(隱顯)이 둘이 아님을 모르기 때문이며, 유행에 끌리거나 공부심이 부족하기 때문이다.

없는 사람이 의복을 빛나게 꾸미면?

돈이 없는 사람은 아무리 빛나게 꾸민다 해도 겉만 번드르르할 뿐 호주머니가 비어있기 때문에 항상 불안하지만, 부자는 차림새가 허름해도 상황 따라 얼마든지 적합한 차림새를 갖출 수 있는 능력이 있어 그 속은 항상 든든하며 어딘가 여유가 있다.

또한 고급 승용차가 1대 있으면서 경승용차를 타고 다니는 경우와 경승용차가 1대밖에 없는 경우의 마음가짐에는 차이가 있다. 이는 자력이 양성되어 있느냐 없느냐와 같은 이치다.

이처럼 할 수 있으면서 꾸미지 않는 경우와 하고 싶어도 능력이 없어서 못 하는 경우는 엄연히 다른 것이다.

의복을 빛나게 꾸미지 않을 수 없는 경우는?

의복을 꾸미는 것도 처한 상황에 맞아야 한다. 가령 TV의 쇼나 연극 등의 대중 오락·문화 프로그램이나 경축 행사 등에 출연하는

1611) 욕심이 없고 마음이 조촐함.
1612) 꾸밈이 없이 소박함.
1613) 대종경, 제12 실시품(實示品), 20장.

경우에는 그 분위기와 배경에 맞게 차려 입어야 한다. 이 또한 중도에 맞게 취사하는 것이다.

의복을 빛나게 꾸미지 아니하려면 그 방법은?

그 해독과 원인과 실체를 정확히 알아야 한다. 정확히 알면 굳이 빛나게 꾸미려는 마음으로 흐르지 않을 것이다.

꾸밈으로 인해 생기는 것은 몽·환·포·영처럼 일시적인 줄 알면 소박함으로 생활의 표준을 잡을 것이며, 그 절약한 돈을 공익을 위해 사용한다면 그로부터 오는 공덕이 어찌 비교가 되겠는가?!

5. 정당하지 못한 벗을 좇아 놀지 말며,

정당하지 못한 것이란?

경계를 따라 행하는 생각과 취사가 바르거나 마땅하지 아니하고, 항상 공정한 자리에서(온전한 마음으로) 자리 이타가 되지 않는 경우다.

즉 이치로 보아 마땅히 합리의 범주를 벗어나는 것으로서, 아만심·이기심 등에 끌려 자리 이타하는 마음이 없거나 한쪽으로 치우쳐 중도에서 벗어나는 경우다.

'정당하지 못한 벗'이란?

여기서 '벗'이란 사전적 의미로는 '나이나 처지 등이 비슷하여 가까이 사귀는 사람'이다. 벗은 나이와 처지를 초월하여 마음을 잇고 나누는 심우(心友)·법우(法友)처럼 오랫동안 사귄 경우도 있고, 경계를 따라 이해 관계로 인해 일시적으로 만나는 경우도 있다.

이처럼 벗은 선연이 될 수도 있고 악연이 될 수도 있으며, 지금 당장은 선연이지만 악연으로 변할 수도 있고, 만나기는 악연이었으나 선연으로 화할 수도 있는 것이 삶의 이치다.

　여기서 정당하지 못한 벗이란 내게 해를 끼치거나, 정신의 자주력이 약하여 제도의 능력이 없으면서 뜻이 사(邪, 私)되고 저속하거나, 공부심과 신심이 없거나, 악습이 많은 사람으로서 이기심과 아만심에 젖어 공익심과 자리 이타 정신이 약하기 때문에 자신만 보고 전체를 살필 줄 몰라 자신뿐만 아니라 결국에는 주위까지도 그르치게 하거나 힘들게 하는 경우가 없지 않다.

정당하지 못한 벗을 좇아 노는 것이란?

　좇아 노는 것이란 불같이 일어나는 욕심을 다스리지 못하거나, 자신의 주견이 확고하지 않거나, 사리를 잘 분별하지 못하여 남(정당하지 못한 벗)의 뒤를 따르거나, 그 뜻을 따라 그대로 하는 것이며, 대의를 미처 헤아리지 못하고 마음이 잔 인정에 치우쳐 흐르는 것이며, 남을 제도할 수 있는 능력이 없거나 미처 준비가 되어 있지 않으면서 무조건 제중의 원력을 내세워 나보다 못하거나 모진 사람을 가까이 하는 것은 마치 헤엄칠 줄 모르는 사람이 물에 빠진 사람을 건지려고 하는 격이며, 부나비가 불 속에 뛰어드는 꼴이 될 것이다.

왜 정당하지 못한 벗을 좇아 놀게 되는가?

　정신의 자주력이 약하거나 불같이 일어나는 욕심을 제거하는 수양력이 부족하기 때문이며, 사리를 밝게 분석하고 빠르게 판단하여 아는 연구력이 부족하기 때문이며,
　불의는 용맹 있게 버리고 정의는 용맹 있게 취하여 실행하는 취사력이 부족하기 때문이다.

왜 정당하지 못한 벗을 좇아 놀지 말라고 하는가?

유유상종(類類相從)이라고 생각(취향)이 비슷한 사람들끼리 모이게 마련이다.

만약 정당하지 못한 벗을 쫓아 놀면, 처음에는 그렇지 않다 하여도 자주 어울리다 보면 마음의 자주력이 약한 사람은 강한 사람에게 물들고 따라 하게 되기 때문에 자연히 그들의 정당하지 못한 생각과 행동을 닮아가게 되어 그릇된 길로 빠지게 되고, 급기야는 선연보다는 악연의 인과를 맺게 되기 때문이다.

정당하지 못한 벗을 쫓아 놀지 않게 되면 어떻게 되는가?

서로 닮아가는 이치가 있으므로 나보다 나은 사람을 가까이 하면 생각과 행동이 자연히 날로 진급되어 서원·신심·공부심·자비심이 살아나서 세세 생생 좋은 인연이 많이 맺어질 것이며, 성불제중하고 제생의세하는 공부인이 될 것이며,

세상은 자연히 정의는 드러나고 불의는 사라지게 되어 광대 무량하고 공명 정대한 사회가 이룩될 것이다.

우리의 서원 일념이 성불제중 제생의세인데, 정당하지 못한 벗이 있으면 어떻게 하여야 하는가?

"정당하지 못한 벗을 쫓아 놀지 말라."는 말씀의 근본 뜻은 나보다 나은 벗을 가까이 하여 좋은 점을 배우고 닮아가고, 나보다 못하다 하여 업신여기거나 버리라는 것이 아니다.

"선한 사람은 선으로 세상을 가르치고, 악한 사람은 악으로 세상을 깨우쳐서, 세상을 가르치고 깨우치는 데에는 그 공이 서로 같으나, 선한 사람은 자신이 복을 얻으면서 세상 일을 하게 되고, 악한 사람은 자신이 죄를 지으면서 세상 일을 하게 되므로, 악한 사람을 미워하지 말고 불쌍히 여겨야 하나니라[1614]."는 말씀처럼 자비심으로 대하여야 하며, 남의 악한 모습을 보고 자신의 정당하

1614) 대종경, 제11 요훈품(要訓品), 34장.

지 못함을 반성하고 고치는 계기로 삼아야 하며, 또한 자신의 힘 미치는 대로 제도하는 마음을 끝까지 놓지 않아야 한다.

6. 두 사람이 아울러[1615] 말하지 말며,

여러 사람들이 모여 얘기할 때나 회의할 때, 한 사람이 말하는 도중에 끼어들어 말을 끊지 말라는 것이다.

남의 말을 끊게 되면 마무리 말을 들을 수 없게 될 뿐만 아니라, 말하는 사람의 마음을 상하게 할 수 있다.

다른 사람이 말하는 도중에 끼어드는 것은 자기 주장하기를 좋아하거나, 말을 하고 싶은 마음을 가눌 수 없거나, 습관적으로 그렇게 하기 때문이다.

그러므로 만나는 사람을 존중하는 맘을 놓지 말아야 하고, 아울러 말하고 싶어 하는 마음을 공부 거리로 삼아야 한다.

자기 주장을 하다 보니, '두 사람이 아울러 말하지 말며'를 자연히 범하는구나!

1998년 2월의 일이었다.

1주일 전부터 현진이가 영화 '타이타닉'을 보여 달라고 졸랐다. 노래를 했다. 똑같은 얘기도 한두 번이지 왜 그러냐고 야단도 쳤다. 한두 번 말해서는 엄마·아빠가 안 들어 줄 것 같아 그런다는 것이다.

지난밤에 오늘 표를 예매해 왔다. 간밤 늦게 인천에 사는 처형네가 애들 봄방학이라고 왔다. 동서와 애들 영화 관람 문제로 주장이 팽팽하였다. 난 우리 애들을 중심으로 보낼 생각을 하고, 동서는 처형·처남 애들을 싸잡아 짜고 있다. 먼저 양해를 구하는 것이 순서일 것 같은데…….

1615) 둘 또는 여럿을 한데 합하여. 여럿을 함께.

서로의 의견은 다를 뿐 분명 반대는 아닌데, 나 역시 미리 작정한 마음을 바꾸려 하지 않는다. 이미 주착심이 생긴 것이다. 이처럼 동서의 말에 요란해지는 것은 먼저 발동을 건 현진이가 어떻게 생각할 것인가를 염두에 두고 있기 때문이다.

이렇게 자기 주장을 하다 보니, 계문 '두 사람이 아울러 말하지 말며,'는 자연스럽게 범하였고, 더불어 '탐심을 내지 말며'와 '치심을 내지 말며'도 동시에 걸렸다.

주장하는 데 끌려가다가, '아, 마음 공부한다는 사람이……' 하는 생각이 들며, 계문 대조와 함께 일어나는 마음이 보이기 시작했다.

먼저 고리를 푸는 것이 서로를 헤어나게, 아니 서로가 아니라 나를 헤어나게 하는 것이다.

상대방은 간섭할 필요가 없다. 동서도 내일 아침 책임지고 구경을 시키겠다고 약속을 하고, 현진이도 이해를 하였다.

오늘도 느낀 것이지만, 계문은 하나를 범하면 넝쿨 채 범하게 되고, 반면에 한 마음 챙기면 다발로 적공하는 공부법이요 불공하는 법이다.

7. 신용[1616] 없지 말며,

신용 있으려면 어떻게 해야 하는가?

각자가 일원상과 같이 원만 구족하고 지공 무사한 마음을 원래부터 가지고 있듯이, 누구나 원래부터 가지고 있는 신용을 잃지 않는 것이 곧 신용을 지키는 것이며 신용 있는 것이다.

'신용이 없지 말며'라 함은?

우리에게는 부처와 같이 두렷하고 고요하여 분별성과 주착심이

1616) 언행이나 약속이 틀림이 없을 것으로 믿음.

없는 성품을 간직하고 있다.

신용 또한 마찬가지다.

누구나 성태를 장양하고 있듯이, 본래부터 신용을 가지고 있는 것이다.

그러니 '신용을 없지 말라, 신용을 잃지 말라'고 하는 것이다.

이미 가지고 있는 신용을 없어지게 하지도 말고, 그 신용을 잃어버리지도 말라는 것이다.

신용 없으면 덩달아 다른 계문도 범하고

아내가 오늘은 제발 책상 정리 좀 하라고 했다. 자료와 책이 많이 쌓이다 보니, 내가 보기에도 정신이 없을 정도다. 몇 번이나 한다한다 대답만 하고 실행이 없어 책상 정리 얘기만 나오면 할 말이 없다.

오늘도 정리하겠다고 건성으로 대답을 하고 나니, 계문 '신용 없지 말며'에 대조하였다.

대답에 대한 책임을 지지 않으면 '신용 없지 말며'만 범하는 것이 아니라, '망녕된 말을 하지 말며'와 '한 입으로 두 말하지 말며'와 '나태하지 말며'도 동시에 범하게 되는 것이다.

'앗, 뜨거워라!'는 비명이 절로 나왔다.

자료를 종류별로 일일이 분류까지 하여 말끔히 정리하려면 시간이 오래 걸리므로, 우선 흉하지 않게나마 정리를 하기 시작했다.

정리한다 하면서도 하지 않은 그 마음을 달래면서 한참 정리하다 보니, 정리한다는 그 마음(분별성)은 없어지고 단지 있는 것은 정리하는 일 뿐이었다.

신용은 자기와의 신용이 기본이라

'신용이 있다. 신용을 잘 지킨다'고 하면 보통 타인과의 신용을 생각하기 쉽고, 타인과 신용은 잘 지키려고 노력한다.

그러나 정작 자기 자신과 약속하고 다짐한 것은 잘 지키지 않는다. 그래서 작심삼일(作心三日)이라고 한다.

신용의 출발은 자기 자신으로부터 시작된다. 자신과의 신용을 잘 지키는 사람은 타인과의 신용도 잘 지킨다.

자신과의 신용을 잘 지키는지 이 계문에 대조한다면 그 결과는 어느 정도일까?

천지는 신용을 지키므로 천만인이 천지를 믿고 의지하여 산다

신용(信用)에 대하여 말씀하시기를

"옛날 어느 곳에 아버지와 아들이 살고 있었다.

그런데 그 아들이 사람들과 같이 출타를 하게 되었다. 그 사람들은 배에 탔고, 배는 바람으로 파선되어 배에 탄 사람 모두가 죽게 되었다.

그 마을에서는 그 아들도 배에 탔을 것이라고 사람들이 와서 걱정을 많이 하였다.

그러나 그 아버지는 조금도 걱정하지 않으며 '내가 그 아이한테 평소에 바람이 불거나 일기가 나쁠 때는 배를 타지 말라.'고 하였으니, 그 애는 그 배에 안 탔을 것이라고 하며 안심하였다.

그 후 며칠 뒤에 아들이 돌아왔다. 그만큼 아들은 아버지 말씀을 잘 받들었고, 아버지는 아들을 믿었던 것이다.

천지는 신용을 지키므로 천만인이 천지를 믿고 의지하여 산다. 그러므로 사람도 신용이 있어야 한다1617)."

신용은 교단과 개인의 생명이니라

대산 종사 말씀하시기를

"신용은 교단과 개인의 생명이니 이를 지키기 위해서는

1617) 대산 종사 법문집, 제3집, 제7 법훈, 273. 아들에 대한 믿음(信用), p.398.

첫째, 하늘을 속이지 않고 사람을 속이지 않고 마음을 속이지 않을 것이요,

둘째, 공중이나 개인이나 큰 일이나 작은 일이나 신용을 생명과 같이 알 것이요,

셋째, 재색 명리에 청렴하여 누구에게나 확실한 믿음을 받을 수 있는 사람과 단체가 되어야 할 것이니라1618)."

신용 없는 사람은 소인이요

"신용 없는 사람은 소인이요 살아 있는 송장과 같으니라1619)."

8. 비단1620) 같이 꾸미는 말을 하지 말며,

'비단 같이 꾸미는 말'이란?

자신의 목적을 정당하지 못한 방법으로라도 달성하기 위해서 본심은 마음속에 감추어 두고, 겉으로 장황하게 늘어놓는 말이다.

즉 남의 비위에 맞도록 꾸민 달콤한 말과 이로운 조건을 내세워 꾀는 말[감언이설(甘言利說)1621)]을 하거나 남의 환심을 사려고 아첨하는 교묘한 말과 보기 좋게 꾸미는 얼굴빛[교언영색(巧言令色)1622)]을 띠게 된다.

내가 정당하고 당당하다면 어찌 비단 같이 꾸미는 말을 할 필요가 있을 것이며, 비단 같이 꾸미는 말을 듣는다고 안 될 일이 되

1618) 대산 종사 법어, 제6 회상편, 10장, p.156.
1619) 대산 종사 법어, 제11 교훈편, 42장,
1620) 명주실로 두껍고 광택이 나게 짠 피륙(실로 짠 새 베. 아직 끊지 아니한 필(疋: 일정한 길이로 짠 피륙을 세는 단위)로 된 천을 통틀어 이르는 말)을 통틀어 이르는 말.
1621) 남의 비위에 맞도록 꾸민 달콤한 말과 이로운 조건을 내세워 꾀는 말.
1622) 남의 환심을 사려고 아첨하는 교묘한 말과 보기 좋게 꾸미는 얼굴빛.

고 될 일이 안 되겠는가?

그러나 남의 기분을 어색하게 만드는 무뚝뚝함보다는 같은 값이면 다홍치마라고 기분 좋게 만드는 밝고 훈훈한 말이면 더 좋지 않겠는가?

더구나 그 무뚝뚝함에 가려진 진실과 진면목을 놓치지 않는 것 또한 우리 공부인이 갖추어야 할 지혜일 것이다.

비단 같이 꾸미는 말을 왜 하게 되며, 왜 하지 말라 하셨을까?

남에게 좋게 보이고 싶을 때, 부정당한 욕심을 채우고 싶을 때, 자신의 주장을 관철하고 싶을 때 비단 같이 꾸미는 말을 하게 된다.

그러나 이렇게 하면 우선 당장은 통할 수 있고, 상대에 따라 통할 수도 있겠지만 자신에 대한 신뢰와 진실성은 잃게 되고, 자신의 그른 취사로 인해 다른 사람의 앞길을 막거나 자신이 몸 담고 있는 사회의 화목을 깨뜨릴 수 있다.

결국 비단 같이 꾸미는 말은 자승자박(自繩自縛)이 되어 더 이상 비단 같이 꾸미는 말을 할 수 없을 뿐만 아니라, 더 이상 들어줄 사람도 주변에 머물지 않을 것이다.

9. 연고 없이 때 아닌 때 잠자지 말며,

때 아닌 때 자는 잠은 무엇이며, 때는 언제며, 때 아닌 때는 언제인가?

때 아닌 때 자는 잠은 잠을 자야 할 시간 이외의 시간에 자는 잠이다.

(잠을 자야 할) 때는 몸이 피곤하여 휴식이 필요한 때와 잠을 자야 할 때며, (잠을 자야 할) 때 아닌 때는 잠을 자야 할 때가 아닌 때와 일하거나 활동할 때이다.

때 아닌 때 잠을 자 보니

야간 운전으로 피곤했다. 늦게 일어나고, 낮에 또 잤는데도 마찬가지다. 정신이 맑지 않으니, 마음이 잘 챙겨지지 않는다.

때 아닌 때 잠을 자다 보니, 이 닦는 것도 잊어 먹는다.

'나(懶)는 또 다른 나(懶)를 부르고, 계문 대조·유무념 대조를 흐리게 하는구나!'

'때 아닌 때 잠을 자 보니, 오늘은 '때' 공부했네!'

10. 예[1623] 아닌 노래 부르고 춤추는 자리에 좇아 놀지 말라.

'예 아닌 노래 부르고 춤추는 자리(非禮歌舞席)'와 '예 있는 노래 부르고 춤추는 자리(有禮歌舞席)'란?

'예 아닌 노래 부르고 춤추는 자리'란 마음이 흐려지고 방탕해지고 사회의 풍기가 문란해질 수 있는 유흥가나 술자리 등이며,

'예 있는 노래 부르고 춤추는 자리'란 가족과 직장의 동료, 자기가 속한 단체 구성원간의 친목과 화목을 도모하기 위한 자리다.

이 두 자리 사이의 차이는 무엇인가?

장소의 차이에서, 아니면 어울리는 사람의 차이에서?

'예 아닌 노래 부르고 춤추는 자리'에 좇아 노는 것은 그 겉모습과 분위기에서 오는 외경에 마음이 흔들리거나 또는 잠재되어 있던 마음이 드러나면서 비롯될 수 있다.

어떤 자리든, 어떠한 유혹이 있든 마음이 굳건하여 두렷하고 고요하여 끌리지 않는다면 – 진흙에서 연꽃이 피어나듯이 – 결코 중도(中道)에서 벗어나지 않을 것이다.

어떠한 경우든 그 중심은 마음이다. 어떤 자리에서도 그 중심이

1623) 원활한 인간 관계를 위하여 일상 생활의 규범으로 지켜 나가야 할 일정한 형식.

흔들리지 않는 마음의 힘(수양력=정력)이다. 그 힘이 있더라도 그 마음을 얼마나 원만하게 사용하느냐가 그 자리를 맑히고 밝히고 훈훈하게 하는 것임을 염두에서 어찌 잊을 수 있겠는가?

왜 예 아닌 노래 부르고 춤추는 자리에 좇아 놀지 말라 하셨을까? 그것도……자리에 좇아 놀지 말라 하셨을까?

혼자서는 예 아닌 노래 부르고 춤출 수도 있다. 한 번쯤은 그렇게 해 보고픈 충동을 느낄 수 있고, 요즘처럼 혼자서 노래방에 갈 수도 있다. 그러나 이는 한두 번, 가끔 기분 전환삼아 그럴 수 있으나, 잦으면 습관이 될 수 있다.

그런데 하물며 다른 사람들과 어울려 놀러다니면 보지 않아도 될 일을 보기도 하고, 하지 않아도 될 일을 하기도 하고, 배우지 않아도 좋은 일을 좇아 배우게 되어 몸과 마음이 상하거나 시비에 휩싸이게 되면 그를 헤쳐 나오는 데에 너무나 값비싼 희생과 대가를 치루게 되기 때문이다.

자신 혼자로 그치면 그래도 다행이겠지만, 경우에 따라서는 가족과 주위 사람들에게까지 좋지 않은 영향을 미치게 하여 함께 괴로움을 당할 수 있기 때문이다.

특신급에서 경계를 따라 계문을 어기게 되면 연이어 어기기 쉬운 계문은?

보통급 십계문에서와 같이 특신급 십계문 중 경계를 따라 어기면 연이어 범할 수 있는 계문은 다음 표와 같다.

이렇게 분류한 결과는 공부인들과 토론하며 정한 것이지만, 각자의 생각에 따라 분류해 보면 다를 수 있다.

이 중 '신용 없지 말며, 예 아닌 노래 부르고 춤추는 자리에 좇아 놀지 말며, 정당하지 못한 벗을 좇아 놀지 말라'를 범하면, 다른 계문을 가장 많이 범하는 경향이 있음을 알 수 있다.

그러므로 이들 세 계문을 우선적으로 공부 거리로 정하여 주의하고 대조하며 공부하면 좋을 것이다.

구분	계 문	특신급 십계문									
		1 공사단히 처리지며	2 중률을 독처하지 말며	3 다른 사람의 과실을 말하지 말며	4 금은 보패를 구하는 데 정신을 빼기지 말며	5 의복을 빛나게 꾸미지 말며	6 복빛게미 말	7 정당하지 못한 벗을 좇아 놀지 말며	8 두 사람이 아울러 말하지 말며	9 신용 없지 말며	10 예 아닌 노래 부르고 춤추는 자리에 좇아 놀지 말라
보통급	1. 연고 없이 살생을 말며,										
	2. 도둑질을 말며,			○		○		○			
	3. 간음(姦淫)을 말며,				○			○			
	4. 연고 없이 술을 마시지 말며,		○			○	○	○			
	5. 잡기(雜技)를 말며,			○		○		○			
	6. 악한 말을 말며,		○				○	○			
	7. 연고 없이 쟁투(爭鬪)를 말며,		○					○			
	8. 공금을 범하여 쓰지 말며,			○							
	9. 연고 없이 심교간(心交間) 금전을 여수(與受)하지 말며,			○				○	○		
	10. 연고 없이 담배를 피우지 말라.					○					
특신급	1. 공중사(公衆事)를 단독히 처리하지 말며,	○						○	○		
	2. 다른 사람의 과실(過失)을 말하지 말며,							○			○
	3. 금은 보패 구하는 데 정신을 빼기지 말며,			○	○			○			
	4. 의복을 빛나게 꾸미지 말며,			○	○						○
	5. 정당하지 못한 벗을 좇아 놀지 말며,		○					○			○
	6. 두 사람이 아울러 말하지 말며,		○				○				○
	7. 신용 없지 말며,	○						○		○	
	8. 비단 같이 꾸미는 말을 하지 말며,	○				○	○	○			○
	9. 연고 없이때 아닌 때 잠자지 말며,							○		○	
	10. 예 아닌 노래 부르고 춤추는 자리에 좇아 놀지 말라.			○	○			○			
법마상전급	1. 아만심(我慢心)을 내지 말며,	○					○	○			
	2. 두 아내를 거느리지 말며,				○			○			
	3. 연고 없이 사육(四肉)을 먹지 말며,										○
	4. 나태(懶怠)하지 말며,					○				○	
	5. 한 입으로 두 말 하지 말며,	○	○			○		○			○
	6. 망녕된 말을 하지 말며,		○	○		○		○			○
	7. 시기심(猜忌心)을 내지 말며,					○					○
	8. 탐심(貪心)을 내지 말며,	○		○	○						○
	9. 진심(瞋心)을 내지 말며,						○	○	○		
	10. 치심(痴心)을 내지 말라.	○	○	○	○	○	○	○	○	○	○
	계	7	11	11	11	17	10	25	9	5	18

3. 법마 상전급(法魔相戰級) 십계문

'법마 상전'이란?

심지는 원래 요란함·어리석음·그름이 없건마는(法), 경계를 따라 요란함·어리석음·그름있어지는 것이다(魔). 이 법과 마는 빛과 그림자의 관계라 하겠다.

그럼 이 마(魔)가 나쁜가?

우리 공부인은 이 마(경계)를 공부 거리 삼아 공부할 수 있으므로 이 마가 곧 나의 법을 키워주고 나를 공부하게 하는 스승이다.

'법마 상전급'이란?

보통급 십계와 특신급 십계를 일일이 실행하고 예비 법마상전급에 승급하여 법마상전급 십계를 받아 지키며, 법과 마를 일일이 분석하고 우리의 경전 해석에 과히 착오가 없으며, 천만 경계 중에서 사심을 제거하는 데 재미를 붙이고 무관사(無關事)에 동하지 않으며, 법마상전의 뜻을 알아 법마상전을 하되 인생의 요도와 공부의 요도에 대기사(大忌事)는 아니하고, 세밀한 일이라도 반수 이상 법의 승(勝)을 얻는 사람의 급이다.

1. 아만심(我慢心)[1624]을 내지 말며,

아만심이 '나다'와 아만심을 '내다'의 차이는?

'나다'는 자동사로서 '없던 것이 생겨나다. 감정·심리·심경 등에 어떤 변화가 일어나다. 흥미·짜증·용기 따위의 감정이 일어나다.

[1624] 아만심은 자기 스스로 잘난 체 하고 높은 체하여 남을 가볍게 여기고 업신여기는 마음이며, 아상(我相)과 교만(驕慢)으로 가득 찬 마음이다.

어떤 마음이 일어나다'로서 이는 자연적인 진리의 작용이다.

'내다'는 타동사로서 '어떤 행동이나 동작이 생기거나 일어나게 하다'이므로 마음이 작용하여 행동(육근 동작)으로 옮긴 것이다.

그러므로 경계를 따라 아만심을 내는 것은 마음 작용만 일어나는 것이 아니라, 그 마음이 말과 행동으로 나타나는 것이다.

아만심을 내지 않기 위해서는 어떻게 해야 하는가?

스스로 잘 아는 체하거나 잘난 체하지 말고 늘 겸손과 양보의 미덕을 갖추어야 한다.

아만심을 버리고 겸손과 양보의 미덕을 가질 때 대중의 존경을 받게 되고 국량이 넓어져 큰 인물로 발전하게 된다.

2. 두 아내를 거느리지 말며,

'거느리다'는 '부양해야 할 손아랫사람을 데리고 있다. 누구를 데리고 함께 행동하다'이다.

'두 아내를 거느리지 말라' 이 계문은 아내가 있는 남자뿐만 아니라, 남편 있는 여자에게도 해당되는 것이다.

남자는 아내(本妻) 이외의 다른 여성을 부양의 대상인 소실(小室)로 두지 말고, 여자는 아내가 있는 남자의 소실로 들어가지 말라는 것이다.

두 아내를 거느리면 어떻게 되는가?

'두 아내를 거느리지 말라'의 의미는 일부일처(一夫一妻)가 그 근본이다.

두 아내를 거느리면 가정 불화의 원인이 되어 한 남자를 중심으로 남편과 아내 사이, 남편과 소실(또는 내연의 처) 사이, 아내와 소실의 사이, 자녀과 부모 사이가 과연 원만하겠는가?

그 사이에 아이들이라도 태어난다면 그 아이들과 그 가족들이 안고 가야 하는 멍에는 어찌한단 말인가?

또 그로 인해 짓는 인과는 어찌한단 말인가!?

두 아내를 거느리지 않으려면 어떻게 해야 하는가?

사랑하는 가족과 주위 인연에 대한 윤리 의식과 책임감, 인과 관계에 대하여 깊이 생각해야 하고, 한 생각과 한 번의 행동으로 어떠한 문제와 영향이 발생될 것인지 깊이 인식하여 하지 말아야 할 일은 죽기로써 하지 말아야 하는 취사 공부를 하고 또 하고 하고 또 하여야 한다.

3. 연고 없이 사육(四肉)[1625]을 먹지 말며,

왜 또 법마 상전급에서 연고 없이 사육(四肉)을 먹지 말라 하셨을까?

보통급 십계문에서 '연고 없이 살생을 말라.'는 말씀으로 살생을 함부로 하지 말 것을 이르셨는데, 법마 상전급에서 '연고 없이 사육(私肉: 네 발 달린 짐승의 고기)을 먹지 말라.'며 또 다시 살생하지 말라고 하셨다. 왜 살생에 대한 계문을 두 번이나 되풀이해서 말씀하셨을까?

이것은 보통으로 넘길 문제가 아니라는 의미다. 결론적으로 살생을 하지 말 것을 강조하고 또 강조한 것이다.

그럼 살생은 어느 선까지는 괜찮다는 말인가?

보통급의 살생이 직접 살생에 보다 더 가까운 것이라면, 법마 상전급의 사육(四肉)을 먹는 것은 간접 살생까지 포함한다고 보아

1625) 네 발 달린 짐승.

야 하며, '연고 없이 사육(四肉)을 먹지 말라'는 말씀은 살생의 한 기준을 제시한 것으로 해석할 수 있다.

즉 네 발 달린 짐승은 먹지 말라고 했으니 두 발 달린 짐승의 고기는 먹어도 된다는 의미가 아니냐는 것이다. 네 발 달린 짐승이든 두 발 달린 짐승이든, 직접 살생이든 간접 살생이든 사람이 살아가면서 필요한 영양을 섭취하고 체력을 유지하여 생활하기 위해서는 이를 피할 수 없는 것 또한 우리의 현실이다.

육식을 하는 맹수의 이빨을 보면, 송곳니가 고기를 찢어 먹기 좋게 되어 있음을 알 수 있다. 사람의 송곳니가 비록 퇴화하여 날카롭지는 않지만 송곳니가 있다는 것은 신체 구조상 육식을 할 수 있도록 되어 있다는 의미다.

그러나 채식이나 생식을 하는 스님들의 건강 상태에 무슨 이상 현상이 발생했다는 얘기를 들어본 적이 있는가?

그러므로 비록 현재는 미물이나 짐승일지라도 엄연히 천지의 포태 안에 있는 나와 둘이 아닌 동포(四生一身)이므로 살생을 하거나 고기를 먹는 일은 가급적 최소로 줄이자는 것이다.

육식을 많이 하는 서구인이나 식생활 환경이 서구 못지 않게 달라진 우리의 예를 보더라도 지나친 육식은 비만, 성인병, 불치병 등의 원인이 되고 있다.

즐겨 찾고 포식을 했다고 할 정도로 먹는 일은 건강상으로나 인과 응보면으로 볼 때, 하등의 이득이 없다는 점을 깊이 인식하여 개인으로나 진리적으로 서로 이익되게 하자는 것이다.

4. 나태(懶怠)[1626]하지 말며,

'나태(懶怠)'는?

팔조의 '나(懶)'로서 만사를 이루려 할 때에 하기 싫어함을 이르

1626) 게으르고 느림.

며, 지금 해야 할 일을 하기 싫어 뒤로 미루거나 내가 할 일을 남에게 미루는 것이다.

나태해지는 이유와 나태하지 말라는 이유는?

나태해지는 이유는 지금 해야 할 일이 나와 어떤 관계가 있는지 정확하게 인식하지 못할 때, 목표가 분명하지 않을 때, 미루는 습관 때문에, 건강이 좋지 않아 하고 싶어도 할 수 없을 때, 의식주에 부족함을 느끼지 않을 때, 성격이 우유부단하여 분발심이 약할 때이다.

나태하지 말라는 이유는 심신이 무력해지고, 부당한 의뢰심이 생기고, 정해진 날짜에 맞추느라 허둥지둥해지므로 결과가 부실해지고, 공동으로 하는 일인 경우는 동포에게 배은하게 된다.

나태하지 않으려면?

명확한 목표와 굳은 발원을 세우고, 지금하기 싫어하는 마음과 뒤로 미루려는 마음을 공부 거리 삼아 계획성 있는 생활로 미리미리 준비하여 후일을 대비하는 취사력을 기르고, 먼저 놀고 뒤에 일하는 습관을 먼저 일하고 뒤에 노는 습관으로 바꾸어야 한다.

나태하지 않은 결과는?

먼저 게으른 마음을 항복 받아 부지런하게 되고, 미리미리 준비를 해 두므로 마음이 항상 당당하고 뿌듯하며, 갑자기 어떤 일이 생기더라도 계획성 있게 실행할 수 있으므로 자력 있는 공부인, 능력 있는 공부인, 준비된 지도인이 될 수 있다.

5. 한 입으로 두 말 하지 말며,

한 입으로 두 말한다는 뜻은?

이미 한 말도 안 했다 하지 않은 말도 했다, 또는 여기서는 이 말하고 저기서는 저 말하여 이간시키는 것이다. 또한 거짓말도 이에 속한다.

자기가 한 말에 대하여 책임을 회피하거나 부인하지 말고, 또는 자기에게만 유리하도록 번복하여 두 가지로 말하지 말라는 것이다. 즉 한 번 한 말은 끝까지 책임을 지고 무책임한 말은 하지 말라는 뜻이다.

한 입으로 두 말(거짓말)하는 원인은?

잘 모르면서 아는 체하고 싶을 때, 대소 유무와 시비 이해를 전연 알지 못하고 자행 자지할 때, 쓸데없이 말이 많을 때 의식적으로 또는 무의식적으로 거짓말을 하게 된다.

한 입으로 두 말(거짓말)하지 말라는 이유는?

간사한 마음으로 흐르지 않도록, 신용 없는 사람이 되지 않도록, 불신의 사회에서 신용의 사회가 되도록 하기 위함이다.

한 입으로 두 말하지 않으면 그 결과는?

신용 있는 사람, 책임 있는 사람, 성실한 사람으로 인식하게 되고, 믿고 안심하게 되는 신용의 사회가 된다.

거짓말은 다 나쁜가?

거짓말은, 하지 않는 것보다는 좋지 않으므로, 하지 말아야 되지만, 상황에 따라서는 거짓말을 하지 않을 수 없는 경우도 있다.

'나무꾼과 선녀'의 얘기에서처럼 나무꾼이 사슴을 숨겨주고 사냥꾼에게 한 거짓말이나, 일제 시대 독립군을 숨겨주고 일본 경찰에게 한 거짓말 등은 거짓말이라고 하지는 않는다.

즉 남을 살리기 위해 하거나 나를 정당하게 보호하기 위해 하는 거짓말은 같은 거짓말일지라도 거짓말일 수는 없다.

'한 입으로 두 말하지 말며' 일기 기재

현진이와 현성이가 집을 나서기 전에 차비를 달라고 했다.

주머니를 뒤져 몇 개 있는 잔돈을 주었다.

곁에 있던 현경이가 그 잔돈을 보는 순간, '아차!' 싶은 마음이 나며 얼굴이 달아올랐다.

간밤에 현경이가 과자 사 먹는다며, 몇 백원만 달라는 것을 방안에 있는 옷 주머니에서 돈을 꺼내 오기 싫어 없다고 거짓말을 했었다.

"어, 아빠가 거짓말했네!"

이럴 때 빨리 자인을 하는 게 상책이다.

그런데 현경이 왈,

"아빠가 그럴 리 있어요? 까먹었겠죠!"

현경이의 이 말 한 마디에 따라 거짓말쟁이 아빠에서 일약 구제 받은 아빠로 바뀌는 것이었다.

달아올랐던 얼굴은 금방 웃음으로 번지며,

"현경아, 미안해. 그리고 고마워."

아빠를 믿어주는 현경이가 너무 고맙고 기뻤다.

차비를 주고 남은 돈은 예쁜 현경이의 손에 다 쥐어 주었다.

'인과 보응의 이치가 이렇게 빠르고, 소소영령할 줄이야!'

다시는 거짓말하고픈 마음이 싹 가셔 버렸다.

'어, 그리고 보니 어제 한 거짓말로 오늘은 계문(한 입으로 두 말하지 말며,) 공부했네!'

(어제 상시 일기를 기재할 때는 계문을 범했는 줄 몰랐는데,

오늘 정기 일기를 기재해 보니, 자세히 조사가 되며 곧바로 계문 공부로 이어졌고, 어제의 계문에 번한 번수를 하나 더했다.)

6. 망녕된 말을 하지 말며,

'망녕(妄佞)'이란?

'망녕(妄佞)'은 '허망[거짓이 많아서 미덥지 않음. 거짓되고 망령1627)됨]하고 부질없는 말과 행동, 평범하지 못하고 어긋나는 행위'를 말하며, '망녕되다'는 '언행이 정상을 벗어나다'이다.

'망녕된 말'이란?

상황(때와 장소)에 맞지 않게 고집하거나 억지를 부리거나 엉뚱한 말, 격에 맞지 않는 저속한 말이나 비꼬거나 비하하는 말, 능력보다 부풀리거나 할 수 있는 척하여 조만은 있을지언정 언젠가는 들통이 날 수 있는 거짓말 등이다.

망녕된 말을 하지 말라는 이유는?

분위기를 해치거나, 듣는 사람들로 하여금 불쾌감을 느끼게 하거나, 남을 현혹시키거나, 원망하게 하기 때문이다.

망녕된 말을 하는 원인은?

예의·교양이 없거나, 경솔하거나, 농담이 지나치거나, 시비 분간을 못하기 때문이다.

1627) 늙거나 정신이 흐려서 말이나 행동이 정상을 벗어남. 또는 그런 상태(妄靈).

망녕된 말을 하지 않으면 그 결과는?

예의가 있고, 밝고, 신용의 사회가 되고, 그런 사람이 될 것이다.

망녕된 말과 유머의 차이는?

때와 장소에 맞지 않는 말은 망녕된 말이며, 때와 장소의 분위기를 살리는 말은 유머가 된다.
그러나 유머도 지나치면 망녕된 말이 되니 유념해야 한다.

7. 시기심(猜忌心)을 내지 말며,

'시기심(猜忌心)'이란?

시기심은 남을 샘1628)내는 마음이며, 남에게 지기 싫어하고 남이 잘 되는 것을 인정하지 않고 미워하는 마음이다.
시기심은 존경심의 반대로 나와 비슷하거나 나보다 나을 때 생기는 마음이다. 나보다 못할 때는 비하의 대상은 될지언정 시기의 대상은 아니다.
남이 잘하는 꼴을 보지 못하고, 인정하지 못하고, 깎아내리고, 급기야는 중상 모략하여 하려는 것도 하지 못하게 한다.

시기심(猜忌心)을 내지 말라는 이유는?

시기심으로 시비 이해의 판단이 흐려지고, 존중은 못할망정 원망하고 타락하게 되며, 진리적으로 강급되어 남도 나를 시기·원망하게 만든다.

1628) 자기보다 나은 처지에 있는 사람을 공연히 미워하거나 싫어하는 일, 또는 그런 마음.

시기심(猜忌心)을 내는 원인은?

독점욕·명예욕·상대심이 치성하거나, 자기 실력이 부족하거나, 부러워하는 마음이 지나치기 때문이다.

시기심(猜忌心)을 내지 않으면 그 결과는?

정당한 정의의 사회가 되고, 남을 존중해 주고, 지자를 본위로 하고, 능력자를 선도자로 삼아 자신도 발전하는 계기로 삼게 된다.

8. 탐심(貪心)1629)을 내지 말며,

'탐심(貪心)'은?

식욕, 성욕, 색욕, 재물욕, 권리욕, 명예욕 등으로 모든 일을 상도(常度: 항상 지켜야 할 도리)에 벗어나서 지나치게 취하는 마음이니, 이를 내지 말라는 말이다.

탐심을 내지 말라는 이유는?

보는 대로 듣는 대로 상도에 벗어나서 지나치게 가지고자 한다면 정당한 방법으로는 취할 수 없으므로 부정당한 행위를 할 수밖에 없다.

즉 몰래 훔치는 도둑질, 강제로 빼앗는 강도질, 남을 일시적으로 속여 빼앗는 사기, 법을 악용한 강탈 등의 행위로 피해 당사자는 말로 할 수 없는 억울함, 원망심, 재산 상실, 심지어는 가정 붕괴 등의 고통을 당하게 되고, 행위자는 급기야 죄질의 경중에 따라

1629) 지나치게 탐하는 마음, 부당한 욕심, 자기 뜻에 맞는 사물에 애착하여 만족할 줄 모르는 마음이다.

사법 처리까지 받게 되므로 정의의 사회, 신용의 사회가 되지 못하는 원인이 되며, 진리적으로는 강급의 길로 가게 되기 때문이다.

탐심을 내는 원인은?

진리적으로 자신이 사은의 공물, 즉 사은의 은혜 속에서 태어나서 사은의 은혜로 살아가며 사은의 은혜에 보은·불공하기 위해 살아가는 존재인 줄 몰라 일시적으로 일어나는 탐욕에 끌리기 때문이며, 탐심을 내는 것이 모든 죄업의 근본임을 명확하게 모르기 때문이다.

또한 유정물(有情物: 모든 생령)은 배우지 아니하되 근본적으로 알아지는 것과 하고자 하는 욕심이 있는데, 최령(最靈: 가장 신령스러움)한 사람은 보고 듣고 배우고 하여 아는 것과 하고자 하는 것이 다른 동물의 몇 배 이상이 되므로 그 아는 것과 하고자 하는 것을 취하기 때문이다.

탐심을 내지 않으면 그 결과는?

사람은 살아있으므로 탐심이 일시적으로 나는 것은 진리의 작용이라 어찌할 수 없는 일이나, 욕심에 끌려 탐심을 내는 것은 자신의 의지에 따라 얼마든지 조절 가능하다.

따라서 탐심이 나더라도 그 순간을 공부 찬스로, 그 탐심 내는 것을 공부 거리로 삼아 기어이 멈추고 원래 마음에 대조하며 탐심을 내지 않으면 마음이 두렷하고 고요하여 무엇에도 걸릴 것 없는 대자유인이 되어 대중을 공경하고 약자를 돕는 대공도자·대봉공인이 될 것이다.

9. 진심(瞋心)을 내지 말며,

진심(瞋心)은 무엇이며, 진심을 내는 원인은?

자신이 가지고 있는 분별성과 주착심에 끌려 자기의 뜻에 어긋날 때, 남이 나를 비난할 때, 욕하는 소리를 들었을 때, 또는 일을 잘 못한다는 말을 들었을 때, 나를 몰라준다고 억울한 마음이 들 때 이를 참지 못하고 스스로 마음을 태우거나 남에게 성내는 마음이다.

진심(瞋心)을 내지 말라는 이유는?

화를 내게 되면 수기는 내려가고 화기가 올라 마음이 불안정해지고 일어나는 감정에 끌려 평소에는 하지 않던 언쟁·폭언, 심지어는 폭행을 하거나 상대를 무시하여 상대방의 몸과 마음을 상하게 하여 돌이킬 수 없는 죄업을 짓게 되며, 사과를 하고 용서를 받는다고 해도 이전 관계로 회복되기는 여간 쉽지 않다.
심한 경우에는 사업 처리를 받는 경우도 있으며, 진리적으로는 배은하고 강급되기 때문이다.

진심(瞋心)을 내지 않으면 그 결과는?

화가 나는 경계를 대하더라도 그 화 나는 원인이 나의 분별성과 주착심 때문임을 알고, 그래도 화가 나면 그 마음을 인정하고, 화 나는 마음에 끌리고 안 끌리는 대중만 잡아 두렷하고 고요한 마음을 세우면 천만 가지로 흩어진 마음이 안정되고 청정하여 시비 이해에 걸림이 없어지고, 항상 공정한 자리에서 자리 이타하는 마음을 사용하게 된다.
또한 사회는 서로 돕고 서로 화목하므로 서로 보은하게 되어 다시없는 안락의 세계가 될 것이다.

어떠한 경우에도 화를 내어서는 안 되는가?

좋은 말로 얘기해도 안 들을 때, 여전히 억지를 부릴 때, 상식에서 벗어난 부당한 행위를 할 때에는 화를 낼 수도 있다.

화를 낼 때는 어떠한 경우에도 화에 끌려 이성을 잃어서는 안 된다. 적당한 선에서 화를 멈출 수 있고, 화를 낸 후에 화기를 깨뜨리지 않는 마음의 중심을 잃지 말아야 한다.

10. 치심(痴心)을 내지 말라.

'치심(痴心)'이란?

어리석은 마음이다.

대소 유무와 시비 이해를 전연 알지 못하고 자행 자지하는 마음이다.

치심(痴心)을 내는 이유와 내지 말라는 이유는?

우리가 일의 시·비·이·해를 모르고 자행 자지한다면 찰나찰나로 육근을 동작하는 바가 모두 죄고로 화하여 전정 고해가 한이 없을 것이요,

이치의 대소 유무를 모르고 산다면 우연히 돌아오는 고락의 원인을 모를 것이며, 생각이 단촉하고 마음이 편협하여 생·로·병·사와 인과 보응의 이치를 모를 것이며, 사실과 허위를 분간하지 못하여 항상 허망하고 요행한 데 떨어져, 결국은 패가 망신의 지경에 이르게 되기 때문이다.

치심(痴心)을 내지 않으면 그 결과는?

천조의 난측한 이치와 인간의 다단한 일을 미리 연구하였다가 실생활에 다달아 밝게 분석하고 빠르게 판단할 수 있고, 천만 사리를

분석하고 판단하는 데 걸림 없이 아는 지혜의 힘이 생기게 된다.

치심(癡心)과 우(愚)의 차이는?

치심이 주로 상(相)에 가린 무명심이라면, 우는 알아야 할 것을 알지 못하고 알 수 있는 것을 알지 못한 채 제멋대로 살려는 마음이다[1630].

치심(癡心)과 무명(無明)의 차이는?

치심은 어리석은 마음이니 주로 상에 가린 무명심이라면, 무명은 밝지 못한 마음 작용이니 모든 죄업의 근본인 탐진치에 가려 작용되는 마음이다[1631].

몸으로 죄를 짓지 말라 함은?

자기의 목숨은 소중하게 여기면서도 남의 목숨 소중한 줄은 모른다.

그래서 먹기 위해 죽이고, 즐기기 위해 죽이고, 입기 위해 죽이고, 때로는 화난다고 죽이고, 원한 있다고 죽이고, 분하다고 죽이고, 또 어떨 땐 자기도 모르게 밟아 죽이고 눌러 죽인다.

또한 남의 물건과 재산을 훔치고 빼앗고, 남의 부인(남편)을 범한다. 이처럼 몸으로 죄를 짓는 것을 경계하도록 하신 계문을 정하여 지키게 하신 뜻은 법신불 사은님의 수행(생활 모습)을 그대로 밟아가도록 하기 위함이다.

왜 마음(뜻, 생각)으로 죄를 짓게 되는가?

아만심과 시기심과 탐심·진심·치심 때문에 너와 나를 구별하고,

1630) 각산 신도형, "교전 공부", 원불교출판사, p.443, 1992.
1631) 각산 신도형, "교전 공부", 원불교출판사, p.443, 1992.

내 것 남의 것을 분별하고, 원망하고, 질시하고, 원한을 품고, 끝없는 욕심을 일으키기 때문에 죄악을 짓게 된다.

몸과 입과 마음으로 짓는 죄는 어찌해야 막을 수 있는가?

마음을 늘 고요히 지니고, 마음을 늘 깨끗이 닦으면 몸으로 짓는 죄, 입으로 짓는 죄, 마음으로 짓는 죄는 일어나지 않는다.
어떻게 하면 마음을 늘 고요히 지닐 수 있고, 마음을 늘 깨끗이 닦을 수 있는가?
경계를 대할 때마다 일어나는 마음 작용을 대소 유무의 이치에 따라 늘 궁구하고 대조하여 자성의 정·혜·계를 세우는 공부를 끝까지 놓지 않는 것이다.

몸과 입과 마음으로 주로 범하는 계문은?

부처님 말씀하시되
"중생은 열 가지 계문을 지킴으로써 선(善)을 삼고 또한 열 가지 계문을 범함으로써 악(惡)을 삼나니, 무엇이 열 가지냐 하면 몸으로 셋이요, 입으로 넷이요, 뜻으로 셋이라,
몸으로 셋이라 함은 살생·도적·간음이요,
입으로 넷이라 함은 망어·기어(綺語)·양설(兩舌)·악구(惡口)요,
뜻으로 셋이라 함은 탐심·진심·치심이니,
이 계문을 범하여 도를 거스른 사람을 십악(十惡)1632)을 행한다 이름하고 이 계문을 지켜서 도를 순하게 받은 이를 십선(十善)1633)

1632) 몸·입·뜻으로 짓게 되는 열 가지 악한 업으로, 살생(殺生)·투도(偸盗)·사음(邪淫)·망어(妄語)·기어(綺語)·악구(惡口)·양설(兩舌)·탐욕(貪慾)·진에(瞋恚: 분노)·사견(邪見)을 말한다.
1633) 몸·입·뜻(身·口·意)으로 짓게 되는 열 가지 선한 업을 말한다. 십선계(十善戒)와 같은 내용이다. ①살생을 하지 않는 것. ②도둑질을 하지 않는 것. ③음행을 하지 않는 것. ④거짓말을 하지 않는 것. ⑤꾸미는 말을 하지 않는 것. ⑥험담을 하지 않는 것. ⑦이간질 하지 않는 것. ⑧탐욕을

을 행한다 이름하나니라1634)."

몸과 입으로 짓게 되면 마음은 자연히 따라가고, 마음이 동하면 몸과 입도 습관적으로 또는 무의식적으로 작용되니 경계를 따라 일어나는 그 마음이 공부 거리요 그때가 공부 찬스며, 그지없이 소중한 나의 스승이다.

사람들은 몸과 입과 마음으로 모든 죄복을 짓나니

말씀하시기를
"사람들은 몸과 입과 마음으로 모든 죄복을 짓는바,
도인들은 형상 없는 마음에 중점을 두시나
범부들은 직접 현실에 나타나는 것만을 두렵게 아나니라.
그러나 영명한 허공 법계는 무형한 마음 가운데 나타나는 모든 것까지도 밝히 보응하는지라
우리는 몸과 입을 삼갈 것은 물론이요 마음으로 짓는 죄업을 더 무섭게 생각하여 언제나 그 나타나기 전을 먼저 조심하여야 하나니라1635)."

30계문을 주로 몸과 입과 마음으로 짓는 바에 따라 분류해 보자.

구분	계　　　　　문	몸(身)	입(口)	마음(意)
보통급	1. 연고 없이 살생을 말며,	○		○
	2. 도둑질을 말며,	○		○
	3. 간음(姦淫)을 말며,	○	○	○
	4. 연고 없이 술을 마시지 말며,	○	○	○
	5. 잡기(雜技)를 말며,	○		○
	6. 악한 말을 말며,		○	○
	7. 연고 없이 쟁투(爭鬪)를 말며,	○	○	○
	8. 공금을 범하여 쓰지 말며,	○		○
	9. 연고 없이 심교간(心交間) 금전을 여수(與受)하지 말며,	○	○	○
	10. 연고 없이 담배를 피우지 말라.	○		○

　　　내지 않는 것. ⑨화를 내지 않는 것. ⑩삿된 견해를 갖지 않는 것.
1634) 불조요경: 사십이장경(四十二章經), 4장, p.448.
1635) 정산 종사 법어, 제2부 법어(法語), 제5 원리편(原理篇), 47장, p.834.

구분	계　　문	몸(身)	입(口)	마음(意)
특신급	1. 공중사(公衆事)를 단독히 처리하지 말며,	○		○
	2. 다른 사람의 과실(過失)을 말하지 말며,		○	○
	3. 금은 보패 구하는 데 정신을 빼앗기지 말며,	○		○
	4. 의복을 빛나게 꾸미지 말며,	○		○
	5. 정당하지 못한 벗을 좇아 놀지 말며,	○		○
	6. 두 사람이 아울러 말하지 말며,		○	○
	7. 신용 없지 말며,	○	○	○
	8. 비단 같이 꾸미는 말을 하지 말며,		○	○
	9. 연고 없이 때 아닌 때 잠자지 말며,	○		○
	10. 예 아닌 노래 부르고 춤추는 자리에 좇아 놀지 말라.	○		○
법　마 상전급	1. 아만심(我慢心)을 내지 말며,	○	○	○
	2. 두 아내를 거느리지 말며,	○		○
	3. 연고 없이 사육(四肉)을 먹지 말며,	○		○
	4. 나태(懶怠)하지 말며,	○		○
	5. 한 입으로 두 말 하지 말며,		○	○
	6. 망녕된 말을 하지 말며,		○	○
	7. 시기심(猜忌心)을 내지 말며,	○	○	○
	8. 탐심(貪心)을 내지 말며,	○	○	○
	9. 진심(瞋心)을 내지 말며,	○	○	○
	10. 치심(痴心)을 내지 말라.	○	○	○
계		24	19	30

　이 중 법마 상전급 10계문 중 '아만심(我慢心)을 내지 말며, 시기심(猜忌心)을 내지 말며, 탐심(貪心)을 내지 말며, 진심(瞋心)을 내지 말며, 치심(癡心)을 내지 말라.'는 흔히 마음으로 짓는 계문으로 분류하고 있다.

　그러나 '내다'의 뜻을 알고 나면, 단순히 마음으로 짓는 계문으로 분류할 수 없다.

　'내다'는 '나다(어떤 마음이 생기다)의 사동사(동작의 대상인 목적어를 필요로 하는 타동사)'이므로 '경계를 따라 진리의 작용으로 일어나는 마음을 행동이나 말로 나타내어 상대방에 어떤 형태로든 영향을 미치는 타동사'다.

　그러므로 아만심·시기심·탐심·진심·치심을 내는 것은 이들 마음을 말과 행동으로 나타내는 것임을 알 수 있다.

　계문을 많이 범하는 순위는 다음 표에서 알 수 있는 바와 같이 마음·몸·말 순(順)임을 알 수 있다.

삼십 계문을 경계를 따라 연이어 어기기 쉬운 계문과 관계를 지어 보면?

경계를 대할 때마다 자신이 받아들이는 시비 이해가 달라 일어나는 마음의 정도와 세우고 돌리는 수행의 정도가 다르기 때문에 어기는 계문의 종류도 다르기 마련이다.

다음 표는 한 계문을 어김으로써 연달아 어길 수 있거나 어기기 쉬운 계문들을 공부인들과 토론하며 정한 것이다. 이들은 각자의 기준에 따라 다소 달라질 수 있다.

법마상전급 십계문 중 '한 입으로 두 말하는 경우'와 '치심(癡心)을 내는 경우'가 다른 계문을 범할 수 있는 가능성이 가장 큼을 알 수 있다.

그러므로 '한 입으로 두 말 하지 말며'와 '치심(癡心)을 내지 말라'를 주로 주의하며 공부 거리로 삼아야 함을 알 수 있고, 다음으로는 '망녕된 말을 하지 말며', '탐심(貪心)을 내지 말며', '진심(嗔心)을 내지 말며'가 주의하며 공부해야 할 공부 거리임을 알 수 있다.

따라서 계문은 어느 한 계문을 어기게 되면 몇 가지를 동시에 범하게 되지만, 한 마음 챙기면 몇 가지를 동시에 범하지 않게 되니 몇 가지를 동시에 적공하게 되는 이치가 있으니 경계를 따라 일어나는 그 마음을 공부하자는 것이다.

보통급 십계문, 특신급 십계문, 법마상전급 십계문 말미에 각 급급의 십계문과의 상관 관계를 알 수 있도록 세 표를 한 표(p.540)로 정리하였다.

이 표를 정리한 목적은 어떤 계문을 범하면 다른 계문을 연달아 범하기 쉬운지 알고 싶었기 때문이다. 공부인들에 따라 견해가 다를 수 있겠지만, 가장 주의해야 할 계문이 어느 것인지 알 수 있을 것이다. 가장 중요한 것은 각자가 잘 범하는 계문으로 공부하고 또 공부함으로써 그 계문으로부터 해탈하는 일이다.

구분	계 문	법마상전급 십계문									
		1 아만심(我慢心)을 내지 말며,	2 두 아내를 거느리지 말며,	3 연고 없이 사육(四肉)을 먹지 말며,	4 나태(懶怠)하지 말며,	5 한 입으로 두 말하지 말며,	6 망녕된 말을 하지 말며,	7 시기심(猜忌心)을 내지 말며,	8 탐심(貪心)을 내지 말며,	9 진심(瞋心)을 내지 말며,	10 치심(癡心)을 내지 말라..
보통급	1. 연고 없이 살생을 말며,			○					○		○
	2. 도둑질을 말며,				○	○			○		○
	3. 간음(姦淫)을 말며,		○						○		○
	4. 연고 없이 술을 마시지 말며,			○			○	○	○		○
	5. 잡기(雜技)를 말며,					○		○			○
	6. 악한 말을 말며,	○							○	○	○
	7. 연고 없이 쟁투(爭鬪)를 말며,		○						○	○	○
	8. 공금을 범하여 쓰지 말며,		○			○			○		○
	9. 연고 없이 심교간(心交間) 금전을 여수(與受)하지 말며,		○		○		○		○		○
	10. 연고 없이 담배를 피우지 말라.					○			○		○
특신급	1. 공중사(公衆事)를 단독히 처리하지 말며,	○							○		○
	2. 다른 사람의 과실(過失)을 말하지 말며,	○							○		○
	3. 금은 보패 구하는 데 정신을 뺏기지 말며,		○						○		○
	4. 의복을 빛나게 꾸미지 말며,		○						○		○
	5. 정당하지 못한 벗을 좇아 놀지 말며,						○	○			○
	6. 두 사람이 아울러 말하지 말며,	○					○				○
	7. 신용 없지 말며,		○		○		○		○	○	○
	8. 비단 같이 꾸미는 말을 하지 말며,	○	○				○	○	○		○
	9. 연고 없이때 아닌 때 잠자지 말며,				○						○
	10. 예 아닌 노래 부르고 춤추는 자리에 좇아 놀지 말라.					○					○
법마상전급	1. 아만심(我慢心)을 내지 말며,	○					○		○		○
	2. 두 아내를 거느리지 말며,		○				○		○	○	○
	3. 연고 없이 사육(四肉)을 먹지 말며,			○							○
	4. 나태(懶怠)하지 말며,				○						○
	5. 한 입으로 두 말하지 말며,	○	○				○	○	○	○	○
	6. 망녕된 말을 하지 말며,	○					○	○		○	○
	7. 시기심(猜忌心)을 내지 말며,		○					○			○
	8. 탐심(貪心)을 내지 말며,		○						○		○
	9. 진심(瞋心)을 내지 말며,		○				○			○	○
	10. 치심(痴心)을 내지 말라.	○	○	○	○	○	○	○	○	○	○
	계	9	14	5	6	22	15	11	16	14	30

구분	계　문	보통급										특신급										법마상전급									
		1	2	3	4	5	6	7	8	9	10	1	2	3	4	5	6	7	8	9	10	1	2	3	4	5	6	7	8	9	10
보통급	1. 연고 없이 살생을 말며,	○			○																			○				○			
	2. 도둑질을 말며,		○		○		○						○		○		○							○	○						
	3. 간음(姦淫)을 말며,			○	○											○		○		○		○									
	4. 연고 없이 술을 마시지 말며,	○		○	○	○	○	○		○		○			○	○	○	○	○					○		○			○	○	○
	5. 잡기(雜技)를 말며,				○	○	○	○	○	○	○				○	○		○													
	6. 악한 말을 말며,				○		○	○								○						○					○	○	○		
	7. 연고 없이 쟁투(爭鬪)를 말며,				○		○	○				○				○	○	○					○		○						
	8. 공금을 범하여 쓰지 말며,		○				○								○																
	9. 연고 없이 심교간(心交間) 금전을 여수(與受)하지 말며,							○	○			○				○						○		○		○					
	10. 연고 없이 담배를 피우지 말라.				○		○									○															
특신급	1. 공중사(公衆事)를 단독히 처리하지 말며,						○					○				○		○				○									
	2. 다른 사람의 과실(過失)을 말하지 말며,				○		○								○		○														
	3. 금은 보패 구하는 데 정신을 뺏기지 말며,	○			○		○																								
	4. 의복을 빛나게 꾸미지 말며,	○			○																										
	5. 정당하지 못한 벗을 좇아 놀지 말며,	○	○	○				○																							
	6. 두 사람이 아울러 말하지 말며,				○		○					○										○									
	7. 신용 없지 말며,		○	○				○	○			○					○	○	○				○		○		○				
	8. 비단 같이 꾸미는 말을 하지 말며,		○	○				○									○	○	○				○		○		○				
	9. 연고 없이때 아닌 때 잠자지 말며,				○													○							○						
	10. 예 아닌 노래 부르고 춤추는 자리에 좇아 놀지 말라.			○	○		○					○		○				○							○						
법마상전급	1. 아만심(我慢心)을 내지 말며,				○		○	○				○	○									○									
	2. 두 아내를 거느리지 말며,		○												○							○			○						
	3. 연고 없이 사육(四肉)을 먹지 말며,	○		○																	○		○								
	4. 나태(懶怠)하지 말며,				○												○								○	○					
	5. 한 입으로 두 말 하지 말며,				○	○		○	○	○	○	○	○			○	○	○				○	○		○						
	6. 망녕된 말을 하지 말며,				○			○					○	○	○	○	○	○				○	○		○						
	7. 시기심(猜忌心)을 내지 말며,				○		○	○				○				○							○								
	8. 탐심(貪心)을 내지 말며,	○	○	○	○			○	○							○						○		○							
	9. 진심(瞋心)을 내지 말며,				○	○	○	○									○	○	○												
	10. 치심(痴心)을 내지 말라.	○	○	○	○	○	○	○	○	○	○	○	○	○	○	○	○	○	○	○	○	○	○	○	○	○	○	○	○	○	○
	계	5	11	11	24	11	12	14	14	10	5	7	11	11	11	17	10	25	9	5	18	9	14	5	6	22	15	11	16	14	30

법강항마위부터는 계문이 없으니 취사 공부는 다 된 것이 아닌가?

김대거(金大擧) 여쭙기를

"법강항마위부터는 계문이 없사오니 취사 공부는 다 된 것이오니까?"

대종사 말씀하시기를

"법강항마위부터는 첫 성위(聖位)에 오르는지라, 법에 얽매이고 계문에 붙잡히는 공부는 아니 하나, 안으로는 또한 심계(心戒)가 있나니,

그 하나는 자신의 수도와 안일만 취하여 소승에 흐를까 조심함이요,

둘은 부귀 향락에 빠져서 본원이 매각될까 조심함이요,

셋은 혹 신통이 나타나 함부로 중생의 눈에 띄어 정법에 방해될까 조심함이라,

이 밖에도 수양·연구·취사의 삼학을 공부하여 위로 불지를 더 갖추고 아래로 자비를 더 길러서 중생을 제도하는 것으로 공을 쌓아야 하나니라1636)."

계문을 지킴으로써

계문을 지킴으로써
내가 구속되는 것이 아니라,

계문을 지킴으로써
오히려 내가 자유로워지는구나!

1636) 대종경, 제3 수행품(修行品), 63장, p.182.

제12장 솔성 요론(率性要論)

솔성(率性)은 일원상의 진리를 신앙하는 동시에 수행의 표본을 삼아서 일원상과 같이 원만 구족하고 지공 무사한 각자의 마음을 사용하자는 것이며, 삼학과 정·혜·계(定慧戒)에서 솔성은 작업 취사와 계를 말한다[1637].

요론(要論)은 긴요[1638]한 의론(議論)[1639]이나 논설(論說)[1640]이다.

그러므로 이 솔성 요론의 전체 문장의 의미는 서로 논의하는, 또는 설명하는, 또는 자기의 의견을 말하는 투로 되어 있을 것임을 짐작할 수 있다. 그래야 요론이라는 의미와 하나로 이어질 수 있기 때문이다.

이런 맛을 내게 하는 단어가 바로 '당연한 일(진리나 보통의 사실), 또는 경험으로 얻은 어떤 사실을 단정적으로 베풀어 말할(가르쳐 줄) 때 쓰는 16조 맨 끝에 있는 '이니라'다.

여기서 우리는 처음(요론)과 끝(-이니라)이 하나의 의미로 기막히게 잘 이어져 있음을 알 수 있다.

따라서 솔성 요론은 우리가 일상 생활에서 일원상과 같이 원만 구족하고 지공 무사한 각자의 마음을 그대로 사용(실행)하는 데 없어서는 안 될 매우 중요한 이치를 풀어서 설명하는 글이다.

1. 사람만 믿지 말고 그 법을 믿을 것이요,

왜 사람만 믿지 말라고 하셨는가?

여기서 사람이란 아무리 원만한 인격의 소유자라 할지라도 육신

1637) 대종경, 제2 교의품(敎義品), 5장, p.114.
1638) 매우 중요함.
1639) 서로 논의함.
1640) 사물의 이치를 풀어 말함, 또는 그 글.

을 가지고 육근 동작을 하는 인간이기 때문에 생·로·병·사와 이별이라는 천리(天理)를 면할 수 없다.

그러므로 내가 믿는 사람이 죽거나 그 사람과 헤어지게 되면 의지할 곳이 없어지고 배울 곳이 없게 되어 마음의 중심을 잃고 방황하게 된다.

또한 사람이란 오랜 습관을 지니고 있고, 성격에 차이가 있기 때문에 허물이 보일 수 있다. 일반 교역자(스승, 지도인)라 할지라도 다 원만하고 완전할 수도 없기 때문에 혹 기대에 어긋나는 점이 보이면 그 사람이 전하는 법까지 무시하게 되고, 그 사람의 지도를 받지 않게 되어 마침내 마음의 의지처와 수행의 표본을 잃어버리는 수가 많다.

그러므로 사람만 믿고 그 법을 믿지 않으면 인정에 떨어져 육친의 인연은 가까울 수 있으나, 심법을 체받지 못함에 따라 그만큼 법연(法緣)과는 거리가 멀어져 성불의 길이 더딜 것이다.

또한 사람만 믿으면 자기가 모시는 한 스승이나 몇 분 스승들만 믿게 되어 편착심이 생겨서 대의를 그르치기 쉽고 법연이 한정되어 영생을 거래하면서 내가 믿고 따르던 스승님들을 만나지 못할 때에는 수행의 기연(機緣)이 막히게 되고 성불의 길과는 거리가 생길 것이다.

대종사님께서는 이런 의미에서 사람만 믿지 말라는 당부의 말씀을 하신 것 같다.

왜 그 법을 믿으라고 하셨는가?

사람의 비영원성과 불완전성 때문에 받을 수 있는 부족한 점을 극복하고 보완하면서 보다 영원하고 완전한 신앙처와 수행의 표본을 정하기 위해 사람만 믿지 말고 그 법을 믿으라 하셨다.

여기서 법이란 교조께서 내놓으신 경전과 스승님들의 법문과 그분들이 깨치신 진리를 말하는바, 이 법을 믿고 거기에 의지하게 되면 스승님들의 거래와 지도인들과의 이별에 관계 없이 믿음에 흔들림 없이 계속 수행 정진할 수 있게 되고, 지도인(교역자, 스승)들의 실수(또는 습관, 성격 차이 등)에 따라 나의 믿음과 수행에 조금도 움직임이 없을 것이며, 있어도 그 정도가 가벼워질 것이다.

'사람만 믿지 말고 그 법을 믿을 것이요'라 함은?

이 말씀은 법만 믿고 사람은 믿지 말라는 것이 아니라, 사람도 잘 믿고 법도 잘 믿을 것을 강조하신 말씀이다.

사람을 잘 믿으려면 그 법을 잘 믿어야 하고, 법을 잘 믿으려면 그 법을 펴는 사람도 잘 믿어야 한다.

그 법을 잘 믿지 않고 알지 못하면 그 스승의 참다운 인격과 그 심법을 체득할 수 없게 된다. 또한 그 법을 내신 분이나 그 법을 체득하신 스승을 오롯이 믿지 아니하면 구전 심수의 바른 지도를 받을 수 없을 뿐만 아니라, 자기 주견대로 그 법을 이해하게 되어 자칫하면 사견(邪見)에 떨어지고 와전(訛傳)할 염려가 있다.

이 말씀은 대종사님께서 공부인으로 하여금 원만하고 끊임없고 변함없는 신앙과 수행을 하도록 하신 말씀으로, 열반 전에 3조에 있던 것을 순서를 바꾸어 1조로 삼으셨다.

2. 열 사람의 법을 응하여 제일 좋은 법으로 믿을 것이요,

'열 사람의 법'이란?

만법(萬法)이며, 제일 좋은 법이란 신앙과 수행을 함에 따라 진리적 종교의 신앙(진리와 종교와 신앙)과 사실적 도덕의 훈련(수행과 생활)이 자연적으로 겸비되는 법을 말한다.

종교는 진리적이고, 신앙과 수행, 도학과 과학, 공부와 사업을 병행하는 원만한 종교를 말하며, 신앙은 편벽된 개체 신앙이 아닌 원만한 전체 신앙(일원상의 신앙), 미신적 형식 신앙이 아닌 진리적 사실 신앙, 자력이나 타력 편중 신앙이 아닌 자타력 병진 신앙을 말한다.

수행은 편협한 수행이 아닌 삼학 병진, 동정 편중이 아닌 동정 일여, 이사 편중이 아닌 이사 병행하는 수행을 말하며,

공부하는 법은 유무식·남녀·노소·선악·귀천을 막론하고 각자의 근기와 수준에 따라 맞춤복처럼 맞추어 할 수 있고 시대에 맞고 한 편에 치우침이 없는 법을 말하며,

사업하는 법은 힘(분수)에 맞고 처지에 맞고 참다운 복락을 구하는 법을 말한다.

'열 사람의 법을 응하여 제일 좋은 법으로 믿을 것이요'라 함은?

신앙과 수행과 사업과 생활을 함에 있어, 이를 동시에 원만하고 밝고 바르게 하자는 것이다. 신앙·수행·사업·생활 등 무슨 일이나 그 원을 세우고 그 일을 하고자 할 때에는 반드시 여러 사람의 법(의견)을 두루 살펴서 제일 좋은 법을 택하여 믿고 배우고 쓰라는 것이다.

왜냐 하면, 진리는 무궁 무진하며, 세상의 만법은 천만 갈래가 있으며, 사람의 근기도 천 층 만 층이라 그 일과 각자의 근기와 처지에 가장 알맞은 법을 택해서 믿고 써야 그 원을 쉽게 달성할 수 있기 때문이다.

또한 만물은 각기 그 주인이 있고 다 그 쓰임이 있으며, 천 가지 병에 만 가지 약이 있지마는 두루 살피지 않고 널리 구하지 아니하면 알고도 구하지 못하여 고치지 못하고, 구하고도 알지 못하여 고치지 못함과 같이 한편에 고착되어 원만하고 적절한 법을 찾기가 어려울 것이다.

그러므로 열 사람의 법을 응하여 제일 좋은 법을 택하여 믿으라 하신 것 같다.

3. 사생(四生) 중 사람이 된 이상에는 배우기를 좋아할 것이요,

일체 생령은 사생(四生), 즉 태생(胎生)·난생(卵生)·습생(濕生)·화생(化生)으로 태어난다. 사람은 태생(胎生) 중에서도 사람 몸 받기가 어려운데, 어찌 다행히 다른 동물로 태어나지 않고 사람으로 태어나 공부하며 진급할 수 있는 기회를 갖게 된 것은 참으로 큰 은혜를 입었다 하지 않을 수 없다.

이처럼 귀하게 태어나고 만사 만리의 근본이 되는 사람은 최령하여 무엇이든 잘 배우게 되어 있다.

이때, 배우기는 배우되 어쩔 수 없이 수동적·소극적으로 배우거나 건성으로 배우기보다는 능동적·적극적으로 좋아해야 참으로 잘 배울 수 있으며, 불의는 용맹 있게 버리고 정의는 용맹 있게 취할 수 있고, 자리 이타의 이치에 따라 잘 배울 수 있다.

이를 바탕으로 할 때, 자신뿐만 아니라 다른 사람도 잘 가르칠 수 있고, 또한 공익심 있는 공도자가 될 수 있다.

4. 지식 있는 사람이 지식이 있다 함으로써 그 배움을 놓지 말 것이요,

사람은 태어나면서부터 죽을 때까지 배움을 떠날 수 없으니 항상 배움을 놓지 말라는 것이다.

진리는 한없이 깊고도 크고 넓으며 멈춰 있지 않고 끊임없이 돌고 돌아 언제나 새롭게 변화한다.

세상도 마찬가지로 날로 변화하고 나날이 새로워지므로 그 지식이 있다 하여도 한계가 있을 수밖에 없고, 설령 한 때 상당한 지식을 가지고 있다 할지라도 그 배움을 놓아버리면 아는 것도 잊게 되므로 날로 새로워지는 시대에 어둡지 않도록 끊임없이 배워야 한다.

이 배움이 문자적 지식의 배움이든, 사리간 지식의 배움이든, 그 배움을 놓는 것은 더 이상 진급할 수 있고 발전할 수 있는 기회를 스스로 버리는 것이며, 천지·부모·동포·법률 배은의 '……설사 안 다 할지라도 보은의 실행이 없는 것'과 같은 의미이므로 사은에 배은하는 것이다.

또한 이는 참회문의 '견성만으로써 공부를 다 한 줄로 알고, 견성 후에는 참회도 소용이 없고 수행도 소용이 없다고 생각하는 사람이 많으나, 비록 견성은 하였다 할지라도 천만 번뇌와 모든 착심이 동시에 소멸되는 것이 아니요 또는 삼대력(三大力)을 얻어 성불을 하였다 할지라도 정업(定業)은 능히 면하지 못하는 것'임을 경계하신 말씀이라 하겠다.

5. 주색 낭유(酒色浪遊)하지 말고 그 시간에 진리를 연구할 것이요,

'주색 낭유'란 무엇인가?

술과 여자에 빠져 하는 일 없이 돌아다니면서 노는 것이다.

이렇게 함에 따라 우리가 가장 먼저 잃게 되는 것은 시간, 돈, 건강 등이다. 이들은 공부와 사업을 하는 데 가장 기본적으로 필요 불가결한 요소들이다.

진리를 알고 양성하고 사용하는 것은 큰 공부와 큰 사업을 하는 기본 열쇠이므로 주색으로 허비하는 마음과 정력과 시간과 돈을 진리를 연구하는 마음으로 돌리는 것은 안으로는 스스로를 진급하게 하는 길이며, 밖으로는 사은에 보은하는 길이며, 가정·사회·국가·세계에 공익심을 나투게 하여 공익심 없는 나를 공익심 있는 나(공도자)로 돌리는 길이다.

또한 '주색 낭유(酒色浪遊)하지 말고 그 시간에 진리를 연구할 것이요.'는 상시 응용 주의 사항의 '노는 시간이 있고 보면 경전·법규 연습하기를 주의할 것이요.'와 같은 의미다.

6. 한 편에 착(着)하지 아니할 것이요,

'천지 보은의 조목'의 다섯 번째 조목인 '천지의 광대 무량한 도를 체받아서 편착심(偏着心)을 없이 할 것이요'의 말씀에서처럼 한 편에 착(着)하지 아니하려면 광대 무량한 도를 체 받아서 고정 관념, 선입견 등의 주착심을 놓고, 나타나고 생겨나고 드러난 그대로를 수용하고 신앙하여야 한 편에 착(着)하지 않을 수 있다.

주착심에 끌리면 내 마음에 내가 속아 그만 요란해지고 어리석어지고 글러지고 만다.

7. 모든 사물을 접응할 때에 공경심을 놓지 말고, 탐한 욕심이 나거든 사자와 같이 무서워할 것이요,

모든 사물을 접응할 때에 왜 공경심을 놓지 말아야 하는가?

모든 사물이란 물질 세계에 있는 모든 구체적이며 개별적인 존재를 통틀어 이르는 말이며, 우리가 평소에 어느 때 어디서든지 대하는 모든 것이다.

우리가 모든 사물을 접응할 때에 공경심을 놓지 아니하려면 공경심을 놓지 말아야지 하고 다짐하는 식으로 마음을 챙긴다고 해서 생겨지지 않는 공경심이 생길 것이며 놓아지는 공경심이 놓아지지 않을까?

어떻게 하면 손님을 맞이하듯 몸과 마음을 조심하며 공경하게 될까? 그것도 하려고 하지 않아도 저절로 되어질까?

이는 모든 사물의 속성과 나와의 관계를 정확하게 알 때, 모든 사물을 대할 때마다 공경심이 자연히 우러나오고 놓으려고 해도 놓을 수 없게 된다.

모든 사물은 진리의 작용 따라 있어지는 화신불인 동시에 사은의 공물(公物)이다. 즉 인과 보응의 이치와 생멸 없는 도에 따라 나타나고 생겨나고 드러나는 진리의 모습이다.

나와 무관한 것이 아니라, 나와의 인연 따라 이 세상과의 인연 따라 은혜의 관계로 묘하게 있어지는 너와 나의 모습이다.

모든 사물 하나하나가 이와 같이 사은의 공물임을 알게 되면, 그 묘한 진리의 경이로움에 신앙심으로 대하지 않을 수 없게 되고, 공경심으로 대하지 않을 수 없게 된다.

모든 사물이 갖는 신비로움과 하나되는 것이 곧 공경심을 놓지 않는 것이며, 이 공경심을 놓지 않는 것이 곧 처처 불상 사사 불공하는 불공법이다.

모든 사물을 접응할 때에 공경심을 놓게 되면 어떻게 되는가?

공경심이란 예를 다하여 높혀 주고 조심하는 마음이므로 모든 사물을 접응할 때에 공경심을 놓아버리면 무례하게 함부로 대하는 습관이 생겨 모든 일을 원만히 처리할 수 없게 되고, 상극의 인연이 맺어지게 된다.

또한 공경심이 없으면 사(邪)된 욕심이 나고, 경박한 습성이 길러져 작은 일을 경박하고 소홀히 하며, 큰 일을 그르치는 원인이 되어 결국에는 자신과 세상에 해를 끼치게 된다.

탐한 욕심 나는 것이 왜 사자와 같이 무섭다고 하셨는가?

사자는 생각만 해도 본능적으로 두려운 느낌이 든다.
사자가 사람을 해치는 성질이 있음을 알기 때문이다.

욕심은 나를 진급케 하는 원동력이 되는 동시에, 지나치게 탐하면 오히려 자신은 물론이고 이웃·사회·국가·세계까지도 파멸의 세계로 이끌게 된다(정신 수양의 목적 참조).

그래서 그냥 모든 욕심 나는 것이 무섭다고 하지 않으시고 탐하는 욕심 나는 것이 무섭다고 하셨으며, 그것도 사자와 같이 무섭다고 하셨다.

탐한 욕심 나거든 왜 사자와 같이 무서워하라 하셨는가?

사자를 무서워하는 것은 따져 가면서 무서워하는 것이 아니다. 본능적으로 무서워한다.

이처럼 사물을 대할 때 일어나는 욕심은 자연 발생적인 심신 작용의 발로이며, 본능적인 진리의 작용이다.

그런데 왜 가정일지라도(-거든) 사자와 같이 무서워하라 하셨는가?

여기서 주의해야 할 단어가 있다. '나거든'이다. '내거든'이 아니다.

이때까지는 마음이 '나는' 것은 진리의 작용이므로 '나는' 것보다는 '내는' 것에 끌리고 안 끌리는 대중만 잡을 것을 더욱 경계하도록 하셨다.

그런데, 이 탐한 욕심은 '내는' 것을 경계토록 하신 것이 아니라, '나는' 것 자체를 사자를 무서워하듯이 본능적으로 경계하라 하신 것이니, 욕심 일어나는 것이 얼마나 빠르고 무서우면 이렇게까지 경계토록 하셨을까!

욕심 '내는' 상태에 있을 때, 그 구렁텅이에서 빠져 나오기가 얼마나 어려운지는 누구나 다 잘 알고 있지 않은가?

아무리 작은 일일지라도 이런 우를 범할 수 있는 싹이 나는 것 자체부터 경계하여 더 큰 잘못을 저지르지 않고 심신을 잘 지키고 돌보라는 대종사님의 대자비 법문이다.

8. 일일 시시(日日時時)로 자기가 자기를 가르칠 것이요,

경계를 대할 때마다 공부할 때가 돌아온 것을 염두에 잊지 말고 법으로 대조, 즉 일상 수행의 요법으로 대조하면 내가 나를 가르칠 수 있다.

일상 수행의 요법은 내가 나를 성불하게 하고, 행복하게 하여 복락을 얻게 하고, 낙원 생활로 인도해 주는 행복의 공식이다.

공부를 하다가 의문이 나거나 지금 내가 하고 있는 공부가 과연 줄 맞는 공부인지, 또는 진급이 되는지, 또는 강급이 되는지 점검하기 위해서는 스승(지도인)에게 문답하고 감정을 얻고 해오를 얻어야 한다.

그래야 법선(法船)을 타고, 쉽고도 빨리 구경각(究境覺)을 이룰 수 있기 때문이다.

왜 자기가 자기를 가르치라고 하셨으며, 그것도 일일 시시(日日 時時)로 하라 하셨는가?

자기 자신을 가장 잘 알 수 있는 사람은 어느 누구도 아닌 자기 자신이다.

자신이 나툰 육근 작용을 그 어느 누가 자신보다 잘 알 수 있을 것이며, 그 작용이 어떤 결과를 초래했는지 그 어느 누가 항상 알 수 있겠는가?

행하고도 알지 못하는 것은 본래 마음(참나)이 분별성과 주착심에 잠시 잠깐 가리기 때문이다.

모든 육근 작용 하나하나가 경계임을 알고, 작용되는 마음(탐심·진심·치심), 즉 거짓 나(假我)도 또 다르게 나타난 자신의 모습임을 알고, 이를 공부하는 연습장으로 삼아 그 한 마음 나기 이전 마음과 대조하기(공부심)를 끝까지 놓지 않는다면, 오히려 그 경계는 가려져 있던 자성의 혜광을 밝히는 동기가 되며, 자신을 공부시켜 영생을 얻게 하는 스승이 된다.

이처럼 언제 어디서나 항상 함께하며 자기 자신을 공부시키는 스승, 가장 훌륭한 스승은 그 어느 누구도 아닌 바로 자기 자신이다.

9. 무슨 일이든지 잘못된 일이 있고 보면 남을 원망하지 말고
   자기를 살필 것이요,

'무슨 일이든지 잘못된 일이 있고 보면'이란 그 잘못이 내게 있을 수도 있고, 다른 사람에게 있을 수도 있다.

내게 잘못이 있더라도 그 원인을 나 자신에게서 찾으려고 하기보다는 다른 사람의 탓으로 돌리려 하고, 더군다나 밖에서 찾으려는 경우도 없지 않다.

자신을 원망하는 것이 지나치면 자포 자기하거나 비관하여 극도에 가서는 자살하는 사람까지 있게 되고, 남을 원망하게 되면 이것이 씨앗이 되어 인과의 작용이 일어나게 된다.

남을 원망하는 것은 남의 잘못을 통하여 자신을 살펴 잘 배우는 사람으로 돌리지 못하는 경우거나, 그 잘못을 수용하지 못하여 요란해지고 어리석어지고 글러지는 경우이므로 그 책임이 남에게 있는 것이 아니라, 내게 있는 것임을 분명히 알아야 한다.

설령 잘못이 남에게 있다 하더라도 그 잘못을 통하여 나 자신을 반성하고, 살피는 기회로 삼을 줄 알고, 그 요란한 경계를 통하여 자성의 정을 쌓을 줄 알고, 그 어리석은 경계를 통하여 자성의 혜를 밝힐 줄 알고, 그 그른 경계를 통하여 자성의 계를 지킬 줄 아는 것이 참다운 공부인의 자세며, 공부의 방향로를 법대로 밟아간다고 할 것이다.

그러므로 내가 먼저, 항상 살펴야 할 것은 바로 나 자신의 마음 작용이다.

10. 다른 사람의 그릇된 일을 견문하여 자기의 그름은 깨칠지
    언정 그 그름을 드러내지 말 것이요,

다른 사람의 그릇된 일을 견문하지 말라는 것이 아니다.

듣고 보는 것, 들리고 보이는 것은 육근을 통해 일어나는 진리의 작용이므로 아무리 막으려 해도 도저히 막을 수 없다.

그러므로 내가 오직 하고 또 해야 할 일은 그를 통하여 내 그름을 깨치는 것이며, 그의 그름을 드러내지 않는 것이다.

이것이 지금 여기서 내가 오직 하고 또 해야 하는 일이며, 영생을 통해서 하고 또 해야 하는 일이다.

그런데 다른 사람의 그릇된 일, 잘못된 일을 보면 어떤 마음이 생기는가?

더구나 경쟁 관계에 있는 경우에는 어떠하던가?

감싸 안아 주는 것은 고사하고, 또는 견문한 것만 드러내는 것이 아니라, 없는 사실까지 보태어 드러내는 경우가 허다하다.

이렇게 하면 내 마음에서 나도 모르게 상대심·시기심이 자라나고, 그와는 상극의 인연이 되어 서로 앞길이 막히게 된다.

그러나 내 그름을 스스로 살피고 대조하여 고침은 물론이고, 그의 그름을 통하여 나의 그름을 고치는 계기로 삼아버리는 것은 내가 지금 여기서 대각하는 것이며 개교하는 것이다.

다른 사람의 그릇된 일(허물, 과오)을 견문하는 경계를 따라 그 그름을 드러내고픈 그름이 있어지나니, 그 일을 견문하여 나의 그름은 깨칠지언정 그 그름을 드러내지 않는 것으로써 자성의 계를 세우자.

다른 사람의 그름을 드러내지 말고, 자기의 그름을 깨치려면?

먼저 그의 입장에 서서 그의 마음이 되어 보자.

그의 그름은 '그럴 수도 있겠지'라고 이해하고 용서하며, 나의 그름은 챙기고 또 챙기고, 대조하고 또 대조하여야 한다.

왜 다른 사람의 그름은 잘 아나, 나의 그름은 잘 알지 못하는가?

사람이 남의 일을 볼 때에는 아무 거리낌이 없으므로 그 장단과 고저를 바로 비춰 볼 수 있으나, 제가 자신을 볼 때에는 항상 나라는 상(相)이 가운데 있어서 그 그림자가 지혜 광명을 덮으므로 그 시비를 제대로 알지 못하기 때문이다.

원만하지 못한 사람이 자타(自他)없이 밝히기로 하면 어찌해야 하는가?

희·로·애·락에 편착하지 아니하며, 마음 가운데에 모든 상을 끊어 없애면 자타 없이 알게 된다.

> **11. 다른 사람의 잘된 일을 견문하여 세상에다 포양[1641]하며 그 잘된 일을 잊어버리지 말 것이요,**

이번에는 다른 사람의 잘된 일을 보고 듣고 하여 세상에 널리 알릴뿐만 아니라, 그 잘된 일을 잊어버리지 말고 본받자는 것이다.
그와 경쟁 관계에 있을 때는 어떠하던가?
잘된 일은 축소하려 하고, 별것 아니라고 하고, 덮어버리려는 마음이 일어나 상대방의 앞길을 방해하게 된다.
이런 일은 해서는 안 되는 불의이므로 이런 마음 나는 것을 사자와 같이 무서워해야 한다.
다른 사람이 잘한 일을 칭찬하고 격려하고, 중이 제 머리 못 깎는다고, 대신이라도 널리 알려 도와주워야 한다. 이것이 내가 해야 할 일이다.
다른 사람의 잘된 일을 견문하여 세상에다 포양하며 그 잘된 일을 잊어버리지 않는 것은 사요의 지자 본위를 실천하는 것이며, 약자가 강자를 선도자로 삼아 강자로 진급하는 길이며, 강자가 영

1641) 칭찬하여 장려함.

원한 강자로 사는 길이다.

12. 정당한 일이거든 내 일을 생각하여 남의 세정을 알아줄 것 이요,

지나간, 지금 처해 있는, 앞으로 닥칠 내 형편과 심경을 생각해 서 남의 어려운 형편과 상태와 불안한 심경을 충분히 이해하고 도 와주자는 것이다.

여기서 잘 보아야 한다.

'정당한 일이거든'이다. 부당한 일까지 그러자는 것이 아니다. '정당한 일이거든 내 일을 생각하여'다. 그냥 남의 세정을 알아주 라는 것도 아니다.

'그가 처한 형편과 심경을 나라면 어떻게 수용하고, 대처할 것인 가?' 먼저 생각해 보라는 것이다.

'그의 세정이 곧 내 일이다' 생각하고 도와주라는 것이다.

이것이 무엇인가?

역지사지(易地思之)요, 서(恕)다.

남의 마음(처지) 헤아려 살피기를 내 마음 살피는 것처럼 하라는 것이다. 이런 심경으로 되어지는 것이 곧 사은에 대한 보은이다.

원래는 어려운 형편과 상태와 불안한 심경도 없건마는 경계를 따라(공적 영지의 공명을 따라) 있어질 뿐이다.

진리의 작용이 나 대신 남에게 나투어졌다는 것뿐이다. 돌고 도 는 것이 진리의 작용이다.

서로서로 도움이 되고 바탕이 되며, 자력은 타력의 근본이 되고 타력 또한 자력의 바탕이 된다.

이런 이치가 있음을 알고, 이런 마음으로 되어지면 정당한 일이 거든 남의 세정을 헤아리며 이해하고 도와주지 못할 이유가 없어 지게 된다.

내 마음을 챙기고 또 챙기고, 대조하고 또 대조하는 일이 이래서 더욱 중요하다.

왜 부당한 일이면 남의 세정을 알아주지 않아야 하는가?

사정이 아무리 딱하여 이해하고 싶고, 또 도와주고 싶더라도 일의 상태가 부당하면 작은 인정에 끌려 보다 큰 잘못을 저지르기 전에 남도 하지 못하도록 권고함은 물론이고 나부터 동조하는 마음을 멈추어야 한다.

부당한 일인 줄 알고서도 남의 세정을 알아주는 것은 잡초에 거름 주듯 부당한 일을 더욱 촉진하게 하여 그는 물론이고, 나 역시 악도를 걷게 하며, 사은에 대하여 배은행을 하는 동시에 결국에는 나와 내 가족은 물론이고, 우리 사회·국가에까지 누를 끼치게 되기 때문이다.

13. 정당한 일이거든 아무리 하기 싫어도 죽기로써 할 것이요,

정당한 일이란 진리에 어긋남이 없고, 양심에 부끄러움이 없으며, 남에게 손해가 없으며, 항상 공정한 자리에서 자리 이타로써 하는 일이다.

하기 싫어하는 마음은 어디에서 나오는가?

안으로는 철석같이 굳은 습관에 끌리고, 불같이 일어나는 욕심을 놓지 못하고, 나태하고, 대소 유무와 시비 이해를 전연 알지 못하고 자행 자지하는 우(愚)에서 벗어나지 못하기 때문이다.

밖으로는 다른 사람의 처한 상황, 부당한 위협이나 압력 등의 주변 여건에 따라 아무리 하고 싶어도 하기 어려운 경우도 생긴다.

여기에 굴복해 버리면 아무리 정당한 일이라도 하기 싫은 마음, 자포 자기하는 마음이 난다.

이 마음을 이기는 것이 죽는 것만큼이나 어려운 경우가 있다.

그러나 아무리 하기 싫고, 아무리 어렵다고 해도 진짜로 목숨을 끊으려고 마음먹는 것만큼 어렵지 않다는 말이다.

그러므로 타자녀 교육의 조목에서 '타자녀라도 자기가 낳은 셈 치고 교육'하라 했듯이 죽기로 작정하고 실행하면 아무리 어려운 일이라도 죽기보다는 쉽게 할 수 있다는 것이다.

이와 같이 아무리 정당한 일이라 할지라도 정당하게 실행하기는 결코 쉽지 않은 것이 세상의 일과 이치다.

따라서 정당한 일, 즉 옳은 일이면 어떠한 일이 있더라도 끝까지 하자는 것이다.

정당한 일이 좋은 줄은 알되 행하지 못하고, 부당한 일이 그른 줄은 알되 끊지 못하여 급기야는 평탄한 낙원을 버리고 험악한 고해로 들어가는 까닭은?

일(경계)에 대하여 시비를 몰라서 실행이 없거나, 설사 시비는 안다 할지라도 불같이 일어나는 욕심을 제어하지 못하거나, 철석같이 굳은 습관에 끌리거나 하여 악(부당한 일)은 버리고 선(정당한 일)은 취하는 실행이 없는 까닭이니,

우리는 정의어든 기어이 취하고 불의어든 기어이 버리는 실행 공부를 하여, 싫어하는 고해는 피하고 바라는 낙원을 맞아 오자는 것이니라(작업 취사의 목적).

14. 부당한 일이거든 아무리 하고 싶어도 죽기로써 아니할 것이요,

부당한 일, 즉 그른 일이면 아무리 하고 싶어도 아니하는 것이 죽는 것보다 더 가치 있는 일일까?

이것은 부당한 일을 하지 않는 것과 죽는 것의 경중을 비교하여 어느 한 쪽을 선택하자는 것이 아니라, 부당한 일이거든 절대로 하지 말 것을 강조하는 말씀이며, 부당한 일은 어떠한 일이 있더

라도 끝까지 하지 말라는 것이다.

왜 부당한 일이거든 죽기로써 하지 말라고 하시는가?

부당한 일을 하는 것은 진리에 어긋나고 양심에 거리끼는 바가 있으므로 이를 행하면 남을 해롭게 하는 것은 물론이고, 일시적으로 나는 이로울지 모르나 결국에는 그 이기심과 불같이 일어나는 욕심의 불에 타는 줄도 모르게 타서 자신은 물론이고 남들까지 해치게 되므로 부당한 일이거든 죽기로써 하지 말자는 것이다.

15. 다른 사람의 원 없는 데에는 무슨 일이든지 권하지 말고 자기 할 일만 할 것이요,

다른 사람의 원 없는 데란 다른 사람이 하고자 하는 마음이 없거나 원하지 않는 것을 이른다.
하고 싶은 마음이 있는 지 없는 지 어떻게 알 수 있는가?
반응이 없다 하여 원이 없다고 단정할 수는 없다. 권해 보면 상대방의 생각을 비로소 확인할 수 있다.
아무리 좋은 일이라 하여 권하기만 하면 당연히 원할 것이라고 생각할 수는 없다.
권하여도 원 없는 경우는 어떤 경우인가?
모든 신앙이나 수행이나 생활이나 생각이 상대방의 입장은 배려하지 않고 나만을 본위로 하면 강요하게 되고 강권이 되어 하고 싶은 마음이 나다가도 본의 아니게 반발심이 생기게 된다.
또한 권하는 사람이 자신은 실행하지 않거나 실행하는 정도가 적으면서 남에게만 권하면 아무리 이익 되는 일이라도 받아들이기 어렵다.
무슨 일이든지 권하는 본의와 목적은 하나이나(진공으로 체를 삼고) 권하는 방법이나 받아들이는 정도는 그 사람의 근기와 성격과 상황에 따라(묘유로 용을 삼아) 달라질 수밖에 없다.

그러므로 남에게 권할 때 오직 내가 할 일은 항상 공정한 자리에서 자리 이타하는 마음으로 천지의 응용 무념한 도를 체받아 정성으로 권할 뿐이다.

이것이 오직 내가 묵묵히, 자연스럽게 할 수 있는 일이며, 받아들이고 아니하고는 상대방의 몫임을 항상 염두에서 결코 잊어서는 안 된다.

이 15조는 동정간에 취사력을 빠르게 얻는 방법으로서 대종경 수행품 2장의 말씀이 어느덧 다가온다.

"모든 일을 작용할 때에 즉시 실행이 되지 않는다고 낙망하지 말고 정성을 계속하여 끊임없는 공을 쌓을 것이니라."

16. 어떠한 원을 발하여 그 원을 이루고자 하거든 보고 듣는 대로 원하는 데에 대조하여 연마할 것이니라.

어떠한 원(목적)을 세우는 것도 귀중한 일이나, 더욱 소중하고 어려운 일은 그 원을 이루는 일이다.

그러므로 이토록 소중한 그 원을 가장 쉽고도 빠르게 이룰 수 있는 방법이 곧 보고 듣는 대로 원하는 데에 대조하여 연마하는 일이다.

그러면 보고 듣는 대로 원하는 데에 대조하여 연마하는 것은 무슨 뜻인가?

보고 듣는 모든 것을 오직 원을 이루는 일에 대조하고 또 대조하는 것이며, 보고 듣는 모든 것을 어떻게 하면 그 원을 이루게 하는 데 써먹을 것인가 궁구하는 것이며, 어떻게 하면 보고 듣는 것 하나하나를 그 원을 이루게 하는 원동력으로 삼을까 궁구하여 모든 육근 동작 하나하나를 그 원을 이루는 데 모으는 것이다.

이것이 곧 만사를 원만 성취케 하는 첩경이다.

제13장 최초 법어(最初法語)

1. 수신(修身)의 요법

1. 시대를 따라 학업에 종사하여 모든 학문을 준비할 것이요,

왜 시대를 따라 학업에 종사하여야 하는가?

모든 사상·문화·정치·경제·산업·기술·제도·인심 등은 시시각각으로 변화하는 진리에 따라 날로 새롭게 변화되며, 인류의 역사와 생활은 이 변화 속에서 이루어진다.

그러므로 새로운 역사와 생활에 적응하기 위해서는 시대를 따라 (그 시대에 맞는) 학문을 다방면으로 준비하지 않을 수 없다.

시대의 변화를 따라 학업에 종사하는 것은 변화하는 진리에 순응하는 것이며, 변화하는 진리를 활용하는 것이다.

만약 시대에 맞는 학업을 등한히 하면 그 시대에 적응할 수 없게 되고, 생활 능력이 생기지 않으며, 그 시대를 향도할 수 없으며, 그 시대의 인류를 교화할 수 없게 된다.

시대를 따라 준비해야 할 모든 학문의 표준은 어느 정도까지 해야 하는가?

모든 학문이란 각자가 생활의 수단으로 삼거나 또는 일상생활을 영위하는 데1642) 필요로 하는 학문을 말한다.

전공 분야에서는 업무를 수행하는 데 걸림이 없어야 하며, 일반 교양과 상식면에서는 누구와도 대화가 통하는 정도이면 될 것이다.

1642) 데: 곳, 장소, 일, 것, 경우.
　　-ㄴ데: 뒤 절에서 어떤 일을 설명하거나 묻거나 시키거나 제안하기 위하여 그 대상과 상관되는 상황을 미리 말할 때

분수를 지키는 것이란?

안으로 분별성과 주착심을 없이하며, 밖으로 산란하게 하는 경
계에 끌리지 아니하는 것이 참으로 분수를 지키는 것이다.

분수를 지키는 데 안정을 얻는 것이 왜 정신을 수양하는 것인가?

분수를 지키고 안정을 얻는 것은 안으로 분별성과 주착심을 없
이하며 밖으로 산란하게 하는 경계에 끌리지 아니하는 것이므로,
이는 곧 마음이 두렷하고 고요하여 분별성과 주착심이 없는 경지
에 이르는 정신을 수양하는 것이다.

희·로·애·락의 경우를 당하여도 정의를 잃지 아니하는 것이란?

천만 경계(희·로·애·락)에 끌리지 아니하고 천지 만엽으로 벌여
가는 욕심을 제거하고 온전한 정신을 얻는 것이며,
천만 경계를 따라 있어지는 요란함·어리석음·그름을 있어진 그
대로 신앙하고(전체 신앙, 일원상의 신앙, 묘유로 용을 삼음), 요란
함·어리석음·그름이 원래 없는 마음 자리에 대조(진공으로 체를
삼음)함으로써 자성의 정·혜·계를 세우는 것(조화)이며,
경계를 대할 때마다 공부할 때가 돌아온 것을 염두에 잊지 말고
항상 끌리고 안 끌리는 대중만 잡아가는 것이다.

'일과 이치'는 무엇인가?

'사리 연구의 목적'의 '우리는 천조의 난측한 이치와 인간의 다단한 일을 미리 연구하였다가 실생활에 다달아 밝게 분석하고 빠르게 판단하여 알자는 것이니라.와 비교해 보자.

'일(事)은 인간의 시비 이해(인간의 다단한 일)를 이르며, 이(理)는 천조의 대소 유무(천조의 난측한 이치)를 이른다.

일과 이치를 연구하는 것은 삼학의 '사리 연구'이므로 일과 이치를 연구하여 얻어지는 것은 허위와 사실을 밝게 분석하고 시비와 이해를 바르게 빠르게 판단하자는 것이다.

'허위와 사실'은 무엇인가?

허위는 거짓이며, 불합리하고 비진리적이고 허망한 일이며, 요행(뜻밖의 일, 또는 그러함)스러운 일이며, 인과에 어긋나는 일이며, 대소 유무의 이치에 맞지 않는 일이다.

사실은 사실로 있었던 일 또는 있는 일이며, 실지로 있는 일이니 합리적인 일이며, 진리적인 일이며, 꾸밈이나 거짓이 없이 참된 일이며, 당연한 일이며, 인과에 맞는 일이며, 대소 유무의 이치에 맞는 일이다.

'허위와 사실'을 어떻게 분석하는가?

사리 연구 공부를 오래오래 계속하여 천만 사리를 분석하고 판단하는데 걸림 없는 공부를 하는 것이다.

즉 대소 유무의 이치에 맞는가 안 맞는가를 생각해 보고, 합리적인가 비합리적인가, 논리적으로 모순이 없는가, 경위(經緯: 일이 전개되어 온 과정)에 어긋남이 없는가, 천리(天理)와 인간의 도리에 맞는가 안 맞는가, 실지로 있었는가 거짓 꾸밈인가를 늘 대조하고 살피면 바로 분석될 것이다.

'시비와 이해'는 무엇이며, 이를 어떻게 하면 바르게 판단할 수 있는가?

시비(是非)란 객관적인 가치 판단의 기준으로서 대소 유무의 이치에 맞는 것은 시(是)요 맞지 않는 것은 비(非)며, 합리적인 것은 시(是)요 비합리적인 것은 비(非)다.

이해(利害)란 주관적인 가치 판단의 기준으로서 직접·간접으로 나에게 이득이 있는 것은 이(利)요, 손해가 있는 것은 해(害)다.

그러므로 이를 바르게 판단하는 방법은 사리 연구 공부를 오래오래 계속하여 시비 이해에 걸림 없는 공부를 하면 된다.

전체에도 부분에도 모순이 없고, 인과적으로도 어긋남과 상극이 있겠는가 없겠는가?

우리 생활에서는 무슨 일에나 이해와 시비는 상대적으로 따르게 마련이고, 모든 일에는 주종(主從)과 본말(本末)이 있으므로 어느 것을 취하고 버릴 것이며, 어느 것을 얼마나 취하고 버릴 것인가?

모든 일은 처지와 형편에 따라 선후가 있으므로 그 선후가 어떠한가 늘 대조하고 또 대조하고, 살피고 또 살피면 바르게 판단할 수 있는 지혜의 힘을 얻게 된다.

이때 유념해야 할 것은 그 일 그 일을 원만하게 분석하고 바르게 판단하는 동시에 그 일에 관여하는 모든 사람들의 마음을 어떻게 쓰게 하느냐에 따라 판단과 취사가 원만하게, 또는 편협하게, 또는 불평으로, 또는 합력으로 진행되어 선·불선의 결과가 결정된다.

그러므로 일을 바루기에 앞서 그 마음을 잘 쓰(게 하)는 것(어떤 마음으로 하는 것)이 어느 일보다 중요하다.

'일과 이치를 연구하여 허위와 사실을 분석하며 시비와 이해를 바르게 판단할 것이요'라 함은?

이는 사리 연구의 결과(사리 연구 공부를 오래오래 계속하면,

천만 사리를 분석하고 판단하는 데 걸림 없이 아는 지혜의 힘이 생겨 결국 연구력을 얻을 것이니라.)를 이른다.

4. 응용할 때에 취사하는 주의심을 놓지 아니하고 지행(知行)을 같이 할 것이니라.

'응용할 때'라 함은?

실제 일을 할 때, 경계를 대하여 육근을 작용할 때이다.

'응용할 때에 취사하는 주의심을 놓지 아니하고'라 함은?

모든 일을 당하여(경계를 대할 때마다) 하자는 조목(정의)과 말자는 조목(불의)에 취사하는 주의심을 가지고 하는 유념(有念)이며, 경계를 대할 때마다 온전한 생각으로 취사하는 것이다.

'지행(知行)'이라 함은?

육근을 작용할 때에 불편 불의(不偏不倚)하고 과불급이 없는 원만행을 하는 것이다.

지행(知行)을 같이 하는 것이란?

모든 일을 응용할 때에 정의는 용맹 있게 취하고 불의는 용맹 있게 버리는 것이 작업 취사임을 아는 것처럼, 그 실행도 아는 것과 같도록 하는 것이다.

이는 곧 신앙과 수행이 동시이며, 또한 수(修)와 행(行)이 동시이며, 불법과 생활이 '불법시 생활 생활시 불법'인 것처럼 동정 일여(動靜一如)의 이치를 나타내므로 정각 정행·지은 보은·불법 활용·무아 봉공, 즉 사대 강령을 또한 이르는 말이다.

지행(知行)이 같이 되지 않는 원인은?

일원상의 진리에 대한 신앙이 철저하지 못하기 때문이며, 철석같이 굳은 습관에 끌리기 때문이며, 욕심과 애착을 놓지 못하기 때문이며, 공부의 표준을 실행(작업 취사)보다는 아는 데(정신 수양, 사리 연구)에 치중하기 때문이다.

그러므로 공부의 표준과 비중을 실행에 더 두고, 아는 만큼 실행해 가면 실행을 통하여 아는 것이 참으로 아는 것이며, 음양 상승의 도가 이 중에 있음을 자동적으로 알게 될 것이다.

마음 닦는 공부(도학 공부)라야 수신의 진경이 다 발휘되나니

대종사 김영신에게 물으시기를

"사람이 세상에서 생활하기로 하면 어떠한 것이 제일 긴요한 것이 되겠느냐?"

영신이 사뢰기를

"의·식·주에 관한 것이 제일 긴요하다고 생각하나이다."

또 물으시기를

"네가 학교에서 배운 여러 과목 중에서는 어떠한 과목이 제일 긴요한 것이 되겠느냐?"

영신이 사뢰기를

"수신하는 과목이 제일 긴요하다고 생각되나이다."

대종사 말씀하시기를

"네 말이 옳도다. 사람이 육신 생활하는 데에는 의·식·주가 중요하고 공부를 하는 데에는 수신이 중요하나니, 이는 곧 의·식·주나 수신이 생활과 공부의 근본이 되는 까닭이니라.

그러나 지금 학교에서 가르치는 수신 과목만으로는 수신의 법이

충분하지 못할 것이요, 오직 마음 닦는 공부를 주장하는 도가가 아니면 그 진경을 다 발휘하지 못할 것이니,

그러므로 도학 공부는 모든 학술의 주인이요, 모든 공부의 근본이 되는 줄을 항상 명심하라[1643)."

2. 제가(劑家)의 요법

1. 실업과 의·식·주를 완전히 하고 매일 수입 지출을 대조하여 근검 저축하기를 주장[1644)할 것이요,

'실업과 의·식·주를 완전히 하고'라 함은?

안심하고 일할 수 있는 직업을 갖고 생활하는 것이니, 사행심·비생산성·부당성·폭리성·의타성 등이 없는 건전하고 충실한 직업으로 최소한 불편이 없는 의·식·주 생활을 누리는 것이다.

실업과 의·식·주를 완전히 하는 구체적인 방법은?

가정마다 사·농·공·상의 일정한 직업을 가짐은 물론 놀고 먹는 가족이 없도록 개성과 시대에 맞는 기술을 배워서 터득하는 것이다.

'매일 수입 지출을 대조하여 근검 저축하기를 주장할 것이요'라 함은?

'매일 수입 지출을 대조하여'라 함은 정기 일기법의 '당일의 수입·지출을 기재시키는 뜻'과 같은 의미로서,

수입이 없으면 수입의 방도를 준비하여 부지런히 수입을 장만하

1643) 대종경, 제2 교의품(教義品), 28장, p.129.
1644) 자기의 의견이나 주장을 굳게 내세움. 또는 그런 의견이나 주의.

도록 하며,

지출이 많을 때에는 될 수 있는 대로 지출을 줄여서 빈곤을 방지하고 안락을 얻게 함이며,

설사 유족한 사람이라도 놀고 먹는 폐풍을 없게 하기 위함이며,

수지(收支)를 항상 살펴서 정당한 지출은 아끼지 말고 무용한 낭비는 단단히 방지하기 위함이다.

2. 호주1645)는 견문과 학업을 잊어버리지 아니하며, 자녀의 교육을 잊어버리지 아니하며, 상봉 하솔1646)의 책임을 잊어버리지 아니할 것이요,

호주는 누구인가?

이때까지의 호주는, 가부장적인 사고에서는, 한 집안을 대표하는 가장(家長)으로서 대부분 남자를 이르는 대명사로 여겨왔다.

그러나 호주의 사전적인 의미는 '한 집안의 주장이 되는 사람. 한 집안의 주인으로서 가족을 거느리며 부양할 의무가 있는 사람'이라고 정의하고 있다.

그 집안의 사정에 따라 가족의 주장이요 가족을 주로 부양하는 사람이면 남편, 아내, 또는 노소를 가리지 않고 호주가 될 수 있음을 알 수 있다. 즉 호주에는 차별이 없다는 말이다.

호주는 견문과 학업을 잊어버리지 아니하라 하신 뜻은?

견문을 넓히고 학업을 닦지 아니하면 생각이 단촉(짧고 급함)해지고 마음이 편협(한 쪽에 치우치고 좁음)하여 생·로·병·사와 인

1645) ①한 집안의 주장이 되는 사람. ②한 집안의 주인으로서 가족을 거느리며 부양할 의무가 있는 사람.
1646) 위로는 부모님을 모시고, 아래로는 처자식을 거느림.

과 보응의 이치를 모를 것이며, 정신과 육신 생활의 향상됨이 더 딜 것이다.

더구나 호주나 윗사람은 여러 사람을 인도하는 선도자의 위치에 있으므로 지도인이 견문과 상식과 학업이 부족하면 문명의 발전이 더딜 것이고, 지도인의 자격이 없게 되기 때문이다.

그러므로 호주가 견문과 학문을 잊어버리지 아니하려면 배울 줄 모르는(또는 경계를 따라 배우고 싶지 않은) 나를 잘 배우는 나로 돌리고, 가르칠 줄 모르는(또는 경계를 따라 가르쳐 주고 싶지 않은) 나를 잘 가르치는 나로 돌리고, 솔성(率性)의 도와 인사의 덕행과 모든 정사를 하는 것과 생활에 대한 지식·학문·기술·기타 모든 상식이 자기 이상이 되고 보면 스승으로 알 것이며, 지도 받는 사람 이상의 지식을 가질 것이며, 일을 당할 때마다 지행을 대조하자는 것이다.

호주는 자녀의 교육을 잊어버리지 아니하라 하신 뜻은?

자녀는 미래 세상의 주역이니, 자녀의 교육에 정성을 들이지 아니하면 가정과 국가와 세상의 문명을 이끌어 가는 데 있어서 맡은 바 역할을 제대로 할 수 없게 될 것이며, 선진이 후진을, 상사가 부하를 가르치는 데 소홀하면 사회의 발전이 더딜 것이며, 그 사업을 효율적으로 추진할 수 없게 될 것이다.

그러므로 모든 자녀와 후진을 두루 교육하자는 뜻은 세상의 문명을 촉진시키고 일체 동포가 다 같이 낙원의 생활을 하게 하자는 것이다.

이러기 위해 호주는 항상 가정과 학교 교육에 특별한 관심을 가짐과 동시에 노력이 있어야 하고, 상사는 도의(道義) 교육과 기술 교육에 직·간접으로 노력해야 하고, 국가나 사회에서는 교육 기관을 널리 설치하여 적극적으로 교육을 실시하고,

개인은 자타의 국한을 벗어나 자녀가 있거나 없거나 타자녀라도 내 자녀와 같이 교육하기 위해 모든 교육 기관에 힘 미치는 대로

조력도 하며, 또는 사정이 허락되는 대로 몇 사람이든지 자기가 낳은 셈치고 교육하자는 것이다.

'상봉 하솔'이란?

통제에 대하여 말씀하시기를
"통제가 있어야 하나의 단체는 질서가 유지된다.
가정이나 사회나 국가나 교단에는 마땅히 해야 할 바 길을 따르는 것이 통제이다.
교단에 있어서는 통제는 법가지(法可止)[1647]하는 것으로 주법에 맥을 대는 것을 말한다.
통제에는 상봉과 하솔이 있다.
상봉이란 연령, 직책, 법이 나보다 높은 분을 따르고 받드는 것이다. 하솔이란 아랫사람을 거느리는 것을 말한다.
사람에 따라서 상봉은 잘하나 하솔은 못하고, 하솔을 잘하나 상봉은 못할 수 있다[1648]."

호주는 상봉 하솔의 책임을 잊어버리지 아니하라 하신 뜻은?

우리는 먼저 마땅히 부모가 아니어도 만사 만리의 근본 되는 이 몸을 세상에 나타내게 되었으며, 설사 나타났더라도 자력(自力) 없는 몸으로서 저절로 장양될 수 있었을 것인가?!

1647) 주법(主法)의 책임을 가진 사람이 자기보다 법력이 못하다 할지라도 스스로의 법력을 감추어 버리고 주법을 잘 받들어 모시는 것. 다시 말하면 당대의 종법사가 자기보다 법력이 모자란다 할지라도 자신의 법력을 숨기고 나타내지 않으며 종법사를 잘 받들어 모시는 것을 말한다. 대안(大安) 스님은 원효 대사에게, 보화존자(普化尊者)는 임제 선사에게 대해서 법가지를 잘했다고 전해온다. 법가지를 잘못하면 법통이 흔들리게 되고 교단의 분열을 가져오기 쉽기 때문에, 법력이 높을수록 법가지에 유의해야 한다.
1648) 대산 종사 법문집, 제3집, 제4편 훈련, 18. 통제, p.248.

이는 모든 사랑을 이에 다하사 온갖 수고를 잊으시고 자력을 얻을 때까지 양육하고 보호하여 주시고, 사람의 의무와 책임을 가르쳐 인류 사회로 지도하여 주셨기 때문이다.

이것은 무자력할 때 부모에게서 입은 은혜다. 이제 흥·망·성·쇠의 이치에 따라 내가 자력이 서고 부모가 무자력하게 되면, 이 피은된 도를 보아서 힘 미치는 대로 보호를 하며, 설령 무자력한 타인의 부모라도 내 부모 같이 보호하자는 것이다.

이처럼 하솔(下率)은 자력 없을 때 부모가 내게 하듯이 나도 자녀에게 하는 자연스런 진리의 조화며, 상봉(上奉)은 피은된 도(道)를 따라 무자력한 내 부모뿐만 아니라 타인의 부모에게도 힘 미치는 대로 보호를 주는 진리의 작용이다.

따라서 이 상봉과 하솔의 관계는 생멸 없는 도와 인과 보응되는 이치에 따라 서로서로 도움이 되고 바탕이 되어 순환 무궁하는 줄 알면 어찌 그 책임을 등한할 수 있고 잊어버릴 수 있겠는가?!

조상과 부모가 없으면 이 몸과 가업을 어찌 받을 수 있었을 것이며, 자녀와 후손이 없으면 가정과 사업이 어찌 길이 전해질 수 있을 것이며, 또한 선진과 상사가 없으면 사회와 국가의 근원이 어찌 설 수 있을 것이며, 후진과 부하가 없으면 모든 사업이 전해지지 않을 것임은 누구나 인정하지 않을 수 없을 것이다.

그러므로 가정·사회·국가는 부모와 자녀, 조상과 후손, 선진과 후진, 상사와 부하가 반드시 한데 어울려 각자가 처한 자리에서 도리와 구실을 다함으로써 순서를 유지하게 되고, 발전을 꾀할 수 있게 된다.

따라서 호주는 물론, 그 사회·국가의 책임자는 상봉 하솔의 의무와 책임을 잊어버려서는 안 된다.

3. 가권(家眷)이 서로 화목하며, 의견 교환하기를 주장할 것이요,

가권(家眷)이란 한 집안 식구로서 가족뿐만 아니라, 넓혀서 보면 단체와 사회의 구성원·국민·세계인을 아울러 말한다.

가족이라고 해도 각자의 성격이 다르고 느끼는 바가 다르기 때문에 뜻이 맞아 정다우려면(화목) 어떻게 해야 하는가?!

이는 의견 교환, 즉 어떤 일에 대한 생각을 서로 주고받아야 한다. 그것도 책임지고 맡아서 처리하는 것이다. 자기 생각을 고집하는 것은 주려고만 하고 잘 받으려고 하지 않기 때문에 생기는 어리석음과 그름이다.

그러므로 서로의 생각이 물 흐르듯이 통하려면 어떻게 해야 하는가?

나도 상대방도 다 같이 갖고 있고, 원래 하나인 일어나기 전 마음 자리(진공)에 비춰 보아야 한다. 원래 자리에서 보면, 고집하는 것도 묘하게 나타나는 진리의 모습(묘유)인 줄 알게 되고 어여삐 보게 된다.

서로의 마음을 잘 살피는 것은 자신의 말을 많이 하기보다는 상대방의 말을 잘 듣는 것이며, 이것이 곧 잘 받는 것이다(일원상의 신앙).

잘 받게 되면 주는 것은 걱정할 필요가 없어진다. 걸리고 막힘이 없기 때문에 주는 것은 자동적으로 이루어지고, 이렇게 되면 가권의 화목은 자연히 있어진다.

4. 내면으로 심리1649) 밝혀 주는 도덕의 사우(師友)1650)가 있으며, 외면으로 규칙 밝혀 주는 정치에 복종하여야 할 것이요,

'내면으로 심리 밝혀 주는 도덕의 사우(師友)가 있으며'라 함은?

우리의 정신면으로 시선을 돌렸을 때, 고요하고 뚜렷하여 분별

1649) ①마음의 움직임(心理: 의식의 상태와 그의 표출된 행동). ②자성의 원리. 마음의 원리.
1650) ①스승과 벗. ②스승으로 삼을 만한 벗. ③법동지. 법형제. 구전심수의 정법 아래 지도인과 문답하고, 지도인에게 감정을 얻고, 이를 통해 해오를 얻는 공부인.

성과 주착심이 없는 마음(정신)을 수양할 수 있도록 함에 있어, 도덕의 사우(師友)가 있어야 한다는 뜻이다.

즉 경계를 따라 있어지는 마음의 움직임(작용)이나 상태를 환하게 밝힘에 있어, 스승이나 법 동지를 곁에 모시고 있는 것이 얼마나 소중하고 반갑고 기쁜 일인지 일깨워 준다.

경계를 대할 때마다 공부할 때가 돌아온 줄도 모르고 끌려다니며 요란해지고 어리석어지고 글러지는 마음을 밝게 분석하고, 빠르게 판단할 수 있도록 지도해 주고(문답, 감정), 일어난 마음을 놓고 원래 마음을 찾을 수 있도록 해 주고(해오), 원만 구족하고 지공 무사한 마음을 알고 양성하고 사용하도록 지도해 주는 스승과 법 동지의 중요성을 다시금 깨닫게 하고 부모 은혜와 동포 은혜를 느끼게 한다.

'외면으로 규칙 밝혀 주는 정치에 복종하여야 할 것이요'라 함은?

경계를 따라 어두워지고 환해지는 마음 작용은 내면에서 일어나고, 그 마음을 사용할 때는 육근 동작이 외면으로 나타나므로 외면으로 나타나는 마음 작용을 잘 다스리려면 표준이 있어야 한다.

이 표준이 곧 규칙이며, 이 규칙은 곧 개인에 비치면 개인이 도움을 얻고, 가정에 비치면 가정이 도움을 얻고, 사회에 비치면 사회가 도움을 얻고, 국가에 비치면 국가가 도움을 얻고, 세계에 비치면 세계가 도움을 얻는 인도 정의의 공정한 법칙인 법률이다.

이러한 법칙을 제정(立法)하고 다스리는 것(治法)이 곧 정치다.

그러므로 규칙을 밝혀 주는 정치에 복종하는 것, 즉 법률에서 금지하는 조건으로 피은이 되었으면 그 도에 순응하고, 권장하는 조건으로 피은이 되었으면 그 도에 순응하는 것은 곧 법률은에 보은하는 것이다.

따라서 외면으로 규칙 밝혀 주는 정치에 복종하고 법률에 입은 은혜에 보은하면 개인에 있어서는 수신을 잘 하게 되고, 가정에 있어서는 가정을 잘 다스리게 되고, 사회에 있어서는 사회를 잘 다스리게 되고, 국가에 있어서는 국가를 잘 다스리게 되고, 세계에 있어서는 세계를 잘 다스리게 된다.

> 5. 과거와 현재의 모든 가정이 어떠한 희망과 어떠한 방법으로 안락한 가정이 되었으며, 실패한 가정이 되었는가 참조[1651] 하기를 주의할 것이니라.

어떠한 희망은 그 가정의 마음이며, 어떠한 방법은 그 가정의 마음을 사용하는 과정과 결과다.

그러므로 안락한 가정과 실패한 가정의 분기점은 그 가정이 어떠한 마음으로 어떠한 희망을 가지고 있고, 그 가진 희망의 마음을 어떠한 방법으로 사용하여 실행하느냐의 정도에 달려 있음은 너무나도 자명하다.

여기서 주목해야 할 말씀이 있다. '참조하기를 주의할 것이니라'다.

그대로 하라가 아니다. 각 가정마다 사정과 형편에 따라 차이가 있으므로 안락과 실패의 역사를 참고로 대조하여 보기(참조)를 잊어버리지 아니하고 실행(주의)하는 마음을 항상 챙기자는 것이다.

결국은 그 사람의 마음 사용하는 법에 따라 안락과 실패의 정도가 결정되는 것임을 항상 잊지 말고 실행하자는 것이다.

모범적인 가정을 이루려면?

대종사 말씀하시기를
"모범적인 가정을 이룩함에는
첫째 온 집안이 같이 신앙할 만한 종교를 가지고 늘 새로운 정신으로 새 생활을 전개해야 할 것이며,
둘째는 호주가 집안 다스릴 만한 덕위와 지혜와 실행을 갖추어야 할 것이며,

1651) 참고로 비교하고 대조하여 봄.

셋째는 호주가 무슨 방법으로든지 집안 식구들을 가르치기로 위주하되 자신이 먼저 많이 배우고 먼저 경험하여 집안의 거울이 되어야 할 것이며,

넷째는 온 식구가 놀고먹지 아니하며 나날이 수지를 맞추고 예산을 세워서 약간이라도 저축이 되게 할 것이며,

다섯째는 직업을 가지되 가림이 있어서 살생하는 직업이나 남의 정신을 마취시키는 직업을 가지지 말며, 또는 권리를 남용하여 남의 생명·재산을 위협하거나 가슴을 아프게 하는 일이 없게 할 것이며,

여섯째는 될 수 있는 대로 부부 사이에도 물질적 생활을 각자 자립적으로 하면서 서로 부유한 가정과 부유한 국가·사회를 만들기에 힘쓸 것이며,

일곱째는 국가·사회에 대한 의무와 책임을 충실히 이행하며 특히 자력 없는 사람을 보호하는 기관과 교화·교육의 기관에 힘 미치는 대로 협력할 것이며,

여덟째는 자녀에게 과학과 도학을 아울러 가르치며 교육을 받은 후에는 상당한 기간을 국가나 사회나 교단에 봉사하게 할 것이며,

아홉째는 자녀에게 재산을 전해 줄 때에는 그 생활 토대를 세워 주는 정도에 그치고 국가나 사회나 교단의 공익 기관에 희사할 것이며,

열째는 복잡한 인간 세상을 살아가는 데 몸과 마음을 수양하기 위하여 매월 몇 차례나 매년 몇 차례씩 적당한 휴양으로 새 힘을 기를 것이니라[1652)."

3. 강자 약자의 진화(進化) 상 요법

1. 강·약의 대지(大旨)[1653)를 들어 말하면 무슨 일을 물론하고

1652) 대종경, 제4 인도품(人道品), 43장, p.207.

이기는 것은 강이요, 지는 것은 약이라, 강자는 약자로 인하여 강의 목적을 달하고 약자는 강자로 인하여 강을 얻는 고로 서로 의지하고 서로 바탕하여 친·불친이 있나니라.

'강자는 약자로 인하여 강의 목적을 달하고'라 함은?

강자는 약자가 있기 때문에 있는 것이며, 약자가 없다면 강이 드러나지도 응용할 수도 없을 것이다.

강자는 이를 통하여 영원한 강을 유지할 수 있는 이치를 찾게 된다.

강자와 약자간에 이와 같은 관계가 이루어지는 것을 일러 강자가 약자로 인하여 목적을 달한다고 하신 것 같다.

'약자는 강자로 인하여 강을 얻는 고로'라 함은?

강자가 없으면 약자가 어디에서 강을 배울 것으로며, 무자력할 때 강자의 힘을 어디에서 빌어 쓸 수 있을 것이며, 강자를 선도자로 삼고 어떠한 천신 만고가 있다 하여도 약자의 자리에서 강자의 자리에 이르기까지 분발심이 나겠는가?

약자는 강자를 선도자와 표본으로 삼고 다시없는 강자가 되는 길을 직·간접으로 배우고 깨우치게 되므로 약자는 강자로 인하여 강을 얻는다 하신 것 같다.

'서로 의지하고 서로 바탕하여 친·불친이 있나니라' 함은?

서로 의지하고 서로 바탕하는 것은 강자(또는 강)와 약자(또는 약)다.

1653) 말이나 글의 대강의 내용이나 뜻. 대의(大意).

그러므로 강자와 약자는 상호 보완적인 조화(은혜)의 관계에 있는 것이지 대립적인 관계가 되어서는 안 된다.

왜냐 하면 강자는 약자로 인하여 강의 목적을 달하고, 약자는 강자로 인하여 강을 얻는 관계에 있기 때문이다.

그러면 강자와 약자간에 친·불친이 있다 함은 무엇인가?

강과 약이 서로 의지하고 서로 바탕하여 친·불친이 있다는 것은 강자와 약자간에 친·불친이 있다는 것이다.

강자와 약자간에 서로 의지하고 서로 바탕하여 친(親)이 있다는 것은 경계를 대할 때마다 서로서로 의지(도움)가 되고 바탕이 되는 상생의 관계와 서로를 진급케 하는 은혜의 관계를 이루어, 약자는 강자를 선도자로 삼고 부모와 스승같이 여기고 받들고 배우므로 서로 화목하고 친하게 되어 강자는 약자를 강자로 진화시키게 된다.

또한 강자와 약자가 서로 의지하고 서로 바탕하여 불친이 있다는 것은 서로 의지가 되고 바탕이 되기는 하되, 상극으로 의지가 되고 바탕이 되므로 경계를 대할 때마다 강자는 약자를 하찮게 여기고 사리를 취하고, 약자는 강자를 원망하고 원수같이 여기게 되어 서로서로 불친하게 된다.

'친·불친이 있다'함은 무슨 뜻인가?

"강자 약자의 진화하는 요법의 원리를 알면 강자고, 약자가 서로 친하고 이 원리를 모르면 서로 불친하다는 뜻이다[1654]."

2. 강자는 약자에게 강을 베풀 때에 자리 이타법을 써서 약자를 강자로 진화시키는 것이 영원한 강자가 되는 길이요, 약자는 강자를 선도자로 삼고 어떠한 천신 만고[1655]가 있다

1654) 한 울안 한 이치에, 제1편 법문과 일화, 제3장 일원의 진리, 53절, p.75.

하여도 약자의 자리에서 강자의 자리에 이르기까지 진보하
여 가는 것이 다시 없는 강자가 되는 길이니라.
　강자가 강자 노릇을 할 때에 어찌하면 이 강이 영원한 강이
되고 어찌하면 이 강이 변하여 약이 되는 것인지 생각 없이
다만 자리 타해에만 그치고 보면 아무리 강자라도 약자가
되고 마는 것이요,
　약자는 강자 되기 전에 어찌하면 약자가 변하여 강자가 되
고 어찌하면 강자가 변하여 약자가 되는 것인지 생각 없이
다만 강자를 대항하기로만 하고 약자가 강자로 진화하는 이
치를 찾지 못한다면 또한 영원한 약자가 되고 말 것이니라.

　강자는 힘이나 세력이 강한 사람(생물, 집단), 자력 있는 사람,
지자(智者)며, 약자에게 강을 베풀 때에 자리 이타법을 써서 약자
를 강자로 진화시키는 사람이며, 약자로 인하여 강의 목적을 달하
는 사람이며, 경계를 대할 때마다 공부할 때가 돌아온 것을 염두
에 잊지 말고 항상 끌리고 안 끌리는 대중만 잡아 요란해지고 어
리석어지고 글러지는 마음을 수용하고 원래 자리에 대조하여 자성
의 정·혜·계를 세우는 사람이다.
　자리 이타법은 자신도 이롭고 다른 사람도 이롭게 하는 방법이
며, 강자가 약자에게 강을 베풀 때에 약자를 강자로 진화시키는
것이며, 약자는 강자를 선도자로 삼고 어떠한 천신 만고가 있다
하여도 약자의 자리에서 강자의 자리에 이르기까지 진보하여 가는
것이다.
　영원한 강자는 약자에게 강을 베풀 때에 자리 이타법을 써서 약
자를 강자로 진화시키는 사람이며,
　강자가 영원한 강자가 되는 길은 약자에게 강을 베풀 때에 자리
이타법을 써서 약자를 강자로 진화시키는 것이며, 세상의 모든 이
치가 음양 상승의 도를 따라 음지가 양지가 되고 양지가 음지가

1655) 마음과 몸을 온 가지로 수고롭게 하고 애쓰는 것, 또는 그것을 겪는 것이다.

되며, 성하면 쇠하고 쇠하면 성하며, 길하면 흉하고 흉하면 길하며, 화 뒤에 복이 오고 복 뒤에 화가 오는 순환 무궁의 이치와 인과 보응되는 이치를 알아서 강자는 약자를 대할 때 반드시 자리이타법을 써서 약자를 강자로 진화시키자는 것이다.

'약자는 강자를 선도자로 삼고'라 함은?

약자는 힘이나 기능·세력 따위가 약한 사람(생물, 집단)이며, 자력 없는 어린이, 노혼한 늙은이, 어찌할 수 없는 병든 이와 같이 자력 없는 사람이며,

강자를 선도자로 삼고 어떠한 천신만고가 있다 하여도 약자의 자리에서 강자의 자리에 이르기까지 진보하여 가는 사람이며,

강자로 인하여 강을 얻는 사람이며,

경계를 대할 때마다 공부할 때가 돌아온 것을 염두에 잊어버리고 이리저리 끌려 요란해지고 어리석어지고 글러져 자성의 정·혜·계를 세우지 못하는 사람이며,

지자를 본위로 삼아 우자에서 지자로 진급하기 위해 노력하는 사람이다.

약자가 다시없는 강자가 되는 길이란?

약자는 강자를 선도자로 삼고 어떠한 천신 만고가 있다 하여도 약자의 자리에서 강자의 자리에 이르기까지 진보하여 가는 것이며, 스스로 약자임을 자각하는 동시에 약자가 된 원인을 발견하여 끝까지 구하면 얻어지고 진심으로 원하면 이루어지고 정성껏 힘쓰면 되어지는 진리가 있으며, 인과 보응으로 순환 반복되는 이치를 알아서 낙망하지 말고 강자를 선도자로 삼아 반드시 자리 이타법으로 꾸준히 노력하는 것이다.

'강이 영원한 강이 되는 것'은?

강자가 강자 노릇을 할 때에 어찌하면 이 강이 영원한 강이 되고 어찌하면 이 강이 변하여 약이 되는 것인지 그 이치를 생각하면서 자리 이타행을 하는 것이다.

'강이 변하여 약이 되는 것'은?

해생어은(害生於恩), 음양 상승의 도, 강급이 되는 것, 생·로·병·사, 성·주·괴·공의 이치를 따라 있어지는 진리의 작용이다.

아무리 강자라도 약자가 되고 마는 원인은?

강자가 강자 노릇을 할 때에 어찌하면 이 강이 영원한 강이 되고, 어찌하면 이 강이 변하여 약이 되는 것인지 생각 없이 다만 자리 타해에만 그치고 보면 그렇게 된다.
약자는 강자 되기 전에 어찌하면 약자가 변하여 강자가 되고 어찌하면 강자가 변하여 약자가 되는 것인지 생각 없이 다만 강자를 대항하기로만 하고, 약자가 강자로 진화되는 이치를 찾지 못한다면 또한 영원한 약자가 되고 말 것이다.

'약자가 변하여 강자가 되고 강자가 변하여 약자가 되는 것'이란?

은생어은(恩生於恩) 해생어은(害生於恩)되는 이치와 음양 상승(陰陽相勝)의 도(道)에 따른 진리의 작용이다.

'영원한 약자'란?

약자는 강자가 되기 전에 어찌하면 약자가 변하여 강자가 되고, 어찌하면 강자가 변하여 약자가 되는 것인지 생각 없이 다만 강자를 대항하기로만 하는 사람이나 약자가 강자로 진화되는 이치를 찾지 못하는 사람이다.

약자가 영원한 약자가 되고 마는 원인은?

약자는 강자가 되기 전에 어찌하면 약자가 변하여 강자가 되고 어찌하면 강자가 변하여 약자가 되는 것인지 생각 없이 다만 강자를 대항하기로만 하고 약자가 강자로 진화되는 이치를 찾지 못하기 때문이며, 이렇게 되면 강자의 미움과 멸시를 살뿐만 아니라 스스로 타락하여 영원히 약자가 되고 말 것이다.

4. 지도인으로서 준비할 요법

1. 지도 받는 사람 이상의 지식을 가질 것이요,

지도하는 사람이 갖추어야 할 지식의 수준은?

이는 '지자 본위의 조목'이다.
솔성(率性)의 도와 인사의 덕행이 지도 받는 사람 이상 되어야 하고, 모든 정사를 하는 것이 지도 받는 사람 이상 되어야 하고, 생활에 대한 지식이 지도 받는 사람 이상 되어야 하고, 학문과 기술이 지도 받는 사람 이상 되어야 하고, 기타 모든 상식이 지도 받는 사람 이상 되어야 할 것이다.

지도 받는 사람 이상의 지식을 가지라 하신 이유는?

이는 수신(修身)의 요법 1조 '시대를 따라 학업에 종사하여 모든 학문을 준비할 것이요'와 같은 뜻으로 지식은 인생 항로에 있어서 눈이요, 모든 일을 처리하는 힘이다.
그러므로 알아야 남을 지도할 수 있다. 이는 마치 소경이 길을 인도할 수 없는 것과 같이 그 길에 대하여 알지 못하고서는 그 길을 인도할 수 없다.

지도 받는 사람 이상 가지는 지식의 내용과 표준은?

넓게는 각 분야에 걸쳐 모든 지식을 다 말하는 것이요, 좁게는 지도하는 분야에서 걸림 없는 지식을 갖추어야 하며, 그 내용은 이론적으로나 실천적으로 걸림 없는 지식을 말한다.

교리면에서는 지도하는 사람이 갖추어야 할 지식은 현재 모든 종교의 교리를 정통하여야 할 것이며, 적어도 자기가 신앙하고 수행하는 종교의 교리에 대해서는 걸림 없는 지식(신앙과 수행에 대한 이론과 응용하여 터득한 지식과 교서의 내용에 정통)을 갖추어야 지도자의 자격이 있다 할 것이다.

시대적인 면에서는 그 시대(생활)에 맞는 학문과 지식을 준비하여야 할 것이며, 이는 변화하는 진리에 순응하는 것이며, 이 진리를 활용하는 것이다.

그리고 생활에 대한 지식면에서는 우리가 어울려 살아가는 사회 생활과 의식주 생활에서 항상 선도적 입장에 서서 인도할 수 있어야 할 것이다. 또는 직업으로 종사하는 전문 분야의 이론적·실천적 지식에서는 무엇이나 걸림이 없어야 할 것이며, 이렇게 되어야 지도 받는 사람도 걸림 없이 받아들일 수 있을 것이다.

지도 받는 사람 이상의 지식을 가지려면?

많이 배우고 견문을 넓히며, 생각하고 실천하여 깨쳐야 하고, 많이 가르치고 경험하여 두루 걸림 없는 역량이 터져야 하며, 지식을 활용하고 구사하는 데 요령이 있어야, 즉 말이나 글로 표현하는 데 걸림이 없어야 한다.

지도인이라 해도 모를 때는 어떻게 해야 하는가?

한 사람이 모든 방면에 대하여 다 잘 알기는 불가능하다.

자신이 모르면서 아는 체 하는 것은 다른 사람을 그릇된 길로 인도하게 되고 그릇된 지식을 전달하게 되므로 대단히 위험한 일이다.

이를 해결하는 방법이 지자를 본위로 삼는 것이다. 어떤 분야에 대하여 모르는 것은 나보다 잘 아는 전문가의 도움을 받거나 그 전문가에게 연결하여 바르게 알도록 도와야 한다.

이처럼 해당 분야의 전문가를 중개하는 지식 중개인 역할을 잘 하는 것도 참다운 지도인의 큰 덕목임을 잊지 말아야 한다.

왜냐 하면 지도자가 중심이 아니라 지도 받는 사람이 중심이기 때문이다. 즉 요구 분야가 너무나 다양하고 전문성을 요구하므로 지도 받는 사람의 요구가 최대한 충족되도록 노력하는 사람이 유능한 지도인이라 할 수 있다.

2. 지도 받는 사람에게 신용을 잃지 말 것이요,

신용을 잃지 않는 것이 곧 신용을 얻는 것이구나!

신용을 얻는 것은 원래부터 있는 신용을 유지하고 잃어버리지 않는 것이다.

즉 우리의 마음은 본래 원만 구족하고 지공 무사하듯이 각자의 신용은 본디부터 있는 것이므로, 그 본디부터 있는 신용을 잃지 않는 것이 곧 신용을 지키는 것이며 신용을 얻는 것이다.

지도 받는 사람에게 신용을 잃지 말라고 하신 뜻은?

지도를 받는 사람이 지도인의 말이 믿어지지 않으면 아무리 금과 옥조(절대적인 것으로 여기어 지키는 규칙이나 교훈)같은 말을 해도 받아들이지 않고, 확신이 서지 않으면 아무리 좋은 일이라도 따르지 않게 된다.

그러므로 지도인은 지도 받는 이에게 신용을 잃지 말라 하셨다.

3. 지도 받는 사람에게 사리(私利)를 취하지 말 것이요,

어떤 경우가 사리(私利)를 취하는 것인가?

강자 약자 진화상 요법과 지도인으로서 준비할 요법에서 지도 받는 사람은 약자요, 지도하는 사람은 강자라 할 수 있다.

지도 받는 사람, 즉 도움을 구하는 사람에게 도움을 주고 있다는 생각, 도움을 주었으니 내가 드러나게 될 것이라는 생각, 도움을 주었으니 언젠가는 나도 도움을 받을 수 있으리라는 생각, 도움을 주었으니 그 은혜에 배은하면 안 된다는 생각, 남을 도우는 것 같으면서도 실제로는 자신의 이익을 우선으로 하는 경우 등이 곧 사리를 취하는 것이다.

자리 이타(自利利他)와 응용 무념(應用無念)의 도를 행하는 것은 참으로 사리를 취하지 않는 것이다.

지도 받는 사람에게 사리(私利)를 취하지 말라고 하신 뜻은?

지도인의 본분은 오직 지도 받는 사람의 앞길과 이득을 위해서 정신·육신·물질로 봉사하는 것이며(자리 이타), 사회 전체의 복지와 공익을 위하여 개인과 대중을 지도하는 것인데(제생 의세), 지도인이 사사로운 이해에 눈이 가려지면 올바른 지도를 할 수 없게 되고, 남의 앞길을 그르칠 수 있으므로 개인·사회·국가의 장래를 그르치게 된다.

만약 지도 받는 사람이 물심 양면으로 손해를 입으면, 그 지도를 따르려고 하지 않을 것이다.

종교의 지도자가 사리를 취하면 사람을 속여 미혹하게 하거나 재산을 취하거나 하여 세상을 어지럽히는 사교로 타락하게 되고,

정치 지도자가 사리를 취하면 개인·사회·국가가 부정 부패·불신·혼란의 타락 정치의 폐해를 입게 되며,

교육자가 사리를 취하면 원만하고 올바른 교육이 되지 못하고 편협한 교육으로 인하여 편벽된 성격이 길러지고 인간성이 상실되고 말 것이다.

아무런 대가를 바라지 않고 도와 덕으로써 지도한 결과, 개인적으로 어떤 사례 금품이 들어오는 경우나 혹은 구하지 아니하여도 돌아오는 인심이나 명망은 사리를 취하는 것이 아닌가?

이런 경우는 사리를 취하는 것이 아니다.

추호라도 사례를 바라거나 그 사례에 대하여 계교하거나 사량하는 일이 있어서는 안 될 것이다.

4. 일을 당할 때마다 지행을 대조할 것이니라.

세상에는 아는 것이라도 바로 실행할 수 없는 일이 많다. 스스로도 실행하지 못한 일과 서로가 아직 실행할 수 없는 일을 가지고 지도하면 지도인을 믿지 않을 뿐만 아니라, 실행할 의욕을 내지도 못할 것이며, 결국에는 탁상 공론이 되고 만다.

하물며 자기도 알지 못하면서 남을 가르치는 것은 장님이 길을 안내하는 것과 같고, 스스로도 실행하지 못하면서 남에게 실행하도록 권하는 것은 앉은뱅이가 길을 인도하는 것과 같다.

따라서 원만한 지도는 원만한 인격에서 풍기는 감화라야 하고, 원만한 인격은 지행을 겸전하는 데에 있다. 이런 의미에서 일을 당할 때마다 지행을 대조하라 하신 것 같다.

최초 법어를 대소 유무로 나누어 보면?

'수신(修身)의 요법'이 주로 소(小) 자리에 바탕하여 개인을 중심으로 전체에 미쳐가도록 하여 잘 살 수 있게 하는 법이라면,

'제가(齊家)의 요법'과 '지도인으로서 준비할 요법'은 주로 대(大) 자리에 바탕하여 전체를 본위로 개인도 잘 살 수 있도록 하는 법이며,

'강자·약자 진화(進化)상 요법'은 주로 유무(有無) 자리에 바탕하여 개인과 전체가 영원히 잘 살 수 있도록 하는 법이라 하겠다.

그러나 대소 유무는 상황에 따라 주와 종이 있되, 서로서로 도움이 되고 바탕이 된다는 사실을 염두에서 잊지 말아야 한다.

새 세상 건설의 대책을 최초 법어로 발표하시니

"대종사, 다시 시국에 대한 감상과, 그에 따른 새 세상 건설의 대책을 '최초 법어'로 발표하시니, 곧 '수신의 요법', '제가의 요법', '강자 약자의 진화상 요법', '지도인으로서 준비할 요법'이다.

'수신의 요법'은, 시대를 따라 학문을 준비하고, 수양·연구·취사를 놓지 아니하여야 새 세상의 새 사람이 된다는 것이요,

'제가의 요법'은 실업과 근검 저축, 교육과 의견 교환, 도덕과 정치 복종, 희망과 방법 참조를 주의하여야 새 가정 새 국가를 이룩한다는 것이요,

'강자 약자의 진화상 요법'은, 강자는 자리 이타로 약자를 진화시키며, 약자는 강자를 선도자로 삼아, 강약이 서로 진화하는 길로 나아가야 상극 없는 새 세상을 이룩한다는 것이요,

'지도인으로서 준비할 요법'은, (지도 받는 사람) 이상의 지식을 가지고, (지도 받는 사람에게) 신용을 잃지 말며, (지도 받는 사람에게) 사리를 취하지 말고, 지행을 대조하여야 제생 의세의 경륜을 충분히 실현할 수 있다는 것이었다[1656]."

1656) 원불교 교사, 제1편 개벽(開闢)의 여명(黎明), 제3장 제생의세(濟生醫世)의 경륜(經綸), 2. 최초 법어, p.1042.

제14장 고락에 대한 법문

1. 고락(苦樂)의 설명

대범, 사람이 세상에 나면 싫어하는 것과 좋아하는 것 두 가지가 있으니, 하나는 괴로운 고요 둘은 즐거운 낙이라, 고에도 우연한 고가 있고 사람이 지어서 받는 고가 있으며, 낙에도 우연한 낙이 있고 사람이 지어서 받는 낙이 있는바, 고는 사람사람이 다 싫어하고 낙은 사람사람이 다 좋아하나니라.

그러나, 고락의 원인을 생각하여 보는 사람은 적은지라, 이 고가 영원한 고가 될는지 고가 변하여 낙이 될는지 낙이라도 영원한 낙이 될는지 낙이 변하여 고가 될는지 생각 없이 살지마는 우리는 정당한 고락과 부정당한 고락을 자상히 알아서 정당한 고락으로 무궁한 세월을 한결같이 지내며, 부정당한 고락은 영원히 오지 아니하도록 행·주·좌·와·어·묵·동·정 간에 응용하는 데 온전한 생각으로 취사하기를 주의할 것이니라.

'대범, 사람이 세상에 나면 싫어하는 것과 좋아하는 것 두 가지가 있으니'라 함은?

싫어하고 좋아하는 것은 무엇이 작용하여 그렇게 하는가?
마음이다. 내 마음이 들어서 그렇게 한다. 육신과 더불어 있어지는 마음이 그렇게 한다. 그 마음이 경계를 따라서 그렇게 한다. 살아 있는 내 마음이 그렇게 한다.
이 싫어하고 좋아하는 마음은 무엇이고, 이 일어나는 마음은 무엇인가?
공부 거리요, 그때가 공부 찬스다.

'하나는 괴로운 고요 둘은 즐거운 낙이라' 함은?

무엇이 괴롭게 하고, 무엇이 즐겁게 하는가?

분별하는 마음, 주착된 마음이 들어서 둘로 나눈다. 괴로움은 괴로움 그 자체며, 즐거움은 즐거움 그 자체다. 그 이상도, 그 이하도 아니다.

분별성과 주착심이 없는 마음은 괴로움에도, 즐거움에도 끌리지 않는다.

끌리고 안 끌리는 대중만 잡을 뿐이다. 이 마음은 괴로움도 괴로움이 아니요, 즐거움도 즐거움이 아니며, 괴로움 속에서도 즐거움을 발견하고, 즐거움 속에서도 괴로움을 대비한다.

'고에도 우연한 고가 있고 사람이 지어서 받는 고가 있으며, 낙에도 우연한 낙이 있고 사람이 지어서 받는 낙이 있는바'라 함은?

진리 불공과 실지 불공의 결과가 나타나는 모습이다.

진리 불공 떠난 실지 불공 없고, 실지 불공 없는 진리 불공 없듯이, 우연한 것 같으나 짓지 않고 나타날 수 없다.

경계를 따라 있어지는 심신 작용의 처리 결과에 따라 나타나는 진리의 모습이요 위력이다.

'고는 사람사람이 다 싫어하고 낙은 사람사람이 다 좋아하나니라' 함은?

그냥 본 대로 느낀 대로 마음이 나타나는 '싫다, 좋다'가 아니다. '싫어하고, 좋아하다'이다.

하고 싶지 않다고 해도 어쩔 수 없이 몸과 마음이 그렇게 끌려간다는 말이다.

고와 낙의 속성이 이렇다는 것이다. 이 싫어하고 좋아하는 것이 곧 경계다.

그 마음을 느낄 그때가 '앗, 경계다.' 외칠 그때다.

‘고락의 원인을 생각하여 보는 사람은 적은지라’ 함은?

뒷간에서는 구린내 나는 줄도 모르듯이, 끌려 있으면 마음이 어두워져 그 원인이 내게 있음을 발견하지 못하고 밖에서 찾으려 한다. 밖에서 핑계 거리를 찾으려 한다.

이 또한 순간순간 경계를 따라 있어지는 내 모습이다.

여기서 보면 ‘없는지라’가 아니라 ‘적은지라’다. 완전 부정이 아니라 부분 부정이다.

나타나 있는 것을 있는 그대로 인정하는 일원상의 신앙이다.

‘이 고가 영원한 고가 될는지 고가 변하여 낙이 될는지 낙이라도 영원한 낙이 될는지 낙이 변하여 고가 될는지 생각 없이 살지마는’이라 함은?

아하, 생각 있게 살기만 하면 이와는 정반대로 살 수 있다는 말이 아닌가!

마음만 깨어 있으면 고를 낙으로 변하게 할 수 있고, 그것도 영원한 낙이 되게 할 수 있다는 말이 아닌가!

‘우리는 정당한 고락과 부정당한 고락을 자상히 알아서’라 함은?

고는 오지 않게 하고, 낙은 오게 하려면 대강 알아서는 안 된다. 알아도 아주 자상히 알아야 한다.

그래야 정당한 고락은 정당한 노력으로 얻어지는 것이며, 부정당한 고락은 부정당한 심신 작용으로 인해 받게 되는 것인 줄 알게 되고 그에 대처할 수 있다.

그 과정이 곧 공부다. 공부심만 남을 뿐이다. 오직 공부심만 있을 뿐이다.

정당하다 부정당하다는 분별성과 주착심도 오직 공부 삼을 뿐이다.

'정당한 고락으로 무궁한 세월을 한결같이 지내며'라 함은?

깨어 있으면 정당한 심신 작용에 따라 있어지는 정당한 고락은 고가 변하여 낙이 되는 줄 앎으로 고도 고가 아니요, 나를 진급케 하는 공부심으로 대하게 된다.

한결같이 있어지는 것은 오직 일원상의 진리를 신앙하는 동시에 수행의 표본을 삼는 공부심이다.

이것이야말로 무궁한 세월 동안 내가 할 수 있는, 하여야 하는, 할 수밖에 없는 내 본연의 직업이다.

'부정당한 고락은 영원히 오지 아니하도록 행·주·좌·와·어·묵·동·정 간에 응용하는 데 온전한 생각으로 취사하기를 주의할 것이니라' 함은?

정당한 고락으로 무궁한 세월을 한결같이 지낼 수 있는 방법이다.

경계를 대할 때마다, 정기·상시로 심신 작용을 대중만 잡는 것이다. 취사하라는 것도 아니다. 단지 주의만 하라는 것이다.

그리고 보니 방법은 의외로 간단하다. 주의심을 놓지만 않으면 된다. 쉽지는 않다.

그러나 이것이 시작이요 끝인데, 어찌 잊어버릴 수 있으며, 어찌 놓을 수 있겠는가?

오직 하고 또 할 뿐이다. 이 중에 기쁨이 있고, 웃음이 있고, 깨침이 있고, 나를 찾고 찾는 길이 있음을 알기에 오로지 밟아 갈 뿐이다.

스승님께서 밝혀 놓으신 그 길을 오로지 밟아 갈 뿐이다.

2. 낙을 버리고 고로 들어가는 원인

불나방이 제 죽을 줄도 모르고 뛰어드는 것을 보면 마음이 어떠한가?

대종사님께서 얼마나 마음이 아프고 안타까우셨을까!!

아무리 고치려 해도 고쳐지지 않고, 아무리 발버둥을 쳐도 빠져 나올 수 없을 때 얼마나 괴로운가!?

살신성인의 마음 없이, 백척간두의 절박하고 간절한 실행 없이 어찌 그 질기고도 질긴 사슬을 끊을 수 있단 말인가!?

오로지 천만가지로 흩어지는 정신을 하나로 모을 뿐이다.

끌리고 안 끌리는 대중만 잡을 뿐이다.

버린다 들어간다는 생각도 없이 오로지 용맹 있게 취사하기를 주의할 뿐이다.

정의어든 기어이 취하고, 불의어든 기어이 버리는 실행 공부를 오래오래 계속할 뿐이다.

이것이 곧 싫어하는 고해는 피하고 바라는 낙원을 맞아 오는 길 이다.

1. 고락의 근원을 알지 못함이요,

그 근원이 어디에 있는가?

밖인가, 안인가?

내게서부터 살피는 것이 순서다. 나부터 변하는 것이 순서다.

그것이 가장 쉽고도 확실한 방법이다.

그래도 내가 가장 자신 있게 할 수 있고, 가장 쉽게 할 수 있는 방법이다.

만약 알지 못하면 어떻게 되는가?

자신은 변하지 않고 남이 변하기를 바라고 있으면 어떻게 될까?

근원적으로 해결하지 않고는 파란 고해에서 허우적거리며 누구나 싫어하는, 지어서 받고 받는 고의 세계로 들어갈 뿐이다.

고락의 원인을 알지 못함이 낙을 버리고 고로 들어가는 원인이 되는 까닭은?

"고락의 원인을 알지 못하면 설혹 부지중 낙을 취한다 할지라도 필경 낙을 잃고 고로 가게 되는 것이,

비유하면 설탕과 비상을 구분 못하는 사람이 두 가지 가운데서 부지중 설탕을 먹을 수도 있으나 여러 차례 모르고 먹는 가운데 마침내 비상을 먹게 되는 것 같나니라[1657]."

2. 가령 안다 할지라도 실행이 없는 연고요,

무엇을 안단 말이며, 어떤 실행이 없다는 말인가?

이는 선이 좋은 줄은 알되 선을 행하지 못하는 것이며, 악이 그른 줄은 알되 악을 끊지 못하는 것이며, 일에 당하여 시비를 몰라서 실행이 없거나, 설사 시비는 안다 할지라도 불같이 일어나는 욕심을 제어하지 못하거나, 철석같이 굳은 습관에 끌리거나 하여 악은 버리고 선은 취하는 실행이 없는 것이다.

또한 이렇게 하는 것은 무엇인가?

사은에 대한 배은이다. 천지·부모·동포·법률에 대한 피은·보은·배은을 알지 못하는 것과 설사 안다 할지라도 보은의 실행이 없는 것이다.

모르는 것도 큰일이지만, 알고도 실행이 없는 것이 얼마나 큰 문제인가?

참으로 알면 도저히 실행으로 옮기지 않을 수 없게 된다.

서로서로 도움이 되고 바탕이 되는 연구와 수행은 원래 둘이 아니기 때문이다.

아는 것 없는 실행이 얼마나 많은 괴로움을 낳게 하는가?

참다운 실행(취사)은 필연적으로 수양과 연구가 따를 수밖에 없다.

이들은 본래 하나의 갈래에서 나온 쓰임이기에 그 원래 자리로 합쳐지지 않을 수 없다.

1657) 정산 종사 법어, 제2부 법어(法語), 제6 경의편(經義篇), 35장.

3. 보는 대로 듣는 대로 생각나는 대로 자행 자지로 육신과 정
   신을 아무 예산 없이 양성하여 철석같이 굳은 연고요,

　육신과 정신을 잘 양성하는 것도 하나의 경제다.

　아무리 많이 벌더라도 계획 없이 쓰기만 하면 경제도 파산하듯,
육신과 정신도 파산한다.

　그것이 원래 가지고 있는 낙을 버리고 고로 들어가는 것이며,
부정당한 고락을 있게 하는 원인이 된다.

　내가 가지고 있는 고정 관념과 습관을 얼마나 깨기 힘들면 철석
같이 굳다고까지 하셨을까?

　깨고 또 깨고, 무너뜨리고 또 무너뜨릴 뿐이다.

　여기서도 참 재미있는 표현을 발견할 수 있다.

　보는 대로 듣는 대로 생각나는 대로 자행 자지로 하는 것도 육
신과 정신을 양성하는 것이지만, 이는 공부하지 않는 이에게도 삼
학은 있으나 부지중 삼학이요 주견 없는 삼학이요 임시적 삼학이
듯, 정당한 심신 작용 처리가 아니므로 아무 예산 없이 양성하는
것이라고 하셨다.

4. 육신과 정신을 법으로 질박아서[1658] 나쁜 습관을 제거하고
   정당한 법으로 단련하여 기질 변화가 분명히 되기까지 공부
   를 완전히 아니한 연고요,

　왜 육신과 정신을 아무 예산 없이 양성하게 되는가?

　진리의 표본이 없기 때문이다.

　법으로 질박는(길들이는) 것이란 육신과 정신을 진리의 표본과
같게 하는 것이다. 이것이 법으로 질박는 것이다.

　법으로 대조하고 또 대조하는 것이다.

1658) 질박다: 길들이다. 질은 길의 사투리임.

이것이 정당한 법으로 단련하는 것이며, 기질이 변화되게 하는 것이며, 나쁜 습관을 제거하는 것이다.

공부를 완전히 아니하면 어떻게 되는가?

제거된 것처럼 보이다가, 어느 순간 경계를 대하면 나타나는 줄도 모르게 솟아난다.

제거하기가 더 힘들어진다. 완전히 제거되었다는 마음에 속아버린 꼴이다.

그래서 완전히 하기가 어렵다. 자만할 수 없다. 할 수 있는 건 오로지 법으로 질박을 뿐이다. 단련할 뿐이다.

5. 응용하는 가운데 수고 없이 속히 하고자 함이니라.

응용하는 것 자체가 수고다. 단지, 수고를 수고로 느끼지 못할 뿐이다.

그런데 응용하는 데 취사하기를 주의하지 않으면 어떻게 되는가?

일을 하는 데 애를 쓰고 힘들이기를 아끼려 한다. 적당히 하려 한다.

힘껏 한다고는 해도 꼼꼼히 살피는 마음을 놓아 버리게 된다. 공부를 완전히 아니한 연고다.

진리의 그물은 성긴 것 같으나 빠져나갈 수 있는 빈틈이 없어서 언젠가는 그 정체가 드러난다.

이 뿐만이 아니다.

누구나 싫어하는 험악한 고해의 세계로 들어가게 된다. 십 분 일찍 가려다 십 년 먼저 가는 것도 이를 두고 하는 말이다.

우선 당장은 쉽고 빠르다. 그러나 실은 몇 배로 어렵고, 몇 배로 느리다.

그것도 엄청나게 값비싼 대가를 치르고서야 바루어진다.

제15장 병든 사회와 그 치료법

사회는 무엇이고 사람은 누구인가?

사람이 모여 구성된 집단이 사회며, 그를 이루는 구성원 각각이 사람이다.

인간 중심의 관점에서 보면, 사람이 없는 사회는 존재하지 않는다. 사회는 사람이 존재함에 따라 자연 발생적으로 형성된다.

이는 마치 육신(사회)에 마음(사람)이 깃들어 있는 것과 같은 이치다.

마음이 병들면 육신도 병들고 육신이 병들면 마음까지 병드는 것과 같이, 사람이 병들면 사회도 병들며, 또한 사회가 병들면 사람도 그 병의 여파를 피할 수 없다.

그러므로 사회의 병을 고치려면 그를 이루는 사람의 마음병을 치료하는 것이 근원적인 치료법이다.

이제야, 대종사님께서 펴신 이 '병든 사회와 그 치료법'을 어떻게 하면 마음 공부에 써먹을 수 있을까 하는 의문이 풀린다.

> 사람도 병이 들어 낫지 못하면 불구자[1659]가 되든지 혹은 폐인[1660]이 되든지 혹은 죽기까지도 하는 것과 같이, 한 사회도 병이 들었으나 그 지도자가 병든 줄을 알지 못한다든지 설사 안다 할지라도 치료의 성의[1661]가 없다든지 하여 그 시일[1662]이 오래되고 보면 그 사회는 불완전한 사회가 될 것이며, 혹은 부패[1663]한 사회가 될 수도 있으며, 혹은 파멸[1664]의 사회가 될 수도 있나니,

---

1659) 몸의 어느 부분이 온전하지 못한 사람. 병신. 지체 부자유자. 장애인.
1660) ①병이나 마약 등으로 몸을 망친 사람. ②쓸모없이 된 사람.
1661) 참되고 정성스러운 뜻.
1662) ①때와 날. 날짜. ②기일 또는 기한.
1663) 정신·정치·사상·의식 등이 타락함.
1664) 파괴되어 없어짐.

'사람도 병이 들어 낫지 못하면 불구자가 되든지 혹은 폐인이 되든지 혹은 죽기까지도 하는 것과 같이'라 함은?

사람이 병이 드는 것은 당연하다. 병이 드는 것도 진리의 작용이기 때문이다.

병이 드는 것은 마음이 경계를 따라 요란해지듯이 몸이 경계를 따라 그렇게 되는 것이다.

마음이 요란해지면 괴로움이 따르듯, 몸도 병이 들면 고통이 따른다.

여기서 잘 보아야 할 대목이 있다.

병이 들면 불구자가 되든지 혹은 폐인이 되든지 혹은 죽기까지도 하는 것이 아니라, 낫지 못하면 그렇게 된다.

그러니까 낫지 못하는 게 문제다.

이것은 마치 경계를 따라 요란함이 누구에게나 다 있을 수 있으나, 수용하는 정도와 원래 마음에 대조하는 정도에 따라 자성의 정이 세워지는 정도가 달라지는 이치와 같은 것이다.

경계를 따라 끌려가면 부정당한 고락을 받게 되므로 그 생활이 곧 파란 고해의 생활이며, 육신으로 치면 불구자 혹은 폐인 혹은 죽음에까지 이르게 되는 것이다.

'한 사회도 병이 들었으나 그 지도자가 병든 줄을 알지 못한다든지 설사 안다 할지라도 치료의 성의가 없다든지 하여'라 함은?

경계를 대함에 따라 있어지는 마음에는 요란해지는 일어나는 마음과 그 마음을 끝까지 놓지 않고 끌리고 안 끌리는 대중만 잡아 자성의 정을 세우는 원래 마음이 있다.

요란해지는 마음이 한 사회의 사람들이라면, 지도자는 그 요란해진 마음을 끝까지 놓지 않고 끌리고 안 끌리는 대중만 잡아 자성의 정을 세우는 원래 마음에 해당된다. 그래서 지도자가 중요하다.

대중 잡는 마음, 세우고 돌리는 마음을 잘 양성하듯이 지도자도 자신의 능력과 마음을 잘 알고 잘 기르고 잘 사용하여야 한다.

지도자의 삶은 자신의 삶 자체로 끝나는 것이 아니라, 타인의 삶(사회)까지도 좌우하기 때문에 더욱 그러하다.

그럼 지도자는 누구인가?

특정한 사람만 지도자인가?

우리는 누구나 다 자신의 주인공인 동시에 자신의 지도자다.

자신뿐인가?

가족·이웃·직장·사회의 지도자다.

지도자라고 하니까, 나와는 상관없는 대상이 아니다.

내가 바로 그 지도자다. 지도자의 근원이 되는 지도자다.

그래서 내가 중요하다.

나의 주인공인 내 마음을 사용하는 것이 그래서 더욱 중요하다.

불완전한 사회란?

정신과 물질, 도학과 과학, 정치와 종교, 현실과 이상, 전체와 개인 등은 음(陰)과 양(陽), 동(動)과 정(靜)의 관계와 같이 병진과 조화를 이루어야 하는데, 그렇지 못하고 어느 한 쪽으로 편중되거나 대립하는 사회가 되거나,

유무식·남녀·노소·선악·귀천·상하·빈부 등의 차별이 눈에 보이지 않는 사회적인 관념으로 자리잡으면 어느 한 쪽은 좋으나 다른 한 쪽은 불평, 불만, 원망하는 사회가 되고 만다.

이처럼 사상과 제도와 사회 풍토 측면에서 살펴볼 때 완전한 사회, 불완전한 사회로 생각할 수 있다[1665].

부패한 사회란?

부패한 사회는 정신·정치·사상·의식 등이 타락한 사회를 말한다.

1665) 각산 신도형, "교전 공부", 4판, 원불교출판사, p.505, 1992.

윤리와 도덕의 질서가 문란하고 정당한 사회 질서가 확립되지 못하여 양심과 의리와 법만으로는 살 수 없는 사회로서, 폭력과 금력이 난무하고 윤리와 도덕이 그 빛을 잃고 준법 정신이 희박해져서 이해(利害)와 정실(情實)[1666]만이 주장되어 본말(本末)[1667]과 선후(先後)를 알 수 없는 사회를 말한다.

이와 같이 인과 관계 측면에서 살펴본 사회상이다[1668].

파멸한 사회란?

각자의 본분(本分)과 책임을 망각하고 이기심에 가려 원망과 불평 불만이 충만하고 상충과 투쟁이 계속됨으로써 가정이 파괴되고 단체가 파괴되고 국가가 망하게 되고 세계가 전쟁의 화구에 빠지게 되는 현상도 파멸의 사회상이며,

배우지 않고, 가르치지 않고, 게으르고 깨치지 못해서 정신과 육신의 무지와 질병과 빈곤이 만연하여 미개한 사회로 낙후(落後)[1669]되는 현상도 파멸의 사회상이다[1670].

'그 시일이 오래되고 보면 그 사회는 불완전한 사회가 될 것이며, 혹은 부패한 사회가 될 수도 있으며, 혹은 파멸의 사회가 될 수도 있나니'라 함은?

누구든지 일시적으로는 모를 수도 있고 성의가 없을 수도 있다. 그러나 정작 문제가 되는 것은 그 시일이 오래되었다는 점이다. 챙기지 않고 그렇게 방치한, 방치하는 것이 문제다.

1666) 사사로운 정이나 관계에 끌리는 일.
1667) ①일의 처음과 끝. ②일의 근본과 대수롭지 않은 일. 중요한 부분과 중요하지 않은 부분.
1668) 각산 신도형, "교전 공부", 4판, 원불교출판사, p.505, 1992.
1669) 기술·문화나 생활 따위의 수준이 뒤떨어짐.
1670) 각산 신도형, "교전 공부", 4판, 원불교출판사, p.505, 1992.

그렇게 흘러간 세월의 정도가 병의 정도와 깊이를 좌우한다.

1997년 우리나라에 IMF[International Monetary Fund(국제통화기금)]가 왜 생겼는가?

우리의 마음도 챙기고 또 챙기고 대조하고 또 대조하는 정신의 세력이 약하거나 부족하면, 지극히 미묘하여 놓으면 없어지는 마음에 끌려 파란 고해의 생활을 면하지 못하게 되지 않는가?

더구나 지도자가 마음을 챙기지 못하여 그 사회가 병든 줄을 알지 못한다든지, 설사 안다 할지라도 치료의 성의가 없으면 사회가 이처럼 병들 수밖에 없고, 그를 구성하는 사람들이 받게 되는 고통을 어찌 말로 이를 수 있단 말인가?

개인의 경우도 마찬가지다.

그 결과가 무엇인가?

불완전한 사회요, 부패한 사회요, 파멸의 사회다.

사회만 이러한가?

경계를 대할 때마다 대중만 잡지 못하고 끌려가면 파란 고해의 생활을 면하지 못하며, 이것이 곧 내 마음에 존재하는 불완전한 사회요, 부패한 사회요, 파멸의 사회다.

이것은 경계를 따라 내게 있을 수 있는 마음의 상태다.

나와 무관하지 않은 경계를 따라 있어지는 마음의 상태다.

한 사회가 병들어 가는 증거를 대강 들어 말하자면 각자가 서로 자기 잘못은 알지 못하고 다른 사람의 잘못하는 것만 많이 드러내는 것이며, 또는 부정당한 의뢰 생활을 하는 것이며, 또는 지도 받을 자리에서 정당한 지도를 잘 받지 아니하는 것이며, 또는 지도할 자리에서 정당한 지도로써 교화할 줄을 모르는 것이며, 또는 착한 사람은 찬성하고 악한 사람은 불쌍히 여기며, 이로운 것은 저 사람에게 주고 해로운 것은 내가 가지며, 편안한 것은 저 사람을 주고 괴로운 것은 내가 가지는 등의 공익심이 없는 연고이니,

한 사회가 병들어 가는 증거를 대강 들어 말해보면

대종사 영산에서 선원 대중에게 말씀하시기를

"지금 세상은 전에 없던 문명한 시대가 되었다 하나 우리는 한 갓 그 밖으로 찬란하고 편리한 물질 문명에만 도취할 것이 아니라, 마땅히 그에 따르는 결함과 장래의 영향이 어떠할 것을 잘 생각해 보아야 할 것이니, 지금 세상은 밖으로 문명의 도수가 한층 나아갈수록 안으로 병맥(病脈)의 근원이 깊어져서 이것을 이대로 놓아두다가는 장차 구하지 못할 위경에 빠지게 될지라, 세도(世道)에 관심을 가진 사람들로 하여금 깊은 근심을 금하지 못하게 하는 바이니라.

그러면, 지금 세상은 어떠한 병이 들었는가?

첫째는 돈의 병이니, 인생의 온갖 향락과 욕망을 달성함에는 돈이 먼저 필요하다는 것을 알게 된 사람들은 의리나 염치보다 오직 돈이 중하게 되어 이로 인하여 모든 윤기(倫氣)가 쇠해지고 정의(情誼)가 상하는 현상이라 이것이 곧 큰 병이며,

둘째는 원망의 병이니, 개인·가정·사회·국가가 서로 자기의 잘못은 알지 못하고 저 편의 잘못만 살피며, 남에게 은혜 입은 것은 알지 못하고 나의 은혜 입힌 것만을 생각하여, 서로서로 미워하고 원망함으로써 크고 작은 싸움이 그칠 날이 없나니, 이것이 곧 큰 병이며,

셋째는 의뢰의 병이니, 이 병은 수백 년 문약(文弱)의 폐를 입어 이 나라 사람에게 더욱 심한 바로서 부유한 집안 자녀들은 하는 일 없이 놀고먹으려 하며, 자기의 친척이나 벗 가운데에라도 혹 넉넉하게 사는 사람이 있으면 거기에 의세하려 하여 한 사람이 벌면 열 사람이 먹으려 하는 현상이라 이것이 곧 큰 병이며,

넷째는 배울 줄 모르는 병이니, 사람의 인격이 그 구분(九分)은 배우는 것으로 이루어지는지라 마치 벌이 꿀을 모으는 것과 같이 어느 방면 어느 계급의 사람에게라도 나에게 필요한 지식이 있다

면 반드시 몸을 굽혀 그것을 배워야 할 것이어늘 세상 사람들 중에는 제 각기 되지 못한 아만심에 사로잡혀 그 배울 기회를 놓치고 마는 수가 허다하나니, 이것이 곧 큰 병이며,

다섯째는 가르칠 줄 모르는 병이니, 아무리 지식이 많은 사람이라도 그 지식을 사물에 활용할 줄 모르거나, 그것을 펴서 후진에게 가르칠 줄을 모른다면 그것은 알지 못함과 다름이 없는 것이어늘 세상 사람들 중에는 혹 좀 아는 것이 있으면 그것으로 자만(自慢)하고 자긍(自矜)하여 모르는 사람과는 상대도 아니 하려 하는 수가 허다하나니, 이것이 곧 큰 병이며,

여섯째는 공익심이 없는 병이니, 과거 수천 년 동안 내려온 개인주의가 은산 철벽같이 굳어져서 남을 위하여 일하려는 사람은 근본적으로 드물 뿐 아니라 일시적 어떠한 명예에 끌려서 공중사를 표방하고 무엇을 하다가도 다시 사심의 발동으로 그 일을 실패 중지하여 이로 말미암아 모든 공익 기관이 거의 피폐하는 현상이라 이것이 곧 큰 병이니라[1671]."

'한 사회가 병들어 가는 증거를 대강 들어 말하자면 각자가 서로 자기 잘못은 알지 못하고 다른 사람의 잘못하는 것만 많이 드러내는 것이며'라 함은?

사회뿐만 아니다. 누구의 문제가 아니다. 나도 마찬가지다. 직접적이든 간접적이든 차이만 있을 뿐, 그 근원은 같은 것이다.

여기서 한 사회가 병들어 가는 증거를 들어 말하는 순서를 잘 보아야 한다.

나 자신으로부터 시작되고, 그런 연후에 밖으로, 사회로 나아간다.

그러므로 병들어 가는 첫 시작인 나 자신, 즉 나의 마음에서 모든 근원이 뻗어 나간다.

그래서 이 마음 잘 사용하는 것이 너무나 중요하다.

1671) 대종경, 제2 교의품(教義品), 34장, p.133.

'또는 부정당한 의뢰 생활을 하는 것이며'라 함은?

경계를 따라 누구에게나 있을 수 있으며, 타력 없이 자력이 길러질 수 없고 자력 없이 무자력한 사람에게 타력을 줄 수 없으며, 자력 없이 타력도 자력으로 삼아 쓸 수 없는 이치와 같이 정당한 의뢰 생활은 누구나 할 수 있는 것이다.

그러나 아무리 정당한 의뢰 생활을 하는 것일지라도 이 또한 오래되고 보면 부정당한 의뢰 생활을 하게 된다.

정당한 의뢰 생활은 무엇이며, 부정당한 의뢰 생활은 무엇인가?

남녀 노소를 막론하고 자력이 없는 어린이가 성장하기까지나, 노혼(老昏)한 늙은이나 어찌할 수 없는 병든 이가 치료될 때까지 또는 열반하기까지의 의뢰 생활은 어쩔 수 없는 의뢰 생활이므로 이는 정당한 의뢰 생활이나,

부모·형제·부부·자녀·친척 중에 혹 자기 이상의 생활을 하는 사람이 있으면 그에 의지하여 놀고 사는 것, 정신·육신·물질 간에 스스로 할 수 있음에도 남에게 미루는 것, 의뢰를 구하여도 들어주지 아니하면 동거하는 것, 타인에게 빚을 쓰고 갚지 아니하여 일족(一族)이 전부 그 빚을 갚다가 서로 못 살게 되는 것 등은 부정당한 의뢰 생활이다.

'또는 지도 받을 자리에서 정당한 지도를 잘 받지 아니하는 것이며, 또는 지도할 자리에서 정당한 지도로써 교화할 줄을 모르는 것이며'라 함은?

경계를 따라 있어지는 나의 아만심·어리석음·나태함의 결과다.

'또는 착한 사람은 찬성하고 악한 사람은 불쌍히 여기며, 이로운

것은 저 사람에게 주고 해로운 것은 내가 가지며, 편안한 것은 저 사람을 주고 괴로운 것은 내가 가지는 등의 공익심이 없는 연고이니' 라 함은?

결국 공익을 위해 내 마음을 잘 사용하지 못하는 것이 병의 근원이며, 나와 사회를 병들게 하는 원인이구나!

가만 있자. 공익심이 무엇인가?

착한 사람은 찬성하고 악한 사람은 불쌍히 여기며, 이로운 것은 저 사람에게 주고 해로운 것은 내가 가지며, 편안한 것은 저 사람을 주고 괴로운 것은 내가 가지는 등의 마음이구나!

그러니 공익심이 없는 것이란 경계를 따라 나타나는 자리 주의에 끌린 내 모습이요 이기심임을 깨닫게 된다.

여기서 대종사님께서 들어 말씀하신 '한 사회가 병들어 가는 증거'는 '심지는 원래 요란함·어리석음·그름이 없건마는'인 줄 모르고, 그 경계에 끌려 요란해지고 어리석어지고 글러지는 결과임을 알 수 있다.

그러므로 이 병을 치료할 대자비심·대이타행·대공익심을 챙길 대기회다! 대적공하고 대적공할 대기회다!

이 병을 치료하기로 하면 자기의 잘못을 항상 조사할 것이며, 부정당한 의뢰 생활을 하지 말 것이며, 지도 받을 자리에서 정당한 지도를 잘 받을 것이며, 지도할 자리에서 정당한 지도로써 교화를 잘 할 것이며, 자리(自利) 주의를 버리고 이타 주의로 나아가면 그 치료가 잘 될 것이며 따라서 그 병이 완쾌되는 동시에 건전하고 평화한 사회가 될 것이니라.

'이 병'이라 함은?

각자가 서로 자기 잘못은 알지 못하고 다른 사람의 잘못하는 것

만 많이 드러내는 것이며,

또는 부정당한 의뢰 생활을 하는 것이며,

또는 지도 받을 자리에서 정당한 지도를 잘 받지 아니하는 것이며,

또는 지도할 자리에서 정당한 지도로써 교화할 줄을 모르는 것이며,

또는 착한 사람은 찬성하고 악한 사람은 불쌍히 여기며, 이로운 것은 저 사람에게 주고 해로운 것은 내가 가지며, 편안한 것은 저 사람을 주고 괴로운 것은 내가 가지는 등의 공익심이 없는 것 등이다.

'이 병을 치료하기로 하면'라 함은?

어, 그 치료법이 다 나와 있네!

병든 나의 마음의 병을 치료할 수 있는 묘방이 여기 있구나!

여기서도 병을 치료하는 순서를 잘 보아야 한다.

역시 치료는 나 자신으로부터 시작된다.

경계를 따라 일어나는 묘한 마음을 수용하고, 나의 원래 마음을 찾아 그 마음을 사용하도록 치료하는 마음 공부가 더할 나위 없이 소중하고 소중하다.

병든 사회를 치료하려면 어떻게 해야 하는가?

대종사 이어서 말씀하시기를

"그런즉 이 병들을 고치기로 할진대

무엇보다 먼저 도학을 장려하여 분수에 편안하는 도와, 근본적으로 은혜를 발견하는 도와, 자력 생활하는 도와, 배우는 도와, 가르치는 도와, 공익 생활하는 도를 가르쳐서

사람 사람으로 하여금 안으로 자기를 반성하여 각자의 병든 마음을 치료하게 하는 동시에,

선병자 의(先病者醫)라는 말과 같이 밖으로 세상을 관찰하여 병든 세상을 치료하는 데에 함께 노력하여야 할지니,

지금 세상의 이 큰 병을 치료하는 큰 방문은 곧 우리 인생의 요도인 사은 사요와 공부의 요도인 삼학 팔조라,

이 법이 널리 세상에 보급된다면 세상은 자연 결함 없는 세계가 될 것이요, 사람들은 모두 불보살이 되어 다시없는 이상의 천국에서 남녀 노소가 다 같이 낙원을 수용하게 되리라[1672]."

'자기의 잘못을 항상 조사할 것이며'라 함은?

내가 저지르는 잘못은 누가 시켜서 또는 꼬임에 빠져서 할 수도 있으나, 대부분은 나의 분별성과 주착심에서 비롯된다.

잘못을 저지르기 전(前)이라면 경계를 따라 마음이 작용되는 순간, 그 마음을 기어코 멈추고 살피고 챙겨야 한다.

그리하여 내가 하는 말과 행동이 바르고 옳고 정당한지, 또는 그르고 해서는 안 되는 부정당한 것인지 머릿속으로 살피고 챙길 것이 아니라, 정기 일기로 기재하면 시비를 감정할 수 있고 죄복이 결산되는 조사가 이루어진다.

이리하면 결국에는 해야 할 일(정의)은 기어이 하고, 하지 말아야 할 일(불의)은 기어이 하지 않는 취사의 능력을 얻게 된다.

이 병을 치료하는 치료 순서가 무엇인가?

대체로는 날로 한번씩, 세밀히는 경계를 대할 때마다 대조하는 '일상 수행의 요법'의 순서다.

그래서 '일상 수행의 요법'을 잘 수행하면 나의 병뿐만 아니라, 사회의 병도 치료할 수 있다고 하는구나!

정산 종사님께서 "우리는 평생 '일상 수행의 요법'만 읽고 실행하여도 성불에 족하리라[1673]."고 하신 말씀이 바로 이 뜻이구나!

1672) 대종경, 제2 교의품(敎義品), 34장, p.135.
1673) 정산 종사 법어, 제2부 법어(法語), 제 11 법훈편(法訓篇), 7장, p.941.

'따라서 그 병이 완쾌되는 동시에 건전하고 평화한 사회가 될 것이니라' 함은?

각자가 서로 자기 잘못은 알지 못하고 다른 사람의 잘못하는 것만 많이 드러내다가 서로 자기 잘못을 알고 다른 사람의 잘못은 드러내지 않도록 자기의 잘못을 항상 조사하고,

또는 부정당한 의뢰 생활을 하다가 부정당한 의뢰 생활을 하지 않으며,

또는 지도 받을 자리에서 정당한 지도를 잘 받지 아니하다가 지도 받을 자리에서 정당한 지도를 잘 받으며,

또는 지도할 자리에서 정당한 지도로써 교화할 줄을 모르다가 지도할 자리에서 정당한 지도로써 교화를 잘 하며,

또는 착한 사람은 찬성하고 악한 사람은 불쌍히 여기며, 이로운 것은 저 사람에게 주고 해로운 것은 내가 가지며, 편안한 것은 저 사람을 주고 괴로운 것은 내가 가지는 등의 공익심이 없는 자리(自利) 주의를 버리고 이타 주의로 나아가면 이 사회는 어떻게 되겠는가?

건전하고 평화한 사회, 상상하지 못할 이상의 세계, 다시 없는 안락세계(安樂世界)가 될 것이며,

파란 고해의 일체 생령을 광대무량한 낙원으로 인도하는 것, 즉 개교의 동기를 각자가 지금 여기서 실현하는 것이다.

제16장 영육 쌍전 법(靈肉雙全法)

영(靈)과 육(肉)의 관계는 정(靜)과 동(動)의 관계, 형상 있는 것과 형상 없는 것의 관계와 같다

영과 육은 대립의 관계, 반대되는 관계가 아니다.

없어서는 살지 못할 관계, 서로서로 도움이 되고 바탕이 되는 관계, 서로서로 근본이 되는 관계로 은혜의 관계를 이루고 있다.

또한 둘이 아닌 하나의 관계요, 동시성이 있는 동시에 양면성이 있고 양면성이 있는 동시에 동시성이 있는 관계를 이루고 있다.

이를 다음 표와 같이 정리해 보면 확연히 알 수 있다.

영(靈)	육(肉)	영(靈)	육(肉)
정(靜)	동(動)	형상 없는 것	형상 있는 것
정신	물질	진공	묘유
수도	생활	유상(有常)	무상(無常)
정할 때	동할 때	일원의 체성	일원의 위력
정기	상시	대(大)	소(小)
자력	타력	신앙	수행
육근이 무사할 때	육근이 유사할 때	일원의 체성	일원의 위력
정신 수양, 사리 연구	작업 취사	진리적 종교의 신앙	사실적 도덕의 훈련
이(理)	사(事)	진리 불공	실지 불공
혜(慧)	복(福)	이상	현실
도학	과학	종교	정치
불법	생활	일심(一心)	만법(萬法)

쌍전(雙全)이란?

건전하고 튼튼하고 조화롭고 균형 있게 발전시켜 가자는 것이다. 병진(竝進), 병행(竝行), 쌍수(雙修)도 다 같은 뜻이다.

과거에는 세간 생활을 하고 보면 수도인이 아니라 하므로 수도인 가운데 직업 없이 놀고 먹는 폐풍이 치성하여 개인·가정·사회·국가에 해독이 많이 미쳐 왔으나, 이제부터는 묵은 세상을 새 세상으로 건설하게 되므로 새 세상의 종교는 수도와 생활이 둘이 아닌 산 종교라야 할 것이니라.

그러므로, 우리는 제불 조사 정전(正傳)1674)의 심인인 법신불 일원상의 진리와 수양·연구·취사의 삼학으로써 의·식·주를 얻고 의·식·주와 삼학으로써 그 진리를 얻어서 영육을 쌍전하여 개인·가정·사회·국가에 도움이 되게 하자는 것이니라.

'과거에는 세간 생활을 하고 보면 수도인이 아니라 하므로 수도인 가운데 직업 없이 놀고 먹는 폐풍이 치성하여 개인·가정·사회·국가에 해독이 많이 미쳐 왔으나'라 함은?

교당에 열심히 다니며 신앙·수행한다고 해도 기쁨이 없고, 생활에 변화가 없고, 기질이 변화되지 않던 내 모습이다.

신비한 자취만 쫓아 헤매던 내 모습이다.

신앙과 수행이 둘이 아님을 깨치지 못하던 내 모습이다.

수도 생활은 또 다른 세간 생활이며, 세간 생활 중에 수도 생활이 이미 깃들어 있음을 알지 못하던 내 모습이다.

또한 과거만의 문제도 아니다.

경계에 끌려 요란해지면 정도의 차이는 있겠지만, 나와 주위에 해독을 미치게 마련이다.

오직, 오직 대중만 잡을 뿐이다.

'이제부터는 묵은 세상을 새 세상으로 건설하게 되므로 새 세상의 종교는 수도와 생활이 둘이 아닌 산 종교라야 할 것이니라' 함은?

1674) 스승으로부터 제자에게 대도정법이 바르게 전해가는 것.

수도=신앙, 생활=수행

묵은 세상과 새 세상은 내 마음에서 일어나는 진공 묘유의 조화다.
경계를 대할 때마다 끌려가면 묵은 세상 건설이요, 항상 끌리고
안 끌리는 대중만 잡으며 있어지는 그대로 수용하여 자성의 정·혜
·계를 세우면 새 세상 건설이다.

이것이 곧 대종사님께서 내놓으신 응병용약(應病用藥)1675)의 묘
방인 용심법(用心法)을 활용하는 정도의 차이에서 오는 결과다.

일원상의 진리를 신앙하는 동시에 수행의 표본을 삼는 일원상의
수행을 하는 것, 진리적 종교의 신앙과 사실적 도덕의 훈련으로써
정신의 세력을 확장하는 것이 곧 새 세상의 종교 생활이며 산 종
교 생활이다.

이 모든 출발 선상은 항상 '이제부터(현하)'다. 항상 처음인 '이
제부터'다. 경계를 따라, 처한 상황 따라, 만나는 인연 따라 일어나
는 마음 작용이 곧 내가 '이제부터' 항상 해결해야 할 왕초보 공부
거리요 해탈의 문(門)이다.

'제불 조사 정전(正傳)의 심인인 법신불 일원상의 진리'라 함은?

제불 조사 정전의 심인 = 법신불
                     = 일원상의 진리
                     = 일원
                     = 일체 중생의 본성
                     = 우주 만유의 본원
                     = 원만 구족하고 지공 무사한 각자의 마음
                     = 원래 분별 주착이 없는 각자의 성품

1675) 중생의 팔만사천 번뇌의 고질병을 치료하는 특효약.
    응병여약(應病與藥): 병에 따라 약을 쓰는 것. 부처가 중생의 능력이나
    소질에 따라 가르침을 설(說)하는 것을 의사가 병에 따라 약을 주는 것
    에 비유한 말.

'수양·연구·취사의 삼학으로써 의·식·주를 얻고'라 함은?

삼학은 일원상의 진리에 바탕하여 원만 구족하고 지공 무사한 각자의 마음을 알고 양성하고 사용하는 수행과 공부며, 비하건대 삼학을 수도(修道)라 하면 의·식·주를 얻는 것은 생활(生活)이다.

일원상의 진리에 근거하여 기르고 알고 사용하는 삼학은 생활 속에서 누구나 다 하는, 수도와 생활이 둘 아닌 산 종교 생활의 수행길이요 공부길이다.

'의·식·주와 삼학으로써 그 진리를 얻어서'라 함은?

의식주인 생활과 삼학인 수도를 통해 마침내 도달하는 구경(究竟)은 무엇인가?

깨침을 얻자는 것이다.

이 깨침을 생활에 부려쓰자는 것이다.

이들이 그 진리를 얻자는 목적이다.

왜 그 진리를 얻되, 의식주와 삼학으로써 얻는다고 하셨는가?

누가 얻는가?

그 얻는 주체는 나 자신이다. 만사 만리의 근본 되는 이 몸(肉)이 어찌 의식주 없이 존재할 수 있겠는가!

그러면 내가 존재하는 생활의(의식주를 얻는) 길은 무엇인가?

삼학이 아닌가!

의식주를 얻는 길, 의식주를 생산하는 길 자체가 삼학이요, 이를 더욱 더 잘하게 하는 길이 삼학이다.

또한 나[我]라는 존재를 항상 있게 하는 바탕은 의식주와 삼학이며, 내가 얻고자 하는 것은 그 진리가 아닌가!

그러니 의식주와 삼학 없이 내가 어찌 존재할 수 있으며, 의식주와 삼학 없이 그 진리를 어떻게 얻을 수 있겠는가?

그러면 그 진리는 어디에 있는가?

바로 의식주에, 삼학에 있지 아니한가!

의식주와 삼학과 그 진리는 서로서로 도움이 되고 바탕이 되며, 원래 하나가 아닌가!

'영육을 쌍전하여'라 함은?

영(靈)=마음=진공=수도=일원의 체성
육(肉)=몸=묘유=생활=일원의 위력

영육을 쌍전해야지 다짐한다고 해서 되는가?

자성의 정을 세워야겠다고 해서 자성의 정이 쉽게 세워지던가?

영육을 쌍전하는 것은 우리의 삶 속에서 이루어지는 심신 작용이요 하나하나의 과정이요 결과다.

의식주와 삼학으로써 그 진리를 얻음에 따라 당연히 나타날 수밖에 없는 인과 보응의 이치에 따른 결과다.

심지는 원래 요란함이 없건마는 경계를 따라 끌리면 요란함이 있어진다.

그 요란함도 나타난 그대로 간섭 없이, 판단 없이 그대로 수용하고 원래 요란함이 없는 심지에 대조하면, 자성의 정은 저절로 세워지는 이치와 같이 영육이 쌍전되는 이치 또한 그러하다.

'개인·가정·사회·국가에 도움이 되게 하자는 것이니라' 함은?

영육을 쌍전함에 따라 나타나는 결과며, 수도와 생활이 둘 아닌 산 종교 생활 그 자체며, 의식주와 삼학으로써 그 진리를 얻음에 따라 나타나는 결과며, 그 진리와 삼학으로써 의식주를 얻음에 따라 있어지는 삶의 당연한 나툼이다.

경계를 따라 있어지는 그 요란함을 통하여 그 요란함 공부를 하고, 그 요란함을 해탈함에 따라 마침내 자성의 정이 세워지듯이 신앙과 수행은 둘이 아니며, 동시인 줄 앎에 따라 있어지는 복락의 길이다.

영육 쌍전 법을 잘 받들면 묵은 세상을 새 세상으로 바꿀 수 있도록 해 주신 자비를 알게 될 것이요

대산 종사 말씀하시기를

"대종사의 대자대비가 교리와 제도에 두루 잘 나타나 있으나 그 가운데서도 우리는 영육 쌍전 법을 잘 받들어야 하나니,

이 법을 잘 받들면 묵은 세상을 새 세상으로 바꿀 수 있도록 해 주신 자비를 알게 될 것이요,

수도와 생활이 둘 아닌 공부로 제불 제성의 본의를 제대로 알게 해 주신 자비를 알게 될 것이요,

제불 제성의 정전 심인(正傳心印)을 정통 법맥으로 잇게 하신 자비를 알게 될 것이요,

일상생활 속에서 일원상의 진리를 신앙 수행하고 영생을 통해 몸과 마음을 잘 보호하고 쓰게 하여 온 세상에 오직 은혜만 있게 하신 자비를 알게 될 것이니라[1676]."

'영육 쌍전 법'을 '교법의 총설'과 비교해 보자

총서편·교의편의 42페이지의 표를 참고해 보자.

[1676] 대산 종사 법어, 제2 교리품, 19장, p.42.

제17장 법위 등급(法位等級)

　대종사님께서는 왜 법위 등급을 내놓으셨을까?

　공부인의 현재 수행 정도가 어느 정도인지 점검하여 스스로 알게 함과 동시에 앞으로 나아갈 공부의 방향로를 일러 주는 대종사님의 대자비 법문이다.

　만약 법위 등급이 없다면 어떨까?

　현재의 수행 정도를 정확히 알지 못할 것이며, 앞으로 나아갈 방향과 위치를 명확하게 모를 것이므로 얼마나 막연하고 갑갑할까!

　이를 해결해 주는 법의 표준이 바로 법위 등급이요 스승이다.

　문답·감정·해오를 통해 나의 수행 정도를 점검해 주고, 부족한 면을 일러 주고, 공부할 방향로를 제시해 주는 스승님과 대종사님의 이 법위 등급 법문을 통해 보통급에서 대각여래위에 이르기까지 천여래 만보살이 발아하게 될 것이다.

　공부인의 수행 정도를 따라 여섯 가지 등급의 법위가 있나니 곧 보통급·특신급·법마상전급·법강항마위(法强降魔位)·출가위(出家位)·대각여래위(大覺如來位)니라.

'공부인의 수행 정도'가 무엇인가?

　법력을 갖춘 정도다. 즉 법위다.

　법위의 기준은 다른 것이 아니라, '수행의 정도'다.

　이 수행에는 출발부터 어떤 기득권이 주어지고, 유무식·남녀·노소·선악·귀천의 정도에 따라 차별이 있는 것이 아니다.

　만약 유무식·남녀·노소·선악·귀천에 따라 수행의 정도가 정해진다면 얼마나 불평등한 세상이지 않겠는가?

　단지 차이가 생기는 것은 출발선은 누구나 다 같겠지만, 개개인의 근기, 공부 방법, 지도 받는 방식, 보은하는(베푸는) 방식, 업력

등에 따라 기질 변화에, 수행의 정도에 차이가 생기는 것 또한 당연한 일이다.

그러니 수행은 하고 볼 일이다. 그것도 법대로.

공부인의 수행의 정도는 가족이 알게 되고, 주변 사람들이 알게 되고, 진리가 인정하게 될 것이다.

1. 보통급은 유무식·남녀·노소·선악·귀천을 막론하고[1677] 처음으로 불문에 귀의하여 보통급 십계를 받은 사람의 급이요,

'보통급'이란?

원불교의 법위 6등급 중 첫째 단계다. 즉 원불교에 처음 입교하여 교도증과 함께 보통급 십계문과 사종 의무(조석 심고·법회 출석·보은 헌공·입교 연원)를 받는 사람을 말한다.

처음 입교하는 사람은 유무식·남녀·노소·선악·귀천을 막론하고 보통급에 해당된다. 누구든지 처음으로 불문에 귀의하는 순간, 지식의 정도·성별·나이·신분의 차이를 불문한다는 말이며, 입교한 순간부터 절대 평등에서 출발한다는 의미다.

보통급은 불문(佛門)에 들어가는 첫 단계이기 때문에 초심(初心)·입문(入門)·불지(佛地) 출발, 교도(敎徒)라고 한다.

보통급은 처음 입교한 교도만을 이르는가?

보통급은 처음 입교한 교도의 법위 등급을 이르기도 하지만, 경계를 따라 일어나는 요란한 마음을 공부 거리 삼아 공부하지 않고 끌려가면 보통급 수준의 마음을 사용하는 것이고, 그 요란함을 공부 찬스, 공부 거리 삼아 공부하여 온전한 마음(자성의 정이 세워진

1677) (주로 '막론하고'의 꼴로 쓰여) 의논할 것도 없다. 따져 말할 나위도 없다.

상태)으로 취사를 하면 대각 여래위 같은 마음을 사용하는 것이다.

그러므로 우리의 마음은 경계를 따라 보통급이 되기도 하고 대각 여래위가 되기도 한다.

단지 경계를 대할 때마다 보통급의 마음을 사용하는 시간이 길고 대각여래위의 마음을 사용하는 시간이 매우 짧으면 보통급이 되기도 하고 보통급 마음을 사용하는 시간이 매우 짧고 대각여래위 마음을 사용하는 시간이 길면 대각여래위가 되기도 하므로 내가 하루에 몇 번이나 이런 널뛰기를 거듭하고 있는지, 내가 어떤 마음으로 취사하는지 점검해 보면, 보통급의 마음은 차츰 멀어지고 대각여래위의 마음을 사용하는 빈도와 시간이 길어질 것이다.

다른 종교나 수련 단체에서 수년간 신앙과 수행 생활을 한 사람도 입교하면 보통급인가?

아무리 능숙한 요리사도 다른 주방으로 옮기면 어디에 무슨 양념이 있고 어디에 무슨 조리 기구가 있는지 파악하고, 필요한 기구와 재료를 갖추고 난 뒤에야 비로소 자신의 기량을 유감 없이 발휘할 수 있는 바와 같이, 종교의 교리가 서로 다르므로 신앙과 수행의 방법이 다름에서 오는 갈등과 혼돈이 정리되는 시간이 필요하다.

보통급은 원불교 가문의 가풍을 익히고 일원대도 정법에 대한 기본을 충실히 닦는 기간이므로 누구나 다 보통급을 건너뛸 수는 없다.

그러나 이웃 종교를 신앙하며 수행을 많이 한 사람이 원불교 교법을 체받기만 하면, 폭과 깊이가 더하여져 승급하는 속도는 다른 분들보다 훨씬 빨라질 것이다.

그러나 이전 종교의 틀을 벗지 못한다면 오히려 이것이 걸림돌이 되어, 진전이 더딘 경우도 있을 것이다.

'유무식·남녀·노소·선악·귀천'이란?

사람의 다양한 계층을 이르기도 하지만, 이는 또한 경계를 따라 있어지는 우리의 마음 작용을 나타낸다.

　경계를 따라 끌리면 무식한 마음도 나오고, 어린아이 같은 마음도 나오고, 그른 마음도 나오고, 천한 마음도 나온다.

　그러나 그 경계를 공부 삼으면 자성의 혜광이 발하여 지혜가 생기므로 유식한 마음, 어른다운 마음, 선한 마음, 기품 있는 마음을 사용하게 된다.

　이들은 음양 상승의 도를 따라, 또는 빛과 그림자는 언제나 동시에 존재하는 이치와 같이, 누구나 동시에 가질 수 있는 마음 작용이며, 돌고 도는 진리의 작용이다.

　순하게 발하는 마음을 끝까지 지키느냐, 거슬러 발하는 마음에 끌려가느냐에 따라 나타나는 다양한 마음 작용이 곧 '유무식·남녀·노소·선악·귀천'이다.

'처음으로 불문에 귀의'함이란?

　원불교에 입교해서 대종사님의 제자가 되고, 원불교 교법을 믿고 실천하는 것이다.

　또한 이는 경계를 대할 때마다 일어나는 마음을 수용하고 대조하여 원래 마음으로 돌아가는 것이며, 또는 옛 생활을 버리고 새 생활을 개척하는 초보를 내딛는 것이며, 또는 악도를 놓고 선도에 들어오는 초문에 들어서는 것이다.

　경계를 대할 때마다 우리가 대하는 그 경계는 항상 처음이므로 이를 공부 거리 삼으면 이 또한 항상 '처음으로 불문에 귀의'하는 것이다.

　그러므로 경계를 대할 때마다 항상 처음으로 불문에 귀의하기만 하면, 누구나 경계를 따라 있어지는 묵은 세상(경계를 따라 있어지나니,)은 없어지고(그 요란함을 없게 하는 것으로써), 새 세상을 건설하게 될 것이다(자성의 정을 세우자).

'불문(佛門)'이란?

중생 세계(비공부인)에서 불보살(공부인) 세계로 들어가는 문이
란 뜻이며, 일원의 회상에 있는 사람은 다 대종사님께서 펴신 교
법을 신앙하고 실생활에 사용하는 제자들이므로 부처가 되는 부처
의 문중(門中)에 있다는 뜻이다.

교도라 하여도 교법(용심법)을 실생활에 활용하지 않으면 불문
에 있다는 착각에 속고 있는 것이며, 불문에 있는 것을 위안으로
여기는 것에 다름 아닐 뿐 진정으로 불문에 귀의하고 있지 않는
것이다.

나는 하루에 몇 번이나 불문에 있었고, 하루에 얼마나 불문에
있었는지 점검하지 않을 수 없다.

불문에 언제 귀의하고, 몇 번이나 귀의하는가?

경계를 대할 때마다, 마음 작용이 일어날 때마다 대조하고 또
대조하여 자성의 정·혜·계를 세우는 것이 불문(佛門)에 귀의하고
또 귀의하는 것이다.

원래 분별 주착이 없는 성품인 불문에 대조하고 또 대조하는 것
이 불문(佛門)에 귀의하고 또 귀의하는 것이다.

이것이 한시도 자성을 여의지 않는 공부길이며, 원래에 분별 주
착이 없는 내 성품 자리로 돌아가는 나무아미타불이다.

보통급 십계는 누가 누구에게서 받는가?

진공과 묘유가 동시에 깃들어 있고 이를 사용하고 있는 내가 진
리에게서 스승에게서 받는다.

내가 보통급 십계를 받는 것은 법신불 사은과 최초로 신용 거래
를 트는 것이요, 이를 지키겠다는 약속을 하는 것이며, 불문에 들

어와서 불지를 향해 나아가겠다는 서원을 세우는 것이다.

진심으로 십계를 받았다면 이것보다 더 굳은 약속은 없을 것이며, 진리와 참으로 무서운 언약을 맺은 것이다.

왜냐 하면 배은과 보은이 이 십계를 받아 지키는 정도에 따라 나타나고 이로 인해 새로운 인과 보은의 진리가 작용되고 불생 불멸의 이치에 따라 변화(진공 묘유의 조화)가 일어나기 때문이다.

왜 계문을 지켜야 하는가?

경계를 따라 작용되는 마음과 몸을 실행하되, 계문을 표준으로 삼아 일일이 대조하고 또 대조하며 실행하자는 것이다.

그렇다고 하여 계문에 구속되자는 것이 아니라, 계문을 지킴으로써 그 경계로 해탈하여 더 자유로워지자는 것이다.

법위의 표준을 강령 잡아 말하자면

대산 종사 말씀하시기를
"법위의 표준을 강령 잡아 말하자면
보통급은 불문 초입(佛門初入)이요,
특신급은 심신 귀의(心身歸依)요,
법마상전급은 심신 교전(心身交戰)이요,
법강항마위는 심신 조복(心身調伏)이요,
출가위는 심신 출가(心身出家)요,
대각여래위는 심신 자유(心身自由)니라1678)."

보통급은 불지를 향해 출발하는 성불의 기점이니라

대산 종사 말씀하시기를

1678) 대산 종사 법어, 제5 법위편, 5장, p.129.

"보통급은 큰집 발견이요 새 세계 발견이니 불지를 향해 출발하는 성불의 기점으로 정법 회상에 입문하여 처음으로 4종 의무를 받아 지키는 단계요,

특신급은 법맥을 바르게 대고 바르게 믿어서 마음과 마음이 서로 연하는 단계로 심신을 귀의하고 마음공부를 시작하여 부처님의 문패를 다는 단계니라.

또 법마상전급은 지극한 서원과 지극한 정성으로 속 깊은 마음공부를 하는 급으로 정과 사, 법과 마가 서로 싸우는 단계니 이때는 특히 중근의 고비를 조심하여 마음의 등불을 안으로 비추는 데 힘써야 하느니라1679)."

> 2. 특신급은 보통급 십계를 일일이 실행하고, 예비 특신급에 승급하여 특신급 십계를 받아 지키며, 우리의 교리와 법규를 대강 이해하며, 모든 사업이나 생각이나 신앙이나 정성이 다른 세상에 흐르지 않는 사람의 급이요,

'특신급'이란?

여섯 등급의 법위 중 두 번째 단계다.

보통급 십계문을 일일이 실행하고, 특신급 십계문을 받아 지키기에 노력하며, 원불교의 교리와 각종 법규를 대강 이해하고, 모든 사업이나 신앙이나 정성이 다른 곳으로 흐르지 않으며, 원불교의 공부와 사업에 열중하고 재미를 갖기 시작하는 경지다.

이 경지를 정법(正法)·정신(正信)·발심(發心)·입지(立志)·교선(敎選)이라 하기도 하고, 큰 믿음과 큰 의심과 큰 분발심이 일어나기 시작하는 때라 얼마나 큰 불보살이 될 수 있을 것인가 하는 바탕이 이때에 형성된다.

특신급 때의 신성이 크고 투철하면, 진리계에서는 성성식(聖成

1679) 대산 종사 법어, 제5 법위편, 5장, p.129.

式)이 거행되고, 출가위의 바탕이 특신급에서 형성된다.

보통급 십계를 일일이 실행하는 것이란 무엇인가?

경계에 끌려 육신의 행동으로 짓는 업장을 끊는 것이며, 몸과 마음에 익숙하여 철석같이 굳어진 습관을 놓는 것이다.
그냥 '실행하고'가 아니라, '일일이 실행하고'다.
이렇게 하려면 경계를 따라 엎어지면 일어서고, 엎어지면 또 일어서는 갈등과 번민과 희열이 그 얼마나 반복되고 교차될까!
이 과정을 통하여 불퇴전의 심근이 길러지고, 신심이 뿌리내릴 것이다.

특신급만 보통급 십계를 일일이 실행하는가?

대각 여래위라도 항상 챙기는 출발선은 보통급 십계를 일일이 실행하는 데에서부터 시작된다.
아무리 수행의 정도가 깊어지고, 범위가 향상된다 할지라도 보통급 십계를 지키는 것은 피할 수 없다.
단지 범위가 향상되고 수행을 하면 할수록 계문을 그렇게 의식하지 않아도 자동적으로 지켜지는 정도에 차이가 있다.

'보통급에 십계를 일일이 실행하고'에서 '일일이'의 의미는?

그 뜻은 '하나씩하나씩, 낱낱이, 모조리'다. '하나씩, 낱낱이'가 모이면 '모조리, 모두, 전부'가 된다.
그러니까 '일일이' 대신 '모조리, 모두, 전부'를 써도 매양 한뜻인데, 왜 '일일이'란 단어를 쓰셨을까?
차이는 이들이 주는 느낌이다.
'일일이'는 하나씩하나씩, 또는 차근차근히 하면 할 수 있을 것 같은 긍정적인, 또는 점진적인 느낌을 주지만, '모조리, 모두, 전부'

는 '아, 어떻게 다 할 수 있어? 끝도 없고 얼마나 해야 되는 지도 모르는데'라며 한 순간이나마 기가 질리고, 체념하고 싶고, 포기하고 싶고, 부담을 느끼게 되고, 부정하고 싶어지고, 거부하고 싶어지는 마음을 갖게 된다.

우리의 공부는 체념하고 싶은 마음을 내게 하고, 포기하고 싶은 마음을 내게 하고, 부담감을 느끼게 하고, 부정적인 마음을 내게 하는 것이 아니라, 이들 마음도 공부 거리로 삼아 매사에 긍정적인 마음을 내게 하고, 하면 할수록 나도 할 수 있다는 자신감을 내게 하여 너와 나를 살리는 공부법이다.

이것이 곧 '일일이'가 주는 느낌이며, 대종사님께서 '모조리·모두·전부' 대신 굳이 '일일이'를 선택한 이유가 아닌가 싶다.

'예비 특신급에 승급하여'라 함은?

특신급은 예비 특신급에 승급한 사람의 급이다.

예비란 미완이란 의미를 갖는 동시에 미리 준비하며 이루어가는 상태를 인정해 주고, 항상 가능성을 열어 놓고, 정식 특신급에 근접해 있다는 희망을 주고, 마음을 살려서 분발심을 내게 하고, 각자의 마음을 스스로 알고 양성하고 사용하게 하여 마침내 정식 특신급에 승급하게 하는 대종사님의 대자비심이 이 '예비'란 단어에 뭉쳐져 있다.

교단에서는 어떻게 법위 사정을 하는가?

교단에서는 법위 사정을 3년마다 시행하고 있다. 각 교도의 수행 정도에 따라 법위를 사정하는데, 처음 입교하면 보통급이 주어지고 3년이 지나면 수행 정도에 따라 예비 특신급으로 진급하고, 다시 3년이 지나면 정식 특신급의 법위 사정을 한다.

또 3년마다 예비 법마상전급, 정식 법마상전급, 예비 법강항마위, 정식 법강항마위, 예비 출가위, 정식 출가위, 예비 대각여래위, 정식대각여래위 법위 사정을 한다.

즉 보통급에서 정식 대각여래위까지 승급하는데 최소한 33년의 기간이 소요된다.

그러나 대부분의 경우, 예비 특신급부터 정식 특신급, 예비 법마 상전급, 정식 법마상전급, 예비 법강항마위, 정식 법강항마위, 또는 그 이상으로 승급하는 하는 데는 각각 6년 이상 걸리므로 정식 법 강항마위까지만 해도 30년 이상 걸린다.

'특신급 십계를 받아 지키며'란?

이 또한 진리와 스승과 나와의 신용 거래요 약속이다.
특신급이라 하여 특신급 십계만 받아 지키는 것이 아니다.
보통급 십계는 당연히 기본적으로 지키는 것이다.
보통급 십계에 특신급 십계가 더해진 것이므로, 보통급 십계를 지키는 공부도 일일이 실행해야 한다.
법마 상전급 이후도 마찬가지다.

'우리의 교리와 법규를 대강 이해하며'라 함은?

우리의 교리는 일원상의 진리, 일원상의 신앙, 일원상의 수행, 일원상 서원문, 일원상법어, 게송, 삼학, 팔조, 사은, 사요, 인생의 요도와 공부의 요도, 사대 강령 등이다.

법규는 교단의 질서를 유지하기 위하여 교도들이 지켜야 할 각 종 법령이나 규율, 교헌·교규·교령 등의 헌규와, 교당 내왕시 주의 사항, 삼십 계문, 솔성 요론, 각종 예법 등이다.

왜 '철저히' 또는 '완벽하게'가 아니라, '대강'인가?

철저히 이해하고 또는 완벽하게 이해하는 것은 그 한계와 기준가 어느 정도까지인지 명확하지 않다.

현재보다 조금 나아진 정도로 볼 수 있지만, 곧 불만족스러워진다.

그러니 교리와 법규 연습하기를 어느 정도 해야 철저히 하는 것이며, 완벽하게 하는 것인가?

요원하다.

다가가고 싶은 마음을 꺾이게 한다. 여기에 붙잡히면 한 걸음도 내디딜 수 없게 된다. 실제로 어떤 기준으로 '철저'와 '완벽'을 규정지을 수 있겠는가?!

대강이란 의미는 진심으로 하지 않고 겉으로만 하는 건성 건성의 의미가 아니라, 교리와 법규의 핵심을 추어잡고 자신의 밝아진 정도껏, 또는 수행의 정도껏 하는 것이다.

자신의 밝아진 정도, 또는 수행의 정도가 그 사람의 전체요, 100 퍼센트요, 원만 구족하고 지공 무사한 상태다.

'철저히(완벽하게)'보다 '대강'이란 표현이 우리를 얼마나 여유롭게 하고, 살리고 또 살리지 않는가?!

'모든 사업이나 생각이나 신앙이나 정성'이란?

이는 우리의 삶 자체요 생활이다.

일상 생활 속에서 내가 나투는 모든 육근 동작과 작용이며, 또는 각자의 수행 정도를 따라 나투는 일원상의 진리에 바탕을 둔 신앙과 수행이며, 또는 수양·연구·취사를 바탕으로 하는 일체의 실행이다.

또한 이는 삼학으로 생활하는 자체를 말한다.

즉 삼학으로 생활은 하되, 공부심이 없거나 있더라도 공부 방법을 모르고 생활하는 경우에는 부지중 또는 주견 없는 또는 임시적 삼학으로 생활을 공부하는 것이나,

공부인은 공부적 삼학, 법도 있는 삼학, 간단 없는 삼학으로 생활을 공부 거리 삼는다.

'다른 세상에 흐르지 않는다' 함은?

노는 시간이나 생활에 여유가 있다 하여 정당하지 못한 벗을 쫓아 놀거나, 또는 잡기를 하거나, 또는 주색 낭유하는 등의 행위로 사은에 배은하지 않는 것을 이르며,

항상 경전·법규 연습하기를 주의하고, 또는 의두 연마하기를 주의하고, 또는 경계를 대할 때마다 공부할 때가 돌아온 것을 염두에 잊지 말고 항상 끌리고 안 끌리는 대중만 잡으며,

이웃 종교와 다른 법에 기웃거리지 않으며,

진리와 둘이 아닌 신심, 스승과 둘이 아닌 신심, 법과 둘이 아닌 신심, 회상과 둘이 아닌 신심의 뿌리가 굳건히 내리는 것이다.

특신급의 죽어도 이 법에서 벗어나지 않는다는 경지는?

한 제자가 여쭈었다.

"특신급의 죽어도 이 법에서 벗어나지 않는다는 경지는 법마상전급의 반수 이상 법의 승을 얻는 경지보다 위인 것 같이 느껴지는데 어떻게 이해하면 되겠습니까?"

"이 도문을 벗어나면 특신급은 아니다. 죽어도 나가지 않는 것은 뿌리요,

법마상전급은 그 위에 여러 가지 아는 것이나 분석하는 능력이 우월한 것이다[1680]."

특신급은 대각의 뿌리가 박히고 결실의 꽃이 처음 피는 시기라

대산 종사 말씀하시기를

"특신급은 대각의 뿌리가 박히고 결실의 꽃이 처음 피는 시기라, 이때에 음계에서 성성식(成聖式)이 이뤄지고 법기(法器)인지

[1680) 한 울안 한 이치에, 제1편 법문과 일화, 제3장 일원의 진리, 54절, p.75.

아닌지가 판가름 나느니라.

법마상전급은 중근을 조심해야 할 때이니, 과거 수도인들이 대부분 여기에서 더 이상 위로 오르지 못하고 밑으로 떨어졌으나 지금은 밝은 시대라 반 이상이 진급할 수 있느니라[1681]."

정식 특신급은 무엇으로도 바뀌지 않을 굳은 신심이 세워져 입지가 된 때니

대산 종사 말씀하시기를

"정식 특신급은 무엇으로도 바뀌지 않을 굳은 신심이 세워져 입지가 된 때니, 마음 가운데 천하에 더할 것 없는 재미를 느껴야 그 힘으로 일생을 살아갈 수 있느니라.

특히 정식 특신급 중에는 처음 발심한 그 마음이 문득 정각을 이루기도 하므로, 최초의 한 마음이 곧바로 여래위에 들어가는 근기도 있느니라[1682]."

내 법은 특신급이라도 이 법에 죽고 사는 사람이면 누구나 다 받아 갈 것이요

대산 종사 말씀하시기를

"대종사께서는 내 법은 특신급이라도 이 법에 죽고 사는 사람이면 누구나 다 받아 갈 것이요,

여래위에 오를 만한 사람이라도 이 법을 지키고 활용하지 않는 사람은 누구도 받아 갈 수 없다고 하셨느니라[1683]."

특신급에서 신심이 변하기도 하는 것은 어찌된 일입니까?

1681) 대산 종사 법어, 제5 법위편, 8장, p.130.
1682) 대산 종사 법어, 제5 법위편, 14장, p.134.
1683) 대산 종사 법어, 제5 법위편, 7장, p.130.

한 제자 여쭙기를

"특신급에서 신심과 서원이 철저할 때 허공 법계에서 성성식이 거행된다고 하였는데 혹 신심이 변하기도 하는 것은 어찌된 일입니까?"

"신심과 서원이 철저하여도 허공 법계는 결실을 거둘 사람과 중도에 변할 사람을 구분하여 인증하나니, 먼저 자기 마음에 바른 믿음이 철두철미하게 서고 구천에 사무치는 마음의 기초가 서야 음계에 응하여져서 성성식이 거행되느니라1684)."

3. 법마상전급은 보통급 십계와 특신급 십계를 일일이 실행하고 예비 법마상전급에 승급하여 법마상전급 십계를 받아 지키며, 법과 마를 일일이 분석하고 우리의 경전 해석에 과히 착오가 없으며, 천만 경계 중에서 사심을 제거하는 데 재미를 붙이고 무관사(無關事)에 동하지 않으며, 법마상전의 뜻을 알아 법마상전을 하되 인생의 요도와 공부의 요도에 대기사(大忌事)는 아니하고, 세밀한 일이라도 반수 이상 법의 승(勝)을 얻는 사람의 급이요,

'법'은 무엇이며, '마'는 무엇인가?

법(法)은 일원상의 진리, 우주 만유의 본원, 제불 제성의 심인, 일체 중생의 본성으로서 원래에 분별 주착이 없는 나의 성품이며, 마(魔)는 경계를 따라 몸과 마음을 산란하게 하고 분별성과 주착심에 끌리게 하는 일체의 마음 작용이요, 이렇게 하는 대상이다.

마에는 심마(心魔: 요란함, 어리석음, 그름, 시기심, 아만심), 신마[身魔: 병고와 식(食), 색(色), 재(財), 수면(睡眠), 안일(安逸)], 인연마(因緣魔: 더할 수 없이 친한 인연, 부모·형제간 등) 등이 있다.

1684) 대산 종사 법어, 제5 법위편, 15장, p.134.

'보통급 십계'와 '특신급 십계'의 차이는 무엇인가?

보통급 십계는 주로 자신의 행위와 그 마음 작용에 중점을 둔다면, 특신급 십계는 주로 자신의 언행과 그 마음 작용에 중점을 둔다.

'예비 법마상전급에 승급하여'라 함은?

우리 공부인을 한 사람이라도 더 살려서 천여래 만보살이 되게 하자는 대종사님의 대자비심이다.
특히 예비라는 말 속에 어린 뜻이 이를 더욱 강하게 한다.

'법마상전급 십계를 받아 지키며'라 함은?

법마상전급 십계를 마음에 깊이 담아 지키자는 것이다.
육신의 행위도 마음 작용에 따라 나타나므로 보다 근원이 되는 자성의 원리를 알고 사용하는 동시에, 그(법마 상전에서 오는) 경계로 공부하여 자성의 정·혜·계를 세우자는 것이다.

'법과 마를 일일이 분석하고 우리의 경전 해석에 과히 착오가 없으며'라 하였는데, 교과서 해석도 완전히 하지 못하면서 어떻게 법과 마를 완전히 분석할 수 있는가?

한 제자가 여쭈었다.
"법마상전급 조항에 '법과 마를 일일이 분석하고 우리의 경전 해석에 과히 착오가 없으며'라 하였는데,
교과서 해석도 완전히 하지 못하면서 어떻게 법과 마를 완전히 분석할 수 있겠습니까?"
"여기에 '일일이'라는 것은 대체적[1685]이란 것이다. 법마상전급은

1685) 일이나 내용의 기본인 큰 줄거리로 된 (것).

교과서 해석도 10에 7,8할 가량 맞고, 법과 마를 분석하는 데에도 완전하지 못하여 10에 7,8할 정도밖에 못한다[1686)."

'우리의 경전'이란?

공부인으로 하여금 그 공부하는 방향로를 알게 하기 위한 우리의 지정 교서와 참고 경전 등이다.

지정 교서인 8대 교서는 원불교 교전(정전, 대종경), 불조요경(금강반야바라밀경, 반야바라밀다심경, 사십이장경, 현자오복덕경, 업보차별경, 수심결, 목우십도송, 휴휴암좌선문), 예전, 정산 종사 법어(세전, 법어), 대산 종사 법어, 교사, 성가, 교헌 등이며,

우리의 참고 경전은 대종경 선외록, 한 울안 한 이치, 대산 종사 법어집, 각 선진들의 법어집 등과 여러 이웃 종교의 경전과 논어, 맹자, 도덕경 등이다.

그러면 우리 공부인들은 이들만 경전으로 삼을 것인가?

경전이란 보통 성현의 언행을 기록한 책 또는 성현이 지은 글로서 이들은 모두 문자로 기록된 것을 이르나,

성현의 언행·심법도 경전이요 인간 세상에서 일어나는 모든 일이나 역사적 사건도, 우주의 자연 현상도, 주위 인연과 만물이 나투는 모습도 경전 아닌 것이 없다.

모든 있는 그대로가 공부인에게 둘도 없는 살아있는 현실 경전이다.

그러므로 언어 문자로 된 경전이야 물론 잘 볼 줄 알아야 하지만, 현실 경전·만물 경전도 잘 볼 줄 알아야 한다.

'우리의 경전 해석에 과히 착오가 없으며'라 함은?

1686) 한 울안 한 이치에, 제1편 법문과 일화, 3. 일원의 진리, 55절, p.75.

이는 교전과 교서의 핵심이 되는 대강의 의미를 이해함은 물론 이를 용심법으로 활용하여 수행의 표준을 세워가는 것이다.

'과히 착오가 없으며'에서 '과히'가 주는 이미는?

경전 해석에 대하여, 특신급은 '우리의 교리와 법규를 대강 이해하며'이고, 법강항마위는 '우리 경전의 뜻을 일일이 해석하고'이며, 출가위는 '현재 모든 종교의 교리를 정통하며'이다.

여기서 보면, 법마상전급은 우리의 경전 해석에 착오가 없다가 아니라, 과히 착오가 없다는 말이다. 즉 착오가 있을 수 있으나 10에 7,8할 가량은 맞는다는 말이다[1687].

이것이 바로 법마상전급의 경전 해석 수준이며 정도다.

경전의 뜻이 잘 해득되지 않고 모든 사람에게 잘 맞지 않으나, 스승에게 문답·감정으로 배우면 좋은 이유는?

옛 경전은, 비유하여 말하자면, 이미 지어 놓은 옷(기성복)과 같아서 모든 사람의 몸에 고루 다 맞기가 어려우나,

직접 구전 심수(口傳心授)[1688]로 배우는 것은 그 몸에 맞추어 새 옷을 지어 입는 것(맞춤복)과 같아서 옷이 각각 그에 맞는 법으로 마음 기틀을 계발하는 공부가 어찌 저 고정한 경전만으로 하는 공부에 비할 바이리요[1689].

경전에는 어떤 경전이 있는가?

"부처님께서는 근기 따라 읽게 하는 세 가지 경전을 설하시었나니,

1687) 한 울안 한 이치에, 제1편 법문과 일화, 제3장 일원의 진리, 55절, p.75.
1688) 스승이 제자에게 말로 전해주고 마음으로 가르친다는 뜻으로 문답하고, 이를 통해 감정과 해오를 얻는 것이다.
1689) 대종경, 제2 교의품(敎義品), 24장, p.126.

첫째는 지묵으로 기록된 경전들이요,

둘째는 삼라만상으로 나열되어 있는 현실의 경전이요,

셋째는 우리 자성에 본래 구족한 무형의 경전이라,

지묵의 경전보다 현실의 경전이 더욱 큰 경전이요 현실의 경전보다 무형의 경전이 더욱 근본 되는 경전이니라."

"성인이 나시기 전에는 도가 천지에 있고 성인이 나신 후에는 도가 성인에게 있고 성인이 가신 후에는 도가 경전에 있다 하시었나니, 우연 자연한 천지의 도가 가장 큰 경전이니라[1690]."

'천만 경계 중에서 사심을 제거하는 데 재미를 붙이고'라 함은?

천만 경계 중이란 우리의 삶 자체를 이른다. 공부인은 삶 자체를 사심을 제거하는 데 재미를 붙일 경계 거리, 공부 거리로 삼아 버린다.

경계도 마음을 챙기고 또 챙기고, 살피고 또 살필 때 비로소 경계로 보이고, 모든 육근 작용이 경계임을 알게 된다.

살피고 챙기지 않으면 경계를 대하고서도 경계인 줄 모르고 끌려가 버리거나, 끌린 후에야 그때가 경계였음을 알게 된다.

따라서 우리는 경계를 대하자마자 '앗, 경계다!'라고 느끼고, 곧바로 원래 마음 자리에 대조하여 자성의 정·혜·계가 세워질 때까지 끝까지 대조하는 공부심을 놓지 않을 뿐이다.

우리는 경계가 있기에 공부할 수 있고, 그 중에서 해탈할 수 있고, 진급할 수 있는 절호의 찬스를 갖게 된다.

사은님의 가없는 은혜와 자비심에 목욕하고 보은할 뿐이다.

'천만 경계 중에서 사심을 제거'하는 것이 무엇인가?

즐거운 일을 당할 때, 괴로운 일을 당할 때, 결정하기 어려운 일

1690) 정산 종사 법어, 제2부 법어(法語), 제9 무본편(務本篇), 52장, p.925.

을 당할 때, 난경을 당할 때, 순경을 당할 때, 마음속에서 요란함과 어리석음과 그름이 일어날 때 등의 천만 경계 중에서 원래 마음에 대조하여 그 마음을 없게 하는 것으로써 자성의 정·혜·계를 세우는 것이 참으로 사심을 제거하는 것이다.

사심을 제거하는 것이 왜 재미있는가?

경계를 대할 때마다 있어지는 마음 작용을 관찰하여 수용하고 원래 마음에 대조하면, 진리의 작용에 의해 일어나는 내 마음이 어찌 그럴 수 있는지 묘하고, 나도 그럴 수 있듯 상대방도 그럴 수 있음이 묘하고도 묘~함을 알 수 있다.

이처럼 묘하게 일어나는 내 마음을 수용하여 그 마음을 없게 하는 것으로써 자성의 정·혜·계가 세워짐을 알게 되는 재미야말로 그 무엇과도 비교할 수 없으며, 이 재미 보려고 공부함을 절로 알게 된다.

힘들고 괴롭더라도 그 경계를 통하여 그 경계로 공부할 수 있게 된 진리의 작용과 조화에 감사하게 되고, 대조해 보니 나도 부처 같은 원래 마음으로 돌려져 원래 마음을 쓸 수 있음이 참으로 대단하게 느끼게 된다.

이 모든 공부 거리와 공부 찬스를 천만 경계를 통하지 않고서 어찌 발견할 수 있고, 어찌 만날 수 있을 것이며, 어찌 이처럼 진리적 종교의 신앙을 할 수 있을 것이며, 어찌 이처럼 사실적 도덕의 훈련을 할 수 있을 것인가!

'무관사(無關事)에 동하지 않으며'라 함은?

무관사란 '자기 책임 이외의 일이나 본원(本願: 일체 중생을 구하려고 세운 서원)에 어긋나는 일이나 본원에는 없을지라도 자기 능력으로 할 수 없는 일'이다.

무관사에 동하지 아니하려면 경계를 따라 일어나는 내 마음이 곧 경계임을 알고 동하는 마음을 살피다('앗, 경계다!' 라고 외치며) 동하는 마음을 관찰하는 멈춤 공부(수용, 인정)를 염두에서 잊지 말고, 항상 끌리고 안 끌리는 대중만 잡는 것이다.

'법마상전의 뜻을 알아 법마상전을 하되'라 함은?

법과 마를 일일이 분석하여 피할 것은 피하고 싸울 것은 싸우며 법을 기르고 마를 조복(몸과 마음을 고르게 하여 온갖 악행을 제어함.) 받는 것과 그 목적을 분명하게 아는 것이다.

'인생의 요도와 공부의 요도에 대기사(大忌事)'란?

우리가 생활하면서 항상 피해야 하고, 반드시 피해야 할 일(大忌事)이란 무엇인가?

어떤 일을 피해야 하는가?

그것은 인생의 요도인 사은·사요에 대한 일이며, 공부의 요도인 삼학·팔조에 대한 일이다.

사은에 대하여 항상 또는 반드시 피해야 할 일이란 천지·부모·동포·법률에 대한 피은·보은·배은을 알지 못하는 것과 설사 안다 할지라도 보은의 실행이 없는 배은(원망 생활)이며,

사요에 대하여 항상 또는 반드시 피해야 할 일은 자력 양성하기를 등한히 하거나 타력 생활을 하는 것이며, 지자를 본위로 하지 않는 것이며, 타자녀 교육에 실행이 없는 것이며, 공도자를 숭배하지 않는 것이다.

삼학에 대하여 항상 또는 반드시 피해야 할 일이란 정신 수양·사리 연구·작업 취사하기에 힘쓰지 않거나 게을리 하는 것이며,

팔조에 대하여 항상 또는 반드시 피해야 할 일이란 신과 분과 의와 성에 대한 마음을 진행하지 않거나 기르지 않거나 게을리 하

는 것이며, 불신과 탐욕과 나와 우를 버리지 못하는 마음과 이들에 끌리는 마음을 과감히 놓지 못하는 것이다.

'인생의 요도와 공부의 요도에 대기사(大忌事)'는 아니하려면 어떻게 해야 하는가?

'일원상의 진리'와 '인생의 요도(사은·사요)'와 '나'와의 관계, '일원상의 진리'와 '공부의 요도(삼학·팔조)'와 '나'와의 관계, '인생의 요도'와 '공부의 요도'와의 관계를 알아야 대기사는 하지 않게 된다.

대기사를 저지르는 까닭은 이들 간의 관계를 알지 못하거나 설사 알고 있다 하더라도 깊은 깨침이 없기 때문이다.

또는 경계를 대할 때 일어나는 마음 작용(묘유)을 수용하지 못하거나 원래 마음(진공)에 대조하여 깨끗이 빨래하듯 해결하지 못하기 때문이다.

인생의 요도와 공부의 요도의 실행은 마음 작용으로부터 비롯되므로 이 마음 작용을 챙기고 또 챙기고, 살피고 또 살피지 않으면 대기사는 아니하기를 면할 수 없을 것이다.

그러므로 경계를 따라 있어지는 요란함과 어리석음과 그름을 그대로 수용하고, 이를 원래 마음에 대조하여 자성의 정·혜·계를 세우는 것이 곧 인생의 요도와 공부의 요도에 대기사는 아니하는 초보인 동시에 전부인 것이다.

'세밀한 일이라도 반수 이상 법의 승(勝)을 얻는'다 함은?

세밀한 일이란 우리 삶 속에서 천만 경계를 따라 있어지는 일체의 마음 작용이다.

법의 승을 얻는다 함은 경계를 따라 있어지는 요란함·어리석음·그름에 끌려가지 아니하고, 이를 수용하여 그 요란함과 그 어리석음과 그 그름을 없게 하는 것으로써 자성의 정·혜·계를 세우는 것이다.

이렇게 하기가 반수 이상이라는 말이다.

모든 경계를 공부 거리 삼는 마음 없이는 어려운 일이다.

한시인들 자신의 마음을 거울에 비쳐 보듯이, 보고 있지 않고는 어려운 일이다.

법마상전급은 이 정도는 되어야 한다는 의미며, 또 이 정도는 된다는 의미다.

법의 승을 완전히 얻는다가 아니라 반 수 이상이라니, 부담감이 한결 덜어진다.

한번 부딪쳐 볼만하지 아니한가?

4. 법강항마위는 법마상전급 승급 조항을 일일이 실행하고 예비 법강항마위에 승급하여, 육근을 응용하여 법마상전을 하되 법이 백전 백승하며, 우리 경전의 뜻을 일일이 해석하고 대소 유무의 이치에 걸림이 없으며, 생·로·병·사에 해탈을 얻은 사람의 위요,

법강항마위는 어떤 위입니까?

대산 종사 말씀하시기를
"대종사께 '법강항마위는 어떤 위입니까?'
하고 여쭈니
"자기를 이기면 항마니라[1691]."

법강항마위부터는 계문이 없사오니 취사 공부는 다 된 것이오니까?

김대거(金大擧) 여쭙기를

1691) 대산 종사 법어, 제5 법위편, 13장, p.133.

"법강항마위부터는 계문이 없사오니 취사 공부는 다 된 것이오니까?"

대종사 말씀하시기를

"법강항마위부터는 첫 성위(聖位)에 오르는지라, 법에 얽매이고 계문에 붙잡히는 공부는 아니 하나, 안으로는 또한 심계(心戒)가 있나니,

그 하나는 자신의 수도와 안일만 취하여 소승에 흐를까 조심함이요, 둘은 부귀 향락에 빠져서 본원이 매각될까 조심함이요, 셋은 혹 신통이 나타나 함부로 중생의 눈에 띄어 정법에 방해될까 조심함이라,

이 밖에도 수양·연구·취사의 삼학을 공부하여, 위로 불지를 더 갖추고 아래로 자비를 더 길러서 중생을 제도하는 것으로 공을 쌓아야 하나니라1692)."

대산 종사 말씀하시기를

"법강항마위는 심계를 가져야 하는바,

첫째 자기를 철저하게 절제하다 보면 다른 사람까지 힘으로 누르려 하여 소리가 나기 쉽나니 이를 크게 조심할 것이요,

둘째 소승에 떨어져서 진리가 다 알아서 하겠지 하는 무관심한 태도를 갖기가 쉽나니 이 또한 크게 경계할 바이니라1693)."

대산 종사 말씀하시기를

"법강항마위는 대종사께서 밝혀 주신 영생의 심계를 표준 삼아 완전하게 공부줄을 잡아야 하나니, 큰 법줄을 가진 스승을 만나야 법강항마위에 오래 머무르지 않고 쉽게 넘어설 수 있느니라.

그러나 법강항마위는 결정보(決定報)1694)가 되는 자리이므로 서

1692) 대종경, 제3 수행품(修行品), 63장, p.182.
1693) 대산 종사 법어, 제5 법위편, 26장, p.138.
1694) 과보를 받는 것과 과보를 받는 과정이 결정되고, 그 시기까지도 완전히 결정된 행업(行業). 과거에 지은 업은 무겁고 먼저 지은 것부터 차례로 받게 된다. 가벼운 업은 먼저 지었다 할지라도 뒤에 지은 중한 업에 밀려나서 훨씬 뒤에 받는 경우도 있다.
　　　결정보에는 두 가지 방향이 있다. 하나는 전생에 지은 것을 그대로 받게

원을 세우면 이루어질 수는 있으나 거기에 안주하면 영겁 대사에 큰 지장을 받게 되므로 결정보를 자유자재할 만한 원대한 계획을 세워야 하느니라1695)."

견성을 못한 사람도 정식 법강항마위에 승급할 수 있나이까?

김기천이 여쭙기를
"견성을 못한 사람도 정식 법강항마위에 승급할 수 있나이까?"
대종사 말씀하시기를
"승급할 수 없나니라1696)."
대산 종사 말씀하시기를
"법강항마위는 견성을 해야 오르는 자리니, 그러기로 하면 성리를 보고 말하고 은혜를 보고 말하는 공부를 해야 하느니라.
하지만 법강항마위가 조심해야 할 점은 복주머니를 가지면 놓을 줄 모르거나 부유한 데 처하면 수도할 줄 모르는 것이니 크게 경계해야 할 바니라1697)."

'육근을 응용'함이란?

경계를 따라 육근이 작용 되는 것은 지극히 당연한 진리의 작용으로서 그 차이는 순하게 발하기도 하고 거슬려 발하기도 한다.
내가 육근을 응용하는 것은 무엇인가?
경계를 대할 때마다 공부심을 놓지 않고 일어나는 마음을 원래 마음에 대조하여 자성의 정·혜·계를 세우는 것, 또는 끌려다니며 파란 고해의 생활을 하는 것이 다 육근을 응용하는 것이다.

되는 것으로 누구나 피하지 못하고 그대로 받아야 한다. 이를 정업난면 (定業難免)이라 한다. 다른 하나는 스스로의 선택에 의하여 다음 생의 업을 받게 되는 인과자유(因果自由)다.
1695) 대산 종사 법어, 제5 법위편, 20장, p.136.
1696) 대종경, 제6 변의품(辨疑品), 34장, p.255.
1697) 대산 종사 법어, 제5 법위편, 9장, p.131.

또한 끌려가려는 마음을 챙기지 못하거나 끌려가려는 마음이 일어나면 대조하여 원래 마음을 챙기는 것 또한 육근을 응용하는 것이다.

육근을 응용하면 왜 법과 마가 상전하는가?

마음이 살아 있기 때문이다.

그러므로 경계를 따라 어떤 형태로든 마음 작용이 있을 수밖에 없고, 시비 이해에 따라 정도의 차이는 있을지언정 요란함·어리석음·그름이 나타날 수 있다.

이 일어나는 마음 작용에 끌려가면 마가 되고, 항상 끌리고 안 끌리는 대중만 잡으면(일어나는 마음을 대조하여 없게 하면) 자성의 정·혜·계는 자동적으로 세워져 법이 되는데, 이 끌려가려는 마음 작용과 끌려가지 않으려는 마음 작용에 따라 법과 마가 상전한다.

이처럼 육근 작용에 따라 법과 마의 상전은, 정도의 차이가 있을 뿐, 누구에게나 다 있게 마련이다.

공부인은 그 마음을 공부 거리로, 그 순간을 공부 찬스로 삼을 줄 알며, 성공과 실패의 차이는 공부심을 놓아 버리느냐 끝까지 놓지 않느냐에 달려 있고, 그것도 마음이 일어날 때마다 챙기고 또 챙기느냐 그렇게 하지 않느냐에 달려 있다.

법마상전을 함에 있어, 법마상전급과 법강항마위의 차이는?

법마상전급은 법마상전을 하되 인생의 요도와 공부의 요도에 대기사(大忌事)는 아니하고 세밀한 일이라도 반수 이상 법의 승(勝)을 얻으나,

법강항마위는 법이 백전 백승한다.

'육근을 응용하여 법마상전을 하되 법이 백전 백승'한다 함은?

이는 "재색 명리가 내 손안에 들어 있다는 것이니, 부당한 재색 명리는 죽기로써 취하지 않고 설혹 정당한 재색 명리라도 넘치지 않게 하며, 살·도·음의 중계를 결코 범하지 않고 편벽된 신앙과 수행을 하지 않는다는 뜻이요, 법과 스승의 말씀에 어긋나는 일을 하지 않고 스스로 심계를 두어 적공한다는 뜻이니라1698)."

또한 심지는 원래 요란함·어리석음·그름이 없건마는 경계를 따라 요란해지고 어리석어지고 글러지는 줄 알고, 즉 '내가 이렇구나! 경계구나!' 하고 수용하고, 마음이 일어나기 전 원래 마음에 대조하고 또 대조하여 결국에는 대조하지 아니하여도 저절로 대조가 되어져 자성의 정·혜·계가 세워지는 것을 말한다.

비록 대조하여도 그 경계가 쉽사리 해결되지 않아 자성의 정·혜·계가 세워지는 데 시간이 다소 걸릴지언정 그 경계를 공부 거리로, 그 순간을 공부 찬스로 삼기를 끝까지 놓지 않는 것이다.

이렇게 하면 자성의 혜광이 그 일어난 마음을 비추어 자동적으로 해결되어진다.

그러므로 우리 공부인은 이 공부심을 끝까지 놓지 않고, 심지어는 넘어지더라도 법으로 넘어지면 드디어 마를 조복1699) 받아 법이 백전 백승하게 된다.

'육근을 응용하여 법마상전을 하되 법이 백전 백승'한다 하였는데 왜 마가 자꾸 생기는가?

한 제자가 여쭈었다.

"법강항마위 조항에 '육근을 응용하여 법마상전을 하되 법이 백전 백승한다.' 하였는데1700), 마가 자꾸 생깁니까?"

"여래위라도 아주 없을 수 없다. 그러나, 마음만 챙기면 없어진

1698) 대산 종사 법어, 제5 법위편, 22장, p.137.
1699) 마음속에서 일어나는 탐·진·치, 번뇌 망상 등을 항복받는 것.
1700) 원문에는 '하였으니'로 되어 있으나, 의미로 보아 '하였는데'로 수정함.

다. 도둑인지 제 자식인지 모를 때 도둑이 들어 있지, 벌써 도둑인 줄 알고 있으면 도둑이 머무를 수 없는 것이다[1701]."

대산 종사 말씀하시기를

"비옥한 땅일수록 풀이 무성하나 주인의 손길이 미치면 곡식이 더 잘 자라듯이, 법강항마위도 번뇌가 없는 것이 아니나 번뇌가 생기면 바로 거두어들여 허공같이 흔적이 없게 해야 하느니라[1702]."

우리 경전의 뜻을 일일이 해석하는 데 걸림이 없다 함은?

우리 경전이라 함은 교단에서 정하고 있는 지정 교서와 참고 경전을 말하는데, 이들에 담겨져 있는 뜻을 정확하게 알고 성리에 걸림이 없음을 말한다.

우리의 경전을 해석함에 있어, 법마 상전급과 법강 항마위 차이는?

법마상전급은 우리의 경전 해석에 과히 착오가 없으나, 법강항마위는 우리 경전의 뜻을 일일이 해석함에 걸림이 없다.

'(우리 경전의 뜻을 일일이 해석하고) 대소 유무의 이치에 걸림이 없다' 함은?

이는 "성리에 토가 떨어지고 대체를 알며 진리의 본원 자리를 터득했다는 뜻이다[1703]."

또한 우주에 있어서 대소 유무[우주 만유의 본체(大)와, 만상이 형형색색으로 구별되어 있는 모습(小)과, 천지의 춘·하·추·동 사시 순환과 풍·운·우·로·상·설(風雲雨露霜雪)과 만물의 생·로·병·사와 흥·망·성·쇠의 변태(有無)]와 마음에 있어서 대소 유무[심지

1701) 한 울안 한 이치에, 제1편 법문과 일화, 제3장 일원의 진리, 56절, p.76.
1702) 대산 종사 법어, 제5 법위편, 24장, p.138.
1703) 대산 종사 법어, 제5 법위편, 22장, p.137.

는 원래 요란함·어리석음·그름이 없건마는(大), 경계를 따라서 있어지나니(小), 그 요란함·어리석음·그름을 없게 하는 것으로써 자성의 정·혜·계를 세우자(有無).]를 아는 것을 말하며, 대 중에 소와 유무가 있고, 소 중에도 대와 유무가 있고, 유무 중에도 대와 소가 있음을 확실히 아는 것이다.

대를 나누어 소를 만들기도 하고, 소를 합쳐서 대를 만들 줄도 알고, 유를 무로 무를 유로 만들 줄도 알며, 변하여도 변하지 않는 이치가 있고 변하지 않는 가운데에도 변하는 이치가 있음을 아는 것이다.

또한 생멸 없는 도와 인과 보응되는 이치가 서로 바탕하여 한 두렷한 기틀을 짓고 있는 줄 아는 것이다.

생·로·병·사에 해탈을 얻었다 함은?

이는 "뜻은 가면 오는 것이요 주면 받는 것인 줄을 알아 생사 거래에 걸리고 막힘이 없다는 뜻이니라[1704]."

과거 고승들과 같이 좌탈 입망(坐脫立亡)의 경지를 두고 이르는 것이 아니라, 불생 불멸의 진리를 요달하여 나고 죽는 데에 끌리지 않는다는 말이며[1705], 생·로·병·사의 번뇌와 속박을 벗어나 편안한 경지에 이르는 것으로서 본래 난 바도 없고 멸한 바도 없는 우리의 자성이 원래 원만 구족하고 지공 무사한 자리임과 본래 요란하지 아니하고 번뇌가 공한 자리임을 깨쳐서 자성의 원래를 회복하는 것이다.

또한 생·로·병·사의 경계를 당하여 이 경계에 끌리지 않는 것을 이름이며, 혹은 불생 불멸의 도와 인과 보응의 진리가 순환 무궁하는 것을 깊이 느끼고 깨달아 나고 죽는 데 끌리지 않음을 뜻한다.

항마위만 되면 육도를 자유 자재할 수 있나이까?

1704) 대산 종사 법어, 제5 법위편, 22장, p.137.
1705) 대종경, 제6 변의품(辨疑品), 37장, p.256.

학인이 묻기를

"법강항마위 승급 조항에 '생로병사에 해탈을 얻은 사람의 위'라는 말씀이 있사오니, 항마위만 되면 육도를 자유 자재할 수 있나이까?"

답하시기를

"항마위에서는 생로병사에 끌리지만 않는 정도요, 출가위에 가야 자유 자재할 수 있나니라1706)."

법강항마위에서 경계할 것은 무엇인가?

"법강항마위에 가면 경계할 것이 아상과 명예욕과 대우를 구하려는 것이니 이것만 다 없어지면 바로 출가위니라1707)."

앞으로 법강항마위를 사정할 때에는 대체로 세 가지 표준으로 하라

이광정(李廣淨) 교정원 교화부장에게 말씀하시기를

"앞으로 법강항마위를 사정(査定)할 때에는 대체로 세 가지 표준으로 하라.

첫째, 재색 명리에 큰 허물이 없고,

둘째, 스승과 동지와 심심상련1708)·법법상법(法法相法)1709)하는 신맥(信脈)이 있어야 하고,

셋째, 일원의 진리를 믿고 이 회상에서 영겁토록 물러서지 않으며 회상을 바꾸지 않는 심법을 가진 분을 표준으로 해야 한다1710)."

1706) 정산 종사 법어, 제2부 법어(法語), 제6 경의편(經義篇), 38장, p.851.
1707) 한 울안 한 이치에, 제1편 법문과 일화, 제3장 일원의 진리, 57절, p.76.
1708) 비록 아무런 말이 없어도, 마음과 마음으로 서로 뜻이 통하고 법이 전한다는 말. 이심전심(以心傳心)·심심상인(心心相印)과 같은 뜻. 진정한 스승과 제자 사이나 법연으로 맺어진 도반 사이에는 비록 아무 말이 없고 천리를 떨어져 살아도 심심상련하게 된다.
1709) 법과 법이 만나 법이 된다는 말.
1710) 대산 종사 법문집, 제3집, 제5편 법위(法位), 33장, p.275.

늙는다고 그냥 항마 되는 것은 아니다

동계 훈련을 마친 부교무들과 정토회원들에게 법위 표준에 대하여 말씀해 주시기를

"보통급은 불문 초입이다. 대각여래위를 중하게 알지마는 불문 초입이 중요한 것이다.

특신급은 심신을 귀의한 때인데 정토회원들이 내생에는 이것도 저것도 놓아두고 전무출신을 해야 하겠다는 그 마음이 심신을 바친 서원이다.

대종사님이나 정산 종사님이나 삼세 제불제성들은 우리를 위해서 다 심신을 내던지셨으니, 우리도 이 작은 색신(色身), 소아신(小我身)을 법에, 스승에, 회상에 아주 귀의해 버려야 한다.

항상 제가 제 것이라고 가지고 있어도 죽을 때가 되면 하나도 가져가지 못하는 것이니 내던져 버려야 한다.

줄까 말까, 줄까 말까 그렇게 평생을 하면 죽은 뒤에 귀신도 갈까 올까, 갈까 올까 돌아다니다가 풍타죽 낭타죽(風打竹浪打竹)[1711]이 되어 버린다.

그러니 우리는 이 정법 회상을 만났을 때 아주 심신을 귀의해 버려야 한다.

그렇게 하면 아주 편안하고 좋은 생활이 되고 실력도 따라서 높아진다.

법마상전급은 교역자로 임하는 사람은 제 몸을 내놓고 나온 사람이니 정식 법마상전급은 인정해 주어야 한다. 예비 법강항마위에 가서는 십년이든지 일생이든지 있을 수 있는 것이다.

그러나 정법마(正法魔)가 되면서 항마로 되는 사람도 있을 것이고, 본인 실력이 모자라서 예법마(豫法魔)에서 평생 늙는 사람도 있을 것이다. 늙는다고 그냥 항마 되는 것은 아니다.

1711) 바람이 치고 물결이 친다는 뜻으로, 일정한 주의(主義)나 주장 없이 그저 대세에 따라 행동함을 이르는 말.

예법강에서 정법강(正法降)까지는 귀신도 모르게 올려야 한다. 누구는 육십 살이 되었으니 항마로 올려야 한다고 하나, 그것은 안 될 말이다. 백 살이 되어도 항마 못하면 못 올리는 것이고 서른 살 되었어도 항마한 사람은 올려야 한다. 그래야 공부하는 젊은 부처님들을 올릴 수 있다[1712]."

> 5. 출가위는 법강항마위 승급 조항을 일일이 실행하고 예비 출가위에 승급하여, 대소 유무의 이치를 따라 인간의 시비 이해를 건설하며, 현재 모든 종교의 교리를 정통[1713]하며, 원근 친소와 자타의 국한[1714]을 벗어나서 일체 생령을 위하여 천신 만고[1715]와 함지 사지[1716]를 당하여도 여한[1717]이 없는 사람의 위요,

'대소 유무의 이치를 따라 인간의 시비 이해를 건설하며'라 함은?

"성인은 반드시 우주의 진리를 응하여 인간의 법도를 제정하시나니, 우리 법으로 말씀하면 일원상의 종지는 대(大) 자리를 응하여 건설된 법이요, 사은의 내역들은 소(小) 자리를 응하여 건설된 법이요, 인과와 계율 등 모든 법은 유무(有無) 자리를 응하여 건설된 법인 바, 성인의 법은 어느 법이나 이치에 위반됨이 없이 시비 이해가 분명하게 짜여지나니라.

또는 이를 개인 공부에 운용하는 방법으로는 항상 일원의 체성

1712) 대산 종사 법문집, 제3집, 제5편 법위, 53. 특신과 상전급, p.311.
1713) 어떤 사물에 깊고 자세히 통함(精通).
1714) 범위를 일정한 부분에 한정함(局限).
1715) 마음과 몸을 온 가지로 수고롭게 하고 애쓰는 것, 또는 그것을 겪는 것이다(千辛萬苦).
1716) 함지는 지옥, 사지는 죽을 곳. 아주 위험한 지경에 빠져든다는 의미(陷之死地).
1717) 풀지 못하고 남은 원한(餘恨).

을 체받아서 일심 즉 선(禪)을 잘 닦으라 하신 것은 대(大)를 운용하는 법이요, 사사 처처에 보은 불공하는 도를 잘 알아 행하라 하신 것은 소(小)를 운용하는 법이요, 유무(有無)에 집착하지 아니하고 유무를 따라 마음을 활용하여 변천의 도를 알아 미리 준비하여 사업을 성공하게 하신 것은 유무를 운용하는 법이니라1718)."

"일원의 진리를 깨달아 삼학 팔조와 사은 사요로 생활하고 천리를 보아다가 인사의 법을 마련함을 이름이니라1719)."

이는 인간의 시비 이해를 건설하는 데 있어, 대소 유무의 이치를 따라 건설한다는 말이다.

이를 용심법으로 풀어 보자.

우리의 마음 작용이 대소 유무의 이치를 따른다 함은 일상 수행의 요법 1·2·3조에 따른다는 뜻이다.

즉 경계를 따라 짧은 시간이든 긴 시간이든 마음이 요란해지고 어리석어지고 글러지더라도(小, 묘유), 일어난 마음을 있어진 그대로 수용하고, 이때가 바로 내가 나를 공부시킬 수 있고 진리가 나를 공부시키는 귀중한 찬스며, 이것이 바로 나와 진리가 나를 행복하게 하고 성불하게 하는 공부 거리임을 알아(일원상의 신앙), 곧바로 요란함도 어리석음도 그름도 없는 원래 마음(大, 진공)에 이 일어난 마음(小)을 대조하면 자성의 정·혜·계가 세워지는 것(有無)이 가벼운 경계일 때는 쉽게 세워지나, 심한 경계일 때는 세워지는데 시간도 오래 걸리고 힘도 많이 들고 또 해결이 되어도 완전히 해결되지 않기도 한다.

그러나 한 번하고 두 번하고 또 해결될 때까지 일어난 마음 살피고 대조하기를 끝까지 놓지 아니하면 마침내 그 일어난 마음은 자성의 혜광에 어느덧 녹아내리고 자성의 정·혜·계는 자동적으로 세워지게 된다(有無, 조화).

이렇게 작용되는 우리의 마음 변화 상태를 무엇이라고 하는가?

1718) 정산 종사 법어, 제2부 법어(法語), 제6 경의편(經義篇), 36장.
1719) 대산 종사 법문집, 제5 법위편, 28장, p.139.

바로 대소 유무의 이치에 따라 일어난다고 하며, 대소 유무의 이치를 따른다고 한다.

그러면 이 자성 원리로써 어떻게 인간의 시비 이해를 건설하는가?

인간이라 함은 밖으로는 일체 중생을 말하지만, 안으로는 나 자신이며 나의 주인공인 내 마음이다.

그러므로 인간의 시비 이해는 사람과 사람 간의 관계 속에서 있어지는 나의 시비 이해이므로 나의 시비 이해를 건설하는 법만 알면 인간의 시비 이해도 건설할 수 있다.

나의 옳음과 그름과 이로움과 해로움은 경계를 따라 사용하는 내 마음에 따라 나타나는 결과지만, 분별성과 주착심 없이 항상 공정한 자리에서 자리 이타로써 취사한 경우라야 내게도 참되고 영원한 옳음과 이로움이 되는 동시에 상대방도 옳고 이로우며, 끌리는 마음에 따라 취사하면 현재는 옳고 이롭다 할지라도 그것은 일시적인 것이며 해생어은의 이치에 따라 그르고 해로운 파란 고해(고의 세계)에 빠져 허우적거린다.

이것은 경계를 따라 일어난 나의 마음을 얼마나 챙기고 또 챙기고 대조하고 또 대조하느냐에 따라 달라지고, 요란함·어리석음·그름을 어떻게 없게 하느냐에 따라 달라진다.

이와 같이 챙기고 또 챙기고, 살피고 또 살피는 공부심은 나의 시비 이해가 남(경계)에 의해서 좌지우지(경계에 끌려가는 것) 되지 않게 하고, 나의 시비 이해를 내 마음대로 좌지우지하는 것이다. 이것이 곧 나(인간)의 시비 이해를 건설하는 것이다.

이렇게 알고 나니, 대소 유무의 이치에 따르는 것도, 인간의 시비 이해를 건설하는 것도, 대소 유무의 이치에 따라 인간의 시비 이해를 건설하는 것도 유무식·남녀·노소·선악·귀천을 막론하고 누구나 다 지금 여기서(항상) 하고 또 하는 것임을 알 수 있다.

'현재 모든 종교의 교리를 정통하며'라 함은?

"모든 성자가 하나의 진리를 깨달아 하나의 일을 하셨음을 아는 것이요, 모든 종교의 교서를 탐독함이 아니라 삼학 수행의 중도, 사은 신앙의 중도, 사요 실천의 중도로써 원만 구족하고 지공무사한 진리를 그대로 옮겨 쓰자는 것이며, 모든 이웃 종교의 교리에 걸리고 막힘이 없도록 하자는 것이니라[1720]."

또한 모든 종교의 교리를 정확하게 이해함을 이름이며, 다른 종교의 교리와 그 종교를 세운 제불 제성의 본의는 동원도리(同源道理)·동기연계(同氣連契)·동척사업(同拓事業)의 삼동윤리(三同倫理)[1721]에 따르지 않는 경우가 없으므로 명일심 통만법(明一心通萬法)인 이치에 따라 그 교리에 담겨져 있는 제불 제성의 본의를 쉽게 발견해 낼 수 있기 때문에 각 종교의 교리에 자연히 정통하지 않을 수 없게 된다.

출가위는 인간의 시비 이해를 대소 유무의 이치에 따라 건설하며, 예를 들어 다른 종교의 교리를 아전인수격으로 해석하는 등의 원근 친소와 자타의 국한에 끌려 있는 것이 아니라, 이를 벗어난 경지에 오른 분의 위(位)이므로 대소 유무의 이치에 걸림이 없으니, 설령 나와 다른 교리를 가졌다 하더라도 내 것으로 만드는데 어찌 걸림이 있을 것이며 어찌 막힘이 있겠는가?!

설령 일시적으로 걸리고 막히더라도 그를 통하여 공부하는 계기로 삼고, 그런 나를 일깨우고, 참회·정진케 하는 스승으로 삼는 심법임에야 어찌 모든 종교의 교리를 정통하다 이르지 않겠는가!

출가위는 왜 다른 종교의 교리까지 정통해야 할 필요가 있는가?

1720) 대산 종사 법문집, 제5 법위편, 28장, p.140.
1721) ①동원도리: 많은 종교가 교리를 서로 다르게 표현하고 있고, 문호를 따로 세우고 있으며, 각 종교의 주장과 방편에 따라 교화를 펴고 있으나, 모든 종교의 근본은 하나인 것을 알아서 서로 대동 화합하자는 것이다. ②동기연계: 이 세상의 많은 인류와 무수한 생령들이 그 이름은 서로 달리 하고 있으나, 그 근본은 다 같이 한 기운으로 연계되어 있는 동포인 것을 알아서 서로 대동화합하고 상생상화의 선연을 맺어 함께 진급하자는 것이다. ③동척사업: 인간 사회의 각종 사업이나 주의 주장이 때로는 서로 다르고 모순되는 것 같으나, 궁극적인 목적은 다같이 살기 좋은 세상을 개척하려는 데에 있고 또한 서로 힘이 되는 것을 알아서 대동 화합하자는 것이다.

출가위는 자타의 국한을 벗어나서 일체 생령을 위하여 천신 만고와 함지 사지를 당하여도 여한이 없는 경지에 있으므로 먼저 그 지견이 자타의 국한을 벗어나야 일체행이 그 국한을 벗어날 수 있을 것이며, 다른 종교의 교리를 모르고서는 국한을 벗어나기도 어려울 것이며, 자타를 아우름에 있어 부족함 또한 느끼지 않을 수 없을 것이다.

모든 종교는 그 근원이 같고 제불 제성의 본의가 같으므로 이를 정확히 알고 통합 활용하는 것은 그만큼 자타의 국한을 없게 하는 것이며, 전 인류와 일체 생령은 무시광겁(無始曠劫)을 거래하면서 직접·간접으로 각 종교의 교화를 입어 천만가지의 습성과 근기를 이루고 있으므로 시방 세계의 일체 생령을 진정으로 위하려면 각 종교의 교리를 통합 활용하지 않을 수 없다.

또한 출가위는 대소 유무의 이치를 따라 인간의 시비 이해를 건설하므로, 즉 법을 짜는 제법주(制法主)시니 대소 유무의 이치를 따라 시비 이해의 법도(法度)를 짜실 때에도 과거와 현재의 모든 종교의 교리를 정통하여야 생활에 쓸 수 있는 원만하고 실용적인 법을 마련하는 데 크게 참고가 될 것이다.

'현재 모든 종교의 교리를 정통'한다는 것은 어느 정도까지를 이르는가?

그 종교의 종지(宗旨)1722), 교리의 진리적 근거, 교리의 강령과 그 이념, 교단의 목표와 제도 등을 정확히 아는 정도면 될 것이며, 여유가 있어 세세한 것까지 알면 더욱 좋을 것이다.

'현재 모든 종교의 교리를 정통'하기 위한 가장 빠른 길은?

모든 종교의 각 경전을 연마하고 신앙하며 그 종교의 교리를 정

1722) 주장이 되는 요지(要旨: 말이나 글의 핵심이 되는 중요한 내용)나 근본이 되는 중요한 뜻.

통하면 가장 좋겠지만, 종교학자가 아닌 이상 이러기는 쉽지 않다.

그러므로 가장 빠른 길은 선도자들이 공부하며 핵심 교리를 정리한 내용으로 공부하는 것인데, 다행히 우리에게는 대산 종사 법문집(1집)을 통하여 그 핵심으로 들어갈 수 있다(부록 1 참조).

어느 위에 올라야 제법주(制法主)가 될 수 있는가?

대종사 말씀하시기를

"음식과 의복을 잘 만드는 사람은 그 재료만 있으면 마음대로 그것을 만들어내기도 하고 잘못 되었으면 뜯어고치기도 하는 것 같이, 모든 법에 통달하신 큰 도인은 능히 만법을 주물러서 새 법을 만들어 내기도 하고 묵은 법을 뜯어고치기도 하시나, 그렇지 못한 도인은 만들어 놓은 법을 쓰기나 하고 전달하기는 할지언정 창작하거나 고치는 재주는 없나니라."

한 제자 여쭙기를

"어느 위(位)에나 올라야 그러한 능력이 생기나이까?"

대종사 말씀하시기를

"출가위(出家位) 이상 되는 도인이라야 하나니, 그런 도인들은 육근(六根)을 동작하는 바가 다 법으로 화하여 만대의 사표가 되나니라[1723]."

'원근 친소와 자타의 국한을 벗어나서'라 함은?

시방 세계(우주), 일체 생령(만유), 만법이 동원 도리, 동기 연계, 동척 사업의 관계 속에 있음을 확실하게 깨닫는 것을 말한다.

이는 일원상의 진리를 오득하여 시방이 일가(一家)인 동시에 일가가 곧 시방이며, 사생(四生)이 일신(一身)인 동시에 일신이 곧 사생임을 아는 경지에 이른 심법이다.

1723) 대종경, 제8 불지품(佛地品), 5장, p.271.

이것은 출가위의 경지에 오른 분만 가능한 일인가?

경계 경계마다 작용하는 마음을 대조하고 또 대조하고 살피고 또 살피는 공부심만 놓지 않으면 정도의 차이는 있을지라도 누구나 할 수 있다.

그래서 보통급부터 대각여래위를 하루에도 몇 번씩이나 오르내리고 곤두박질한다고 한다.

오직 일어나는 마음을 대중만 잡으며, 그 마음을 공부하고 또 공부할 뿐이다.

'일체 생령을 위하여 천신 만고와 함지 사지를 당하여도 여한이 없는 사람의 위요'라 함은?

대소 유무의 이치에 걸림이 없으며, 생·로·병·사에 해탈을 얻음은 물론, 원근 친소와 자타의 국한을 벗어났기 때문에 일체 생령을 위하여 천신 만고와 함지 사지를 당하여도 여한이 없다고 할 수 있다.

오직 세상과 일체 생령을 위하는 원력(願力)이 뭉쳐져 나타나는 것이라 자신의 영욕 고락(榮辱苦樂)1724)과 생사(生死)는 염두에 두지 않게 된다.

'원근 친소와 자타의 국한을 벗어나서 일체 생령을 위하여 천신 만고와 함지사지를 당하여도 여한이 없다' 함은?

대산 종사, 이어 말씀하시기를

"'원근 친소와 자타의 국한을 벗어나서 일체 생령을 위하여 천신만고와 함지사지를 당하여도 여한이 없다.'는 것은 심화(心和)1725)·기화(氣和)1726)·인화(人和)1727)가 되고 하늘도 원망하지 않

1724) 영예와 치욕, 즐거움과 괴로움을 아울러 아르는 말.
1725) 마음이 항상 온화하고 화목하고 화기애애 하다는 뜻. 세상 만물을 화기(和氣)에 찬 상생 상화의 마음으로 상대한다는 말. 한 물건도 미워하거나 버리지 않고 아끼고 사랑하는 불보살의 마음.

고 다른 사람도 탓하지 않는 순일한 도심·공심·희열심으로 사생
일신 시방 일가의 큰살림을 개척함이니,

특히 법을 위하여서는 몸을 잊고 공을 위하여서는 사를 버려 교단
을 내 집 내 살림 삼고 동지를 내 몸 내 형제 삼는다는 뜻이니라.

또한 아집(我執)[1728]·법집(法執)[1729]·소국집(小局執)[1730]·능집(能執)[1731]
을 뛰어넘어 일체의 상을 떠나야 부처님의 대열에 들고 중생을 제
도한 실적이 있어야 출가위에 오를 수 있나니,

주산 종사가 대종사께

'마음은 스승님께 드리고 몸은 세계에 바쳐 일원의 법륜을 힘껏
굴리며 영겁토록 쉬지 않겠나이다(獻心靈父 許身世界 常隨法輪 永
轉不休).'

하신 출가시(出家詩)가 바로 출가위의 심법이니라[1732]."

1726) 사람의 정신 기운이 부드럽고 온화한 것. 사람의 정신 기운은 맑은 기
운, 탁한 기운, 부드러운 기운, 딱딱한 기운, 악한 기운, 선한 기운, 살벌
한 기운, 화목한 기운 등 갖가지다. 수행자의 기운은 항상 부드럽고 온
화해서 대하는 인연마다 상생 상화의 선연을 맺고, 가는 곳마다 동남풍
을 불린다.

1727) 사람과 사람 사이에 서로 갈등·대립·투쟁하지 않고, 화목하고 화합하는
것. 상생상화·상부상조·융통화합하는 것. 항상 상생 선연을 맺는 것. 큰
도인은 심화(心和)·기화(氣和)·인화(人和)하여 항상 동남풍을 불리며 한
물건도 버리지 않는다. 사람의 기술 중에서 인화를 잘하는 것이 가장 큰
기술이다.

1728) ①오온으로 이루어진 아(我)를 상주불멸하는 실체로 집착하는 것. ②아상
(我相)에 집착하여 자기의 의견에만 사로잡혀 그것만을 옳다고 고집하고
주장하는 것. ③대아(大我)를 발견하지 못하고 소아(小我)에만 집착하는 것.

1729) ①교법에 얽매이어 그것에 집착하고 도리어 참된 깨달음을 얻지 못하는
것. 이 경우 법박과 같은 뜻. ②객관적인 사물(또는 현상)을 실재인 것
인 줄로 잘못 알고 거기에 고집하는 것.

1730) ①국량(局量)이 확 트이지 못하고 어느 한 편에 집착하여 매우 답답한
것. 모든 문제를 두루 살펴 종합적으로 판단하지 못하고 자기의 견해만
이 옳다고 고집하는 것. 판국에 얽매이고 집착하여 자기의 주관과 좁은
소견을 벗어나지 못하는 것. ②나, 가족, 국가 등 나를 중심으로 하는 울
타리에서 벗어나지 못하고 이에 집착하는 것.

1731) 내가 능하거나 잘 낫다는 생각에서 벗어나지 못하고 이에 집착하는 것.

1732) 대산 종사 법문집, 제5 법위편, 29장, p.140.

법강항마위에서 출가위에 오를 때 중근의 고비가 있는데, 이 고비를 잘 넘겨야 크게 솟을 수 있는 길이 열리느니라

이보원(李普圓)[1733]에게 말씀하시기를

"공부하는 가운데 법마상전급에서 법강 항마위에 오를 때 중근의 고비가 있고 법강항마위에서 출가위에 오를 때 중근의 고비가 있다. 그때 고비를 잘 넘기면 크게 될 수 있지만 그렇지 못하면 일생 쪼그랑이가 되고 만다.

상전급에서의 고비는 혼자 넘길 수 있지만 항마위에서 출가위의 고비는 혼자서는 안 된다. 위에서도 올려야 하고 밑에서도 올려야 한다.

옛날 어느 도인이 상좌(上座)를 두고 가르쳤는데 그 상좌는 수양을 깊이해서 견성을 하였고, 그 스승은 책만 읽고 심력을 못 갖추어 견성을 못했었다. 하루는 상좌가 스승을 목욕시켜 드리면서 '법당은 좋지만 불상은 아직 시원치 않군.' 하고 이야기하니 그 스승이 그 말을 듣고 분발하여 결국 견성한 일이 있다 한다.

대종사님께서는 중근에 걸려 있는 제자들을 '너! 너! 중근에 걸렸다.'고 지적하시었고 항마에서 고비 못 넘기고 있는 제자들은 더욱 무섭게 방편을 쓰시었으며, 오래 지난 후에는 아무개가 중근의 고비를 넘겼노라고 말씀하여 주시었다[1734]."

앞으로 재가와 출가, 남자와 여자가 고루 출가위가 많이 나와야 하겠다

1733) 본명은 만재(萬宰). 법호는 보산(普山). 1934년 9월 13일 전남 영광군 대마면에서 부친 정량(鄭凉)과 모친 이형원(李亨媛)의 5남매 중 4남으로 출생했다. 1956년(원기41) 대마교당에서 입교했으며, 1957년 전무출신을 단행했다. 이후 33여년간 교화계와 총부, 산업계를 두루 거치면서 정남으로 심신을 다 바쳐 일원대도의 공덕을 쌓았다. 대산 종사에게 부자지정(父子之情)으로써 공부와 사업 간에 효성을 다했다. 1989년(원기74) 8월 4일 56세를 일기로 열반했다.

1734) 대산 종사 법문집, 제3집, 제5편 법위, 59. 중근의 고비, p.293.

말씀하시기를

"앞으로 재가와 출가, 남자와 여자가 고루 출가위가 많이 나와야 하겠다. 주세불이나 대각을 하신 부처님을 만나지 못하거나 또는 정법(正法)을 만나지 못하면 대개 중근(中根)의 고비를 넘기지 못하고 허망하게 떨어지는 수가 태반이다.

그러므로 중근의 고비를 넘기고 영생을 제도 받으려면 부처님과 정법을 만나야 하는데, 정법을 만나서 공부를 한다 하더라도 중근의 고비는 무서운 것이다.

대종사님께서는 중근에 걸려 있는 제자들을 대중 앞에서 지적하시며 중근의 말로(末路)가 위태하다는 법문을 직접 내려 주셨다. 그 후 삼산(三山)[1735] 종사님을 보시고 '삼산도 삼년 정도 그 고비에 머물렀으나 이제 넘어섰다.'고 출가위 인증을 해 주신 일이 있으셨고, 주산(主山) 종사에게도 '그 고비를 넘겼노라.'고 말씀하신 일이 있다.

대종사님께서 '너도 조심하라.' 하시어 나는 그때 삼일간 식음(食飮)을 전폐하고 반성하다가 한 마음 얻음에 대종사님께서 크게 인증하여 주시었다.

그때가 나로서는 마음이 새로 난 날이며, 대종사께서 열반하시던 해의 정월 초나흘이었다[1736]."

무슨 방법이라야 그 중근을 쉽게 벗어나오리까?

1735) 김기천(金幾千), 1890~1935. 구인제자 중의 한 사람으로서 소태산 대종사로부터 교단 최초로 견성 인가를 받았다. 전남 영광에서 출생. 김광선의 인도로 소태산 대종사의 제자가 되었고, 구인제자와 함께 원불교 창립에 공헌하였다. 6세 때부터 서당에서 한문을 배웠고, 12세 때에는 한문의 문리(文理)를 깨쳤으며, 시율(詩律)을 배워 16세에 서당의 훈장이 되었다. 훈장으로 일할 때에는 학동들이 말을 잘 듣지 않거나 잘못을 저지르면 자신의 다리를 스스로 매질하여 가르쳤다고 한다. 출가 후에는 성리 연마에 특히 관심이 많아 정진하였다. 부산 지방의 교화 터전을 닦았으나 당리교당에서 순직하였다. '철자집'·'교리송'·'사은 찬송가'·'심월송' 등 많은 저술과 감각 감상을 발표하였다.
1736) 대산 종사 법문집, 제3집, 제5편 법위, 52. 출가위가 많아야 한다, p.286.

원기 28년(癸未) 1월 4일에 대종사 대중을 모으시고 중근의 병
증과 그 말로에 대하여 간곡한 법문을 내리시었다. 이때 한 제자
여쭈었다.

"무슨 방법이라야 그 중근을 쉽게 벗어나오리까?"

대종사 말씀하시었다.

"법 있는 스승에게 마음을 가림 없이 바치는 동시에 옛 서원을 자
주 반조하고 중근의 말로가 위태함을 자주 반성하면 되는 것이다.

초창 당시에 도산(道山)[1737]을 두대(斗戴)[1738]하는 사람들과 삼
산(三山)을 두대하는 사람들이 있었는데,

도산은 그 사람들의 신앙 계통을 직접 나에게 대었으나

삼산은 미처 대지 못하고 이단같이 되어 장차 크게 우려되므로
내가 삼산에게 말하기를

'지금 이 일이 작은 일 같으나 앞으로 큰 해독 미침이 살인 강
도보다 더 클 수도 있고, 또한 삼산이 함정에 빠져버린 후에는 내
가 아무리 건져주려 하여도 건질 수 없게 될 것이다.'

고 제재하였더니, 삼산이 그 말을 두렵게 듣고 두대하는 사람들
을 이해시켜 신앙 계통을 바로 잡고 공부에만 독공하더니, 결국
중근을 무난히 벗어나 참 지각을 얻었느니라.

1737) 이동안(李東安), 1892~1941. 본명 형천(亨天), 법호 도산(道山). 전남 영
　　광에서 출생. 1917년(원기 2) 이재철의 인도로 대종사를 뵙고 제자 되기
　　를 서원하였다. 1924년(원기 9)에 출가하여 익산 총부 건설에 참여하였
　　다. 그는 초기 교단에서 송혜환과 더불어 사업계의 대표적 인물이었다.
　　이리 보화당의 창설과 발전에 크게 기여하였고, 총부 산업부의 발전도
　　그의 힘이 크게 작용하였다. 그는 수행에도 적공하여 이사병행의 표준
　　을 보여 주었다. 출가 이전에도 그는 1910년대의 농촌 운동가로서 그의
　　고향인 신흥마을에 야학을 실시하여 문맹 퇴치에 힘쓰고, 상조조합을 설
　　치하여 마을 사람들의 생활을 향상시켰다. 함평 이씨들이 대부분을 차
　　지하는 그의 마을에서 친족들이 모두 원불교에 귀의하고, 그의 뒤를 이
　　어 많은 전무출신이 배출되었다. 대봉도 법훈을 받았다.
1738) 두(斗)는 두호(斗護)하다, 대(戴)는 봉대(奉戴)의 뜻. 두호는 두둔하고 보
　　호한다는 뜻. 봉대는 공경하여 떠받든다는 뜻. 종교 단체의 경우에 제자
　　들이 스승을 두대하는 것이 서로 다르기 때문에 자칫 분열 현상이 일어
　　나거나, 종파간의 대립·갈등이 일어나기 쉽다.

그리고 현재 송도성도 중근은 벗어나 보인다." 하시며

"그대들이 이 지경만 벗어나고 보면 불지에 달음질하는 것이 비행기 탄 격은 되리라." 하시었다[1739].

6. 대각여래위는 출가위 승급 조항을 일일이 실행하고 예비 대각여래위에 승급하여, 대자 대비로 일체 생령을 제도[1740]하되 만능(萬能)[1741]이 겸비[1742]하며, 천만 방편[1743]으로 수기응변(隨機應變)[1744]하여 교화하되 대의[1745]에 어긋남이 없고 교화 받는 사람으로서 그 방편을 알지 못하게 하며, 동하여도 분별에 착이 없고 정하여도 분별이 절도[1746]에 맞는 사람의 위니라.

'여래'란?

응현 자재(應現自在)라는 뜻이다.

응현(應現)이란 '불보살이 미혹에 빠진 중생을 구출하기 위하여 여러 가지 형태로 변신하여 나타나는 일'이며, 자재(自在)는 '저절로 있음'이다.

그러면 어디에 저절로 나타나고, 언제 저절로 있는가?

산속도, 과거도, 특정한 신비처도, 미래도 아니다. 바로 우리가 생활하고 있는 지금 여기에 나타나 있으며, 현재 진행형의 뜻을

1739) 대종경 선외록, 16. 변별대체장(辨別大體章), 2절, p.103.
1740) 중생(衆生)을 고해(苦海)에서 건져 내어 극락세계로 이끌어 줌(濟度).
1741) 대각여래위 도인의 능력. 전지전능하여 모든 일을 다 알고 능통함(萬能).
1742) 두 가지 이상을 아울러 갖춤. '두루 갖춤'으로 순화(兼備).
1743) 천만 가지의 한량없는 부처님의 자비 방편. 방편은 부처님이 중생을 구제하기 위해 사용하는 다양한 방법으로 비유적 가르침, 제도, 의식 등이 있다(千萬方便).
1744) 그때그때의 상황이나 기틀에 따라서 신축성 있게 일을 잘 처리하는 것.
1745) 사람으로서 마땅히 지키고 행하여야 할 큰 도리(大義).
1746) 일이나 행동 따위를 정도에 알맞게 하는 규칙적인 한도(節度).

담고 있다.

즉 진리를 따라 왔고 진리의 구현체로 나타나는 사람이면 누구나 여래가 될 수 있다. 중생이 여래가 되는 것은 일원상의 진리를 신앙하는 동시에 수행의 표본을 삼아 경계를 대할 때마다 그 경계로 공부하여 해탈하느냐 그렇지 않느냐 하는 차이에 달려 있다.

왜 대각 불타라 하지 않고, 대각 여래라 하셨는가?

여래(如來)는 글자 그대로 '진리를 따라 왔고 진리의 구현체로 나타난 사람, 교화(敎化)를 위하여 진여(眞如: 우리의 본성. 원래에 분별 주착이 없는 성품)에서 이 세상으로 온 사람, 또는 부처를 높여 부르는 말'이며,

불타(佛陀)는 '바른 진리를 깨달은 사람, 곧 부처로서 흔히 석가여래'를 말하므로 불타는 여래 중의 한 분이나, 여래는 불타와 같은 경지에 오른 분을 이른다.

그러므로 대각 불타라고 하면 이미 대각하여 여래가 되신 분은 오직 불타 한 분으로 국한하여 생각하기 쉬우며, 서가모니만 대각 여래위에 오른 분으로 여길 수 있다.

그러나 대종사님의 법은 이를 신앙하는 동시에 수행의 표본을 삼는 사람이면 누구나 다 여래가 되게 하는 법이므로 여래가 되는 문을 활짝 열어 놓고 있다.

이 문에 들어오는 사람이면 누구나 다 여래가 될 수 있기 때문에 대각 불타라 하지 않고 누구나 여래가 될 수 있음을 나타내는 대각여래·대각여래위라 하신 것 같다.

여래는 부처님 한 분만을 이르는가?

"종래(從來)1747) 불교에서 서가모니불 이외에는 여래를 함부로

1747) 일정한 시점을 기준으로 이전부터 지금까지에 이름. 또는 그런 동안.

쓰지 못하게 한 명호이니 혹 외람(猥濫)1748)되이 생각하는 이가 있지 아니하오리까?"

"여래는 부처님의 열 가지 명호 중 하나로서 대단히 존중한 명호인 것이 사실이나, 여래의 명호를 가지신 어른이 한 분에만 그치고 다시 이어 나오는 인물이 없다면 이는 쇠퇴하는 불교에 지나지 못하는 것이요, 또는 그러한 인물이 있음에도 불구하고 공연히 그 명호를 금한다면 이는 정신적 제압에 지나지 못할 것이니라.

우리가 추상으로 생각하여 보아도 서가모니불께서 삼천 년 동안에 중생을 위하사 여러 번 이 세상에 출현하셨을 것인데, 그 한 부처님, 한 법력으로써 같은 명호를 갖지 못하셨다면 도리어 이치에 모순된 일이 아니겠는가?

그러므로, 우리 회상에서는 여섯 가지 법위 가운데 대각여래위의 최고 법위를 정식으로 두어서 대종사뿐 아니라, 어느 대를 막론하고 선진 도인이 인가를 하시든지 또는 많은 대중이 일제히 봉대할 때에는 그 실력을 따라 여래의 명호를 제한하지 아니할 것이니라.

그러나 이것이 그 중 한 명호를 함부로 쓰는 것도 아니요, 또는 종래의 법통을 문란히 하는 것이 아니라 법위를 올릴 때에는 반드시 승진에 대한 조례가 있고, 법통에 대하여도 조상은 조상이요 자손은 자손인 그 대수(代數) 구분이 역력히 있나니, 이를 무조건하고 외람이라고만 평한다면 다시 변명할 것이 없지마는 만일 조리를 찾아서 말한다면 이것이 외람이 아니라 도리어 불법의 문을 크게 열어 주는 것이라고 생각하노라1749)."

'대자 대비'란 무엇인가?

이는 일체 생령을 제도하는 제불 조사의 마음 상태를 이른다.
"대자(大慈)라 하는 것은
천진 난만한 어린 자녀가 몸이 건강하고 충실하여 그 부모를 괴

1748) 하는 행동이나 생각이 분수에 지나침.
1749) 정산 종사 법어, 제2부 법어(法語), 제2 예도편(禮道篇), 13장, p.777.

롭게도 아니하고, 또는 성질이 선량하여 언어 동작이 다 얌전하면 그 부모의 마음에 심히 기쁘고 귀여운 생각이 나서 더욱 사랑하여 주는 것 같이 부처님께서도 모든 중생을 보실 때에 그 성질이 선량하여, 나라에 충성하고 부모에게 효도하며, 형제간에 우애하고 스승에게 공경하며, 이웃에 화목하고 빈병인(貧病人: 가난하고 병든 이)을 구제하며, 대도를 수행하여 반야지(般若智: 천만 사리를 분석하고 판단하는 데 걸림 없이 아는 지혜)를 얻어 가며, 응용에 무념하여 무루의 공덕을 짓는 사람이 있으면 크게 기뻐하시고 사랑하시사 더욱 더욱 선도로 인도하여 주시는 것이요,

대비(大悲)라 하는 것은

저 천지 분간 못하는 어린 자녀가 제 눈을 제 손으로 찔러서 아프게 하며, 제가 칼날을 잡아서 제 손을 상하게 하건마는 그 이유는 알지 못하고 울고 야단을 하는 것을 보면 그 부모의 마음에 측은하고 가엾은 생각이 나서 더욱 보호하고 인도하여 주는 것 같이, 부처님께서도 모든 중생이 탐·진·치에 끌려서 제 스스로 제 마음을 태우며, 제 스스로 제 몸을 망하게 하며, 제 스스로 악도에 떨어질 일을 지어, 제가 지은 그대로 죄를 받건마는 천지와 선령(先靈)[1750]을 원망하며, 동포와 법률을 원망하는 것을 보시면 크게 슬퍼하시고 불쌍히 여기사 천만 방편으로 제도하여 주시는 것이니,

이것이 곧 부처님의 대자와 대비니라[1751]."

'일체 생령을 제도하되 왜 대자 대비로 제도'하는가?

일체 생령을 제도하려는 마음은 미치지 않는 데가 없다.
이 마음의 상태가 곧 대자 대비며, 이 마음이 곧 대자 대비심이며, 이 마음을 실행하는 것이 곧 대자 대비행이니 대자 대비로 제도한다고 하는 것이다.

1750) 선조의 영혼. 선열의 영혼.
1751) 대종경, 제8 불지품(佛地品), 3장, p.270.

'제도하되 만능(萬能)이 겸비하며'라 함은?

행·주·좌·와·어·묵·동·정간에 무애 자재(無碍自在)[1752]하는 도
가 있으므로 능히 정(靜)할 때에 정하고 동(動)할 때에 동하며, 능
히 클 때에 크고 작을 때에 작으며, 능히 밝을 때에 밝고 어둘 때
에 어두우며, 능히 살 때에 살고 죽을 때에 죽어서 오직 모든 사
물과 모든 처소에 조금도 법도에 어그러지는 바가 없는 것을 이름
이며[1753],

희·로·애·락의 일체 감정과 모든 욕심을 마음대로 하여 중생을
제도하는 데 걸림이 없는 것이다.

이렇게 되면 아는 것이 없는 것 같으나 모르는 것이 없고, 무능
한 듯 싶으나 전능하다.

'만능'이란?

대각여래위의 능력은 온갖 일에 두루 능통하지 않은 바가 없으
므로 이를 일러 만능이라 한다.

'천만 방편으로 수기 응변(隨機應變)하여 교화하되 대의에 어긋
남이 없고'라 함은?

천만 방편이란 여래의 경지에 오른 공부인이 부려 쓰는 온갖 방
편을 이르는 말이며, 수기 응변(隨機應變)은 그때 그때의 기회(상
황, 경계)에 따라 일을 적절히 처리하는 것이다.

그러므로 천만 방편으로 수기 응변하여 교화한다 함이란 무상
대도인 일원상의 진리를 확연히 깨달아서 그때 그때의 기회에 따
라 일을 적절히 처리하고, 변화에 맞추어 마음대로 방편을 베풀어

1752) 어떠한 경계를 대하더라도 막히고 걸림없이 무슨 일에나 자유 자재하는 것.
1753) 대종경, 제8 불지품(佛地品), 4장, p.271.

교화하되, 그때 그때의 사정에 맞고 진리에 어긋남이 없으며 전체에 유익함이 있을 뿐이다.

즉 어떠한 행동을 하더라도 진리에 어긋남이 없고 중생의 앞길에 오직 혜복의 문로가 열리게 함을 말한다.

'교화 받는 사람으로서 그 방편을 알지 못하게 하며'라 함은?

하되 함이 없는 무위이화의 마음으로, 즉 정신·육신·물질로 은혜를 베푼 후, 그 관념과 상(相) 없이 교화 받는 사람으로 하여금 교화의 방편과 그 은덕을 알지 못하게 하는 것이며, 스스로 부지런히 노력하게 하는 것이다.

'동하여도 분별에 착이 없고'라 함은?

동(動)은 곧 육근 작용이니,

경계를 따라 육근이 작용하여 일어나는 분별성과 주착심에 끌려서 요란해지거나 어리석어지거나 글러지지도 아니하여 매양 만사를 작용할 때에 원·근·친·소와 희·로·애·락에 끌리지 아니하고,

합리와 불합리를 분석하여 합리는 취하고 불합리는 버리며, 편착심을 없이 하고, 온전한 생각으로 취사하여 천만 경계에 부동심이 되고, 매번 하는 모든 일의 사정에 맞게 취사하는 것이요,

응무소주이생기심(應無所住 而生起心)[1754]하는 것이 다 이 공부다.

정하다 함은?

고요(靜)할 때만이 아니라 사람이 살다가 큰 병을 얻었다든지, 어떤 큰 실패를 하였다든지, 어떤 지위(地位)에서 이유 없이 물러

1754) 천만 경계를 따라 마음을 응용하되 집착함이 없이 그 마음을 작용하라, 또는 어느 것에도 마음이 주착한 바 없이 그 마음을 일으키라는 말이다.

났다든지 할 때이다.

이런 경우에 대해서 스스로 버리지 않고 일생을 준비하는 것뿐만 아니라, 영생을 준비해야 한다.

'정하여도 분별이 절도에 맞는'다 함은?

정(靜)은 곧 육근이 무사한 것이니,

범부 중생은 일이 없으면 사심 잡념·번뇌 망상으로 지낼 뿐 아무런 준비도 할 줄 모르나,

여래는 일이 없으면 하염 없는(끝맺는 데가 없는) 자리에 안주1755)하여 장래의 기틀을 보아서 늘 미리 준비하는 것이다.

준비 없이 동하고 보면, 분별을 낼 때에 섞이고 물들게 되며, 일을 당하여 창황 전도1756)함을 면하지 못하게 된다.

왜 '사람의 급, 사람의 위'라고 하셨는가?

보통급에서부터 대각여래위까지 각 법위 등급을 설명할 때 '사람의 급, 사람의 위'라고 하셨다.

왜 '사람의'라고 하셨는가?

더구나 출가위, 대각여래위도 '사람의 위'라고 하셨다.

'성현의 위'라든지, 또는 더 근사한 말로 이를 수도 있을 텐데, 왜 그럴까?

'사람의 급, 사람의 위'에서 사람은 특정한 사람이란 의미가 아니다. 유무식·남녀·노소·선악·귀천을 막론하고 공부인의 수행 정도를 따라 주어지는 절대 평등을 이른다.

누구나 다 신앙하고 수행하는 정도에 따라 보통급에서부터 시작하여 어느 급(級), 어느 위(位)든지 이를 수 있다는 말이다.

1755) 자리를 잡고 편안하게 삶.
1756) 너무 급하여 어찌할 바를 모름.

법위는 돌아가신 뒤에 그 공적을 보아 주는 것이 더 타당하지, 어떻게 살아 있는 사람에게 주느냐고 생각할 수도 있고 실제로 그렇게 주장하기도 한다.

수행은 화석처럼 굳어 있는 것이 아니라, 생명력이 넘치는 살아 있는 것이다.

대종사님 법은 사용하면 사용하는 만큼 생생 약동한다.

그러므로 갑자기 열반하였거나 그 공적이 새로이 드러나는 경우에는 사후에 법위를 사정하여야 하겠지만, 생전에 법위 사정을 하여 보다 진급할 수 있는 계기를 장만하도록 하는 것은 너무나 당연한 동시에 대종사님의 대자비심이 아니겠는가!?

같은 법위에 오른 도인은 그 도력이 다 한결 같은가?

학인이 묻기를

"우리의 여섯 가지 법위 가운데, 같은 법위에 오른 도인은 그 도력이 다 한결 같나이까?"

답하시기를

"명필에도 초서에 능한 사람 해서에 능한 사람 전서에 능한 사람이 있듯이 항마 이상의 도인들도 그 능한 방면이 각각 다를 수 있으며, 같은 위에 있다 할지라도 그 도력이 꼭 한결 같지는 아니하나니라.[1757]"

법위 등급에 따라 그 대상과 실행 조항과 경전 해석과 신앙·수행의 정도를 비교해 보면?

각 법위 등급의 말씀을 수행의 정도에 따라 그 대상과, 각 법위 등급에 승급하여 실행하는 조항과, 각 법위 등급의 경전 해석 정도와 신앙·수행하는 모습을 구분하여 정리하면 다음 표와 같다.

1757) 정산 종사 법어, 제2부 법어(法語), 제6 경의편(經義篇), 37장, p.851.

구분	보통급	특신급	법마상전급	법강항마위	출가위	대각여래위
대상	유무식·남녀·노소·선악·귀천을 막론하고	예비 특신급에 승급하여	예비 법마상전급에 승급하여	예비 법강항마위에 승급하여	예비 출가위에 승급하여	예비 대각여래위에 승급하여
실행 조항	처음으로 불문에 귀의하여 보통급 십계를 받은	보통급 십계를 일일이 실행하고 특신급 십계를 받아 지키며,	보통급 십계와 특신급 십계를 일일이 실행하고 법마상전급 십계를 받아 지키며,	법마상전급 승급 조항을 일일이 실행하고	법강항마위 승급 조항을 일일이 실행하고	출가위 승급 조항을 일일이 실행하고
경전 해석		우리의 교리와 법규를 대강 이해하며,	법과 마를 일일이 분석하고 우리의 경전 해석에 과히 착오가 없으며,	우리 경전의 뜻을 일일이 해석하고 대소 유무의 이치에 걸림이 없으며,	현재 모든 종교의 교리를 정통하며,	
신앙·수행하는 모습		모든 사업이나 생각이나 신앙이나 정성이 다른 세상에 흐르지 않는	천만 경계 중에서 사심을 제거하는 데 재미를 붙이고 무관사(無關事)에 동하지 않으며, 법마상전의 뜻을 알아 법마상전을 하되 인생의 요도와 공부의 요도에 대기사(大忌事)는 아니하고, 세밀한 일이라도 반수 이상 법의 승(勝)을 얻는	육근을 응용하여 법마상전을 하되 법이 백전 백승하며, 생·로·병·사에 해탈을 얻은	대소 유무의 이치를 따라 인간의 시비 이해를 건설하며, 원근 친소와 자타의 국한을 벗어나서 일체 생령을 위하여 천신만고와 함지사지를 당하여도 여한이 없는	대자 대비로 일체 생령을 제도하되 만능(萬能)이 겸비하며, 천만 방편으로 수기 응변(隨機應變)하여 교화하되 대의에 어긋남이 없고 교화 받는 사람으로서 그 방편을 알지 못하게 하며, 동하여도 분별에 착이 없고 정하여도 분별이 절도에 맞는
절대 평등	사람의 급이요,	사람의 급이요,	사람의 급이요,	사람의 위요,	사람의 위요,	사람의 위니라.

"법위 등급"의 내용을 삼학으로 나누어 보면?

우리 교법의 마침표요 비전인 법위 등급을 수행의 강령인 삼학으로 구분하는 것이 정확하게 맞지 않는 점도 있으나, 대체로는 다음 표와 같이 정리할 수 있다.

보통급은 삼학 중 행동의 바탕이 되는 작업 취사를 보통급 십계문을 바탕으로 수행하도록 함을 알 수 있고,

구분	작업 취사	사리 연구	정신 수양
보통급	유무식·남녀·노소·선악·귀천을 막론하고 처음으로 불문에 귀의하여 보통급 십계를 받은 사람의 급이요,		
특신급	보통급 십계를 일일이 실행하고, 예비 특신급에 승급하여 특신급 십계를 받아 지키며,	우리의 교리와 법규를 대강 이해하며,	모든 사업이나 생각이나 신앙이나 정성이 다른 세상에 흐르지 않는 사람의 급이요,
법마상전급	보통급 십계와 특신급 십계를 일일이 실행하고 예비 법마상전급에 승급하여 법마상전급 십계를 받아 지키며,	법과 마를 일일이 분석하고 우리의 경전 해석에 과히 착오가 없으며,	천만 경계 중에서 사심을 제거하는 데 재미를 붙이고 무관사(無關事)에 동하지 않으며,
법마상전급	법마상전의 뜻을 알아 법마상전을 하되 인생의 요도와 공부의 요도에 대기사(大忌事)는 아니하고, 세밀한 일이라도 반수 이상 법의 승(勝)을 얻는 사람의 급이요,		
법강항마위	법마상전급 승급 조항을 일일이 실행하고 예비 법강항마위에 승급하여,		
법강항마위	육근을 응용하여 법마상전을 하되 법이 백전 백승하며,	우리 경전의 뜻을 일일이 해석하고 대소 유무의 이치에 걸림이 없으며,	생·로·병·사에 해탈을 얻은 사람의 위요,
출가위	법강항마위 승급 조항을 일일이 실행하고 예비 출가위에 승급하여,		
출가위		대소 유무의 이치를 따라 인간의 시비 이해를 건설하며, 현재 모든 종교의 교리를 정통하며,	원근 친소와 자타의 국한을 벗어나서 일체 생령을 위하여 천신 만고와 함지 사지를 당하여도 여한이 없는 사람의 위요,
대각여래위	출가위 승급 조항을 일일이 실행하고 예비 대각여래위에 승급하여,		
대각여래위	대자 대비로 일체 생령을 제도하되 만능(萬能)이 겸비하며,	천만 방편으로 수기 응변(隨機應變)하여 교화하되 대의에 어긋남이 없고 교화 받는 사람으로서 그 방편을 알지 못하게 하며,	동하여도 분별에 착이 없고 정하여도 분별이 절도에 맞는 사람의 위니라.

법마상전급의 "법마상전의 뜻을 알아 법마상전을 하되 인생의

요도와 공부의 요도에 대기사(大忌事)는 아니하고, 세밀한 일이라도 반수 이상 법의 승(勝)을 얻는 사람의 급이요"와

법강항마위의 "법마상전급 승급 조항을 일일이 실행하고 예비 법강항마위에 승급하여"와,

출가위의 "법강항마위 승급 조항을 일일이 실행하고 예비 출가위에 승급하여"와,

대각여래위의 "출가위 승급 조항을 일일이 실행하고 예비 대각여래위에 승급하여"는 삼학이 모두 포함되어 있다.

참고 문헌

1. "원불교 전서", 원불교출판사, 1998(원기 83년).
2. 박정훈, "한 울안 한 이치에: 정산 종사 법문과 일화", 원불교 출판사, 1987(원기 72년).
3. 이공전, "대종경 선외록", 원불교출판사, 1985(원기 70년).
4. 대산종사법어편수위원회, "대산 종사 법어", 원불교출판사, 2014 (원기 99년).
5. 대산종사법어편수위원회, "대산 종사 법어", 자문판 회람용, 2013 (원기 98년).
6. 신도형, "교전 공부", 원불교출판사, 1992(원기 77년).
7. "대산 종사 법문집", 제1집 정전대의, 원불교출판사, 1996(원기 81년).
8. "대산 종사 법문집", 제2집, 원불교출판사, 1990(원기 75년).
9. "대산 종사 법문집", 제3집, 원불교출판사, 1996(원기 81년).
10. "대산 종사 법문집", 제4집, 원불교출판사, 1993(원기 78년).
11. "대산 종사 법문집", 제5집, 원불교출판사, 1994(원기 79년).
12. 류성태, "정전 풀이", 상·하, 원불교출판사, 2010(원기 95년).
13. 한성심, "정전으로 하는 마음 공부", 상·하, 원불교출판사, 2001 (원기 86년).
14. 대산종사수필법문편찬회, "대산 종사 수필 법문집 2(원기 65년~ 원기 83년)", 원불교100년기념성업회, 2014(원기 99년).
15. 김태영, "선도 체험기", 37권, 도서출판 유림, 1998.
16. 손정윤, "원불교 용어 사전", 원불교출판사, 1993(원기 78년).
17. "원불교 용어 사전", http://www.won.or.kr/mbs/won/jsp/dictionary/dictionary.jsp.
18. "네이버 국어 사전", http://dic.naver.com/.
19. (주)두산출판BG, "동아 국어 새 사전", 제3판, (주)두산, 1999.
20. 한글과 컴퓨터, "한컴 사전", 한글2010.

부   록

부록 1

진리는 하나(5대 종교의 원리)

출가위는 '현재 모든 종교를 정통'한 법위다.

그러면 어느 정도까지 알면 정통하다고 할 수 있는가?

공부인이라면 그 종교의 종지(宗旨), 교리의 진리적 근거, 교리의 강령과 그 이념, 교단의 목표와 제도 등을 대체적으로 알아야겠다는 마음에서 5대 종교의 핵심 교리와 그 원리를 대산 종사 법문집(제1집)1758)에서 인용하여 여기에 싣는다.

1. 불교(佛敎)

가. 부처님께서 교문을 연 의의와 교리 강령(敎理綱領)

불교는 모든 중생에게 제가 짓고 제가 받으며 무시광겁으로 왕래하는 이치를 깨쳐(대각) 알리기 위한 것으로(一切唯心造), 부처님께서 49년(일설 45년)간 설한 팔만장경의 강령을 들어 말하자면 불생 불멸의 진리와 인과 보응의 진리를 밝혀 놓았으며, 특히 사제(四諦), 팔정도(八正道), 십이인연(十二因緣), 육바라밀 등이 그중 요체(要諦)가 된다.

1) 사제(四諦)

부처님께서 대도를 오득하고, 처음 고·집·멸·도(苦集滅道) 사제 법문으로써 중생을 제도하였다.

고제(苦諦)란 일체 생령이 다 싫어하고 겁내는 고(苦)를 말함이니, 이 괴로움은 어디서 나왔는가 하면 사대·오온(四大五蘊)1759)으

1758) 대산 종사 법문집, 1집, 진리는 하나, p.213.
1759) 사대: 세상 만물을 구성하는 땅·물·불·바람의 네 가지 요소. 사람의 몸(지수화풍 네 가지로 이루어졌다고 하여 이름.)

로 모인 육신에 따른 탐·진·치, 곧 집제(集諦)에서 나온 것이므로
이 탐·진·치만 없애버리면 그 열매인 고는 저절로 없어질 것이며,
멸제(滅諦)는 일체 생령이 다 좋아하고 바라는 적멸의 극락이니
열반락은 어디서 나오느냐 하면 곧 도제(道諦)로 말미암은 것이다.

그러므로 팔정도(八正道)를 잘 닦고 보면 그 열매인 적멸의 극
락은 저절로 나타날 것이다.

(1) 팔고(八苦)

고는 대체로 여덟 가지로 말할 수 있으니,

첫째는 나서 사는 생고(生苦)요,

둘째는 피가 받아서[1760] 줄어드는 노고(老苦)요,

셋째는 낫기 어려운 제병고(諸病苦)요,

넷째는 죽어 돌아가는 사고(死苦)요,

다섯째는 사랑하는 이와 갈리게 되는 고(愛別離苦)요,

여섯째는 미운 사람을 만나게 되는 고(怨憎會苦)요,

일곱째는 얻으려고 하는데 잃어지는 고(求不得苦)요,

여덟째는 오욕이 치성하는 고(五陰盛苦)이다.

(2) 팔정도(八正道)

도에는 여덟 가지가 있는데,

첫째는 바르게 보는 것(正見)이요,

둘째는 바른 생각을 하는 것(正思惟)이요,

셋째는 바른 말을 하는 것(正語)이요,

넷째는 바른 일을 하는 것(正業)이요,

다섯째는 천명을 순수(順受)하여 안분의 도를 지키는 것(正命)이요,

여섯째는 행·주·좌·와·어·묵·동·정(行住坐臥語默動靜)간에 간단없

오온: 물질과 정신을 오분(五分)한 것. 곧, 색(色)·수(受)·상(想)·행(行)·식(識). 색
(色)은 눈에 보이는 현상 세계(물질 세계), 수(受)는 괴로움과 즐거움, 또는
괴롭지도 즐겁지도 않음을 느끼는 마음의 작용, 상(想)은 어떤 일이나 사
물을 마음속에 받아들이고 상상하여 보는 여러 가지의 감정과 생각, 행
(行)은 의지, 혹은 충동적 욕구에 해당하는 마음의 작용, 식(識)은 사물을
인식하거나 이해하는 마음의 작용임.

1760) 받아서(받다+아서): 액체가 바싹 졸아서 말라붙다.

이 일심으로 정진하는 것(正精進)이요,

일곱째는 마음 가운데에 일호의 사심없이 일념 즉 정념(一念卽 正念)을 갖는 것(正念)이요,

여덟째는 일심불란한 일정심(一定心)을 갖는 것(正定)이다.

2) 십이인연(十二因緣)

삼세의 모든 생령의 윤회하는 현상을 살펴보면, 직업도 천종 만 종이요, 사는 것도 천차만별이나, 이를 두 가지로 나누어 볼 수 있 는데, 하나는 집착의 세계요 다른 하나는 해탈의 세계다.

집착의 세계는 탐·진·치의 지배 하에서 밝은 정신을 어둡게 하 며, 순일하고 온전한 정신을 흩어버리며, 내일은 어찌 될지언정 오 늘만 좋게 하려는 죄짓는 재미로 사는 세계가 있으며, 또 하나는 해탈의 세계라, 계·정·혜의 지배 하에서 정신을 차려 흩어진 정신 을 모으고 어두운 정신을 밝히며 오늘은 괴로우나 내일을 위해서 복 짓는 재미로 사는 세계가 있다.

탐·진·치의 삼독심으로 일생을 허덕이다가 늙어서 죽게 된 사람 은 죽을 찰나에 어두운 무명 하나에 빠져(無明), 갈 길을 모르고 방향 없이 돌아다니다가(行), 다시 새 몸을 받게 될 때에 무명인지 라, 거꾸로 보이고 다르게 보여서 사람은 우마육축(牛馬六畜)[1761] 으로 보이고 우마육축은 화려한 사람으로 보여(識), 마침내 중생들 은 음욕을 타고 아무렇게나 수태된다.

그 태어난 대로 태중에서 얼마를 지내면 정신과 육신이 나타나 고(名色), 또 얼마 뒤에는 육근이 제대로 갖추어지고(六入), 다시 얼마가 지난 뒤에는 부모 태중에서 나와서 이 천지 대기를 접촉하 게 되고(觸), 접촉한 뒤에는 한서(寒暑)와 기근(飢饉)을 받아들이 게 되고(受), 한서와 기근을 받아들이게 된 뒤에는 차차 증애심이 일어나게 되고(愛), 증애심이 일어난 뒤에는 취사하려는 마음이 생

1761) 소·말·돼지·양·닭·개 등 여섯 가축을 통틀어 이르는 말. 오늘날은 대개 가축으로 일컫는다,

기고(取), 취사하려는 마음이 생긴 뒤에는 좋은 것은 쌓아두려는 욕심이 생겨서(有), 일생 동안을 그 욕심의 지배 하에서 살다가 (生) 늙어 죽고(老死) 또 나고 하나니, 그 무명의 업식 하나가 무량세계 무량겁을 이 십이인연을 따라 굴러다니게 된다.

그러나 계·정·혜가 주장하는 불보살 세계에서는 일생에 마음을 챙기고 살므로 설사 죽는다 할지라도 사는 것은 낮과 같고 죽는 것은 밤과 같아서 마치 밤이 설사 어둡다 하더라도 전등이나 불을 가지면 낮과 같지는 못하나 무엇에 걸리고 구렁에 빠지지 않는 것과 같이 밝은 마음 덩어리 하나가 홀로 드러나서 뒤에 몸을 받게 될 때에는 음욕으로 들지 아니하고 빈 집 잡아들듯이 부모에게 의탁하여 영식이 입태되고 또 순서를 따라서 세상에 나타나 법 있게 살다가 법 있게 죽으면 또 법 있게 나게 될 것이므로 중생은 죽고 산다고 하나 불보살들은 그와 달라서 왔다간다고 하게 된다.

이렇게 밝은 영식 하나가 무량 세계 무량겁을 자유 자재하게 십이인연을 굴리고 다니게 될 것이니 십이인연에 끌려다니는 중생 세계의 고해는 어떠할 것인가.

그러므로 부처님께서 십이인연법을 설하셨으니 과거·현재·미래에 자주력을 얻지 못한 일체 동포는 이 법문으로써 해탈의 길을 얻어야 할 것이다.

3) 육도(六度)

불교는 자타력을 겸했으나 자력이 주가 되고, 이론과 실천이 겸했으나 실천이 주가 된 교(敎)로서 여섯 가지로 자신이 먼저 제도를 받은 연후에 일체 동포까지 제도하자는 육도만행(六度萬行)[1762] 이 있으니,

첫째는 보시(布施)라, 다생겁래에 정신과 육신과 물질을 남을 위

1762) 육도는 육바라밀, 만행은 모든 선행, 육바라밀은 모든 선행의 근본이기 때문에 이를 실행하면 일체 행위가 다 만행이 되고, 일체만행은 실천하면 모두 육바라밀이 된다는 말.

해서 기꺼이 상없이 바치는 공부를 하자는 것이요,

둘째는 지계(持戒)라, 다생겁래에 계문을 정하고 옳은 것은 죽기로써 하고 그른 것은 죽기로써 끊는 공부를 하자는 것이요,

셋째는 인욕(忍慾)이라, 다생겁래에 참기 어려운 것을 능히 참고 하기 어려운 일을 능히 행하자는 것이요,

넷째는 정진(精進)이라, 다생겁래에 방심하지 말고 한결같이 적공하는 공부를 하자는 것이요,

다섯째는 선정(禪定)이라, 다생겁래에 부동심이 되는 공부를 하자는 것이요,

여섯째는 지혜(智慧)라, 다생겁래에 인과의 진리를 깨닫고 배워 알자는 공부인 바, 인인개개(人人個個)[1763]가 하면 할 수 있는 자력이 있고 실천하면 실천할 수 있는 것을 가르친 것이다.

4) 계문(戒文)

부처님께서는 영원한 세상에 구속은 없어지고 자유 해탈을 얻는 법으로 계문을 정해 준 바, 비구 250계와 비구니 500계의 많은 계문이 있으나 그 중 강령으로 중요한 10계가 있으니, 살생·도적·간음·기어(綺語)·망어(妄語)·양설(兩舌)·악구(惡口)·탐심·진심·치심 등의 신(身) 3, 구(口) 4, 의(意) 3을 경계한 바가 있으며, 부처님께서 멸하신 뒤에는 계로써 스승을 삼으라고 하였다.

5) 선(禪)

선(禪)에는 바로 자성 극락으로 들어가는 두 길의 선법(禪法)이 있다.

하나는 간화선이라, 천칠백 공안 가운데 각자의 마음에 드는 대로 하나를 잡아들고 간(看)하는[1764] 것인데, 사량으로써 연구하는 것이 아니라 마음을 다른 곳으로 못 가도록 공안의 말뚝에 잡아매어두는 선법이다.

1763) 한 사람 한 사람.
1764) 간(看)하는(간하다+는): 바라보다. 관찰하다.

또 하나는 묵조선이라, 이는 적적성성한 진여체를 묵묵히 관조하고 있는 선법인 바, 단전에 마음을 주하여 수승화강이 잘 되게 하고 마음의 거래를 대중 잡는 단전주법이 대표적인 선법이니 이 두 선법이 결국 마음을 하나로 정정(定靜)시키는 것만은 동일한 것이다.

6) 십법계(十法界)

위로 불(佛)·보살(菩薩)·성문(聲聞)·연각(緣覺)의 사법계와, 아래로 천도(天道)·인도(人道)·수라(蒐羅)·아귀(餓鬼)·축생(畜生)·지옥(地獄)의 육도계가 벌여 있다.

첫째, 불은 거래 없는 진리를 깨달아 한 곳에 주착한 바가 없이 십법계를 다 자유로 다닐 수 있는 경지요.

둘째, 보살은 그 거래 없는 진리를 깨쳐 중생에게 알려주기를 힘쓰며 열반락을 주로 힘쓰는 경지요.

셋째, 성문은 직접 부처님 법문을 듣고 경전을 볼 때에 그 진리의 진락(眞樂)1765)을 누리지 못했으나 보살같은 지행을 가진 경지요.

넷째, 연각은 부처님에게 직접 구전심수는 못했으나 보살 같은 지행을 가진 경지요.

다섯째, 천도는 형상 있는 물질락을 떠나서 심락을 받는 경지를 이름이요.

여섯째, 인도는 고락과 죄복이 상반되고, 상계와 하계의 중간에 업을 짓고 살아감을 이름이요.

일곱째, 지옥은 마음 가운데에 지옥을 만들어 가지고 화락1766) 함이 없이 스스로 고통을 받음을 이름이요.

여덟째, 아귀는 탐심이 쉬지 않아서 늘 부족만을 느끼고 허덕이는 삶을 이름이요.

아홉째, 축생은 욕심에 가려서 바른 마음을 내지 못하고 어두운

1765) 참된 즐거움.
1766) 화평하고 즐거움(和樂).

마음으로 살아감을 이름이요.

열째, 수라는 마음이 안정을 얻지 못하고 부평초같이 떠서 살아 감을 이름인 바,

위로 사법계는 곧 사성위(四聖位)1767)라 얻기 어려운 경지로서 그 공부하는 정도에 따라 승급 강급이 있고, 아래로 육도계는 일 생동안을 심상 육도계(心上六途界)1768)에 편중되는 대로 사후에 실지 육도1769)에 몸을 받게 되는 것이다.

7) 사홍서원(四弘誓願)

1767) 공자(孔子)를 모시는 문묘(文廟)에 배향(配享)된 성인(聖人) 네 사람의 신위(神位). 곧 안자(顔子)·증자(曾子)·자사(子思)·맹자(孟子)를 가리키는 말.

1768) ①천도: 삼독 오욕심을 항복받아 텅 비고 맑은 마음. 번뇌 망상, 사심잡념을 떠나 편안한 마음. ②인도: 분별 시비심·사량 계교심·이성과 감성의 갈등. ③수라: 번뇌 망상심·요행수를 바라고 일확천금을 꿈꾸는 마음. 항상 불안하고 초조한 마음. ④축생: 무명에 가리어 욕망만 추구하는 마음. 인면수심(人面獸心). ⑤아귀: 삼독 오욕심·착심·이기심·앙앙불락심. ⑥지옥: 시기 질투심. 중상모략심. 자포자기하는 마음. 희망이 끊어진 마음. 이상과 같은 마음의 육도 세계는 누구나 다 갖고 있다. 하루를 두고도 순간 순간 육도 세계를 끊임없이 윤회한다.

1769) 과거·현재·미래의 삼세관에 입각해서 본 육도 세계로서, 현세의 짓는 업 인에 따라 내생에 받게 되는 과보를 말한다. 오랜 세월 동안 보편적인 육도 세계로 이해되어 왔으나, 오늘날에 와서는 설득력이 별로 없다. ①천도: 금생에 수양과 선행을 많이 쌓아 복락을 짓고 죄고가 적은 사람이 다음 생에 태어나는 세계. ②인도: 고락과 죄복이 상반되는 사람이 내생에 태어나는 세계. 인간 세계를 말하는 것으로 이는 인생을 고락 상반이라고 보는 입장에서 본 견해이다. ③수라: 금생에 시기·질투·고민에 가득 찬 사람이 내생에 태어나는 잡귀의 세계. ④축생: 살·도·음 같은 중계를 범한 사람이 내생에 태어나는 동물의 세계. ⑤아귀: 탐욕심이 많은 사람이 태어나는 귀신 세계. 도깨비 세계. ⑥지옥: 죄업을 많이 지은 사람이 내생에 태어나는 광명이 없는 암흑의 세계. 고통의 세계. 육도 세계에 대한 이러한 견해는 다분히 상징적이고 교훈적이다. 혜복을 많이 닦은 사람만이 천도에 태어나고, 보통 사람은 인도에 태어나며, 그 외의 사람은 모두 수라·축생·아귀·지옥에 떨어진다. 이렇게 보면 내생에 천도·인도에 태어날 사람은 적고, 수라·축생·아귀·지옥에 떨어질 사람이 훨씬 더 많게 될 것이다. 비록 금생에 죄업을 많이 지었다고 해서 다음 생에 바로 수라·축생·아귀·지옥고를 받는다는 것은 지혜가 열린 현대인들에게는 설득력이 약한 것이다.

(1) 중생무변 서원도(衆生無邊 誓願度)

함정에 빠져 신음하는 중생과 함정에 들어가려고 하는 중생을 무슨 방법으로든지 다 구출하여 내도록 서원을 올리고 노력할 것이다.

(2) 번뇌무진 서원단(煩惱無盡 誓願斷)

다생겁래에 젖은 악습과 욕심의 때를 벗겨서 청정심이 되도록 서원을 올리고 노력할 것이다.

(3) 법문무량 서원학(法門無量 誓願學)

모든 성현들이 밝혀주신 법을 부지런히 배워서 내 것으로 삼도록 서원을 올리고 노력할 것이다.

(4) 불도무상 서원성(佛道無上 誓願成)

오직 하나인 불도를 바르게 깨쳐서 그 하나에 합치되도록 서원을 올리고 노력할 것이다.

그러나 무량무변한 중생을 다 제도하여 주기로 하면, 먼저 자심 중에 있는 번뇌를 제거해야 할 것이요, 자심 중의 번뇌를 제거하기로 하면 모든 성현들의 법문을 배워서 수행해야 될 것이요, 법문을 많이 배워 알기로 하면 먼저 자성을 오득하여야 할 것이니, 자성을 깨치고 보면 이가 곧 성불이라, 한량없는 법문이 갖추어질 것이요, 한량없는 법문을 갖추고 보면 번뇌가 스스로 제거될 것이요, 번뇌가 스스로 제거되면 자타가 함께 제도를 받을 것이다.

8) 삼귀의(三歸依)

(1) 귀의불양족존(歸依佛兩足尊)

불생 불멸한 진리와 인과 보응의 진리를 정각한 삼세 부처님에게 귀의하고, 한 걸음 더 들어가서는 자심불(自心佛-覺)에 귀의할 것이다.

(2) 귀의법이욕존(歸依法離慾尊)

부처님이 밝혀 놓은 정법에 귀의하고, 한 걸음 더 들어가서 선악이 다 스승이 되는 일체처일체법(一切處一切法)[1770])에 귀의하고, 또 한 걸음 더 들어가서는 자심법(自心法 - 正)에 귀의할 것이다.

(3) 귀의승중중존(歸依僧衆中尊)

정법을 닦고 청정행을 하신 삼세의 스승에게 귀의하고 한 걸음 더 들어가서 본래 다 청정한 일체처일체승(一切處一切僧)에 귀의하고 또 한 걸음 더 들어가서는 자심승(自心僧-淨)에 귀의할 것이다.

나. 장엄 불교를 실용 불교로

1) 부처님의 팔상과 우리의 수행
    (1) 도솔래의상(兜率來儀相)

중생들은 다생 업력에 끌려서 출생입사(出生入死)[1771]하지마는 불타께서는 도솔천 내원궁[1772]의 일위(位) 호명보살(護明菩薩)[1773]로 있다가 마음대로 내거(來去)[1774]하였으니, 우리도 우리 마음대로 육도 세계를 내거하도록 마음의 자유를 얻는 공부를 할 것이요.

    (2) 비람강생상(毘藍降生相)

전 국민과 인천 대중이 갈망하고 환영하는 속에 인간의 최상 최존의 부귀 겸전한 일국(一國)의 태자로 탄생하였으니, 우리도 우리의 노력하는 바가 대중을 위하여 노력해서 대중의 진실된 환영 속에서 오고 가도록 할 것이요.

    (3) 사문유관상(四門遊觀相)

사문을 구경하다가 노병사의 인간고와 수도인의 일체 해탈상을 보고는 인간 무상을 더욱 느끼고 구도의 의심을 일으켜 때로 명상에 잠겼으니, 우리도 대각의 뿌리요 열쇠인 의심을 일어낼 줄 아는 공부를 할 것이요.

    (4) 유성출가상(踰城出家相)

1770) 모든 곳, 모든 것(만유) 하나하나가 다 법(가르침, 진리)임.
1771) 나고 죽는 일.
1772) 도솔천에 있다는 미륵 보살의 정토. 내원(內院)이라고도 함. 원문의 내월궁은 내원궁으로 수정함.
1773) 서가모니불이 보살로 도솔천에 머물렀을 때 부르던 이름.
1774) 오고 감.

재·색·명예의 욕성(慾城)을 넘기 위하여 왕실의 태자위와 처자를 헌신같이 버리고 혼연히1775) 출가하였으니, 우리도 가중(家中)에 있거나 출가를 했거나 우리를 싸고 있는 욕성을 뛰어넘는 공부를 할 것이요.

(5) 설산수도상(雪山修道相)

수도하실 때 가지가지의 순역 설산고행(順逆.雪山苦行)이 있었으니, 우리도 수도하는 경로에 무서운 설산이 있음을 각오하고 설산을 녹여버리는 공부를 할 것이요.

(6) 수하항마상(樹下降魔相)

보리수 하에서 마군을 쳐부수고 항마를 하였으니, 우리는 바로 육신수하(肉身樹下)에 팔만사천 마군을 때려 부셔 항복받는 공부를 할 것이요[마왕 파순(波旬)은 바로 각자의 색신(色身)을 이름] (정력 양성).

(7) 녹원전법상(鹿苑轉法相)

교진여(矯陳如)1776) 등 다섯 사람에게 법을 전하기 전에 당신 몸부터 법륜(法輪)1777)을 굴렸으니, 우리도 우리 몸부터 불일(佛日)1778)을 밝히고 법륜을 굴리는 공부를 할 것이요.

(8) 쌍림열반상(雙林涅槃相)

평상시부터 언어도단하고 심행처가 멸한 원적무별의 자성 본향에 안주하는 선(禪) 공부를 하여 최후 열반에 든 것이니, 우리도 평상시부터 원적무별한 정(定) 공부를 하여 마음에 얽매인 것이 없는 해탈의 열반에 드는 공부를 하자는 것이다.

2) 장엄 불교를 실용 불교로

1775) 혼연하다: 기쁘거나 반가운 기분이 들다.
1776) 석가모니(釋迦牟尼)가 출가(出家)한 뒤 정반왕(淨飯王)이 그 소식을 알기 위하여 밀파(密派)한 사람. 석존(釋尊)이 성도(成道)한 후 먼저 불제자(佛弟子)가 되어 다섯 비구(比丘)의 우두머리가 되었음.
1777) 부처는 교법의 수레바퀴를 굴려 중생의 모든 번뇌를 굴복시키므로 비유하여 법륜이라 함.
1778) 모든 중생을 구제하는 부처의 광명을 해에 비유하여 이르는 말.

(1) 불상을 모시는 것은 마음으로 부처님을 신봉하고 부처님이 깨친 그 진리를 우리도 깨치기를 서원하는 동시에 그 원만한 지행을 나날이 닮아가기 위함이요.

(2) 연화를 꽂는 것은 우리가 연화와 같이 오탁악세(五濁惡世)[1779]에 살지마는 물들지 말자는 것이오.

(3) 다기(茶器)에 물을 매일 가는 것은 우리가 다기 물과 같이 마음을 자주 닦고 맑혀서 자타의 모든 때를 씻자는 것이오.

(4) 향을 사르는 것은 행실이 향과 같이 좋은 냄새를 많이 내게 하며 세상의 더러운 냄새를 다 제거하자는 것이오.

(5) 촛불을 켜는 것은 마음 자리를 잘 밝혀서 어두운 세상을 밝게 비쳐 주자는 것이오.

(6) 염주를 들고 염불하는 것은 마음에 이는 욕심을 자주 챙겨서 일념을 만들자는 것이오.

(7) 법의(法衣)를 입는 것은 하루 속히 중생의 어둡고 탁한 더러운 옷을 벗고 부처님과 같이 청정 법신이 되자는 것이오.

(8) 종을 울리는 것은 신호인 동시에 잠을 자고 있는 삼계 중생을 깨워 일어나게 하자는 것이오.

(9) 탑을 도는 것은 각자가 가지고 있는 육신의 탑을 마음의 부처가 늘 살피고 돌다가 사심(邪心)이 일어나면 제거하여 버리자는 것이오.

(10) 선을 하는 것은 마음을 통일시키어 모든 번뇌와 삼세 업장을 녹혀 버리자는 것이오.

(11) 경(經)을 읽는 것은 경을 보아서 부처님이 되어가는 노정(路程)[1780]을 알자는 것이오.

(12) 법설을 하는 것은 삼계 구류 중생이 다생겁래에 법에 굶주려 있으므로 법식을 많이 먹여 죄악과 고통과 집착의 부자유

1779) 5가지 더러움이 가득 차 있는 세상. 5가지 더러움은, 겁탁(劫濁: 시대의 더러움), 견탁(見濁: 사상·견해가 사악한 것), 번뇌탁(煩惱濁: 탐·진·치로 마음이 더러운 것), 중생탁(衆生濁: 함께 사는 이들의 몸과 마음이 더러움), 명탁(命濁: 인간의 수명이 짧아지는 것) 등이다.
1780) 목적지까지의 거리. 또는 목적지까지 걸리는 시간.

한 세계에서 대해탈을 얻게 하고, 캄캄한 암흑 세계에서 대광명을 얻게 하며, 과불급하고 편협한 세계에서 원만 평등한 대중도의 세계를 만들게 하자는 것이다. 이러한 법이라야 천하 인류가 다 같이 신봉할 수 있고, 다 같이 수행하여 나갈 수 있는 바른 법이 되는 것이다.

3) 인간 불타(人間佛陀)

불타께서는 우리와 같은 인간인데, 구도하기 위해 설산에서 육년간 명상에 잠겼다가 깨어나 갖은 고행을 겪은 나머지 아래 다섯가지 능력을 얻었으며, 생멸 없는 진리와 인과 있는 진리를 여실(如實)히[1781] 깨쳤고, 또한 인간 세상의 어려운 사고(四苦)와 팔고(八苦)를 다 해탈하였으며, 만 생령의 부모가 되어 자비의 큰 사랑을 널리 베푼 인간의 높은 스승이다.

(1) 인간이 서로 탐내고 빼앗으려는 왕실의 명예를 헌신같이 버렸으므로 남이 빼앗아 가지 못하고 해하지 못할 세계의 무상(無上) 성위(聖位)에 오른 것이다.

(2) 한 가정에만 사랑을 경주하지 않고 넓은 세상과 전 생령을 다 사랑하였으므로 남녀노소, 선악귀천이 다 같이 숭배의 사랑을 바치게 된 것이다.

(3) 사람마다 제일 소중히 여기는 생명과 모든 재산을 자기의 소유로 알지 않고 세상에 다 바쳤으므로 오랜 세상에까지 제일 큰 부(富)를 누리게 된 것이다.

(4) 사람마다 자기의 안일과 향락만을 위주하나 불타께서는 당신의 정신과 육신의 모든 안일과 향락을 극복하고 대중을 위하여 노력하였으므로 많은 세상을 두고 중인(衆人)이 부처님을 위하여 노력하려는 마음이 일어나는 것이다.

(5) 사람마다 가까운 친척이나 민족만을 자기의 동족으로 알지마는 불타께서는 계한[1782]을 툭 터서 시방을 일가로 하고 사

1781) 여실하다: 실제와 꼭 같다.

생을 한 권속으로 하여 원근친소에 끌리지 아니하고 다 같이 호념하였으므로 일체 생령이 다 불타의 가까운 일가 친척이 된 것이다.

4) 부처님의 위대함

(1) 나서부터 열반에 들기까지 인간으로서 부족함이 없는 순경 중의 대순경을 물리치고 불생 불멸과 인과 보응의 진리를 오득하여 49년의 오랜 시일 동안 전성(前聖)[1783]에 유례가 없이 많은 중생을 친히 제도하여 줌이요.

(2) 수행하는 도중에 모든 역경이며, 또는 국가가 전복되어 왕실이 파괴되고 부모 처자가 사지(死地)의 고경(苦境)에 처함을 알고도 거기에 조금도 끌리지 않고 계속 수행해서 정각을 이루어 많은 중생을 제도함이요.

(3) 부처님이 멸한 후 삼천년이라는 기나긴 세월에 많은 도인을 나게 함이요.

(4) 부처님께서는 가정도 원만한 가정에서 났고, 진리도 원만한 대도를 정각하였으며, 제자도 원만한 제자를 많이 만났고, 세수(世壽)도 원만한 수로 열반에 든 실로 복혜가 쌍족한 위대한 대성인이다.

2. 도교(道敎)

가. 노자(老子)께서 교문을 열어 놓으신 의의와 교리 강령

도교에서 모든 사람이 자연에 돌아가서 천진스럽게 살자는 것으로 주장한 바, 노자께서 설하신 교리의 강령은 무위자연의 도로 체를 삼고 무위자연의 행으로 용을 삼아서 질소[1784] 검박[1785]한

1782) 한계.
1783) 전세(前世: 지나간 세상)에 난 성인.

세상을 만들자는 것이다.

다시 노자님의 사상과 실생활에 대한 교훈을 요약해 말하자면 사량으로써 생각하지 못하고 계교로써 얻지 못하고 언어로써 감히 이름 짓지 못할 지중한 도(道) 자리를 밝혔다.

도교의 수양법은 동정상에 내·외 두 방면으로 기운을 단련하여 나가되, 안으로 정할 때 공부는 조식법(調息法)과 단전주로써 늘 면면약존(綿綿若存)1786)하라고 하였으니 면면은 기운이 끊어지지 않고 계속하라는 것이요, 약존은 없는 것 같이 있으라는 것이며, 밖으로 동할 때 공부는 용지불근(用之不勤)하라 하였으니 모든 사물을 응용하여 나가는데 너무 급해서 전도하지 말고 서서히 실수 없이 튼튼하게 나가라는 것이다.

나. 처세의 교훈 삼보(三寶)

1) 처세의 요법으로는 눈을 버리고 배를 취하는(去目取腹) 실상의 생활을 하라는 말씀과 극심하고 사치하고 교만하지 말아서 항상 모자람이 있는 것 같이 살라 하셨으며, 허(虛)한 즉 실(實)해지고 실한 즉 허해진다 하였으니 이는 모두 우리가 살아나가는 가운데 한 지경 벗어나서 어그러짐이 없이 온전히 잘 살라는 산 교훈이다.

2) 삼보(三寶)
자(慈)는 남을 호리라도 미워하는 마음이 없음이요.
검(儉)은 무슨 물건이든지 내일을 위하여 다 쓰지 않고 늘 아껴 둠이오.
불감위천하선(不敢爲天下先)은 천하의 제일 뒤에 밑받침이 되어

1784) 꾸밈이 없고 수수함.
1785) 검소하고 소박함.
1786) 면면약존 용지불근: 솜 같은 실이 끊어지지 아니하고 계속하여 이어 나오므로 쓰더라도 수고롭지 않고 부지런히 하지 않아도 계속 쓸 수 있다는 뜻.

서 천하 사람을 다 먼저 좋게 해 주는 덕을 기름이다.

다. 노자의 위대함

1) 도덕이 높으면서도 스스로 나오지 않고 주법(主法-공자님)에게 미뤘으니 이는 무위로써 무불위(無不爲)[1787]의 천도를 그대로 실시함이요.

2) 천하의 대도인 무위자연의 도를 밝혀 놓았고, 몸소 대자연에 동화하여 해탈행을 하였다.

3. 유교(儒敎)

가. 공자님께서 교문을 연 의의와 강령

모든 창생[1788]으로 하여금 인(仁)으로 돌아가게 한 것으로 그 교리의 강령을 말하자면 하늘이 명한 것이 성품이요(天命之謂性-천명지위성), 성품을 좇는 것이 도며(率性之謂道-솔성지위도), 도를 닦는 것이 교라(修道之謂敎)하고, 인생이 마땅히 행할 바 길은 충·효·열의 삼강과 부자유친(父子有親)·군신유의(君臣有義)·부부유별(夫婦有別)·장유유서(長幼有序)·붕우유신(朋友有信)의 오륜을 차서로 정해서 수신(修身)·제가(齊家)·치국(治國)·평천하(平天下)의 도를 세워 놓았다.

1) 삼강(三綱)
(1) 충(忠)은 신하로서 임금 섬기는 도를 말해 왔으나 그 진

1787) 무위 무불위: 무위로써 하지 못할 바가 없다.
1788) 세상의 모든 사람.

의(眞意)는 우리의 몸과 마음을 남을 위해서 다 바쳐 무아봉공함을 이름이요, 임금 한 분에게만 바치라는 좁은 뜻은 아니다.

(2) 효(孝)는 부모에게 효성을 다하며 남의 부모까지라도 정성으로 받들고 한 걸음 나아가서 천지·부모·동포·법률 등 사은에서 이 몸을 얻었으니 사은에게 널리 보은을 잘 하는 것이 큰 효이다.

(3) 열(烈)은 한 여인과 한 남편이 서로 절조를 지키는 동시에 이 몸이 진리에서 나왔으니 진리를 배반하지 않는 절개가 참 열이다.

2) 오륜(五倫)

(1) 부자유친은 부자자효(父慈子孝)하여 서로 친애하자는 것이요.

(2) 군신유의는 상하가 서로 의리가 있어야 된다는 말이요, 임금과 신하에만 한한 말이 아니다.

(3) 장유유서는 어른과 젊은이 사이의 선후 차서는 가려야 하되 불합리한 노소 차별를 가려서는 안 될 것이다.

(4) 붕우유신은 벗 사이에 생명을 대신하고 고락을 서로 나눌 수 있는 신의 있는 벗을 두자는 것이다.

(5) 부부유별은 부부 사이에 예절을 두어서 가까운 사이부터 도리를 지켜나가자는 것이다.

3) 중도(中道)

대범 세상에는 흥·망·성·쇠와 길·흉·화·복과 이·해·성·패와 생·사·유·무가 있는바, 언제나 한 편에 끌리지 말고 오직 때와 곳과 사람과 그 일에 불편불의하고 과불급이 없게 함이 곧 중도이니, 이러한 법이라야 천하 사람이 다 실행할 수 있고 천하 사람이 다 실행할 수 있는 법이라야 천하의 대도가 될 것이다.

4) 대인군자(大人君子) 진퇴(進退)의 도

주역(周易) 건괘(乾卦)1789)에 대하여,

초구(初九)는 잠룡(潛龍)이니 물용(勿用)이니라1790). 군자 뜻을 얻지 못할 때에는 망녕되이 구하지 말고 먼저 덕을 닦을 따름이요.

구이(九二)는 현룡재전(見龍在田)이니 이견대인(利見大人)1791)이니라. 군자 출세하였으나 앞길을 개척하여 주는 올바른 지도자를 만나야 되고,

구삼(九三)은 군자 종일 건건(乾乾)하여 석척약(夕惕若)하면 여하나 무구(無咎)니라1792). 군자 지도자를 만났다 하더라도 스스로 근엄하며, 남몰래 쌓는 노력이 있어야 허물이 없고,

구사(九四)는 혹약재연(或躍在淵)하면 무구(无咎)리라1793). 군자 설사 발천(發闡)1794)이 되었다 하더라도 여의치 못할 때에는 다시 자중하고 숨어 도로써 힘을 기를 줄 알아야 허물이 없고,

구오(九五)는 비룡재천(飛龍在天)이니, 이견대인(利見大人)이니라1795). 군자 비록 위를 얻었다 하더라도 상하·좌우에서 밑받침이

1789) ①팔괘의 하나. 상형(象形)은 '☰'으로 하늘을 상징함. ②육십사괘의 하나. '☰' 둘을 포갠 것으로, 하늘이 거듭됨을 상징함.

1790) 잠룡물용: '물에 잠겨 있는 용은 쓰지 않는다'라는 뜻으로, 왕위에 오를 인물이나 대인군자(大人君子) 또는 영웅이 자신의 능력을 배양하며 조용히 때를 기다리는 것을 비유하는 말이다.

1791) 물 속에 있어야 할 용이 밭에 있으니 죽기 일보 직전이므로 대인, 즉 훌륭한 스승을 만나는 것이 이롭다는 뜻.

1792) 군자종일건건 석척약 려무구(君子終日乾乾 夕惕若 厲無咎): 건건은 끙끙거린다는 뜻. 두려워할 척. 같을 약. 위태로울 려. 군자가 종일토록 최선을 다해 일을 하고, 저녁이 되어서도 자신의 일에 걱정하고 내일의 일을 준비하니 어렵고 험하여도 허물은 없으리라. 구삼은 위태로운 자리다. 여기에서 조심하고 수양을 한다면 비록 위태로운 자리이지만 잘 넘길 수 있다. 그래서 한 단계 도약할 수 있는 혹약재연(或躍在淵)의 시험을 거쳐서 비룡재천(飛龍在天)하여 온갖 조화를 부리리라.

1793) 혹시 뛰어오르더라도 연못이 있으면 문제가 없다는 뜻이다. 육지에 올라온 용이 공중으로 비상하기 위해서 나는 연습을 하는 과정이다. 이때 뛰어오르다가 잘못되면 땅으로 곤두박질치면서 다칠 수밖에 없다. 만약 날아오르다가 잘못돼 연못으로 떨어지면 다치지 않는다.

1794) 앞길이 열려 세상에 나섬. 또는 앞길을 열어서 세상에 나서게 함. 원문의 發薦은 發闡으로 수정함.

1795) 나는 용이 하늘에 있으니, 대인을 봄이 이롭다는 뜻. 땅에서 나는 연습

되고 돕는 어진 사우(師友)가 있어야 되고,

상구(上九)는 항룡(亢龍)이니 유회(有悔)리라[1796]. 극한 자리는 위태한 자리라 변함이 많은 것이니 군자 도에 넘치지 말아야 후회함이 없을 것이다.

5) 사물잠(四勿箴)[1797]
(1) 예(禮) 아니면 보지 말며,
(2) 예 아니면 듣지 말며,
(3) 예 아니면 말하지 말며.
(4) 예 아니면 동(動)치 말자는 것이다.

나. 공자님의 공부한 경로

1) 열다섯에 비로소 도에 발심이 났고(十有五而志于學),
2) 서른에 큰 뜻이 굳게 섰고(三十而立),
3) 마흔에 모든 의혹이 마음을 달래어 가지 못하게 하였고(四十而不惑),
4) 쉰에 모든 이치에 걸림이 없었고(五十而知天命),
5) 예순에 세상 일을 보고 들은 대로 걸리고 막힘이 없었고(六十而耳順),
6) 일흔에 마음에 하고 싶은 대로 하여도 중도에 골라 맞았다 한다(七十而從心所慾不踰矩).

다. 공자님의 위대함

을 마치고 비상하는 단계이다.
1796) 하늘에 높이 올라가 있는 용은 언젠가 내려와야만 한다는 의미이다.
1797) 사물(四勿)이란 본래 논어에 나오는 예(禮)가 아니면 보지도 말고, 예가 아니면 듣지도 말고, 예가 아니면 말하지도 말고, 예가 아니면 행하지 말라는 말이다. 이는 공자가 제자 안연(顏淵)에게 한 말로서 이 말을 정자가 더욱 부연하여 만든 것이 사물잠(四勿箴)이다. 잠(箴) 훈계를 담은 글.

1) 당시 주세 성자가 되셨으면서도 자신은 모르는 사람이 되고, 노자님에게 배운 것이 학불염(學不厭)·교불권(敎不倦)[1798]을 몸소 그대로 실천함이요.

2) 삼강 오륜으로서 인류 강기를 정하여 주시고, 또는 관혼상제의 사례(四禮)[1799]를 만들어 놓으셔서 수신·제가·치국·평천하의 대도를 개척하여 놓음이요.

3) 천하 대도인 중용의 도를 밝혀 놓고 친히 그 중도를 실천한 것이다.

4. 기독교(基督敎)

가. 예수님께서 교문을 연 의의와 강령

기독교에서는 모든 인류로 하여금 하나님에게 돌아가서 구원을 얻으라 하심과 죄 있는 사람은 천당에 갈 수 없나니 회개하라는 것을 말한 바, 예수님이 3년간 설하신 교리의 강령은 신(信)·망(望)·애(愛)이다. 즉

첫째, 믿으라 = 천국이 가까워졌느니라 - 信
둘째, 구하라 = 두드려야 문을 열어 주나니라 - 望
셋째, 사랑하라 = 칼로써 얻는 자는 칼로써 망하나니라 - 愛

1) 전 인류에게 전한 예수님의 교훈
(1) 아버지도 알 수 없는 몸으로 무명(無名)한 마리아의 몸을 빌어서, 하고 많은 가운데 유태국 베들레헴 마굿간에서 이 세

1798) 學不厭而敎不倦: 배울 학, 아닐 불, 싫을 염, 말 이을 이, 가르칠 교, 게으를 권. 배우기를 싫어하지 아니하며, 남을 가르치기를 게을리하지 않는다.
1799) 관(冠)·혼(婚)·상(喪)·제(祭)의 4가지 예법.

상에 나오시게 된, 더할 수 없이 그 불우한 몸이면서도 예수님이 된 것은 역경 중에 있는 온 인류에게 새 희망을 갖게 함이요.

(2) 진리의 절대 자리인 하나님을 밝혀서 온 인류를 귀의케 하였고, 또한 가까운 부모 자녀의 윤기를 건네서 친근하게 하여 줌이요.

(3) 왼 뺨을 때리면 오른 뺨까지 내맡기라는 대무아의 희생적 정신을 가르쳐 줌이요.

(4) 남에게 주는 데는 왼 손으로 줄 때 오른 손도 모르게 주라는 대무상의 희사심을 가르쳐 줌이요.

(5) 진리 아닌 말을 들을 때 왼 귀로 듣고 오른 귀로 흘려버려서 집착성을 두지 말라는 도리를 가르쳐 줌이요.

(6) 최후에 제자 유다에게 몸이 팔림을 당했으나 미워하거나 버리지 아니하고 후에 제도하여 주었으며, 무거운 십자의 형틀을 메고 모자란 힘으로 목적지까지 갈 때에 몇 번이고 쓰러져서 형리에게 매를 맞았으나 조금도 불평함이 없이 자기의 책임을 다 지켰고, 십자가에 못 박힐 때 같이 형을 받는 도적에게 무수한 욕설을 당했으나 최후의 일각까지 적자(赤子)와 같은 사랑으로 대하신 일이 하나님의 독생자일 뿐만 아니라, 바로 그때가 하나님이 된 것이다. 그러므로 우리는 기독교의 신도가 아닐지라도 진리의 절대인 하나님에게 돌아가서 귀의하여야 할 것이요, 또한 하나님에게 합일하여 나와 하나님이 둘이 아닌 한 덩어리가 되어 자타력 병진하는 공부를 원성(圓成)하여야 될 것이다.

나. 산상수훈(山上垂訓)[1800]

[1800] 신약성서 "마태오의 복음서" 5~7장에 기록되어 있는 예수의 산상 설교. 산상 설교 또는 산상 보훈(寶訓)이라고도 한다. 이것은 예수의 선교 활동 초기에 갈릴레아(갈릴리)의 작은 산 위에서 제자들과 군중에게 행한 설교로서, '성서 중 성서'로 일컬어지며, 그리스도교 신자들에게 가장 중요한 기도인 '주기도'도 이 산상수훈에서 연유한다. 일반적으로 이 산상수훈은 윤리적 행위에 대한 예수의 가르침을 집약적으로 잘 드러내고 있다는 점에서 초대 그리스교 시대부터 오늘날까지 그리스도 교도들의

1) "마음이 가난한 자여, 천국이 그대의 것이로다."라는 말씀은 마음이 텅 비워져서 아무 것도 담은 바가 없어야 천국을 소유한다는 뜻이요.

2) "슬퍼하는 자여, 그대는 위안을 받지 못하리라."는 말씀은 낙망하고 슬퍼하면 더욱 낙망과 슬픔이 따르고, 희망을 갖고 즐거워하면 모든 일이 즐거워진다는 뜻이요.

3) "유화(柔和)한 자여, 그대는 지상의 주인이로다."라는 말씀은 부드럽고 화한 자라야 온 인류가 서로 쫓아 지상의 참된 주인이 된다는 뜻이요.

4) "의롭지 못한 자여, 그대는 배고플 때가 오리라."는 말씀은 의를 행하여야 모든 복이 따른다는 뜻이오.

5) "근심 있는 자여, 그대는 더욱 근심을 얻으리라."는 말씀은 근심을 가진 자에게는 즐거움이 올 수 없고, 근심을 놓아 버려야 즐거움이 온다는 뜻이요.

6) "마음이 깨끗한 자여, 그대는 신(神)을 보리라."는 말씀은 마음의 때(탐, 진, 치)가 없으면 바로 신, 즉 하나님을 볼 수 있다는 뜻이요.

7) "평화롭지 못한 자여, 그대는 신의 아들이 아니로다."라는 말씀은 평화한 자라야 낙원의 세계에서 행복을 누릴 수 있다는 뜻이요.

8) "의(義)를 위해서 바친 자여, 천국은 그대의 것이로다."라는 말씀은 의를 가진 사람이라야 공도의 주인이 되고 바로 지상 천국의 주인이 된다는 뜻이다.

이상과 같이 예수님께서는 갈릴리 호수가의 산 위에서 온 희망

윤리 행위의 지침이 되고 있다. 그 내용은 유명한 '팔복(八福)'을 서두로 하여 사회적 의무, 자선 행위, 기도, 금식(禁食), 이웃 사랑 등에 관한 예수의 가르침인데, 유대인들의 옛 율법 전통과는 잘 대조되어 나타난다. 끝으로 참된 종교적 신앙 생활의 내면적 본질에 관한 가르침이 짤막한 비유로 제시되고 있다. 이 산상수훈은 중세 가톨릭에서는 수도 생활의 전형적 규범으로 해석되기도 하였다.

과 생명과 정성을 하나님께 바치신 후, 전 인류의 교훈이 될 천어를 바로 내려주신 것이다.

다. 예수님의 위대함

큰일을 경영하면서도 30세까지 아무런 흔적이 없이 있다가 짧은 3년 동안에 그 큰 과업을 이루어냄이요.

하나님과 인간 사이에 가까운 부자의 윤기를 건네게 하여 서로 다정히 친근하게 하여 줌이요.

전 인류의 죄를 대속(代贖)[1801]하여 주기 위하사 최후까지 바쳐 대박애의 도를 전하여 줌이요.

처음 나서부터 33세에 돌아가신 해까지 사람으로서 더 당할 수 없는 역경 중에서도 대성과를 거둔 것이다.

5. 원불교(圓佛敎)

가. 대종사님께서 교문을 연 의의와 교리 강령

부처님과 여러 성현이 멸하신 후 오늘에 이르러 꺼진 불일(佛日)을 거듭 밝히시고 쉬었던 법륜(法輪)을 다시 굴리사 모든 중생의 어두워진 마음을 다시 밝혀서 마음을 잘 쓰도록 하는 용심법(用心法)을 더 가르쳐서 일체 생령을 광대 무량한 낙원으로 인도하려 함이다.

다시 원불교의 교리 강령과 그 특징은 혜(慧)를 구하는 법으로서 무시선(無時禪) 무처선(無處禪)을 내놓았고, 복 짓는 법으로는 처처불상(處處佛像) 사사불공(事事佛供)을 내놓았으며, 개체 신앙

1801) ①예수가 십자가의 보혈(寶血)로 인류의 죄를 대신 씻어 구원한 일. ②남의 죄를 대신하여 당하거나 대신 속죄(贖罪)함.

을 법신불 일원상 신앙으로 통합해 놓은 것과 편벽된 수행을 원만한 삼학 병진의 수행으로 합해 놓은 것은 삼학 공부로써 일상생활을 하게 하고 일상생활로써 삼학 공부를 하게 하신 바,

첫째, 모든 일을 당할 때마다 경거망동하지 않고 일단 멈추어 생각해서 옳은 일이면 취하고 그른 일이면 놓는 공부를 경계를 당할 때마다 계속해서 하자는 것이요.

둘째, 일을 당하기 전에 미리 연마하여 두었다가 실지 일을 당할 때 군색함이 없이 쓰자는 것이요.

셋째, 시간 있는 대로 용심법을 가르쳐 놓은 경전을 배우자는 것이요.

넷째, 경전의 대의를 아는 사람은 특별히 의심난 제목을 연구해서 깨치자는 것이요.

다섯째, 조석으로 마음을 모으기 위해서 염불과 좌선을 하자는 것이요.

여섯째, 모든 경계를 지낸 후에는 반드시 잘 되고 못된 것을 반성해서 다음에는 더 잘 하자는 것이다.

이상 여섯 가지 공부법으로 매일 저녁마다 일기를 기재하게 하여 삼대력을 얻어 가자는 것이다.

또는 정할 때 공부법으로는 매일 상시 공부 육조[1802]로 마음을 닦아 나가다가 부족한 것을 보충하기 위하여 매주 예회에 참예(參詣)하여 스승과 동지 간에 혜두 연마를 해 나가고 또는 매년 동하간(冬夏間) 수개월씩 정기 선 수련을 하여 수양(염불, 좌선), 연구(경전, 강연, 회화, 의두, 성리, 정기 일기), 취사(상시 일기, 주의, 조행)의 상시 공부를 할 때에 부족함이 없도록 큰 힘을 준비하여 나가자는 것이다.

그러므로 정할 때 공부로서는 동할 때 공부의 자료를 삼고, 동할 때 공부로서는 정할 때 공부의 자료를 삼아서 동정 간에 간단

1802) 상시 응용 주의 사항 1~6조를 이름.

없이 불지에 오르자는 것이니, 동정간 불리선법의 강령을 말하자면 '육근이 무사하면 잡념을 제거하고 일심을 양성하며, 육근이 유사하면 불의를 제거하고 정의를 양성하라.' 하였고,

전 교도에게 금지하는 계문이 30가지가 있는 바, 어떤 분을 물론하고 처음 입교하는 사람에게 보통급 십계를 주고, 조금 공부가 더 된 사람에게는 특신급 십계를 주고, 더 능숙한 사람에게는 법마상전급 십계를 주고, 그 계문을 무난히 다 공부한 사람에게는 계문을 주지 아니하고 각자의 마음에 심계(心戒)를 정하고 간단없이 적공을 해 나가는 공부를 스스로 하여 나가게 한 것이다.

1) 교강(일상 수행의 요법)

　　(1) 정신을 양성하여 일심 정력을 만들고,
　　(2) 사리를 연구하여 대원 정각을 하고,
　　(3) 작업을 취사하여 중도(中道)를 실행하고,
　　(4) 신·분·의·성으로 정진해서 불신·탐욕·나·우를 제거하고,
　　(5) 사은의 지중한 은혜를 발견해서 보은 감사 생활을 하고,
　　(6) 자력을 양성시켜서 인격 평등이 되게 하고,
　　(7) 모르는 것을 배워서 지식 평등이 되게 하고,
　　(8) 아는 것을 가르쳐서 교육 평등이 되게 하고,
　　(9) 공도주의를 실현하여 생활 평등이 되게 한다.

이상의 내용 가운데 전 생령을 건지는 방법으로는 삼학 팔조요, 세계 평화의 근본으로는 사은에 대한 보은 생활이요, 서로 잘 사는 묘방으로는 사요의 실현을 말한 것이다.

2) 계문(戒文)

　　(1) 보통급 십계문
　　　① 연고 없이 살생을 말며,
　　　② 도둑질을 말며,
　　　③ 간음(姦淫)을 말며,

④ 연고 없이 술을 마시지 말며,

⑤ 잡기(雜技)를 말며,

⑥ 악한 말을 말며,

⑦ 연고 없이 쟁투(爭鬪)를 말며,

⑧ 공금(公金)을 범하여 쓰지 말며,

⑨ 연고 없이 심교간(心交間) 금전을 여수(與受)하지 말며,

⑩ 연고 없이 담배를 피우지 말라.

(2) 특신급 십계문

① 공중사(公衆事)를 단독히 처리하지 말며,

② 다른 사람의 과실(過失)을 말하지 말며,

③ 금은 보패 구하는 데 정신을 뺏기지 말며,

④ 의복을 빛나게 꾸미지 말며,

⑤ 정당하지 못한 벗을 좇아 놀지 말며,

⑥ 두 사람이 아울러 말하지 말며,

⑦ 신용 없지 말며,

⑧ 비단 같이 꾸미는 말을 하지 말며,

⑨ 연고 없이 때 아닌 때 잠자지 말며,

⑩ 예 아닌 노래 부르고 춤추는 자리에 좇아 놀지 말라.

(3) 법마 상전급 십계문

① 아만심(我慢心)을 내지 말며,

② 두 아내를 거느리지 말며,

③ 연고 없이 사육(四肉)을 먹지 말며,

④ 나태(懶怠)하지 말며,

⑤ 한 입으로 두 말 하지 말며,

⑥ 망녕된 말을 하지 말며,

⑦ 시기심(猜忌心)을 내지 말며,

⑧ 탐심(貪心)을 내지 말며,

⑨ 진심(瞋心)을 내지 말며,

⑩ 치심(痴心)을 내지 말라.

3) 선법(禪法)

선법에 있어서는 여러 수행자에게 병들지 않게 하기 위하여 단전주법을 하게 하되, 근기를 따라서 혹 화두 연마하는 시간도 가지게 하며 또는 기도, 염불, 주송 등을 구애 없이하여 마음의 정정(定靜)을 얻게 한다.

4) 육근을 원만하게 사용하는 공부

눈으로 볼 때, 편벽되지 않고 원만하게 보며 사사롭지 않고 공정하게 볼 것이요.

귀로 들을 때, 편벽되지 않고 원만하게 들으며 사사롭지 않고 공정하게 들을 것이요.

코로 냄새를 맡을 때, 편벽되지 않고 원만하게 맡으며 사사롭지 않고 공정하게 맡을 것이요.

입으로 말할 때, 편벽되지 않고 원만하게 말하며 사사롭지 않고 공정하게 말할 것이요.

몸을 가질 때, 편벽되지 않고 원만하게 발하며 사사롭지 않고 공정하게 가질 것이요.

마음을 쓸 때, 편벽되지 않고 원만하게 쓸 것이며 사사롭지 않고 공정하게 쓸 것이니라.

5) 자각적 생활

일생 동안 각자의 지낸 바를 살피게 하되 삼년 만에 한 번씩 그동안의 선·불선의 신분을 검사케 하고, 또 부모 친척과 원근 외인에 이르기까지 남으로부터 입은 혜수와 실지 빚진 것, 그리고 남에게 입힌 혜시와 실지 빚 준 것을 계산하여 죄 짓고 복 지은 것을 하나하나 조사하고 반성해서 자각적 생활을 하도록 하였다.

6) 사은과 사요

(1) 사은(四恩)

우리가 일상생활을 하는 가운데 네 가지로 크게 입은 은혜를 발

견해서 은혜를 갚은 사람은 될지언정 배반하는 사람은 되지 말자는 것이니,

첫째, 천지의 지중한 은혜를 입은 가운데 특히 응용무념의 상없는 은혜를 입은 것과,

둘째, 부모의 지중한 은혜를 입은 가운데 특히 무자력할 때 보호의 은혜를 입은 것과,

셋째, 동포의 지중한 은혜를 입은 가운데 특히 자리이타의 은혜를 입은 것과,

넷째, 법률의 지중한 은혜를 입은 가운데 불의를 제거하고 정의를 세워준 은혜를 입은 것을 생각해서 이 몸이 구애 없이 잘 살게 된 큰 은혜에 보답해야 될 것이니,

우리가 생활해 가는 가운데 천지은을 갚기로 하면 잘한 일이 있다 할지라도 상을 내지 말 것이요,

부모은을 갚기로 하면 부모나 무자력한 노인이나 어린이를 보호하여 줄 것이요,

동포은을 갚기로 하면 매사를 당할 때마다 자리이타로써 하되 만일 자리이타로 못할 경우에는 내가 해를 보고 말 것이요,

법률은을 갚기로 하면 정의와 불의를 잘 알아서 옳은 일은 솔선해서 행하고 그른 일은 솔선해서 안 할 것이니 이대로 행하는 것이 은혜를 갚는 것이 될 것이다.

(2) 사요(四要)

우리가 다 같이 실천할 요긴한 네 가지 법이 있는 바,

첫째, 자력 양성이라, 인인개개(人人個個)에 갊아 있는 자력만 양성해 놓으면 세상의 존대를 받게 되어 자연 인권이 평등될 것이요.

둘째, 지자 본위라, 과거의 불합리한 모든 차별은 없애버리고 지우 차별만 두고 보면 우자(愚者)가 지자(智者)에게 배우게 되어 자연 지식이 평등될 것이요.

셋째, 타자녀 교육이라, 가정·사회·국가에서 교육을 결함 없이 고루 시키고 보면 자연 교육이 평등될 것이요.

넷째, 공도자 숭배라, 사회·국가·세계에서 공도 사업하는 사람을

부모같이 섬기고 생전 사후를 숭배하여 주면 자연 공도주의가 실천되어 사람의 생활이 평등하게 골라질 것이다.

이상 네 가지 은혜 갚는 법과 처세하는 법을 실행하고 보면, 이세상은 자연 좋아질 것이요 세상이 좋아지게 되면 전 인류는 자연 고루 잘 살게 되어 이 지상에 평화 안락의 천국이 건설될 것이다.

7) 공부 등급의 순서

　(1) 보통급

처음 입교한 교도로서 보통급 십계를 받아서 공부하는 급이요.

　(2) 특신급

바른 신앙이 밝혀져서 이 공부, 이 사업 외에 다른 즐거움이 없이 공부하여 나가는 가운데 특신급 십계를 받아 지키는 급이요.

　(3) 법마상전급

법과 마를 일일이 알아 가지고 마를 퇴치하려고 전심 전력하는 가운데 법마상전급 십계를 받아 지키는 급이요.

　(4) 법강항마위

법과 마가 싸워 법이 백전백승하여 육근 동작하는 바가 전부 법이 되어버린 초성위(初聖位)에 오른 분이요.

　(5) 출가위

대·소·유·무의 이치를 따라 인간에 시·비·이·해의 법을 마련하고 일체 대중을 위하여 천신만고와 함지사지를 당하여도 여한이 없는 대원가(大圓家＝十方一家)를 건설하시어 생사가 전부 공(公)으로 화(化)한 성위에 오른 분이요.

　(6) 대각여래위

대자대비로써 만중생을 제도하시되 만능이 겸비하신 대불위(大佛位)에 오른 분이다.

8) 경전

경전으로는 일경(一經)·사전(四典)이 있다.

일경은 대종경으로, 이 경은 전체를 다 통하는 통경이다.

사전은 첫째는 정전(正典)으로 진리와 우리의 생활하는 원리 원칙을 밝힌 원전(元典)이요, 둘째는 예전(禮典)으로 우리가 살아가는 데 예절을 밝힌 경전(敬典)이요, 셋째는 세전(世典)으로 세상을 바르게 하는 정전(正典)이요, 넷째는 악전(樂典)으로 우리 마음을 즐겁게 하는 화전(和典)이다.

9) 교례

과거의 불합리한 모든 예법을 혁신 개정하여 간단한 예법을 새로 정해 놓으신 바,

(1) 첫째, 교단 내의 예법으로서 이재(二齋)·사축(四祝)이 있으니, 이재(二齋)는 대종사님을 비롯하여 역대 전무출신과 거진출진 및 희사 제위를 받드는 6월 1일 육일대재와 제명절을 합쳐서 기념하는 동시에 선조에게 향례를 올리는 12월 1일 명절대재요, 사축은 정월 1일 신년 축하일과, 4월 8일 석존 탄생 축하일과, 4월 28일 대종사께서 대각하신 날과 탄생하신 날로 본교 개교 기념 축하일 및 일반 교도 공동 생일 기념 축하일이요, 8월 21일 본교가 혈인 성사로 법계의 인가를 받은 법인 기념 축하일이다.

(2) 둘째, 세상 통용 예법으로서 출생례·성년례·혼례·상례·제례(祭禮) 등의 예법이 있다.

(3) 셋째, 도문(道門) 수행자의 예법으로 득도례(得道禮-初度와 再度)와 공부 승진례(昇進禮)가 있다. 위와 같이 무너져가는 사회의 윤리를 바로잡아 놓고 묵은 세상의 낡은 예법을 새 세상의 신선하고 간단한 예법으로 제정하여 놓은 것이다.

10) 사업

사업으로서는 교화·문화·자선·훈련·후생·생산 등 7종 기관을 각각 적의(適宜)히 설치하여 세간과 출세간의 사업을 아울러 진행함으로써 영육쌍전·이사병행을 실천한다.

나. 대종사님의 십상(十相)

이 십상은 대종사님의 일대기의 요령을 적어 놓았다.

1) 관천기의상(觀天起疑相)

대종사께서는 1891년 신유 5월 5일(음 3월 27일) 오후 8시경에 한국 전라남도 영광군 백수면 길룡리 영촌에서 농촌 평민의 가정에서 평범하게 태어나셔서 어렸을 때부터 동리 어른들과 같이 놀기를 좋아하며, 큰 생각을 품고 자라다가 7세부터서는 위로 하늘 이치를 비롯하여 가까이로는 부모에 대해서며 모든 일과 모든 이치에 다 의심을 일어내어 궁글리는(사색) 공부를 시작하니 그 후 4년간 계속된 이 공부가 마침내 큰 도를 깨달은 뿌리와 비롯이 되었다.

2) 삼령기원상(蔘嶺祈願相)

11세부터 5년간 산신을 만나려는 삼밭재 마당바위의 정성된 기도에 비록 산신은 만나지 못하였으나 그 원력이 뭉쳐져서 자연 마음이 통일되었다.

3) 구사고행상(求師苦行相)

16세 때부터 6년 동안 고행을 다하며 인생 정로를 가르쳐 줄 참 스승을 구하셨으나 때가 말세인지라 대종사의 스승될 분이 없었다. 그러나 스승 구하려는 온 정성이 사무쳐서 마침내 스스로 스승이 되었다.

4) 강변입정상(江邊入定相)

22세 때부터 4년간은 모든 원한 바가 뜻대로 안 되므로 '내 이 일을 장차 어찌할꼬?' 하는 대의단(大疑團) 아래, 때로는 우연히 솟아오르는 주송도 외어보고, 때로는 부지중 선정(禪定-冥想)이 계속되다가 24,5세부터는 의식이 돈공하여 '내 이 일을 장차 어찌할꼬?' 하는 걱정까지도 잊게 되어(大忘) 크게 깨달을 열쇠를 얻었다.

5) 장항대각상(獐項大覺相)

구원겁래로 세우고 닦아온 큰 적공 아래 26세 되던 병진 4월 28일 이른 새벽에 문득 마음이 밝아져 우주의 대도와 인생의 정로를 깨쳐 어두워진 불일을 거듭 밝혀 놓았고 쉬어 있는 법륜을 다시 굴렸다.

6) 영산방언상(靈山防堰相)

원기 3년에는 오는 세상의 대운에 맞추어 영육 쌍전과 이사 병행의 표본을 보이기 위하사 9인 제자로 더불어 먼저 방언 공사를 행하여 대도 초창의 기초를 세웠다.

7) 혈인법인상(血印法認相)

원기 4년에는 천하 사람의 마음을 대도에 회향케 하기 위하사 먼저 아홉 제자의 마음부터 통일하게 하여 백지혈인으로써 대회상 창립의 법계 인증을 얻은 후 그 희생 정신으로써 전무출신 정신의 표본을 삼게 하였다.

8) 봉래제법상(逢萊制法相)

원기 5년부터는 변산 봉래정사에서 4년간 수양을 하는 일방(一方), 과거 편협한 모든 교법을 통합하였으니 만법의 주종1803)이 되는 일원 종지를 밝힌 아래, 공부의 요도로는 유·불·선과 각 종교의 정수가 통합된 삼학 팔조의 원만한 수행 길을 마련하였고, 인생의 요도로는 우주와 인간의 모든 윤리가 두루 통하게 된 사은 사요의 대윤리를 제정하여 교리의 강령을 세웠다.

9) 신룡전법상(新龍轉法相)

불법과 생활이 둘이 아닌 산 종교를 만들기 위하사 원기 9년(갑자)부터 총부를 익산으로 정하고 엿장사·약장사 외 사·농·공·상의 모

1803) 여러 가지 가운데 주가 되는 것(主宗).

든 기관을 설치하고, 때와 곳을 가리지 않고 선을 하게 하며, 일체불에게 직접 불공 올리는 심경(心境)으로 실지 생활하면서 마음 잘 쓰는 공부를 하게 하여 이 세상에 유용한 종교인이 되게 하여 주셨다.

10) 계미열반상(癸未涅槃相)

온 생애를 대중과 함께 즐거워 하실 일은 즐거워도 하고, 슬퍼할 일은 슬퍼도 하고, 걱정할 일은 걱정도 하고, 일할 일은 같이 일도 하면서 평소에 실지 몸으로 보여 주며 제도하다가 열반에 들기 2~3년 전부터는 정전을 친제하(親宰下)에 편수하고 게송을 공포하며 제자들에게 두루 부촉하시기를, "나의 교법은 원만 구비하신 법신불을 신봉케 하고 전체불에게 보은 불공을 올리도록 하였으며, 법을 전하는 데에도 과거와 같이 친밀한 한두 제자에게만 전하지 아니하고 재가·출가와 남자·여자의 계한 없이 널리 대중에게 전하나니, 여러 공부인들은 각자의 근기를 키워서 이 법을 가져다 마음대로 수행을 하라." 하시며, 원기 28년 6월 1일에 대원적에 드니 세수는 53이요 개법(開法)은 28년이었다.

이상과 같이 대종사님의 십상은 현재와 미래 인류의 사표요 거울이며, 실천 덕목이 되었다.

다. 대종사님의 위대함

1) 사대 성인이 가신[1804] 뒤 수 천 년이 된 노대 종교 밑에 오직 미약한 산촌 농민으로 태어나 학문의 수습과 사장(師長)의 지도 없이 만종교(萬宗敎) 통일의 일원대도를 드러내어[1805] 진리 통일과 신앙 통일을 하도록 교리와 제도를 마련하여 놓음이요.

2) 세쇠도미(世衰道微)[1806]한 말세에 아홉 동지의 마음을 한 마

1804) 원문 '지내신'은 '가신'으로 수정함.
1805) 원문 '들어내어'는 '드러내어'로 수정함.
1806) 맹자(孟子)에 나오는 말로, 세상이 쇠약해지니 도가 미약해짐.

음으로 만들어 혈인서천으로써 이 회상의 법계 공인을 얻게 하고, 공도주의가 말살된 이 세상에 온 몸과 온 정신을 이 법을 위하여 오로지 바친 남녀 전무출신과 거진출진이 계속하여 나오게 함이요.

3) 역대 성현의 예가 없이 교리와 제도가 평이 간명하고 원만평등하며 사통오달 되어서 온 인류가 다 신봉하고 실행할 수 있게 되었으며, 또는 앞으로 무한한 불보살이 계속해서 나오게 법을 정하여 놓음이요.

4) 사은과 우리 인간 사이에 서로 가까운 윤기를 건너게 하여 놓음이요.

5) 영육을 쌍전케 하고 이사를 병행케 하며, 도학과 과학이 같이 보조를 맞추어 나가도록 원만한 사업 기관을 설치하여 놓은 것이다.

라. 결어(전망)

1) 하나의 세계와 하나의 종교

앞으로 돌아오는 시대에는 하나의 세계와 하나의 종교가 필연적으로 와야 되는데,

하나의 세계는 세계 각 민족이 사은의 동근 동족(同根同族)[1807), 한 할아버지의 자손인 것을 발견해서 서로 사랑하고 서로 돕고 서로 웃음 웃고 한 집안같이 의논이 구수하게 살아가는 세계일 것이요,

하나의 종교는 역대 성현들이 천명해 놓으신 여러 종교가 다 동원도리의 한 진리인 것을 깨달아 서로 배우고 서로 의견을 교환할 수 있도록 진리 통일과 신앙 통일이 된 원융무애한 법을 밝혀 놓은 종교인 것이다.

2) 법신불 일원상

이 원(圓)은 만진리(萬眞理)의 본원이요 만신앙의 통합체인 바,

1807) 조상이 같은 겨레.

불교에서는 법신불 혹은 부처님의 마음 자리라고 하며, 유교에서는 무극 또는 태극이라고 하며, 도교에서는 도 혹은 천지 만물의 모(母)라고 하며, 기독교에서는 하나님이라고 하나니, 각 교에서 말하는 그 이름은 다르나 그 원리는 하나인 것이다.

그러므로 우리는 그 진리를 믿음으로써 원만한 생활을 할 수 있는 실용적인 산 종교인이 되어야 할 것이요, 또는 일상 수행하는 데 표본을 삼아 항상 일원의 진리를 깨쳐 알고 마음을 원만하게 지키고 마음을 원만하게 잘 써 나가는 공부를 하자는 것이다.

3) 원불교의 의의(意義)

불교는 마음을 깨치는 견성법을 주로 많이 밝혀 놓았고, 도교는 기운을 바르는 양성법(養性法)을 주로 많이 밝혀 놓았고, 기독교는 서로 사랑하고 도와주는 박애의 도를 주로 많이 밝혀 놓았는데, 앞으로 오는 시대에는 한 사람이 이 네 가지를 겸해야 완전한 인격자가 될 것이다.

따라서 앞으로 오는 세상의 종교는 이 네 가지 종지가 한 데 뭉쳐져야만 결함 없는 종교라 할 것이다.

그러므로 이를 한 데 뭉쳐 놓은 종교가 곧 원불교이니, 원불교의 교명으로 원(圓)은 만진리의 본원인 동시에 만종교 만신앙의 종교가 된다는 뜻이요, 불(佛)은 각(覺)이니 곧 진리를 깬 사람이 주인이 되어 만종교의 주장이 된다는 뜻이요, 교(敎)는 깨친 법을 만인에게 널리 가르쳐 준다는 뜻이다.

이 책이 나오기까지

원기 80년(1995) 12월 23일~25일에 수계농원에서 처음으로 정전 마음공부 훈련을 난 후, 원기 81년 1월 중순 '훈련 요원 훈련'을 날 때 교학과 학생들이 정리한 '정전 용어 정리' 파일을 한 부 받았다.

집에 돌아와 하나하나 살펴보니 용어는 이렇게 정리하면 되겠구나 하는 생각과 함께 빠진 것도 더러 눈에 띄었다.

마음 공부를 하면서 그 동안 속에 쌓였던 것들을, 실타래가 풀리듯이, 정기 일기로 기재하기 시작했다.

또한 정전의 용어를 정리하고 단어의 뜻을 사전에서 하나하나 찾아 옮겨 보니, 정전 구절도 이해가 되고 이러는 만큼 자연스럽게 정리하고 또 정리하게 되었다.

훈련에 참가할 때마다 제출한 정기 일기 속에는 정전으로 공부한 내용도 당연히 포함되어 있었다.

원기 81년 어느 날, 각산 신도형 종사님의 '교전 공부'와 '여의(如意)' 두 권이 제게 전해졌다. 누님이신 균타원 신제근 종사님께서 원기 77년(1992) 4판으로 출간된 책을 전할 만한 사람에게 전하라시며 맡긴 책이었다.

정전 용어 정리와 정전 구절 풀이를 하면서 막힐 때마다 해답집을 펼쳐보듯이 '교전 공부'를 참고하기도 하고 때로는 인용하기도 하며 친구로 삼았다.

또한 제게 전해진 3,40개의 훈련 테이프에 담긴 마음 공부 원리 강의 내용과 장산 종사님의 정전 풀이 법문을 수십 번도 더 들으면서, 정전은 어떻게 공부하고 마음 공부에 어떻게 활용하는지 그 방법을 체득하기 시작했다.

원기 85년(2000) 1월 정리해 오던 '정전 용어 정리'에서 법문 구절 풀이만 따로 모아 책으로 정리해 보라는 권유를 받았다. 장산 종사님께서는 책의 제목을 '정전 모시고 마음 공부한 자료'라 이름하라 하셨다.

이것이 이 '정전 모시고 마음 공부한 자료'가 태어난 동기이다.

장산 종사님께선 만날 때마다 "그 책 어떻게 되어 가고 있어?" 하고 재촉과 큰일한다고 격려해 주셨다.

원기 96년(2011) 교당 교도님들과 대전 청년들과 공부를 하면서 '총서편·교의편'을 책으로 제본하여 교재로 사용하며 남은 책들은 공부인들께 나눠드리기도 했다.

원기 97년 1월 대전 청년 마음 공부 모임인 '나우' 회원들과 장산 종사님을 뵙던 날, 600페이지가 넘는 수행편을 출력하여 80% 정도 정리되었다고 보고 드리니, 평소 연마하던 '정전 공부' 책 속에 붙여 두셨던 '정전마음공부 훈련 연혁'을 포함시키라고 주셔서 총서편·수행편의 책머리에 실었다.

원기 99(2014)년 8월 20주년 정전마음공부 훈련을 난 이후, 박차를 가해 수행편을 마무리하고 교정과 보완을 거쳐 이 공부 자료를 정리하기 시작한 지 만 20년이 되는 원기 101년(2016) 3월에 이 책을 출간하게 되었다.

정리에 한 동안 몰두하기도 하고, 또는 몇 달 간 쉬기도 하며 20년이란 세월이 꿈결처럼 지났다.

그러나 이러는 동안 정전 연마와 정전을 바탕으로 하는 정전마음공부는 한시도 제게서 떠나지 않는 삶이 되었다.

원기 97년부터 매주 2시간씩 교당과 '나우(Now)' 마음 공부 모임에서 1시간은 정전으로 강의를 하고, 1시간은 일기 발표·문답·감정으로 함께 공부하면서 정전 공부는 더욱 더 체(體)가 잡히게 되었고, 교도님들과 나누며 산 경전이 되었다.

부족하나마 이 두 권의 책으로 스승님들의 은혜에 조금이나마 효(孝)를 하고 보은하게 되었다 생각하니 기쁘기 그지없다.

또한 함께 공부해 온 법동지님들의 과분한 사랑에 머리 숙여 감사드리고, 그동안 인내하고 격려해 준 아내 화타원 님과 현진, 현성, 현경, 상덕이에게도 세세생생 함께하는 도반이길 염원한다.

정전 모시고 하는 마음공부 II
(수행편)

인쇄   2016년   4월 20일
발행   2016년   4월 28일

지은이   류백철
펴낸이   주영삼

펴낸곳   원불교출판사
　　　　주소 익산시 익산대로 501
　　　　전화 (063) 854-0784　　팩스 (063) 852-0784
출판신고일   1980년 4월 25일 (제1980-000001호)
홈페이지   www.wonbook.co.kr

인쇄 원광사

값 27,000원
ISBN 978-89-8076-253-8(03200)